INSTITUCIONES DE DERECHO ARBITRAL DE CONSUMO

Comentarios al Real Decreto 713/2024

COLEX 2025

Obra financiada por el Servicio de Consumo del Departamento de Industria y de Transición Ecológica y Digital Empresarial del Gobierno de Navarra.

Así como por el Servicio de Consumo y la Dirección General de Comercio y Consumo del Gobierno de Cantabria, en ejecución del Convenio de colaboración para el fomento de la investigación en materia de consumo (2024/2025), suscrito entre la Universidad de Cantabria y la Consejería de Industria, Empleo, Innovación y Comercio.

JUNTA ARBITRAL DE CONSUMO DE NAVARRA

NAFARROAKO KONTSUMOKO BATZORDE EBAZLEA

Gobierno de Navarra

Nafarroako Gobernua

JUNTA ARBITRAL DE CONSUMO DE CANTABRIA

GOBIERNO de CANTABRIA

CONSEJERÍA DE INDUSTRIA, EMPLEO, INNOVACIÓN Y COMERCIO

INSTITUCIONES DE DERECHO ARBITRAL DE CONSUMO

Comentarios al Real Decreto 713/2024

Directores

Jorge Tomillo Urbina
Catedrático de Derecho Mercantil
Presidente de la Junta Arbitral de Consumo de Cantabria

Rafael Lara González
Catedrático de Derecho Mercantil
Ex Presidente de la Junta Arbitral de Consumo de Navarra

Coordinadora

Aránzazu Pérez Moriones
Profesora Titular (acred. Catedrática) de Derecho Mercantil
Árbitra de la Junta Arbitral de Consumo de Navarra

COLEX 2025

Calle Costa Rica, número 5, 3.º B (local comercial)
A Coruña, 15004, A Coruña (Galicia)
info@colex.es
www.colex.es

I.S.B.N.: 978-84-1194-873-9
Depósito legal: C 130-2025

También …

a cuantas personas

confiaron

confían

y confiarán

en el arbitraje de consumo

ÍNDICE DE AUTORES

(Por orden alfabético)

Julio Álvarez Rubio
Profesor Titular de Derecho Mercantil
Árbitro de Consumo

Nicolás Bárcena Suárez
Profesor Ayudante Doctor de Derecho Mercantil

Joaquín Cayón de las Cuevas
Profesor Asociado Doctor de Derecho Mercantil UC-IDIVAL
Árbitro de Consumo

Carlos Cuervo Fernández
Contratado de Investigación Predoctoral «Concepción Arenal» de Derecho Financiero y Tributario
Árbitro de Consumo

Araya Alicia Estancona Pérez
Profesora Contratada Doctora de Derecho Civil

Eugenia Fernández Fernández
Profesora Contratada Doctora de Derecho Mercantil
Árbitra de Consumo

Vicente Gozalo López
Profesor Titular de Derecho Mercantil
Árbitro de Consumo

Rafael Lara González
Catedrático de Derecho Mercantil
Ex Presidente de la Junta Arbitral de Consumo de Navarra

Aránzazu Pérez Moriones
Profesora Titular (acred. Catedrática) de Derecho Mercantil
Árbitra de Consumo

Jorge Tomillo Urbina
Catedrático de Derecho Mercantil
Presidente de la Junta Arbitral de Consumo de Cantabria

Eduardo Vázquez de Castro
Catedrático de Derecho Civil

ÍNDICE DE AUTORES

(Por artículos comentados)

Rafael Lara González
Artículo único y disposiciones del Real Decreto 713/2024
Artículos 1 a 7 y 16 a 22 del Reglamento

Aránzazu Pérez Moriones
Artículos 8 a 15 del Reglamento

Jorge Tomillo Urbina
Artículos 23 a 26 del Reglamento

Eugenia Fernández Fernández
Artículos 27 a 29 del Reglamento

Julio Álvarez Rubio
Artículos 30 y 40 del Reglamento

Carlos Cuervo Fernández
Artículo 31 del Reglamento

Joaquín Cayón de las Cuevas
Artículos 32 a 35 del Reglamento

Eduardo Vázquez de Castro
Artículos 36 y 45 del Reglamento

Nicolás Bárcena Suárez
Artículos 37 a 39 del Reglamento

Araya Alicia Estancona Pérez
Artículos 41 y 44 del Reglamento

Vicente Gozalo López
Artículos 42 y 43 del Reglamento

SUMARIO

PRESENTACIÓN

EL TERCER REAL DECRETO SOBRE ARBITRAJE DE CONSUMO
Comentarios al artículo único y a las disposiciones del Real Decreto 713/2024

REGLAMENTO QUE REGULA EL SISTEMA ARBITRAL DE CONSUMO

CAPÍTULO I
DISPOSICIONES GENERALES

CAPÍTULO II
ORGANIZACIÓN DEL SISTEMA ARBITRAL DE CONSUMO

CAPÍTULO III
CONVENIO ARBITRAL Y OFERTAS PÚBLICAS DE ADHESIÓN DE LOS EMPRESARIOS

CAPÍTULO IV
PROCEDIMIENTO ARBITRAL Y ACTUACIONES ADMINISTRATIVAS PREVIAS

ANEXO
DISTINTIVO DE ADHESIÓN AL SISTEMA ARBITRAL DE CONSUMO

BIBLIOGRAFÍA

PRESENTACIÓN

1. Con la acostumbrada circunstancia de «veraneidad», el BOE del miércoles 24 de julio de 2024 publicaba el Real Decreto 713/2024, de 24 de julio, por el que se aprueba el Reglamento que regula el Sistema Arbitral de Consumo. Es el tercer reglamento regulador del Sistema Arbitral de Consumo tras las experiencias de 1993 y 2008, separadas curiosamente por un patrón temporal de 15 años, que es la duración de una generación entendida como «vigencia de una forma de vida» en el pensamiento de José ORTEGA Y GASSET[1].

El Real Decreto 636/1993, de 3 de mayo —brevísimo, pero de gran utilidad— desarrollaba el artículo 31 de la Ley 26/1984, de 19 de julio, General para la Defensa de los Consumidores y Usuarios, que encargaba al Gobierno «establecer un sistema arbitral, sin formalidades especiales y cuyo sometimiento al mismo fuera voluntario, que resolviera, con carácter vinculante y ejecutivo para las partes interesadas, las quejas o reclamaciones de los consumidores o usuarios». Aunque lo hacía de manera fragmentaria, también respondía a la entrada en vigor de la Ley 36/1988, de 5 de diciembre, de Arbitraje, que significó un nuevo y decisivo impulso para el arbitraje de consumo, recogido en su disposición adicional primera.

Quince años más tarde, el Real Decreto 231/2008, de 15 de febrero, sin duda el mejor de la serie desde una perspectiva técnica, se ocupaba de juridificar sistemáticamente el Sistema Arbitral de Consumo adaptándolo al Real Decreto Legislativo 1/2007, de 16 de noviembre, por el que se aprueba el Texto Refundido de la Ley General para la Defensa de los Consumidores y Usuarios y otras leyes complementarias, que marcó el camino hacia un régimen legal general del arbitraje de consumo en sus artículos 57 y 58. También procedió a adecuar la regulación del Sistema Arbitral de Consumo a la Ley 60/2003, de 23 de diciembre, de Arbitraje. En este contexto, el Reglamento de 2008, con todas sus limitaciones, fue reflejo de una impronta juridificadora decidida a la superación de lagunas en un contexto de ordenamiento sistemático, lo que produjo un importantísimo avance en la *«formalización»*

---

1 MARÍAS, J.: *El método histórico de las generaciones*, ed. Revista de Occidente, Madrid, 1949, pp. 104 y ss.

del Sistema Arbitral de Consumo desde el prisma del moderno Estado Social de Derecho. No se olvide que, como dejara escrito el fundador de la «jurisdicción constitucional», Hans Kelsen, «en un Estado Democrático de Derecho, la forma es el fondo».

Dieciséis años orteguianos después, la justificación del nuevo Reglamento (en adelante, RSAC) aprobado por el Real Decreto 713/2024, de 23 de julio, según se expresa en su Exposición de Motivos (apartado I), es la adaptación del régimen establecido por el Real Decreto 231/2008 a la nueva normativa nacional y europea. En particular, a la Ley 39/2015, de 1 de octubre, del Procedimiento Administrativo Común de las Administraciones Públicas, en tanto en cuanto las Juntas Arbitrales de Consumo son órganos de naturaleza administrativa, así como a lo establecido en la Ley 7/2017, de 2 de noviembre, de Resolución alternativa de litigios en materia de consumo, por la que se incorpora al ordenamiento jurídico español la Directiva 2013/11/UE, del Parlamento Europeo y del Consejo, de 21 de mayo de 2013.

2. Sin embargo, a pesar del tiempo transcurrido y de las grietas que iban aflorando progresivamente en el sistema de 2008, la plantilla que vertebra el nuevo RSAC no experimenta —al menos *a priori*— modificaciones estructurales de gran calado, con independencia de la polémica supresión de las Ofertas Públicas de Adhesión limitada. En efecto, los hitos orgánicos de la administración del arbitraje continúan agrupados alrededor de *a)* las Juntas Arbitrales de Consumo[2] (en adelante, JAC) como eje central del sistema, *b)* los órganos arbitrales, unipersonales o colegiados, *c)* la Comisión de Juntas Arbitrales de Consumo, y *d)* el Consejo del Sistema Arbitral de Consumo.

Como inesperada novedad, su orden sistemático flaquea en el tránsito de los órganos al convenio, convertido en un «punto débil» donde se incrusta forzadamente la regulación de la Comisión de la Juntas Arbitrales de Consumo (Capítulo II, sección 3.ª) y del Consejo del Sistema Arbitral de Consumo (Capítulo II, sección 4.ª).

3. En lo referente a las secuencias dispuestas para la sustanciación y desarrollo del procedimiento arbitral, vuelven a reproducirse las ya conocidas: *a)* solicitud unidireccional de arbitraje, *b)* resolución de admisión, *c)* perfección del convenio arbitral por oferta pública de adhesión o por aceptación *ad hoc* posterior, *d)* acuerdo de inicio del procedimiento, *e)* designación del órgano arbitral que conocerá del litigio (integrado por árbitros de formación acreditada, imparciales e independientes), *f)* traslado a las partes de las respectivas

2 Observa Bercovitz, A.: «La experiencia del arbitraje de consumo», en *El futuro de la protección jurídica de los consumidores* (J. Tomillo dir./ J. Álvarez Rubio coord.), ed. Thomson Civitas, Cizur Menor, 2008, p. 380, que el *nomen iuris* «Juntas Arbitrales de Consumo» es equívoco. Apreciación acertada ya que, en realidad, se trata de órganos administrativos unipersonales que están integrados únicamente por las personas titulares y suplentes de la Presidencia y de la Secretaría, así como por el personal que sirve de apoyo al desarrollo de sus funciones (art. 5.1.I RSAC 2024).

alegaciones así como de los documentos y pruebas aportados al expediente, *g)* audiencia oral o escrita en fase de plenario con proposición y práctica de prueba, *h)* terminación del procedimiento por laudo motivado que entrará o no en el fondo del asunto en función de los supuestos concurrentes, *i)* laudo que será dictado y notificado a las partes en un plazo de 90 días naturales contados desde la fecha del acuerdo de inicio del procedimiento por la persona titular de la Junta Arbitral.

4. De cara a su aplicación práctica en la realidad cotidiana de las Juntas Arbitrales de Consumo, es difícilmente explicable que el Real Decreto 713/2024 haya dispuesto una *vacatio legis* de 20 días a contar desde su publicación en el BOE (disposición final cuarta), por lo que el Reglamento entró en vigor el día 13 de agosto de 2024. La citada «veraneidad» roló entonces al tipo agravado de «agostidad» al regularse la entrada en vigor de las leyes por el Título Preliminar del Código Civil. Se trata de un plazo sensiblemente más corto que el de seis meses que preveía la disposición final cuarta del Real Decreto 231/2008, con excepción de los artículos 25 y 27, que permitía una adaptación más suave que la actual RSAC 2024, en cuya implementación práctica se introdujeron graves tensiones que habrían sido perfectamente evitables.

5. El nuevo Reglamento de 2024 es significativamente más breve que el de 2008: cuenta con 45 artículos frente a los 64 de su predecesor (casi un 30 % menos), principalmente porque se suprimen —sin ninguna explicación— los arbitrajes especiales (electrónico y colectivo) regulados en el desaparecido Capítulo V del Real Decreto 231/2008 (arts. 51 a 64). La parte dispositiva del Real Decreto 713/2024 está compuesta por un artículo único (de aprobación del Reglamento), una disposición adicional, una disposición transitoria, una disposición derogatoria y cuatro disposiciones finales. También se añade un Anexo para regular el distintivo de adhesión.

Esta estructura pone de manifiesto la utilización por primera vez de la técnica normativa del «real decreto aprobatorio»[3], que obligará a cambiar el sistema tradicional de citas utilizado desde 1993: el Real Decreto 713/2024 no tiene más artículos que el «único» aprobatorio, en sentido propio. Los 45 artículos dispositivos no son atribuibles, pues, al Real Decreto, sino al Reglamento que regula el Sistema Arbitral de Consumo (RSAC). Por poner un ejemplo concreto, la perfección del convenio arbitral como consecuencia del uso indebido del distintivo oficial, que venía regulado en el artículo 29.1.III RD 231/2008, debe citarse ahora como regulado en el artículo 23.2 RSAC, aprobado por RD 731/2024.

3 Ver la Resolución de 28 de julio de 2005, de la Subsecretaría de Presidencia, por la que se da publicidad al Acuerdo del Consejo de Ministros de 22 de julio de 2005, por el que se aprueban las Directrices de técnica normativa [especialmente, directriz II *c)*].

6. El RSAC de 2024 es un texto normativo en apariencia bienintencionado que presenta un perfil irregular y desigual, jalonado de picos y valles salpicados por abundantes radas donde demasiadas embarcaciones fondean resguardadas de las corrientes y demás vicisitudes de la mar, pero situándose también al abrigo de los vientos de la innovación y del crecimiento, entendidos como elementos dinamizadores de un sistema heterocompositivo, vinculante y ejecutivo de resolución de conflictos provisto de la eficacia de cosa juzgada, cuya consolidación puede verse comprometida por un patente estancamiento que se va acentuando con el paso del tiempo.

Es innegable que el nuevo RSAC incorpora algunas soluciones acertadas, aptas para impulsar determinados avances sectoriales que aportan mejoras respecto de la regulación que se deroga, como ocurre con el acortamiento de diversos plazos, con determinadas cuestiones relativas al inicio del procedimiento, presentación, admisión e inadmisión de las solicitudes de arbitraje o la introducción de reglas específicas sobre la abstención y recusación de los árbitros (erróneamente referida en el texto a los «órganos arbitrales»).

Sin embargo, el texto adolece de un marcado conformismo que le impide aliviar —al menos de manera determinante— algunos rebalses de aguas otrora corrientes y frescas. En ocasiones, incluso, se deslizan en el articulado errores conceptuales que comparten espacio con imprecisiones regulatorias y con medidas provistas de escaso acierto, que pueden obligar a los operadores prácticos encargados de su aplicación e implementación a construir e impulsar espacios de flexibilidad exegética que sean capaces de contener el previsible repliegue del Sistema Arbitral de Consumo desde posiciones que ya creíamos ganadas hacia otras que pensábamos superadas.

Al igual que sus dos antecesores, el tercero de los reglamentos reguladores del Sistema Arbitral de Consumo (atrás quedan los RRDD 636/1993, de 3 de mayo, y 231/2008, de 15 de febrero) consigue trabajosamente avanzar posiciones en el complejo tablero de la estructura normativa del Estado, en tanto se le permite bogar en aguas fluidas. En determinadas materias, sin embargo, el nuevo texto parece seguir abocado a lo que en Argentina describen gráficamente como «*remar en dulce de leche*», seguramente por influencia de unas cuantas circunstancias también orteguianas impregnadas de contumaz subsistencia.

7. Los modestos avances coyunturales no deben, empero, ocultar la sequía de innovaciones estructurales capaces de mejorar el acceso de los consumidores a la justicia desarrollando la fecunda —y desaprovechada— configuración como jurisdicción extrajudicial que la jurisprudencia del Tribunal Constitucional confiere al Sistema Arbitral de Consumo. En líneas generales, estamos ante una oportunidad perdida que no es acreedora de conformidad ni de resignación, aunque sí merecedora de sorpresa si valoramos determinadas coordenadas de orden histórico-social. La «falta de ambición» en cuanto a los objetivos a alcanzar con la reforma y la «falta de convicción»

respecto del enorme potencial que ofrece el Sistema Arbitral de Consumo para impulsar el acceso de los consumidores a la justicia, que ya se puso de manifiesto[4] con motivo de la entrada en vigor del Real Decreto 231/2008, han crecido en progresión geométrica después de dieciséis acomodadizos años de inercia normativa.

El RSAC de 2024 no ofrece el más mínimo vestigio de las técnicas presuntivas del consentimiento empresarial plenamente ensayadas, habilitadas e implementadas con éxito, por ejemplo, en el ámbito del arbitraje de transporte terrestre[5]. Mucho menos se atreve el legislador a adentrarse —siquiera sea extremando la cautela— en el territorio del arbitraje de consumo obligatorio, dejando en un lastimoso olvido la Ley 7/2017, de Resolución alternativa de litigios en materia de consumo, cuyo artículo 15.2 contempla expresamente la posibilidad de que los empresarios sean obligados por ley[6] —aparte de, naturalmente, por su adhesión previa— a someterse y participar en un procedimiento de resolución alternativa de litigios de consumo con resultado vinculante. Obligación que, a mayor abundamiento, puede implementar el legislador español desplazando incluso la denominada «garantía de consentimiento informado» (art. 15.3 *in fine* LRALC 7/2017). Por no hablar de intentar acondicionar alguna «pequeña parcela» en el vasto e inexplorado territorio de la bidireccionalidad, más allá de la ya consolidada reconvención del empresario reclamado.

En fin, otra oportunidad desaprovechada.

8. En las páginas que siguen, un grupo de especialistas en arbitraje de consumo con una dilatada trayectoria profesional y académica, proceden a desgranar meticulosamente el articulado del nuevo Reglamento con una perspectiva eminentemente práctica, aunque sin descuidar lo más mínimo la ineludible trabazón conceptual que actúa como argamasa de un comentario sistemático como el que el lector tiene en sus manos. Se trata de una obra académica provista de un enfoque esencialmente práctico. O, si se prefiere,

---

4 Ver Tomillo, J.: «El futuro del arbitraje de consumo a partir del real Decreto 231/2008, de 13 de febrero», en *El futuro de la protección jurídica de los consumidores* ((J. Tomillo dir./ J. Álvarez Rubio coord.), ed. Thomson Civitas, Cizur Menor, 2008, pp. 404-405.

5 Ver Lara González, R.: «El arbitraje de consumo en su cuadragésimo aniversario», en La Ley *Mediación y Arbitraje*, núm. 20 (2024).

6 El precepto desarrolla el Considerando 49 de la Directiva 2013/11/UE, del Parlamento Europeo y del Consejo, de 21 de mayo de 2013, sobre Resolución alternativa de litigios en materia de consumo: «[l]a presente Directiva debe entenderse *sin perjuicio de cualquier norma nacional que haga obligatoria la participación de los comerciantes en dichos procedimientos, la incentive o sancione, o que les obligue a aceptar su resultado*, siempre que dichas normas no impidan a las partes ejercer su derecho a acceder al sistema judicial, tal como establece el artículo 47 de la Carta de los Derechos Fundamentales de la Unión Europea».

es una obra concebida desde la práctica (buena parte de los autores son árbitros de consumo en ejercicio), fundamentada en el rigor y la disciplina conceptual académica.

Conocedores de que un comentario de esta naturaleza nos sitúa ante un «libro de consulta» más que ante un «libro de lectura», hemos optado por ordenar las materias utilizando la técnica clásica del comentario sistemático artículo por artículo acompañada de un detallado epigrafiado y subepigrafiado de los contenidos con la finalidad de facilitar la orientación y manejo del usuario, así como la rápida localización del texto concreto que se necesita encontrar. La obra va precedida de un índice completo, que se reitera parcialmente en cuanto corresponde a la *sedes materiae* de cada artículo comentado con el fin de evitar incómodos trasiegos, y se remata al final con una relación general de la bibliografía utilizada.

Los autores no solo se han aproximado —desde «fuera»— con precisión académica al Sistema Arbitral de Consumo, sino que —además— se han sumergido plenamente «dentro» del día a día de la práctica, tanto en lo concerniente a la administración y gestión del arbitraje institucional de consumo como en lo relativo a la decisión o resolución dirimente (o conciliatoria) de los litigios planteados ante las Juntas Arbitrales. Unas veces en calidad de árbitros acreditados, otras veces como presidentes de órganos arbitrales unipersonales y colegiados, y otras veces incluso como presidentes de Juntas Arbitrales de Consumo de ámbito autonómico.

9. Entendemos que el jurista debe unir al dominio de las categorías jurídicas un profundo conocimiento de la realidad práctica («conocer para comprender» en palabras del Profesor Ángel ROJO) y un generoso reservorio de sensatez. Y este planteamiento ha vertebrado la concepción de los comentarios como obra coral de calidad.

Transcendiendo los escenarios de confrontación entre los «sabinianos» y «proculeyanos» de cada momento, el cultivador e investigador del derecho debe ser capaz de plantear y resolver problemas jurídicos complejos aportando rigor, utilidad y creación de valor. Con este espíritu de servicio público hemos emprendido la tarea que ahora culmina, en la esperanza de haber alcanzado los objetivos propuestos.

10. Finalmente, queremos agradecer de forma expresa al Servicio de Consumo del Gobierno de Navarra el apoyo recibido para la publicación de la obra. La Ley Foral 34/2022, de 12 de diciembre, reguladora del estatuto de las personas consumidoras y usuarias, dispone en su artículo 49 —intitulado *«Promoción y procedencia del arbitraje consumo»*— número 4 que: *«El departamento competente en materia de consumo impulsará la actividad de la Junta Arbitral de Consumo de Navarra, dotándola en cada momento de los medios materiales y humanos necesarios para el ejercicio de sus funciones»*. Así, el Departamento de Industria y de Transición Ecológica y Digital Empresarial del Gobierno de Navarra, en cuyo organigrama se residencia el Servicio

de Consumo, sin duda, impulsa su Junta Arbitral dotándola de un material bibliográfico plenamente actualizado, a la vez que ejerce el deber de colaboración entre Administraciones Públicas [*ex* art. 141.1 c) de la Ley 40/2015, de 1 de octubre, de Régimen Jurídico del Sector Público], por cuanto también facilita *«a las otras Administraciones la información que precisen sobre la actividad que desarrollen en el ejercicio de sus propias competencias o que sea necesaria para que los ciudadanos puedan acceder de forma integral a la información relativa a una materia»*.

11. El agradecimiento debemos hacerlo extensivo a la actividad desarrollada por los órganos encargados de la protección jurídica de los consumidores en la administración autonómica de Cantabria, haciendo realidad el mandato del artículo 13.1 de la Ley de Cantabria 1/2006, de 7 de marzo, de Defensa de los Consumidores y Usuarios: *«Las Administraciones públicas de Cantabria, en el ámbito de sus respectivas competencias, deberán potenciar y fomentar el desarrollo del Sistema Arbitral de Consumo, dotándolo para ello de los medios materiales y humanos que fueran necesarios. Para tal fin, habrán de articularse mecanismos eficaces mediante los cuales difundir de manera suficiente el arbitraje como medio de resolución extrajudicial de conflictos en materia de consumo».* Esta acción administrativa ha contado con el efecto multiplicador derivado del principio de colaboración, cooperación y lealtad institucional entre las administraciones públicas de Cantabria, tanto la administración general, la institucional, y las entidades locales con sede en el territorio regional (art. 5 de la Ley 1/2006). La labor desarrollada por el Servicio de Consumo y la Dirección General de Comercio y Consumo del Gobierno de Cantabria, incardinados en la estructura de la Consejería de Industria, Empleo, Innovación y Comercio, ha sido fundamental en el ámbito del fomento de la investigación en materia de consumo, así como en la dotación de recursos materiales y humanos a disposición de su Junta Arbitral autonómica y en lo relativo a la difusión social de su actividad y al incremento de la participación empresarial en el sistema por vía de la formalización de Ofertas Públicas de Adhesión.

En Pamplona y Santander, a 7 de enero de 2025

Fiesta de San Raimundo de Peñafort

LOS DIRECTORES

EL TERCER REAL DECRETO SOBRE ARBITRAJE DE CONSUMO*

Comentarios al artículo único y a las disposiciones del Real Decreto 713/2024

SUMARIO: I. Previsión constitucional e *iter* normativo del arbitraje de consumo. II. El Real Decreto 713/2024. 1. Su justificación. 2. Su novedosa peculiaridad estructural: un real decreto aprobatorio de reglamento. 2.1. Artículo único. Aprobación del Reglamento. 2.2. Disposición adicional única. Protección de datos de carácter personal. 2.3. Disposición transitoria única. Procedimientos arbitrales y de adhesión al Sistema Arbitral de Consumo iniciados antes de la entrada en vigor del Real Decreto 713/2024. 2.4. Disposición derogatoria única. Derogación normativa. 2.5. Disposición final primera. Título competencial. 2.6. Disposición final segunda. Aplicación supletoria. 2.7. Disposición final tercera. Habilitación para el desarrollo normativo. 2.8. Disposición final cuarta. Entrada en vigor. 3. El Reglamento. III. Y ... una anhelada reforma legal.

I. PREVISIÓN CONSTITUCIONAL E *ITER* NORMATIVO DEL ARBITRAJE DE CONSUMO

Las relaciones de consumo se han convertido en la sociedad actual en un fenómeno intrínsecamente natural y masivo. Así, diariamente son millones las personas que contratan presencialmente, vía telefónica o en línea bienes y servicios, y con no poca frecuencia esas transacciones dan lugar a conflictos

* Comentario realizado por **Rafael Lara González**.

de todo tipo que afectan a los intereses económicos de las partes, especialmente, por su mayor vulnerabilidad, a la de los consumidores y usuarios[1].

Sin embargo, la general asimetría existente en las relaciones de consumo ya fue advertida normativamente por el propio constituyente en nuestro derecho[2]. En efecto, se fue plenamente consciente en 1978 que el fundamento del mercado, basado en la llamada sociedad de consumo, debía acompasarse de una protección concreta a los consumidores y usuarios, como pilar básico del modelo económico, para convertirse, además, en una fórmula de reforzamiento del citado modelo. Así, de forma determinante, el artículo 51 de la Constitución Española insta a los poderes públicos a garantizar la defensa de los consumidores[3], protegiendo su seguridad, su salud y sus legítimos intereses económicos mediante «procedimientos eficaces[4]».

El desarrollo de este precepto constitucional no tardó en llegar, toda vez que, con cierto apresuramiento, los hechos acaecidos como consecuencia de la alarma social que generó el síndrome tóxico producido por el aceite de colza adulterado puso de manifiesto, con evidente desgarro, la necesidad de garantizar a los ciudadanos un mínimo de seguridad en relación con el consumo. La Ley 26/1984, de 19 de julio, General para la Defensa de los Consumidores y Usuarios, en su artículo trigésimo primero mandataba al Gobierno la creación de un sistema arbitral que, sin formalidades especiales, atendiera y resolviera con carácter vinculante y ejecutivo las quejas o reclamaciones de los consumidores, siempre que no concurriera intoxicación, lesión o muerte, ni existieran indicios racionales de delito, todo ello sin perjuicio de su protección administrativa y judicial[5].

---

1 Este trabajo ha sido elaborado en el marco del Proyecto de Investigación titulado *«El empoderamiento de las personas consumidoras y usuarias en la efectividad de sus derechos: Análisis prospectivo de las vías extrajudiciales de resolución de conflictos»* dirigido por los profesores Doctores D. Rafael Lara González (IP1) y D. Manuel Richard González (IP2) y financiado por el Ministerio de Ciencia e Innovación. Número de referencia PID2020-113349GB-I00.

2 *Vid.*, Lara González, R., *Procedimientos eficaces y protección de intereses económicos. Reconocimiento e interpelación para el progreso del arbitraje de consumo*, Aranzadi, Las Rozas-Madrid, 2024, pp. 17 y ss.

3 Recientemente por la Ley Orgánica 5/2024, de 11 de noviembre, del Derecho de Defensa, se ha puesto de relieve que también debe garantizarse la defensa fuera de los ámbitos jurisdiccionales. De ahí que en dicha ley se extienda expresamente el derecho de defensa y de asistencia letrada a los procedimientos extrajudiciales y a los mecanismos de solución adecuada de controversias reconocidos legalmente.

4 *Vid.*, Quintana Carlo, I., «El acceso de los consumidores a la justicia como problema», en *El Sistema Arbitral de Consumo. Comentarios al Real Decreto 636/1993, de 3 de mayo* (Dirs. Quintana Carlo, I.; Bonet Navarro, Á.), Aranzadi, Pamplona, 1997, pp. 21 y ss.

5 El Sistema Arbitral de Consumo aparece hoy legalmente contemplado en los artículos 57 y 58 del texto refundido de la Ley General para la Defensa de los Consumidores y Usuarios y otras leyes complementarias, aprobado por Real Decreto Legislativo 1/2007, de 16 de noviembre. Cfr., por todos, Gutiérrez De Cabiedes, P., «Comentarios a los artículos 57 y 58 del Tr-LGDCU», en *Comentarios a las Normas de Protección de los Consumidores* (Dir. Cámara Lapuente, S.), Colex, Majadahonda-Madrid, 2011, pp. 452 y ss.

El legislador español fue pues, desde un principio, consciente de que cualquier medida protectora de las personas consumidoras y usuarias podía quedar en mero desiderátum si no se creaban en paralelo los procedimientos adecuados para exigir su aplicación[6]. Las normas pueden reconocer al consumidor un amplio elenco de derechos, pero la eficiencia de un ordenamiento jurídico protector de los consumidores se va a medir, no sólo por la perfección o equidad de sus normas, sino también por la existencia de cauces sencillos, rápidos y gratuitos o de razonable y proporcionado coste a través de los cuales se puedan hacer exigibles sus derechos cuando estos no hayan sido respetados adecuadamente.

La previsión legal fue reglamentariamente desarrollada, por primera vez, mediante el Real Decreto 636/1993, de 3 de mayo[7], norma que a su vez fue derogada con posterioridad por el Real Decreto 231/2008, de 15 de febrero, vigente éste hasta el pasado día 12 de agosto de 2024, y cuyo contenido se adecuaba a lo establecido en la Ley 60/2003, de 23 de diciembre, de Arbitraje, si bien manteniendo las características esenciales del arbitraje de consumo desde su origen e introduciendo las modificaciones necesarias para incrementar la seguridad jurídica de las partes y la homogeneidad del sistema[8].

II. EL REAL DECRETO 713/2024

1. Su justificación

Transcurridos más de dieciséis años desde la aprobación del Real Decreto 231/2008, de 15 de febrero, se ha entendido necesario acometer un nuevo

6 Recientemente, *vid.*, Jerez Delgado, C., «Los Masc en el ámbito del derecho de consumo», *Diario La Ley*, n.º 10620, diciembre, 2024, pp. 1 y ss.

7 Si bien, la puesta en marcha del sistema arbitral de consumo se llevó a cabo, con carácter experimental, mediante la creación de las Juntas Arbitrales de Consumo en distintos ámbitos territoriales, con la finalidad de comprobar sus necesidades de funcionamiento, cara a un pleno desarrollo del sistema en todo el territorio español. En concreto, con carácter previo al Real Decreto 636/1993, el arbitraje de consumo ya se hallaba operativo desde el 20 de mayo de 1986, fecha en la que se constituyeron las tres primeras Juntas Arbitrales de Consumo en España: Madrid, Valladolid y Badalona. Por otra parte, y por relación con los autores de este Comentario, cabe señalar que la Junta Arbitral de Consumo de la Comunidad Foral de Navarra fue constituida por convenio de fecha 17 de junio de 1993, convenio ahora renovado entre el Ministerio de Consumo y la Comunidad Foral de Navarra, en fecha 18 de mayo de 2021; y la Junta Arbitral de Consumo de la Comunidad Autónoma de Cantabria fue constituida por convenio de fecha 30 de diciembre de 1996, convenio también ahora renovado entre el Ministerio de Consumo y la Consejería de Industria, Turismo, Innovación, Transporte y Comercio de la Comunidad Autónoma de Cantabria, en fecha 19 de octubre de 2021.

8 Todo ello con el fin de asegurar la confianza de los consumidores y usuarios y de los empresarios, favoreciendo la participación de las asociaciones u organizaciones que los representan y garantizando su voluntariedad al tratarse de un procedimiento que finaliza con una decisión vinculante y ejecutiva para las partes y supone la renuncia a la vía judicial.

desarrollo reglamentario para adaptar el Sistema Arbitral de Consumo a las nuevas normas aprobadas, tanto de la Unión Europea, como de carácter nacional. En particular, se ha considerado preciso adecuar la norma a lo dispuesto en la Ley 39/2015, de 1 de octubre, del Procedimiento Administrativo Común de las Administraciones Públicas, en tanto en cuanto las Juntas Arbitrales de Consumo son órganos de naturaleza administrativa, así como a lo establecido en la Ley 7/2017, de 2 de noviembre, por la que se incorpora al ordenamiento jurídico español la Directiva 2013/11/UE, del Parlamento Europeo y del Consejo, de 21 de mayo de 2013, relativa a la resolución alternativa de litigios en materia de consumo.

La Directiva 2013/11/UE del Parlamento Europeo y del Consejo, de 21 de mayo de 2013, obliga a los Estados miembros a garantizar a los consumidores residentes en la Unión Europea la posibilidad de resolver sus litigios con empresarios establecidos en cualquier Estado miembro, mediante la intervención de entidades de resolución alternativa que ofrezcan procedimientos de resolución alternativa o extrajudicial de litigios de consumo que sean independientes, imparciales, transparentes, efectivos, rápidos y justos. Por su parte, la Ley 7/2017, de 2 de noviembre, establece el procedimiento de acreditación y notificación a la Comisión Europea de las entidades de resolución de litigios que cumplan los requisitos en ella exigidos.

De este modo, las Juntas Arbitrales vienen obligadas, de conformidad con lo establecido en los convenios de constitución de las mismas, a solicitar su acreditación conforme a lo establecido en la Ley 7/2017, de 2 de noviembre, y por tanto, a cumplir sus disposiciones en lo que se refiere a las propias Juntas Arbitrales como entidades de resolución alternativa, a los procedimientos gestionados por ellas y a los órganos responsables de la solución de los litigios planteados por los consumidores y usuarios. Con ello se mantienen los principios y condiciones que constituyen la garantía de un sistema extrajudicial de resolución de litigios de calidad[9] y cuyas decisiones tienen carácter vinculante y ejecutivo para ambas partes, consumidores y empresarios.

Es, por consiguiente, en este contexto en el que ha visto la luz pública el Real Decreto 713/2024[10], de 23 de julio, por el que se aprueba el Reglamento que regula el Sistema Arbitral de Consumo[11]. El Gobierno ha ejercido así la

---

9 Cfr. Maluquer De Motes Bernet, C.J., «El arbitraje de consumo como instrumento de calidad al servicio del consumidor y del empresario», en *El arbitraje de consumo* (Dir. Forensa i Tomàs, C.E.), Valencia, Tirant lo Blanch, 2004, pp. 27 y ss.

10 *Vid.*, necesariamente, Tomillo Urbina, J., «Una aproximación al nuevo Reglamento del Sistema Arbitral de Consumo (RD 713/2024, de 23 de julio)», *Noticias Jurídicas/noticias.juridicas.com (08/08//2024)*. https://noticias.juridicas.com/conocimiento/articulos-doctrinales/19480-una-aproximacion-al-nuevo-reglamento-del-sistema-arbitral-de-consumo-rd-713-2024-de-23-de-julio/

11 También puede consultarse, Martínez Espín, P., «Análisis del Real Decreto 713/2024 sobre el sistema arbitral de consumo», *Revista Cesco de Derecho de Consumo*, n.° 51, 2024, pp.

potestad reglamentaria (*ex* art. 97 CE) de acuerdo con lo previsto hoy en el artículo 57.2 del texto refundido de la Ley General para la Defensa de los Consumidores y Usuarios y otras leyes complementarias, a tenor del cual «*La organización, gestión y administración del Sistema Arbitral de Consumo y el procedimiento de resolución de los conflictos, se establecerá reglamentariamente por el Gobierno. (...)*».

2. Su novedosa peculiaridad estructural: un real decreto aprobatorio de reglamento

2.1. Artículo único. Aprobación del Reglamento

Prima facie el Real Decreto 713/2024 presenta, respecto de las dos normas que le han precedido, una peculiaridad en su propia estructura configurativa. En efecto, mientras que tanto el Real Decreto 636/1993 como el Real Decreto 231/2008 fueron normas reglamentarias que regulaban directamente el sistema arbitral de consumo, el nuevo Real Decreto se ha configurado como una norma aprobatoria del «Reglamento» que regula el sistema arbitral de consumo.

Por consiguiente, al tratarse de un real decreto aprobatorio de un reglamento, la nueva norma contiene un «artículo único[12]», por comparación con los diecisiete artículos que presentaba el Real Decreto 636/1993 o los sesenta y cuatro artículos que recogía el Real Decreto 231/2008.

En un momento inicial, el Ministerio competente en materia de consumo configuró, en la misma línea modeladora que las normas precedentes, un texto proyectado de real decreto que daba cabida a cuarenta y cinco artículos; texto que fue objeto de consulta pública previa entre los días 27 de octubre y 11 de noviembre de 2022; borrador de proyecto que, además, junto con la memoria del análisis de impacto normativo, fue sometido a audiencia e información pública entre los día 13 de abril y 8 de mayo de 2023. De hecho, sobre esta estructura emitió su Informe el Pleno del Consejo General del Poder Judicial en su reunión del día 25 de enero de 2024[13].

57 y ss., así como MARCOS FRANCISCO, D., «Principales cambios del nuevo proyecto de Real Decreto regulador del Sistema Arbitral de Consumo: ¿Hacia un arbitraje de consumo más eficaz?», *Revista General de Derecho Administrativo*, n.º 66, 2024, pp. 1 y ss.

12 Cfr. la Resolución de 28 de julio de 2005, de la Subsecretaría, por la que se da publicidad al Acuerdo del Consejo de Ministros, de 22 de julio de 2005, por el que se aprueban las Directrices de técnica normativa (BOE núm. 180, de 29 de julio de 2005).

13 «*El Proyecto que se informa está integrado por una exposición de motivos, cuatro capítulos, que dan cabida a cuarenta y cinco artículos, una disposición adicional única, una disposición transitoria única, una disposición derogatoria única y tres disposiciones finales*» (p. 2). https://www.poderjudicial.es/cgpj/es/Poder-Judicial/Consejo-General-del-Poder-Judicial/Actividad-del-CGPJ/Informes/Informe-sobre-el-proyecto-de-Real-Decreto-por-el-que-se-regula-el-Sistema-Arbitral-de-Consumo

Sin embargo, posteriormente, el 3 de abril de 2024, la secretaria de Estado de Función Pública, por delegación del ministro para la Transformación Digital y de la Función Pública, concedió la aprobación previa al proyecto; y, en tal estado de tramitación, se dispuso que se remitiera el expediente al Consejo de Estado para dictamen, donde tuvo entrada el 12 de abril de 2024 ya con la nueva configuración estructural de real decreto aprobatorio y, por consiguiente, con un artículo único, Dictamen que fue emitido con fecha 30 de mayo de 2024[14].

En definitiva, el Real Decreto 713/2024, de 23 de julio, por el que se aprueba el Reglamento que regula el Sistema Arbitral de Consumo, ha quedado estructurado en una parte expositiva[15], un artículo único, una disposición adicional única, una disposición transitoria única, una disposición derogatoria única y cuatro disposiciones finales; disposiciones de cuyo comentario nos vamos a ocupar a continuación.

2.2. Disposición adicional única. Protección de datos de carácter personal

A lo largo del Reglamento, se atribuye a las Juntas Arbitrales de Consumo una serie de cometidos que requieren un necesario tratamiento de datos. Así, el artículo 6 c) y d) del Reglamento prevé, entre las funciones encomendadas a las Juntas Arbitrales, la relativa a la gestión y mantenimiento actualizados, en su ámbito de actuación, de los datos de los empresarios que hayan efectuado ofertas públicas de adhesión, mientras estas se encuentren en vigor; así como la correspondiente de comunicar al Ministerio con competencias en materia de consumo los datos actualizados de los empresarios que hayan realizado ofertas públicas de adhesión al Sistema Arbitral de Consumo.

Además, los artículos 27 a 29 del Reglamento disponen previsiones referidas a bases de datos de empresarios adheridos al Sistema Arbitral de Consumo, interpelando para ello tanto a las Juntas Arbitrales como al propio Ministerio competente en la materia, que deberá elaborar una base de datos electrónica de carácter público y de ámbito nacional en la que se incluyan la totalidad de ofertas de adhesión al Sistema Arbitral de Consumo, aceptadas por cualquier Junta Arbitral.

En el borrador de proyecto que fue sometido a audiencia e información pública, y que igualmente fue objeto de informe por el Consejo General del Poder Judicial, no existía una disposición que hiciese alusión directa a la protección de datos de carácter personal, hecho este que fue advertido por el citado órgano actuante en su función consultiva y puesto expresamente

14 https://www.boe.es/buscar/doc.php?id=CE-D-2024-628

15 Parte expositiva no titulada, en la línea marcada por las directrices de técnica normativa referenciadas en nota *ut supra*.

de manifiesto en su conclusión segunda, expresando que *«sería conveniente que la norma proyectada incorporara alguna previsión en relación con la referida creación de la meritada base de datos»*.

De hecho, la citada advertencia fue atendida por el hacedor del borrador de norma, toda vez que en el posterior texto remitido al Consejo de Estado para dictamen ya se contenía, a modo de disposición adicional primera[16]; si bien, en el texto finalmente aprobado por el Consejo de Ministros quedó como disposición adicional única.

Así pues, el Real Decreto 713/2024, en su disposición adicional única dispone:

> «1. El tratamiento de los datos personales en virtud de esta norma se realiza en cumplimiento de una misión de interés público conforme a lo dispuesto en el artículo 6.1, apartado e), del Reglamento (UE) 2016/679 del Parlamento Europeo y del Consejo, de 27 de abril de 2016, relativo a la protección de las personas físicas en lo que respecta al tratamiento de datos personales y a la libre circulación de estos datos y por el que se deroga la Directiva 95/46/CE (Reglamento General de Protección de Datos).
>
> 2. Corresponde a la Dirección General de Consumo actuar como órgano responsable del tratamiento. Para el tratamiento de los datos personales se aplicarán las medidas de gestión previstas en el Reglamento General de Protección de Datos. Estas incluyen la recogida de los datos de acuerdo con el principio de minimización, la conservación de estos durante el tiempo estrictamente necesario para alcanzar las finalidades para las que fueron recabados y la adecuación a los requisitos del Esquema Nacional de Seguridad».

La alusión directa que en el número 1 de la disposición adicional hace al concreto precepto del Reglamento (UE) 2016/679 resulta pertinente, por cuento, como ha señalado también el Consejo de Estado, dicho precepto declara que el tratamiento de datos personales es lícito si *«el tratamiento es necesario para el cumplimiento de una misión realizada en interés público o en ejercicio de poderes públicos conferidos al responsable del tratamiento»*; necesidad que, en el supuesto que nos ocupa, está fuera de toda duda en virtud de la transcendencia que presentan las bases de datos de empresarios adheridos al Sistema Arbitral de Consumo para la propia operatividad de esta vía adecuada de resolución de controversias, y correspondiendo a la Dirección General de Consumo la actuación como órgano responsable del tratamiento de los datos personales[17].

---

16 El texto remitido al Consejo de Estado recogía, en efecto, dos disposiciones adicionales más Una disposición adicional segunda, intitulada «no incremento del gasto público» que fue posteriormente retirada del proyecto definitivo dado que el mismo sí supone incremento de gasto público, según un informe del propio Ministerio proponente que obra en el expediente normativo; y también se preveía una disposición adicional tercera sobre «aplicación supletoria», que en el texto final adopta la naturaleza de disposición final segunda, por ser esta la requerida de acuerdo con las directrices de técnica normativa antes igualmente referenciadas.

17 En la actualidad, la referida Dirección General de Consumo se halla circunscrita en el organigrama del Ministerio de Derechos Sociales, Consumo y Agenda 2030 del Gobierno de España.

2.3. Disposición transitoria única. Procedimientos arbitrales y de adhesión al Sistema Arbitral de Consumo iniciados antes de la entrada en vigor del Real Decreto 713/2024

El contenido transitorio de toda norma presenta un criterio de prevalencia y el objetivo de las disposiciones que revisten esta naturaleza es facilitar el tránsito al régimen jurídico previsto por la nueva regulación. Así, la disposición transitoria única prevista en el Real Decreto 713/2024 se centra en tres cuestiones específicas. Por una parte, las solicitudes de arbitrajes presentadas en una Junta Arbitral antes de la entrada en vigor de la nueva norma reglamentaria; por otra, las ofertas de adhesión de los empresarios al sistema arbitral de consumo que se encuentren en trámite a la fecha de entrada en vigor de esta; y, finalmente, las ofertas limitadas de adhesión que se hallen en vigor en la fecha de entrada en vigor de aquella.

Así pues, el Real Decreto 713/2024, en su disposición transitoria única dispone:

> «1. Las solicitudes de arbitrajes presentadas en una Junta Arbitral antes de la entrada en vigor de esta norma proseguirán su tramitación conforme a lo previsto en la normativa vigente en la fecha de la citada presentación.
>
> 2. Las ofertas de adhesión de los empresarios al Sistema Arbitral de Consumo que se encuentren en trámite, en la fecha de entrada en vigor de esta norma, se sustanciarán de acuerdo con lo establecido en el presente real decreto.
>
> 3. Las ofertas limitadas de adhesión que se encuentren en vigor en la fecha de entrada en vigor de esta norma deberán adecuarse a esta norma en el plazo de seis meses desde el día siguiente a su entrada en vigor. Transcurrido ese plazo, se tendrán por no puestas las limitaciones de la oferta de adhesión, salvo denuncia expresa de esta por el empresario».

Por lo que respecta a las solicitudes de arbitraje presentadas antes de la entrada en vigor de la nueva norma y, por consiguiente, también en lo que atañe a los procedimientos arbitrales de consumo en curso a dicha fecha de toma de vigencia, se ha previsto que se continúe su tramitación conforme a lo previsto en el Real Decreto 231/2008. En cambio, con relación a las ofertas de adhesión de los empresarios al sistema arbitral de consumo que se hallen en trámite, al haber sido presentadas antes de la fecha de entrada en vigor del nuevo real decreto, se ha contemplado que las mismas deben ser sustanciadas de acuerdo con lo establecido en el Real Decreto 713/2024.

Es decir, para los procedimientos arbitrales iniciados antes de la entrada en vigor de la norma la disposición transitoria única prevé que prosigan su tramitación conforme a lo previsto en la normativa vigente en el momento en que se inició el procedimiento[18], mientras que las resoluciones sobre admisión o inadmisión de las ofertas públicas de adhesión de las empresas que se encuentren en trámite en la fecha de entrada en vigor de la nueva norma, se sustanciarán de acuerdo con lo establecido ella y no en la anterior.

Asimismo, en la misma disposición transitoria se dispone que las ofertas limitadas de adhesión que se encuentren en vigor en la fecha de entrada en vigor de la nueva norma deberán adecuarse a la misma en el plazo de seis meses desde el día siguiente a su entrada en vigor. Transcurrido ese plazo, se tendrán por no puestas las limitaciones de la oferta de adhesión, salvo denuncia expresa de esta por el empresario[19].

En la parte expositiva del Real Decreto 713/2024 se hace alusión a que (el Ejecutivo) se ha decantado por esta opción para dar una mayor protección de los consumidores, entendiendo la falta de adecuación expresa de las ofertas al nuevo texto como aceptación de la desaparición de las limitaciones. Para ello se ha tenido en cuenta que la admisión de ofertas limitadas ya era configurada como una excepción en el Real Decreto 231/2024, debiendo recaer informe de las Juntas Arbitrales de Consumo a través de la que se hubiera efectuado la oferta limitada, así como de la Comisión de Juntas, informe que debería tener en cuenta las directrices del Consejo del Sistema Arbitral de Consumo[20].

---

18 Con pleno sentido práctico y en la misma línea ya prevista en su día por la disposición transitoria cuarta del Real Decreto 231/2008.

19 El Consejo de Estado, en su Dictamen, pone de manifiesto que: *«Las empresas adheridas al Sistema Arbitral de Consumo son muy numerosas (más de 100.000 según la página web del ministerio), y muchas de ellas son pequeñas y medianas. Aunque un mayor número redundaría en pro de la protección de los consumidores y usuarios, se trata de una cantidad significativa. A día de hoy son dos las posibles ofertas de adhesión, las totales y las limitadas (artículos 25 y 26 del vigente Real Decreto 231/2008, de 15 de febrero). En relación con ellas, una importante directriz del proyecto, que el Consejo de Estado no pone en cuestión, consiste en la supresión de las ofertas limitadas de adhesión. En este sentido, el apartado 3 de la disposición transitoria da un plazo de seis meses para adecuar a la norma las ofertas de adhesión limitadas, lo que se haría sustituyéndolas por ofertas totales, o para denunciar la oferta. Y si no se hace, se tienen por no puestas las limitaciones. El Consejo de Estado considera que sería muy acertado que el Ministerio de Derechos Sociales, Consumo y Agenda 2030 se dirigiera a todas las empresas con ofertas limitadas, que necesariamente han de figurar en el Registro Público de Empresas Adheridas (artículo 31 del Real Decreto vigente), para recordarles el tenor de este apartado 3. De este modo se evitarían sorpresas de pequeñas empresas que no hagan un seguimiento de las novedades normativas y que pudieran verse inmersas en procedimientos arbitrales inesperados»*.

20 A este respecto, TOMILLO URBINA, J., «Una aproximación al nuevo Reglamento del Sistema Arbitral de Consumo (RD 713/2024, de 23 de julio)», cit., p. 5, refiere con finura que: *«es cierto, como argumenta la Exposición de Motivos del* RD *713/2024 (apartado* III*), que la configuración jurídica de la OPA limitada era técnicamente «excepcional» en el* RD *231/2008 (art. 26), pero no es menos cierto que la realidad de las adhesiones limitadas no es, ni mucho menos, una excepción en la práctica cotidiana de los colegios arbitrales, que llevan trabajando con ellas más de 30 años (art. 6.2 a* RD *636/1993, de 3 de mayo). No se*

2.4. Disposición derogatoria única. Derogación normativa

En el marco de las directrices de técnica normativa, las disposiciones derogatorias contendrán únicamente las cláusulas de derogación del derecho vigente, que deberán ser precisas y expresas, y, por ello, habrán de indicar tanto las normas o partes de ellas que se derogan como, en su caso, las que se mantienen en vigor[21]. Así, se evitarán cláusulas genéricas de derogación del derecho vigente que en ningún caso pueden sustituir a la propia enunciación de las normas derogadas.

En virtud de la disposición derogatoria única del Real Decreto 713/2024, se deroga expresamente el Real Decreto 231/2008, así como cuantas disposiciones de igual o inferior rango se opongan, contradigan o resulten incompatibles con lo dispuesto en el nuevo real decreto aprobatorio del reglamento que regula el sistema arbitral de consumo.

2.5. Disposición final primera. Título competencial

La nueva norma se ha dictado al amparo de lo dispuesto en el artículo 149.1, 5.ª y 6.ª de la Constitución Española, que atribuye al Estado las competencias exclusivas en materia de administración de justicia y de legislación

discute la necesidad de arbitrar medidas para evitar las adhesiones «fraudulentas» que a veces se formalizan con el único propósito de obtener unos puntos de ventaja en licitaciones públicas, sin la más mínima intención —ni siquiera en apariencia— de participar responsablemente en el Sistema Arbitral de Consumo. Pero es muy preocupante que la supresión de las limitaciones pueda desembocar en la producción seriada de denuncias significativas en sectores «sensibles» (eléctricas y energéticas, telefonía, correos...) que acarreen como consecuencia un debilitamiento progresivo del SAC. Habrá que prestar atención a la repercusión práctica de esta modificación, esperando que su cuestionable sentido de la realidad no precipite un retroceso a etapas anteriores, cuando el SAC limitaba su campo de operaciones a la actividad minorista propia de reducidos grupos de pequeños empresarios sectorialmente localizados y con escasa clientela, dejando fuera del sistema al enorme colectivo compuesto por aquellos consumidores que contratan masivamente con el irrenunciable universo de las grandes empresas, plagado de abusos y de un variado repertorio de incumplimientos legales y contractuales. Téngase en cuenta, además, que cualquier condición incluida en la oferta de adhesión será considerada como limitación (art. 24.4.I in fine). Es un tema serio que habría necesitado de una mayor reflexión, habida cuenta de que quienes hubieren formulado solicitud de adhesión al SAC con anterioridad al 13 de agosto de 2024 bien podrían haber tomado su decisión al amparo del citado artículo 26, que ahora desaparece con carácter sobrevenido sin que decaiga la solicitud presentada».

21 En el supuesto de que se precisen las normas que mantienen su vigencia, deberá hacerse en un nuevo apartado de la misma disposición derogatoria, debiendo evitarse que, mediante las cláusulas derogatorias, pervivan en el ordenamiento jurídico diversas normas con el mismo ámbito de aplicación. En el caso de que deba mantenerse la vigencia de algunos preceptos de la norma derogada, deberán incorporarse al nuevo texto como disposiciones adicionales o transitorias, según su naturaleza (directriz 41).

procesal, respectivamente[22], texto coincidente con la también disposición final primera del hoy derogado Real Decreto 231/2008.

De este modo, además, se ha dado cumplimiento a lo dispuesto en la disposición final segunda del texto refundido de la Ley General para la Defensa de los Consumidores y Usuarios y otras leyes complementarias, que habilita al Gobierno para dictar, en materia de su competencia, las disposiciones precisas para la aplicación de dicha norma[23].

2.6. Disposición final segunda. Aplicación supletoria

El sistema arbitral de consumo se ha configurado *ab initio* como un arbitraje institucional-administrativo, al haberse diferido a un tercero —las distintas Juntas Arbitrales de Consumo— la administración del propio arbitraje. Y claramente esta dualidad concurrencial de órganos arbitrales y Juntas Arbitrales se ve reflejada en las normas supletorias que deben responder en cada caso.

Así pues, el Real Decreto 713/2024, en su disposición final segunda dispone[24]:

> «1. El procedimiento arbitral de consumo y todas las actuaciones llevadas a cabo por los órganos arbitrales se rigen por lo dispuesto en la presente norma y, en lo no previsto en ella, por la Ley 60/2003, de 23 de diciembre, de Arbitraje, y por lo dispuesto en la Ley 39/2015, de 1 de octubre, del Procedimiento Administrativo Común de las Administraciones Públicas, y en la Ley 40/2015, de 1 de octubre, de Régimen Jurídico del Sector Público.
>
> 2. La actividad de las Juntas Arbitrales se rige, en lo no previsto expresamente en esta norma, por lo dispuesto en la Ley 39/2015, de 1 de octubre, del Procedimiento Administrativo Común de las Administraciones Públicas, en la Ley 40/2015, de 1 de octubre, de Régimen Jurídico del Sector Público, y en el resto de normas de Derecho administrativo».

---

22 Ahora bien, el Consejo General del Poder Judicial en su Informe puso de manifiesto que *«respecto de esta previsión sobre los títulos competenciales que habilitan al autor del proyecto a dictar la norma sometida a informe cabe señalar, en primer lugar, que la concreción del título competencial con arreglo al cual se dicta la norma adolece de la debida identificación de aquel o aquellos títulos que en concreto sirven de título habilitante a de los distintos preceptos del texto proyectado, por lo que no se acomoda a las exigencias de la doctrina del Consejo de Estado y de la jurisprudencia, por lo que sería aconsejable, de acuerdo a dicha doctrina, que se precisaran los preceptos que se dictan al amparo de las reglas 5.ª y 6.ª del artículo 149.1* CE».

23 Como se pone de relieve en la parte expositiva del Real Decreto 713/2024, para su elaboración, se ha contado con el parecer de las comunidades autónomas a través de la Conferencia Sectorial de Consumo, con la audiencia del Consejo de Consumidores y Usuarios y demás asociaciones de consumidores y usuarios, así como de las organizaciones empresariales, inscritas en los Registros o depósitos correspondientes en cada caso.

24 En esencia, el contenido de esta disposición final segunda se hallaba recogido en el artículo 3 del Real Decreto 231/20008, ahora derogado.

Dado que la Ley 60/2003 (art. 14.1) distingue entre la encomienda de la administración del arbitraje y la designación de árbitros se debe deducir que la administración del arbitraje se encuentra configurada como un encargo concebido con mayor amplitud que la mera designación de los sujetos que diriman la cuestión controvertida. Así, la administración del arbitraje de consumo supone, por una parte, la determinación del procedimiento que se ha de seguir a fin de resolver la controversia y, por otra parte, en la dotación de los elementos necesarios para que se desarrolle y culmine el citado procedimiento, siendo sin duda uno de estos elementos la designación de los árbitros.

Adicionalmente a la Juntas Arbitrales, en orden al funcionamiento integrado del sistema arbitral de consumo y para garantizar la seguridad jurídica de las partes en el referido arbitraje institucional-administrado, se establecen mecanismos que pretenden favorecer la previsibilidad del sistema. Para ello el Real Decreto 231/2008 ya creó dos instituciones que tienden a ser fundamentales, la Comisión de las Juntas Arbitrales de Consumo y el Consejo General del Sistema Arbitral de Consumo. El sistema arbitral de consumo descansa, pues, sobre una estructura orgánica y normativa de cierta complejidad.

2.7. Disposición final tercera. Habilitación para el desarrollo normativo

En el marco de las directrices de técnica normativa, las disposiciones finales también incluirán las autorizaciones y mandatos dirigidos a la producción de normas jurídicas —habilitaciones de desarrollo y de aplicación reglamentarios, mandatos de presentación de proyectos normativos, etc.— (directriz 42).

Y en este sentido, el Real Decreto 713/2024 prevé, en la línea de su antecesor[25], la habilitación a la persona titular del ministerio con competencias en materia de consumo para dictar las disposiciones precisas a fin de aplicar la nueva norma reglamentaria.

2.8. Disposición final cuarta. Entrada en vigor

Por último, el Real Decreto 713/2024 dispone su entrada en vigor a los veinte días de su publicación en el Boletín Oficial del Estado. Así, teniendo presente que dicha publicación se produjo en el número 178, de 24 de julio de 2024, la nueva norma reglamentaria se encuentra vigente desde el pasado día 13 de agosto de 2024. Recuérdese que el cómputo es civil, por lo que los días eran naturales, no contándose en el que la norma aparece publicada, de modo que el plazo comenzó a computarse a partir del siguiente (*ex* art. 5 Código Civil).

25 Cfr. la disposición final segunda del Real Decreto 231/2008.

Asimismo, de acuerdo con la referida directriz 42 de técnica normativa, la *vacatio legis* debería haber posibilitado el conocimiento material de la norma y la adopción de las medidas necesarias para su aplicación, cuestión ésta que en las fechas indicadas ha debido de resultar ciertamente complejo por razones obvias de temporalidad. Además, no se llega a comprender del todo la razón por la cual el Ejecutivo español no ha seguido la senda marcada por el Real Decreto 231/2008, norma que, en general, dispuso una mucho más razonable *vacatio legis* de seis meses.

3. El Reglamento

Como ha sido ya puesto de relieve en líneas anteriores, el Real Decreto 713/2024 se ha configurado como una norma aprobatoria del «Reglamento» que regula el sistema arbitral de consumo, Reglamento que, sustancialmente y artículo por artículo —más el anexo del mismo—, va a ser objeto de comentario y análisis en la presente obra. En estos momentos de contextualización nos limitaremos a reproducir lo que la parte expositiva del nuevo Real Decreto señala sobre el mismo, comenzando por el hecho de que el Reglamento por el que se regula el Sistema Arbitral de Consumo se compone de cuatro capítulos, que agrupan un total de 45 artículos.

El capítulo I del Reglamento está dedicado a las disposiciones generales que resultan de aplicación al Sistema Arbitral de Consumo. En el artículo 1 se determina su objeto, la regulación de la organización del Sistema Arbitral de Consumo y de sus procedimientos, estableciendo el carácter extrajudicial, vinculante, ejecutivo y voluntario del arbitraje de consumo. En el artículo 2 se establece como ámbito de aplicación los litigios surgidos entre consumidores y empresarios, nacionales y transfronterizos, residentes en la Unión Europea, derivados de una relación de consumo, que versen sobre materias de libre disposición de las partes conforme a derecho.

En el capítulo II, que se estructura en tres secciones, en los artículos 3 a 22[26] se establece la organización del Sistema Arbitral de Consumo y se opta por mantener la misma organización existente hasta ahora: las Juntas Arbitrales de Consumo, que son los órganos de naturaleza administrativa que gestionan y administran el arbitraje de consumo; los órganos arbitrales integrados por las personas encargadas de resolver el litigio; y los órganos consultivos o de participación, es decir la Comisión de Juntas Arbitrales de Consumo y el Consejo del Sistema Arbitral de Consumo.

26 En la parte dispositiva del Real Decreto 713/2024 se señala el artículo 20, en lugar del 22; si bien se trata meramente de una errata sin mayor relevancia; máxime además cuando, poco después, al referirse a la sección 4.ª y última del capítulo II, la finaliza con el artículo 22, precepto que cierra precisamente la sección y el capítulo.

La sección 1.ª se denomina Juntas Arbitrales de Consumo y se establece su naturaleza administrativa, composición, funciones y ámbito competencial. El procedimiento para la resolución de conflictos por las Juntas Arbitrales de Consumo tiene algunas especialidades, dado el carácter administrativo de las Juntas Arbitrales y la naturaleza administrativa de sus actuaciones y la naturaleza arbitral de las actuaciones de los árbitros, que son los órganos decisores del conflicto. Los plazos establecidos se han fijado en días hábiles, a excepción de los derivan de la regulación especial en materia de resolución extrajudicial de conflictos de la Ley 7/2017, de 2 de noviembre, que incorpora al ordenamiento jurídico español la Directiva 2013/11/UE del Parlamento Europeo y del Consejo, de 21 de mayo de 2013, garantizando así, en los artículos 35.3 y 45.1 y 2 de este Reglamento, el respeto a los plazos máximos fijados en días naturales por la citada Ley 7/2017, de 2 de noviembre.

En la sección 2.ª, artículos 8 a 15, se regulan los órganos arbitrales, su naturaleza, la forma de proponer su nombramiento, el procedimiento de su acreditación y retirada de esta y su designación para actuar como decisores en los procedimientos arbitrales como órgano unipersonal o colegiado. Se designará un órgano unipersonal fundamentalmente en razón de que la cuantía de la pretensión sea inferior a 600 euros, aunque con excepciones como es el caso de asuntos de ausencia de complejidad, apreciada por la persona titular de la presidencia de la Junta Arbitral. La opción de designar un órgano arbitral unipersonal en estos casos responde a la necesidad de agilizar la resolución de los litigios, considerando la experiencia positiva de la intervención de los órganos arbitrales unipersonales, y teniendo en cuenta que la rapidez en la resolución del litigio es un elemento indispensable en el acceso a la justicia de las partes. Para asegurar su independencia e imparcialidad en el artículo 15 se regula su abstención y recusación.

La sección 3.ª, artículos 16 a 18, se dedica a la Comisión de Juntas Arbitrales de Consumo, órgano colegiado de naturaleza administrativa, adscrito al Ministerio con competencias en materia de consumo. La Comisión conocerá de los recursos interpuestos por las partes contra las resoluciones de admisión o inadmisión de las solicitudes de arbitraje que se fundamente en alguna de las causas previstas en el artículo 2. Además, emitirá los informes para la aclaración de dudas o interpretaciones de normas en la resolución de los litigios planteados a los órganos decisores de los litigios de consumo, con el fin de armonizar los criterios de decisión de aquellos y asegurar la independencia e imparcialidad de los órganos arbitrales. En coherencia con la naturaleza de órganos administrativos de las Juntas Arbitrales, las resoluciones de admisión e inadmisión dictadas por la persona titular de la presidencia de la Junta Arbitral, que no sean susceptibles de recurso ante la Comisión de Juntas Arbitrales, podrán ser objeto de la interposición del recurso potestativo de reposición en vía administrativa.

La sección 4.ª, artículos 19 a 22, está dedicada al Consejo del Sistema Arbitral de Consumo, órgano colegiado de representación y participación en esta materia que reduce su composición y funciones, manteniéndose la representación de las diferentes Administraciones de consumo a las que están adscritas las Juntas Arbitrales de Consumo, de las asociaciones de consumidores y usuarios, de las organizaciones empresariales y de la entidad más representativa de las entidades locales.

El capítulo III, artículos 23 a 30, se refiere al convenio arbitral, a las ofertas de adhesión de los empresarios al Sistema Arbitral de Consumo y a su denuncia, a la resolución sobre la admisión o inadmisión de dichas ofertas, cuya competencia se atribuye al titular de la presidencia de la Junta Arbitral, así como a las bases de datos de empresas adheridas y el fomento de dicha adhesión. Se incorporan también en el artículo 23.6 las exigencias de información a las partes que la Ley 7/2017, de 2 de noviembre, impone a los procedimientos de resolución de litigios de carácter vinculante. Una de las modificaciones de más calado de este reglamento es la desaparición, en el artículo 24, de la posibilidad de incluir limitaciones de cualquier tipo en las ofertas públicas de adhesión formuladas por los empresarios.

El distintivo de empresario adherido al Sistema Arbitral de Consumo pasa a ser único, al desaparecer las ofertas de adhesión limitadas, siendo, a partir de ahora, según se establece en el artículo 26, de utilización y exhibición obligatoria en cualquier soporte que permita al consumidor su conocimiento: portal de internet, condiciones generales de contratos, folletos informativos, carteles o cualquier otra comunicación comercial. Ello permitirá que los consumidores y usuarios puedan conocer, en el momento de la contratación de un bien o servicio, la existencia de una oferta de adhesión que les permita resolver sus litigios mediante el Sistema Arbitral, contribuyendo este conocimiento a incrementar su confianza y seguridad en la contratación que se dispongan a efectuar[27].

Igualmente, se garantiza el acceso de los ciudadanos a las ofertas públicas de adhesión de los empresarios a través de la creación de bases de datos de carácter electrónico, recogida en el artículo 27, con independencia de la obligación para las Juntas Arbitrales de poner a disposición de los consumidores los listados de empresarios adheridos en cualquier otro formato accesible. Cada Junta Arbitral de Consumo deberá dar publicidad a las ofertas de adhesión que reciba y comunicarlas al Ministerio con competencias en materia de consumo para su incorporación al listado nacional de empresarios adheridos, debiendo dicha información estar actualizada en todo momento. Además, como recoge el artículo 29, se producirá la baja en el registro público de ofertas de adhesión de empresarios al Sistema Arbitral en caso de denuncia o retirada de aquellas, extinción de su vigencia o en el supuesto de incumplimiento reiterado de las normas de protección de los consumidores por los empresarios adheridos.

---

27 Tanto la denominación del distintivo de adhesión al sistema arbitral de consumo como su construcción gráfica se hallan previstos a modo de anexo en del Reglamento.

El capítulo IV, artículos 31 a 45, se dedica al procedimiento arbitral y a las actuaciones administrativas previas. El artículo 31 enumera los principios generales aplicable a los procedimientos: su carácter unidireccional, audiencia, contradicción, igualdad de las partes, gratuidad, confidencialidad y accesibilidad universal. Los artículos 32 y 34 se refieren a la presentación de la solicitud de arbitraje y a su subsanación en caso de que la Junta Arbitral haya comprobado que no contienen los datos o documentación necesaria. En el artículo 33 se establece la comprobación de la competencia de la Junta Arbitral que ha recibido la solicitud, previa a la emisión de la resolución de admisión e inadmisión de las solicitudes, lo que se prevé en el artículo 35, en el que se establecen las causas tasadas de inadmisión de solicitudes. La comprobación de la existencia de convenio arbitral válido está recogida en el artículo 36. En caso de inexistencia de convenio se procederá a trasladar la solicitud al empresario reclamado para su aceptación o rechazo, dado el carácter voluntario del procedimiento. En los artículos 37 a 42 se recoge el procedimiento arbitral: inicio, traslado de la documentación, audiencia y pruebas. También se recoge en el artículo 40 la posibilidad de modificación de la pretensión por parte del consumidor y la reconvención del empresario. El artículo 43 se refiere a la falta de comparecencia o inactividad de las partes, señalándose que no privarán de eficacia al procedimiento, no tendrán consideración de allanamiento ni impedirán que se dicte laudo que ponga fin al litigio.

El laudo o resolución que pone fin al procedimiento se encuentra recogido en los artículos 44 y 45. Respecto al contenido y forma del laudo, que ha de ser motivado, se remite el citado artículo 44 a lo dispuesto en la Ley 60/2003, de 23 de diciembre, de Arbitraje. Se mantiene la posibilidad de que las partes alcancen un acuerdo consensuado que ponga fin al litigio entre ellas, ya sea antes del inicio del procedimiento o durante este, pudiendo, en caso de existencia de convenio arbitral, elevarse el acuerdo a laudo conciliatorio, salvo que el acuerdo ya haya sido cumplido o las partes rechacen esa posibilidad, lo que viene recogido en el artículo 38. En cuanto al plazo para dictar el laudo, se fija en noventa días naturales a contar desde el día siguiente a la notificación del inicio del procedimiento arbitral, excepto en los casos que se trate de elevar a laudo un acuerdo consensuado entre las partes, en los que el plazo se reduce a un mes. Se posibilita la prórroga del plazo de noventa días naturales para decidir el litigio, en supuestos de especial complejidad.

III. Y... UNA ANHELADA REFORMA LEGAL

El transcurso del tiempo y la constatación de la realidad viva a la que el ordenamiento debe dar cotidiana respuesta son dos ingredientes que, de consuno, coadyuvan de manera natural a poder analizar con razonables garantías de objetividad una determinada cuestión, sea esta jurídica o no. Por lo que respecta al arbitraje de consumo, entiendo, nos hallamos en un momento óptimo para ello, debiendo transcender dicho análisis los limitados, aunque necesarios, ajustes técnicos del instrumento jurídico, máxime cuando este específico mecanismo de solución de conflictos se sitúa en una «doble cuarentena».

Por un lado, hemos conmemorado durante el año 2024 el cuadragésimo aniversario de la Ley General para la Defensa de los Consumidores y Usuarios, y, por ello, el de la pionera previsión de sistema arbitral de consumo. Además de encontrarnos igualmente en el periodo de edad comprendido entre los cuarenta y los cuarenta y nueve años con respecto a la propia Constitución, que, como hemos visto, expresamente instó a los poderes públicos a garantizar la defensa de los consumidores y usuarios, protegiendo, mediante procedimientos eficaces, entre otros, sus legítimos intereses económicos.

Esta aportación pretende así llevar a cabo también un reconocimiento, en cuanto identificación y exploración, del sistema arbitral de consumo, a la vez que dicho reconocimiento recoge igualmente un agradecimiento e incluso satisfacción por el cumplimiento práctico del mandato constitucional, al contar los consumidores y usuarios con un medio razonablemente positivo de salvaguarda de sus derechos de naturaleza económica. Por otra parte, debemos ser conscientes que el arbitraje de consumo también se halla en una cuarentena, entendida esta vez como «aislamiento preventivo» por razones derivadas de su propia implantación, ciertamente compleja al intervenir tanto administración general del Estado como autonómicas e incluso locales.

Es así que, tras estos años de nacimiento, desarrollo y consolidación del arbitraje de consumo, y en el marco del cuadragésimo aniversario de la Ley General para la Defensa de los Consumidores y Usuarios, considero que se debiera dar un nuevo salto cualitativo que nos situase otra vez en la vanguardia normativa a nivel de Derecho comparado. No es cosa distinta que una directa interpelación para el progreso en el arbitraje de consumo.

En absoluto ello debe responder al mero prurito de innovar por innovar; en nuestro caso, el impulso normativo propuesto ahora en esta tribuna tiene por esencia el cumplimiento en sí de un específico mandato de nivel constitucional: la garantía de la defensa de los consumidores y usuarios, protegiendo, mediante procedimientos eficaces —como lo es sin duda el arbitraje de consumo— los legítimos intereses económicos de aquéllos.

De los tres pilares básicos sobre los que se sustenta el Sistema Arbitral de Consumo (personas consumidoras y usuarias, empresariado y administración pública) existe uno que, dada la normativa reguladora del citado sistema, debe ser objeto de especial consideración. Y debe ser objeto de especial consideración de forma prioritaria por parte de quienes de una u otra forma hemos sido o son responsables del mismo y, por ende, también asumimos parte alícuota de responsabilidad nada desdeñable en el éxito o el fracaso de este mecanismo de resolución de conflictos en materia de consumo. Me estoy refiriendo al empresariado.

En efecto, de poco sirve que las distintas administraciones públicas con competencia en la materia hayan procedido a establecer y financiar Juntas Arbitrales de Consumo en aras a que los consumidores y usuarios cuenten con un procedimiento específico donde puedan defender sus derechos legalmente reconocidos, si el sistema arbitral de consumo no cuenta con la confianza de los empresarios. Cabe señalar sin temor no sólo a no equivocarse sino a no exagerar que, si bien el establecimiento del sistema arbitral de consumo tuvo como actores principales a la administración pública y a los consumidores y usuarios, el éxito del mismo no se consigue sin la participación estelar de los empresarios.

Huelga realizar mención alguna acerca del hecho de que, cada vez con más necesidad, los empresarios buscan elementos diferenciadores de sus productos o servicios con el fin de que los destinatarios de los mismos los elijan y adquieran en preferencia a los ofertados por sus competidores. Sin embargo, como bien se sabe no sólo se compite desde el prisma del producto o servicio, sino que la labor competencial se aprecia desde todos y cada uno de los aspectos relacionados con la actividad empresarial. Y dentro de esa estructura empresarial no es una cuestión baladí la referente a la gestión de las reclamaciones.

En este ámbito de actuación, el empresario si atendiese únicamente a su interés legítimo de conservar la clientela seguiría sin duda alguna la clásica máxima del «cliente siempre tiene la razón», máxima que se revela por otra parte tan incierta como engañosa. Frente a esta actitud ciertamente flexible y únicamente en parte ventajosa desde el punto de vista comercial, se sitúa en el otro extremo la remisión de la cuestión controvertida a los tribunales de justicia. Sin embargo, la experiencia ha demostrado que los llamados «costes de acceso» a la justicia ordinaria —no me refiero sólo a los económicos (que en muchos de los supuestos se encuentran mitigados), sino a todos aquellos que rodean la presencia del Poder judicial— desincentivan especialmente al consumidor a intentar hacer valer sus derechos en la meritada instancia. En este segundo supuesto, la consecuencia casi nunca es jurídica sino comercial: el cliente no vuelve generalmente a tener relación contractual con el empresario, o si la sigue teniendo se funda en motivos totalmente ajenos a la propia reclamación.

Para el empresario, el sistema arbitral de consumo se revela, muy al contrario, como un punto de encuentro neutral con su cliente insatisfecho a fin de que se dé solución al conflicto que sostienen, y que ambas partes por sí mismas no han podido resolver. De esta forma, el empresario voluntariamente ofrece al cliente y le abre una nueva vía de solución de la controversia, y el consumidor o usuario, en la mayoría de los casos, valora positivamente este «servicio» que le brinda el empresario a través de la Juntas Arbitrales de Consumo. En mi opinión, la gestión que el empresario realice de la controversia concreta debe ser en todo caso complementaria al valor propiamente dicho del uso distintivo oficial de adhesión al sistema, que por lo general pasa desapercibido para el consumidor medio.

Sin duda, el arbitraje de consumo se ha revelado a lo largo de sus casi cuarenta años de existencia el procedimiento natural a través del cual, millones de personas consumidoras y usuarias han hecho valer sus derechos de una manera sencilla, flexible y contrastada a su vez. Y además el Ordenamiento jurídico español fue pionero a nivel mundial en la implantación precisamente de esta vía extrajudicial de resolución de conflictos en materia de consumo[28].

Considero así que el sistema arbitral de consumo se encuentra consolidado[29] y plenamente implantado en las distintas Administraciones Públi-

28 Recordemos que, por su parte, la Comisión de las Comunidades Europeas aprobó el 16 de noviembre de 1993 el Libro verde sobre acceso de los consumidores a la justicia y solución de litigios en materia de consumo en el Mercado Único (COM (93) 576 final). A raíz de este documento la Comisión aprobó una Comunicación sobre la solución extrajudicial de conflictos en materia de consumo (COM (98) 198 final), con una Recomendación relativa a los principios aplicables a los órganos responsables de la solución extrajudicial de los litigios en materia de consumo (98/257/CE), ambas de 30 de marzo de 1998. La comunicación ponía de relieve la gran variedad de estos órganos en los Estados miembros y aprobaba un formulario de reclamación del consumidor, en tanto que la recomendación, dirigida a los Estados miembros, enumeraba una serie de principios jurídicos que debían ser observados por este tipo de órganos. Tales principios fueron complementados más adelante por la Recomendación de la Comisión, de 4 de abril de 2001, relativa a los principios aplicables a los órganos extrajudiciales de resolución consensual de litigios en materia de consumo (C(2001) 1016). Por su parte, la Red EJE se creó a partir de la Resolución del Consejo de 25 de mayo del 2000, relativa a una red a comunitaria de órganos nacionales responsables de la solución extrajudicial de los litigios en materia de consumo. Se trata de una red de los órganos nacionales de solución extrajudicial de litigios, con un punto central (centro de intercambio de información) como lugar de contacto para los consumidores que deseen iniciar un procedimiento extrajudicial en otro Estado miembro. Pero solo a partir de 2008 la Unión Europea comienza su actividad propiamente legislativa en la materia, primero con la Directiva 2008/52/CE del Parlamento Europeo y del Consejo, de 21 de mayo de 2008, sobre ciertos aspectos de la mediación en asuntos civiles y mercantiles, la cual, aunque no dirigida específicamente a los consumidores y usuarios, podía dar cauce a sus reclamaciones. Sin embargo, en el año 2013, en la misma fecha, se aprobaron dos normas de gran importancia. En primer lugar, la Directiva 2013/11/UE, del Parlamento Europeo y del Consejo, de 21 de mayo de 2013, relativa a la resolución alternativa de litigios en materia de consumo y por la que se modifica el Reglamento (CE) n.° 2006/2004 y la Directiva 2009/22/CE. Y en segundo lugar el Reglamento (UE) n.° 524/2013, del Parlamento Europeo y del Consejo, de 21 de mayo de 2013, sobre resolución de litigios en línea en materia de consumo y por el que se modifica el Reglamento (CE) n.° 2006/2004 y la Directiva 2009/22/CE.

29 Cuestión distinta es la concerniente a sus deseados efectos prácticos generalizados. En efecto, como pone de manifiesto la Organización de Consumidores y Usuarios (OCU) en la aportación realizada en el marco de la consulta pública previa realizada sobre la propuesta de nueva norma a finales del año 2022: *«El actual sistema arbitral de consumo tal y como está configurado y a pesar de tantos años de funcionamiento, está muy lejos de haber conseguido ser un modo efectivo de resolución de los conflictos para los consumidores. En nuestro país el desconocimiento de su funcionamiento no ha conseguido ganar la batalla a la desconfianza de esta figura por parte de los consumidores, que en el resto de Europa es de gran relevancia y su utilización a nivel internacional está normalizado. Por lo tanto, cual-*

cas (estatal, autonómicas y locales)[30], de modo que se debiera dar ahora un nuevo salto cualitativo que nos situase nuevamente en la vanguardia normativa a nivel de Derecho comparado y, lo que es realmente importante, concediendo a las personas consumidoras y usuarias una más amplia protección de sus derechos[31].

Este nuevo salto cualitativo se concretaría en la modificación de la estatal Ley General de Defensa de Consumidores y Usuarios, por cuanto hace referencia a la «formalización del convenio arbitral de consumo[32]».

Me explico. Sabemos que de acuerdo con la Ley de Ordenación de Transportes Terrestres (art. 38) las Juntas Arbitrales del Transporte son compe-

quier modificación al respecto ha de pasar por aumentar la confianza y la seguridad jurídica en esta institución. A su vez, de las 3.366.570 sociedades mercantiles que hay en España, el porcentaje de adhesión al sistema es tan poco representativo que no puede hablarse de un sistema alternativo de resolución de conflictos para los consumidores».

30 Cfr. Lara González, R., «El arbitraje en el Derecho autonómico de consumo», en *De Iure Mercatus. Libro Homenaje al Prof. Dr. Dr.h.c. Alberto Bercovitz Rodríguez-Cano* (Coord. García-Cruces, J.A.), Valencia: Tirant lo Blanch, 2023, pp. 3169 y ss.

31 Máxime cuando la tozuda realidad nos pone de manifiesto que la mayoría de las reclamaciones de escasa cuantía no se accionan vía judicial, aun existiendo cauces procesales como los reseñados en el cuerpo de texto en los que el consumidor o usuario puede plantear su demanda a través de formularios estándar y sin la necesidad de asistencia profesional de abogacía ni procura, sino que los mismos se canalizan habitualmente a través de las juntas arbitrales de consumo. Cfr. https://www.dsca.gob.es/sites/default/files/consumo_masinfo/230405_oie_54097_actividadsac_2022.pdf

32 En la actualidad, recuérdese, el convenio arbitral, que podrá adoptar la forma de cláusula incorporada a un contrato o de acuerdo independiente de las partes, deberá expresar la voluntad de las partes de resolver a través del arbitraje de consumo las controversias derivadas de una relación de consumo. Deberá constar por escrito, en un documento o documentos firmados por las partes, en formato electrónico cuando lo exija una norma. El convenio deberá ser accesible en todo momento para su posterior consulta y permitir su fiel reproducción durante el periodo de tiempo en que esté en vigor. Cuando exista oferta pública de adhesión al Sistema Arbitral de Consumo, el convenio arbitral se entenderá válidamente formalizado por la mera presentación de la solicitud de arbitraje, siempre que la pretensión esté incluida en el ámbito de la actividad de la empresa o establecimiento. Se entenderá válidamente formalizado el convenio arbitral por la mera presentación de la solicitud de arbitraje si resulta acreditado que en ese momento el empresario utiliza o exhibe el distintivo público de adhesión al Sistema Arbitral de Consumo, sin existir oferta de adhesión previa o habiendo perdido esta sus efectos. En caso de que no conste la existencia de convenio arbitral en cualquiera de las formas señaladas en las líneas precedentes, la Junta Arbitral competente, una vez admitida a trámite una solicitud de arbitraje, la trasladará al reclamado para su aceptación o rechazo. Y en el momento de la prestación del consentimiento por las partes para la resolución de su litigio mediante el arbitraje de consumo, deberán ser informadas, preferentemente en los formularios normalizados puestos a disposición por las Juntas Arbitrales, de que la existencia de un convenio arbitral válido impide a los tribunales conocer de los litigios sometidos a arbitraje, siempre que la parte a quien interese lo invoque mediante declinatoria, así como de que la decisión que ponga fin al litigio tendrá carácter vinculante (*ex* art. 23 Reglamento aprobado por el RD 713/2024).

tentes para resolver las reclamaciones de carácter mercantil relacionadas con el cumplimiento de los contratos de trasporte terrestre y de actividades auxiliares y complementarias del transporte.

Sabemos igualmente que si la controversia no excede de 15.000 euros y ninguna de las partes que intervienen en el contrato hubiera manifestado expresamente a la otra su voluntad de excluir la competencia de tales Juntas antes de que se inicie o debiera haberse iniciado conforme a lo pactado la realización del servicio contratado, las Juntas Arbitrales del Transporte son las únicas competentes. En cambio, si excediera de 15.000 euros, para que sean competentes las Juntas Arbitrales, es necesario que las partes intervinientes, de común acuerdo, sometan a su conocimiento la controversia de que se trate.

El precepto citado en origen sufrió una revisión constitucional, pero hoy en día, tras la oportuna reforma, se encuentra plenamente respaldado por el Tribunal Constitucional, en su Sentencia de 14 de diciembre de 2006, en la cual se dio cumplida respuesta a la cuestión de inconstitucionalidad planteada por la Sección Decimoquinta de la Audiencia Provincial de Barcelona, en relación con el párrafo tercero del artículo 38.1 de la Ley de Ordenación de Transportes Terrestres[33].

A la vista de esta también muy positiva experiencia acumulada en el ámbito del trasporte, cabría pensar que pudiera ser factible que las Juntas Arbitrales de Consumo fuesen las únicas instancias competentes para resolver las controversias surgidas en el ámbito de una relación de consumo en el supuesto de que la cuantía controvertida no fuese superior a 2.000 euros. Siempre, claro está, además, que ninguna de las partes que intervienen en el contrato hubiera manifestado expresamente a la otra su voluntad de excluir la competencia de la Junta Arbitral antes de que se hubiese perfeccionado el contrato.

La cantidad apuntada de 2.000 euros no es una cantidad que se haya expresado de forma aleatoria, ya que se ha tomado como referencia la Ley de

33 El Tribunal Constitucional en su resolución mencionada concluye que la consecuencia jurídica cuestionada —sometimiento al arbitraje—, en cuanto puede ser excluida por la declaración de una sola de las partes, cuya formulación, además, puede producirse incluso después de la celebración del contrato, no resulta desproporcionada. De una parte, porque no merece tal calificación la vinculación por el silencio resultante de una disposición normativa referida a una actividad muy concreta (contratos de transporte terrestre) y en relación únicamente con las controversias de menor entidad económica. De otra, porque los contratantes no vienen obligados a formular aquella declaración en el momento mismo del perfeccionamiento o de la formalización del contrato sino que el *dies ad quem* para la expresión de su voluntad contraria a la intervención de las Juntas Arbitrales se pospone hasta el momento «en que se inicie o debería haberse iniciado la realización del servicio o actividad contratada» que es cuando ha de ponderarse especialmente la seguridad de las partes en la relación negocial, aquí en un aspecto tan relevante como es el mecanismo de resolución heterónoma de conflictos.

Enjuiciamiento Civil, cuyo artículo 23.2.1.º dispone que los litigantes podrán comparecer por sí mismos (por ende, sin necesidad de abogado y procurador) «en los juicios verbales cuya cuantía no exceda de dos mil euros (...)[34]».

En este sentido la propia Ley de Enjuiciamiento Civil en su artículo 437.2 establece que «en los juicios verbales en que no se actúe con abogado y procurador, el demandante podrá formular una demanda sucinta, donde se consignarán los datos y circunstancias de identificación del actor y del demandado y el domicilio o los domicilios en que pueden ser citados, y se fijará con claridad y precisión lo que se pida, concretando los hechos fundamentales en que se basa la petición. A tal fin, se podrán cumplimentar unos impresos normalizados que se hallarán a su disposición en el órgano judicial correspondiente o en la sede judicial electrónica[35]».

34 Repárese en el hecho de haber escogido de referencia esta cantidad, y no la correspondiente a la fijada para el proceso europeo de escasa cuantía (5.000 euros), por razones de prudencia y proporcionalidad. Pero recuérdese, en todo caso, que también con los objetivos de garantizar el acceso a la justicia y crear un espacio de libertad, seguridad y justicia en la Unión Europea, los consumidores pueden utilizar el proceso europeo de escasa cuantía, una alternativa judicial para simplificar, acelerar y reducir los gastos procesales en el caso de demandas transfronterizas dentro de la Unión por importes de hasta 5.000 euros, habiéndose configurado como un procedimiento relativamente sencillo que pueden utilizar tanto particulares como empresas, sin necesidad de abogado, por medio de formularios estandarizados que el consumidor podrá presentar en su propio idioma en los juzgados de su municipio.

35 Ahora el artículo 437 Lec, relativo a la demanda del juicio verbal, así como a la acumulación objetiva y subjetiva de acciones, ha sido modificado, en su apartado 2, por medio del Rd-Ley 6/2023. Concretamente, la nueva dicción literal del precepto nos dice que, «no obstante las previsiones referidas a la forma de la demanda incorporadas en su apartado primero (que no sufre modificación alguna en la reforma de 2023), en aquellos juicios verbales en que no se actúe con abogado y procurador, el actor podrá formular una demanda sucinta, donde se consignarán los datos y circunstancias de identificación del actor y del demandado y el domicilio o los domicilios en que se puedan ser citados, y se fijará con claridad y precisión lo que se pida, concretando los hechos fundamentales en que se basa la petición. A tal fin, se podrán cumplimentar unos impresos normalizados que se hallarán a su disposición en el órgano judicial correspondiente o en la sede judicial electrónica. Modificación ésta, la del apartado 2 del artículo 437 Lec, que solo supone contemplar, a los efectos de la demanda sucinta, que los impresos normalizados que se podrán cumplimentar se hallarán a disposición de la ciudadanía no solo en el órgano jurisdiccional correspondiente, sino también en la sede judicial electrónica. No olvidemos, a tal efecto, que el Real Decreto-Ley 6/2023, desde la perspectiva del acceso digital a la Administración de Justicia, enfrenta la regulación de la sede judicial electrónica (arts. 8 y sigs.), siendo ésta definida como aquella dirección electrónica disponible para la ciudadanía a través de redes de telecomunicaciones cuya titularidad, gestión y administración corresponde a cada una de las administraciones competentes en materia de justicia. Sede que, como mínimo, tendrá el siguiente contenido: identificación de la dirección electrónica de referencia, identificación de su titular, así como de los órganos administrativos encargados de la gestión y de los servicios puestos a disposición de la ciudadanía y profesionales en la misma, identificación de los canales de acceso a los servicios disponibles en la sede, los cauces disponibles para la formulación de sugerencias y quejas, y el acceso al expediente electrónico, a la presentación de escritos, a la práctica de notificaciones y a

Por todo cuanto se ha señalado anteriormente, propongo la incorporación próxima mediante una modificación legislativa de un precepto que contenga la siguiente dicción:

«Se presumirá que existe convenio arbitral de consumo siempre que la cuantía de la controversia no exceda de 2.000 euros y ninguna de las partes intervinientes en el contrato del que se derive tal controversia hubiera manifestado expresamente a la otra su voluntad en contra antes de que se hubiera perfeccionado el contrato».

El encaje razonable de este párrafo se hallaría en el artículo 58 del Texto Refundido de la Ley General de Defensa de Consumidores y Usuarios y, en concreto, sería el número 2. del citado precepto legal, pasando el actual número 2. a ser el 3[36].

la agenda de señalamientos e información, de los sistemas habilitados de videoconferencia. *Sic* VALLESPÍN PÉREZ, D., «La reforma del juicio verbal en el Real Decreto-Ley 6/2023: medidas de eficiencia digital y procesal», *Ius et Scientia*, vol. 10, n.º 1, 2024 pp. 14 y 15.

36 La Constitución española no menciona la protección de los consumidores al objeto de residenciar esta competencia bien en el Estado bien en las Comunidades Autónomas, incluyéndose la misma por el contrario en los correspondientes estatutos de autonomía al atribuirse precisamente las nuevas realidades organizativo-territoriales la competencia exclusiva en dicha materia. Así como tampoco el texto constitucional realiza una expresa referencia al arbitraje a la hora de ordenar la asignación de las competencias entre la entidad estatal y las entonces nuevas realidades autonómicas. Ahora bien, en el supuesto del arbitraje no parece haber duda de que nos hallamos claramente ante una competencia exclusiva del Estado. Con esa rotundidad se afirma en la STC 15/1989 (FJ 9b), a propósito del art. 31 de la Ley 26/1984, General para la Defensa de los Consumidores y Usuarios, invocándose las reglas 6.ª y 8.ª del art. 149.1 CE, aunque sin proporcionar ninguna consideración adicional. Este es, por lo tanto, uno de los casos en que el TC evita adentrarse en la compleja distribución competencial existente en materia de derecho privado. No obstante, en la STC 62/1991 se varía sustancialmente la fundamentación —soslayando la referencia a la regla 8.ª del art. 149.1 CE y dotando así, en apariencia, de mayor consistencia al planteamiento— al considerar que el arbitraje es una «materia atribuida a la competencia del Estado por los títulos competenciales del art. 149.1, 5 y 6, pues, siendo [...] un «equivalente jurisdiccional», mediante el cual las partes pueden obtener los mismos objetivos que con la jurisdicción civil [...], es evidente que la creación de órganos de naturaleza arbitral [...] es materia propia de la legislación civil, relacionada [...] con la Administración de Justicia» (FJ 5). Adviértase que, aun eludiéndose la mención del art. 149.1.8.ª CE, el TC afirma que «es materia propia de la legislación civil», hecho que no deja de ser desconcertante. En la STC 196/1997, que resuelve dos recursos de inconstitucionalidad acumulados contra la Ley 22/1987, de 11 de noviembre, de Propiedad Intelectual, se reproduce el anterior criterio (FJ 12). Resulta llamativa la decisión adoptada al respecto en la STC 72/2014, de 8 de noviembre, que resuelve un recurso de inconstitucionalidad contra la Ley 32/2003, de 3 de noviembre, general de telecomunicaciones, puesto que, en ella, el TC elude el análisis competencial de la cuestión —tal y como apunta el magistrado Luis Ignacio Ortega Álvarez en su voto particular— y considera que un supuesto de arbitraje de consumo puede considerarse válidamente subsumido en la competencia estatal sobre telecomunicaciones reconocida en el art. 149.1.21.ª CE. *Sic* DURBÁN MARTÍN, I., «Derecho privado y competencias autonómicas sobre consumo y comercio interior en la doctrina

Además, debe tenerse presente en todo momento que esta propuesta nada tiene de conexión con el fenómeno de desjudicialización de las controversias civiles al que estamos asistiendo, al percibirse incluso esta realidad como un mito[37]. En efecto, se constata que desjudicializar ha pasado a ser un verbo que parece que ha de evocar necesariamente a cualquier jurista sensaciones positivas y juicios favorables sin restricción; y hacer oposición o crítica a la supuestamente incuestionable necesidad de desjudicialización de la justicia civil implica riesgos de inmediata descalificación.

Se observa con creciente preocupación que el mito de la desjudicialización está sirviendo como excusa para deferir a entes administrativos la decisión de controversias entre particulares, pues es lo que ha sucedido en materia de trasporte aéreo, y es también lo que se ha propuesto en materia de la denominada defensa del cliente financiero. Pero es evidente que tiene que existir un límite a la potestad legislativa consistente en administrativizar controversias entre particulares. Basta con elevar la anécdota a categoría para entender que nuestro sistema de solución de controversias no podría consistir en un conjunto de autoridades administrativas que resolvieran los litigios entre particulares.

El mito de la imperiosa necesidad de desjudicializar la justicia civil, cualquiera que sea el fin propuesto, orilla la consideración de que, para dicho fin, sea de descarga, de eficiencia o de evitación del conflicto, existen muchos instrumentos posibles. La desjudicialización es solo uno de ellos, y no tiene por qué ser el más adecuado, ni desde luego el único en la formulación de una política pública sobre la justicia civil.

Incluso, toda política de administrativización ha de enfrentarse a la pregunta de por qué la burocracia administrativa va a funcionar mejor que la judicial en la decisión de controversias civiles. A poco que se analice, la razón no puede ser ontológica, sino de recursos. En tal caso, destínense los recursos a donde corresponde. Ello sin contar con que en el diseño de esas políticas de administrativización siempre se introduce el modo para que el ente cree sus propios recursos económicos, lo que dota al sistema de un incentivo perverso.

Es verdad que algunas medidas de desjudicialización vienen impuestas por el Derecho europeo, pero estas deben ser examinadas e interpretadas con la misma sana crítica que las medidas puramente internas, también en cuanto a la viabilidad, desde el punto de vista constitucional, de la creación

---

del Tribunal Constitucional», en *Derecho Privado y Constitución*, n.º 30, 2016, p. 276. Por otra parte, el desarrollo reglamentario del arbitraje de consumo se dicta al amparo de lo dispuesto en el artículo 149.1, 5.ª y 6.ª de la Constitución Española, que atribuye al Estado las competencias exclusivas en materia de administración de justicia y de legislación procesal.

37 *Vid.* Díez-Picazo, L., «Sobre la desjudicialización de la justicia civil», *Actualidad Jurídica Uría Menéndez*, núm. 63, 2023, pp. 9 y ss., cuyas ideas hacemos nuestras.

de un ente administrativo al que se encomienda la resolución de controversias entre sujetos privados como lo son, desde luego, las entidades y clientes financieros[38].

José Saramago, en su obra titulada «El año de la muerte de Ricardo Reis» nos recuerda que *«la esperanza, sólo la esperanza, nada más, se llega a un punto en que no hay nada más que la esperanza ...»*. También el genial Lope de Vega sentenció que *«la esperanza tanto tiene de mérito cuanto tiene de paciencia»*. Ahora bien y en todo caso, en palabras de Václav Havel *«la esperanza no es lo mismo que el optimismo. No es la convicción de que algo saldrá bien, sino la certeza de que algo tiene sentido, independientemente de cómo resulte»*.

38 En efecto, como ha tenido ocasión de poner de manifiesto nuestro Tribunal Constitucional en su Sentencia 156/2021, de 16 de septiembre, «ni el fenómeno de la integración europea, ni el artículo 93 CE a través del que esta se instrumenta, ni el principio de primacía del Derecho de la Unión que rige las relaciones entre ambos ordenamientos, han dotado a las normas del Derecho de la Unión Europea, originario o derivado, 'de rango y fuerza constitucionales'»[STC 75/2017, de 19 de junio, FJ 2; con cita de la STC 215/2014, de 18 de diciembre, FJ 3 a), entre otras muchas]. Por tanto, el recurso de inconstitucionalidad, además de no ser un cauce para suscitar la cuestión de la correcta ejecución de las sentencias del Tribunal de Justicia de la Unión Europea, tampoco es el proceso adecuado para examinar la adecuación del Derecho interno a las normas del Derecho de la Unión Europea, que no constituyen, por sí mismas, canon de constitucionalidad o parámetro de enjuiciamiento directo de constitucionalidad en los procesos constitucionales, tal y como se ha recordado de forma reiterada, entre otras en la STC 173/2005, de 23 de junio, FJ 9 c), en la que se recogen anteriores pronunciamientos en tal sentido (entre otras, SSTC 128/1999, de 1 de julio, FJ 9; 208/1999, de 11 de noviembre, FJ 4; 45/2001, de 15 de febrero, FJ 7, y 38/2002, de 14 de febrero, FJ 11). Por tal razón, y a pesar de que el marco jurídico comunitario de protección del consumidor integre, como Derecho interno, el régimen legal aplicable en esta materia, es preciso descartar expresamente que la pretendida contradicción con el Derecho de la Unión Europea pueda ser un motivo de inconstitucionalidad en sí mismo considerado, sin que proceda tampoco, por ello mismo, el planteamiento de cuestión prejudicial en los términos del art. 267 del Tratado de funcionamiento de la Unión Europea, pues la resolución de este proceso constitucional no depende de la interpretación y de la validez de las disposiciones relevantes del Derecho de la Unión Europea» [FJ 2 b)].

REGLAMENTO QUE REGULA EL SISTEMA ARBITRAL DE CONSUMO

CAPÍTULO I

DISPOSICIONES GENERALES

Artículo 1. Objeto*

1. El presente Reglamento tiene por objeto regular la organización y los procedimientos del Sistema Arbitral de Consumo.

2. Mediante el arbitraje de consumo los órganos arbitrales resuelven de forma extrajudicial, con carácter vinculante y ejecutivo para las partes, los litigios, nacionales o transfronterizos, dirigidos a empresarios y que son sometidos a su decisión por consumidores o usuarios residentes en la Unión Europea al considerar que existe una vulneración de sus derechos legal o contractualmente reconocidos.

3. La sumisión al arbitraje de consumo tiene naturaleza voluntaria para las partes que mantienen la controversia.

SUMARIO: I. Finalidad reglamentaria: un arbitraje institucional. II. Un arbitraje especial. III. Un arbitraje voluntario.

I. FINALIDAD REGLAMENTARIA: UN ARBITRAJE INSTITUCIONAL

La mayoría de los arbitrajes, ya sean internacionales o internos, son administrados por alguna corporación de derecho público o asociación o entidad sin ánimo de lucro, en cuyos estatutos se prevén funciones arbitrales, resultando ser los arbitrajes *ad hoc* —administrados por las propias partes—

---

* Comentario realizado por **Rafael Lara González**.

minoritarios[1]. Dentro de la primera categoría organizativa se sitúa plenamente el arbitraje de consumo.

Así, siguiendo la senda iniciada por el precepto que abría el hoy derogado Real Decreto 231/2008[2], el artículo 1.1 del Reglamento que regula el Sistema Arbitral de Consumo principia su retahíla reguladora disponiendo sobre su «objeto», circunscribiendo este precisamente a su vertiente organizativa, sea del propio sistema arbitral de consumo sea del procedimiento arbitral en esta específica materia[3]. El sistema arbitral de consumo se ha configurado pues como un arbitraje institucional-administrativo al haberse diferido a un tercero —las distintas Juntas Arbitrales de Consumo— la administración del arbitraje.

La dificultad que se podría alegar a fin de adjetivar el arbitraje de consumo como «institucional» es la que se manifiesta a la hora de interpretar la propia Ley de Arbitraje [art. 14.1 a) y b)]. En efecto, las Juntas Arbitrales de Consumo no encajan en ninguna de las dos figuras jurídicas que el mencionado precepto determina como depositarias de la administración del arbitraje institucional, ya que no constituyen «Corporaciones de derecho público» ni «Asociaciones y entidades sin ánimo de lucro», sino órganos de la Administración —estatal, autonómica, provincial o municipal— que la sustenta.

Sin embargo, no parece que ello constituya argumento suficiente para que no sea catalogado como institucional, pues reúne todas las características propias de esta clase de arbitraje (administración del arbitraje —designación de árbitros— y reglamento propio), no entendiendo suficiente que su falta de encaje en las figuras jurídicas recogidas en la Ley de Arbitraje sea un dato por sí decisivo, máxime cuando además las especialidades del arbitraje de consumo han sido expresamente reconocidas tanto en la Ley de 1988 (disps. adics. 1.ª y 2.ª) como en la vigente LA (disp. adic. única). De hecho, la norma reglamentaria de 2008 despejaba cualquier duda que pudiera quedar todavía pendiente, toda vez que expresamente se refería a las Juntas Arbitrales de Consumo como órganos administrativos de gestión del «arbitraje institucional» dentro de su respectiva materia. Y, si bien el Reglamento de 2024 no hace referencia expresa al mismo, también bajo esta nueva vigencia nos hallamos ante un verdadero arbitraje institucional.

1 *Sic* Gómez Jene, M., *Arbitraje Comercial Internacional*, 2.ª ed., Civitas, Cizur Menor-Navarra, 2023, pp. 113 y ss.

2 *Vid.*, por todos, Lafuente Torralba, A.J., «Comentario al artículo 1 del RD 231/2008», en *Comentarios a las Normas de Protección de los Consumidores* (Dir. Cámara Lapuente, S.), Colex, Majadahonda-Madrid, 2011, pp. 2003 y ss.

3 Conforme a lo dispuesto en el artículo 57.2 del TRLGDCU la organización, gestión y administración del Sistema Arbitral de Consumo y el procedimiento de resolución de los conflictos, se establecerá reglamentariamente por el Gobierno; precisamente en cumplimiento de este mandato se ha promulgado el Real Decreto 713/2024 aprobatorio del Reglamento que regula el Sistema Arbitral de Consumo, previendo tales aspectos de este arbitraje especial.

Coherentemente con ello, tras el capítulo I del Reglamento, que está dedicado a las disposiciones generales que resultan de aplicación (arts. 1 y 2), en el capítulo II del mismo (arts. 3 a 22) se establece la organización del Sistema Arbitral de Consumo y se opta por mantener la misma organización implantada a través del Real Decreto 231/2008; esto es, las Juntas Arbitrales de Consumo, que son los órganos de naturaleza administrativa que gestionan y administran el arbitraje de consumo; los órganos arbitrales integrados por las personas encargadas de resolver el litigio, y los órganos consultivos o de participación, es decir la Comisión de Juntas Arbitrales de Consumo y el Consejo del Sistema Arbitral de Consumo. Asimismo, con íntegra congruencia, el capítulo IV (arts. 31 a 45) se dedica al procedimiento arbitral y a las actuaciones administrativas previas.

Nos hallamos, en definitiva, ante disposiciones que regulan tanto la organización institucional de naturaleza pública como los procedimientos que se van a sustanciar con relación al arbitraje de consumo. Y claramente esta dualidad concurrencial de organización administrativa y procedimientos arbitrales se ve reflejada en las normas supletorias que deben responder en cada caso, *ex* disposición final segunda del propio Reglamento.

II. UN ARBITRAJE ESPECIAL

A pesar de la común rúbrica de este artículo 1 del Reglamento —«objeto»— los números 2 y 3 del precepto escapan a dicha intitulación, adentrándose más bien en el seno de las características delimitadoras del arbitraje de consumo, en cuanto arbitraje especial y arbitraje voluntario.

En efecto, en el número 2 del artículo objeto de comentario se prevé que los órganos arbitrales resuelven de forma extrajudicial, con carácter vinculante y ejecutivo para las partes, los litigios[4], nacionales o transfronterizos,

4 A lo largo de casi todo el Reglamento se usa la palabra «litigio» como equivalente a «controversia», «disputa» o «conflicto». Ciertamente, la Directiva 2013/11/UE, del Parlamento Europeo y del Consejo, de 21 de mayo de 2013, relativa a la resolución alternativa de litigios en materia de consumo y por la que se modifica el Reglamento (CE) n.º 2006/2004 y la Directiva 2009/22/CE, utiliza exclusivamente en su traducción española la palabra «litigio». Así ha pasado a la Ley 7/2017, de 2 de noviembre, que la incorpora a derecho español, y que solo en contadas ocasiones abandona la palabra «litigio» para utilizar «conflicto». La Unión de Consumidores y Usuarios (Ocu) solicitó en el trámite público correspondiente que se reemplazase la palabra «litigio» por «controversia», por el tinte judicial del término. Sin embargo, el Consejo de Estado en su Dictamen entendió que, en aras de la coherencia entre el proyecto y la citada Ley 7/2017, de 2 de noviembre, resulta correcto utilizar la palabra «litigio» para las controversias formalizadas ante una Junta Arbitral de Consumo, sobre todo a partir del momento en que la solicitud de arbitraje es admitida. Sin embargo, con carácter previo a este momento no existe una «litis» constituida, por lo que resulta más apropiada la palabra «controversia», que es profusamente utilizada por la Ley 60/2003, de 23 de diciembre, de Arbitraje, o en su defecto «conflicto». Aplicando esta consideración al artículo 1, parece correcto el término «litigios» en el apartado 2, pero habría de sustituirlo por «controversia» en el 3, cosa que ha ocurrido en el texto final del Reglamento.

dirigidos a empresarios y que son sometidos a su decisión por consumidores o usuarios residentes en la Unión Europea al considerar que existe una vulneración de sus derechos legal o contractualmente reconocidos.

Que nos hallamos ante un medio «extrajudicial» de litigios resulta *per se* evidente, toda vez que los órganos arbitrales quedan extramuros del poder judicial. Y que los laudos emitidos por dichos órganos tienen carácter «vinculante y ejecutivo» para las partes, deviene elemento legal configurativo *ex* artículo 57.1 del texto refundido de la Ley General para la Defensa de los Consumidores y Usuarios.

En este último sentido, respecto de la doctrina constitucional sobre las relaciones entre arbitraje y jurisdicción, conviene poner de manifiesto lo fijado por la reciente Sentencia del Tribunal Constitucional n.º 146/2024, de 2 de diciembre de 2024[5].

Así, en primer lugar, la constitucionalidad del arbitraje como mecanismo heterónomo de resolución de conflictos intersubjetivos, gracias a la posibilidad ulterior de acceder a la acción de anulación contra laudos arbitrales, bien que dentro de los estrictos términos con que esta se diseña legalmente[6].

5 BOE, núm. 5, de 6 de enero de 2025.

6 No huelga recordar ahora que, recientemente, este tribunal ha declarado en su STC 1/2018, de 11 de enero, FJ 3, que «el mecanismo arbitral, la renuncia al ejercicio del derecho fundamental proviene de la legítima autonomía de la voluntad de las partes, que, libre y voluntariamente, se someten a la decisión de un tercero ajeno a los tribunales de justicia para resolver su conflicto, y ello, correctamente entendido, no implica una renuncia general al derecho fundamental del artículo 24 CE, sino a su ejercicio en un determinado momento, no quebrantándose principio constitucional alguno (SSTC 174/1995, 75/1996 y 176/1996)». También se ha subrayado que «la impugnación del laudo arbitral es únicamente posible por motivos formales (arts. 40 y ss., de la Ley 60/2003, de 23 de diciembre, de arbitraje), con la consiguiente falta de control judicial sobre la cuestión de fondo. En este sentido, no cabe duda de que una mera revisión formal solo puede ser compatible con las exigencias del artículo 24 CE cuando la decisión arbitral es consecuencia de un verdadero y real convenio arbitral, entendido este como la manifestación expresa de la voluntad de ambas partes de someterse a él y en consecuencia al laudo que se obtenga. Así se afirmó en la STC 174/1995, FJ 3, y se reiteró en la STC 75/1996, FJ 2, «ese control excluye las cuestiones de fondo, ya que al estar tasadas las causas de revisión [...], y limitarse estas a las garantías formales sin poderse pronunciar el órgano judicial sobre el fondo del asunto, nos hallamos frente a un juicio externo (STC 43/1988 y sentencias del Tribunal Supremo que en ella se citan) que, como tal, resulta insuficiente para entender que el control judicial así concebido cubre el derecho a obtener la tutela judicial efectiva que consagra el art. 24.1 CE»» (STC 1/2018, FJ 4). Efectivamente, la Ley 60/2003, de 23 de diciembre, de arbitraje, configura la institución arbitral como un mecanismo heterónomo de resolución de conflictos, al que es consustancial la mínima intervención de los órganos jurisdiccionales por virtud y a favor de la autonomía de la voluntad de las partes, que han decidido en virtud de un convenio arbitral sustraer de la jurisdicción la resolución de sus posibles controversias y deferir a los árbitros el conocimiento y solución de sus conflictos, que desde ese momento quedan vedados a la jurisdicción por expresa voluntad de las partes. Por consiguiente, es claro que la acción de anulación debe ser entendida como un proceso de control externo sobre la validez del laudo que no permite una revisión del fondo de la decisión de los árbitros, «al estar tasadas las causas de revisión [...], y limitarse estas a las garantías formales sin poderse pronunciar

En segundo término, el arbitraje no es un «equivalente jurisdiccional» salvo en los efectos de cosa juzgada y ejecutividad del laudo. El Tribunal Constitucional advierte que puede que la confusión que se viene observando en algunas sentencias, como la que había sido recurrida en amparo, haya estado originada por la utilización en los primeros pronunciamientos de nuestro tribunal de garantías constitucionales (SSTC 15/1989, de 26 de enero; 62/1991, de 22 de marzo; 288/1993, de 4 de octubre; 174/1995, de 23 de noviembre, y 176/1996, de 11 de noviembre) —y luego reiterada en posteriores— de la expresión «equivalente jurisdiccional» para referirnos al arbitraje. Si esa fuera la causa, es necesario aclarar desde este momento que tal equivalencia hace referencia especialmente al efecto de cosa juzgada que se produce en ambos tipos de procesos, jurisdiccional y arbitral[7].

---

el órgano judicial sobre el fondo del asunto, nos hallamos frente a un juicio externo» (SSTC 174/1995, de 23 de noviembre, FJ 3, y 75/1996, de 30 de abril, FJ 2). Por todo ello, ninguna de las causas de anulación previstas en el art. 41.1 de la Ley de arbitraje puede ser interpretada en un sentido que subvierta esta limitación, pues «la finalidad última del arbitraje, que no es otra que la de alcanzar la pronta solución extrajudicial de un conflicto, se vería inevitablemente desnaturalizada ante la eventualidad de que la decisión arbitral pudiera ser objeto de revisión en cuanto al fondo» (ATC 231/1994, de 18 de julio, FJ 3). A ello hay que añadir —a diferencia de lo afirmado por el órgano judicial— que es doctrina del Tribunal de Justicia de la Unión Europea que las «exigencias relativas a la eficacia del procedimiento arbitral justifican que el control de los laudos arbitrales tenga carácter limitado y que solo pueda obtenerse la anulación de un laudo en casos excepcionales» (STJCE de 26 de octubre de 2006, asunto *Mostaza Claro*, C-168/05)» (STC 46/2020, FJ 4. En el mismo sentido, SSTC 17/2021, FJ 2, y 50/2022, FJ 3).

7 Efectivamente, a lo largo de nuestra jurisprudencia constitucional sobre el arbitraje hemos señalado que «ha de partirse de la idea de que la configuración del arbitraje como vía extrajudicial de resolución de las controversias existentes entre las partes es un «equivalente jurisdiccional», dado que las partes obtienen los mismos resultados que accediendo a la jurisdicción civil, es decir, una decisión al conflicto con efectos de cosa juzgada. La exclusividad jurisdiccional a que alude el art. 117.3 CE no afecta a la validez constitucional del arbitraje, ni vulnera el art. 24 CE. En relación con el sometimiento de controversias al arbitraje, este tribunal ha reiterado que, si bien el derecho a la tutela judicial efectiva tiene carácter irrenunciable e indisponible, ello no impide que pueda reputarse constitucionalmente legítima la voluntaria y transitoria renuncia al ejercicio de las acciones en pos de unos beneficios cuyo eventual logro es para el interesado más ventajoso que el que pudiera resultar de aquel ejercicio» (STC 1/2018, de 11 de enero, FJ 3). Porque —como también se ha explicado— «el arbitraje en cuanto equivalente jurisdiccional, se sustenta en la autonomía de la voluntad de las partes plasmada en el convenio arbitral. Es «un medio heterónomo de arreglo de controversias que se fundamenta en la autonomía de la voluntad de los sujetos privados (art. 1.1 CE)» (STC 176/1996, de 11 de noviembre, FJ 1). De manera que no cabe entender que, por el hecho de someter voluntariamente determinada cuestión litigiosa al arbitraje de un tercero, quede menoscabado y padezca el derecho a la tutela judicial efectiva que la Constitución reconoce a todos. Una vez elegida dicha vía, ello supone tan solo que en la misma ha de alcanzarse el arreglo de las cuestiones litigiosas mediante la decisión del árbitro y que el acceso a la jurisdicción —pero no su «equivalente jurisdiccional» arbitral, SSTC 15/1989, 62/1991 y 174/1995— legalmente establecido será solo el recurso por nulidad del laudo arbitral y no cualquier otro proceso ordinario en el que sea posible volver a plantear el fondo del litigio tal y como antes fue debatido en el proceso arbitral. Pues como ha declarado reiteradamente este tribunal,

Novedad reseñable del Reglamento en estos momentos objeto de comentario es la relativa al ámbito territorial de los litigios, pues estos pueden ser «nacionales o transfronterizos». Recordemos que la Directiva 2013/11/UE del Parlamento Europeo y del Consejo, de 21 de mayo de 2013, obliga a los Estados miembros a garantizar a los consumidores residentes en la Unión Europea la posibilidad de resolver sus litigios con empresarios establecidos en cualquier Estado miembro, mediante la intervención de entidades de resolución alternativa que ofrezcan procedimientos de resolución alternativa o extrajudicial de litigios de consumo que sean independientes, imparciales, transparentes, efectivos, rápidos y justos.

Asimismo, se revela una novedad —en principio, sorprendente— respecto de lo previsto en el artículo 1.2 del Real Decreto 231/2008, que el homónimo del Reglamento haya sustituido como sujeto pasivo de la reclamación la expresión «empresas o profesionales» por la actual de «empresarios», acomodándose también a la dicción literal del artículo 57.1 del texto refundido de la Ley General para la Defensa de los Consumidores y Usuarios.

En efecto, *prima facie* podría concluirse que la nueva norma reglamentaria ha excluido del arbitraje de consumo a los profesionales, en cuanto sujetos pasivos de la controversia[8]. No obstante, esta interpretación no parece ser la correcta, toda vez que el término «empresario» utilizado por el Reglamento debe ponerse directamente en relación con la definición de «empresario» establecida en la Ley 7/2017, de 2 de noviembre, por la que se incorpora al ordenamiento jurídico español la Directiva 2013/11/UE. Así, «empresario» a estos efectos, es *«toda persona física o jurídica, ya sea privada o pública, que actúe, por sí misma o a través de otra persona a su cargo o en su nombre, con fines relacionados con sus actividades comerciales o empresariales, su oficio o su profesión»*; y, por consiguiente, también nítidamente los profesionales[9].

---

el derecho a la tutela judicial efectiva no es un derecho de libertad, ejercitable sin más y directamente a partir de la Constitución, sino un derecho prestacional, solo ejercitable por los cauces procesales existentes y con sujeción a su concreta ordenación legal (SSTC 99/1985, 50/1990 y 149/1995, entre otras)» (STC 1/2018, de 11 de enero, FJ 3). Es decir, quienes se someten voluntariamente a un procedimiento arbitral tienen derecho, claro está, a que las actuaciones arbitrales sean controladas por los motivos de impugnación legalmente admitidos, pero dicha facultad deriva de la misma configuración legal del arbitraje como forma de heterocomposición de los conflictos entre ellos y no del art. 24 CE «cuyas exigencias solo rigen [...], en lo que atañe para el proceso —actuaciones jurisdiccionales— en el que se pretende la anulación del laudo y para el órgano judicial que lo resuelve» (STC 9/2005, de 17 de enero, FJ 5)» (STC 17/2021, FJ 2. En el mismo sentido, STC 79/2022, FJ 2).

8 *Vid*, también, acerca de la aparente expulsión de las reclamaciones frente a los profesionales, TOMILLO URBINA, J., «Una aproximación al nuevo Reglamento del Sistema Arbitral de Consumo (RD 713/2024, de 23 de julio)», *Noticias Jurídicas/noticias.juridicas.com (08/08//2024)*, pp. 6 y 7.

9 En esta línea interpretativa, cabe también recordar que la Propuesta de Código Mercantil de junio de 2013, redactada por la Sección Segunda de Derecho Mercantil de la Comisión

Sin olvidar tampoco el concepto de «empresario» recogido en el propio texto refundido de la Ley General para la Defensa de los Consumidores y Usuarios (art. 4), a tenor del cual *«A efectos de lo dispuesto en esta norma*[10]*, se considera empresario a toda persona física o jurídica, ya sea privada o pública, que actúe directamente o a través de otra persona en su nombre o siguiendo sus instrucciones, con un propósito relacionado con su actividad comercial, empresarial, oficio o profesión»*.

Por otra parte, ahora sí, abiertamente criticable resulta la previsión relativa a que los litigios dirigidos a esos empresarios sean sometidos a decisión de los órganos arbitrales *«por consumidores o usuarios residentes en la Unión Europea»*, excluyéndose *verbi gratia* aquellos consumidores o usuarios que hayan comprado un bien o contratado un servicio con un empresario o profesional adherido al Sistema Arbitral de Consumo durante sus vacaciones en la costa brava, pero que tienen su residencia en Andorra. En mi opinión, al amparo de lo dispuesto en el artículo 57.1 del texto refundido de la Ley General para la Defensa de los Consumidores y Usuarios, precepto de superior jerarquía normativa y que se refiere simple y llanamente a «los consumidores y usuarios», también los consumidores y usuarios no residentes en la Unión Europa se hallan legitimados para presentar una solicitud arbitral de consumo, siendo competente en este caso para conocer de la misma la Junta Arbitral en cuyo ámbito territorial tenga su domicilio el empresario[11].

Finalmente, por razón de la materia, la controversia ha de versar sobre la existencia, o no, de una vulneración de los derechos legalmente reconocidos o contractualmente atribuidos a los consumidores o usuarios; cuestión ésta que debe ser objeto de análisis complementario en el comentario al artículo 2 del Reglamento, al que en estos momentos nos remitimos.

III. UN ARBITRAJE VOLUNTARIO

La tradicional naturaleza voluntaria del arbitraje resulta abordada de manera expresa por el Reglamento en el número 3 de su artículo 1, en cuanto dispone que *«la sumisión al arbitraje de consumo tiene naturaleza voluntaria para las partes que mantienen la controversia»*; número 3 que ha resultado añadido respecto de lo previsto en el artículo 1 del Real Decreto 231/2008.

General de Codificación, habida cuenta que pasa de delimitar la materia mercantil por referencia a los empresarios a llevarla a cabo en torno a la figura de los operadores del mercado, que comprende a los empresarios —incluidos los que se dedican a actividades agrarias y artesanas—, pero también a los profesionales, científicos y artistas que producen bienes o prestan servicios para el mercado.

10 Por ende, también con respecto al arbitraje de consumo (arts. 57 y 58 TRLGDCU).

11 En lógica con lo previsto en el artículo 7.1 *in fine* del Reglamento objeto de comentario.

Conforme al principio de autonomía de la voluntad, las partes han de ser libres para decidir someterse al Sistema Arbitral de Consumo. En este sentido, cabe señalar que en el artículo 58.1 del texto refundido de la Ley General para la Defensa de los Consumidores y Usuarios se dispone que *«la sumisión de las partes al Sistema Arbitral del Consumo será voluntaria*[12]*»*. Igualmente, en el artículo 9 de la Ley 7/2017, de 2 de noviembre, por la que se incorpora al ordenamiento jurídico español la Directiva 2013/11/UE, del Parlamento Europeo y del Consejo, de 21 de mayo de 2013, relativa a la resolución alternativa de litigios en materia de consumo, se contempla la «voluntariedad» como uno de los requisitos de los procedimientos gestionados por las entidades de resolución alternativa de litigios.

Ahora bien, es oportuno poner de relieve que en el borrador de Real Decreto que se sometió a informe por el Consejo General del Poder Judicial la dicción del precepto era bien distinta. En efecto, en aquella versión se disponía que: *«La sumisión al arbitraje de consumo tiene naturaleza voluntaria para las partes, excepto en los casos en que una norma con rango legal obligue al empresario a aceptar este medio de resolución de litigios en las relaciones con los consumidores, en cuyo caso, el empresario vendrá obligado a formalizar la correspondiente oferta de adhesión»*.

Esta previsión trataba de ser trasunto de la prescripción a su vez establecida en el artículo 9 de la Ley 7/2017, de 2 de noviembre, por la que se incorpora al ordenamiento jurídico español la Directiva 2013/11/UE, del Parlamento Europeo y del Consejo, de 21 de mayo de 2013, que literalmente establece que: *«Ninguna de las partes tendrá la obligación de participar en el procedimiento ante una entidad de resolución alternativa de litigios de consumo, excepto cuando una norma especial así lo establezca. En ningún caso la decisión vinculante que ponga fin a un procedimiento de participación obligatoria podrá impedir a las partes el acceso a la vía judicial»*.

Sin embargo, para el Consejo General del Poder Judicial —en su conclusión primera—, el contraste entre la redacción de la norma proyectada y la regla establecida en el vigente artículo 9 de la Ley 7/2017, de 2 de noviembre, ponía de manifiesto que el precepto propuesto había omitido un elemento esencial de la actual regulación del carácter voluntario del arbitraje cual es

12 Sobre el carácter voluntario de los sistemas alternativos de resolución de conflictos se ha pronunciado también el Pleno del Tribunal Constitucional, en Sentencia de 11 de enero de 2018. [ECLI:ES:TC:2018:1]. En dicha resolución, el Pleno del Tribunal Constitucional declaró la inconstitucionalidad y nulidad del artículo 76 e) de la Ley 50/1980, de 8 de octubre, de Contrato de Seguro, por vulneración del derecho a la tutela judicial efectiva de la contraparte aseguradora en relación con el principio de exclusividad jurisdiccional del artículo 117.3 de la CE. El referido artículo 76 e) atribuía la posibilidad al asegurado de someter a arbitraje cualquier controversia sobre el contrato de seguro, prescindiendo de la voluntad del asegurador. Aunque el referido artículo otorgaba una especial protección al asegurado consumidor, la sentencia evidencia que los sistemas de resolución de conflictos se rigen por los principios de libertad y de voluntariedad de ambas partes.

el de que, en todo caso, la decisión vinculante que ponga fin a un procedimiento de participación obligatoria —como sería el arbitraje de consumo en aquellos supuestos en los que, de conformidad con la redacción propuesta para el artículo 1.3 de la noma proyectada «una norma con rango legal obligue al empresario a aceptar este medio de resolución de litigios en las relaciones con los consumidores»— no podrá impedir a las partes el acceso a la vía judicial, por lo que se consideraba necesario que la redacción propuesta para el artículo anotado fuera modificada —como así finalmente fue— en este punto al objeto de trasladar a la norma proyectada la garantía que sí prevé el artículo 9 de la Ley 7/2017, de 2 de noviembre.

Rebus sic stantibus, el arbitraje de consumo es voluntario para ambas partes, sin más matizaciones que las contempladas en el capítulo III del Reglamento (arts. 23 a 30), relativo fundamentalmente al convenio arbitral y a las ofertas públicas de adhesión de los empresarios[13].

13 Quienes se someten libre, expresa y voluntariamente a un arbitraje, como método heterónomo de solución de su conflicto, eligen dejar al margen de su controversia las garantías inherentes al art. 24 CE y regirse por las normas establecidas en la Ley de arbitraje. De esto se infiere que, si las partes del arbitraje tienen derecho a que las actuaciones arbitrales sean controladas judicialmente, es así porque de este modo está previsto en la norma rectora del procedimiento arbitral y solo por los motivos de impugnación legalmente admitidos para salvaguardar los principios constitucionales a que se ha hecho referencia (art. 41 LA). En consecuencia, la facultad excepcional de control del procedimiento arbitral y de anulación del laudo deriva de la misma configuración legal del arbitraje como forma de heterocomposición de conflictos y no del art. 24 CE, del derecho a la tutela judicial efectiva, «cuyas exigencias solo rigen, en lo que atañe para el proceso —actuaciones jurisdiccionales— en el que se pretende la anulación del laudo y para el órgano judicial que lo resuelve» (STC 9/2005, de 17 de enero, FJ 5)» (STC 65/2021, FJ 4).

Artículo 2. Ámbito de aplicación*

1. Únicamente podrán ser objeto de arbitraje de consumo las controversias surgidas entre consumidores o usuarios y empresarios a los que se refiere el artículo 1.2 que versen sobre materias de libre disposición de las partes conforme a derecho.

2. No obstante lo previsto en el apartado anterior, no podrán ser objeto de arbitraje de consumo las controversias:

a) Que versen sobre intoxicación, lesión, muerte o aquellos en que existan indicios racionales de delito, incluida la responsabilidad por daños y perjuicios directamente derivada de ellos, conforme a lo previsto en el artículo 57.1 del texto refundido de la Ley General para la Defensa de los Consumidores y Usuarios y otras leyes complementarias, aprobado por Real Decreto Legislativo 1/2007, de 16 de noviembre.

b) Que se refieran a servicios públicos de interés general, no económicos o prestacionales, facilitados por las administraciones públicas.

I. DELIMITACIÓN SUBJETIVA

1. Consumidor o usuario

Respecto del ámbito de delimitación subjetiva del arbitraje de consumo, este se circunscribe a los conflictos que surjan entre los consumidores y usuarios y los empresarios o profesionales. Y de ello se deriva evidentemente la exclusión de este arbitraje especial de las controversias de consumidores o usuarios entre sí y, por supuesto, los litigios entre empresarios y/o profesionales. Esta expresa referencia a la delimitación subjetiva es lo que diferencia el artículo 2.1 del Reglamento de su homónimo del Real Decreto 231/2008[1], si bien por la remisión que se hacía también en dicho contexto al artículo 1.2 del propio Real Decreto quedaba suficientemente claro el ámbito subjetivo del arbitraje de consumo sin la necesidad de mencionarlo nuevamente en el precepto siguiente.

---

* Comentario realizado por **Rafael Lara González**.

1 Acerca de este último, *vid.*, por todos, LAFUENTE TORRALBA, A.J., «Comentario al artículo 1 del RD 231/2008», en *Comentarios a las Normas de Protección de los Consumidores* (Dir. Cámara Lapuente, S.), Colex, Majadahonda-Madrid, 2011, pp. 2013 y ss.

Acerca de la determinación de la condición de «consumidor o usuario», así como de la de «empresario», a los efectos de aplicación de este arbitraje institucional, se debe atender a los específicos conceptos previstos en los artículos 3 y 4, respectivamente, del texto refundido de la Ley General para la Defensa de los Consumidores y Usuarios[2].

Así, con carácter general, se considera consumidor o usuario la persona física que actúe con un propósito ajeno a su actividad comercial, empresarial, oficio o profesión; incluyéndose asimismo en el concepto de consumidor, como especificidad del ordenamiento jurídico español, a las personas jurídicas y a las entidades sin personalidad jurídica que actúen sin ánimo de lucro en un ámbito ajeno a una actividad comercial o empresarial.

La advertencia realizada anteriormente, a través de la expresión «con carácter general», se debe a que el propio texto refundido de la Ley General para la Defensa de los Consumidores y Usuarios refiere el concepto de consumidor o usuario «sin perjuicio de lo dispuesto expresamente en sus libros tercero y cuarto». En efecto, en el libro tercero, relativo a la responsabilidad civil por bienes o servicios defectuosos, el sujeto protegido es «todo perjudicado» (*ex* art. 128); y en el libro cuarto, concerniente a los viajes combinados y servicios de viaje vinculados, el elemento subjeto resulta ser el «viajero» (*ex* art. 151). En mi opinión, desde el punto de vista estrictamente de delimitación subjetiva, tanto perjudicado como viajero[3] ostentarían la legitimación activa para solicitar que se dirimiera el litigio a través del arbitraje de consumo.

Además, a los efectos del texto refundido de la Ley General para la Defensa de los Consumidores y Usuarios, y sin perjuicio de la normativa sectorial que en cada caso resulte de aplicación, tienen la consideración de personas consumidoras vulnerables respecto de relaciones concretas de consumo, aquellas personas físicas que, de forma individual o colectiva, por sus características, necesidades o circunstancias personales, económicas, educativas o sociales, se encuentran, aunque sea territorial, sectorial o temporalmente, en una especial situación de subordinación, indefensión o desprotección que les impide el ejercicio de sus derechos como personas consumidoras en condiciones de igualdad (*ex* art. 3.2 TRLGDCU), consumidores que incluso pueden tener otra vía incluso más específica de resolver sus controversias[4].

---

2 Definiciones que, en esencia, coinciden, además, con las dispuestas en el artículo 2 de la Ley 7/2017, de 2 de noviembre, por la que se incorpora al ordenamiento jurídico español la Directiva 2013/11/ UE, del Parlamento Europeo y del Consejo, de 21 de mayo de 2013, relativa a la resolución alternativa de litigios en materia de consumo.

3 Al igual que el «pasajero» en el transporte aéreo. Sobre esta cuestión, *vid.*, ampliamente, PÉREZ MORIONES, A., *«Empoderamiento de usuarios de transporte aéreo y tutela efectiva de sus derechos: la singular vía extrajudicial»*, en Mecanismos adecuados de resolución de conflictos y efectividad de derechos (Coord. Lara, R.; Richard, M; Riaño, I.), JM Bosch, Barcelona, 2024, pp. 47 y ss.

4 Recuérdese, por ejemplo, que el artículo 74 del texto refundido de la Ley General de derechos de las personas con discapacidad y de su inclusión social, aprobado por Real

Finalmente, debemos volver a recordar que la expresa remisión que se hace en el artículo 2.1 del Reglamento al artículo 1.2 del mismo, nos sitúa nuevamente ante la tesitura de que los litigios dirigidos a los empresarios o profesionales sean sometidos a decisión de los órganos arbitrales *«por consumidores o usuarios residentes en la Unión Europea»*, excluyéndose *verbi gratia* aquellos consumidores o usuarios que hayan comprado un bien o contratado un servicio con un empresario o profesional adherido al Sistema Arbitral de Consumo durante sus vacaciones en la costa brava, pero que tienen su residencia en Andorra. En mi opinión, reitero, al amparo de lo dispuesto en el artículo 57.1 del texto refundido de la Ley General para la Defensa de los Consumidores y Usuarios, precepto de superior jerarquía normativa y que se refiere simple y llanamente a «los consumidores y usuarios», también los consumidores y usuarios no residentes en la Unión Europa se hallan legitimados para presentar una solicitud arbitral de consumo, siendo competente en este caso para conocer de la misma la Junta Arbitral en cuyo ámbito territorial tenga su domicilio el empresario[5].

2. Empresario

Por lo que respecta al concepto de empresario, este será toda persona física o jurídica, ya sea privada o pública, que actúe directamente o a través de otra persona en su nombre o siguiendo sus instrucciones, con un propósito relacionado con su actividad comercial, empresarial, oficio o profesión (*ex* art. 4 TRLGDCU), incluyendo, por ende, también nítidamente los profesionales.

Y, aunque no se debe olvidar que el artículo 57.1 del texto refundido de la Ley General para la Defensa de los Consumidores y Usuarios indica que el objeto de este arbitraje especial está constituido por «las reclamaciones de los consumidores y usuarios», y que ello podría llevar a excluir en todo caso de este arbitraje especial las reclamaciones de los empresarios, debemos señalar que dicha afirmación tiene que ser matizada, pues, estas hallan cauce de admisión cuando son formuladas mediante reconvención (cfr. art. 40 del Reglamento).

Decreto Legislativo 1/2023, de 29 de noviembre, determina el establecimiento por parte del Gobierno de un sistema arbitral que, sin formalidades especiales, atienda y resuelva con carácter vinculante y ejecutivo para ambas partes, las quejas o reclamaciones de las personas con discapacidad en materia de igualdad de oportunidades y no discriminación, siempre que no existan indicios racionales de delito, todo ello sin perjuicio de la protección administrativa y judicial que en cada caso proceda. En este sentido, se debe tener presente también el Real Decreto 1417/2006, de 1 de diciembre, por el que se establece el sistema arbitral para la resolución de quejas y reclamaciones en materia de igualdad de oportunidades, no discriminación y accesibilidad por razón de discapacidad. *V.gr.* recientemente —el día 24 de septiembre de 2024— se ha firmado el Convenio entre el Ministerio de Derechos Sociales, Consumo y Agenda 2030 y la Comunidad Foral de Navarra precisamente para la constitución de la Junta Arbitral de Igualdad de Oportunidades, No Discriminación y Accesibilidad Universal en el ámbito de la Comunidad Foral de Navarra.

5 En lógica con lo previsto en el artículo 7.1 *in fine* del Reglamento objeto de comentario.

II. DELIMITACIÓN OBJETIVA INTEGRADORA

El artículo 2.1 del Reglamento también postula la delimitación, en sentido positivo e integrador, del ámbito de aplicación de esta vía extrajudicial de resolución de litigios y que, dentro de su ámbito objetivo, únicamente podrán ser objeto de arbitraje de consumo aquellos que versen sobre *«materias de libre disposición de las partes conforme a derecho»*; no debiendo olvidarnos tampoco de que esta delimitación objetiva integradora se completa con lo referido en el artículo 1.2 sobre la vulneración de los derechos legal o contractualmente reconocidos a los consumidores y usuarios.

Esta última constancia normativa *«vulneración de sus derechos legal o contractualmente reconocidos»*, nos sitúa de lleno en la plasmación de esos derechos bien en normas de protección de consumidores o usuarios[6], en el sentido amplio indicado anteriormente, bien en los contratos que, igualmente en el ámbito de una relación de consumo, se concluyan[7].

---

6 Cfr. MUERZA ESPARZA, J.J., «Ámbito de aplicación del sistema arbitral de consumo», en *El Sistema Arbitral de Consumo. Comentarios al Real Decreto 636/1993, de 3 de mayo* (Dirs. Quintana Carlo, I.; Bonet Navarro, Á.), Aranzadi, Pamplona, 1997, pp. 69 y ss.

7 La nueva norma reglamentaria, en su artículo 24.2, sigue la senda marcada por sus antecesoras dejando abierta la posibilidad de que en la oferta de adhesión del empresario se indique si se opta por que el arbitraje se decida en equidad, en derecho o indistintamente a elección del consumidor, así como el plazo de validez de la oferta. En el supuesto de no constar cualquiera de estos extremos, la oferta se entenderá realizada en equidad y por tiempo indefinido. No pretendo con estas líneas recordar lo que, por otra parte, todos sabemos acerca cómo se encuentra regulada la disyuntiva arbitraje de derecho/arbitraje de equidad en el procedimiento específico de resolución de conflictos en materia de consumo. Me conformo con poner de relieve una vez más el hecho de que, no de forma aislada, algunos empresarios han manifestado sus precauciones a la hora de someterse al sistema arbitral de consumo precisamente porque entendían que los laudos en todo caso se dictaban en equidad, y que esa equidad unida a la también apreciación por su parte de que se favorecía fundamentalmente a los consumidores y usuarios, terminaba en la no adhesión, aislada o puntual, al sistema por parte del empresario. Tampoco es pretensión de este autor hacer un panegírico acerca de tan hermosos conceptos; lejos de ello, sólo trataré de esclarecer dos cuestiones que, a mi entender, resultan relevantes en este contexto. En primer lugar, afirmo compartir con algunos empresarios la preocupación de que haya de dirimirse en Equidad cuestiones tan íntimamente emparentadas con el Derecho; pero no cabe duda de que es la propia normativa la que prioritariamente demanda tal proceder. Y, en segundo lugar, no estoy tampoco del todo seguro de que Derecho y Equidad sean precisamente conceptos contrapuestos. Probablemente, lo que ocurre es que cuando el Derecho puede calificarse de justo, dicho concepto no habrá de hallarse muy lejano del de Equidad o, dicho con otras palabras, en tal caso, ni el propio razonamiento jurídico ni las metas que con el mismo se alcancen diferirán sustancialmente de las que permitiría obtener un razonamiento basado en la equidad, aunque no debamos olvidar que este último concepto precisamente lo que consigue es atemperar aquellas disfunciones que pueden generarse al aplicar, sin más, el razonamiento jurídico. En todo caso, como ha recordado la muy reciente STC 146/2024: «[C]uando las partes se someten a un arbitraje de equidad, aunque ello no excluya necesariamente la posibilidad de que los árbitros refuercen «su saber y entender» con conocimientos jurídicos, pueden prescindir

Por cuanto se refiere la norma a *«materias de libre disposición de las partes conforme a derecho»*, el Reglamento transita por los propios cauces ya marcados también en el artículo 2.1 de la Ley 60/2003, de Arbitraje[8], comprendiendo el arbitraje de consumo sólo las controversias de derecho patrimonial privado en el ámbito del consumo; y, en definitiva, descartando otras materias relacionadas con el derecho del consumo que pertenecen a otro ámbito jurídico (*v.gr.* el derecho administrativo sancionador).

III. DELIMITACIÓN OBJETIVA EXCLUYENTE

A la delimitación negativa del ámbito de aplicación del arbitraje de consumo se refiere, de manera expresa, el número 2 del artículo 2, propugnando la exclusión de su ámbito objetivo (i) los litigios que versen sobre intoxicación, lesión, muerte o aquellos en que existan indicios racionales de delito, incluida la responsabilidad por daños y perjuicios directamente derivada de ellos, conforme a lo previsto en el artículo 57.1 del TRLGDCU, aprobado por Real Decreto Legislativo 1/2007, de 16 de noviembre; y (ii) los litigios que se refieran a servicios públicos de interés general, no económicos o prestacionales, facilitados por las administraciones públicas.

Así, en primer lugar, en lo que respecta a las materias excluidas del Sistema Arbitral de Consumo, como se ha indicado, el artículo 57.1 del texto refundido deja fuera de este arbitraje especial los conflictos sobre intoxicación, lesión o muerte o cuando existan indicios de criminalidad. Este artículo coincide, en términos generales, con lo dispuesto ya en el artículo 2.2 del hoy derogado Real Decreto 231/2008. La única diferencia destacable es que, en este último artículo, así como en el artículo 2.2 a) del Reglamento vigente, se excluye expresamente del arbitraje de consumo lo relacionado con la responsabilidad por daños y perjuicios derivada de los hechos dañosos descritos. Así pues, resulta excluida la acción civil derivada del delito.

de las normas jurídicas y recurrir a un razonamiento diferente al que se desprende de su aplicación, porque lo que se resuelve *ex aequo et bono* debe ser decidido por consideraciones relativas a lo justo o equitativo. Y aquí también debe quedar meridianamente claro que es el tribunal arbitral el único legitimado para optar por la solución que considere más justa y equitativa, teniendo en cuenta todas las circunstancias del caso, incluso si tal solución es incompatible con la que resultaría de la aplicación de las normas del Derecho material. El canon de motivación, en este caso, es más tenue, si bien es imprescindible que se plasmen en el laudo los fundamentos —no necesariamente jurídicos— que permitan conocer cuáles son las razones, incluso sucintamente expuestas, por las que el árbitro se ha inclinado por una de las posiciones opuestas de los litigantes» (STC 17/2021, FJ 2).

8 Por todos, CORDÓN MORENO, F., *El Arbitraje de Derecho Privado*, Civitas, Cizur Menor-Navarra, 2005, pp. 61 y ss., así como HERNÁNDEZ-GIL ÁLVAREZ-CIENFUEGOS, A., «Disposiciones generales (arts. 1, 2, 3-8)», en *Comentario a la Ley de Arbitraje* (Coords. De Martín Muñoz, A; Hierro Anibarro, S.), Marcial Pons, Madrid, pp. 115 y ss.

Y, en segundo lugar, el Reglamento incorpora como novedad al texto normativo la expresa exclusión de los conflictos que se refieran a servicios públicos de interés general, no económicos o prestacionales, facilitados por las administraciones públicas. Esta inclusión trae su causa de lo dispuesto en la Ley 7/2017, de 2 de noviembre, por la que se incorpora al ordenamiento jurídico español la Directiva 2013/11/UE relativa a la resolución alternativa de litigios en materia de consumo. En efecto, el artículo 3 de dicha norma legal de transposición sitúa extramuros de la misma *«las reclamaciones que se refieran a servicios no económicos de interés general»* [letra f)]. En definitiva, litigios surgidos en el ámbito de los servicios públicos de interés general facilitados —es decir, prestados directa o indirectamente— por la administración pública como, por ejemplo, el sanitario, el educativo obligatorio o el de seguridad ciudadana, no pueden ser objeto del arbitraje de consumo, por su naturaleza prestacional; mientras que otros, como el servicio universal de correos, la recogida de residuos o el suministro de agua corriente, por su contenido económico, sí encajan en el ámbito de aplicación del arbitraje de consumo.

CAPÍTULO II

ORGANIZACIÓN DEL SISTEMA ARBITRAL DE CONSUMO

Artículo 3. Composición del Sistema Arbitral de Consumo*

El Sistema Arbitral de Consumo está integrado por las Juntas Arbitrales de Consumo, los órganos arbitrales que deciden los litigios, la Comisión de Juntas Arbitrales de Consumo y el Consejo del Sistema Arbitral de Consumo.

SUMARIO: I. A modo de frontispicio del capítulo segundo. II. Enumeración de los órganos que componen el sistema arbitral de consumo. III. La complejidad orgánica como garantía.

I. A MODO DE FRONTISPICIO DEL CAPÍTULO SEGUNDO

El artículo 3 del Reglamento prevé, en esencia, lo que ya se contenía en el artículo 4 del hoy derogado Real Decreto 231/2008, diferenciándose de este último, por una parte, en la rúbrica, que pasa ahora a ser *«Composición del Sistema Arbitral de Consumo»*, en lugar de *«Organización del Sistema Arbitral de Consumo»*; por otra, en la ubicación capitular, habida cuenta que el precepto anterior cerraba el capítulo I y el nuevo principia el capítulo II; y, asimismo, en el orden en que son enumerados, y posteriormente regulados, los órganos que integran el sistema arbitral de consumo.

* Comentario realizado por **Rafael Lara González**.

II. ENUMERACIÓN DE LOS ÓRGANOS QUE COMPONEN EL SISTEMA ARBTRAL DE CONSUMO

De los cuatro órganos que integran el sistema arbitral de consumo, las Juntas Arbitrales son abordadas en ambos textos en el primer lugar; pero, mientras que en la norma de 2008 le seguían la Comisión de las Juntas Arbitrales de Consumo y el Consejo General del Sistema Arbitral de Consumo, finalizando con los órganos arbitrales; estos, los órganos arbitrales que deciden los litigios, son los que en el Reglamento de 2024 toman el testigo a las Juntas Arbitrales de Consumo, y tras dichos órganos arbitrales se alude a la Comisión de Juntas Arbitrales de Consumo y al Consejo del Sistema Arbitral de Consumo.

Así, en el esquema anterior, entiendo, se sitúa el criterio ordenador en la naturaleza administrativa de los órganos —Juntas Arbitrales, Comisión y Consejo— y se concluye con aquellos que no presentan esa naturaleza —órganos arbitrales—; mientras que en el esquema previsto en la nueva norma reglamentaria el criterio, igualmente considero, se coloca en la transcendencia operativa del arbitraje de consumo, habida cuenta que se abordan en primer lugar los órganos de cotidiana actuación —Juntas (Sección 1.ª) arts. 4 a 7 y órganos arbitrales (Sección 2.ª) arts. 8 a 15— para posteriormente plasmar aquellos de intervención esporádica —Comisión (Sección 3.ª) arts. 16 a 18 y Consejo (Sección 4.ª) arts. 19 a 22—. El precepto ahora objeto de comentario queda pues, en términos de certamen cinematográfico, «fuera de sección».

III. LA COMPLEJIDAD ÓRGÁNICA COMO GARANTÍA

El sistema arbitral de consumo descansa, por ende, sobre una estructura orgánica de cierta complejidad que se compone de cuatro figuras distintas: por una parte, las Juntas Arbitrales de Consumo y los órganos arbitrales, órganos ambos que se encontraban ya contemplados en el primigenio Real Decreto 636/1993; y, por otro lado, dos órganos de posterior aparición, a raíz de la modificación operada en por el Real Decreto 231/2008, como son la Comisión de Juntas Arbitrales de Consumo y el Consejo del Sistema Arbitral de Consumo[1], que en el nuevo Reglamento se mantienen.

Sin duda, esta complejidad orgánica, y las distintas composiciones y funciones atribuidas *ex normae* a cada uno de aquellos, se revela una garantía no solo para el propio funcionamiento del arbitraje de consumo, sino fundamentalmente para los consumidores o usuarios y los empresarios o profesionales que voluntariamente confían en este medio adecuado de resolución de sus conflictos.

---

1 *Vid.*, en esta etapa intermedia, LARA GONZÁLEZ, R., *Procedimientos eficaces y protección de intereses económicos. Reconocimiento e interpelación para el progreso del arbitraje de consumo*, Aranzadi, Las Rozas-Madrid, 2024, pp. 28 y ss.

Artículo 4. Naturaleza de las Juntas Arbitrales de Consumo*

1. Las Juntas Arbitrales de Consumo tienen la naturaleza de órganos administrativos.

2. Son Juntas Arbitrales de Consumo:

a) La Junta Arbitral Nacional, adscrita al Ministerio con competencias en materia de consumo.

b) Las Juntas Arbitrales territoriales, de ámbito autonómico o local, constituidas mediante la suscripción de convenio entre las administraciones públicas territoriales y el Ministerio con competencias en materia de consumo.

SUMARIO: I. Naturaleza jurídica de órgano administrativo. II. Clases de Juntas Arbitrales. El criterio de la territorialidad. III. La desaparición de la potencial previsión en los convenios de la constitución de delegaciones.

I. NATURALEZA JURÍDICA DE ÓRGANO ADMINISTRATIVO

La organización del sistema arbitral de consumo establecida por el Real Decreto 636/1993 se limitaba a prever las Juntas Arbitrales de Consumo, constituyendo la de ámbito nacional y contemplando la posibilidad de establecer, por la Administración General del Estado mediante acuerdos suscritos a través del Instituto Nacional del Consumo con las correspondientes Administraciones públicas, otras de ámbito municipal, de mancomunidad de municipios, provincial y autonómico. Sin embargo, nada se decía acerca de cuál era su naturaleza jurídica ni se daba delimitación conceptual alguna por básica que ésta pudiera resultar.

No obstante, las Juntas Arbitrales de Consumo así constituidas habían venido desarrollando a lo largo de los primeros años una actividad administrativa de soporte de la vía extrajudicial de resolución de conflictos entre particulares sobre derechos de naturaleza estrictamente privada prevista en el artículo 31 de la LGDCU —hoy artículos. 57 y 58 TRLGDCU—; es decir, habían desarrollado una «actividad administrativa arbitral» (aunque en sentido nada claro STSJ Aragón 28 marzo 2000). En definitiva, se atribuyó desde un inicio a órganos administrativos como son las Juntas Arbitrales de Con-

* Comentario realizado por **Rafael Lara González**.

sumo la condición de instituciones arbitrales, de tal forma que han venido interviniendo en labores auxiliares de gestión en el ámbito de la resolución de conflictos en materia de consumo.

El interés general que conecta con la atribución a la Administración de esta potestad para resolver conflictos privados es la protección de los sujetos que participan en el mercado (consumidores y usuarios *ex* artículo 51 CE), de tal modo que ese específico interés público transciende a los concretos actores enfrentados en el conflicto (empresario o profesional *vs*. consumidor o usuario) y, por tanto, se encuentra así constitucionalmente fundamentada la intervención administrativa. Asimismo, en el supuesto de la protección del consumidor o usuario, se debe entender que el correcto funcionamiento de los sectores económicos que directamente les afectan exige la previsión normativa de fórmulas alternativas a la judicial para la resolución de los conflictos que surjan, debido a la general falta de acomodación de ésta para dar solución adecuada a los problemas que se plantean en el ámbito de las relaciones consumo.

La naturaleza jurídico-administrativa de las Juntas Arbitrales de Consumo era ya pues, al amparo del Real Decreto 636/1993, un hecho difícilmente discutible; si bien a dar refrendo a tal circunstancia de hecho vino el artículo 5.1 del Real Decreto 231/2008 disponiendo expresamente que *«(l)as Juntas Arbitrales de Consumo son los órganos administrativos de gestión del arbitraje institucional de consumo ...»*; y en esta misma línea continúa el nuevo Reglamento aprobado por el Real Decreto 713/2024.

Ahora bien, las Juntas Arbitrales de Consumo en cuanto órganos administrativos que son carecen de personalidad jurídica distinta de la Administración pública a la que pertenecen.

Una consecuencia fundamental de que las Juntas Arbitrales de Consumo sean «órganos administrativos» es la de que sus resoluciones revisten la naturaleza de «actos administrativos» y, por consiguiente, se encuentran sometidas al régimen propio del Derecho administrativo y, en concreto, que el procedimiento arbitral de consumo y todas las actuaciones llevadas a cabo por los órganos arbitrales se rigen por lo dispuesto en la nueva norma reglamentaria y, en lo no previsto en ella, por la Ley 60/2003, de 23 de diciembre, de Arbitraje, y por lo dispuesto en la Ley 39/2015, de 1 de octubre, del Procedimiento Administrativo Común de las Administraciones Públicas, y en la Ley 40/2015, de 1 de octubre, de Régimen Jurídico del Sector Público. Así como que la actividad de las Juntas Arbitrales se rige, en lo no previsto expresamente en el Reglamento, por lo dispuesto en la Ley 39/2015, de 1 de octubre, del Procedimiento Administrativo Común de las Administraciones Públicas, en la Ley 40/2015, de 1 de octubre, de Régimen Jurídico del Sector Público, y en el resto de normas de Derecho administrativo[1].

1 Cfr. la disposición final segunda del Real Decreto 713/2024, que lleva por rúbrica «*Aplicación supletoria*».

El artículo 5.1 del hoy derogado Real Decreto 231/2008 no se limitaba a señalar la naturaleza de las Junta Arbitrales de Consumo en cuanto órganos administrativos, sino que también las delimitaba conceptualmente[2], cuestión ésta que ahora ha desaparecido del artículo 4.1 del Reglamento aprobado por el Real Decreto 713/2024, pero que, en esencia, halla acomodo en el párrafo introductorio del artículo 6 de la nueva norma, a modo de función general de las Juntas Arbitrales de Consumo; función general que es la gestión del arbitraje institucional de consumo en el ámbito territorial propio de la administración pública a la que están adscritas.

II. CLASES DE JUNTAS ARBITRALES. EL CRITERIO DE LA TERRITORIALIDAD

A pesar de que la rúbrica del precepto objeto de comentario de manera exclusiva se refiere a la *«Naturaleza de las Juntas Arbitrales de Consumo»*, el artículo 4.2 del Reglamento aprobado por el Real Decreto 713/2004, en la misma línea del artículo 5.2 del Real Decreto 231/2008, siguiendo también el mismo criterio de la territorialidad previsto en el artículo 3 del Real Decreto 636/1993, prevé una clasificación de las Juntas Arbitrales de Consumo en «Junta Arbitral Nacional» y «Juntas Arbitrales territoriales».

La Junta Arbitral Nacional fue creada por el propio Real Decreto 636/1993, encontrándose adscrita entonces al Instituto Nacional del Consumo, adscripción que siguió rigiendo temporalmente en el marco del Real Decreto 231/2008[3]. Sin embargo, la nueva norma reglamentaria del 2024, determina

---

2 Es más, el precepto de 2008 no se circunscribía a definir las Juntas Arbitrales de Consumo y a fijar su naturaleza jurídica, sino que, a modo de cobertura introductoria de algunas de las funciones que vienen llamadas a desempeñar —funciones posteriormente enumeradas en el artículo 6—, dicho artículo asimismo señalaba que las mismas «prestan servicios de carácter técnico, administrativo y de secretaría, tanto a las partes como a los árbitros». El valor que dicha referencia genérica tenía, a mi modo de ver, no es otro que el de situarse en la línea del arbitraje de consumo como «arbitraje institucionalizado», por cuanto la norma realiza una llamada de atención a los principales actores intervinientes en el mismo (empresarios o profesionales y consumidores o usuarios —«las partes»— y «los árbitros») con el fin de situar precisamente en el órgano administrativo denominado Junta Arbitral de Consumo el referente o interlocutor último en el desarrollo de sus respectivas actuaciones. Esto es, empresarios, profesionales, consumidores, usuarios y árbitros deben verse asistidos por los servicios de carácter técnico, administrativo y de secretaría prestados por las Juntas Arbitrales de Consumo, en su calidad de instituciones arbitrales de gestión del arbitraje de consumo. Cfr. Lara González, R., *«Comentario al artículo 5 del* RD *231/2008»*, en *Comentarios a las Normas de Protección de los Consumidores* (Dir. Cámara Lapuente, S.), Colex, Majadahonda-Madrid, 2011, pp. 2033 y ss.

3 El conocido generalmente por Inc fue creado en 1975 (Decreto 2950/1975, de 7 de noviembre) y dos años después se transformó en organismo autónomo (Decreto 3162/1977, de 11 de noviembre). En 1981, se adscribió al entonces Ministerio de Sanidad y Consumo. En el año 2014 el Inc cambia de denominación y funciones al fusionarse con la, entonces,

la adscripción de la Junta Arbitral Nacional directamente al *«Ministerio con competencias en materia de consumo»*, en la actualidad el Ministerio de Derechos Sociales, Consumo y Agenda 2030[4].

Por el contrario, las denominadas ya por el Real Decreto 231/2008 «Juntas Arbitrales territoriales» son aquellas otras que no están creadas *ex normae* sino que se encuentran constituidas *«mediante la suscripción de convenio entre las administraciones públicas territoriales y el Ministerio con competencias en materia de consumo»*.

Así, la constitución de las Juntas Arbitrales de Consumo de distinto ámbito territorial del nacional tiene naturaleza paccionada pues éstas han sido creadas mediante acuerdos —«convenios»— suscritos por la Administración General del Estado —el Ministerio competente en la materia de consumo— con las correspondientes Administraciones públicas territoriales; diverso origen que trae causa de la distribución de competencias diseñada en la Constitución Española, ya que su artículo 149.1, 5.º y 6.º atribuye al Estado las competencias exclusivas en materia de administración de justicia y de legislación procesal, respectivamente.

A diferencia de lo que se disponía en el artículo 3.2 del Real Decreto 636/1993, el nuevo reglamento regulador del arbitraje de consumo, al igual que su precedente de 2008, no determina la Administración pública a la que una Junta Arbitral territorial deba adscribirse. En efecto, la primigenia norma reglamentaria de 1993 establecía a este respecto que «(l)as Juntas Arbitrales de Consumo, de ámbito municipal, de mancomunidad de municipios, provincial y autonómico, se establecerán por la Administración General del Estado mediante acuerdos suscritos a través del Instituto Nacional del Consumo, con las correspondientes Administraciones Públicas». Así, una Junta Arbitral de ámbito municipal debía estar adscrita a un determinado municipio, una de ámbito de mancomunidad de municipios a un concreto ente local de esa naturaleza, una de ámbito provincial a una provincia y una de ámbito autonómico a una comunidad o ciudad autónoma[5].

AESAN (Agencia Española de Seguridad Alimentaria y Nutrición). El organismo resultante de la fusión de ambos se llamó agencia Española de Consumo, Seguridad Alimentaria y Nutrición (AECOSAN), y asumió las competencias y responsabilidades que hasta la fecha venían desempeñando ambos organismos autónomos.

4 *Vid.*, el Real Decreto 209/2024, de 27 de febrero, por el que se desarrolla la estructura orgánica básica del Ministerio de Derechos Sociales, Consumo y Agenda 2030.

5 Dicha clasificación se entendió que era de «lista cerrada», no resultando posible, en principio, la constitución de Juntas Arbitrales de Consumo de ámbito supramunicipal distintas de las de mancomunidad de municipios ni tampoco Juntas Arbitrales de Consumo de ámbito inframunicipal. Se hablaba con las debidas cautelas sobre la imposibilidad, en principio, de constituir Juntas Arbitrales supramunicipales distintas de las de mancomunidad por cuanto llegó a existir entonces, en la planta y demarcación, la Junta Arbitral de Consumo de la «Zona Noroeste de la Comunidad de Madrid» que fue establecida mediante acuerdo del Instituto Nacional del Consumo con una «agrupación de municipios».

En mi opinión, el nuevo Reglamento [*ex* art. 4.2 b)], en la línea marcada por la regulación contenida en el artículo 5.2 b) del Real Decreto 231/2008, evita la rigidez del artículo 3.2 del Real Decreto 636/1993, por cuanto expresamente elude referirse a ámbitos territoriales concretos («municipal, de mancomunidad de municipios, provincial y autonómico») para referirse genéricamente a «administraciones públicas territoriales».

Teniendo presente la existencia de un número nada desdeñable de Juntas Arbitrales de Consumo de distinto ámbito territorial[6] —lo cual ha precisado de una disposición referente a las competencias para conocer de las solicitudes individuales de arbitraje (art. 7 del Reglamento)— así como que nos encontramos ante un «sistema extrajudicial de resolución de conflictos (...) sin formalidades especiales» (art. 57.1 TRLGDCU) —a modo de procedimiento eficaz que garantiza la defensa de los consumidores y usuarios (art. 51 CE)—, se revela una conclusión natural que las Juntas Arbitrales de Consumo deban prestarse mutua colaboración en todo aquello relacionado con la administración del arbitraje (*v.gr.* remisión a la Junta Arbitral competente de la documentación presentada por las partes)[7].

---

6 En la actualidad, dentro del ámbito territorial de Andalucía la planta de Juntas Arbitrales de Consumo se halla integrada, además de por la de ámbito autonómico, por las ocho de demarcación provincial, habida cuenta que todas las provincias han constituido una propia, así como por las Juntas Arbitrales de Consumo de ámbito municipal de El Ejido, Jaén, Granada, Huelva, Cádiz, Córdoba, Sevilla, Almería y Málaga. Por su parte, también se hallan constituidas: la Junta Arbitral de Consumo de la Comunidad Autónoma Principado de Asturias, así como las Juntas Arbitrales de ámbito municipal tanto en Avilés como en Gijón; la Junta Arbitral de Consumo de la Comunidad Autónoma de las Islas Baleares; la Junta Arbitral de Consumo de la Comunidad Autónoma de Canarias; la Junta Arbitral de Consumo de la Comunidad Autónoma de Cantabria; la Junta Arbitral de Consumo de la Comunidad Autónoma de Castilla y León, así como las Juntas Arbitrales de ámbito municipal en Burgos, Salamanca, Valladolid, Zamora, León, Soria, Segovia y Ávila; la Junta Arbitral de Consumo de la Comunidad Autónoma de Castilla-La Mancha; la Junta Arbitral de Consumo de la Comunidad Autónoma de Cataluña, hallándose constituidas igualmente las Juntas Arbitrales de ámbito municipal en Lleida, Mataró, Hospitalet de Llobregat, Barcelona, Sabadell, Badalona, Terrassa y Vilafranca del Penedés; la Junta Arbitral de Consumo de la Comunidad Autónoma Valenciana, y se hallan constituidas igualmente las Juntas Arbitrales de ámbito provincial en Alicante y Castellón; la Junta Arbitral de Consumo de la Comunidad Autónoma de Extremadura; la Junta Arbitral de Consumo de la Comunidad Autónoma de Galicia; Junta Arbitral de Consumo de la Comunidad Autónoma de La Rioja; la Junta Arbitral de Consumo de la Comunidad Autónoma de Madrid, hallándose igualmente constituidas las Juntas Arbitrales de ámbito municipal en Madrid, Alcalá de Henares y Alcobendas; la Junta Arbitral de Consumo de la Comunidad Autónoma de la Región de Murcia; la Junta Arbitral de Consumo de la Comunidad Foral de Navarra; la Junta Arbitral de Consumo de la Comunidad Autónoma del País Vasco, también se halla constituida la Junta Arbitral de Consumo de ámbito municipal en Vitoria-Gasteiz; e igualmente las dos ciudades autónomas que integran España (Ceuta y Melilla) cuentan con sendas Juntas Arbitrales de Consumo.

7 Así, el derogado Real Decreto 231/2018 no sólo había sido implícitamente sensible a esa natural conclusión, sino que de una manera explícita había establecido que las comunicaciones entre las Juntas Arbitrales de Consumo precisas para la administración del arbitraje debían realizarse en el plazo de 10 días. El *dies a quo* se fijaba asimismo en la propia disposición,

El vigente Reglamento aprobado por el Real Decreto 713/2024 prevé así, en sede de procedimiento arbitral y actuaciones administrativas previas (capítulo IV), que la persona titular de la presidencia de la Junta Arbitral ante la que se haya presentado la solicitud de arbitraje conocerá sobre la competencia territorial de la Junta, trasladándola, en otro caso, a la Junta Arbitral de Consumo competente en el plazo de diez días hábiles desde la fecha de la presentación de la solicitud (*ex* art. 33).

III. LA DESAPARICIÓN DE LA POTENCIAL PREVISIÓN EN LOS CONVENIOS DE LA CONSTITUCIÓN DE DELEGACIONES

El derogado Real Decreto 231/2008 aportaba a la regulación organizativa del Sistema Arbitral de Consumo la posibilidad de que, en el marco del convenio de colaboración entre las Administraciones públicas y el ahora extinto Instituto Nacional del Consumo, se contemplase «la constitución de delegaciones de la Junta Arbitral territorial», ya fueran delegaciones «territoriales o sectoriales[8]».

La disposición presentaba una nítida vía de flexibilización organizativa con la que podían contar aquellas Juntas Arbitrales territoriales que así lo contemplasen en sus convenios con la Administración General del Estado.

---

siendo el de la fecha de entrada en la Junta Arbitral remitente de los documentos que deban trasladarse. El plazo referido se encontraba configurado a modo de «plazo general» para que la Junta Arbitral receptora hiciese partícipe a la Junta destinataria de los documentos que las partes le hubieran confiado. En efecto, la referida norma disponía la correspondiente salvedad para el supuesto de que en el propio RD 231/2008 se previese «un plazo distinto» de aquél. De hecho, el artículo 37.1 de esa ya derogada norma reglamentaria en sede de iniciación del procedimiento arbitral señalaba que «(e)l presidente de la Junta Arbitral de Consumo conocerá sobre la competencia territorial de la Junta, trasladándola (*la solicitud de arbitraje*), en otro caso, a la Junta Arbitral de Consumo competente en el plazo de quince días desde la presentación de la solicitud». En todo caso, la norma prevista en el artículo 5.3 RD 231/2008 se trataba de una norma incompleta, por cuanto no se alcanzaba a ver la consecuencia jurídica del incumplimiento de dicho plazo, más allá de una potencial y genérica responsabilidad patrimonial de la Administración pública que había hecho dejación de su deber de comunicar.

8 Ciertamente parecía resultar más coherente con la *ratio normae* de aquel artículo 5.2 que las delegaciones que se pudieran crear fueran delegaciones «territoriales», con las cuales se podría acercar el arbitraje de consumo a zonas o poblaciones concretas sin la necesidad de constituir una nueva Junta Arbitral. Sin embargo, dicho precepto permitía asimismo a las Juntas territoriales erigir delegaciones «sectoriales» o de competencia material (*v.gr.* telefonía, tintorería, electricidad, gas, etcétera), delegaciones éstas que pondrían el acento en su especialización en un sector económico determinado. En todo caso, desde este punto de vista organizativo y con independencia del sentido práctico que pudieran tener, parecía existir un obstáculo jurídico para erigir delegaciones que a su vez fueran territoriales «y» sectoriales, toda vez la meridiana claridad del uso por el precepto de la conjunción disyuntiva «o».

Artículo 5. Composición de las Juntas Arbitrales de Consumo*

1. Las Juntas Arbitrales estarán integradas por las personas titulares y suplentes de su presidencia y secretaría y por el personal que sirve de apoyo al desarrollo de sus funciones.

Los nombramientos de las personas que ostentan la presidencia y secretaría de la Junta, sean titulares o suplentes, deberán recaer en personal al servicio de las administraciones públicas y ser designados por la administración a la que esté adscrita la Junta Arbitral, publicándose su nombramiento en el diario oficial que corresponda a su ámbito territorial. En caso de vacante, ausencia, enfermedad, abstención o recusación, las personas titulares de dichos cargos serán sustituidas por las designadas como suplentes.

La composición de las Juntas Arbitrales de Consumo tendrá en cuenta el principio de presencia equilibrada de mujeres y hombres salvo por razones fundadas y objetivas, debidamente motivadas.

2. Las resoluciones dictadas por las personas titulares de la presidencia de las Juntas Arbitrales, a excepción de las previstas en el artículo 18.1.a), ponen fin a la vía administrativa, pudiendo interponerse frente a ellas recurso potestativo de reposición.

3. Las notificaciones de los actos administrativos dictados por la Junta Arbitral de Consumo se realizarán, conforme a lo dispuesto en los artículos 40 y siguientes de la Ley 39/2015, de 1 de octubre, del Procedimiento Administrativo Común de las Administraciones Públicas. En el supuesto de que el acto que deba ser notificado no tenga carácter administrativo, la notificación se llevará a cabo conforme a la práctica de cada Junta Arbitral.

SUMARIO: I. Estructura orgánica de las Juntas Arbitrales de Consumo: elemento subjetivo. II. Nombramiento de las personas que ostentan la presidencia y la secretaría. III. Principio de presencia equilibrada de mujeres y hombres. IV. Las resoluciones de la presidencia, como regla general, ponen fin a la vía administrativa. V. Notificación de actos.

I. ESTRUCTURA ORGÁNICA DE LAS JUNTAS ARBITRALES DE CONSUMO: ELEMENTO SUBJETIVO

No existe un modelo o canon uniforme de organización interna al que deban ajustarse ni las instituciones arbitrales de naturaleza pública ni tam-

* Comentario realizado por **Rafael Lara González**.

poco las de naturaleza privada. En cada caso, serán sus propias normas o estatutos los que determinen su estructura orgánica, de la manera que estimen más apropiada para el correcto desempeño de las funciones que les son propias. Con esta perspectiva amplia, el primigenio Real Decreto 636/1993, en su artículo 3.4, ya preveía que las Juntas Arbitrales de Consumo estuvieran compuestas por un presidente y un secretario.

Por su parte, el artículo 7.1 del Real Decreto 231/2008 mantuvo esta configuración disponiendo que «(l)as Juntas Arbitrales de Consumo estarán integradas por su presidente y el secretario». Con independencia del acierto o desacierto semántico en el empleo del término «Junta», no nos hallamos ante un «órgano unipersonal» ni tampoco ante un «órgano colegiado» sino frente a un órgano *ad hoc* compuesto por un número plural de personas, y, como novedad incorporada en su día por el Real Decreto 231/2008, queda también integrado por «el personal de apoyo adscrito a dicho órgano».

En definitiva, desde el punto de vista «subjetivo» de las Juntas Arbitrales de Consumo, éstas se han encontrado compuestas por una presidencia, una secretaría, así como por las personas adscritas a dicho órgano (administrativas, técnicas en consumo, mediadoras u otras)[1].

El Reglamento aprobado por el Real Decreto 713/2024, discurre por estos mismos cauces, pero añadiéndose ahora la expresa referencia no solo a las personas titulares de su presidencia y secretaría, sino también a las personas «suplentes» para llevar a cabo las funciones inherentes a sendas responsabilidades; previéndose igualmente la participación del *«personal que sirve de apoyo»* al desarrollo de tales funciones. De este modo, en caso de vacante, ausencia, enfermedad, abstención o recusación, las personas titulares de dichos cargos serán sustituidas por las designadas *—rectius*, nombradas— como suplentes.

II. NOMBRAMIENTO DE LAS PERSONAS QUE OSTENTAN LA PRESIDENCIA Y LA SECRETARÍA

Al igual que en el reglamento de 1993 (art. 3.4), los cargos de la presidencia y la secretaría «deberán recaer en personal al servicio de las Administraciones públicas». Las personas físicas que prestan sus servicios en las Administraciones públicas, constituyen un grupo integrado por diversas clases, diferenciadas entre sí, según distintos criterios de clasificación. Se suelen

1 Este personal al que hacía ya referencia la norma reglamentaria de 2008, de hecho, ya venía colaborando con la presidencia y la secretaría en el desempeño de las distintas funciones que tienen encomendadas las Juntas Arbitrales de Consumo. El RD 231/2008 se refería, en efecto, a presidente y secretario como «cargos», presumiendo así que a ellos les está atribuida la responsabilidad del desempeño de las funciones de las Juntas Arbitrales de Consumo, sin perjuicio de las labores de apoyo del personal que desarrolle su trabajo en las mismas.

distinguir tres grandes grupos de personas al servicio de las Administraciones Públicas: autoridades (personal eventual), funcionarios (de carrera o interinos) y contratados (en régimen laboral o administrativo). En el marco de una de estas tres categorías deberán hallarse las personas que desempeñen tanto el cargo de la presidencia como el de la secretaría de una Junta Arbitral de Consumo, sean estos tanto titulares como suplentes.

El requisito exigido para ostentar la presidencia o la secretaría de las Juntas Arbitrales de Consumo no es un requisito sólo de acceso sino de estado. Es decir, el presidente y el secretario deben reunir en todo momento la condición de «personal al servicio de las Administraciones públicas», con independencia de la que por sí le concede el cargo de la Junta Arbitral de Consumo, de modo que si perdiesen tal condición que reunían en el momento de su designación automáticamente dejarían de estar habilitados para desempeñar las funciones inherentes a su cargo.

El personal de la Administración pública viene prestando sus servicios en variadas y muy distintas Administraciones públicas, pudiendo diferenciarse la Administración Pública Estatal, la Autonómica o la Local, además del personal de las Universidades u otras administraciones dotadas de independencia en su funcionamiento. Todo ese personal reuniría el requisito exigido también ahora por el nuevo Reglamento (art. 5.1, párrafo segundo) para ostentar el cargo de la presidencia o la secretaría de Junta Arbitral de Consumo, y ello tanto en su condición de titular como de suplente.

Ningún requisito relativo a formación académica debe reunir las personas que ejerzan la presidencia o la secretaría de las Juntas Arbitrales. En efecto, por mucho que existan perfiles curriculares que sobre el papel puedan parecer más acordes con las funciones que desempeñan las Juntas, en este aspecto tampoco el nuevo reglamento —en línea con sus normas precedentes— lo preceptúa como circunstancia necesaria.

La «designación» tanto de la presidencia como de la secretaría de Junta Arbitral de Consumo ha estado y continúa encomendada a la administración a la que esté adscrita la Junta, Administración pública que ejercerá tal cometido de acuerdo con el marco de distribución de competencias de que se haya dotado, a través del instrumento normativo oportuno. Los nombramientos de los «cargos» serán publicados «en el diario oficial que corresponda al ámbito territorial» de la Junta Arbitral de Consumo. En mi opinión, la publicación del nombramiento no es un requisito constitutivo del mismo, sino que contribuye únicamente a dar conocimiento a terceros de tal hecho. El precepto objeto de comentario sólo hace referencia a la «designación» de la presidencia y de la secretaría; sin embargo, cuanto se ha dicho sería plenamente aplicable al acto administrativo reverso: el cese[2].

2 *Vid.*, Lara González, R., *«Comentario al artículo 7 del* RD *231/2008»*, en *Comentarios a las Normas de Protección de los Consumidores* (Dir. Cámara Lapuente, S.), Colex, Majadahonda-Madrid, 2011, pp. 2045 y ss.

La condición de «personal al servicio de las administraciones públicas» necesaria para los «cargos», por el contrario, no reviste tal naturaleza para el «personal de apoyo». Y ello, con intención del hacedor de la norma o sin ella, deja abierta la posibilidad de «externalizar» todo o parte del personal sobre el que descanse las labores de «apoyo» (administrativos, técnicos en consumo, mediadores ...), siempre y cuando dichas personas sirvan de apoyo al desarrollo de las funciones atribuidas a los cargos de la Junta Arbitral de Consumo.

III. PRINCIPIO DE PRESENCIA EQUILIBRADA DE MUJERES Y HOMBRES

En coincidente periodo veraniego en el que se publicó el Real Decreto 713/2024 por el que se aprueba el Reglamento que regula el Sistema Arbitral de Consumo[3], tuvo asimismo su publicación la Ley Orgánica 2/2024, de 1 de agosto, de representación paritaria y presencia equilibrada de mujeres y hombres[4].

Así, con el objetivo de avanzar en la consecución del ejercicio real y efectivo del principio constitucional de igualdad, de acuerdo con el mandato que dirige a los poderes públicos el artículo 9.2 de la Constitución Española, y de ahondar en el principio de presencia o composición equilibrada, hasta el punto de exigir una representación paritaria en determinados ámbitos y órganos, la referida ley orgánica introduce sustanciales modificaciones en nuestro ordenamiento jurídico a fin de ahondar en esa realización efectiva de la igualdad de mujeres y hombres, esencialmente en los ámbitos decisorios de la vida política y económica[5].

En esta línea, el nuevo Reglamento prevé (art. 5.1, párrafo tercero) que *«la composición de las Juntas Arbitrales de Consumo tendrá en cuenta el principio de presencia equilibrada de mujeres y hombres salvo por razones fundadas y objetivas, debidamente motivadas»*.

La Ley Orgánica 2/2024 incluye una disposición adicional primera que define la representación paritaria y la presencia equilibrada de mujeres y hombres, según la cual es aquella situación en la que las personas de cada

3 Recuérdese, BOE, núm. 178, de 24 de julio de 2024.

4 BOE, núm. 186, de 2 de agosto de 2024.

5 Normas referentes al Régimen Electoral General, Tribunal Constitucional, Consejo de Estado, Tribunal de Cuentas, Consejo Fiscal, Consejo General del Poder Judicial, Gobierno de España o Administración General del Estado, han sido modificadas a fin de garantizar legalmente la composición equilibrada de mujeres y hombres. Sin olvidar además que la referida ley orgánica viene a trasponer la Directiva (UE) 2022/2381 del Parlamento Europeo y del Consejo, de 23 de noviembre de 2022, relativa a un mejor equilibrio de género entre los administradores de las sociedades cotizadas y a medidas conexas, mediante la modificación, en el primero de ellos, del texto refundido de la Ley de Sociedades de Capital, aprobado por el Real Decreto Legislativo 1/2020, de 2 de julio; procediendo el segundo a la modificación de la Ley 6/2023, de 17 de marzo, de los Mercados de Valores y de los Servicios de Inversión.

sexo no superen el sesenta por ciento ni sean menos del cuarenta por ciento en un ámbito determinado; pudiendo «no aplicarse el criterio de representación paritaria y presencia equilibrada entre mujeres y hombres, en consonancia con el principio de acción positiva, cuando exista una representación de mujeres superior al sesenta por ciento que, en todo caso, deberá justificarse.

IV. LAS RESOLUCIONES DE LA PRESIDENCIA, COMO REGLA GENERAL, PONEN FIN A LA VÍA ADMINISTATIVA

Recordemos que una consecuencia fundamental de que las Juntas Arbitrales de Consumo estuviesen configuradas como «órganos administrativos» era la de que sus resoluciones revisten la naturaleza de «actos administrativos» y, por consiguiente, se encuentran sometidas al régimen propio del Derecho administrativo. En este sentido cobra plena coherencia el artículo 5.2 del Reglamento por cuanto *«las resoluciones dictadas por las personas titulares de la presidencia de la Junta (...) ponen fin a la vía administrativa, pudiendo interponerse frente a ellas recurso potestativo de reposición»*.

Una interpretación literal del texto reproducido, podría llevarnos a considerar que sólo las resoluciones dictadas por las personas «titulares» de la presidencia de la Junta serían las afectas por la disposición. Sin embargo, debe entenderse que serán las resoluciones dictadas por las personas que ostenten en un determinado momento la presidencia del órgano, sean las titulares sean las suplentes, en este último caso al haber actuado a causa de vacante, ausencia, enfermedad, abstención o recusación de aquellas titulares de la presidencia.

Ahora bien, el precepto objeto de comentario, contempla una excepción a esta regla general, excepción que se circunscribe a las resoluciones «previstas en el artículo 18.1 a)» del propio Reglamento; esto es, las resoluciones de admisión o inadmisión de las solicitudes de arbitraje que se fundamenten en la vulneración del artículo 2, igualmente de la nueva norma reglamentaria, no ponen fin a la vía administrativa, habida cuenta que está contemplada la posibilidad de interposición de un recurso ante la Comisión de Juntas Arbitrales de Consumo. En efecto, en la misma línea que disponía en el artículo 7.2 del derogado Real Decreto 231/2008, se viene a configurar un recurso específico en vía interna —a modo de «recurso de alzada impropio»—, contra la resolución de admisión o inadmisión de la solicitud de arbitraje, recurso que deberá ser resuelto por la Comisión de las Juntas Arbitrales de Consumo.

La previsión normativa de este específico recurso administrativo, tuvo su origen en la Ley 44/2006 (Disposición final sexta) al establecer que reglamentariamente se determinarían los supuestos en que podría interponerse reclamación ante la Junta Arbitral Nacional frente a las resoluciones de las Juntas Arbitrales territoriales sobre admisión e inadmisión de solicitudes de arbitraje. Posteriormente, dicha previsión fue incorporada al texto refundido de la Ley General para la Defensa de los Consumidores y Usuarios (art. 57.2).

V. NOTIFICACIÓN DE ACTOS

1. El precedente

En el texto reglamentario de 2008 (párrafo primero del artículo 7.3) se atribuía al secretario de la Junta Arbitral de Consumo la competencia de realizar las «notificaciones de los actos» de dicho órgano administrativo, y en virtud de la naturaleza jurídica de esos actos sus notificaciones deberán efectuarse «conforme a lo dispuesto en los artículos 58 y siguientes de la Ley 30/1992».

Esta norma guardaba sintonía con el artículo 3 del propio Real Decreto 231/2008, del cual a priori se podía asimismo deducir que las notificaciones de los actos que llevasen a cabo los órganos arbitrales se efectuarán —por el secretario del órgano arbitral [art. 18.2 i)]— de acuerdo a lo establecido en la Ley 60/2003.

Sin embargo, el RD 231/2008 no había sido plenamente coherente con el contenido de su disposición general concretada en el mencionado artículo 3, por cuanto su artículo 50 preveía que «(l)a notificación de las actuaciones arbitrales, incluido el laudo, se realizará, a falta de acuerdo de las partes conforme a la práctica de la Junta Arbitral de Consumo, según lo previsto en la Ley 30/1992[6]».

2. La nueva disposición

Así, el nuevo texto reglamentario de 2024 distingue expresa y nítidamente entre la notificación de los actos administrativos dictados por la Junta Arbitral de Consumo, que se realizará conforme a lo dispuesto en los artículos 40 y siguientes de la Ley 39/2015, de 1 de octubre, del Procedimiento Administrativo Común de las Administraciones Públicas; y aquella otra notificación de los actos que no tengan carácter administrativo, en cuyo caso se llevará a cabo conforme a la práctica de cada Junta Arbitral. Nos hallamos ante una clara mejora regulatoria.

En efecto, esta regulación es apropiada, pues es sabido que los actos administrativos siempre están sujetos a Derecho administrativo (artículo 1.1 de la Ley 29/1998, de 13 de julio, Reguladora de la Jurisdicción Contencioso-Administrativa, y artículos 38, 39.1 y 98 de la Ley 39/2015, de 1 de octubre); así como que las Administraciones públicas dictan actos jurídicos que, por no estar sujetos a Derecho administrativo, no tienen la consideración de actos administrativos, y un ejemplo de ellos pueden ser los laudos de las Juntas Arbitrales de Consumo, que se sujetan al Derecho civil, incluyendo el de protección a los consumidores y usuarios y el de contratos, o al mercantil, en su caso[7].

---

6 Cfr. Lara González, R., *«Comentario al artículo 7 del* RD *231/2008»*, cit., p. 2048.

7 Cfr. el Dictamen del Consejo de Estado sobre el Proyecto de Real Decreto.

Artículo 6. Funciones de las Juntas Arbitrales de Consumo*

Las Juntas Arbitrales gestionan el arbitraje institucional de consumo en el ámbito territorial propio de la administración pública a la que están adscritas, y desempeñan las siguientes funciones:

a) Fomentar el arbitraje de consumo entre consumidores y empresarios y las asociaciones u organizaciones de ambos, procurando la adhesión de las empresas al Sistema Arbitral de Consumo.

b) Conocer de las ofertas públicas de adhesión al Sistema Arbitral de Consumo sobre las que resulten competentes, de conformidad con lo establecido en el artículo 25, así como conceder y retirar el distintivo de empresario adherido.

c) Gestionar y mantener actualizados, en su ámbito de actuación, los datos de los empresarios que hayan efectuado ofertas públicas de adhesión, mientras estas se encuentren en vigor.

d) Comunicar al Ministerio con competencias en materia de consumo los datos actualizados de los empresarios que hayan realizado ofertas públicas de adhesión al Sistema Arbitral de Consumo.

e) Elaborar y actualizar la lista de las personas acreditadas como árbitros.

f) Facilitar una solución consensuada entre el consumidor o usuario que presenta una solicitud de arbitraje y el empresario reclamado siempre que se considere objetivamente posible, con el fin de evitar el inicio del procedimiento arbitral.

g) Admitir o inadmitir y, en su caso, archivar las solicitudes de arbitraje recibidas, así como impulsar y gestionar los procedimientos arbitrales de consumo.

h) Proveer de medios y realizar las actuaciones necesarias para el mejor ejercicio de las funciones de los órganos arbitrales.

i) Publicar en su portal de internet información anual sobre la actividad desarrollada conforme a lo previsto en el artículo 38 de la Ley 7/2017, de 2 de noviembre, por la que se incorpora al ordenamiento jurídico español la Directiva 2013/11/UE, del Parlamento Europeo y del Consejo, de 21 de mayo de 2013, relativa a la resolución alternativa de litigios en materia de consumo.

j) Publicar los laudos emitidos, cuyo contenido, respetando la privacidad de las partes, será público.

k) Poner a disposición de los consumidores y empresarios formularios de solicitud de arbitraje, de contestación y de aceptación de esta, así como de ofertas públicas de adhesión al Sistema Arbitral de Consumo.

l) Cualquier otra actividad relacionada con el desarrollo de las funciones que le son propias.

---

* Comentario realizado por **Rafael Lara González**.

SUMARIO: I. Cometido general. II. Funciones específicas. 1. Lista abierta, cláusula de cierre y criterio sistematizador. 2. Función comercial: la promoción del Sistema Arbitral de consumo: 6 a). 3. Funciones relativas a las ofertas públicas de adhesión: 6 a), b), c), d) y k). 4. Funciones relativas a los árbitros: 6 e) y h). 5. Función relativa a facilitar una solución consensuada: 6 f). 6. Funciones relativas a la tramitación de los expedientes arbitrales: 6 g) y k). 7. Funciones relativas a la transparencia: 6 i) y j).

I. COMETIDO GENERAL

El artículo objeto de comentario, con carácter previo a proceder a enumerar las concretas funciones que les son atribuidas a las distintas Juntas Arbitrales de Consumo, establece, a modo de cometido o función general de todas ellas, la correspondiente a la gestión del arbitraje institucional de consumo, en el ámbito territorial propio de la administración pública a la que están adscritas.

Así, las Juntas Arbitrales de Consumo, en cuanto órganos administrativos de gestión del arbitraje de consumo en su ámbito territorial competente, están llamadas asimismo a desarrollar específicas funciones, y todas ellas se encuentran dirigidas en último término a gestionar el arbitraje institucional que tienen encomendado.

El artículo 6 del Reglamento, siguiendo la técnica normativa ya utilizada por el primigenio Real Decreto 636/1993 (art. 4), enumera una serie de funciones atribuyendo el desempeño de las mismas genéricamente al órgano administrativo Junta Arbitral de Consumo sin, por el contrario, asignar la competencia de las mismas a ninguno de los componentes personales (presidencia y secretaría) del mencionado órgano.

II. FUNCIONES ESPECÍFICAS

1. Lista abierta, cláusula de cierre y criterio sistematizador

Es necesario poner de manifiesto que la lista de funciones sigue siendo una lista abierta que debe ser cumplimentada con otras asimismo atribuidas en la propia norma reglamentaria a la Junta Arbitral de Consumo (*v.gr.* la función de acreditación de árbitros, designación de árbitros, etcétera). Es decir, al igual que llevó a cabo el Real Decreto 231/2008, el Reglamento de 2024 no ha optado tampoco por un sistema de enumeración *numerus clausus* de las funciones que deben desarrollar las Juntas Arbitrales de Consumo, sino que simplemente ha recogido en un precepto algunas de ellas.

Por ello, encuentra pleno sentido que el precepto ahora objeto de comentario concluya con una cláusula de cierre la lista de las funciones encomendadas a las Juntas Arbitrales de Consumo, atribuyéndoles «cualquier otra actividad relacionada con el desarrollo de las funciones que le son propias» [art. 6 l)].

En cualquier caso, al objeto de intentar sistematizar las diversas «funciones» reseñadas en este artículo 6 en torno a algún criterio, quizá el criterio de la materia resulte el más útil y coherente. Así, tras comenzar la enumeración con la crucial función de promoción del Sistema Arbitral de Consumo, se exponen funciones relativas a las ofertas públicas de adhesión a dicho sistema, a los árbitros, a la solución consensuada, a la tramitación de los expedientes arbitrales, así como también a la transparencia del arbitraje de consumo.

2. Función comercial: la promoción del Sistema Arbitral de consumo: 6 a)

Las Juntas Arbitrales de Consumo, órganos administrativos de gestión de dicho arbitraje, hallan su sentido en tanto dan cobertura institucional a la resolución extrajudicial de conflictos surgidos entre los consumidores o usuarios y los empresarios. Ahora bien, debe recordarse que la voluntariedad es una de las características esenciales del arbitraje de consumo, en cuanto arbitraje que es. Por ello, las Juntas Arbitrales de Consumo tienen como función la de «fomentar el arbitraje de consumo entre consumidores y empresarios y las asociaciones u organizaciones de ambos, procurando la adhesión de las empresas al Sistema Arbitral de Consumo[1]».

La experiencia ha demostrado que la promoción o impulso del Sistema Arbitral de Consumo para ser eficaz debe concentrar sus recursos y esfuerzos básicamente en el sector empresarial. En efecto, de poco sirve que las distintas administraciones públicas con competencia en la materia hayan procedido a establecer y financiar Juntas Arbitrales de Consumo en aras a que los consumidores y usuarios cuenten con un procedimiento específico donde puedan defender sus derechos legalmente reconocidos, si el Sistema Arbitral de Consumo no cuenta con la confianza de los empresarios o profesionales. Cabe señalar sin temor no sólo a no equivocarse sino a no exagerar que, si bien el establecimiento del Sistema Arbitral de Consumo tuvo como actores principales a la Administración pública y a los consumidores y usuarios, el éxito del mismo no se consigue sin la participación estelar de los empresarios.

1 Esta función, en último término, ya se encontraba formulada por el artículo 4 a) RD 636/1993 al hablar de «fomento y formalización de convenios arbitrales», y recogida en el artículo 6 a) del RD 231/2008.

3. Funciones relativas a las ofertas públicas de adhesión: 6 a), b), c), d) y k)

La confianza de los empresarios o profesionales en el Sistema Arbitral de Consumo a la hora de dar solución extrajudicial a las controversias que tengan con sus clientes (consumidores o usuarios) se puede concretar en dos momentos distintos: *ex ante* o *ex post* al surgimiento del conflicto. Sin duda, el nivel de confianza en uno u otro supuesto difiere considerablemente, toda vez que, si el empresario o profesional ha realizado una oferta pública de adhesión al Sistema Arbitral de Consumo[2], el convenio o contrato arbitral estará válidamente formalizado por la mera presentación por parte del consumidor o usuario de su solicitud de arbitraje. Sin embargo, en el supuesto de no existir dicha oferta pública de adhesión, la confianza del empresario deberá ser otorgada *ex profeso* para la concreta solicitud de arbitraje cursada por el consumidor o usuario.

De ahí que la función de fomento que tiene atribuida la Junta Arbitral de Consumo intente alcanzar precisamente el máximo de confianza de los empresarios en el arbitraje de consumo o, en palabras del Reglamento procure «la adhesión de las empresas al Sistema Arbitral de Consumo» [art. 6 a) *in fine*]. En esta misma línea, conviene anticipar que no ya solo las Juntas Arbitrales de Consumo sino las propias Administraciones públicas «podrán establecer, de forma coordinada, incentivos en el ámbito de sus competencias para que los empresarios realicen ofertas de adhesión al Sistema Arbitral de Consumo, facilitando así el acceso a la justicia de los consumidores a través de este mecanismo de resolución alternativa de litigios» (*ex* art. 30 del Reglamento).

---

2 Ya desde la configuración de la adhesión al Sistema Arbitral de Consumo por el RD 636/1993 (entonces denominada «sometimiento»), ésta ha pretendido ser un elemento adicional de calidad que los empresarios y profesionales ofrecen a sus potenciales y reales clientes en su condición de consumidores o usuarios. Y así es, en efecto, a pesar de que el consumidor únicamente lo perciba, en su caso, y ya de una forma muy difuminada por razones obvias, después de surgir la controversia. El *plus* de calidad que el empresario otorga al consumidor con la adhesión al arbitraje de consumo tiene su constancia física en el «distintivo de adhesión» que a modo de «sello de calidad» la Junta Arbitral de Consumo otorga al empresario o profesional adherido. A fin de que los consumidores y usuarios cuenten con un elemento añadido para que puedan conocer los operadores jurídicos que se hallan adheridos al Sistema Arbitral de Consumo, el artículo 6 d) de hoy derogado RD 231/2008 establecía que las Juntas Arbitrales tienen la función de «dar publicidad» de esas empresas o profesionales, «en particular en el respectivo ámbito territorial». No obstante, esta bienintencionada publicidad «institucional», al objeto de que sea mínimamente eficaz, debe discurrir en paralelo con una nítida explicación del sentido y utilidad que para los consumidores y usuarios tiene el arbitraje de consumo y, por ende, contratar con esos empresarios o profesionales que han confiado en el Sistema encontrándose adheridos al mismo. Esto es, las Administraciones públicas, actuando a través de las Juntas Arbitrales de Consumo, deben contribuir a dar valor efectivo comercial o de mercado —que no meramente valor teórico como hasta el momento— a la adhesión de los empresarios o profesionales al Sistema Arbitral de Consumo. Cfr. LARA GONZÁLEZ, R., *«Comentario al artículo 6 del* RD *231/2008»*, en *Comentarios a las Normas de Protección de los Consumidores* (Dir. Cámara Lapuente, S.), Colex, Majadahonda-Madrid, 2011, pp. 2038 y ss.

La antedicha función de promoción o fomento del Sistema Arbitral de Consumo que tienen encomendadas las Juntas Arbitrales, procurando que por ella se consiga la adhesión de los empresarios o profesionales al mismo, abre paso a otras funciones que versan sobre las ofertas públicas de adhesión.

Las Juntas Arbitrales de Consumo resolverán sobre dichas ofertas públicas (su aceptación o rechazo) así como sobre la concesión o retirada del distintivo de adhesión al Sistema [art. 6 b)], función ésta concretada posterior y detalladamente en la nueva norma reglamentaria en sus artículos 24 a 29, y a cuyo comentario en estos momentos nos remitimos. Con el fin de facilitar a los empresarios y profesionales la solicitud de oferta pública de adhesión, también el Reglamento de 2024 [art. 6 k) *in fine*] estatuye como función de las Juntas Arbitrales de Consumo la de «poner a disposición (...) de empresarios formularios de (...) ofertas públicas de adhesión al Sistema Arbitral de Consumo».

A través de su solicitud de oferta pública de adhesión los empresarios o profesionales deben proporcionar a la Junta Arbitral una serie de datos que se entienden necesarios para la correcta administración del arbitraje de consumo; de ahí que el artículo 6 c) del Reglamento disponga que las Juntas Arbitrales de Consumo desempeñarán la función de «gestionar y mantener actualizados, en su ámbito de actuación, los datos de los empresarios que hayan efectuado ofertas públicas de adhesión, mientras estas se encuentren en vigor[3]».

Hasta este instante los referidos datos obran exclusivamente en poder de la Junta Arbitral competente ante la que se haya cursado la solicitud de adhesión, sin que el resto de Juntas Arbitrales puedan tener acceso a los mismos, lo que supondría en último término que ante una reclamación o ante una solicitud de arbitraje se desconoce si un determinado empresario o profesional reclamado se encuentra o no adherido, máxime cuando los denominados por el primigenio Real Decreto 636/1993 «censos» o bien en ocasiones no han sido tan públicos como la citada norma preveía o bien los datos no se encontraban actualizados.

A paliar esta disfunción, en la medida de lo posible, vino el Real Decreto 231/2008 (art. 31) con la creación del registro público de empresas adheridas al Sistema Arbitral de Consumo que era gestionado por el Instituto Nacional del Consumo. En este contexto encuentra acomodo también el artículo 6 d) del nuevo Reglamento cuando dispone que las Juntas Arbitrales de Consumo desempeñan la función de «comunicar» al Ministerio competente en materia de consumo «los datos actualizados de los empresarios que hayan realizado ofertas públicas de adhesión al Sistema Arbitral de Consumo».

3 Esta función, aun con el empleo de otros términos, ya se encontraba formulada por el artículo 4 b) RD 636/1993 al hablar de «confeccionar y actualizar el censo de las empresas que hayan realizado las ofertas públicas de adhesión al sistema arbitral de consumo, en su ámbito territorial, con expresión del ámbito de la oferta. Este censo será público». Y en el RD 231/2008, formaba parte del artículo 6 b), habiéndose desdoblado ahora en el Reglamento de 2004.

4. Funciones relativas a los árbitros: 6 e) y h)

El Sistema Arbitral de Consumo se organiza sustancialmente, además de por las Juntas Arbitrales de Consumo, por los denominados «órganos arbitrales» que están integrados por «árbitros». Los órganos arbitrales, unipersonales o colegiados, son los competentes para decidir sobre la solución de los conflictos planteados ante la Junta Arbitral de Consumo de los que ésta sea a su vez competente. El precepto objeto de comentario dedica dos funciones que atribuye a las Juntas Arbitrales de Consumo en relación con los órganos arbitrales.

La primera de ellas encomienda «elaborar y actualizar la lista de las personas acreditadas como árbitros» [art. 6 e)]. El Real Decreto 636/1993 ya preveía esta función en el artículo 11.2 por cuanto disponía que «cada Junta Arbitral de Consumo mantendrá actualizadas las listas de Presidentes de colegios arbitrales, así como de los árbitros inscritos por las asociaciones de consumidores y usuarios y las organizaciones empresariales que se hayan adherido a la misma». Por su parte el Real Decreto 231/2008, sin embargo, apostó «decididamente por la capacitación de los árbitros» (véase la Exposición de Motivos) y para ello consideró necesaria «la acreditación de los árbitros para participar en los órganos arbitrales del Sistema Arbitral de Consumo», acreditación que era competencia del «presidente de la Junta Arbitral en la que hayan de intervenir» quien resolverá «atendiendo a los requisitos de honorabilidad y cualificación establecidos por el Consejo General del Sistema Arbitral de Consumo» (art. 17). Y esta misma línea sigue el Reglamento de 2024.

La otra función que el precepto objeto de comentario atribuye a las Juntas Arbitrales de Consumo en relación con los órganos arbitrales persigue una finalidad, cual es la de coadyuvarles en el ejercicio de sus tareas. Así, las Juntas Arbitrales de Consumo son las encargadas en concreto de «proveer de medios y realizar las actuaciones necesarias para el mejor ejercicio de las funciones de los órganos arbitrales» [art. 6 h)].

5. Función relativa a facilitar una solución consensuada: 6 f)

El Real Decreto 636/1993 se encontraba enfocado de forma exclusiva (afortunadamente no excluyente) al arbitraje. En efecto, sólo el artículo 4.° b) hacía referencia a la mediación al disponer entre las funciones encomendadas a las Juntas Arbitrales de Consumo la de realizar «actuaciones de *mediación* respecto de las controversias derivadas de las quejas o reclamaciones de consumidores y usuarios». En ese marco normativo, las propias Juntas Arbitrales de Consumo no siempre han apreciado y puesto en práctica el verdadero valor de la mediación, lo que en ocasiones ha provocado que no se realizase con la debida dedicación o simplemente no se llevaba a cabo, pasando a archivar directamente la reclamación o a nombrar el correspondiente Colegio Arbitral, según los casos.

Por su parte, el Real Decreto 231/2008 pretendió aclarar «el papel de la mediación en el procedimiento arbitral, absteniéndose no obstante la norma de regular este instituto de resolución de conflictos por congruencia con las competencias autonómicas sobre la materia» (véase la Exposición de Motivos). Para ello, dicha norma reglamentaria —hoy derogada— en su artículo 6 f) dio un paso adelante disponiendo que las Juntas Arbitrales de Consumo desempeñan la función de «asegurar el recurso a la mediación previa al conocimiento del conflicto por los órganos arbitrales, salvo que no proceda conforme a lo dispuesto en el artículo 38». En esta línea, la propia norma reglamentaria de 2008 encomendaba a las Juntas Arbitrales de consumo la función de «proveer de medios y realizar las actuaciones necesarias para el mejor ejercicio de las funciones (...), en su caso, de los mediadores» [art. 6 k)].

Pues bien, el Reglamento de 2024 ha prescindido abiertamente de la mediación como específico método de resolución de conflictos en el marco del sistema arbitral de consumo, siendo ello sustituido por la función que se atribuye a las Juntas de «facilitar una solución consensuada entre el consumidor o usuario que presenta una solicitud de arbitraje y el empresario reclamado siempre que se considere objetivamente posible, con el fin de evitar el inicio del procedimiento arbitral» [art. 6 f)[4]]; si bien, hubiera sido conveniente que la norma hubiese incorporado alguna previsión relativa a la forma de vehiculizar la intervención activa de la Junta tendente a la consecución del objetivo de la facilitación de una solución consensuada[5].

6. Funciones relativas a la tramitación de los expedientes arbitrales: 6 g) y k)

Asimismo, el artículo objeto de comentario prevé que las Juntas Arbitrales de Consumo desempeñen algunas funciones relativas a la tramitación de los expedientes arbitrales. A modo de función previa y garantizadora del inicio de dicha tramitación, el nuevo Reglamento [art. 6 k)] señala la función de «poner a disposición de los consumidores y empresarios formularios de solicitud de arbitraje, de contestación y de aceptación de esta, así como de ofertas públicas de adhesión al Sistema Arbitral de Consumo».

Con ello, las Juntas Arbitrales de Consumo contribuyen a facilitar a las partes en conflicto el acceso de las mismas a esta vía extrajudicial de resolución de controversias. Secuencialmente, el Reglamento mandata a las Juntas Arbitrales de Consumo a «admitir o inadmitir y, en su caso, archivar las solicitudes de arbitraje recibidas» [art. 6 g)].

---

4 Gráficamente, TOMILLO URBINA, J., «Una aproximación al nuevo Reglamento del Sistema Arbitral de Consumo (RD 713/2024, de 23 de julio)», *Noticias Jurídicas/noticias.juridicas.com (08/08//2024)*, alude a ello como la «metamorfosis de la mediación en el procedimiento arbitral» (p. 7).

5 En este último sentido, cfr. el Informe emitido por el CGPJ sobre el proyecto de Real Decreto (p. 18).

Desde su implantación, al arbitraje de consumo se le ha anudado la ventaja de la «rapidez», en cuanto sistema no excesivamente formalista que se tramita en un corto espacio de tiempo. De ahí que cobre especial sentido la función de la Junta Arbitral de «impulsar» los procedimientos arbitrales de consumo [también art. 6 g) del Reglamento], en cuanto que debe llevar a cabo las actuaciones necesarias para que el órgano arbitral dé resolución a la controversia a la mayor brevedad posible y, en cualquier caso, en el tiempo fijado en la norma.

Lógicamente como «arbitraje administrado» que es, la Junta Arbitral de Consumo no sólo debe impeler sino asimismo «gestionar» [mismo art. 6 g)] los procedimientos arbitrales, función ésta que se encuentra directamente unida con la genérica función de gestión del arbitraje institucional de consumo[6].

7. Funciones relativas a la transparencia: 6 i) y j)

El principio de transparencia en la gestión llevada a cabo por las Juntas Arbitrales de Consumo da cobertura tanto a la función de «publicar en su portal de internet información anual sobre la actividad desarrollada conforme a lo previsto en el artículo 38 de la Ley 7/2017, de 2 de noviembre, por la que se incorpora al ordenamiento jurídico español la Directiva 2013/11/UE, del Parlamento Europeo y del Consejo, de 21 de mayo de 2013, relativa a la resolución alternativa de litigios en materia de consumo[7]» [art. 6 i)], como a la función de «publicar los laudos emitidos, cuyo contenido, respetando la privacidad de las partes[8], será público[9]» [art. 6 j)].

---

6 Buena muestra de esta última función genérica eran las tareas encomendadas a las Juntas Arbitrales consistentes en «llevar los libros de registro relativos a los procedimientos arbitrales a través de las aplicaciones informáticas correspondientes y, en su defecto, manualmente» [art. 6 h) RD 231/2008], «(g)estionar el archivo arbitral, en el que se conservarán y custodiarán los expedientes arbitrales» [art. 6 g)], así como «gestionar un registro de laudos emitidos, cuyo contenido, respetando la privacidad de las partes, será público» [art. 6 l)], todos ellos de la derogada norma reglamentaria de 2008.

7 Téngase presente que dicho precepto legal dispone que, con carácter anual, antes del 31 de marzo de cada ejercicio, las entidades acreditadas pondrán a disposición de los ciudadanos, en su sitio web, en un soporte duradero o por cualquier otro medio que consideren adecuado, información clara y fácilmente comprensible sobre su actividad en el ejercicio anterior, haciendo referencia al menos a una serie de aspectos señalados en la propia disposición (*v.gr.* el número de litigios recibidos, con indicación de sus causas y del sector económico al que corresponden, la duración media de sus procedimientos de resolución alternativa o el índice de cumplimiento voluntario por las partes de la solución que puso fin al litigio, si la entidad dispusiera de dicha información); así como que dicha información será trasladada por la entidad acreditada a la autoridad competente que corresponda cada dos años.

8 En coherencia con la regla de confidencialidad propia del arbitraje.

9 Al objeto, fundamentalmente, de dar a conocer el contenido de las mencionadas resoluciones arbitrales a modo de instrumento de referencia para cuantos se acerquen a la práctica o estudio del arbitraje de consumo.

Artículo 7. Ámbito competencial de las Juntas Arbitrales de Consumo*

1. Será competente para conocer de las solicitudes de arbitraje la Junta Arbitral en cuyo ámbito territorial tenga su domicilio el consumidor que presenta la solicitud de arbitraje o en cuyo ámbito territorial tenga su domicilio el empresario en caso de que el consumidor resida en otro Estado Miembro de la Unión Europea.

2. Si, conforme al criterio previsto en el apartado anterior, existieran varias Juntas Arbitrales territoriales competentes en razón del ámbito territorial en que el empresario desempeñe su actividad, conocerá el asunto la Junta de inferior ámbito territorial.

3. Una Junta Arbitral de Consumo distinta de la que resulte competente según los apartados anteriores resolverá el litigio cuando el consumidor haya manifestado en el convenio arbitral o manifieste en cualquier otro momento su voluntad de someter la decisión de la controversia a la Junta Arbitral de ámbito autonómico o local a la que se encuentre adherido el empresario. Esta elección solo será eficaz si la sede de la Junta Arbitral se encuentra en la misma comunidad autónoma en la que el consumidor tiene su domicilio en el momento de presentar su solicitud.

SUMARIO: I. Foros de competencia territorial: un cambio de paradigma. II. Foro arbitral para el consumidor domiciliado en España. III. Foro arbitral para el consumidor no domiciliado en España. IV. Foro arbitral convencional. V. Controles de la competencia territorial.

I. FOROS DE COMPETENCIA TERRITORIAL: UN CAMBIO DE PARADIGMA

Es sabido ya que la planta arbitral de consumo está configurada sobre un modelo manifiestamente descentralizado, en el que vienen coexistiendo Juntas de muy diferente ámbito territorial: nacional, autonómico, provincial y municipal[1].

---

* Comentario realizado por **Rafael Lara González**.

1 En la actualidad, dentro del ámbito territorial de Andalucía la planta de Juntas Arbitrales de Consumo se halla integrada, además de por la de ámbito autonómico, por las ocho de demarcación provincial, habida cuenta que todas las provincias han constituido una propia, así como por las Juntas Arbitrales de Consumo de ámbito municipal de El Ejido, Jaén, Granada, Huelva, Cádiz, Córdoba, Sevilla, Almería y Málaga. Por su parte, también se hallan constituidas: la Junta Arbitral de Consumo de la Comunidad Autónoma Principado de Asturias,

Con relación al ámbito competencial de las Juntas Arbitrales de Consumo para conocer de las solicitudes de arbitraje, el Reglamento de 2024 se aparta abiertamente del general carácter paccionado dispuesto, como regla primigenia, en el derogado Real Decreto 231/2008. En este último, recuérdese[2], resultaba competente la Junta a la que ambas partes, de común acuerdo, hubieran sometido la resolución del conflicto; y, en defecto de pacto, lo era la Junta Arbitral del domicilio del consumidor, atribuyéndose la competencia en caso de pluralidad a la Junta de inferior ámbito territorial.

La nueva norma reglamentaria, sin embargo, estatuye competente a la Junta Arbitral en cuyo ámbito territorial tenga su domicilio el consumidor que presenta la solicitud de arbitraje o en cuyo ámbito territorial tenga su domicilio el empresario en caso de que el consumidor resida en otro Estado Miembro de la Unión Europea. Si, conforme a ello, existieran varias Juntas Arbitrales territoriales competentes en razón del ámbito territorial en que el empresario desempeñe su actividad, conocerá el asunto la Junta de inferior ámbito territorial. Y, además, podrá resolver el litigio una Junta Arbitral de Consumo distinta de las referidas anteriormente cuando el consumidor haya manifestado en el convenio arbitral o manifieste en cualquier otro momento su voluntad de someter la decisión de la controversia a la Junta Arbitral de ámbito autonómico o local a la que se encuentre adherido el empresario, siendo solamente esta elección eficaz si la sede de la Junta Arbitral se encuentra en la misma comunidad autónoma en la que el consumidor tiene su domicilio en el momento de presentar su solicitud.

así como las Juntas Arbitrales de ámbito municipal tanto en Avilés como en Gijón; la Junta Arbitral de Consumo de la Comunidad Autónoma de las Islas Baleares; la Junta Arbitral de Consumo de la Comunidad Autónoma de Canarias; la Junta Arbitral de Consumo de la Comunidad Autónoma de Cantabria; la Junta Arbitral de Consumo de la Comunidad Autónoma de Castilla y León, así como las Juntas Arbitrales de ámbito municipal en Burgos, Salamanca, Valladolid, Zamora, León, Soria, Segovia y Ávila; la Junta Arbitral de Consumo de la Comunidad Autónoma de Castilla-La Mancha; la Junta Arbitral de Consumo de la Comunidad Autónoma de Cataluña, hallándose constituidas igualmente las Juntas Arbitrales de ámbito municipal en Lleida, Mataró, Hospitalet de Llobregat, Barcelona, Sabadell, Badalona, Terrassa y Vilafranca del Penedés; la Junta Arbitral de Consumo de la Comunidad Autónoma Valenciana, y se hallan constituidas igualmente las Juntas Arbitrales de ámbito provincial en Alicante y Castellón; la Junta Arbitral de Consumo de la Comunidad Autónoma de Extremadura; la Junta Arbitral de Consumo de la Comunidad Autónoma de Galicia; Junta Arbitral de Consumo de la Comunidad Autónoma de La Rioja; la Junta Arbitral de Consumo de la Comunidad Autónoma de Madrid, hallándose igualmente constituidas las Juntas Arbitrales de ámbito municipal en Madrid, Alcalá de Henares y Alcobendas; la Junta Arbitral de Consumo de la Comunidad Autónoma de la Región de Murcia; la Junta Arbitral de Consumo de la Comunidad Foral de Navarra; la Junta Arbitral de Consumo de la Comunidad Autónoma del País Vasco, también se halla constituida la Junta Arbitral de Consumo de ámbito municipal en Vitoria-Gasteiz; e igualmente las dos ciudades autónomas que integran España (Ceuta y Melilla) cuentan con sendas Juntas Arbitrales de Consumo.

2 *Vid.*, Lafuente Torralba, A.J., «Comentario al artículo 1 del RD 231/2008», en *Comentarios a las Normas de Protección de los Consumidores* (Dir. Cámara Lapuente, S.), Colex, Majadahonda-Madrid, 2011, pp. 2050 y ss.

II. FORO ARBITRAL PARA EL CONSUMIDOR DOMICILIADO EN ESPAÑA

El foro arbitral que el nuevo Reglamento ha querido determinar, como regla general, para el consumidor con domicilio en territorio español es aquel que corresponde al de la Junta más próxima a dicho domicilio, dentro del concreto ámbito territorial. De modo que, si existieran varias Juntas competentes en razón de dicho ámbito territorial, resultará competente la de inferior ámbito[3].

Este criterio subsidiario, sorprendentemente, no se halla recogido de manera expresa ahora en el texto final de nueva norma[4], pero, entiendo, se puede deducir, por analogía, en base a lo previsto en el número 2 del propio precepto objeto de comentario con relación al desempeño de su actividad por el empresario[5].

Ahora bien, no se debe obviar que, aun pudiéndose considerar amparada en el criterio de que las resoluciones arbitrales sean adoptadas por la Junta Arbitral más próxima al consumidor involucrado en el litigio, suscita la cuestión práctica —no menor— del previsible incremento de asuntos atribuidos al conocimiento de las Juntas Arbitrales de ámbito local, lo que, en municipios de gran población en los que actualmente coinciden Juntas Arbitrales de varias Administraciones Públicas, podría llevar a la excesiva saturación de las Juntas Arbitrales locales con el consiguiente empeoramiento de la calidad del servicio prestado por estas[6].

Este riesgo se ve en estos momentos incluso acrecentado, toda vez que la muy reciente Ley Orgánica 1/2025, de 2 de enero, de medidas en materia de eficiencia del Servicio Público de Justicia, prevé un requisito de procedibilidad de las acciones en los litigios en materia de consumo, entendiéndose también cumplido el requisito de procedibilidad por haber acudido a alguno de los procedimientos a que se refiere la Ley 7/2017, de 2 de noviembre, por la que se incorpora al ordenamiento jurídico español la Directiva 2013/11/UE, del Parlamento Europeo y del Consejo, de 21 de mayo de 2013, relativa a la resolución

---

3 Por ejemplo, una consumidora con domicilio en la Avenida de La Paz n.° 3 de Jaén tendría como Junta Arbitral competente para resolver su solicitud de arbitraje la Junta municipal de la capital jienense, mientras que, si otra consumidora tuviera su domicilio en la Calle Antonio Machado n.° 11 de Jimena o en la Plaza Mayor n.° 6 de Albanchez de Mágina, la competencia recaería en la Junta Arbitral provincial de Jaén. Un consumidor domiciliado en cualquier municipio de Cantabria o de Navarra halla como Junta Arbitral competente la correspondiente al respectivo ámbito autonómico. Etcétera.

4 Sí se preveía expresamente, por el contrario, en el derogado RD 231/2008 (segundo párrafo del art. 8.2)

5 En este mismo sentido, Tomillo Urbina, J., «Una aproximación al nuevo Reglamento del Sistema Arbitral de Consumo (RD 713/2024, de 23 de julio)», *Noticias Jurídicas/noticias.juridicas.com (08/08//2024)*, (pp. 9 y 10).

6 En este último sentido, cfr. el Informe emitido por el CGPJ sobre el proyecto de Real Decreto (p. 19).

alternativa de litigios en materia de consumo, o los que pudieran haber sido establecidos en normativa sectorial en desarrollo de la misma[7]. Es decir, se hallan directamente interpeladas las Juntas Arbitrales de Consumo.

III. FORO ARBITRAL PARA EL CONSUMIDOR NO DOMICILIADO EN ESPAÑA

En el supuesto de que el consumidor no residiese en España, el Reglamento de 2024 reputa competente, asimismo como regla general, la Junta Arbitral en cuyo ámbito territorial tenga su domicilio el empresario.

Una vez más, es preciso recordar que la expresa remisión que se hace en el artículo 2.1 del Reglamento al artículo 1.2 del mismo, nos sitúa nuevamente ante la tesitura de que los litigios dirigidos a los empresarios o profesionales sean sometidos a decisión de los órganos arbitrales *«por consumidores o usuarios residentes en la Unión Europea»*, excluyéndose *verbi gratia* aquellos consumidores o usuarios que hayan comprado un bien o contratado un servicio con un empresario o profesional adherido al Sistema Arbitral de Consumo durante sus vacaciones en la costa brava, pero que tienen su residencia en Andorra. En mi opinión, reitero, al amparo de lo dispuesto en el artículo 57.1 del texto refundido de la Ley General para la Defensa de los Consumidores y Usuarios, precepto de superior jerarquía normativa y que se refiere simple y llanamente a «los consumidores y usuarios», también los consumidores y usuarios no residentes en la Unión Europa se hallan legitimados para presentar una solicitud arbitral de consumo, siendo competente en este caso para conocer de la misma la Junta Arbitral en cuyo ámbito territorial tenga su domicilio el empresario.

Y, si conforme a este criterio, existieran varias Juntas Arbitrales territoriales competentes en razón del ámbito territorial en que el empresario desempeñe su actividad, conocerá el asunto la Junta de inferior ámbito territorial[8].

---

7 En efecto, de acuerdo con la disposición adicional séptima, en los litigios en que se ejerciten acciones individuales promovidas por consumidores o usuarios, se entenderá cumplido el requisito de procedibilidad por la reclamación extrajudicial previa a la empresa o profesional con el que hubieran contratado, sin haber obtenido una respuesta en el plazo establecido por la legislación especial aplicable, o cuando la misma no sea satisfactoria, y sin perjuicio de que puedan acudir a cualquiera de los medios adecuados de solución de controversias, tanto los previstos en legislación especial en materia de consumo, como los generales previstos en la presente ley.

8 *V.gr.*, si el empresario frente a quien se insta la solicitud de arbitraje por el consumidor no domiciliado en España tiene su domicilio en el polígono industrial Etxeondo de Vitoria-Gasteiz y desarrolla su actividad en todo el territorio de Euskadi, la Junta Arbitral competente resultará la municipal de la capital vasca y no la de ámbito autonómico.

IV. FORO ARBITRAL CONVENCIONAL

No obstante, lo señalado anteriormente, el Reglamento de 2024 —en el párrafo 3 del artículo objeto de comentario— sigue contemplando una disposición que da cobertura a un foro arbitral convencional, si bien ciertamente delimitado.

Así, una Junta Arbitral de Consumo distinta de la que resulte competente según los apartados anteriores (números 1 y 2 del art. 7) resolverá el litigio cuando el consumidor haya manifestado en el convenio arbitral o manifieste en cualquier otro momento su voluntad de someter la decisión de la controversia a la Junta Arbitral de ámbito autonómico o local a la que se encuentre adherido el empresario. Esta elección solo será eficaz si la sede de la Junta Arbitral se encuentra en la misma comunidad autónoma en la que el consumidor tiene su domicilio en el momento de presentar su solicitud.

En primer lugar, es necesario señalar que el Consejo de Estado entiende que no hay razón para prohibir a las partes en el convenio arbitral determinar su sometimiento a una determinada Junta Arbitral autonómica o local. Esto no se opone al artículo 10 («principio de libertad») de la Directiva 2013/11/UE, ni al artículo 57.4 de la Ley General para la Defensa de Consumidores y Usuarios, ni los artículos 9 y 15 de la Ley 7/2017, de 2 de noviembre.

Partiendo, por tanto, de la eficacia del pacto de las partes para someter la controversia a una determinada Junta Arbitral de Consumo autonómica o local, el apartado 3 introduce ciertas limitaciones a la autonomía de la voluntad, sin duda con el fin de evitar que el consumidor tenga que someter la controversia a una Junta Arbitral muy lejana de su domicilio, o impuesta de forma artificial por el empresario.

En todo caso, como ha señalado recientemente doctrina autorizada[9], con independencia de su posible contradicción con el espíritu del artículo 90 del texto refundido de la Ley General para la Defensa de los Consumidores y Usuarios, el precepto suscita importantes dudas y variadas interrogantes, como por ejemplo: ¿Sería válido este «acuerdo» si se plasmase en condiciones generales, es decir, al margen del principio de autonomía de la voluntad (art. 1255 CC) en cláusulas no negociadas que son prerredactadas unilateralmente por el empresario para imponérselas a un consumidor que no tiene ninguna posibilidad de influir en su contenido (art. 54.2 LEC)?

En mi opinión, una cosa es que el convenio arbitral así perfeccionado no sea vinculante para el consumidor, en el sentido de que tenga expedita siempre la vía judicial, y otra muy distinta que, si opta por el Sistema Arbitral de Consumo, pueda ignorar los términos del propio convenio.

---

9 Tomillo Urbina, J., «Una aproximación al nuevo Reglamento del Sistema Arbitral de Consumo (RD 713/2024, de 23 de julio)», *Noticias Jurídicas/noticias.juridicas.com (08/08//2024)*, alude a ello como la «espinosa excepción» (p. 10).

V. CONTROLES DE LA COMPETENCIA TERRITORIAL

El Reglamento de 2024 en su artículo 33, y en la línea iniciada por la derogada norma de 2008 (art. 37.1), prevé que la persona titular de la presidencia de la Junta Arbitral ante la que se haya presentado la solicitud de arbitraje conozca sobre la competencia territorial de la Junta, trasladándola, en otro caso, a la Junta Arbitral de Consumo competente en el plazo de diez días hábiles desde la fecha de la presentación de la solicitud por el consumidor.

Además, no debemos olvidar tampoco que el artículo 22.1 de la Ley 60/2003, de Arbitraje, dispone que los árbitros se hallan facultados para decidir sobre su propia competencia, incluso sobre las excepciones relativas a la existencia o a la validez del convenio arbitral «o cualesquiera otras cuya estimación impida entrar en el fondo de la controversia». En consecuencia, también el órgano arbitral de consumo está facultado para dirimir sobre las excepciones que en el seno del procedimiento le pudieran formular cualquiera de las partes en relación con la competencia de la Junta Arbitral en cuyo marco se esté dirimiendo el litigio.

Y, finalmente, la competencia territorial pudiera ser objeto de control a través de la correspondiente acción de anulación del laudo, en base al motivo previsto en la letra d) del artículo 41.1 de la antedicha Ley 60/2003, de Arbitraje; esto es, que la designación de los árbitros o el procedimiento arbitral no se han ajustado al acuerdo entre las partes, salvo que dicho acuerdo fuera contrario a una norma imperativa de esta Ley, o, a falta de dicho acuerdo, que no se han ajustado a esta ley.

Artículo 8. Naturaleza de los órganos arbitrales*

1. Corresponde a los órganos arbitrales la decisión o resolución de los litigios planteados ante las Juntas Arbitrales.

2. Los órganos arbitrales pueden ser de carácter unipersonal o de carácter colegiado, integrados en este caso por tres árbitros, propuestos en la forma que se determina en el artículo 13.

3. Los órganos arbitrales serán asistidos, actuando con voz pero sin voto, por la persona titular de la secretaría de la Junta Arbitral o por cualquier otra designada por la persona titular de la presidencia de la Junta Arbitral de Consumo, pudiendo determinar que dicha función sea asumida por el órgano arbitral unipersonal o por la persona titular de la presidencia del órgano arbitral colegiado.

4. La persona que asuma la secretaría de los órganos arbitrales llevará a cabo las siguientes funciones:

a) Certificar las actuaciones del órgano arbitral y garantizar que los procedimientos y reglas de constitución y adopción de acuerdos son respetadas.

b) Levantar acta de las audiencias y, en su caso, custodiar las grabaciones de audiencias telemáticas, así como cualquier documentación aportada en aquellas, dando fe de su autenticidad.

c) Realizar las notificaciones de las actuaciones de los órganos arbitrales.

d) Facilitar a las partes interesadas la información que soliciten sobre el estado de las actuaciones arbitrales, que tendrá carácter confidencial.

SUMARIO: I. Planteamiento. II. Los órganos arbitrales. 1. Función. 2. Composición. III. El secretario del órgano arbitral. 1. Delimitación. 2. Funciones.

I. PLANTEAMIENTO

El Reglamento dedica la sección 2.ª de su capítulo II a los «Órganos arbitrales», los cuales integran el Sistema Arbitral de Consumo, junto con las Juntas Arbitrales de Consumo, la Comisión de Juntas Arbitrales de Consumo y el Consejo del Sistema Arbitral de Consumo —art. 3 RSAC—. Dicha sección constituye reproducción en gran medida de la sección 4.ª del capítulo II del Real Decreto 231/2008, si bien presenta algunos cambios de interés tanto

* Comentario realizado por **Aránzazu Pérez Moriones**.

en su estructura, como fundamentalmente en su contenido. Una consideración similar ha de realizarse respecto del capítulo II en general. Así, se ha reubicado la regulación de los órganos arbitrales a continuación del régimen de las Juntas Arbitrales de Consumo con el que se inicia el capítulo, lo que ha tenido como consecuencia la postergación de los preceptos dedicados a la Comisión de Juntas Arbitrales de Consumo —arts. 16 a 18 RSAC— y al Consejo del Sistema Arbitral de Consumo —arts. 19 a 22 RSAC—, que constituyen las secciones 3.ª y 4.ª del capítulo II respectivamente[1].

Como se avanza en su parte expositiva, *«en la sección 2.ª, artículos 8 a 15, se regulan los órganos arbitrales, su naturaleza, la forma de proponer su nombramiento, el procedimiento de su acreditación y retirada de esta y su designación para actuar como decisores en los procedimientos arbitrales como órgano unipersonal o colegiado»*.

Pues bien, el artículo que comentamos lleva por título «Naturaleza de los órganos arbitrales». Con todo, una primera lectura permite constatar que dicha rúbrica no se ajusta a su contenido. En efecto, el precepto delimita la función y composición de los órganos arbitrales y regula con cierto detalle la figura del secretario del órgano arbitral. Pero guarda silencio en relación con la naturaleza de los órganos arbitrales[2].

II. LOS ÓRGANOS ARBITRALES

1. Función

El artículo 8.1 del Reglamento atribuye a los órganos arbitrales *«la decisión o resolución de los litigios planteados ante las Juntas Arbitrales»*. Previamente en otros de sus preceptos también se alude a esta función. Así, en el artículo 1.2, con ocasión de la delimitación del concepto de arbitraje de consumo —*«...los órganos arbitrales resuelven de forma extrajudicial...»*— y en el artí-

1 A juicio de Martínez Espín, P., «Análisis del Real Decreto 713/2024 sobre el Sistema Arbitral de Consumo», *Revista Cesco de Derecho de Consumo*, n.º 51, 2024, p. 80, esta nueva estructura facilita la comprensión del sistema, aunque también afirma que podría haberse proporcionado una transición más detallada para asegurar que no se pierdan aspectos importantes del funcionamiento anterior.

2 Al respecto, subraya Tomillo Urbina, J., «Una aproximación al nuevo Reglamento del Sistema Arbitral de Consumo (RD 713/2024, de 23 de julio», Noticias Jurídicas, 8 de agosto de 2024, epígrafe II, apartado 4.2, que «el artículo 8 RSAC desaprovecha incomprensiblemente una magnífica oportunidad de incorporar «negro sobre blanco» la importantísima y consolidada doctrina del Tribunal Constitucional sobre la equivalencia jurisdiccional o jurisdiccionalidad extrajudicial como criterio de tipicidad propio de las resoluciones dictadas por los órganos arbitrales» con cita de la STC 43/1988, de 16 de marzo, la STC 15/1989, de 26 de enero, la STC 62/1991, de 22 de marzo y la STC 174/1995, de 23 de noviembre, así como el Auto TC 326/1993, de 28 de octubre y el Auto TC 231/1994, de 18 de julio.

culo 3, al enumerar los órganos que conforman el Sistema Arbitral de Consumo —*«los órganos arbitrales que deciden los litigios»*—.

Con todo, esta competencia de decisión o resolución no comprende cualquier conflicto. En efecto, atendiendo al artículo 2.1 del Reglamento —véase, igualmente, art. 1.2 RSAC— únicamente pueden ser objeto de arbitraje de consumo las controversias surgidas entre consumidores o usuarios y empresarios que versen sobre materias de libre disposición de las partes conforme a derecho. Esta delimitación del ámbito objetivo de aplicación queda completada en el inciso segundo del mismo precepto, que excluye del arbitraje de consumo las controversias sobre intoxicación, lesión o muerte —con origen en el art. 57.1 TRLGDCU[3]— o aquellas en las que existan indicios racionales de delito, incluida la responsabilidad por daños y perjuicios directamente derivada de ellos, así como las que se refieran a servicios públicos de interés general, no económicos o prestacionales, facilitados por las administraciones públicas.

Hasta la entrada en vigor del Reglamento existía la posibilidad de que el empresario formulara una oferta pública de adhesión limitada al Sistema Arbitral de Consumo, de modo que aquel únicamente sometía a arbitraje de consumo determinadas materias y excluía otras. El artículo 26 del Real Decreto 231/2008 circunscribía esta posibilidad a *«sectores que presenten un importante número de consultas y reclamaciones o en los que no exista una suficiente implantación del sistema»*, si bien la oferta pública de adhesión limitada quedaba condicionada al previo informe preceptivo de la Comisión de las Juntas Arbitrales de Consumo —art. 26 en conexión con el art. 11.3 RD 231/2008—. La existencia de una oferta pública de adhesión limitada conllevaba también una limitación material para el árbitro, que debía abstenerse de conocer de aquellas materias excluidas en la correspondiente oferta de adhesión limitada al Sistema Arbitral de Consumo. Téngase presente que, de no respetarse, concurría causa de anulación del laudo —art. 41.1.a) y e) LA—.

Ahora bien, tal y como se señala en la parte expositiva del nuevo Reglamento, *«una de las modificaciones de más calado»* es la desaparición de la posibilidad de incluir limitaciones de cualquier tipo en las ofertas públicas de adhesión formuladas por los empresarios. En efecto, su artículo 24.3.I proclama que *«La oferta pública de adhesión será única, se entenderá realizada a todo el Sistema Arbitral de Consumo, sin limitaciones, y abarcará todas las actividades que desarrolle el empresario bajo el mismo número de identificación fiscal, nombre comercial o marca»*. Por tanto, con la nueva normativa ha desaparecido esta posible limitación material a la competencia de los órganos arbitrales[4].

---

3 «El Sistema Arbitral del Consumo es el sistema extrajudicial de resolución de resolución de conflictos entre los consumidores y usuarios y los empresarios a través del cual [...] se resuelven las reclamaciones de los consumidores y usuarios, siempre que el conflicto no verse sobre intoxicación, lesión o muerte o existan indicios racionales de delito».

4 Han manifestado su preocupación por esta supresión TOMILLO URBINA, J., «Una aproximación al nuevo Reglamento...», ob. cit., epígrafe II, apartado 1.1; COLMENERO GUERRA,

Desde un punto de vista temporal, los órganos arbitrales tienen que dictar el laudo en el plazo máximo de noventa días naturales contados desde que se acuerde el inicio del procedimiento, periodo en el que, además, el laudo debe ser notificado a las partes —art. 45.1 RSAC—. Con todo, en casos de especial complejidad, este plazo puede ser prorrogado hasta noventa días naturales adicionales mediante acuerdo del órgano arbitral, que deberá ser comunicado a las partes —art. 45.2 RSAC—. Por último, el plazo se reduce a un mes a contar desde el día siguiente a la notificación del inicio del procedimiento, si las partes logran una solución consensuada sobre todos los aspectos del litigio y siempre que en dicho momento el acuerdo haya sido conocido por el órgano arbitral o, en su defecto, desde la fecha en que este lo hubiera conocido —art. 45.3 RSAC—[5]. Sentado lo anterior, el transcurso de los plazos señalados sin haber dictado el laudo no solo determina la pérdida de la competencia de los árbitros, sino que puede dar lugar a la exigencia de responsabilidad por los daños y perjuicios ocasionados —art. 21.1 LA—. Aunque, en sentido estricto, la emisión de laudo extemporáneo se subsumiría en el «incumplimiento o dejación de funciones» previsto en el artículo 11.1.c) del Reglamento como causa de retirada de la acreditación, la gravedad de la consecuencia aconseja, a nuestro entender, una valoración ponderada[6].

De otra parte, la mera solicitud de acreditación por parte de las personas propuestas para actuar como árbitros implica la aceptación del desempeño de las funciones que les son propias —art. 10.1 RSAC—, por lo que, una vez nombrados, deben resolver la controversia[7]. Incluso, la no contestación, inactividad o incomparecencia injustificada de las partes no impide que se dicte el laudo, siempre que el órgano arbitral pueda decidir la controversia con los hechos y documentos que consten en la demanda y contestación —art. 46.1 RSAC—. Así las cosas, si el árbitro incumple el encargo —la decisión o resolución del litigio— incurrirá en responsabilidad por los daños y

J. A., «Reflexiones sobre el nuevo Reglamento que regula el sistema arbitral de consumo (RD 713/2024, de 23 de julio», *La Ley mediación y arbitraje*, n.º 20, julio de 2024 —versión electrónica—, epígrafe IV, apartado 2; Carrasco Perera, A., «Atentos a las adhesiones al Sistema Arbitral de Consumo que se hubieran formulado como «limitadas», https://ga-p.com/publicaciones/atentos-a-las-adhesiones-al-sistema-arbitral-de-consumo-que-se-hubieran-formulado-como-limitadas/, 24 de septiembre de 2024; o Marcos Francisco, D., *El arbitraje de consumo en el nuevo Reglamento: ¿adecuación y eficiencia?*, Tirant lo Blanch, Valencia, 2024, pp. 133 y ss., en particular, pp. 138 y ss., que advierten del riesgo de que empresas pertenecientes a determinados sectores —energía, telefonía, correos...— abandonen el Sistema Arbitral de Consumo.

5 Adviértase que, en este último supuesto, el órgano arbitral se limita a elevar el acuerdo alcanzado entre las partes a laudo conciliatorio —art. 38 RSAC—.

6 Véanse nuestras observaciones en el comentario al artículo 11, que lleva por título «Retirada de la acreditación de los árbitros y baja en el listado correspondiente».

7 Al respecto, véanse nuestros comentarios a los artículos 10 —«Acreditación de los árbitros»— y 14 —«Designación de los órganos arbitrales»—.

perjuicios causados —art. 21.1 LA—. En tal caso, cabría igualmente que la persona titular de la Junta Arbitral que le haya concedido la acreditación proceda a la retirada de esta última y a la correspondiente baja en el listado de árbitros acreditados —art. 11.1.c) RSAC—, si bien nos remitimos a las observaciones realizadas en el párrafo precedente.

Sin embargo, existen algunos supuestos en los que decae el deber de decidir el litigio. Así, si tras su designación, el árbitro se abstiene o es recusado por concurrir dudas acerca de su independencia e imparcialidad o de la existencia de un conflicto de intereses —arts. 15 RSAC y 17 y 18 LA—. También si se ve impedido de hecho o de derecho para ejercer sus funciones —arts. 11.3 RSAC y 19 LA—. El árbitro tampoco resolverá la controversia, aunque sí dictará laudo poniendo fin al procedimiento arbitral, quedando abierta la vía judicial: i) si no dispone de elementos indispensables para la solución del litigio; ii) si las partes acuerdan dar por terminadas las actuaciones; iii) si comprueba que la prosecución de las actuaciones resulta imposible o innecesaria; y iv) si la persona reclamante desiste de su solicitud, salvo que el reclamado se oponga a ello y el órgano arbitral le reconozca un interés legítimo en obtener una solución definitiva del litigio —art. 44.2 RSAC—.

En fin, el artículo 22.1 de la Ley de Arbitraje acoge el conocido principio *kompetenz-kompetenz,* que faculta a los árbitros a decidir sobre su propia competencia, incluso sobre las excepciones relativas a la existencia o a la validez del convenio arbitral o cualesquiera otras cuya estimación impida entrar en el fondo de la controversia. Por tanto, el árbitro no decidirá acerca del litigio si concurre cualquiera de las circunstancias señaladas.

2. Composición

Atendiendo al artículo 8.2 del Reglamento, los órganos arbitrales pueden ser de carácter unipersonal o colegiado. Se trata de una distinción que ya se realizaba en el Real Decreto 231/2008 y que traía causa del artículo 57.2 del texto refundido de la Ley General para la Defensa de los Consumidores y Usuarios y otras leyes complementarias, en donde se conminaba al Gobierno a desarrollar reglamentariamente el Sistema Arbitral de Consumo y el procedimiento de resolución de conflictos, incluidos *«los casos en que actuará un árbitro único en la administración del arbitraje de consumo»*. Ahora bien, a diferencia del Real Decreto 231/2008, que se limitaba a mencionar ambas modalidades al delimitar la función de los órganos arbitrales —art. 18.1 RD 231/2008—, el Reglamento otorga un tratamiento específico a la composición de los órganos arbitrales en su artículo 8.2.

Como hemos señalado, este precepto establece la distinción entre órganos arbitrales de carácter unipersonal y de carácter colegiado. Asimismo, puntualiza que, en este último caso, estarán integrados por tres árbitros, propuestos en la forma en que se determina en el artículo 13, es decir, uno por la administración pública, otro por las asociaciones de consumidores y usuarios y un tercero por las organizaciones empresariales. El artículo 8.2 no contiene ninguna previsión más en relación con la composición de los órganos arbitrales. Sin embargo, no debe extrañarnos, ya que el Reglamento dedica su artículo 12 a los órganos arbitrales unipersonales y su artículo 13 a los órganos arbitrales colegiados, a cuyos comentarios nos remitimos.

En cualquier caso, debemos avanzar que en la mayoría de las ocasiones será un órgano arbitral unipersonal quien conozca de la controversia. En efecto, el artículo 12.1 del Reglamento así lo prevé si las partes en litigio lo acuerdan, si el importe de la pretensión de la controversia es inferior a 600 euros y el asunto no es complejo, si se eleva a laudo conciliatorio el acuerdo consensuado alcanzado por las partes y si la persona titular de la presidencia aprecia ausencia de complejidad en el litigio, aunque la cuantía de la pretensión sea superior a 600 euros. Como indica el artículo 13, solo *«en los supuestos no previstos en el artículo 12, conocerá de los asuntos un órgano arbitral colegiado»*.

Pues bien, el incremento en la cuantía litigiosa de 300 euros a 600 euros llevada a cabo con ocasión de la nueva normativa, así como la posibilidad del titular de la presidencia de evaluar la complejidad del litigio a efectos de designar un órgano arbitral unipersonal incluso si la pretensión es superior a 600 euros abocan al resultado apuntado. Obviamente, con estas previsiones se pretende ahorrar el pago de dietas a los árbitros propuestos por las asociaciones de consumidores y usuarios y por las organizaciones empresariales, en definitiva, reducir el coste económico del arbitraje.

Pero, en la práctica, también permite «cierta» mayor agilidad en la emisión del laudo definitivo y, en consecuencia, en la notificación del mismo a las partes. La adopción de una decisión colegiada, la remisión del borrador de laudo a los árbitros, la posibilidad de que estos realicen sugerencias o matizaciones a su contenido, incluso, la eventual emisión de un voto particular y el proceso de firma requieren de unos tiempos inexistentes en caso de que el órgano arbitral sea unipersonal. De hecho, en la parte expositiva del Reglamento se afirma que *«La opción de designar un órgano arbitral unipersonal en estos casos responde a la necesidad de agilizar la resolución de los litigios, considerando la experiencia positiva de la intervención de los órganos arbitrales unipersonales, y teniendo en cuenta que la rapidez en la resolución del litigio es un elemento indispensable en el acceso a la justicia de las partes»*. Ahora bien, no está de más tener presente que, en todo caso, el laudo debe ser dictado y notificado a las partes en un plazo de noventa días naturales contados desde que se acuerde el inicio del procedimiento arbitral —art. 45.1 RSAC—, cuando en su redacción inicial el artículo 49.1 del Real Decreto 231/2008 fijaba un plazo de seis meses[8].

8 El inciso fue modificado por la disposición final 6.2 de la Ley 7/2017, de 2 de noviembre, por la que se incorpora al ordenamiento jurídico español la Directiva 2013/11/UE, del Parlamento Europeo y del Consejo, de 21 de mayo de 2013, relativa a la resolución alternativa de litigios en materia de consumo, BOE n.º 268, de 4 de noviembre.

III. EL SECRETARIO DEL ÓRGANO ARBITRAL

1. Delimitación

Advierte el artículo 8.3 que los órganos arbitrales serán asistidos por *«la persona titular de la secretaría de la Junta Arbitral»*, es decir, el hasta ahora denominado «secretario de la Junta Arbitral».

El Real Decreto 636/1993 reguló por primera vez esta figura en su artículo 11.4. En él se preveía que el secretario de la Junta Arbitral de Consumo actuaría como tal en el colegio arbitral, con voz, pero sin voto. Además, se le atribuían las funciones de facilitar el oportuno soporte administrativo y ser el responsable de las notificaciones, a las que debía sumarse el levantamiento del acta de las actuaciones del colegio arbitral, prevista en su artículo 12.5.

Por su parte, el Real Decreto 231/2008 aumentó significativamente sus funciones y las reguló con cierto detalle. De hecho, la mayoría del contenido de su artículo 18, dedicado en principio a los «Órganos arbitrales», tenía por objeto principal el secretario arbitral. Así, el apartado segundo de aquel precepto estaba conformado por nueve menciones que se correspondían con otras tantas funciones del secretario arbitral: a) velar por el cumplimiento de todas las decisiones que adoptaran los órganos arbitrales en el ejercicio de su función; b) dejar constancia de la realización de actos procedimentales por el órgano arbitral o ante éste y de la producción de hechos con trascendencia procedimental mediante las oportunas diligencias y, en caso de que se utilizaran medios técnicos de grabación o reproducción, garantizar la autenticidad e integridad de lo grabado o reproducido; c) asegurar el funcionamiento del registro de recepción de documentos que se incorporaran a las actuaciones arbitrales, expidiendo en su caso las certificaciones que en esta materia sean solicitadas por las partes; d) expedir certificaciones de las actuaciones arbitrales no reservada a las partes, con expresión de su destinatario y el fin para el cual se solicitan; e) documentar y formar los expedientes del procedimiento arbitral, dejando constancia de las resoluciones que se dicten. f) facilitar a las partes interesadas y a cuantos manifestaran y justificaran un interés legítimo y directo, la información que solicitaran sobre el estado de las actuaciones arbitrales no declaradas reservadas; g) ordenar e impulsar el procedimiento, salvo en las actuaciones reservadas a los árbitros; h) levantar acta de las audiencias; e i) realizar las notificaciones de las actuaciones arbitrales». En fin, además de reiterar que el secretario arbitral sería el secretario de la Junta Arbitral de Consumo, el artículo 18.2 del Real Decreto 231/2008 facultaba al presidente de esta última a designar secretario arbitral entre el personal que prestara servicios en ella, con carácter permanente o para un procedimiento o procedimientos concretos.

Hemos avanzado que el artículo 8.3 del Reglamento proclama que los órganos arbitrales serán asistidos por la persona titular de la secretaría de la Junta Arbitral. El precepto también autoriza a que la persona titular de la presidencia de la Junta Arbitral de Consumo designe a cualquier otra persona para actuar como secretaria de los órganos arbitrales. Ahora bien, a diferencia del Real Decreto 231/2008, la elección no ha de realizarse necesariamente entre el personal que presta servicios en la Junta Arbitral de Consumo. Por tanto, en principio, quien realiza su designación —esto es, la persona titular de la presidencia de la Junta Arbitral de Consumo— disfruta de libertad de decisión. Otra cosa es que razonablemente recaiga entre el personal que forma parte de la Junta Arbitral. Basta tener presente la naturaleza de las funciones que se le atribuyen, a las que nos referimos en el epígrafe posterior.

El precepto finaliza con un último inciso que permite *«determinar que dicha función sea asumida por el órgano arbitral unipersonal o por la persona titular de la presidencia del órgano arbitral colegiado»*. No se trata, sin embargo, de una limitación en la persona que puede ser designada para ostentar la secretaría del órgano arbitral: la previa mención de que los órganos arbitrales sean asistidos *«por cualquier otra»* —persona— así lo corrobora. Por el contrario, mediante aquella declaración se amplían las personas susceptibles de ser designadas, toda vez que aclara que, incluso, dicha función puede ser atribuida al órgano arbitral unipersonal o a la persona titular de la presidencia, en caso de órgano arbitral colegiado. Con todo, de nuevo la naturaleza de las funciones que tiene asignadas la figura del secretario del órgano arbitral aconseja que, en su caso, su designación se realice entre el personal que forma parte de la Junta Arbitral y no que el árbitro unipersonal o quien preside el órgano arbitral colegiado ejerzan una doble actuación.

Nótese que el Reglamento guarda silencio en relación con la abstención y recusación de la persona que asume la secretaría de los órganos arbitrales. En buena lógica, esta última debe actuar en el ejercicio de sus funciones con independencia e imparcialidad. Sin embargo, no cabe rechazar que, en alguna ocasión, se vean comprometidas por la concurrencia de alguna circunstancia. En tal caso, dada la carencia de regulación específica al respecto, habrá que aplicar por analogía el régimen de abstención y recusación de los órganos arbitrales contenido en el artículo 15 del Reglamento, a cuyo comentario nos remitimos.

2. Funciones

La regulación de la figura del secretario arbitral queda completada con la enumeración de las funciones que ha de llevar a cabo —varias de ellas clave[9]—, la cual se realiza en el artículo 8.4 del Reglamento. Sin duda, el primer elemento que llama la atención es la notable reducción del elenco de funciones que se le atribuyen si lo comparamos con el previsto en el régimen anterior —art. 18.2 RD 231/2008—. En realidad, como fue apuntado en su día, las funciones previstas por el Real Decreto 231/2008 estaban inspiradas en las funciones de los secretarios judiciales[10], actualmente letrados de la

9 Así las califica MARTÍNEZ ESPÍN, P., «Análisis del Real Decreto 713/2024...», ob. cit., p. 67.

10 Véase LAFUENTE TORRALBA, A. J., «Artículo 18. Órganos arbitrales», en CÁMARA LAPUENTE, S., *Comentarios a las Normas de Protección de los Consumidores*, Colex, Madrid, 2011, p. 2090.

Administración de Justicia —arts. 452 y ss. LOPJ y 145 a 148 LEC—, por lo que algunas de ellas se compaginaban mal con el arbitraje de consumo. En consecuencia, su revisión debe ser bien recibida.

En este sentido, corresponde a la persona que asume la secretaría de los órganos arbitrales certificar las actuaciones del órgano arbitral —art. 8.4.a) RSAC—. También levantar acta de las audiencias y, en su caso, custodiar las grabaciones de audiencias telemáticas, así como cualquier documentación aportada en aquellas, dando fe de su autenticidad —art. 8.4.b) en conexión con el art. 41.4 RSAC—. Desde esta óptica, por tanto, la persona que asume la secretaría de los órganos arbitrales actúa como fedatario arbitral.

Del mismo modo, aquella ha de realizar las notificaciones de las actuaciones de los órganos arbitrales —art. 8.4.c) RSAC—, así como facilitar a las partes interesadas la información que soliciten sobre el estado de las actuaciones arbitrales —art. 8.4.d) del Reglamento—[11]. Al respecto, el precepto puntualiza que dicha información tendrá carácter confidencial, lo que, en sentido estricto, resulta innecesario. En efecto, tanto los órganos arbitrales, como las partes en litigio y cualquiera que intervenga en el procedimiento están obligados a guardar confidencialidad sobre la información que conozcan como consecuencia de su intervención —arts. 31.3 RSAC y 24.2 LA[12]—. Es más, resulta lugar común entender que la confidencialidad constituye un elemento cuasi configurador de la institución arbitral, de modo que la no difusión de las informaciones aportadas y vertidas a lo largo del procedimiento arbitral es un deber de cuantos participan en él. Ahora bien, no podemos olvidar que nos encontramos en sede de arbitraje de consumo y no de

11 La inicial desaparición de la radicación de esta función en la secretaría de la Junta Arbitral recibió el reproche del Consejo General del Poder Judicial en su «Informe sobre el Proyecto de Real Decreto por el que se regula el Sistema Arbitral de Consumo», conclusión séptima, en la que se reconocía que «Es cierto que la naturaleza administrativa de las Juntas Arbitrales lleva aparejada la aplicabilidad de la regla contenida en el artículo 53.1 a) de la Ley 39/2015, de 1 de octubre, del Procedimiento Administrativo Común de las Administraciones Públicas que, con carácter general, reconoce a los interesados en un procedimiento administrativo, el derecho a «A conocer, en cualquier momento, el estado de la tramitación de los procedimientos en los que tengan la condición de interesados». Sin embargo, aquel también sugirió que «la mayor transparencia y accesibilidad de los procedimientos arbitrales aconsejaría mantener una regla como la actualmente establecida en el artículo 18.2 f del Real Decreto 231/2008, de 15 de febrero, por el que se regula el Sistema Arbitral de Consumo que radica en la secretaría de la Junta Arbitral del cometido consistente en «Facilitar a las partes interesadas y a cuantos manifiesten y justifiquen un interés legítimo y directo, la información que soliciten sobre el estado de las actuaciones arbitrales no declaradas reservadas».

12 También, incluso, en el propio RD 636/1993, cuyo artículo 12.1 disponía que «constituido el colegio arbitral [...] se dará audiencia a las partes, la cual tendrá carácter privado». Como indica Lara González, R., *Procedimientos eficaces y protección de intereses económicos. Reconocimiento e interpelación para el progreso en el arbitraje de consumo*, Aranzadi, Las Rozas, 2024, p. 23, si la audiencia de las partes debía tener carácter privado, lo era porque todas las demás actuaciones propias del procedimiento arbitral también debían cumplir el mismo requisito, ya que, de ser de otra forma, carecería de sentido la precaución prevista exclusivamente para el acto de audiencia de las partes.

arbitraje comercial, por lo que la circunstancia de que necesariamente una de las partes es un consumidor o usuario —del que, en principio, se presume su desconocimiento e inexperiencia— justificaría aquella declaración.

En fin, al titular de la secretaría de los órganos arbitrales también se le encomienda la función de garantizar que los procedimientos y reglas de constitución y adopción de acuerdos son respetadas —art. 8.4.a) RSAC—. Esta función no formaba parte de la larga enumeración de funciones que preveía el Real Decreto 231/2008, por lo que constituye novedad del régimen en vigor. Adviértase que esta función como garante —de la legalidad del procedimiento y del cumplimiento de las reglas a las que se supedita la toma de decisiones— no resulta baladí: su incumplimiento puede dar lugar a la anulación del laudo arbitral, obviamente siempre que dicho incumplimiento pueda subsumirse en alguno de los motivos previstos a tal efecto —art. 41.1 LA[13]—.

Hemos constatado que las funciones que el Real Decreto 231/2008 atribuía al secretario arbitral eran sensiblemente superiores que las previstas en el texto en vigor. Sin embargo, recuérdese que el artículo 8.3 del Reglamento genéricamente conceptualiza la función de la persona que asume la secretaría de los órganos arbitrales como de *«asistencia»* a estos últimos. En consecuencia, quien actúe como secretario deberá llevar a cabo todas aquellas funciones que faciliten a los órganos arbitrales la función que tienen encomendada, esto es, decidir o resolver los litigios planteados ante las Juntas Arbitrales, y ello con independencia de que le hayan sido atribuidas expresamente en el artículo 8.4 del Reglamento.

En todo caso, en el desarrollo de esta actividad genérica de asistencia quien asume la secretaría de los órganos arbitrales ha de actuar con voz, pero sin voto. Esta matización ya se encontraba prevista en el artículo 11.4 del Real Decreto 636/1993, no así en el artículo 18.2 del Real Decreto 231/2008. El legislador, por tanto, introduce de nuevo esta indicación, aunque consideramos que no resultaba imprescindible. Piénsese que los órganos arbitrales tienen como función decidir o resolver los litigios planteados ante las Juntas Arbitrales —art. 8.1 en conexión con los arts. 1.2 y 3 RSAC—, mientras que el secretario arbitral, asistir a dichos órganos arbitrales —art. 8.3 RSAC—.

Durante la vigencia del Real Decreto 636/1993, cierto sector doctrinal sostuvo que el secretario no tenía voz en el fondo del arbitraje, dado que su labor consistía en proporcionar el soporte administrativo a las actuaciones del colegio y ser responsable de las notificaciones[14]. A nuestro entender, quien asume la secretaría de los órganos arbitrales puede emitir su opinión —voz—, si bien no será computada en la adopción de la decisión —voto—.

---

13 Por todos, RIAÑO BRUN, I., «Reflexiones en torno a la acción de anulación del laudo arbitral y los motivos que la justifican», en PÉREZ MORIONES, A., RIAÑO BRUN, I. y MESTROT, M. (coordinadores), *El arbitraje: una nueva perspectiva desde el Derecho español y el Derecho francés*, La Ley, Madrid, 2013, pp. 227 y ss.

14 Véase DÍAZ ALABART, S., «El arbitraje de consumo (RD 636/1993, de 3 de mayo)», en *Estudios sobre el Derecho de consumo*, Iberdrola, Bilbao, 1994, p. 185.

Artículo 9. Propuesta y listado de árbitros acreditados*

1. La administración pública a la que esté adscrita la Junta Arbitral, las asociaciones de consumidores y las organizaciones empresariales que participen en la gestión del Sistema Arbitral de Consumo estarán obligados a formular la propuesta de los árbitros que vayan a intervenir en los procedimientos que sean llevados a cabo en cada Junta Arbitral. Las propuestas se dirigirán a la persona titular de la presidencia de la Junta Arbitral.

2. Las administraciones públicas solo podrán proponer como árbitros a personal a su servicio o al servicio de cualquier otra administración pública o del sector público institucional.

3. Las asociaciones de consumidores y las organizaciones empresariales solo podrán proponer árbitros si previamente se encuentran inscritas en los registros estatal o autonómicos correspondientes al ámbito territorial de la Junta.

4. En las propuestas referidas en los apartados anteriores deberá indicarse si se efectúan para intervenir de forma general en todos los procedimientos o en aquellos relacionados con reclamaciones de algún sector económico concreto.

SUMARIO: I. Planteamiento. II. Propuesta de árbitros.

I. PLANTEAMIENTO

Como fue afirmado en su día —si bien en relación con el precepto concordante del Real Decreto 231/2008—[1], el presente artículo regula el inicio del *iter* conducente a la constitución de los órganos arbitrales. En efecto, la designación de árbitros se ha de realizar entre los que figuren en la lista de árbitros acreditados ante la Junta Arbitral de Consumo —art. 14.1 RSAC—. Y, a su vez, únicamente las personas propuestas para actuar como árbitros pueden obtener la acreditación —art. 10.1 RSAC—. En consecuencia, la propuesta de árbitros constituye presupuesto necesario para, si procede, su eventual acreditación y posterior designación a fin de su intervención en los procedimientos arbitrales.

* Comentario realizado por **Aránzazu Pérez Moriones**.

1 Así, LAFUENTE TORRALBA, A. J., «Artículo 16. Propuesta de árbitros», en CÁMARA LAPUENTE, S., *Comentarios a las Normas de Protección de los Consumidores*, Colex, Madrid, 2011, p. 2080.

El Real Decreto 636/1993 no regulaba expresamente esta cuestión, aunque la daba por supuesta. Así, en relación con la designación de representantes de los consumidores, su artículo 11.1.b) señalaba que, si la reclamación se presentaba directamente ante la Junta Arbitral, la designación se haría de oficio *«entre los representantes propuestos previamente por las asociaciones de consumidores y usuarios»*. A su vez, su artículo 11.1.c) establecía que el representante de los sectores empresariales sería el designado por estos en la Junta Arbitral, cuando el reclamado formaba parte de una organización adherida al sistema arbitral. En los demás casos, sería el designado de oficio *«entre los propuestos previamente por las organizaciones empresariales que se hubieran adherido a la misma»*.

El precepto que comentamos tiene su origen en el artículo 16 del Real Decreto 231/2008, en concreto, en su apartado primero, dedicado a la propuesta de árbitros. Los apartados segundo y tercero de este último precepto regulaban la solicitud de acreditación y la lista de árbitros acreditados, mientras que el apartado cuarto añadía una función más al listado de funciones del secretario arbitral enunciadas en el artículo 18.2 del Real Decreto 231/2008: mantener permanentemente actualizada la lista de árbitros acreditados ante la respectiva Junta Arbitral de Consumo, así como las listas de árbitros especializados acreditados para conocer los conflictos que debían ser resueltos por órganos arbitrales especializados. De este modo, la rúbrica del precepto —«Propuesta y listado de árbitros acreditados»— reflejaba con fidelidad su contenido.

Sorprendentemente, el artículo 9 del Reglamento mantiene dicho título, aunque se limita a regular la propuesta de los árbitros, no así la acreditación, que, en su caso, da lugar a su inclusión en la lista de árbitros acreditados ante la Junta Arbitral. De este modo, con ocasión de su incorporación al régimen en vigor, el artículo 16 del Real Decreto 231/2008 se ha escindido en dos preceptos: el artículo 9 del Reglamento, intitulado «Propuesta y listado de árbitros acreditados» —aunque, como hemos señalado, dedicado exclusivamente a la propuesta de árbitros— y el artículo 10 del Reglamento, que, bajo el título «Acreditación de los árbitros», incluye, en realidad, la materia relativa a la solicitud de acreditación, a la acreditación y al listado de árbitros acreditados. Huelga señalar que la corrección de las rúbricas para eliminar esta discordancia debería haber sido realizada. A su vez, el contenido del artículo 16.4 del Real Decreto 231/2008 ha sido modificado y reubicado en otra sede. En efecto, en el régimen en vigor corresponde a las Juntas Arbitrales de Consumo la función de *«elaborar y actualizar la lista de las personas acreditadas como árbitros»* —art. 6.2) RSAC—.

En cambio, la ubicación sistemática del régimen de la propuesta de árbitros —también del relativo a la acreditación y a la lista de árbitros acreditados— ha mejorado sensiblemente. Así, dicha materia —que conformaba los arts. 16 y 17 del Real Decreto 231/2008— iniciaba la sección 4.ª de su capítulo II, dedicada a los órganos arbitrales. Por tanto, el régimen relativo a la propuesta y acreditación de los árbitros precedía al de los propios órganos arbitrales, abordado en el artículo 18 del Real Decreto 231/2008. Por su parte, la actual sección 2.ª del capítulo II comienza con el precepto dedicado a la naturaleza de los órganos arbitrales para, a continuación, abordar el régimen de la propuesta de árbitros y su acreditación. Así las cosas, la reestructuración tanto del capítulo II —«Organización del Sistema Arbitral de Consumo»— como, en particular, de su sección 2.ª —«Órganos arbitrales»— ha dotado de una mayor coherencia expositiva al texto.

II. PROPUESTA DE ÁRBITROS

El artículo 9.1 del Reglamento proclama la obligación de la administración pública a la que esté adscrita la Junta Arbitral, las asociaciones de consumidores y las organizaciones empresariales que participan en la gestión del Sistema Arbitral de Consumo de formular la propuesta de árbitros que vayan a intervenir en los procedimientos que se sustancien en cada Junta Arbitral.

Esta exigencia anticipa la composición tradicional de los órganos arbitrales en el Sistema Arbitral de Consumo, resultado de una integración sectorial tripartita, ya que incluye a un miembro de cada sector implicado en la controversia[2]. Así se establecía en el artículo 31.3 de la Ley 26/1984, de 19 de julio, General para la Defensa de los Consumidores y Usuarios; declaración que fue reproducida casi de forma literal en el vigente artículo 57.3 del texto refundido de la Ley General para la Defensa de los Consumidores y Usuarios y otras leyes complementarias. Como no podía ser de otro modo, esta previsión ha tenido reflejo en el régimen del Sistema Arbitral de Consumo: inicialmente, en el artículo 11 del Real Decreto 636/1993; posteriormente, en el artículo 20 del Real Decreto 231/2008 y, actualmente, en el artículo 13 del Reglamento. Otra cosa es que, desde 2008, el órgano arbitral pueda estar compuesto por un árbitro único —arts. 19 RD 231/2008 y 12 RSAC—.

La formulación de la propuesta de árbitros queda sujeta a la satisfacción de ciertos requisitos. Lacónicamente. el artículo 16.1 del Real Decreto 231/2008 circunscribía la propuesta de *«la Administración, entre personal a su servicio»*. Con mayor rigor, el artículo 9.2 del Reglamento señala que las administraciones públicas solo pueden proponer como árbitros *«a personal a su servicio o al servicio de cualquier otra administración pública o del sector público institucional»*[3].

---

2 Gutiérrez De Cabiedes, P., «Artículo 57. Sistema Arbitral de Consumo», en Cámara Lapuente, S., *Comentarios*..., ob. cit., p. 458.

3 De este modo, se mejora la insuficiente y problemática referencia al *«personal a su servicio»* del artículo 16.1 del Real Decreto 231/2008, tal y como señala Tomillo Urbina, J., «Una aproximación al nuevo Reglamento del Sistema Arbitral de Consumo (RD 713/2024, de 23 de julio», Noticias Jurídicas, 8 de agosto de 2024, epígrafe III, apartado 2.1.

Por tanto, cada administración pública está facultada para proponer como árbitros a personal propio, ya sea en régimen funcionarial o laboral, pero también a personal al servicio de otras administraciones públicas. A su vez, atendiendo al artículo 84.1 de la Ley 40/2015, de 1 de octubre, de Régimen Jurídico del Sector Público[4], el sector público institucional se encuentra integrado por las siguientes entidades: a) los organismos públicos vinculados o dependientes de la Administración General del Estado, los cuales se clasifican en organismos autónomos, entidades públicas empresariales y agencias estatales; b) las autoridades administrativas independientes; c) las sociedades mercantiles estatales; d) los consorcios; e) las fundaciones del sector público; f) los fondos sin personalidad jurídica; y g) las universidades públicas no transferidas.

Por su parte, el artículo 16.1 del Real Decreto 231/2008 exigía que las asociaciones de consumidores y usuarios estuvieran inscritas en el Registro estatal de asociaciones de consumidores y usuarios o que reunieran los requisitos exigidos por la normativa autonómica que les resultara de aplicación. Este requisito fue objeto de crítica por considerar que el texto reglamentario se extralimitaba en su función de desarrollo y contradecía la norma que lo amparaba —art. 57.3 TRLGDCU—, ya que introducía restricciones que no se encontraban previstas en ella[5]. Téngase presente que este precepto se limita a proclamar que *«los órganos arbitrales estarán integrados por representantes de los sectores empresariales interesados, de las organizaciones de consumidores y usuarios y de las Administraciones públicas»*.

Pues bien, el artículo 33.1 del texto refundido de la Ley General para la Defensa de los Consumidores y Usuarios y otras leyes complementarias establece el deber de las asociaciones de consumidores y usuarios de ámbito estatal —también de todas aquellas que no desarrollen principalmente sus funciones en el ámbito de una comunidad autónoma— de figurar inscritas en el Registro Estatal de Asociaciones de Consumidores y Usuarios que se gestiona en el Instituto Nacional de Consumo. Ciertamente, una asociación de consumidores y usuarios no inscrita puede existir y desempeñar sus funciones y actividades. Sin embargo, la inscripción en el Registro Estatal es un presupuesto al que la ley supedita el reconocimiento de los derechos enumerados en el artículo 37 del mismo cuerpo legal[6].

---

4 BOE n.º 236, de 2 de octubre.

5 Véase LAFUENTE TORRALBA, A. J., «Artículo 16. Propuesta de árbitros», en CÁMARA LAPUENTE, S., *Comentarios...*, ob. cit., p. 2081, que sostuvo que debería ser suficiente con que la asociación de consumidores y usuarios satisficiera los requisitos exigidos por el artículo 23.1 del texto refundido de la Ley General para la Defensa de los Consumidores y Usuarios y otras leyes complementarias para su consideración como tal y que el ámbito territorial en el que desarrollara su actividad comprendiera el de la Junta Arbitral en la que el futuro árbitro había de actuar.

6 Por todos, véanse PARRA LUCÁN, M.ª A., «Artículo 33. Registro Estatal de Asociaciones

Sentado lo anterior, en el supuesto que nos ocupa el Reglamento subordina la posibilidad de proponer árbitros para intervenir en los procedimientos sustanciados en cada Junta Arbitral de Consumo a que asociaciones de consumidores y usuarios y organizaciones empresariales se encuentren inscritas en los registros estatal o autonómicos correspondientes al ámbito territorial de la Junta. En consecuencia, si cualquiera de ellas desea realizar una propuesta de árbitros necesariamente habrá de satisfacer el mencionado requisito[7].

De otra parte, en las propuestas de árbitros debe indicarse si estas se realizan para intervenir de forma general en todos los procedimientos o en aquellos relacionados con reclamaciones de algún sector económico concreto —art. 9.4 RSAC—. Piénsese, por ejemplo, en aquellas reclamaciones para cuya resolución se requiere disponer de conocimientos técnicos —así, tintorerías, productos electrónicos, peluquerías, talleres de reparación de automóviles, etc.—. En estos casos, la participación en el colegio arbitral de un árbitro especializado resulta determinante a los efectos de una adecuada resolución de la controversia planteada ante la Junta Arbitral. Sin embargo, en el régimen de designación de los órganos arbitrales —art. 14 RSAC— no se contempla expresamente la designación de árbitros especializados, lo que, en caso de ser necesario, habrá de ser solventado por la persona titular de la presidencia de la Junta Arbitral, que es a quien compete la designación[8].

En fin, las propuestas de árbitros han de dirigirse a la persona titular de la presidencia de la Junta Arbitral —art. 9.1 RSAC—. Con todo, la satisfacción de este requisito no es suficiente a efectos de que aquellos sean designados para su intervención en los procedimientos arbitrales. Previamente, las personas propuestas como árbitros tienen que ser acreditadas, procedimiento que regula el artículo 10 del Reglamento, a cuyo comentario nos remitimos.

---

de Consumidores y Usuarios», en CÁMARA LAPUENTE, S., *Comentarios...*, ob. cit., p. 341; o SÁNCHEZ LERÍA, R., «Artículo 33. Registro Estatal de Asociaciones de Consumidores y Usuarios», en CAÑIZARES LASO, A. y ZUMAQUERO GIL, L., *Comentarios al texto refundido de la Ley de Consumidores y Usuarios*, Tomo I, Tirant lo Blanch, Valencia, 2022, p. 491.

7 Es más, el Real Decreto 636/1993 no concretaba los requisitos que debían cumplir las asociaciones de consumidores y usuarios para poder proponer árbitros, a pesar de lo cual se defendió la necesidad de que estas últimas se encontraran inscritas, con base en el artículo 20.3 de la Ley General para la Defensa de los Consumidores y Usuarios, que señalaba que «Para poder gozar de cualquier beneficio que les otorgue la presente Ley y disposiciones reglamentarias y concordantes deberán figurar inscritas en un libro registro, que se llevará en el Ministerio de Sanidad y Consumo, y reunir las condiciones y requisitos que reglamentariamente se establezcan para cada tipo de beneficio» —véase CUBILLO LÓPEZ, I. J., «El procedimiento para la tutela arbitral de los consumidores», en CUBILLO LÓPEZ, I. J. (Coordinador), *Cuestiones actuales sobre la protección de los consumidores: tutela penal, civil y arbitral*, Civitas Thomson Reuters, Cizur Menor, 2010, p. 285, nota n.º 4.

8 A esta cuestión volveremos en nuestro comentario al artículo 14 del Reglamento.

Artículo 10. Acreditación de los árbitros*

1. Las personas propuestas para actuar como árbitros deberán solicitar su acreditación a la persona titular de la presidencia de la Junta Arbitral de Consumo en cuyos procedimientos vayan a intervenir. La solicitud de acreditación implicará la aceptación del desempeño de las funciones que le son propias y su inclusión en el listado elaborado por dicha Junta Arbitral. La acreditación de los miembros integrantes de los órganos arbitrales se realizará por la persona titular de la presidencia de la Junta Arbitral de Consumo, atendiendo a los requisitos de honorabilidad y cualificación.

La persona titular de la presidencia de la Junta Arbitral de Consumo se entenderá acreditada como árbitro siempre que reúna el requisito de estar en posesión de la licenciatura o grado en Derecho, ya decida el arbitraje en derecho o en equidad.

2. En el caso de que la propuesta sea realizada por las administraciones públicas será requisito necesario para su acreditación, independientemente de que se trate de un arbitraje resuelto en derecho o en equidad, estar en posesión de la licenciatura o grado en Derecho.

No obstante, en aquellos casos en que el titular de la presidencia de la Junta Arbitral aprecie ausencia de complejidad en la reclamación y el arbitraje sea resuelto en equidad, podrá acreditar a quien esté en condiciones de justificar un conocimiento general suficiente del Derecho, además de formación específica o experiencia profesional en derecho de consumo, durante un periodo superior a dos años.

3. En los arbitrajes que deban decidirse en derecho, los árbitros designados a propuesta de las asociaciones de consumidores y usuarios y de las organizaciones empresariales o profesionales deberán estar en posesión de grado o licenciatura en Derecho.

4. Concedida la acreditación, se notificará a los interesados por medios electrónicos, procediéndose a su inclusión en el listado público de árbitros de la Junta Arbitral de Consumo, que deberá ser permanentemente actualizado.

* Comentario realizado por **Aránzazu Pérez Moriones**.

I. PLANTEAMIENTO

Hemos avanzado en el comentario al artículo precedente que la mera inclusión en la propuesta de árbitros formulada por la administración pública, las asociaciones de consumidores y las organizaciones empresariales no permite automáticamente su posterior designación para intervenir en los procedimientos arbitrales. Se requiere que dichos árbitros hayan sido acreditados. Así se señala en el artículo 14.1 del Reglamento —*«La designación de árbitros se realizará por turno, entre los que figuren en la lista de árbitros acreditados ante la Junta Arbitral de Consumo»*—. Pero también se desprende de otros de sus preceptos como el artículo 12.1 —*«Conocerá de los asuntos un órgano arbitral unipersonal, acreditado a propuesta de la administración pública»*— y el artículo 13.1 —*«...conocerá de los asuntos un órgano arbitral colegiado, integrado por tres árbitros acreditados...»*—. Pues bien, el Reglamento dedica su artículo 10 a la «Acreditación de los árbitros».

Al igual que en relación con la propuesta de árbitros, el Real Decreto 636/1993 tampoco regulaba su acreditación. Con todo, exigía que el presidente del colegio arbitral fuera licenciado en Derecho —art. 11.1 RD 636/1993—. También que, si las partes optaban expresamente por un arbitraje en derecho, los miembros del colegio arbitral debían ser abogados en ejercicio, salvo el presidente, que se designaba conforme al artículo 11.1 —art. 11.3 RD 636/1993—.

En cambio, ya en su Preámbulo, el Real Decreto 231/2008 anunciaba que *«...se apuesta decididamente por la capacitación de los árbitros»*. Este objetivo se pretendió satisfacer mediante la regulación de la acreditación de los árbitros en su artículo 17, el cual necesariamente debía ser completado con las previsiones contenidas en los apartados segundo, tercero y cuarto de su artículo 16.

Con acierto, el artículo 10 del Reglamento regula el procedimiento de acreditación completo. En todo caso, ha de advertirse que, con ciertas salvedades, buena parte del régimen actualmente en vigor reproduce el contenido de la regulación anterior. De hecho, las previsiones del artículo 16.2 del Real Decreto 231/2008 han pasado a formar parte del apartado primero del artículo 10; las contenidas en el artículo 16.3 y 4 del Real Decreto 231/2008 se han incorporado a su apartado cuarto y las dispuestas en el artículo 17 del Real Decreto 231/2008 han sido acogidas en los apartados primero, segundo y tercero del mismo precepto.

Por lo demás, la acreditación permite comprobar que el futuro árbitro reúne las condiciones necesarias para actuar como tal. Resulta común entender que una de las principales ventajas del arbitraje es precisamente la especialización de los árbitros, que permite que estos emitan laudos de calidad, lo que, a su vez, redunda en un fortalecimiento de la propia institución arbitral. Esta consideración es perfectamente extrapolable al arbitraje de consumo. La exigencia de determinados requisitos de honorabilidad y —muy especialmente— de cualificación garantiza, en buena medida, la corrección de los laudos. Por su parte, la resolución eficaz de las controversias que se sustancian ante las Juntas Arbitrales se revela como un factor determinante para que los consumidores y usuarios confíen en el Sistema Arbitral de Consumo[1]. Y, para ello se requiere que los árbitros estén adecuadamente capacitados.

II. ACREDITACIÓN DE LOS ÁRBITROS

1. Preliminar

Atendiendo al artículo 10.1 del Reglamento, son las personas propuestas para actuar como árbitros quienes deben solicitar su acreditación. De nuevo no está de más recordar que la formulación de la propuesta de los árbitros que vayan a intervenir en los procedimientos que sean tramitados en cada Junta Arbitral de Consumo no es suficiente a efectos de su designación para su posterior intervención en aquellos. Antes bien, a la propuesta debe seguirle la solicitud de acreditación que, una vez, concedida, determinará la inclusión del árbitro acreditado en el listado público de árbitros, momento a partir del cual podrá ser designado.

2. Consecuencias de la solicitud de acreditación

El artículo 10.1 anuda dos consecuencias a la solicitud de acreditación: i) la aceptación del desempeño de las funciones propias del árbitro; y ii) la inclusión en el listado de árbitros elaborado por la correspondiente Junta Arbitral de Consumo. Esta previsión merece algunas observaciones.

Por un lado, frente al régimen anterior —art. 16.2 RD 231/2008—, en el que la solicitud implicaba la aceptación del cargo de árbitro en los procedimientos en que fuera designado, en la actualidad, la solicitud de acreditación conlleva la aceptación del desempeño de las funciones propias del árbitro[2].

---

1 En un sentido similar se pronuncia LAFUENTE TORRALBA, A. J., «Artículo 17. Acreditación de los árbitros», en CÁMARA LAPUENTE, S., *Comentarios a las Normas de Protección de los Consumidores*, Colex, Madrid, 2011, p. 2082.

2 A su vez, durante la vigencia del Real Decreto 636/1993, DE CARPI PÉREZ, J., en QUINTANA CARLO, I. y BONET NAVARRO, A. (Directores), *El Sistema Arbitral de Consumo. Comentarios al Real Decreto 636/1993 de 3 de mayo*, Aranzadi, Elcano, 1997, pp. 150-152, admitió que el Real Decreto 636/1993 —arts. 11 y 12— parecía que consideraba constituido el Colegio arbitral tras la designación, sostuvo la necesidad de la aceptación para cada caso concreto para que se produjera dicha constitución. Con mayor rotundidad se pronunció RUIZ JIMÉNEZ, J. A., *Análisis crítico del sistema nacional español de arbitraje de consumo*, Instituto Vasco de Derecho Procesal, San Sebastián, 2007, pp. 250 y ss., que defendió

Pues bien, la eliminación de la locución *«en los procedimientos en que sea designado como tal»* no resulta baladí.

En efecto, la redacción del artículo 16.2 del Real Decreto 231/2008 llevó a la doctrina a sostener la existencia de una aceptación automática o tácita[3], que se alejaba de la regulación contenida en el artículo 16 de la Ley de Arbitraje, que exige que el árbitro comunique su aceptación a quien lo designó dentro del plazo de quince días a contar desde el siguiente a la comunicación del nombramiento —salvo que las partes hubieran dispuesto otra cosa—, de modo que, si en dicho plazo no comunica su aceptación, se entiende que no acepta el nombramiento. A mayor abundamiento, se invocaba que en ningún lugar aquel Real Decreto contemplaba la posibilidad de que el árbitro o árbitros debieran aceptar expresamente el arbitraje[4].

Sin embargo, en la redacción en vigor, la solicitud de acreditación conlleva la aceptación del desempeño de las funciones propias del árbitro, es decir, la aceptación del cargo de árbitro y no la aceptación de la actuación como árbitro en concretos procedimientos arbitrales. Dicho de otro modo, existe una aceptación genérica a actuar como árbitro, un compromiso a que actuará como tal, pero no una aceptación a actuar como árbitro en un específico y determinado procedimiento arbitral. En consecuencia, a nuestro entender, una vez nombrado, el árbitro de consumo habrá de aceptar para poder actuar. *A sensu contrario*, si aquel no comunica su aceptación, deberá entenderse que no acepta el nombramiento. Cuestión distinta es que las particularidades del arbitraje de consumo —celeridad, antiformalismo— y la propia práctica de las Juntas Arbitrales lleven a una aceptación informal o tácita.

Por otro lado, la solicitud de acreditación lleva aparejada una segunda consecuencia: la inclusión en el listado de árbitros elaborado por la Junta Arbitral. Sin embargo, en sentido estricto, la incorporación a dicho listado únicamente se producirá tras la concesión de la acreditación, tal y como se señala en el artículo 10.4 y se deduce del tenor de otros preceptos —arts. 9, 11.1 o 14.1 RSAC—. Así las cosas, en la redacción del artículo 10.1 del Reglamento debería haberse realizado la correspondiente matización por más que una interpretación conjunta de ambos apartados —también la lógica— lleve a dicha conclusión.

---

que el RDSAC se refería a designaciones por tiempo indefinido, pero en ningún caso a aceptaciones de arbitraje con carácter previo e indefinido. En cambio, ÁLVAREZ ALARCÓN, A., *El sistema español de arbitraje de consumo*, Instituto Nacional de Consumo, Jerez de la Frontera, 1999, p. 166, sostuvo que los árbitros aceptaban previamente y con carácter general su nombramiento en el instante en que pasaban a formar parte de las listas correspondientes, por lo que no era necesaria su aceptación.

3 Véanse, por todos, LAFUENTE TORRALBA, A. J., «Artículo 16. Propuesta de árbitros y lista de árbitros acreditados», en CÁMARA LAPUENTE, S., *Comentarios...*, ob. cit., p. 2081; o LORCA NAVARRETE, A. M.ª, *La nueva regulación del arbitraje de consumo. Real Decreto 231/2008, de 15 de febrero, por el que se regula el Sistema Arbitral de Consumo*, Instituto Vasco de Derecho Procesal, San Sebastián, 2008, pp. 38-39.

4 *Ibidem*.

En efecto, a tenor del artículo 10.4, concedida la acreditación, se procederá a su notificación a los interesados y a la inclusión de estos últimos en el listado público de árbitros de la Junta Arbitral de Consumo. Frente al silencio del RD 231/2008, el precepto puntualiza que dicha notificación ha de realizarse por medios electrónicos, lo que excluye una eventual notificación por otros medios[5]. Pero, a efectos prácticos, lo verdaderamente relevante es que la concesión de la acreditación tiene como efecto que el árbitro acreditado pasa a formar parte del listado de árbitros acreditados ante la Junta Arbitral de Consumo. Y, como sabemos, la designación de árbitros se realiza entre los que figuran en la lista de árbitros acreditados ante la Junta Arbitral de Consumo —art. 14.1 RSAC— Dicho de otro modo, solo quienes están incluidos en el listado podrán ser designados para intervenir en un procedimiento arbitral. De ahí la importancia que presenta.

Ello explica igualmente la exigencia de que la lista de árbitros acreditados sea permanentemente actualizada. Pues bien, el artículo 6.e) del Reglamento atribuye la función de *«elaborar y actualizar la lista de las personas acreditadas como árbitros»* a las Juntas Arbitrales de Consumo. En cambio, el artículo 16.4 del Real Decreto 231/2008 atribuía expresamente esta función al secretario de la Junta Arbitral de Consumo.

Por lo demás, el árbitro acreditado permanecerá incluido en el listado de forma indefinida hasta que concurra alguno de los supuestos enumerados en el artículo 11.1 del Reglamento, que posibilitan la retirada de la acreditación y la correspondiente baja en el listado de árbitros. Esta materia es objeto de tratamiento en páginas posteriores.

3. Requisitos para la concesión de la acreditación

3.1. Preliminar

La concesión de la acreditación queda supeditada a que el futuro árbitro satisfaga determinados requisitos que deben no solo concurrir en el momento de su solicitud, sino mantenerse a lo largo del tiempo. De hecho, entre las causas de retirada de la acreditación y de la correspondiente baja en el listado de árbitros acreditados se incluye que el árbitro deje de reunir los requisitos o cualificación exigidos para su acreditación —art. 11.1.b) RSAC—.

El Real Decreto 231/2008 consideró que la capacitación de los árbitros constituía un elemento esencial a efectos de reforzar la seguridad jurídica de

5 En cambio, los empresarios pueden formular y, en su caso, denunciar la oferta pública de adhesión al Sistema Arbitral de Consumo por escrito y a través de medios electrónicos —arts. 24.1 y 28.1 RSAC—; se garantiza a los consumidores acceso al procedimiento arbitral de consumo por medios electrónicos o no —art. 31.1 RSAC—; o el consumidor puede elegir que las notificaciones de las actuaciones arbitrales se realicen por medios electrónicos o en lugar físico —art. 32.2.c) RSAC—.

las partes[6]. En consecuencia, dedicó uno de sus preceptos, su artículo 17, a la acreditación. En él se concretaba que esta última se realizaría atendiendo a los requisitos de honorabilidad y cualificación establecidos por el Consejo General del Sistema Arbitral de Consumo, los cuales fueron aprobados por este último en su sesión constitutiva de fecha 24 de febrero de 2009. Igualmente, aquel precepto precisaba que los árbitros acreditados a propuesta de la Administración debían ser licenciados en derecho, con independencia de que resolvieran en equidad o en derecho. En fin, también se señalaba que el presidente de la Junta Arbitral de Consumo se entendía acreditado en todo caso para actuar como árbitro. Como hemos avanzado, el contenido del artículo 17 del Real Decreto 231/2008 ha sido incorporado de forma prácticamente literal en los tres primeros apartados del artículo 10 del Reglamento.

Proclama el artículo 10.1 del Reglamento que la acreditación se realizará por la persona titular de la presidencia de la Junta Arbitral de Consumo, atendiendo a los requisitos de honorabilidad y cualificación. El inciso omite referencia alguna a los criterios de honorabilidad y cualificación aprobados por el Consejo General del Sistema Arbitral de Consumo, si bien, siquiera a efectos interpretativos —y siempre con matices—, ha de entenderse que no han decaído. Pues bien, dicho acuerdo establece como premisa que pueden acreditarse como árbitros las personas naturales que, además de los requisitos de capacidad previstos en el artículo 13 de la Ley de Arbitraje, reúnan los requisitos de honorabilidad y cualificación en él previstos.

3.2. Capacidad

En primer lugar, el árbitro de consumo ha de satisfacer la aptitud básica exigible a cualquier árbitro sea cual sea el ámbito en el que actúe[7]. Al respecto, el artículo 13 de la Ley de Arbitraje proclama que *«pueden ser árbitros las personas naturales que se hallen en el pleno ejercicio de sus derechos civiles, siempre que no se lo impida la legislación a la que puedan estar sometidas en el ejercicio de su profesión»*. También el artículo 22.1.a) de la Ley relativa a la resolución alternativa de litigios en materia de consumo exige que las personas encargadas de la resolución de los procedimientos gestionados por las entidades de resolución alternativa *«se hallen en pleno ejercicio de sus derechos civiles, no hayan sido inhabilitadas por sentencia firme para el desarrollo de esa función y no incurran en incompatibilidad con el ejercicio de su profesión habitual»*.

Por tanto, quedan excluidos los menores de edad, incluso emancipados, ya que estos últimos requieren del consentimiento de sus progenitores o de su defensor judicial para realizar determinados actos —art. 247 Cc—. Idén-

6 Véase Preámbulo del Real Decreto 231/2008.

7 Por todos, LAFUENTE TORRALBA, A. J., «Artículo 17. Acreditación de los árbitros», en CÁMARA LAPUENTE, S., *Comentarios...*, ob. cit., p. 2083.

tica consideración ha de realizarse respecto de las personas que necesitan apoyo para el ejercicio de su capacidad jurídica. Por lo que respecta al concursado, debe concluirse que no puede ser árbitro[8], tanto si en el ejercicio de sus facultades de administración y disposición está sometido a la intervención de la administración concursal como si ha sido sustituido —art. 106.1 y 2 LC—. En efecto, no se halla en el pleno ejercicio de sus derechos civiles quien no puede administrar sus propios bienes por encontrarse afectado por cualquiera de aquellas restricciones[9]. A su vez, tampoco pueden ser árbitros quienes han sido inhabilitados para administrar los bienes ajenos y para representar a cualquier persona como consecuencia de la calificación del concurso como culpable —art. 455.2.2.° LC—.

De otra parte, aun hallándose en el pleno ejercicio de sus derechos civiles, la persona propuesta para actuar como árbitro puede encontrarse afectada por impedimentos propios de su profesión. Así, el cargo de juez o magistrado es incompatible *«con el ejercicio de cualquier otra jurisdicción ajena a la del Poder Judicial»* —art. 389 LOPJ—. Esta incompatibilidad se aplica no solamente a jueces y magistrados profesionales, sino también a magistrados suplentes, jueces sustitutos, jueces de paz y sus sustitutos, ya que todos ellos ejercen sus funciones jurisdiccionales sin pertenecer a la carrera judicial, pero con sujeción al régimen establecido en la Ley Orgánica del Poder Judicial —art. 298.2 LOPJ—. Por su parte, el cargo de letrado de la administración de justicia es incompatible *«con todo empleo, cargo o profesión retribuida, salvo la docencia o investigación jurídica [...] así como la producción y creación literaria, artística, científica y técnica y las publicaciones derivadas de aquélla»* —art. 140 ROCSJ[10] por remisión del art. 474 LOPJ—. Más taxativo en su redacción es el Estatuto Orgánico del Ministerio Fiscal, que declara que el ejercicio de cargos fiscales es incompatible *«con el de cualquier otra jurisdicción, así como la participación en actividades u órganos de arbitraje»* —art. 57.2 LOMF—. En buena lógica, esta incompatibilidad ha de extenderse a los fiscales sustitutos. Con todo, como fue advertido en su día, las incompatibilidades que establece el artículo 389 de la Ley Orgánica del Poder Judicial —también las enumeradas en los arts. 140 ROCSJ y 57 LOMF— dificultan sobremanera que jueces y magistrados —también letrados de la administra-

8 Así también lo entendieron, entre otros, De Carpi Pérez, J., en Quintana Carlo, I. y Bonet Navarro, A. (Directores), *El Sistema Arbitral de Consumo...*, ob. cit., p. 135; o Lafuente Torralba, A. J., «Artículo 17. Acreditación de los árbitros», en Cámara Lapuente, S., *Comentarios...*, ob. cit., p. 2083; también Muñoz Sabaté, L., «De los árbitros (Arts. 12, 13, 15-21)», en De Martín Muñoz, A. y Hierro Anibarro, S., *Comentario a la Ley de Arbitraje*, Marcial Pons, Madrid, 2006, p. 335.

9 En un sentido similar, De Carpi Pérez, J., en Quintana Carlo, I. y Bonet Navarro, A. (Directores), *El Sistema Arbitral de Consumo...*, ob. cit., p. 135; o Muñoz Sabaté, L., «De los árbitros...», en De Martín Muñoz, A. y Hierro Anibarro, S., *Comentario...*, ob. cit., p. 335.

10 RD 1608/2005, de 30 de diciembre, por el que se aprueba el Reglamento Orgánico del Cuerpo de Secretarios Judiciales, BOE n.° 17, de 20 de enero de 2006.

ción de justicia y fiscales— puedan ser nombrados como representantes de los consumidores, de los empresarios o de la administración[11].

Para finalizar, el artículo 13 de la Ley de Arbitraje advierte que la nacionalidad de una persona no será obstáculo para que actúe como árbitro, salvo acuerdo en contrario de las partes. En defensa de esta posibilidad se apeló a su utilidad para conocer reclamaciones de consumo transfronterizas[12]. Pero lo cierto es que, en sede de Derecho de consumo, la sustitución de las primeras directivas —normalmente «de mínimos»— por directivas «de máximos» ha dado lugar a una homogeneización del Derecho del consumo en los distintos países que conforman la Unión Europea. Por ello, el Derecho del consumo nacional prácticamente no difiere del Derecho del consumo de los países miembros de la Unión Europea.

3.3. Honorabilidad

En segundo lugar, la acreditación como árbitro de consumo requiere que en la persona propuesta concurra honorabilidad. Según el Consejo General del Sistema Arbitral de Consumo, este requisito se satisface por «quienes estén en pleno ejercicio de sus derechos civiles, y no hayan sido condenados por delito doloso, en España o en el extranjero, salvo que se haya extinguido la responsabilidad penal, y no estén inhabilitados para el desempeño de empleos o cargos públicos por resolución judicial».

Esta previsión contrasta con el contenido del artículo 303 de la Ley Orgánica del Poder Judicial, que veta el ingreso en la carrera judicial, entre otros, a los condenados por delito doloso mientras no hayan obtenido la rehabilitación, así como a los procesados o inculpados por delito doloso en tanto no sean absueltos o se dicte auto de sobreseimiento. No es el caso del acuerdo del Consejo General del Sistema Arbitral de Consumo, que exige condena.

Pues bien, el diferente tratamiento que reciben jueces y árbitros ha sido cuestionado, dado que estos últimos también asumen una función jurisdiccional[13]. Como se ha subrayado, la mera existencia de indicios de criminalidad suscita dudas acerca de la honorabilidad del futuro árbitro[14]. Y «nada puede causar más daño al arbitraje y muy particularmente a las instituciones

---

11 Véase De Carpi Pérez, J., en Quintana Carlo, I. y Bonet Navarro, A. (Directores), *El Sistema Arbitral de Consumo...*, ob. cit.., p. 136.

12 Así, Lafuente Torralba, A. J., «Artículo 17. Acreditación de los árbitros», en Cámara Lapuente, S., *Comentarios...*, ob. cit., p. 2083.

13 Véase Lafuente Torralba, A. J., «Artículo 17. Acreditación de los árbitros», en Cámara Lapuente, S., *Comentarios...*, ob. cit., p. 2084, que sostiene que la existencia de indicios de criminalidad arroja dudas legítimas sobre la honorabilidad del árbitro.

14 *Ibidem*.

arbitrales que las designaciones realizadas de individuos sobre los que recae alguna seria sospecha de inmoralidad»[15].

Con todo, recuérdese que, en relación con la capacidad de las personas encargadas de la resolución de litigios, el artículo 22.1.a) de la Ley relativa a la resolución alternativa de litigios en materia de consumo, excluye a quienes han sido inhabilitados por sentencia firme para el desarrollo de la función de resolución. Por lo tanto, la honorabilidad concurre siempre que no exista condena.

3.4. Cualificación

Y, en tercer lugar, la persona propuesta como árbitro ha de disponer de cierta formación o cualificación, que *grosso modo* se ha hecho depender del modo en que se ha de resolver el arbitraje —en derecho o en equidad—, y de quién realiza la propuesta —administración, asociaciones de consumidores y usuarios u organizaciones empresariales o profesionales—. En buena lógica, la exigencia de un nivel formativo o de una competencia profesional suficiente incide directamente en la calidad y acierto de las decisiones arbitrales[16]. Sin duda, la posesión de conocimientos redunda en un mejor ejercicio de la función arbitral y, en último término, en el éxito del arbitraje de consumo.

Aunque el Real Decreto 636/1993 no regulaba expresamente la acreditación de los árbitros, exigía cierta cualificación para su designación. Así, el presidente del colegio arbitral debía ser licenciado en Derecho —art. 11.1 RD 636/1993—. A su vez, si las partes optaban expresamente por un arbitraje en derecho, los miembros del colegio arbitral tenían que ser abogados en ejercicio, salvo el presidente, que se designaba conforme al artículo 11.1 —art. 11.3 RD 636/1993—. Por su parte, una interpretación *a sensu contrario* del precepto llevaba a sostener que, en caso de arbitraje en equidad, los miembros del colegio arbitral no tenían necesariamente que ostentar la condición de abogados en ejercicio.

En materia de requisitos relativos a la cualificación de los árbitros —también a la honorabilidad—, el artículo 17 del Real Decreto 231/2008 se remitía a su —en su día, posterior— fijación por el Consejo General del Sistema Arbitral de Consumo. Con todo, aquel precepto exigía que los árbitros acreditados a propuesta de la administración fueran licenciados en Derecho, independientemente de que resolvieran en equidad o en derecho. Pues bien, en

---

15 Tal y como afirma MUÑOZ SABATÉ, L., «De los árbitros...», en DE MARTÍN MUÑOZ, A. y HIERRO ANIBARRO, S., *Comentario...*, ob. cit., pp. 334-335, que aboga por que las restricciones por causal penal abarquen igualmente el procesamiento o inculpación por delitos dolosos mientras no sean absueltos o se dicte auto de sobreseimiento.

16 En un sentido similar, LAFUENTE TORRALBA, A. J., «Artículo 17. Acreditación de los árbitros», en CÁMARA LAPUENTE, S., *Comentarios...*, ob. cit., p. 2082.

su acuerdo, el Consejo General del Sistema Arbitral de Consumo consideraba cualificados: i) en el arbitraje en derecho, quienes fueran abogados en ejercicio o licenciados en Derecho que acreditaran amplios conocimientos en la normativa de protección de los consumidores y usuarios. Además, se puntualizaba que, en todo caso, se entendía que acreditaban tales conocimientos quienes disponían de amplia formación específica en la materia o quienes tenían experiencia profesional en ella no inferior a un año; y ii) en el arbitraje de equidad, quienes acreditaran formación específica en materia de consumo o experiencia profesional en su aplicación no inferior a un año.

El régimen en vigor se asienta sobre parámetros comunes, aunque también presenta algunas novedades. Así, el artículo 10.2 del Reglamento reitera que, en el caso de que la propuesta sea realizada por las administraciones públicas, es requisito necesario para su acreditación que la persona propuesta para actuar como árbitro esté en posesión de la licenciatura o grado en Derecho, *«independientemente de que se trate de un arbitraje resuelto en derecho o en equidad»* —por tanto, siempre—. Como acertadamente se ha afirmado, este requisito de cualificación resulta incuestionable, ya que la presidencia de los órganos colegiados es asumida por el árbitro propuesto por la administración pública —art. 13.2 RSAC— y, además, a él le corresponde actuar como ponente de los laudos[17]. Igualmente, a tenor del artículo 10.3 de la norma reglamentaria, en los arbitrajes que deben decidirse en derecho, los árbitros propuestos por las asociaciones de consumidores y usuarios y por las organizaciones empresariales o profesionales deben estar en posesión de grado o licenciatura en Derecho. En fin, aun por obvio no debemos dejar de señalar que una interpretación *a sensu contrario* del precepto lleva a concluir que, si los arbitrajes han de decirse en equidad, no es necesaria dicha cualificación.

En la actualidad, en ningún caso se requiere formación o experiencia en materia de consumo, a diferencia de lo que ocurría bajo el régimen anterior por aplicación del acuerdo adoptado por el Consejo General del Sistema Arbitral de Consumo sobre esta materia. Del mismo modo, la cualificación exigida por el Reglamento es ser licenciado o graduado en Derecho, pero no abogado en ejercicio —*rectius,* abogado[18]—, tal y como requería de forma exclusiva el RD 636/1993 y, alternativamente, el Real Decreto 231/2008. Cuestión distinta es que entre los requisitos necesarios para la colegiación se incluya disponer de la licenciatura o del grado en Derecho. Nótese que esta paulatina apertura ha permitido que otros profesionales del Derecho distintos al abogado se encuentren acreditados como árbitros —piénsese, por ejemplo, en profesores de Universidad, con formación, docencia e investigación en Derecho del consumo—.

17 Véase TOMILLO URBINA, J., «Una aproximación al nuevo Reglamento del Sistema Arbitral de Consumo (RD 713/2024, de 23 de julio», Noticias Jurídicas, 8 de agosto de 2024, epígrafe III, apartado 2.2.

18 Con base en el artículo 9 del Estatuto General de la Abogacía, abogado únicamente es aquel que se encuentra incorporado a un colegio en calidad de ejerciente.

Pero, sin duda, la novedad que presenta un mayor interés se encuentra contenida en el artículo 10.2 del Reglamento. Recuérdese que en este apartado se ordena que los árbitros propuestos por las administraciones públicas sean licenciados o graduados en Derecho. Sin embargo, a continuación, se autoriza al titular de la presidencia de la Junta Arbitral a acreditar, si aprecia ausencia de complejidad en la reclamación y el arbitraje es resuelto en equidad, *«a quien esté en condiciones de justificar un conocimiento general suficiente del Derecho, además de formación específica o experiencia profesional en derecho de consumo, durante un periodo superior a dos años»*. Por lo tanto, si concurren los requisitos mencionados —esto es, sencillez de la reclamación y arbitraje en equidad—, el Reglamento «aligera» la cualificación exigida a los árbitros propuestos por las administraciones públicas: basta con que ostenten un conocimiento general suficiente del Derecho y formación específica o experiencia profesional en Derecho de consumo durante más de dos años. Parece obvio que «un conocimiento general suficiente del Derecho» es algo menos que grado o licenciatura universitaria»[19].

En realidad, esta previsión constituye una de las manifestaciones de la obligada adecuación del Sistema Arbitral de Consumo a la Ley relativa a la resolución alternativa de litigios en materia de consumo. Así, bajo el título «condiciones y cualificación de las personas encargadas de resolver los litigios», el artículo 22.1.b) de la mencionada Ley —que reproduce de forma literal el art. 6.1.a) de la Directiva 2013/11/UE— requiere que aquellas *«estén en posesión de los conocimientos y las competencias necesarios en el ámbito de la resolución alternativa o judicial de litigios con consumidores, así como de un conocimiento general suficiente del Derecho»*. Con todo, como advirtió el Consejo de Estado en su Dictamen al Proyecto de Real Decreto[20], el artículo 22.1.b) exige dicho requisito sin distinción de que el arbitraje sea en derecho o en equidad —art. 22.1.b) en conexión con el art. 35.1.g de la Ley 7/2017— y, al ser impuesto por la ley, no puede ser eludido en la norma reglamentaria de desarrollo[21]. Forzosamente debe concluirse que, al menos en este aspecto, el RDSAC no se adecua a la Ley relativa a la resolución alternativa de litigios en materia de consumo.

Ahora bien, a nuestro juicio, la excepción del artículo 10.2 del Reglamento es merecedora de reproche por más que encuentre amparo en el artículo 22.1 de la Ley 7/2017 y, este, a su vez, en el artículo 6.1.a) de la Directiva. Por un lado, la alusión a *«un conocimiento general suficiente del Derecho»* adolece de una notable imprecisión. Por otro lado, tampoco se concreta la formación

---

19 Véase Dictamen del Consejo de Estado al Proyecto de Real Decreto por el que se regula el Sistema Arbitral de Consumo —n.º de expediente 628/2024—, aprobado el día 30 de mayo de 2024.

20 *Ibidem*.

21 De ahí que el mencionado órgano consultivo conminara a su adición en el segundo párrafo del artículo 10.2 del proyecto.

específica en Derecho de consumo que permitirá, en su caso, la acreditación: así, por ejemplo, institución que la ha impartido, materias abordadas, horas lectivas...Subyace, en definitiva, una visión del Derecho del consumo como disciplina sencilla, asequible o menor, cuando en muchas ocasiones no lo es[22]. A su vez, parece razonable entender que la experiencia profesional en Derecho de consumo ha de vincularse con actividades auxiliares en materia de consumo, que son aquellas realizadas por quien no ostenta el título de licenciado o de graduado en Derecho y que es quien, en su caso, será acreditado como árbitro sirviéndose de esta vía. Por último, la valoración de la complejidad de un asunto no deja de presentar cierto grado de subjetividad, salvo en supuestos especialmente obvios. En consecuencia, la posibilidad de acreditación *ex* artículo 10.2.II del Reglamento debe ser utilizada, en su caso, con extraordinaria prudencia y moderación[23].

4. Procedimiento

El precepto que comentamos es sumamente escueto respecto del procedimiento a seguir para la acreditación de los árbitros. Así, señala que son las personas propuestas para actuar como árbitros quienes deben solicitar su acreditación. Previamente, estas han tenido que ser propuestas como árbitros por la administración pública a la que esté adscrita la Junta Arbitral, las asociaciones de consumidores o las organizaciones empresariales que participen en la gestión del Sistema Arbitral de Consumo —art. 9.1 RSAC—. A su vez, tanto la propuesta de los árbitros como la solicitud de acreditación han de dirigirse a la persona titular de la presidencia de la Junta Arbitral —arts. 9.1 y 10.1 RSAC—. Por último, concedida la acreditación, se notificará al interesado por medios electrónicos y se le incluirá en el listado público de árbitros de la Junta Arbitral de Consumo —art. 10.4 RSAC—.

Adviértase que el artículo 10 no exige requisito formal ni temporal alguno en relación con la solicitud de acreditación, si bien necesariamente debe entenderse que esta última habrá de realizarse por escrito —siquiera a efectos meramente probatorios—. Asimismo, resulta razonable concluir que el futuro árbitro solicitará su acreditación tan pronto como sea propuesto por la administración pública, las asociaciones de consumidores o las organizacio-

22 También COLMENERO GUERRA, J. A., «Reflexiones sobre el nuevo Reglamento que regula el sistema arbitral de consumo (RD 713/2024, de 23 de julio», *La Ley mediación y arbitraje*, n.º 20, julio de 2024 —versión electrónica—, epígrafe III, apartado 2, que afirma que «No es fácil para un lego en derecho acreditar ese conocimiento general suficiente en Derecho, sobre todo cuando ese conocimiento «suficiente» implica conocer con suficiencia las normas en materia de consumo de la UE, que son normas de orden público, de aplicación obligatoria en el arbitraje de consumo, incluido el decidido en equidad».

23 En un sentido similar, TOMILLO URBINA, J., «Una aproximación al nuevo Reglamento...», ob. cit., epígrafe III, apartado 2.2, que, además, señala la compatibilidad de esta vía con la posible aparición de riesgos innecesarios.

nes empresariales, toda vez que solo si figura en la lista de árbitros acreditados, podrá ser designado para actuar —art. 14.1 RSAC—.

Por lo que respecta a la duración del procedimiento de acreditación, el silencio del precepto conduce a la aplicación supletoria de la Ley 39/2015, de 1 de octubre, del Procedimiento Administrativo Común de las Administraciones Públicas. De este modo, atendiendo a su artículo 21.3, el plazo máximo para la resolución será de tres meses. De otra parte, el vencimiento del plazo máximo sin haberse notificado resolución expresa determina la aplicación de su artículo 24.1, a tenor del cual, en tales casos, el interesado está legitimado para entenderla estimada por silencio administrativo.

Esta solución fue considerada «sumamente insatisfactoria», ya que, en último término, posibilitaría que sea acreditado como árbitro quien no satisface los requisitos de capacidad, honorabilidad y cualificación exigidos a tal efecto[24]. Esta crítica no está exenta de razón, si bien entendemos que se trata de una hipótesis más teórica que real, que, en cualquier caso, pondría de manifiesto una actuación extraordinariamente poco diligente por parte de quien ostenta la presidencia de la Junta Arbitral de Consumo, máxime si se tiene presente el tiempo que se requiere para la comprobación de la concurrencia de los requisitos exigidos para la acreditación como árbitro.

Para hacer frente a este problema se propuso acudir a las excepciones a la regla general del silencio positivo previstas en el mismo artículo 24.1 de la Ley del Procedimiento Administrativo Común de las Administraciones Públicas[25], en concreto, a aquella que declara que el silencio tiene efecto desestimatorio en los procedimientos cuya estimación tenga como consecuencia que se transfieren al solicitante o a terceros facultades relativas al dominio o servicio público. Ahora bien, entre las causas de retirada de la acreditación y de la correspondiente baja en el listado de árbitros acreditados se encuentra que el árbitro deje de reunir los requisitos o cualificación exigidos para su acreditación —art. 11.1.b) RSAC—. En sentido estricto, en este supuesto el árbitro no habría satisfecho en ningún momento los requisitos de capacidad, honorabilidad y cualificación requeridos para su acreditación. Pero también es cierto es que, una vez acreditado, no los reúne, por lo que cabría acudir al expediente de la retirada de la acreditación y la consiguiente baja en el listado de árbitros acreditados.

5. En particular, la acreditación *ope legis*

Según señala el artículo 10.1 del Reglamento, *«la persona titular de la presidencia de la Junta Arbitral de Consumo se entenderá acreditada como árbi-*

24 En este sentido, LAFUENTE TORRALBA, A. J., «Artículo 17. Acreditación de los árbitros», en CÁMARA LAPUENTE, S., *Comentarios...*, ob. cit., p. 2085.

25 *Ibidem*.

tro siempre que reúna el requisito de estar en posesión de la licenciatura o grado en Derecho, ya decida el arbitraje en derecho o en equidad». Por tanto, quien ostenta la presidencia de la Junta Arbitral de Consumo se entiende naturalmente acreditado como árbitro si dispone de la licenciatura o grado en Derecho.

Ha de advertirse que el Real Decreto 231/2008 incluía una previsión similar, aunque sin exigir expresamente la posesión de la licenciatura en Derecho. En efecto, atendiendo a su artículo 17, el presidente de la Junta Arbitral de Consumo se entendía acreditado *«en todo caso»* para actuar como árbitro. Con todo, a pesar de este silencio, cierto sector doctrinal sostuvo la necesidad de que aquel dispusiera de la licenciatura en Derecho, al igual que el resto de los árbitros propuestos por la administración[26]. A nuestro entender, sin embargo, la utilización de la locución adverbial «en todo caso» dejaba pocas dudas de que el presidente de la Junta Arbitral de Consumo debía entenderse acreditado siempre. Pues bien, con su requerimiento expreso, el Reglamento solventa esta laguna y, en consecuencia, las posibles dudas.

La acreditación *ope legis* conlleva la exoneración del requisito de honorabilidad, que, junto con la cualificación —que sí se exige—, se requiere para la acreditación de los miembros integrantes de los órganos arbitrales. Ahora bien, debe entenderse que, en todo caso, el titular de la presidencia ha de satisfacer la aptitud básica exigible a cualquier árbitro sea cual sea el ámbito en el que actúe *ex* artículos 13 de la Ley de Arbitraje y 22.1.a) de la Ley relativa a la resolución alternativa de litigios en materia de consumo[27].

De otra parte, la pérdida de la presidencia de la Junta Arbitral de Consumo debe llevar aparejada la retirada de la acreditación como árbitro[28]. Si la acreditación se fundamenta en ostentar la titularidad de la presidencia de la Junta, esta condición ha de entenderse requisito para la acreditación. Y, entre las causas previstas para la retirada de la acreditación y la consiguiente baja en el listado de árbitros se encuentra que el árbitro deje de reunir los requisitos o cualificación exigidos para su acreditación —art. 11.1.b) RSAC—.

---

26 Así, Lafuente Torralba, A. J., «Artículo 17. Acreditación de los árbitros», en Cámara Lapuente, S., *Comentarios...*, ob. cit., p. 2086.

27 Véanse nuestras observaciones *supra*.

28 No es el parecer de Lafuente Torralba, A. J., «Artículo 17. Acreditación de los árbitros», en Cámara Lapuente, S., *Comentarios...*, ob. cit., p. 2086, y «Artículo 23. Retirada de la acreditación a los árbitros», *ibidem*, p. 2114, que apela a la experiencia acumulada en el ejercicio de su cargo, que puede cubrir los requisitos de honorabilidad y cualificación exigibles al amparo del artículo 17 del Real Decreto 231/2008.

Artículo 11. Retirada de la acreditación de los árbitros y baja en el listado correspondiente*

1. La persona titular de la presidencia de la Junta Arbitral que haya concedido la acreditación de un árbitro será competente para proceder a su retirada y a la correspondiente baja en el listado de árbitros acreditados en los siguientes supuestos:

a) Por renuncia expresa del propio árbitro.

b) Cuando el árbitro deje de reunir los requisitos o cualificación exigidos para su acreditación.

c) Por incumplimiento o dejación de sus funciones o cuando exista un rechazo reiterado e injustificado a intervenir en los procedimientos.

d) Cuando lo solicite y justifique adecuadamente la entidad, asociación u organización que efectuó la propuesta.

e) Cuando la entidad, asociación u organización que efectuó la propuesta desaparezca, deje de reunir los requisitos para efectuar la propuesta o cese en la participación o colaboración con la Junta Arbitral.

f) Cuando el árbitro se encuentre desempeñando un cargo que pueda comprometer su independencia o apariencia de imparcialidad y, en consecuencia, la confianza de las partes.

2. El procedimiento de retirada de la acreditación, que en ningún caso tendrá carácter sancionador ni disciplinario, se iniciará de oficio o a instancia de parte, garantizándose los principios de audiencia y contradicción a los interesados, así como a la entidad, asociación u organización que hubieran efectuado la propuesta.

3. La retirada de la acreditación se entenderá sin perjuicio de la falta o imposibilidad de ejercicio de las funciones arbitrales en el curso de un procedimiento arbitral, a la que se refiere el artículo 19 de la Ley 60/2003, de 23 de diciembre, de Arbitraje, en cuyo caso la pretensión de remoción se sustanciará conforme a lo dispuesto en el apartado precedente.

---

* Comentario realizado por **Aránzazu Pérez Moriones**.

la propuesta o cese en la participación o colaboración con la Junta Arbitral. 2.6. Desempeño de un cargo que puede comprometer la independencia o apariencia de imparcialidad del árbitro. III. Procedimiento de retirada de la acreditación. IV. La falta o imposibilidad de ejercicio de las funciones arbitrales.

I. PLANTEAMIENTO

El régimen de acreditación de los árbitros contenido en el artículo 10 del Reglamento queda completado con la regulación de la retirada de la acreditación y la baja en el listado de árbitros, materias que constituyen el objeto del artículo 11.

El Real Decreto 636/1993 no regulaba expresamente la acreditación de los árbitros, por lo que no puede extrañarnos que tampoco contuviera previsión alguna en relación con su retirada. Como sabemos, no fue el caso del Real Decreto 231/2008, que dedicaba su artículo 17 —también parte de su artículo 16— a esta materia. En buena lógica, también destinó uno de sus preceptos, el artículo 23, a la retirada de la acreditación. Esta solución se replica en el Reglamento, aunque, como constataremos en el epígrafe siguiente, el legislador ha mejorado sensiblemente el régimen de la retirada de la acreditación, en particular, sus causas[1]. También la ubicación sistemática del precepto, a continuación del dedicado a la acreditación de los árbitros. Obviamente, se trata de dos cuestiones intrínsecamente vinculadas, lo que aconseja un tratamiento sucesivo del que se carecía en el Real Decreto 231/2008.

Por lo demás, la retirada de la acreditación de los árbitros entronca con la necesaria inamovilidad de estos últimos, que, a su vez, garantiza su independencia, la cual constituye uno de los principios esenciales del arbitraje. De ahí que los árbitros no puedan ser cesados por causas distintas a las expresamente previstas en su normativa reguladora[2]. Al respecto, el artículo 6.1.b) de la Directiva 2013/11/UE conminaba a los Estados miembros a garantizar que las personas físicas encargadas de la resolución alternativa de litigios *«sean nombradas para un mandato de duración suficiente para garantizar la independencia de sus actos y no puedan ser relevadas de sus tareas sin causa justificada»*[3]. Por su parte, el artículo 23.1 de la Ley 7/2017 relativa a la resolución de litigios en materia de consumo —que incorpora la Directiva— proclama que, en el ejercicio de sus

---

1 En el mismo sentido, TOMILLO URBINA, J., «Una aproximación al nuevo Reglamento del Sistema Arbitral de Consumo (RD 713/2024, de 23 de julio», Noticias Jurídicas, 8 de agosto de 2024, epígrafe III, apartado 2.3.

2 Por todos, LAFUENTE TORRALBA, A. J., «Artículo 23. Retirada de la acreditación a los árbitros», en CÁMARA LAPUENTE, S., *Comentarios a las Normas de Protección de los Consumidores*, Colex, Madrid, 2011, p. 2111.

3 En el considerando 33 también se afirma que «Con el fin de garantizar la independencia de su actuación, dichas personas deben ser nombradas además por un plazo suficientemente prolongado y no recibir instrucciones de cualquiera de las partes o de sus representantes».

funciones, las personas encargadas de la resolución de litigios deben actuar en todo momento con la debida independencia e imparcialidad para lo que debe garantizarse que *«sean nombradas para un mandato no inferior a dos años, no pudiendo ser removidas de sus funciones sin causa justificada»*. Por tanto, para el legislador español el umbral mínimo de duración del mandato de las personas encargadas de la resolución alternativa de litigios es de dos años. En fin, el Reglamento no se pronuncia en relación con la duración del mandato de los árbitros. En cualquier caso, con base en su artículo 3.1, la Ley relativa a la resolución de litigios en materia de consumo resulta de aplicación[4].

II. CAUSAS DE RETIRADA DE LA ACREDITACIÓN DE LOS ÁRBITROS

1. Preliminar

La novedad más destacada que presenta el régimen relativo a la retirada de la acreditación de los árbitros es la ampliación del elenco de causas cuya concurrencia la justifica. Así, el artículo 23.1 del Real Decreto 231/2008 únicamente preveía dos causas de retirada de la acreditación: i) cuando el árbitro dejaba de reunir los requisitos exigidos para ella; y ii) cuando el árbitro incumplía o hacía dejación de sus funciones. De ahí que se subrayara la «estrechez» del presupuesto justificativo de la retirada de la acreditación[5].

Ambas causas han sido incorporadas al artículo 11.1 del Reglamento —letras b) y c)— y completadas con otras cuatro causas más[6], dando lugar a una «afortunada relación casuística»[7], en la que destacan las causas de retirada *ex officio* de la acreditación de los árbitros[8]. Es momento de analizar brevemente cada una de ellas.

4 En un sentido similar, COLMENERO GUERRA, J. A., «Reflexiones sobre el nuevo Reglamento que regula el sistema arbitral de consumo (RD 713/2024, de 23 de julio», *La Ley mediación y arbitraje*, n.º 20, julio de 2024 —versión electrónica—, epígrafe III, apartado 2.

5 Así, LAFUENTE TORRALBA, A. J., «Artículo 23. Retirada de la acreditación a los árbitros», en CÁMARA LAPUENTE, S., *Comentarios...*, ob. cit., p. 2114.

6 En el Proyecto de Real Decreto se incluía una causa más de abstención, que constituía la letra g) del artículo 11.1: *«cuando el árbitro incurra en actitudes impropias o inadecuadas»*. Sin embargo, en su Dictamen, el Consejo de Estado advirtió que resultaba innecesario mantener dicha causa y, por tanto, podía ser suprimida. Por un lado, porque, a su entender, adolecía de falta de objetividad y se prestaba a abusos, ya que la actitud es algo que compete al interior de la persona. Por otro lado, porque la pérdida de la honorabilidad suponía la retirada de la acreditación —art. 11.1.b)—, al igual que ocurría con el incumplimiento o dejación de funciones y con el rechazo reiterado e injustificado para intervenir en los procedimientos —art. 11.1.c)—.

7 En expresión de TOMILLO URBINA, J., «Una aproximación al nuevo Reglamento...», ob. cit., epígrafe III, apartado 2.3.

8 *Ibidem*.

2. Causas de retirada de la acreditación de los árbitros

2.1. Renuncia expresa del propio árbitro

En primer lugar, la retirada de la acreditación del árbitro se puede producir *«por renuncia expresa del propio árbitro»* —art. 11.1.a) RSAC—[9]. Se trata de una causa básica, que se asienta en la lógica: si la acreditación debe ir precedida de la solicitud de la persona propuesta como árbitro —art. 10.1 RSAC—, mediante la que se manifiesta su voluntad de que aquella le sea concedida a efectos de su inclusión en el listado de árbitros y su posterior designación como árbitro, también ha de reconocérsele al árbitro la posibilidad de solicitar la retirada de dicha acreditación, de la que derivará su posterior baja en el mencionado listado. Adviértase que el árbitro no tiene que invocar causa alguna justificativa de su decisión, sino que es suficiente con su decisión de no seguir actuando como en su condición de tal.

2.2. Pérdida de los requisitos o cualificación exigidos para la acreditación

También procede la retirada de la acreditación *«cuando el árbitro deje de reunir los requisitos o cualificación exigidos para su acreditación»* —art. 11.1.b) RSAC—. Como sabemos, esta causa tiene su origen en el artículo 23.1 del Real Decreto 231/2008, si bien en su incorporación se ha añadido la referencia a la cualificación, inexistente en el régimen anterior. Con todo, la adición es perturbadora. Por un lado, no se ajusta a la redacción del artículo 10.1.I del Reglamento, que alude a *«los requisitos de honorabilidad y cualificación»*. Por otro lado, la cualificación que exige el precepto es, con carácter general, la posesión de la licenciatura o del grado en Derecho —art. 10.1, 2 y 3 RSAC— y, excepcionalmente, un conocimiento general suficiente del Derecho y formación específica o experiencia profesional en Derecho de consumo, durante un periodo superior a dos años —art. 10.2.II RSAC—. Sentado lo anterior, que el árbitro deje de reunir la cualificación exigida para su acreditación resulta sumamente improbable.

Recuérdese que para la concesión de la acreditación la persona propuesta como árbitro tiene que hallarse en el pleno ejercicio de sus derechos civiles, así como no ejercer una profesión incompatible con el ejercicio de la función arbitral —art. 13 LA y art. 22.1.a) Ley 7/2017—. En consecuencia, procederá la retirada de la acreditación cuando el árbitro no se encuentre

9 Por su parte, LAFUENTE TORRALBA, A. J., «Artículo 23. Retirada de la acreditación a los árbitros», en CÁMARA LAPUENTE, S., *Comentarios...*, ob. cit., p. 2114, ya criticó la falta de previsión de esta causa en el artículo 23 del Real Decreto 231/2008, si bien sostuvo que la retirada de la acreditación podía fundarse en una interpretación conjunta de sus artículos 16.2 y 17.

en el pleno ejercicio de sus derechos civiles. Esta situación se producirá si requiere apoyo para el ejercicio de su capacidad jurídica; también si en el ejercicio de las facultades de administración y disposición está sometido a la intervención de la administración concursal o si es sustituido —art. 106.1 y 2 LC—. Igualmente, si ha sido inhabilitado para administrar los bienes ajenos y para representar a cualquier persona como consecuencia de la calificación del concurso como culpable —art. 455.2.2.º LC—.

Idéntica consecuencia —esto es, la retirada de la acreditación— se producirá si el árbitro accede a una profesión cuyo régimen de incompatibilidades prohíbe la actuación como árbitro, tales como juez o magistrado —art. 389 LOPJ—, letrado de la Administración de Justicia —art. 140 ROCSJ— o fiscal —art. 57.2 LOMF—. Como hemos advertido en páginas anteriores[10], tales incompatibilidades se aplican también a magistrados suplentes, jueces sustitutos, jueces de paz y sus sustitutos y fiscales sustitutos. Precisamente su carácter transitorio llevó a cierto sector doctrinal a proponer que la pérdida de la acreditación como árbitro debería reservarse exclusivamente para las sustituciones de larga duración, mientras que el desempeño de tales funciones durante periodos breves de tiempo no debería tener más consecuencia que la abstención o renuncia del árbitro en los procedimientos arbitrales para los que sea designado[11]. Pues bien, esta solución encuentra amparo en la normativa en vigor. Como veremos a continuación, solo un rechazo reiterado e injustificado a intervenir en los procedimientos constituye causa de retirada de la acreditación —art. 11.1.c) RSAC—. Y, en este supuesto, la abstención o renuncia del árbitro se encontraría justificada.

En fin, la acreditación como árbitro de consumo deberá ser retirada si el árbitro pierde la honorabilidad exigida para la concesión de aquella. Con base en observaciones precedentes[12], esta situación existirá si el árbitro es condenado por delito doloso, pero no —recuérdese— si simplemente es procesado o inculpado[13]. Ciertamente, también en estos supuestos la honorabilidad del árbitro queda en entredicho. Sin embargo, en su caso, deberá ser designado como árbitro siempre que le corresponda por turno —art. 14.1.II RSAC—.

10 Véanse nuestras observaciones *supra*.

11 Así, Lafuente Torralba, A. J., «Artículo 23. Retirada de la acreditación a los árbitros», en Cámara Lapuente, S., *Comentarios*..., ob. cit., p. 2113.

12 Véase *supra*.

13 De ahí que Lafuente Torralba, A. J., «Artículo 23. Retirada de la acreditación a los árbitros», en Cámara Lapuente, S., *Comentarios*..., ob. cit., p. 2113, entendiera que habría sido oportuno prever la suspensión o baja temporal de la lista de árbitros acreditados hasta que se dilucidase la existencia de responsabilidad penal, al igual que ocurre con jueces y magistrados.

2.3. Incumplimiento o dejación de funciones o rechazo reiterado e injustificado a intervenir en los procedimientos

De igual forma, la retirada de la acreditación puede tener lugar *«por el incumplimiento o dejación de sus funciones o cuando exista un rechazo reiterado e injustificado a intervenir en los procedimientos»* —art. 11.1.c) RSAC—. Con todo, la mera solicitud de acreditación tiene como efecto la aceptación de las funciones que le son propias —art. 10.1.l RSAC—.

Como sabemos, esta previsión tiene su origen en el artículo 23.1 del Real Decreto 231/2008, aunque la causa inicial ha quedado completada con una segunda causa, que, en realidad, constituye concreción o manifestación de la primera[14]. En efecto, dentro de las funciones arbitrales se encuentra la participación del árbitro en el procedimiento arbitral. De nuevo conviene recordar que el artículo 8.1 del Reglamento atribuye a los órganos arbitrales *«la decisión o resolución de los litigios planteados ante las Juntas Arbitrales»* —véanse, igualmente, arts. 1.2 y 3 RSAC—, que normalmente pondrá fin al procedimiento arbitral[15]. Ahora bien, razonablemente, para que el rechazo a intervenir en los procedimientos arbitrales conduzca a la retirada de la acreditación del árbitro se exige que sea reiterado e injustificado. Cuestión distinta es qué ha de entenderse por reiterado. Dicho de otro modo, en cuántas ocasiones el árbitro ha debido rechazar intervenir en los procedimientos arbitrales para justificar la retirada de su acreditación.

En términos generales, también existirá incumplimiento en caso de falta de elevación a laudo conciliatorio del acuerdo alcanzado entre las partes —art. 38 RSAC—; de falta de pronunciamiento respecto de la reconvención formulada por el empresario —art. 40 RSAC—; de no concurrencia injustificada a la audiencia —art. 41 RSAC—; de falta de resolución sobre la admisión o rechazo de la práctica de las pruebas propuestas por las partes —art. 42 RSAC— o de falta de emisión del laudo —art. 44 RSAC— o de emisión de laudo extemporáneo —art. 45 RSAC—. Se trata todas ellas de tareas que corresponde realizar al árbitro y que, por tanto, son subsumibles en el «incumplimiento o dejación de funciones» a que se refiere el artículo 11.1.c) del Reglamento. Ahora bien, parece razonable sostener que un incumplimiento o dejación de funciones aislado no debe llevar aparejada la retirada de la acreditación del árbitro. La gravedad de la consecuencia prevista acon-

14 A su vez, del régimen en vigor desaparece la exigencia de informe preceptivo de la Comisión de las Juntas Arbitrales de Consumo, que requería el mencionado precepto.

15 Téngase presente que el artículo 44.2 del Reglamento prevé que el órgano arbitral de por terminadas sus actuaciones y dicte laudo poniendo fin al procedimiento judicial en los siguientes supuestos: i) cuando no disponga de los elementos indispensables para la solución del litigio; ii) cuando las partes acuerden dar por terminadas las actuaciones; y iii) cuando compruebe que la prosecución de las actuaciones resulta imposible o innecesaria.

seja una valoración ponderada del o de los incumplimientos o dejaciones de funciones, máxime si se tiene presente que solo un rechazo «reiterado e injustificado» a intervenir en los procedimientos constituye causa de retirada de la acreditación. Además, en todo caso, cabría exigir responsabilidad al árbitro por los daños y perjuicios causados —art. 21 LA—.

En cambio, a nuestro juicio, los incumplimientos de las obligaciones de independencia e imparcialidad de los que deriva la consiguiente obligación de abstención y recusación —arts. 15 RSAC y 17 LA— o de la obligación de confidencialidad —arts. 15.1 y 31.3 RSAC—[16] no encajan en la causa que analizamos, ya que no pueden calificarse como funciones[17]. Ahora bien, ello no obsta para que, en su caso, quepa exigir responsabilidad al árbitro por los daños y perjuicios causados —art. 21.1 LA—.

2.4. Solicitud justificada adecuadamente de la entidad, asociación u organización que efectuó la propuesta

El artículo 11.1.d) del Reglamento también establece como causa de retirada de la acreditación *«cuando lo solicite y justifique adecuadamente la entidad, asociación u organización que efectuó la propuesta»*. Sabemos que el procedimiento de acreditación tiene como punto de partida la propuesta de los árbitros realizada por la administración pública, las asociaciones de consumidores y las organizaciones empresariales —art. 9.1 RSAC—. En buena lógica, por tanto, se les reconoce la posibilidad de solicitar la retirada de la acreditación que inicialmente impulsaron. Ahora bien, dicha solicitud debe ir acompañada de una justificación adecuada. Así ocurrirá, por ejemplo, en caso de excedencia voluntaria de un funcionario de carrera acreditado como árbitro, que, en consecuencia, deja de encontrarse al servicio de la administración pública, por lo que no cumpliría el requisito exigido *ex* artículo 9.2 del Reglamento. De este modo, se pretende evitar que la retirada de la acreditación se asiente simplemente en la voluntad de aquellas con el riesgo de adoptar una decisión arbitraria.

---

16 No así para LAFUENTE TORRALBA, A. J., «Artículo 23. Retirada de la acreditación a los árbitros», en CÁMARA LAPUENTE, S., *Comentarios...*, ob. cit., p. 2116, que en la enumeración de incumplimientos que pueden motivar la retirada de la acreditación del árbitro, incluye ambos.

17 Adviértase que, en su último inciso, el artículo 11.1 del Reglamento menciona la independencia y la apariencia de imparcialidad, si bien en este caso la causa que motivaría la retirada de la acreditación no es el incumplimiento de ambas obligaciones, sino el desempeño de un cargo que pueda comprometer tales obligaciones.

2.5. Desaparición de la entidad, asociación u organización que efectuó la propuesta, pérdida de los requisitos exigidos para efectuar la propuesta o cese en la participación o colaboración con la Junta Arbitral

Asimismo, cabe la retirada de la acreditación de los árbitros *«cuando la entidad, asociación u organización que efectuó la propuesta desaparezca, deje de reunir los requisitos para efectuar la propuesta o cese en la participación o colaboración con la Junta Arbitral»* —art. 11.1.e) RSAC—. De forma impropia, en el arbitraje de consumo resulta común referirse a los árbitros como representantes de las entidades que los han propuesto[18]. Sin embargo, los árbitros no son representantes de parte, sino que han de velar por el interés común del arbitraje de consumo, que no es otro que resolver los litigios dirigidos frente a empresarios por parte de consumidores o usuarios cuando estos consideran que sus derechos legal o contractualmente reconocidos han sido vulnerados —art. 1.2 RSAC—. Con todo, ello no obsta a que el procedimiento de acreditación se inicie con la propuesta de árbitros realizada por la administración pública, las asociaciones de consumidores y las organizaciones empresariales que participan en la gestión del Sistema Arbitral de Consumo —art. 9.1 RSAC— y que asociaciones y organizaciones hayan de estar inscritas en los registros estatal o autonómicos correspondientes al ámbito territorial de la Junta —art. 9.3 RSAC—[19].

Así las cosas, la posterior falta de concurrencia de los presupuestos señalados o del requisito exigido a asociaciones u organizaciones para efectuar la propuesta conducirá a la retirada de la acreditación de los árbitros propuestos por aquellas. Adviértase que el artículo 11.1.e) del Reglamento se refiere en plural a los requisitos que ha de reunir la entidad, asociación u organización para efectuar la propuesta. Con todo, el requisito es único —la inscripción registral— y solamente ha de ser satisfecho por asociaciones de consumidores y organizaciones empresariales.

2.6. Desempeño de un cargo que puede comprometer la independencia o apariencia de imparcialidad del árbitro

Por último, el artículo 11.1.f) del Reglamento permite la retirada de la acreditación de los árbitros *«cuando el árbitro se encuentre desempeñando un cargo que pueda comprometer su independencia o imparcialidad y, en consecuencia, la confianza de las partes»*.

Pues bien, la independencia es un concepto apreciable a partir de la relación del árbitro con las partes, la imparcialidad se refiere a la relación del

18 Igualmente, Lafuente Torralba, A. J., «Artículo 23. Retirada de la acreditación a los árbitros», en Cámara Lapuente, S., *Comentarios...*, ob. cit., p. 2114.

19 Véase *supra*.

árbitro con la propia controversia[20]. Como afirmamos en páginas posteriores[21], la independencia y la imparcialidad constituyen garantías necesarias para la realización del arbitraje. De ahí que el artículo 15.1 del Reglamento proclame que *«los órganos arbitrales actuarán en el ejercicio de sus funciones con la debida independencia e imparcialidad»*. Declaraciones similares se realizan en el artículo 17.1 de la Ley de Arbitraje[22] y en el artículo 23.1 de la Ley relativa a la resolución alternativa de litigios en materia de consumo[23].

Sentado lo anterior, cualquier riesgo a que dicha independencia o imparcialidad del árbitro pueda quedar afectada constituye causa de retirada de la acreditación. Se trata de llevar a cabo una actuación preventiva para así evitar situaciones futuras que habrían de resolverse mediante la abstención o la recusación del árbitro o, en último término, mediante el ejercicio de la acción de anulación del laudo arbitral.

III. PROCEDIMIENTO DE RETIRADA DE LA ACREDITACIÓN

Al igual que en relación con la acreditación de los árbitros —art. 10 RSAC—, la regulación del procedimiento de retirada de la acreditación es extraordinariamente escueta.

El artículo 11.1 del Reglamento atribuye la competencia para proceder a la retirada de la acreditación de los árbitros y a la baja en el listado de árbitros acreditados a la persona titular de la presidencia de la Junta Arbitral que haya concedido la acreditación. Sin embargo, a diferencia del Real Decreto 231/2008, el precepto no prevé regla alguna para el supuesto de retirada de la acreditación como árbitro de la persona que ostenta la presidencia de la Junta Arbitral. Al respecto, el artículo 23.2 del Real Decreto 231/2008 atribuía dicha competencia a la administración que lo había designado. Por lo que respecta al procedimiento, este se puede iniciar tanto de oficio como a instancia de parte y en él se deben garantizar los principios de audiencia y contradicción a los interesados y a la entidad, asociación u organización que haya hecho la propuesta —art. 11.2 RSAC—.

Advierte igualmente el precepto que el procedimiento de retirada de la acreditación *«en ningún caso tendrá carácter sancionador ni disciplinario»*. Tampoco, por tanto, en caso de que la retirada de la acreditación responda al

---

20 En relación con la delimitación de ambos conceptos, véanse nuestras observaciones *infra*.

21 Nos remitimos a nuestro comentario al artículo 15 del Reglamento, que tiene por objeto la abstención y recusación de los órganos arbitrales.

22 *«Todo árbitro debe ser y permanecer durante el arbitraje independiente e imparcial»*.

23 *«En el ejercicio de sus funciones, las personas encargadas de la resolución de litigios deben actuar en todo momento con la debida independencia e imparcialidad»*.

incumplimiento o dejación de funciones o a la existencia de un rechazo reiterado e injustificado a intervenir en los procedimientos —art. 11.1.c) RSAC—[24]. En sentido estricto, con la retirada de la acreditación se impide que el árbitro acreditado sea designado para intervenir en procedimientos posteriores con el riesgo de que siga perpetuando sus incumplimientos que inciden directamente en el funcionamiento del Sistema Arbitral. Nótese que la mera iniciación y pendencia del procedimiento para la retirada de la acreditación no veta que el árbitro afectado sea designado para intervenir en posteriores procedimientos[25]. En efecto, la designación se realiza por turno entre los que figuran en la lista de árbitros acreditados ante la Junta Arbitral de Consumo —art. 14.1.II RSAC—. Constatada esta situación, como solución se sugirió la posibilidad de que el presidente de la Junta Arbitral decretara la baja temporal en el listado de árbitros acreditados con base en la posibilidad de adoptar medidas provisionales reconocida en el actual artículo 56 de la Ley del Procedimiento Administrativo Común de las Administraciones Públicas[26].

A su vez, el silencio del artículo 11 del Reglamento en relación con la duración del procedimiento de retirada de la acreditación conduce a la aplicación supletoria del artículo 21.3 de la Ley del Procedimiento Administrativo Común de las Administraciones Públicas, por lo que el plazo máximo para la resolución será de tres meses. El precepto también guarda silencio en relación con la forma y el contenido de la resolución, no exigiendo ni siquiera que sea motivada. Obviamente, así habrá de ser: por un lado, porque así se requiere respecto de otras resoluciones dictadas por la persona titular de la presidencia de la Junta Arbitral —véanse, arts. 12.1.b), 15.4 o 29.2 RSAC—; por otro lado, porque, con carácter general, lo exige el artículo 35.1 de la Ley del Procedimiento Administrativo Común de las Administraciones Públicas respecto de los actos que limiten derechos subjetivos o intereses legítimos[27].

IV. LA FALTA O IMPOSIBILIDAD DE EJERCICIO DE LAS FUNCIONES ARBITRALES

Para finalizar, el artículo 11.3 del Reglamento previene que la retirada de la acreditación *«se entenderá sin perjuicio de la falta o imposibilidad de ejercicio de las funciones arbitrales en el curso de un procedimiento arbitral, a la que se refiere el artículo 19 de la Ley 60/2003, de 23 de diciembre, de Arbitraje»*.

---

24 En cambio, en su día, LAFUENTE TORRALBA, A. J., «Artículo 23. Retirada de la acreditación a los árbitros», en CÁMARA LAPUENTE, S., *Comentarios...*, ob. cit., p. 2115, sostuvo que esta causa de retirada de la acreditación presentaba «evidentes visos sancionatorios».

25 *Ibidem*, p. 2117.

26 *Ibidem*, p. 2118.

27 Del mismo modo, LAFUENTE TORRALBA, A. J., «Artículo 23. Retirada de la acreditación a los árbitros», en CÁMARA LAPUENTE, S., *Comentarios...*, ob. cit., p. 2118.

Pues bien, este último precepto prevé que *«Cuando un árbitro se vea impedido de hecho o de derecho para ejercer sus funciones, o por cualquier otro motivo no las ejerza dentro de un plazo razonable, cesará en su cargo si renuncia o si las partes acuerdan su remoción»*. Por tanto, según el artículo 19 de la Ley de Arbitraje, la falta o imposibilidad de ejercicio de las funciones arbitrales puede responder a un impedimento de hecho, a un impedimento de derecho o a cualquier otro motivo. Así, ejemplos típicos son: de un impedimento de hecho, la enfermedad del árbitro y de un impedimento de derecho, el acceso del árbitro a un cargo que le inhabilita legalmente para arbitrar[28]. Por su parte, la locución «por cualquier otro motivo» se ha identificado con la mera voluntad del árbitro, dado que en tal caso no concurre un impedimento[29]. Frente a estas situaciones, la Ley de Arbitraje prevé dos soluciones distintas: la renuncia, en caso de dejación voluntaria o dimisión por el árbitro; y la remoción, si son las partes las que deciden cesarlo.

Adviértase que el artículo 19 de la Ley de Arbitraje no exige que la renuncia se fundamente en una justa causa. En consecuencia, el árbitro puede renunciar sin necesidad de apelar a motivo alguno. Con todo, conviene recordar que la mera solicitud de acreditación implica la aceptación del desempeño de las funciones que le son propias —art. 10.1.I RSAC— y que, a su vez, la aceptación obliga al árbitro a cumplir fielmente el encargo, de modo que incurre, si no lo hace, en responsabilidad por los daños y perjuicios causados —art. 21.1.I LA—. En consecuencia, la renuncia *ad nutum* puede derivar en una eventual exigencia de responsabilidad[30].

De otra parte, es posible que las partes estén de acuerdo en remover al árbitro. Al respecto, cierto sector doctrinal ha considerado que ese deseo común debería ser suficiente para producir el cese prematuro del árbitro designado[31]. En todo caso, esta decisión deberá ser comunicada a la persona titular de la presidencia de la Junta Arbitral. Ahora bien, cabe igualmente que las partes no se pongan de acuerdo sobre la remoción del árbitro. En tal caso, la pretensión de remoción se sustanciará conforme al procedimiento de retirada de la acreditación, tal y como establece el artículo 11.3 del Reglamento[32], y no por los trámites del juicio verbal —art. 19.1.a) LA—.

28 Véase Muñoz Sabaté, L., «De los árbitros (Arts. 12, 13, 15-21)», en De Martín Muñoz, A. y Hierro Anibarro, S., *Comentario a la Ley de Arbitraje*, Marcial Pons, Madrid, 2006, p. 368.

29 *Ibidem*, p. 369.

30 En un sentido similar, Lafuente Torralba, A. J., «Artículo 23. Retirada de la acreditación a los árbitros», en Cámara Lapuente, S., *Comentarios...*, ob. cit., p. 2119.

31 *Ibidem*.

32 Declaración que ya se realizaba en el artículo 23.3 del Real Decreto 231/2008 y que fue bien recibida, ya que, de este modo, se huía de las soluciones jurisdiccionales —véase Lorca Navarrete, A. M.ª, *La nueva regulación del arbitraje de consumo. Real Decreto 231/2008, de 15 de febrero, por el que se regula el Sistema Arbitral de Consumo*, Instituto Vasco de Derecho Procesal, San Sebastián, 2008, p. 44—.

Por lo demás, el procedimiento arbitral quedará en suspenso en tanto no se decida sobre la remoción, ampliándose el plazo para dictar laudo previsto en el artículo 45 del Reglamento por un periodo igual al de la suspensión, con base en una aplicación por analogía del régimen previsto para la recusación de los órganos arbitrales en el artículo 15 del Reglamento[33]. A su vez, tanto en caso de renuncia como de remoción será el árbitro suplente quien continuará conociendo del procedimiento arbitral hasta su terminación, si bien podrá repetir actuaciones ya practicadas —art. 20.1 LA y, por analogía, art. 15.5 RSAC—. Como veremos en páginas posteriores, su designación se habrá realizado al mismo tiempo que la de los árbitros titulares por parte de la persona titular de la presidencia de la Junta Arbitral —art. 14.1 RSAC—.

33 Véase, igualmente, LAFUENTE TORRALBA, A. J., «Artículo 23. Retirada de la acreditación a los árbitros», en CÁMARA LAPUENTE, S., *Comentarios*..., ob. cit., p. 2119.

Artículo 12. Órganos arbitrales unipersonales*

1. Conocerá de los asuntos un órgano arbitral unipersonal, acreditado a propuesta de la administración pública:

a) Cuando las partes en litigio así lo acuerden.

b) Cuando el importe de la pretensión de la controversia sea inferior a 600 euros, salvo que la persona titular de la presidencia de la Junta Arbitral de Consumo decida designar un órgano colegiado, de forma motivada, y a la vista de la complejidad del asunto.

c) Cuando se eleve a laudo conciliatorio el acuerdo consensuado alcanzado por las partes, salvo que en el momento de alcanzarse el acuerdo ya se hubiera designado un órgano arbitral colegiado, en cuyo caso conservará su competencia.

d) Cuando la persona titular de la presidencia aprecie ausencia de complejidad en el litigio, aunque la cuantía de la pretensión sea superior a 600 euros, debiendo, en este caso, indicarse expresamente tal circunstancia en el momento de la designación del órgano arbitral unipersonal.

2. Las partes, de común acuerdo, podrán oponerse, de forma expresa y motivadamente, a la designación de un órgano arbitral unipersonal, correspondiendo a la persona titular de la presidencia de la Junta Arbitral resolver sobre la oposición, una vez evaluados los motivos de oposición, y, en su caso, proceder a designar un órgano arbitral colegiado. La decisión adoptada sobre la oposición no podrá ser objeto de impugnación.

I. PLANTEAMIENTO

Singularidad propia del arbitraje de consumo ha sido la composición tripartita de los órganos arbitrales, resultado de una integración de los distintos sectores involucrados en los litigios de consumo, esto es, un representante

* Comentario realizado por **Aránzazu Pérez Moriones**.

del sector empresarial, otro de las organizaciones de consumidores y usuarios y un tercero equidistante, de la administración pública[1].

Este modelo colegiado ya se contemplaba en el artículo 31.3 de la Ley 26/1984, de 19 de julio, General para la Defensa de los Consumidores y Usuarios, a tenor del cual *«los órganos de arbitraje estarán integrados por representantes de los sectores integrados, de las organizaciones de consumidores y usuarios y de las Administraciones públicas dentro del ámbito de sus competencias»*. Mediante el recurso a esta opción se pretendía otorgar una adecuada representatividad al órgano arbitral, además de garantizar el principio de igualdad de las partes en la designación de árbitros y estimular la confianza de consumidores y empresarios en el sistema arbitral, imprescindible para su existencia[2]. Como no podía ser de otro modo, el Real Decreto 636/1993 satisfizo dicho mandato y adoptó el modelo de «colegio arbitral específico compuesto por tres árbitros» —art. 11 RD 636/1993—[3].

Sin embargo, pocos años después, el Consejo Económico y Social en su informe «Los derechos del consumidor y la transparencia del mercado», aprobado el día 17 de febrero de 1999, puso en tela de juicio esta composición tripartita en reclamaciones de poca entidad económica[4] y sugirió que «hasta una cuantía de cierta importancia en la reclamación, el arbitraje se confiara a un árbitro único designado por la junta arbitral».

Pues bien, en el mandato al Gobierno para dictar una nueva regulación del Sistema Arbitral de Consumo, contenido en la disposición final sexta de la

1 Véanse, entre otros, Gutiérrez De Cabiedes, P., «Artículo 57. Sistema Arbitral de Consumo», en Cámara Lapuente, S., *Comentarios a las Normas de Protección de los Consumidores*, Colex, Madrid, 2011, p. 458; o Lafuente Torralba, A. J., «Artículo 19. Órganos arbitrales unipersonales», *ibidem*, p. 2092.

2 Por todos, Lafuente Torralba, A. J., «Artículo 19. Órganos arbitrales unipersonales», en Cámara Lapuente, S., *Comentarios...*, ob. cit., p. 2092. Insiste en esta cuestión Lara González, R., *Procedimientos eficaces y protección de intereses económicos. Reconocimiento e interpelación para el progreso en el arbitraje de consumo*, Aranzadi, Las Rozas, 2024, pp. 21 y ss., cuyo capítulo II lleva por título «La trascendencia de la participación del empresariado» e, *in extenso*, «La importancia de la participación de los empresarios y de sus entidades representativas en el Sistema Arbitral de Consumo», *Aranzadi Civil-Mercantil*, n.° 3, mayo, 2005, Bib\2005\784.

3 En cualquier caso, puede consultarse igualmente la opinión crítica de De Carpi Pérez, J., en Quintana Carlo, I. y Bonet Navarro, A. (Directores), *El Sistema Arbitral de Consumo. Comentarios al Real Decreto 636/1993 de 3 de mayo*, Aranzadi, Elcano, 1997, p. 130, que considera que las personas que pertenecen a sectores cuyos miembros están en conflicto pueden ser calificados de juez y parte.

4 Véase «Los derechos del consumidor y la transparencia del mercado», aprobado en la sesión del Pleno del Consejo Económico y Social celebrada el día 17 de febrero de 1999, p. 129, en donde se afirma que «parece discutible que para reclamaciones que pueden ser muy reducidas, unos cuantos miles de pesetas, hayan de reunirse tres personas para formar el Colegio Arbitral. El consumidor o la asociación de consumidores y el empresario son partes ya en el procedimiento y, por tanto, sus puntos de vista serán expuestos en el arbitraje».

Ley 44/2006, de 29 de diciembre, de mejora de la protección de los consumidores y usuarios[5], se ordenó igualmente que se establecieran los supuestos en que actuaría un árbitro único en la administración del arbitraje de consumo. También el artículo 57.2 del texto refundido de la Ley General para la Defensa de los Consumidores y Usuarios y otras leyes complementarias conmina al Gobierno a regular reglamentariamente el Sistema Arbitral de Consumo y autoriza a que en dicho reglamento se prevean —*«podrá preverse»*—, entre otras cuestiones, *«los casos en que actuará un árbitro único en la administración del arbitraje de consumo»*.

Sentado lo anterior, una de las novedades relevantes que presentó el Real Decreto 231/2008 fue la posibilidad de que un árbitro único conociera de los conflictos surgidos entre consumidores o usuarios y empresarios[6]. Así se advertía en su artículo 18.1 —*«Los órganos arbitrales, unipersonales o colegiados...»*— para, a continuación, regular los órganos arbitrales unipersonales en su artículo 19 y los órganos arbitrales colegiados en su artículo 20. Previamente en su Preámbulo ya se anunciaba que *«En la regulación de los órganos arbitrales, se posibilita el conocimiento de los asuntos por un órgano unipersonal, cuando las partes lo acuerden o la escasa cuantía y complejidad del asunto así lo aconsejen»*. Con todo, también se reconocía a las partes la facultad de oponerse a la designación de un árbitro único, en cuyo caso se debía designar un colegio arbitral —art. 19.2 RD 231/2008—. En particular, esta última previsión fue interpretada en tanto medida dirigida a evitar el

---

5 BOE n.º 312, de 30 de diciembre.

6 Novedad que fue recibida de forma dispar: mientras que cierto sector la valoró positivamente —así, entre otros, TOMILLO URBINA, J., «El futuro del arbitraje de consumo a partir del Real Decreto 231/2008, de 15 de febrero», en TOMILLO URBINA, J. (Director) y ÁLVAREZ RUBIO, J. (Coordinador), *El futuro de la protección jurídica de los consumidores. Actas del I Congreso Iberoamericano de Protección Jurídica de los Consumidores*, Thomson Civitas, Cizur Menor, 2008, p. 402, y «Vicisitudes y carencias del arbitraje de consumo», en TOMILLO URBINA, J. (Dir.) y ÁLVAREZ VEGA, I. y CAPILLI, G. (Coords.), *Soluciones alternativas a los conflictos de consumo. Perfiles hispano-italianos*, Comares, Granada, 2016, p. 86; o LORCA NAVARRETE, A. M.ª, *La nueva regulación del arbitraje de consumo. Real Decreto 231/2008, de 15 de febrero, por el que se regula el Sistema Arbitral de Consumo*, Instituto Vasco de Derecho Procesal, San Sebastián, 2008, p. 39—, otro sector manifestó sus dudas —véanse MALUQUER DE MOTES BERNET, C. J., «Cuestiones flexibles en materia de Arbitraje de Consumo», en GARCÍA VILLALUENGA, L., TOMILLO URBINA, J. y VÁZQUEZ DE CASTRO, E. (Codirectores) y FERNÁNDEZ CANALES, C. (Coordinadora), *Mediación, arbitraje y resolución extrajudicial de conflictos en el siglo XXI*, Editorial Reus, Madrid, 2010, pp. 55-56, que afirma que «hasta cierto punto, esta novedad desvirtúa en parte el sistema, pues aparta a los sectores intervinientes del mundo del consumo» para posteriormente insistir en que «...se pierde la participación de los sectores afectados, se pierde conocimientos y se tiene que prescindir de una visión y, a la vez, aportación de personas conocedoras de la problemática real de las circunstancias del entorno del consumo»; o MARCOS FRANCISCO, D., *El arbitraje de consumo y sus nuevos retos*, Tirant lo Blanch, Valencia, 2010, pp. 183 y ss.-

recelo en el sector empresarial y la consiguiente mayor reticencia a someterse al Sistema Arbitral de Consumo[7].

El Reglamento mantiene esta dicotomía. Ahora bien, en defensa de la opción de designar un órgano arbitral unipersonal se apela en su parte expositiva *«a la necesidad de agilizar la resolución de los litigios, considerando la experiencia positiva de la intervención de los órganos arbitrales unipersonales, y teniendo en cuenta que la rapidez en la resolución del litigio es un elemento indispensable en el acceso a la justicia de las partes»*. Así las cosas, a la justificación económica de origen se suman razones de agilidad en el procedimiento arbitral.

Con algo más de detalle que el artículo 18.1 del Real Decreto 231/2008, el artículo 8.2 del Reglamento establece la distinción entre órganos arbitrales de carácter unipersonal y de carácter colegiado y advierte igualmente de la composición tripartita de estos últimos[8]. Con todo, es en sus artículos 12 y 13 donde la norma reglamentaria desarrolla el régimen de los órganos arbitrales unipersonales y los órganos arbitrales colegiados, respectivamente. Su contenido es resultado de la incorporación de parte de las previsiones de los artículos 19 y 20 del Real Decreto 231/2008, pero también de la introducción de novedades de entidad, especialmente en sede de órganos arbitrales unipersonales. Centrado el análisis, corresponde en este momento analizar su regulación.

II. SUPUESTOS DE DESIGNACIÓN DE UN ÓRGANO ARBITRAL UNIPERSONAL

1. Preliminar

Como sabemos, la posibilidad de designar un árbitro único se prevé por vez primera en el Real Decreto 231/2008. En él quedaba circunscrita a dos supuestos: i) el acuerdo de las partes; y ii) la decisión del presidente de la Junta Arbitral de Consumo, si la cuantía de la controversia era inferior a 300 euros y el asunto carecía de complejidad —art. 19.1 RD 231/2008—. El artículo 12 del Reglamento mantiene la opción de designar un órgano arbitral unipersonal en los supuestos indicados, aunque con algunas modificaciones, y añade otros dos supuestos más.

Aun reconociendo el déficit de representatividad en relación con las asociaciones de consumidores y usuarios y las organizaciones empresariales, el mantenimiento de esta posibilidad ha sido calificado como «acierto», debido a la agilidad que aporta y el alivio presupuestario que conlleva en términos de

7 Así lo indican GUTIÉRREZ DE CABIEDES, P., «Artículo 57. Sistema Arbitral de Consumo», en CÁMARA LAPUENTE, S., *Comentarios...*, ob. cit., p. 458; y LAFUENTE TORRALBA, A. J., «Artículo 19. Órganos arbitrales unipersonales», en CÁMARA LAPUENTE, S., *Comentarios...*, ob. cit., p. 2094, con ulteriores referencias bibliográficas.

8 Véanse nuestras observaciones *supra*.

gestión económica[9]. En efecto, el árbitro encargado de conocer los asuntos será designado entre los acreditados a propuesta de la administración pública, de modo que los otros sectores implicados en el arbitraje de consumo no se encontrarán representados. Es más, no se ha incorporado la posibilidad reconocida en el artículo 19.3 del Real Decreto 231/2008 de que las partes, de común acuerdo, soliciten por razones de especialidad que la designación como árbitro único recaiga en otro árbitro acreditado, que constituía una excepción a aquella regla general.

2. Supuestos de designación de un órgano arbitral unipersonal

2.1. Acuerdo de las partes en litigio

En primer lugar, conocerá de los asuntos un órgano arbitral unipersonal «cuando las partes en litigio así lo acuerden» —art. 12.1.a) RSAC—, supuesto que ya se reconocía en el artículo 19.1 del Real Decreto 231/2008. Esta previsión constituye manifestación de la libertad de que disfrutan las partes a la hora de fijar el número de árbitros proclamada en el artículo 12 de la Ley de Arbitraje, si bien con un alcance distinto. Así, frente a la mera limitación de número impar de este último precepto, en el arbitraje de consumo la opción se reduce a uno o tres árbitros[10].

Por tanto, las partes disfrutan de libertad para decidir que sea un órgano arbitral unipersonal quien conozca del litigio y ello con independencia del importe de la controversia y de su complejidad, que, como veremos, constituyen elementos cuya combinación determina la sujeción del asunto a una u otra modalidad de órgano arbitral. Sin embargo, ya fue advertido en su día que este tipo de acuerdos no serían habituales en la práctica[11]: por un lado, por la mayor confianza que ofrece un colegio arbitral; por otro lado, porque el ahorro económico que conlleva no constituye elemento determinante en la decisión, ya que el procedimiento arbitral de consumo es —cuasi— gra-

9 Así, TOMILLO URBINA, J., «Una aproximación al nuevo Reglamento del Sistema Arbitral de Consumo (RD 713/2024, de 23 de julio», Noticias Jurídicas, 8 de agosto de 2024, epígrafe III, apartado 1.1. También MARTÍNEZ ESPÍN, P., «Análisis del Real Decreto 713/2024 sobre el Sistema Arbitral de Consumo», *Revista Cesco de Derecho de Consumo*, n.º 51, 2024, p. 84, destaca como aspecto positivo del RD 713/2024, la posibilidad de designar órganos unipersonales para la resolución de litigios de menor cuantía, junto con la reducción de plazos para la emisión de laudos en ciertos casos, ya que contribuyen a una mayor eficacia en la resolución de conflictos, lo que beneficia tanto a consumidores como a empresarios.

10 También lo subraya LAFUENTE TORRALBA, A. J., «Artículo 19. Órganos arbitrales unipersonales», en CÁMARA LAPUENTE, S., *Comentarios…*, ob. cit., p. 2093.

11 Nuestra experiencia como árbitra de consumo así lo confirma.

tuito[12] para las partes —art. 31.2 RSAC—. A mayor abundamiento, dudamos de que estas últimas tengan conocimiento de esta posibilidad —particularmente, el consumidor o usuario— y que, en su caso, se pongan de acuerdo.

2.2. Importe de la pretensión de la controversia inferior a 600 euros

El litigio también será conocido por un órgano arbitral unipersonal «cuando el importe de la pretensión de la controversia sea inferior a 600 euros» —art. 12.1.b) RSAC—. Así, el legislador ha elevado el umbral que determina la sumisión del conflicto a árbitro único, lo que constituye una de las novedades más importantes del nuevo régimen del arbitraje de consumo. Nótese, además, que este importe constituye el único requisito que ha de concurrir para la intervención de un órgano arbitral unipersonal, a diferencia del régimen anterior, que exigía de forma cumulativa cuantía inferior a 300 euros y falta de complejidad del asunto —art. 19.1.b) RD 231/2008—. Por lo tanto, en principio, siempre que el importe de la pretensión de la controversia sea inferior a 600 euros deberá ser conocida por árbitro único independientemente de su complejidad. Dos observaciones son oportunas en relación con la cuantía.

Por una parte, atendiendo al artículo 32.2.e) del Reglamento, en la solicitud de arbitraje deben incluirse, entre otros datos, «exposición clara y concreta de las pretensiones, determinando su cuantía, si tuviera carácter económico». Sin embargo, es posible que la pretensión del consumidor no sea económica —piénsese, por ejemplo, en una reclamación debida a una falta de conformidad—, en cuyo caso habrá que servirse de las reglas de determinación de la cuantía previstas en el artículo 251 de la Ley de Enjuiciamiento Civil[13].

Ahora bien, en último término, si no puede concretarse el interés económico de la controversia, entendemos que deberá designarse un órgano arbitral unipersonal si el asunto carece de complejidad y, de no ser así, órgano arbitral colegiado. Como veremos a continuación, la persona titular de la presidencia de la Junta Arbitral se encuentra facultada a designar: i) órgano colegiado si la pretensión de la controversia es inferior a 600 euros en caso de complejidad del asunto —art. 12.1.b) RSAC—; y ii) órgano unipersonal

12 En efecto, el artículo 31.2 del Reglamento menciona la gratuidad como uno de los principios generales del procedimiento arbitral de consumo, si bien, atendiendo al artículo 42.3, los gastos ocasionados por la práctica de pruebas deben ser satisfechos por la parte que las ha solicitado o, de forma igualitaria, si han sido propuestas por ambas partes de común acuerdo.

13 Igualmente, Lafuente Torralba, A. J., «Artículo 19. Órganos arbitrales unipersonales», en Cámara Lapuente, S., *Comentarios...*, ob. cit., p. 2093; o Del Saz Domínguez, L., «El nuevo arbitraje de consumo. El límite de la cuantía para los árbitros únicos», https://www.centrodeestudiosdeconsumo.com/images/El_limite_de_la_cuantia_para_los_arbitros_unicos.pdf , p. 8.

en caso de ausencia de complejidad, aunque la cuantía de la pretensión sea superior a 600 euros —art. 12.1.d) RSAC—.

Por otra parte, una vez designado un órgano arbitral unipersonal, el incremento en la cuantía litigiosa debido a la reconvención del empresario o a una ampliación de la pretensión del consumidor —art. 40 RSAC— no alterará su competencia, por lo que aquel seguirá conociendo del asunto[14].

Sentada la regla general, el artículo 12.1.b) del Reglamento también prevé una excepción: «salvo que la persona titular de la presidencia de la Junta Arbitral de Consumo decida designar un órgano colegiado, de forma motivada, y a la vista de la complejidad del asunto». De este modo, aunque la cuantía de la controversia sea inferior a 600 euros, su complejidad faculta a quien ostenta la presidencia de la Junta Arbitral de Consumo a designar un órgano arbitral colegiado. Este será el caso de reclamaciones que se susciten en concretos sectores económicos para cuya resolución se requiere disponer de conocimientos técnicos —así, tintorerías, productos electrónicos, peluquerías, talleres de reparación de automóviles, etc.—. En los supuestos mencionados, la participación de un árbitro especializado propuesto por las organizaciones empresariales resulta imprescindible para una adecuada resolución del conflicto. Adviértase que, en todo caso, la posible subjetividad de la decisión queda paliada por la exigencia de motivación. En efecto, el nombramiento de colegio arbitral deberá ir acompañado de las causas o motivos que justifican la complejidad del asunto y que, a su vez, le han llevado al titular de la presidencia de la Junta a adoptar su decisión.

2.3. Elevación a laudo conciliatorio del acuerdo alcanzado entre las partes

Los dos supuestos previstos en el artículo 19 del Real Decreto 231/2008 —e incorporados con matices en el actual Reglamento— quedan completados con otros dos nuevos supuestos.

De este modo, también conocerá un órgano arbitral unipersonal *«cuando se eleve a laudo conciliatorio el acuerdo consensuado alcanzado por las partes, salvo que en el momento de alcanzarse el acuerdo ya se hubiera designado un órgano arbitral colegiado, en cuyo caso conservará su competencia»* —art. 12.1.c) RSAC—. Nótese que la norma reglamentaria aclara y permite expresamente que los acuerdos a los que han llegado las partes, incluso antes de que el órgano arbitral haya sido designado, alcancen fuerza ejecutiva al acogerse en el laudo[15].

---

14 En el mismo sentido, LAFUENTE TORRALBA, A. J., «Artículo 19. Órganos arbitrales unipersonales», en CÁMARA LAPUENTE, S., *Comentarios...*, ob. cit., p. 2093.

15 Por ello, MARCOS FRANCISCO, D., *El arbitraje de consumo en el nuevo Reglamento: ¿adecuación y eficiencia?*, Tirant lo Blanch, Valencia, 2024, p. 146, califica esta novedad de «crucial».

Así, en los casos en los que las partes adopten un acuerdo en relación con el conflicto que las enfrenta, la actuación del órgano arbitral se limita a dictar el laudo incorporando dicho acuerdo —art. 38 RSAC[16]—. No existe, por tanto, otra actividad más allá que la redacción del laudo[17] en el que necesariamente se ha de reproducir la solución a la que hayan llegado las partes. Es más, en estos casos el plazo para dictar el laudo se reduce de noventa días naturales a un mes —art. 45.3 RSAC—, lo que resulta acorde con la exigua actuación arbitral. Por tanto, la designación de un órgano tripartito resulta innecesaria. Otra cosa es que, como se señala en el inciso, ya se hubiera nombrado un órgano arbitral colegiado, en cuyo caso conservará su competencia[18].

2.4. Ausencia de complejidad del litigio con cuantía de la pretensión superior a 600 euros

Igualmente, conocerá del asunto un órgano arbitral unipersonal *«cuando la persona titular de la presidencia aprecie ausencia de complejidad en el litigio, aunque la cuantía de la pretensión sea superior a 600 euros»* —art. 12.1.d) RSAC—. Se trata, como ha sido advertido en un párrafo precedente, de una excepción a la regla general que atribuye a un órgano arbitral unipersonal el conocimiento de los asuntos cuya pretensión sea inferior a 600 euros —art. 12.1.b) RSAC—. Por tanto, aunque el importe de la pretensión sobrepase dicho umbral, la ausencia de complejidad del asunto faculta a quien ostenta la presidencia de la Junta Arbitral de Consumo a designar órgano arbitral unipersonal. Así las cosas, la regla general que identifica órgano arbitral unipersonal con pretensión inferior a 600 euros puede quedar sin efecto como consecuencia del juego de las excepciones, que se articulan sobre la complejidad o ausencia de complejidad del asunto. Recuérdese que este último también se encuentra autorizado a designar órgano colegiado aunque el importe de la pretensión sea inferior a 600 euros, si el asunto es complejo —art. 12.1.b) RSAC—.

16 Si bien Marcos Francisco, D., *El arbitraje de consumo en el nuevo Reglamento...*, ob. cit., pp. 146-147, considera que es un error la incorporación automática de todo acuerdo en el correspondiente laudo conciliatorio sin posibilitar al órgano arbitral la negativa a dicha incorporación cuando aprecie motivos para oponerse, tal y como se preveía en el artículo 48.2 del Real Decreto 231/2008.

17 Y que, en todo caso, correspondería al árbitro propuesto por la administración pública que actuaría como ponente tanto en caso de órgano arbitral unipersonal como de órgano arbitral colegiado.

18 Como se advierte en la parte expositiva del Reglamento, *«Se mantiene la posibilidad de que las partes alcancen un acuerdo consensuado que ponga fin al litigio entre ellas, ya sea antes del inicio del procedimiento o durante este, pudiendo, en caso de existencia de convenio arbitral, elevarse el acuerdo a laudo conciliatorio, salvo que el acuerdo ya haya sido cumplido o las partes rechacen esa posibilidad, lo que viene recogido en el artículo 38»*.

En el supuesto que nos ocupa la designación no requiere ser motivada, sino simplemente ir acompañada de la indicación de forma expresa de la ausencia de complejidad. A nuestro juicio, sin embargo, el legislador debería haber exigido igualmente motivación, dado que la designación de órgano unipersonal constituye una excepción a la regla general. Como hemos afirmado anteriormente —si bien, en relación con la complejidad *ex* artículo 12.1.b) RSAC—, la valoración de la ausencia de complejidad puede presentar ciertos visos de subjetividad, que en su caso quedarían neutralizados con una adecuada motivación[19]. En todo caso, consideramos que la apreciación de la falta de complejidad por parte de quien tiene experiencia en la materia —no en vano es la persona titular de la presidencia de la Junta Arbitral de Consumo— no presenta los desmesurados inconvenientes que cierto sector doctrinal le achacó en su día[20]. Ni necesariamente el juicio de valor será impreciso, inestable y relativo, ni el asunto aparentemente banal y fácilmente resoluble se acabará convirtiendo en una cuestión intrincada con matices insospechados.

Pues bien, hemos afirmado anteriormente que en la mayoría de las ocasiones será un órgano arbitral unipersonal quien conozca de la controversia. El incremento en la cuantía litigiosa de 300 euros a 600 euros llevada a cabo con el Reglamento, así como la posibilidad del titular de la presidencia de evaluar la complejidad del litigio a efectos de designar un órgano arbitral unipersonal incluso si la pretensión es superior a 600 euros abocan al resultado apuntado[21].

III. OPOSICIÓN DE LAS PARTES A LA DESIGNACIÓN DE UN ÓRGANO ARBITRAL UNIPERSONAL

1. Preliminar

El artículo 12.2 del Reglamento reconoce a las partes el derecho a oponerse a la designación de un órgano arbitral unipersonal. Esta posibilidad ya se encontraba prevista en el artículo 19.2 del Real Decreto 231/2008, por lo que, en sentido estricto, no constituye una novedad. Sin embargo, su configuración ha cambiado por completo. De ahí que, en realidad, nos encontramos ante un «nuevo» derecho de oposición que difiere sustancialmente del

19 Véase LAFUENTE TORRALBA, A. J., «Artículo 19. Órganos arbitrales unipersonales», en CÁMARA LAPUENTE, S., *Comentarios...*, ob. cit., p. 2094.

20 *Ibidem*.

21 Al respecto, recuerda MARCOS FRANCISCO, D., *El arbitraje de consumo en el nuevo Reglamento...*, ob. cit., p. 146, que nos encontramos ante normas procedimentales que se deben respetar y que, en caso de no observarse, cabría instar la anulación del laudo con base en el artículo 41.1.d) LA.

previsto originariamente. Con todo, como acertadamente se ha señalado, su virtualidad práctica será muy reducida[22] —si no, nula—, no solo por los requisitos que han de ser satisfechos en su ejercicio, sino, en último término, por el desconocimiento de las partes de la existencia de esta posibilidad.

Atendiendo al artículo 19.2 del Real Decreto 231/2008, las partes podían oponerse a la designación de un árbitro único, en cuyo caso se procedía a designar un colegio arbitral. Obsérvese que no solo aquellas no tenían que motivar su oposición, sino que, además, la eficacia de esta última era automática. Bastaba que las partes manifestaran su disconformidad con la designación de un órgano arbitral unipersonal para que el presidente de la Junta Arbitral de Consumo nombrara un órgano arbitral colegiado. Por lo demás, el precepto no puntualizaba si la oposición requería del acuerdo de ambas partes o podía ser planteada individualmente.

2. Régimen aplicable

El artículo 12.2 del Reglamento exige que las partes, de común acuerdo, se opongan a la designación de un órgano arbitral unipersonal; oposición que, además, debe ejercitarse de forma expresa y motivadamente. En consecuencia, son tres los requisitos que han de concurrir en su planteamiento: i) común acuerdo de las partes; ii) forma expresa; y iii) motivación.

Sin embargo, la exigencia de común acuerdo dificulta e, incluso, imposibilita el ejercicio de la oposición[23]. Resulta evidente que es poco probable que consumidor o usuario y empresario se pongan de acuerdo cuando existe una controversia que los separa[24] y que constituye el origen del procedimiento arbitral. Pero, es más, «vincular la suerte de una eventual alegación formulada en tal sentido por una de las partes a la necesaria aquiescencia de la otra [...] podría entrañar una contravención del derecho a la igualdad de armas y a la defensa contradictoria de las partes», tal y como advirtió el Consejo General del Poder Judicial en su «Informe sobre el Proyecto de Real Decreto por el que se regula el Sistema Arbitral de Consumo» [25]. En definitiva, a nuestro entender, hubiera sido preferible permitir que la oposición fuera ejercitada unilateralmente. A efectos de su estimación y, en consecuencia, de la posterior designación de un órgano arbitral colegiado, lo verdaderamente relevante no debería ser que su ejercicio esté respaldado por ambas partes, sino que sea motivado, esto es, que existan razones que justifiquen y expliquen que el nombramiento de un

22 *Ibidem*, p. 149.

23 En un sentido similar, Marcos Francisco, D., *El arbitraje de consumo en el nuevo Reglamento...*, ob. cit., p. 149.

24 También lo indica el Consejo General del Poder Judicial en su «Informe sobre el Proyecto de Real Decreto por el que se regula el Sistema Arbitral de Consumo», conclusión octava, p. 38.

25 *Ibidem*.

órgano arbitral unipersonal es desacertado. Con todo, la redacción del artículo 12.2 del Reglamento resulta indubitada. Este precepto exige, igualmente, que la oposición se realice «de forma expresa», lo que resulta una obviedad. Difícilmente constará la disconformidad motivada de ambas partes con la designación de un órgano arbitral unipersonal si no se plantea expresamente.

En todo caso, el ejercicio de la oposición no conlleva automáticamente la designación de un órgano arbitral colegiado. Razonablemente, el artículo 12.2 del Reglamento atribuye a la persona titular de la presidencia de la Junta Arbitral la tarea de *«resolver sobre la oposición, una vez evaluados los motivos de oposición, y, en su caso, proceder a designar un órgano arbitral colegiado»*. Por tanto, la decisión sobre la oposición requiere de un ejercicio intelectual previo de valoración de los motivos aducidos, de modo que, solo si son estimados, quien ostenta la presidencia de la Junta Arbitral designará un órgano arbitral colegiado. Adviértase, igualmente, que la decisión es definitiva, ya que no puede ser objeto de impugnación.

Artículo 13. Órganos arbitrales colegiados*

1. En los supuestos no previstos en el artículo 12, conocerá de los asuntos un órgano arbitral colegiado, integrado por tres árbitros acreditados, propuestos cada uno, respectivamente, por la administración pública, por las asociaciones de consumidores y usuarios y por las organizaciones empresariales.

2. La presidencia de los órganos arbitrales colegiados será asumida por el árbitro propuesto por la administración pública.

I. PLANTEAMIENTO

Hemos afirmado en el comentario precedente que la composición tripartita de los órganos arbitrales constituye una de las características más destacadas del arbitraje de consumo[1]. Al respecto, conviene recordar que el artículo 31.3 de la Ley 26/1984, de 19 de julio, General para la Defensa de los Consumidores y Usuarios preveía un modelo colegiado[2], lo que determinó que el Real Decreto 636/1993 adoptara el modelo de *«colegio arbitral específico compuesto por tres árbitros»* —art. 11 RD 636/1993—.

Sin embargo, esta singularidad propia del arbitraje de consumo ha ido diluyéndose con el paso del tiempo. De hecho, una de las novedades más relevantes del Real Decreto 231/2008 fue precisamente la posibilidad de que un árbitro único conociera de los conflictos surgidos entre consumidores o usuarios y empresarios. De este modo, se satisfizo el mandato dirigido al Gobierno contenido en la disposición final sexta de la Ley 44/2006, de 29 de diciembre, de mejora de la protección de los consumidores y usuarios, de establecer los supuestos en que actuaría un árbitro único en el marco más amplio de elaboración de una nueva regulación del Sistema Arbitral de Consumo. Unos meses después, el artículo 57.2 del texto refundido de la Ley General para la Defensa de los Consumidores y Usuarios y otras leyes complementarias reiteraba la orden de regular reglamentariamente el Sistema Arbitral de Consumo y auto-

---

* Comentario realizado por **Aránzazu Pérez Moriones**.

1 Véanse nuestras observaciones *supra*.

2 *«Los órganos de arbitraje estarán integrados por representantes de los sectores integrados, de las organizaciones de consumidores y usuarios y de las Administraciones públicas dentro del ámbito de sus competencias»*.

rizaba a que en dicho reglamento se previeran *«los casos en que actuará un árbitro único en la administración del arbitraje de consumo»*.

Como resultado, frente al modelo único de colegio arbitral se abría la posibilidad de designar un órgano arbitral unipersonal en los supuestos previstos en el artículo 19 del Real Decreto 231/2008. A su vez, el colegio arbitral se configuraba de manera residual —*«en los supuestos no previstos en el artículo anterior»*—, asumiendo su presidencia el árbitro propuesto por la administración pública. Con todo, las partes podían solicitar la designación de un presidente distinto a este último si la especialidad de la reclamación lo requería o si esta se dirigía contra una entidad pública vinculada a la Administración a la que estuviera adscrita la Junta Arbitral de Consumo.

El Reglamento mantiene esta dicotomía. Sin embargo, la regulación de los órganos arbitrales unipersonales contenida en su artículo 12 conducirá a que en la mayoría de las ocasiones sea un órgano arbitral unipersonal quien conozca de la controversia. En particular, el incremento en la cuantía litigiosa de 300 euros a 600 euros, que, a su vez, determina el conocimiento del asunto por órgano arbitral unipersonal, así como la posibilidad del titular de la presidencia de evaluar la complejidad del litigio a efectos de designar un órgano arbitral unipersonal incluso si la pretensión es superior a 600 euros, abocan al resultado apuntado. La balanza entre, por un lado, representatividad del órgano arbitral y, por otro lado, ahorro económico y agilidad en la resolución del litigio se ha inclinado a favor de estos últimos.

II. EL ÓRGANO ARBITRAL COLEGIADO

1. Supuestos de designación de un órgano arbitral colegiado

El artículo 13.1 del Reglamento reproduce de forma prácticamente literal el artículo 20.1 del Real Decreto 231/2008. En efecto, el contenido de este último precepto se incorpora con algún pequeño matiz a la nueva norma reglamentaria, desdoblándose en dos incisos. En cambio, el contenido del artículo 20.2 del Real Decreto 231/2008, en el que se reconocía a las partes la posibilidad de solicitar la designación de un presidente alternativo[3], no ha sido acogido.

La delimitación de los supuestos en que procede la designación de un órgano arbitral colegiado se realiza de manera residual. Así, a tenor del artículo 13.1 de la norma reglamentaria *«en los supuestos no previstos en el artículo 12, conocerá de los asuntos un órgano arbitral colegiado»*. Por tanto, la persona titular de la presidencia de la Junta Arbitral designará un órgano arbitral colegiado cuando: i) las partes no hayan acordado que sea un órgano

3 Y que se circunscribían a los casos en que la especialidad de la reclamación así lo requería o si esta última se dirigía contra una entidad pública vinculada a la Administración a la que estaba adscrita la Junta Arbitral de Consumo.

arbitral unipersonal quien conozca del litigio; ii) el importe de la pretensión de la controversia sea igual o superior a 600 euros y no aprecie ausencia de complejidad; y iii) resuelva favorablemente la oposición a la designación de un órgano arbitral unipersonal ejercida por las partes de común acuerdo.

2. Composición del órgano arbitral colegiado

En el apartado primero del precepto que comentamos también se indica que el órgano arbitral colegiado estará integrado por tres árbitros acreditados, propuestos cada uno, respectivamente, por la administración pública, por las asociaciones de consumidores y usuarios y por las organizaciones empresariales. Previamente, el artículo 8.2 del Reglamento avanza la composición tripartita de esta modalidad de órgano arbitral y se remite al artículo 13 en relación con la forma de proponer a los árbitros. Con ella, recuérdese, se pretendía otorgar una adecuada representatividad al órgano arbitral, además de garantizar el principio de igualdad de las partes en la designación de árbitros y estimular la confianza de consumidores y empresarios en el sistema arbitral, imprescindible para su existencia[4].

Frente al órgano arbitral unipersonal —art. 12 RSAC—, la particularidad principal del órgano arbitral colegiado es que se trata de un *collegium*. Y, desde el punto de vista de su funcionamiento, esta colegialidad comporta dos aspectos básicos. Por un lado, la participación de una pluralidad de sujetos —árbitros— en el proceso de resolución del conflicto, con diferente origen y experiencia, por lo que razonablemente se presume que aportarán distintos puntos de vista para alcanzar una decisión correcta. Es más, los árbitros no son defensores de las partes que los han propuesto, sino que deben actuar con independencia e imparcialidad —arts. 11.1.f) y 15 RSAC—[5]. Por otro lado, la necesidad de adoptar tal decisión sujetándose a las reglas del método colegial[6] con una previa deliberación acerca de la controversia[7] y su resolución por mayoría. Téngase presente que, atendiendo al artículo 31.5.I del Reglamento —art. 35.1 LA—, *«los órganos arbitrales adoptarán cualquier decisión o laudo por mayoría simple de sus miembros»*, si bien *«en caso de empate en la adopción del acuerdo, decidirá la persona titular de la presidencia»*.

---

4 Véase *supra*.

5 En el mismo sentido, LAFUENTE TORRALBA, J. A., «Artículo 20. Órganos arbitrales colegiados», en CÁMARA LAPUENTE, S., *Comentarios a las Normas de Protección de los Consumidores*, Colex, Madrid, 2011, p. 2097.

6 Aspecto que se recogía expresamente en el artículo 20.1 del Real Decreto 231/2008, que señalaba que «los tres árbitros actuarán de forma colegiada».

7 También MARTÍNEZ ESPÍN, P., «Análisis del Real Decreto 713/2024 sobre el Sistema Arbitral de Consumo», *Revista Cesco de Derecho de Consumo*, n.º 51, 2024, p. 67, señala que el órgano arbitral colegiado garantiza una deliberación colegiada y equilibrada.

El árbitro propuesto por las administraciones públicas necesariamente debe formar parte del personal a su servicio o al servicio de cualquier otra administración pública o del sector público institucional —art. 9.2 RSAC—. Además, ha de estar en posesión de la licenciatura o de un grado en Derecho, sin perjuicio de que el arbitraje sea en derecho o en equidad —art. 10.2.I RSAC—. La norma reglamentaria autoriza al titular de la presidencia de la Junta Arbitral a acreditar a quien está en condiciones de justificar un conocimiento general suficiente del Derecho, además de formación específica o experiencia profesional en Derecho de consumo, durante un periodo superior a dos años si aquel aprecia ausencia de complejidad en la reclamación y el arbitraje es resuelto en equidad. Sin embargo, esta acreditación excepcional dará lugar a una designación como árbitro único y no como árbitro de un órgano arbitral colegiado: necesariamente debe conocer de los asuntos un órgano arbitral unipersonal si el importe de la pretensión de la controversia es inferior a 600 euros —art. 12.1.b) RSAC— y si esta es superior a 600 euros y la persona titular de la presidencia aprecia ausencia de complejidad en el litigio —art. 12.1.d) RSAC—. Por tanto, la ausencia de complejidad en el litigio conduce al nombramiento de árbitro único con independencia de la cuantía de la pretensión.

Por su parte, los árbitros designados a propuesta de las asociaciones de consumidores y usuarios y de las organizaciones empresariales o profesionales únicamente deben estar en posesión de grado o licenciatura en Derecho en los arbitrajes que deban decidirse en derecho —art. 10.3 RSAC—.

Todos ellos serán designados por la persona titular de la presidencia de la Junta Arbitral —art. 14.1.I RSAC—, designación que se realizará por turno entre los que figuren en la lista de árbitros acreditados ante la Junta Arbitral de Consumo —art. 14.1.II RSAC—.

III. PRESIDENCIA DEL ÓRGANO ARBITRAL COLEGIADO

Al igual que el artículo 20.1 del Real Decreto 231/2008, el artículo 13.2 del Reglamento proclama que la presidencia de los órganos arbitrales colegiados será asumida por al árbitro propuesto por la administración pública. Con esta solución se pretende ofrecer una imagen de neutralidad y equidistancia y evitar recelos entre las partes[8]. Conviene tener presente, además, que, en caso de empate en la adopción del acuerdo, la persona titular de la presidencia disfruta de voto dirimente —art. 31.5.I RSAC—.

Como hemos avanzado, el legislador no ha incorporado la posibilidad de solicitar la designación de un presidente distinto del árbitro propuesto por

8 Por todos, LAFUENTE TORRALBA, J. A., «Artículo 20. Órganos arbitrales colegiados», en CÁMARA LAPUENTE, S., *Comentarios...*, ob. cit., p. 2097. También GUTIÉRREZ DE CABIEDES, P., «Artículo 57. Sistema Arbitral de Consumo», en CÁMARA LAPUENTE, S., *Comentarios...*, ob. cit., p. 458, destaca la equidistancia del árbitro propuesto por la administración pública.

la administración pública que se preveía en el artículo 20.2 del Real Decreto 231/2008[9]. En su caso, por tanto, la disconformidad de cualquiera de las partes con el presidente del órgano arbitral colegiado deberá ser reconducida a la institución de la recusación, siempre, obviamente, que concurran los requisitos exigidos para su ejercicio por el artículo 15 del Reglamento, a cuyo comentario nos remitimos.

9 Y que se circunscribían a los casos en que la especialidad de la reclamación así lo requería o si esta última se dirigía contra una entidad pública vinculada a la Administración a la que estaba adscrita la Junta Arbitral de Consumo.

Artículo 14. Designación de los órganos arbitrales*

1. La designación de los órganos arbitrales que intervengan en los procedimientos, como titulares o suplentes, corresponde a la persona titular de la presidencia de la Junta Arbitral.

La designación de árbitros se realizará por turno, entre los que figuren en la lista de árbitros acreditados ante la Junta Arbitral de Consumo. En el mismo acto el presidente designará, igualmente por turno, árbitros suplentes, sin que tal nombramiento implique que corra su turno para ulteriores designaciones como árbitros titulares.

2. En el caso de que transcurran diez días hábiles sin que los árbitros objeto del llamamiento por turno hubieran podido ser nombrados, la persona titular de la presidencia de la Junta Arbitral podrá proceder a su designación de manera directa.

3. Si el arbitraje se decidiera en derecho, todos los integrantes del órgano arbitral colegiado deberán acreditar estar en posesión del grado o licenciatura en Derecho.

I. PLANTEAMIENTO

Si el artículo 9 del Reglamento regula el inicio del *iter* conducente a la constitución de los órganos arbitrales, el artículo 14 regula su final. En efecto, la propuesta de árbitros —art. 9 RSAC— constituye presupuesto necesario para, si procede, su eventual acreditación —art. 10 RSAC— y posterior designación a fin de su participación en los procedimientos arbitrales —art. 14 RSAC—. A su vez, la designación de árbitros se ha de realizar entre los que figuren en la lista de árbitros acreditados ante la Junta Arbitral de Consumo —art. 14.1 RSAC— y únicamente las personas propuestas para actuar como árbitros pueden ser acreditadas como tales —art. 10.1 RSAC—.

El Real Decreto 636/1993 regulaba de forma farragosa e incompleta la designación de los miembros del colegio arbitral[1]. Así, el presidente debía ser

* Comentario realizado por **Aránzazu Pérez Moriones**.

1 Por todos, véanse, al respecto, las reflexiones de De Carpi Pérez, J., en Quintana Carlo, I. y Bonet Navarro, A. (Directores), *El Sistema Arbitral de Consumo. Comentarios al Real Decreto 636/1993 de 3 de mayo*, Aranzadi, Elcano, 1997, pp. 145 a 147; o Lafuente

nombrado entre personal al servicio de las administraciones públicas, licenciados en Derecho, previamente nombrados por la administración pública de la que dependía la Junta —art. 11.1.a) RD 636/1993—[2]. Por su parte, la designación de representantes de los consumidores difería dependiendo de la forma de presentación de la reclamación: si se formulaba a través de una organización de consumidores, el representante era nombrado por esta última en la Junta Arbitral, mientras que, si la reclamación se presentaba directamente ante la Junta Arbitral, la designación se hacía de oficio entre los representantes propuestos previamente por las asociaciones de consumidores y usuarios —art. 11.1.b) RD 636/1993—. Por último, el representante de los sectores empresariales era nombrado por estos en la Junta Arbitral, si el reclamado formaba parte de una organización adherida al sistema arbitral, mientras que, en los demás casos, era designado de oficio entre los propuestos previamente por las organizaciones empresariales que se habían adherido a la misma —art. 11.1.c) RD 636/1993—.

Por su parte, el Real Decreto 231/2008 dedicaba su artículo 21 a la designación de los árbitros en el procedimiento arbitral. Es de este precepto del que trae causa el artículo 14 del Reglamento, intitulado «Designación de los órganos arbitrales», que incorpora su contenido, aunque con una mejor sistemática. Además, prevé una solución para los supuestos en que los árbitros no han podido ser nombrados, la cual se ha considerado «de gran utilidad para aquilatar la siempre compleja y delicada cuestión de la gestión práctica del sistema de turnos»[3].

II. DESIGNACIÓN DE LOS ÓRGANOS ARBITRALES

1. Preliminar

Atendiendo al artículo 14.1.I del Reglamento, la designación de los órganos arbitrales corresponde a la persona titular de la presidencia de la Junta Arbitral. El precepto se refiere en general a *«órganos arbitrales»*, que, como sabemos, pueden ser de carácter unipersonal o de carácter colegiado —art. 8.2 RSAC—,

---

Torralba, A. J., «Artículo 21. Designación de los árbitros en el procedimiento arbitral», en Cámara Lapuente, S., *Comentarios a las Normas de Protección de los Consumidores*, Colex, Madrid, 2011, p. 2100.

2 El Real Decreto 636/1993 reconocía a las partes la facultad de designar presidente del colegio cuando lo solicitaban de mutuo acuerdo, atendiendo a la especialidad del objeto de la reclamación. Asimismo, si la reclamación se dirigía contra una entidad pública vinculada a la Administración pública de la que dependía la Junta Arbitral, las partes podían elegir de mutuo acuerdo al presidente del colegio arbitral, pudiendo tratarse de una persona ajena a la Administración pública.

3 Tal y como afirma Tomillo Urbina, J., «Una aproximación al nuevo Reglamento del Sistema Arbitral de Consumo (RD 713/2024, de 23 de julio», Noticias Jurídicas, 8 de agosto de 2024, epígrafe III, apartado 1.3.

Por tanto, el nombramiento de los órganos arbitrales, ya sean unipersonales o colegiados, compete a quien ostenta la presidencia de la Junta Arbitral.

En cambio, el artículo 14.1.I expresamente indica que la designación comprende los órganos arbitrales que intervengan en los procedimientos *«como titulares o suplentes»*. En realidad, la introducción de esta matización no era necesaria. De hecho, en la regulación del modo de designación —por turno— contenido en el segundo párrafo del inciso —art. 14.1.II RSAC—, se contemplan ambos supuestos. Sin embargo, constituye una mejora de redacción —siquiera menor— que ha de ser bien recibida.

Temporalmente el nombramiento del órgano arbitral se producirá una vez acordado el inicio del procedimiento arbitral —art. 37.2 RSAC—, tras la comprobación de la existencia de convenio arbitral o la formalización de convenio arbitral válido. Normalmente, la persona que asume la presidencia de la Junta Arbitral de Consumo dictará una única resolución mediante la que designará *rectius*, nombrará, el órgano arbitral y citará a las partes a la audiencia oral.

2. Designación en caso de arbitraje en derecho

El artículo 14.3 del Reglamento exige que, si el arbitraje se decide en Derecho, todos los integrantes del órgano arbitral colegiado acrediten estar en posesión del grado o licenciatura en Derecho. En todo caso, recuérdese que el arbitraje de consumo se decide en equidad, salvo que las partes, de común acuerdo, opten expresamente por la decisión en derecho —art. 31.4 RSAC—[4].

El artículo 21.1.II del Real Decreto 231/2008 —antecedente del precepto que comentamos— únicamente exigía aquella cualificación a los árbitros designados entre los acreditados a propuesta de las asociaciones de consumidores y usuarios y de las organizaciones empresariales o profesionales y guardaba silencio respecto de los árbitros propuestos por la administración pública. A su vez, para su acreditación, el artículo 17 del Real Decreto 231/2008 ya requería que estos últimos fueran licenciados en Derecho, con independencia de que resolvieran en equidad o en derecho. En consecuencia, probablemente la falta de alusión a los árbitros propuestos por la administración pública en aquella declaración respondía a que estos en todo caso debían ser licenciados en Derecho. En cualquier caso, una lectura conjunta de ambos preceptos llevaba a dicha conclusión, es decir, todos los miembros del colegio arbitral tenían que ser licenciados en Derecho, si el arbitraje debía resolverse en derecho.

4 De modo que, en expresión de LORCA NAVARRETE, A. M.ª, *La nueva regulación del arbitraje de consumo. Real Decreto 231/2008, de 15 de febrero, por el que se regula el Sistema Arbitral de Consumo*, Instituto Vasco de Derecho Procesal, San Sebastián, 2008, p. 36, en el arbitraje de consumo la actuación «natural» del árbitro queda identificada con la actuación arbitral en equidad.

La solución adoptada en el Real Decreto 231/2008 podía haberse mantenido en la nueva norma reglamentaria. En sede de acreditación de los árbitros, el artículo 10.2.I del Reglamento establece que, si la propuesta es realizada por las administraciones públicas, es requisito necesario para la acreditación estar en posesión de la licenciatura o grado en Derecho, con independencia de que el arbitraje sea resuelto en derecho o en equidad. A su vez, también el artículo 10.3 del Reglamento proclama que en los arbitrajes que deben decidirse en derecho, los árbitros designados a propuesta de las asociaciones de consumidores y usuarios y de las organizaciones empresariales o profesionales deben estar en posesión de grado o licenciatura en Derecho. Sin embargo, la alusión que el artículo 14.3 del Reglamento realiza a todos los integrantes del órgano arbitral refleja fielmente que la posesión de aquella cualificación se exige tanto a los árbitros designados entre los propuestos por asociaciones de consumidores y usuarios y por organizaciones empresariales, como a los designados entre los propuestos por la administración pública.

En los casos en que el arbitraje se decida en equidad no es necesario que los integrantes del órgano arbitral dispongan de la licenciatura o del Grado en Derecho. Ahora bien, sin duda, como fue afirmado[5], son innegables las ventajas que la posesión de dicho título universitario puede ofrecer para una resolución del conflicto más adecuada. En efecto, en el arbitraje en equidad se puede decidir aplicando normas jurídicas adecuadas a las circunstancias del caso, realizar una interpretación correctora de la rigidez de la norma aplicable al supuesto de hecho y resolver sin aplicar directamente una norma jurídica concreta[6]. En todo caso, el árbitro designado de entre los propuestos por la administración pública siempre estará en posesión de dicha cualificación —art. 10.1.I RSAC— y, además, a él le corresponde actuar como ponente de los laudos tanto en caso de órgano arbitral unipersonal como de órgano arbitral colegiado, aunque en este último supuesto la decisión habrá de ser adoptada por mayoría simple —art. 31.5.I RSAC—.

---

5 *Ibidem*.

6 Tal y como indica MALUQUER DE MOTES BERNET, C. J., «Cuestiones flexibles en materia de Arbitraje de Consumo», en GARCÍA VILLALUENGA, L., TOMILLO URBINA, J. y VÁZQUEZ DE CASTRO, E. (Codirectores) y FERNÁNDEZ CANALES, C. (Coordinadora), *Mediación, arbitraje y resolución extrajudicial de conflictos en el siglo XXI*, Editorial Reus, Madrid, 2010, p. 57. Véase, igualmente, LARA GONZÁLEZ, R., «La importancia de la participación de los empresarios y de sus entidades representativas en el Sistema Arbitral de Consumo», *Aranzadi Civil-Mercantil*, n.º 3, mayo, 2005, BIB\2005\784, en donde afirma que «Probablemente, lo que ocurre es que cuando el Derecho puede calificarse de justo, dicho concepto no habrá de hallarse muy lejano del de Equidad o, dicho con otras palabras, en tal caso, ni el propio razonamiento jurídico ni las metas que con el mismo se alcancen diferirán sustancialmente de las que permitiría obtener un razonamiento basado en la equidad, aunque no debamos olvidar que este último concepto precisamente lo que consigue es atemperar aquellas disfunciones que pueden generarse al aplicar, sin más, el razonamiento jurídico».

3. Reglas aplicables a la designación

El artículo 14.1.II del Reglamento establece que *«la designación de árbitros se realizará por turno, entre los que figuren en la lista de árbitros acreditados ante la Junta Arbitral de Consumo»*. Este modo de operar fue introducido en el Real Decreto 231/2008 y recibió una valoración positiva, ya que se evitaba que su elección dependiera del criterio subjetivo del presidente de la Junta Arbitral[7]. Asimismo, desaparecía el doble sistema para la designación de los árbitros representantes de consumidores y de los sectores empresariales previsto en el Real Decreto 231/2008, al que nos hemos referido en páginas anteriores. Como resultado, la persona titular de la presidencia de la Junta Arbitral designará los árbitros por orden sucesivo entre los incluidos en la lista de árbitros acreditados.

El artículo 14 del Reglamento contiene dos previsiones más, que, según doctrina autorizada, resultan de «gran utilidad para aquilatar la siempre compleja y delicada cuestión de la gestión práctica del sistema de turnos»[8].

Por un lado, señala el artículo 14.1.II que en el mismo acto el presidente designará árbitros suplentes, igualmente por turno. Como fácilmente se deduce, mediante esta regla se pretenden evitar los inconvenientes que conlleva la posterior designación de un árbitro suplente en caso de que el árbitro titular designado no pueda actuar. Así las cosas, el principio de economía procesal justifica esta previsión. En buena lógica, además, la designación de los árbitros suplentes debe realizarse del mismo modo que la designación de árbitros titulares, esto es, por turnos. De esta manera, se evitan asimetrías en el nombramiento de unos y otros árbitros.

Por otro lado, el precepto también puntualiza que la designación de árbitros suplentes no implica que corra su turno para ulteriores designaciones como árbitros titulares. Su designación únicamente se lleva a cabo de forma preventiva para el hipotético supuesto de que el árbitro titular designado no pueda actuar como tal. De hecho, en la práctica la sustitución arbitral acaece de forma extraordinariamente excepcional. En tal caso, el árbitro suplente continuará conociendo del procedimiento arbitral hasta su terminación, si bien podrá repetir actuaciones ya practicadas —art. 20.1 LA y, por analogía, art. 15.5 RSAC[9]—.

---

7 Véase LAFUENTE TORRALBA, A. J., «Artículo 21. Designación de los árbitros en el procedimiento arbitral», en CÁMARA LAPUENTE, S., *Comentarios...*, ob. cit., p. 2100. Con más rotundidad se pronunció LORCA NAVARRETE, A. M.ª, *La nueva regulación del arbitraje de consumo...*, ob. cit., p. 41, que considera que el sistema por turnos «cierra el paso a la puesta en práctica de un autoritarismo presidencial de la JAC desmedido o reiterativo —nepotista o »amiguista»— en el momento de proceder a la designación de árbitros».

8 En este sentido, TOMILLO URBINA, J., «Una aproximación al nuevo Reglamento...», ob. cit., epígrafe III, apartado 1.3, aunque también afirma que «Los presidentes de las juntas arbitrales deben articular medidas eficaces para que la técnica de rotación no tenga como resultado diferencias significativas en la participación efectiva de las personas incluidas con plena disponibilidad en las listas de árbitros acreditados».

9 A cuyo comentario nos remitimos.

En fin, el artículo que nos ocupa señala en su apartado segundo que *«En el caso de que transcurran diez días hábiles sin que los árbitros objeto del llamamiento por turno hubieran podido ser nombrados, la persona titular de la presidencia de la Junta Arbitral podrá proceder a su designación de manera directa»*.

Su lectura pone de manifiesto que designación y nombramiento son dos actuaciones distintas, si bien funcionalmente vinculadas. Así, la designación es simplemente una previsión de la futura composición del órgano arbitral, que normalmente se confirmará en el nombramiento. Sin embargo, es posible que concurran circunstancias que obstaculicen dicho nombramiento, en cuyo caso, el artículo 15.2 del Reglamento autoriza a la persona titular de la presidencia de la Junta Arbitral a realizar una nueva designación de forma directa sin tener que respetar el sistema de turnos. La obligada celeridad del procedimiento arbitral de consumo así lo justifica.

4. Notificación de la designación —*rectius*, nombramiento—

El artículo 37.3.d) del Reglamento exige que la resolución en la que se acuerda la designación del órgano arbitral sea notificada, de forma individual o conjunta, a las partes. Sin embargo, a nuestro entender, el precepto utiliza de forma errónea el término «designación». En realidad, es el nombramiento del órgano arbitral y no su mera designación lo que debe ser notificado a las partes, aunque en la mayoría de las ocasiones el nombramiento confirme la designación previa.

En cualquier caso, esta notificación reviste especial importancia práctica. Así, que las partes tengan conocimiento de la persona o personas nombradas como árbitros tiene relevancia a los fines de garantizar la imparcialidad e independencia del órgano arbitral que va a resolver la controversia[10]. En efecto, solo si las partes conocen la persona o personas designadas como árbitros —y concurren los requisitos a tal efecto— podrán solicitar su recusación —art. 15 RSAC—. Pero, es más, debe tenerse presente que, atendiendo al artículo 41.1.b) de la Ley de Arbitraje, el laudo podrá ser anulado cuando la parte alegue y pruebe *«que no ha sido debidamente notificada de la designación de un árbitro o de las actuaciones arbitrales o no ha podido, por cualquier otra razón, hacer valer sus derechos»*. Por tanto, si la notificación no se produce o es defectuosa y produce indefensión, el laudo estará viciado de nulidad y podrá ser objeto de impugnación[11].

---

10 En un sentido similar, Hinojosa Segovia, R., «De la anulación y de la revisión del laudo (Arts. 40-43)», en De Martín Muñoz, A. y Hierro Anibarro, S., *Comentario a la Ley de Arbitraje*, Marcial Pons, Madrid, 2006, p. 527.

11 *Ibidem*.

De otra parte, el nombramiento también debe ser comunicado a los árbitros. Así, la redacción del artículo 16.2 del Real Decreto 231/2008 llevó a la doctrina a sostener la existencia de una aceptación automática o tácita de la participación del árbitro en los procedimientos arbitrales[12]. En efecto, a tenor de aquel, la solicitud de acreditación implicaba la aceptación del cargo de árbitro en los procedimientos en que fuera designado como tal. Por lo tanto, la notificación de su nombramiento únicamente resultaba necesaria a los efectos de que tuvieran conocimiento de su futura intervención en un concreto procedimiento arbitral.

Sin embargo, a tenor del artículo 10.1 del Reglamento, la solicitud de acreditación conlleva simplemente la aceptación del cargo de árbitro y no la aceptación de la actuación como árbitro en concretos procedimientos arbitrales. Se trata, por tanto, de una aceptación genérica a actuar como árbitro, pero no de una aceptación a actuar como árbitro en un específico y determinado procedimiento arbitral. En consecuencia, una vez nombrado, el árbitro de consumo habrá de aceptar su nombramiento para poder actuar, lo que, a su vez, requiere que, con carácter previo, aquel haya sido conocedor de dicho nombramiento.

12 Véanse nuestras observaciones en el comentario al artículo 10, dedicado a la acreditación de los árbitros.

Artículo 15. Abstención y recusación de los órganos arbitrales*

1. Los órganos arbitrales actuarán en el ejercicio de sus funciones con la debida independencia e imparcialidad, estando obligados a abstenerse si concurriese cualquier circunstancia que pueda dar lugar a dudas sobre tales obligaciones o a la existencia de un conflicto de intereses, y guardarán confidencialidad sobre los asuntos que conozcan.

Quienes hayan intervenido, con carácter previo, en cualquier intento de logro de una solución consensuada entre las partes, ya sea en el mismo asunto o en cualquier otro que tuviera relación estrecha con aquel, no podrán ser designados árbitros, debiendo abstenerse en el caso de que en el momento de la designación se desconociese dicha circunstancia.

2. Si concurriesen circunstancias que dieran lugar a dudas justificadas sobre su independencia e imparcialidad, las partes podrán solicitar la recusación en el plazo de cinco días hábiles desde el día siguiente al que se hubiera notificado su designación para decidir el litigio, o desde la fecha en que tuvieran conocimiento de ellas.

3. El recusado decidirá si acepta su recusación en el plazo de cinco días hábiles, excepto cuando se trate de la persona titular de la presidencia de la Junta Arbitral, en cuyo caso se considerará aceptada y sin posibilidad de ser rechazada.

Si la recusación fuese rechazada, resolverá la persona titular de la presidencia de la Junta Arbitral, previa audiencia del recusado, en el plazo de tres días hábiles.

4. La resolución de la persona titular de la presidencia de la Junta Arbitral acerca de la recusación deberá ser motivada y será notificada al interesado y a las partes que intervienen en el litigio.

5. Aceptada la recusación, el árbitro suplente continuará conociendo del procedimiento arbitral hasta su terminación, pudiendo, de forma motivada, ordenar la repetición de algunas actuaciones. En caso de no haber sido designado suplente se procederá a una nueva designación.

6. Si no prosperase la recusación planteada, la parte que la instó podrá hacer valer la recusación en la impugnación judicial del laudo.

7. El procedimiento arbitral quedará en suspenso en tanto no se decida sobre la recusación, ampliándose el plazo para dictar laudo previsto en el artículo 45 por un periodo igual al de la citada suspensión.

---

* Comentario realizado por **Aránzazu Pérez Moriones**.

I. Planteamiento

La Sección 2.ª del Capítulo II del Reglamento finaliza con un artículo dedicado a la abstención y recusación de los órganos arbitrales. Se trata de una cuestión extraordinariamente importante, ya que ambos instrumentos aseguran la independencia e imparcialidad de los órganos arbitrales, tal y como se afirma en la parte expositiva del Reglamento[1]. A su vez, ambos principios constituyen garantías necesarias para la realización del arbitraje. De ahí que, en su exposición de motivos, la Ley de Arbitraje subraye *«el deber de todos los árbitros, al margen de quien los haya designado, de guardar la debida imparcialidad e independencia frente a las partes en el arbitraje»*.

El Real Decreto 636/1993 no regulaba expresamente esta materia, sino que se limitaba a declarar en su artículo 11.6 que *«La abstención y recusación de los árbitros se regirá por lo dispuesto en la vigente Ley de Arbitraje»*. En consecuencia, en sus primeros años de vigencia resultó de aplicación la Ley 36/1988, de 5 de diciembre, de Arbitraje[2], que adoptaba como premisa la prohibición de actuar como árbitros a quienes tuvieran con las partes o con la controversia que se les sometía alguna de las relaciones que establecían la posibilidad de abstención y recusación de un juez —art. 12.3 LA 1988—. Por tanto, las causas de abstención y recusación eran las previstas en los artículos 219 y 220 de la Ley Orgánica del Poder Judicial para jueces y magistrados.

Desde el día 26 de marzo de 2004, la remisión del artículo 11.6 del Real Decreto 636/1993 debía entenderse realizada a la Ley 60/2003, de 23 de diciembre, de Arbitraje —actualmente en vigor—. En su artículo 17.1 esta última proclama el deber de todo árbitro de guardar la debida independencia e imparcialidad frente a las partes en el arbitraje. A su vez, como garantía de estos principios, el artículo 17.2 instauraba el deber que pesaba sobre la persona propuesta para ser árbitro de revelar todas las circunstancias que pudieran dar lugar a dudas justificadas sobre su imparcialidad e independencia. Según se aduce en su exposición de motivos, se eliminaba el reenvío a los motivos de abstención y recusación de jueces y magistrados *«por considerar que no siempre son adecuados en materia de arbitraje ni cubren todos los supuestos, y se prefiere una cláusula general»*. En buena lógica, la Ley de Arbitraje regula el procedimiento de recusación —art. 18 LA— y el nombramiento de árbitro sustituto —art. 20 LA—.

El Real Decreto 231/2008 dedicó uno de sus preceptos, el artículo 22, a la abstención y recusación de los árbitros. Por tanto, desde su entrada en vigor, el régimen de abstención y recusación contenido en la Ley de Arbitraje fue

1 *«Para asegurar su independencia e imparcialidad en el artículo 15 se regula su abstención y recusación»*.

2 BOE n.º 293, de 7 de diciembre.

simplemente de aplicación supletoria[3]. Pues bien, es de aquel precepto del que trae causa el artículo 15 del Reglamento.

Según doctrina autorizada, el nuevo texto de 2024 tiene el acierto de introducir «apreciables mejoras respecto de la anterior regulación de la recusación, que adolecía de graves lagunas»[4]. Entre ellas destacamos el reconocimiento expreso del deber de abstención de los árbitros si concurre alguna circunstancia que pueda dar lugar a dudas sobre su independencia e imparcialidad o a la existencia de conflicto de intereses. También los nuevos plazos del procedimiento de recusación, así como mejoras de redacción. Pero lo cierto es que, como advirtió el Consejo de Estado en su Dictamen al Proyecto de Real Decreto[5], «pese a que el artículo se titula «abstención y recusación», se regula básicamente la recusación [...] Sin embargo, la obligación de abstenerse es clara [...] Ha de decirse expresamente, por tanto, que el árbitro está obligado a abstenerse si concurriese cualquier circunstancia que pueda dar lugar a un conflicto de intereses o que afecte a su independencia e imparcialidad, y de no hacerlo podrá ser recusado».

II. INDEPENDENCIA, IMPARCIALIDAD —Y CONFIDENCIALIDAD— DE LOS ÁRBITROS

1. Delimitación

A tenor del artículo 15.1 del Reglamento, *«los órganos arbitrales actuarán en el ejercicio de sus funciones con la debida independencia e imparcialidad [...] y guardarán confidencialidad sobre los asuntos que conozcan»*. Con una pequeña modificación en su redacción, aquel apartado reproduce la declaración contenida en el artículo 22.1 del Real Decreto 231/2008, que, sin solución de continuidad, aludía a *«la debida independencia, imparcialidad y confidencialidad»* con las que los árbitros debían actuar.

Ahora bien, en sentido estricto, solo la abstención y la recusación se vinculan con los principios de independencia e imparcialidad. Como veremos, tales procedimientos se inician en caso de que concurran dudas sobre si el árbitro es independiente y/o imparcial. En cambio, la confidencialidad cons-

---

3 Véase disposición adicional única de la Ley de Arbitraje.
Específicamente sobre esta cuestión, véase Palao Moreno, G., «La nueva Ley de arbitraje española y el arbitraje de consumo», *Europa e diritto privato*, n.º 4, 2024, pp. 1173 y ss.

4 Así, Tomillo Urbina, J., «Una aproximación al nuevo Reglamento del Sistema Arbitral de Consumo (RD 713/2024, de 23 de julio», Noticias Jurídicas, 8 de agosto de 2024, epígrafe II, apartado 4.3.

5 Véase Dictamen del Consejo de Estado al Proyecto de Real Decreto por el que se regula el Sistema Arbitral de Consumo —n.º de expediente 628/2024—, aprobado el día 30 de mayo de 2024.

tituye un principio general del procedimiento arbitral, que no solo pesa sobre los órganos arbitrales, sino también sobre las partes en litigio y sobre quienes de cualquier manera intervienen en los procedimientos arbitrales —art. 31.3 RSAC—. Todos ellos están obligados a guardar confidencialidad sobre la información que conozcan como consecuencia de su intervención en aquellos. Por lo tanto, su mención en esta sede resulta desafortunada. En su caso, el incumplimiento del deber de confidencialidad por parte de los órganos arbitrales habrá de resolverse a través de la exigencia de responsabilidad y la correspondiente indemnización por daños y perjuicios —art. 21 LA—.

Con rigor se pronuncian tanto el artículo 17.1 de la Ley de Arbitraje como el artículo 23.1 de la Ley relativa a la resolución alternativa de litigios en materia de consumo. En efecto, el primer precepto afirma con rotundidad que *«Todo árbitro debe ser y permanecer durante el arbitraje independiente e imparcial»*. En términos similares, el segundo precepto —que, a su vez, tiene origen en el art. 6.1 de la Directiva 2013/11/UE— señala que *«En el ejercicio de sus funciones, las personas encargadas de la resolución de litigios deben actuar en todo momento con la debida independencia e imparcialidad»*.

Sentado lo anterior, resulta necesario determinar qué debe entenderse por independencia y por imparcialidad. De hecho, en muchas ocasiones ambos términos se confunden[6], ya que poseen un ámbito común que dificulta una distinción clara y definitiva. Incluso, se ha afirmado que la independencia resulta instrumental respecto de la imparcialidad[7].

Tradicionalmente se ha considerado que la independencia es un elemento principalmente objetivo, que se refiere a la posición o situación del árbitro, mientras que la imparcialidad es subjetiva y alude a una actitud de orden intelectual o psíquico[8]. Así, mientras que la independencia consiste básicamente en una situación de no dependencia respecto de una parte, la imparcialidad implica no mostrar una predisposición, dejándose dominar por opiniones preconcebidas y factores extraños al caso[9]. Por tanto, la independencia se vincula con la relación del árbitro con las partes y la imparcialidad, con la relación del árbitro con la propia controversia.

Así, la independencia busca evitar cualquier influjo interno o externo en el ejercicio de la función arbitral, de modo que el árbitro no esté presionado,

6 Así lo advierten tanto MUÑOZ SABATÉ, L., «De los árbitros (Arts. 12, 13, 15-21)», en DE MARTÍN MUÑOZ, A. y HIERRO ANIBARRO, S., *Comentario a la Ley de Arbitraje*, Marcial Pons, Madrid, 2006, p. 358 como MATHEUS LÓPEZ, C.A., *La independencia e imparcialidad del árbitro*, Instituto Vasco de Derecho Procesal, San Sebastián, 2009, p. 177, con ulteriores referencias bibliográficas.

7 Véase MUÑOZ SABATÉ, L., «De los árbitros...», en DE MARTÍN MUÑOZ, A. y HIERRO ANIBARRO, S., *Comentario...*, ob. cit., p. 358, con cita a ALMAGRO NOSETE.

8 Por todos, MATHEUS LÓPEZ, C. A., *La independencia...*, ob. cit., p. 175.

9 *Ibidem*.

coaccionado, motivado, forzado o mediatizado por nada o por nadie[10]. Ello explica que aquella se asocie con un ámbito relacional, por ejemplo, si un árbitro posee un vínculo profesional, familiar, personal o de negocios con una de las partes[11]. A este principio se refiere el considerando 32 de la Directiva 2013/11/UE, cuando afirma que *«la persona física o el órgano colegiado a cargo de la resolución alternativa de litigios deben gozar de total independencia con respecto a aquellos que pudieran tener algún interés en el resultado y no estar implicados en ningún conflicto de intereses...»*.

Por su parte, la imparcialidad significa neutralidad y distancia objetiva y conlleva que el árbitro no puede ser al mismo tiempo parte en el conflicto que se somete a su decisión[12]. En consecuencia, un árbitro es parcial si manifiesta preferencia por una parte o actúa contra la contraria o si una tercera persona razonablemente percibe dicha parcialidad, lo que se producirá si el árbitro favorece a una parte en contra de la otra por razones no basadas en una decisión razonada sobre la resolución de la controversia[13]. En definitiva, el árbitro no puede tener una vinculación con el objeto del litigio o con las partes, que le lleven a mostrar preferencia por una de ellas[14]. Sintéticamente, en el considerando 33 de la Directiva 2013/11/UE se aclara que *«las personas físicas encargadas de la resolución alternativa de litigios solo deben considerarse imparciales si no pueden estar sometidas a presiones que influyan potencialmente en su actitud hacia el litigio»*.

2. Garantías

Con la finalidad de amparar que el árbitro actúe con independencia e imparcialidad, el artículo 15.1 del Reglamento advierte que los órganos arbitrales están *«obligados a abstenerse si concurriese cualquier circunstancia que pueda dar lugar a dudas sobre tales obligaciones o la existencia de un conflicto de intereses»*.

Se trata de una de las novedades más relevantes que contiene el precepto, ya que el artículo 22 del Real Decreto 231/2008 omitía toda referencia a la abstención de los árbitros, aun cuando en su rúbrica se mencionaban ambos instru-

---

10 Véase MUÑOZ SABATÉ, L., «De los árbitros...», en DE MARTÍN MUÑOZ, A. y HIERRO ANIBARRO, S., *Comentario...*, ob. cit., p. 357, En un sentido similar, LAFUENTE TORRALBA, A. J., «Artículo 22. Abstención y recusación de los árbitros», en CÁMARA LAPUENTE, S., *Comentarios a las Normas de Protección de los Consumidores*, Colex, Madrid, 2011, p. 2101.

11 Así lo señala MATHEUS LÓPEZ, C. A., *La independencia...*, ob. cit., p. 176.

12 Véase MUÑOZ SABATÉ, L., «De los árbitros...», en DE MARTÍN MUÑOZ, A. y HIERRO ANIBARRO, S., *Comentario...*, ob. cit., p. 358.

13 Tal y como indica MATHEUS LÓPEZ, C. A., *La independencia...*, ob. cit., p. 176.

14 Véase LAFUENTE TORRALBA, A. J., «Artículo 22. Abstención y recusación de los árbitros», en CÁMARA LAPUENTE, S., *Comentarios...*, ob. cit., p. 2104.

mentos[15]. Y, aunque su admisibilidad se entendía implícita, la única obligación que pesaba sobre la persona propuesta para ser árbitro era revelar todas las circunstancias que podían dar lugar a dudas justificadas sobre su imparcialidad e independencia y, sobre el árbitro, a partir de su nombramiento, cualquier circunstancia sobrevenida —art. 17.2 LA—. Con todo, el legislador no ha ido más allá, ya que se ha limitado a proclamar la obligación de abstención y las causas de las que, en su caso, dimana sin ni siquiera aclarar el procedimiento que ha de ser seguido a tal efecto. A su vez, de forma omnicomprensiva, la Ley relativa a la resolución alternativa de litigios en materia de consumo proclama ambas obligaciones en su artículo 24, apartados 1 y 2.

En todo caso, la abstención es una garantía que opera *ex post*, es decir, una vez que surge la duda acerca de una eventual vulneración de los principios de independencia e imparcialidad, y que además depende de la voluntad del propio árbitro, que decide apartarse del procedimiento arbitral. Obviamente, también la recusación se ubica en una fase *ex post* —*«si concurriesen circunstancias que dieran lugar a dudas justificadas sobre su independencia e imparcialidad»*—, aunque en este caso son las partes las que la ejercitan —art. 15.2 RSAC—.

Por ello, presentan especial interés los mandatos contenidos en el artículo 23.1 de la Ley relativa a la resolución de litigios en materia de consumo. Todos ellos se dirigen a preservar la independencia e imparcialidad de las personas encargadas de la resolución de litigios, pero su ejecución se produce *ex ante*, es decir, se trata de medidas preventivas. Así, según el mencionado precepto, aquellas: a) han de ser nombradas para un mandato no inferior a dos años, no pudiendo ser removidas de sus funciones sin causa justificada[16]; b) no pueden recibir instrucciones de ninguna de las partes, ni de sus representantes, ni mantener, ni haber mantenido en los tres años precedentes con ellas relación personal, profesional o comercial; y c) la retribución que perciban por el desempeño de sus funciones no debe guardar relación alguna con el resultado del procedimiento.

III. CAUSAS DE ABSTENCIÓN Y DE RECUSACIÓN

Atendiendo al artículo 15.1.I RDSAC, constituyen causas de abstención cualquier circunstancia que pueda dar lugar a dudas sobre la independencia e imparcialidad de los órganos arbitrales o a la existencia de conflicto de intereses. De este modo, el Reglamento reproduce sustancialmente el apartado primero del artículo 24 de la Ley relativa a la resolución alternativa de litigios en materia de consumo, intitulado «Actuaciones en caso de conflicto de intereses de la persona encargada de la resolución de un litigio con las partes».

15 *Ibidem*, p. 2106.

16 Como hemos afirmado en el comentario al artículo 11 —«Retirada de la acreditación de los árbitros y baja en el listado correspondiente»—, la inamovilidad de los árbitros, estrechamente conectada con la retirada de su acreditación, garantiza su independencia, que constituye uno de los principios esenciales del arbitraje.

Del contenido de este último precepto llama la atención la adición de la existencia de conflicto de intereses como causa de abstención a la «tradicional» alusión a circunstancias que pueden dar lugar a dudas sobre la imparcialidad e independencia del árbitro. Delimitados estos últimos conceptos en el epígrafe previo, es necesario determinar qué debe entenderse por conflicto de intereses. Y, a tal efecto, resulta de utilidad el contenido ejemplificativo del considerando 34 de la Directiva 2013/11/UE, en donde se señala que *«Tales conflictos podrían consistir en un interés financiero directo o indirecto en el resultado del procedimiento de resolución alternativa, o en cualquier relación personal o mercantil con una o más de una de las partes durante los tres años anteriores a su asunción del cargo, con inclusión de cualquier situación distinta de la resolución alternativa de litigios en la que la persona de que se trate haya actuado por cuenta de una o más de una de las partes, o por cuenta de una organización profesional o asociación empresarial de la que sea miembro alguna de las partes, o por cuenta de cualquier otro miembro de tales organizaciones u asociaciones»*.

Asimismo, el artículo 15.1.II del Reglamento prevé una última causa de abstención, que tiene su origen en el artículo 22.1 del Reglamento 231/2008, aunque en este último se configuraba como una prohibición de carácter general que afectaba a la actuación de los árbitros, y no como causa de abstención. Recuérdese que el artículo 22 del Reglamento 231/2008 únicamente se ocupaba de la recusación y no de la abstención, a pesar de su rúbrica. En aquel precepto se establece que *«Quienes hayan intervenido, con carácter previo, en cualquier intento de logro de una solución consensuada entre las partes, ya sea en el mismo asunto o en cualquier otro que tuviera relación estrecha con aquel, no podrán ser designados árbitros, debiendo abstenerse en el caso de que en el momento de la designación se desconociese dicha circunstancia»*.

En esta declaración subyace la preocupación ante una eventual falta de imparcialidad del árbitro en caso de que este previamente haya mediado entre las partes[17]. Sin embargo, el artículo 15.1.II se pronuncia en unos términos extraordinariamente amplios, ya que comprende la realización de *«cualquier intento de logro de una solución consensuada»* que, a su vez, ha podido tener por objeto no solo la misma controversia que se le somete al árbitro, sino también cualquier otra *«que tuviera relación estrecha»* con aquella. Así las cosas, este tipo de actividad veta su designación como árbitro. Ahora bien, el desconocimiento de esta circunstancia puede haber llevado a la persona titular de la presidencia de la Junta Arbitral a designarlo, en cuyo caso, sobre el árbitro pesa la obligación de abstenerse.

A su vez, como causa de recusación el artículo 15.2 del Reglamento menciona la concurrencia de *«circunstancias que dieran lugar a dudas justificadas sobre su independencia e imparcialidad»* —de los órganos arbitrales—. Apa-

17 En un sentido similar, LAFUENTE TORRALBA, A. J., «Artículo 22. Abstención y recusación de los árbitros», en CÁMARA LAPUENTE, S., *Comentarios*..., ob. cit., p. 2107.

rentemente, se trata de una causa común al expediente de la abstención. Sin embargo, en sede de recusación se exige que las dudas sean justificadas, esto es, que existan motivos o argumentos objetivos que las respalden. O, como ha sido señalado por nuestros tribunales —si bien en relación con el artículo 17.2 LA—, «sospechas objetivamente justificadas, es decir, exteriorizadas y apoyadas en datos objetivos»[18]. Dicho de otro modo, no se trataría de «meras sospechas» sobre la independencia e imparcialidad del árbitro, aunque están lejos de ser «certezas». La circunstancia de que son las partes quienes ejercitan la recusación así lo requiere.

III. PROCEDIMIENTO DE RECUSACIÓN

Hemos avanzado en un epígrafe anterior que el legislador se ha limitado a proclamar la obligación de abstención sin dedicar previsión alguna al procedimiento que ha de seguirse para su ejercicio. En efecto, el artículo 15 del Reglamento únicamente regula el procedimiento de recusación, al que dedica buena parte de su contenido, en concreto, seis de sus siete apartados.

Algo más de detalle en relación con el procedimiento de abstención encontramos en el artículo 24 de la Ley relativa a la resolución alternativa de litigios en materia de consumo. En primer lugar, el precepto establece el deber de la entidad alternativa de resolución de litigios de nombrar a una persona sustituta —art. 24.2 Ley 7/2017—. En segundo lugar, ordena continuar el procedimiento si no resulta posible el nombramiento de una persona sustituta, lo que debe ser comunicado a las partes, y siempre que estas no presenten objeciones —art. 24.3 Ley 7/2017—. En fin, si cualquiera de las partes se opone a la continuación del procedimiento por entender que no queda garantizada la independencia e imparcialidad, se le tiene que informar de la posibilidad de plantear su litigio ante otra entidad acreditada que resulte competente —art. 24.4 Ley 7/2017—[19]. En cualquier caso, además, si el árbitro no se abstiene, podrá ser recusado por las partes.

Pues bien, atendiendo al artículo 15.2 del Reglamento, las partes pueden solicitar la recusación en el plazo de cinco días hábiles a computar desde el día siguiente al que se hubiera notificado su designación para decidir el litigio. Novedades relevantes de esta previsión son la reducción del plazo a la mitad respecto del previsto en el artículo 22.2 del Real Decreto 231/2008 —diez días—; también la puntualización expresa de que los días son hábi-

18 Así, TSJ del Principado de Asturias, Sala de lo Civil y Penal, Sentencia 2/2018, de 3 de abril de 2018 y Sentencia 3/2018, de 12 de abril de 2018, con cita de la STSJ de Cataluña de 29 de julio de 2014.

19 Además, el artículo 24.4 de la Ley relativa a la resolución alternativa de litigios en materia de consumo reconoce a las partes el derecho a presentar una reclamación ante la entidad de resolución alternativa, la cual deberá dar traslado de la misma a la autoridad competente.

les. Ahora bien, si las circunstancias que pueden afectar a la independencia e imparcialidad son sobrevenidas o se conocen con posterioridad a la designación, el plazo se computa desde la fecha en que las partes tuvieran conocimiento de aquellas. En buena lógica, el ejercicio extemporáneo de la recusación debe conllevar su inadmisión.

La norma reglamentaria guarda silencio en relación con la forma en que ha de plantearse la recusación. Con todo, razonablemente habrá de proponerse mediante escrito dirigido a la Junta Arbitral, que, además, deberá incluir los motivos o argumentos objetivos en que se fundamenta. Conviene recordar que el presupuesto del que deriva la recusación es la concurrencia de «dudas justificadas» sobre la independencia e imparcialidad del órgano arbitral. En su día cierto sector doctrinal también admitió la posibilidad de que las partes recusaran de viva voz al árbitro o árbitros durante la vista oral si no habían podido hacerlo anteriormente[20]. Sin embargo, a nuestro entender, esta situación difícilmente se producirá en la práctica, máxime si se tiene presente la implantación de medios electrónicos, que facilitan sobremanera este tipo de comunicaciones. Otros impedimentos —p.ej. una enfermedad gravísima— directamente afectarían a la propia celebración de la vista.

Ejercitada la recusación, el árbitro recusado puede aceptarla para lo que disfruta de un plazo de cinco días hábiles —art. 15.3.I RSAC—, significativamente más amplio que el previsto en la normativa anterior, que era de únicamente cuarenta y ocho horas —art. 22.3 RD 231/2008—. Esta ampliación del plazo permite que el árbitro disponga de algo más de tiempo para reflexionar acerca de la decisión que va a adoptar, dadas las consecuencias que de ella se derivan.

Pues bien, si la recusación es rechazada, deberá ser resuelta por la persona titular de la presidencia de la Junta Arbitral en el plazo de tres días hábiles —art. 15.3.I RSAC—. Con la fijación de este plazo se disipan las dudas que suscitaba el artículo 22.3 del Real Decreto 231/2008, que no lo preveía. A tal efecto, se dará audiencia exclusivamente al árbitro recusado, a diferencia del régimen anteriormente en vigor, que preveía la audiencia no solo del árbitro recusado, sino también, en su caso, del resto de los árbitros del colegio arbitral. Por su parte, en todo caso, la resolución que dicte el presidente de la Junta Arbitral debe ser motivada y habrá de notificarse tanto al árbitro recusado como a las partes —art. 15.4 RDSAC—.

Por lo demás, advierte el artículo 15.7 del Reglamento que el procedimiento arbitral quedará en suspenso mientras no se decida sobre la recusación y que el plazo para dictar laudo previsto en su artículo 45 —en principio, noventa días naturales— se amplía por un periodo igual al de la suspensión.

Excepcionalmente, si el árbitro recusado es la persona titular de la presidencia de la Junta Arbitral, la recusación «*se considerará aceptada y sin*

20 Véase LAFUENTE TORRALBA, A. J., «Artículo 22. Abstención y recusación de los árbitros», en CÁMARA LAPUENTE, S., *Comentarios...*, ob. cit., *Ibidem*, p. 2107.

posibilidad de ser rechazada» —art. 15.3 RSAC—. Fácilmente se vislumbra la razón de ser de esta previsión: el conflicto de intereses que se produciría si una persona tuviera que decidir sobre su propia recusación. Como acabamos de indicar, en caso de rechazo de la recusación por el árbitro recusado, la decisión se atribuye a la persona titular de la presidencia de la Junta Arbitral —art. 15.3.I RSAC—. Y, en el supuesto que nos ocupa, la posición de árbitro recusado y presidente de la Junta Arbitral es ocupada por la misma persona.

IV. EFECTOS

Si la recusación es aceptada —bien por el propio árbitro recusado, bien por la persona titular de la presidencia de la Junta Arbitral—, corresponderá al árbitro suplente el conocimiento del procedimiento arbitral hasta su terminación —art. 15.5 RSAC—. El precepto conmina a una nueva designación de árbitro, en caso de no haber sido designado suplente. Pero en el mismo acto de designación de árbitros titulares se habrán designado árbitros suplentes también por turno —art. 14.1.II RSAC—. Cuestión distinta es que, tras la recusación del árbitro titular y la designación del árbitro suplente, este también sea objeto de recusación y, si es aceptada, no exista árbitro suplente que lo sustituya.

El artículo 15.5 del Reglamento autoriza al árbitro suplente a *«ordenar la repetición de algunas actuaciones»*. Adviértase que es únicamente el árbitro sustituto quien ha de adoptar dicha decisión y no, en caso de órgano arbitral colegiado, todos sus miembros. En cambio, el artículo 20.2 de la Ley de Arbitraje atribuye a todos los árbitros la decisión acerca de si ha lugar a repetir actuaciones ya practicadas. Esta especificidad del arbitraje de consumo —que ya se preveía en el artículo 22.5 del Real Decreto 231/2008— recibió una valoración positiva porque permite que el nuevo árbitro recabe los elementos necesarios para formarse una opinión sobre la controversia sin depender de la aquiescencia de los demás árbitros[21]. Ahora bien, la excepcionalidad en el uso del instrumento de la recusación, unida a la sencillez del procedimiento arbitral en el que las actuaciones son mínimas, hacen que la aplicación de esta solución sea extraordinariamente infrecuente.

De otra parte, si la recusación no prospera, el artículo 15.6 del Reglamento señala que *«la parte que la instó podrá hacer valer la recusación en la impugnación judicial del laudo»*. Por tanto, aquella deberá esperar a la finalización del procedimiento arbitral y ejercitar la acción de anulación del laudo apelando a la falta de independencia e imparcialidad del árbitro. Pues bien, aunque esta última no constituye un motivo tasado de impugnación del laudo, puede incardinarse en las letras d) y f) del artículo 41.1 de la Ley de Arbitraje, que prevén que la designación del árbitro no se ha ajustado a la Ley de Arbitraje o que el laudo es contrario al orden público, respectivamente.

---

21 *Ibidem*, p. 2109.

Artículo 16. Naturaleza de la Comisión de Juntas Arbitrales de Consumo*

La Comisión de las Juntas Arbitrales es un órgano colegiado de naturaleza administrativa, adscrito funcionalmente al Ministerio con competencias en materia de consumo.

SUMARIO: I. La Comisión de Juntas Arbitrales de Consumo: órgano colegiado. II. La Comisión: órgano administrativo adscrito funcionalmente al Ministerio competente.

I. LA COMISIÓN DE JUNTAS ARBITRALES DE CONSUMO: ÓRGANO COLEGIADO

El Real Decreto 231/2008, en orden a conseguir un funcionamiento integrado del Sistema Arbitral de Consumo y garantizar la seguridad jurídica de las partes, estableció *ex novo* mecanismos que tienden asimismo a favorecer la previsibilidad del sistema. Para ello, aquella norma reglamentaria creó dos instituciones que consideraba «fundamentales»: la Comisión de las Juntas Arbitrales de Consumo y el Consejo General del Sistema Arbitral de Consumo. El Reglamento de 2024 mantiene esta misma estructura.

El precepto objeto de comentario, en la línea de su precedente[1], señala la naturaleza colegiada de la Comisión de Juntas Arbitrales de Consumo. Un órgano colegiado es aquel que se encuentra integrado por una pluralidad de personas cuyas distintas voluntades configuran entre ellas una diversa que es la voluntad de dicho órgano. En este sentido, la Comisión de Juntas Arbi-

* Comentario realizado por **Rafael Lara González**

1 Artículo 9 del RD 231/2008, precepto que, tras dar aviso de la naturaleza colegiada de la Comisión, así como tras delimitar su adscripción, anunciaba de una manera genérica las dos atribuciones que le eran encomendadas: «el establecimiento de criterios homogéneos en el Sistema Arbitral de Consumo y la resolución de los recursos frente a las resoluciones de los presidentes de las Juntas Arbitrales de Consumo en los supuestos previstos en el artículo 36». La concreción de ambas competencias se realiza por el propio RD 231/2008, además de en el citado artículo 36, en el artículo 11 a cuyos comentarios conviene remitirse. Esta remisión a las competencias ha quedado soslayada por el nuevo precepto en el Reglamento de 2024.

trales de Consumo sigue siendo un órgano que configura ahora su voluntad mediante acuerdos alcanzados por mayoría, entendiéndose válidamente adoptados si en la votación concurren, al menos, dos de sus miembros, en cuyo caso la adopción del acuerdo requerirá unanimidad (art. 17.6 Reglamento).

II. LA COMISIÓN: ÓRGANO ADMINISTRATIVO ADSCRITO FUNCIONALMENTE AL MINISTERIO COMPETENTE

El artículo objeto de comentario adscribe funcionalmente la Comisión de Juntas Arbitrales de Consumo, en cuanto órgano administrativo que es, al Ministerio con competencias en materia de consumo[2]. Dicha adscripción funcional es directa. No existe así interposición de la Junta Arbitral Nacional entre la Comisión de Juntas y el Ministerio, y halla plena coherencia con lo previamente anunciado, en su día, en la Ley 44/2006 (Disposición final sexta) e incorporado al texto refundido de la Ley General para la Defensa de los Consumidores y Usuarios (art. 57.2), acerca del «recurso impropio de alzada» ante la Comisión de Juntas Arbitrales de Consumo.

Por otra parte, la nítida adscripción funcional de la Comisión de Juntas Arbitrales al Ministerio competente en materia de consumo disipa cualquier duda que pudiera surgir acerca de la plena autonomía jerárquica de la Comisión, la cual ejercerá sus competencias con absoluta independencia.

2 Recordemos que la hoy derogada norma reglamentaria del 2008 lo hacía al ya extinto Instituto Nacional del Consumo.

Artículo 17. Composición y funcionamiento de la Comisión de Juntas Arbitrales de Consumo*

1. La Comisión de Juntas Arbitrales estará integrada por la persona titular de la Presidencia de la Junta Arbitral Nacional, que ostentará a su vez su presidencia, y por dos vocales, uno designado por la Comisión Sectorial de Consumo y otro por la asociación de mayor implantación en el ámbito estatal representativa de las entidades locales que ostenten la presidencia de una Junta Arbitral territorial.

La secretaría de la Comisión de las Juntas Arbitrales será desempeñada por la persona titular de la secretaría de la Junta Arbitral Nacional, que asistirá a las reuniones con voz, pero sin voto.

La duración del mandato de los vocales de la Comisión de las Juntas Arbitrales será de cuatro años, cesando en el cargo por renuncia, incapacidad o finalización de su mandato, continuando en este último caso en funciones hasta tanto se proceda a la nueva designación.

2. En caso de vacante, ausencia o enfermedad de los miembros de la Comisión, se designará a sus sustitutos de la siguiente forma:

a) La persona titular de la presidencia será sustituida por su suplente, si lo hubiera, o por la persona titular de la Subdirección General de Regulación y Derechos de las Personas Consumidoras de la Dirección General de Consumo u otro representante de la Dirección General de Consumo del Ministerio con competencias en materia de consumo, con rango de subdirector o subdirectora.

b) La persona titular de la secretaría de la Comisión de Juntas Arbitrales será sustituida por su suplente o, en su defecto, se procederá a su designación entre personal al servicio de la Subdirección General de Regulación y Derechos de las Personas Consumidoras.

3. En caso de vacante, ausencia o enfermedad de los vocales, la persona titular de la presidencia de la Comisión solicitará a los mismos órganos que designaron a los vocales titulares que procedan a la designación de sus sustitutos.

4. Los vocales de la Comisión de Juntas Arbitrales podrán ser reelegidos por un máximo de dos mandatos, procediéndose a la cobertura de las vacantes que se produzcan mediante nueva designación realizada en la misma forma que la inicial.

5. La Comisión de las Juntas Arbitrales podrá solicitar, para el desarrollo de sus funciones, la asistencia y apoyo de personas acreditadas como árbitros en cualquier Junta Arbitral de Consumo, requiriendo a estas su designación, con carácter general para cualquier asunto o para algunos en concreto, con el único requisito de que acrediten una amplia experiencia sobre la materia de que se trate.

6. Los acuerdos de la Comisión de Juntas Arbitrales se adoptarán por mayoría, entendiéndose válidamente adoptados si en la votación concurren, al menos, dos de sus miembros, en cuyo caso la adopción del acuerdo requerirá unanimidad.

---

* Comentario realizado por **Rafael Lara González**.

SUMARIO: I. Los miembros de la Comisión de Juntas Arbitrales de Consumo. 1. Preliminar. 2. La presidencia de la Comisión: miembro nato y régimen de suplencia. 3. Los dos vocales: miembros no natos, requisitos de designación y régimen de sustitución. II. La secretaría. III. Posibilidad de solicitar apoyo de personas acreditadas como árbitros. IV. Adopción de acuerdos.

I. LOS MIEMBROS DE LA COMISIÓN DE JUNTAS ARBITRALES DE CONSUMO

1. Preliminar

El órgano colegiado «Comisión de Juntas Arbitrales de Consumo» continúa integrado por los siguientes miembros: la persona que ostente la presidencia y dos vocales. Estos tres miembros son pues los que, a través de la manifestación de sus respectivas voluntades, adoptarán los acuerdos de la Comisión en desarrollo y cumplimiento de las funciones que al referido órgano colegiado le son atribuidas por Reglamento en su artículo 18.

Todas estas personas deben ostentar una presidencia de Junta Arbitral de Consumo, requisito que, en mi opinión, se revela plenamente consecuente con la labor que la Comisión tiene encomendada desempeñar en el conjunto organizativo del Sistema Arbitral de Consumo.

2. La presidencia de la Comisión: miembro nato y régimen de suplencia

La persona que desempeñe el cargo de la presidencia titular de la Junta Arbitral Nacional es, por razón del propio cargo, miembro nato del órgano colegiado a la vez que ostenta también la presidencia de la Comisión.

En caso de vacante, ausencia o enfermedad de la persona titular de la presidencia de la Comisión de Juntas Arbitrales de Consumo, ésta será sustituida por su suplente, si lo hubiera, o por la persona titular de la Subdirección General de Regulación y Derechos de las Personas Consumidoras de la Dirección General de Consumo u otro representante de la Dirección General de Consumo del Ministerio con competencias en materia de consumo, con rango de subdirector o subdirectora[1].

---

1 Se aprecia, así, una clara novedad en esta cuestión, por cuanto el derogado RD 231/2008 preveía que el presidente de la Comisión de las Juntas Arbitrales de Consumo sería sustituido por el «vocal más antiguo en el cargo» (art. 10.4). La referencia a la antigüedad en el «cargo», en mi opinión, hacía referencia a la designación del vocal no en cuanto tal vocal sino en su calidad de presidente de la Junta Arbitral territorial. En efecto, téngase en cuenta que podía —y puede— no ser extraño que los dos vocales de la Comisión tengan igual

3. Los dos vocales: miembros no natos, requisito de designación y régimen de sustitución

En la composición de la Comisión de Juntas Arbitrales de Consumo, acompañarán al presidente dos vocales, si bien, a diferencia del primero, ninguno de ellos ostenta la condición de miembro nato, sino que los vocales deben ser designados.

La competencia para realizar dicha designación se encuentra atribuida: por una parte, a la Comisión Sectorial de Consumo y, por otra, a la asociación de mayor implantación en el ámbito estatal representativa de las entidades locales[2]. Tanto la Comisión Sectorial de Consumo como la asociación de mayor implantación en el ámbito estatal representativa de las entidades locales, a fin de llevar a cabo esta función de designación del respectivo vocal, se encuentran, no obstante, constreñidas por un esencial requisito que deben reunir las personas llamadas a integrar, en calidad de vocales, la Comisión de las Juntas Arbitrales de Consumo.

Así, las personas llamadas a ser designadas deben ostentar la presidencia de una Junta Arbitral territorial, esto es, de aquellas constituidas mediante convenio entre las Administraciones públicas territoriales, de ámbito autonómico o local, y el Ministerio con competencias en materia de consumo. En la actualidad, siendo las Juntas Arbitrales territoriales bien de ámbito autonómico o local —en su doble vertiente ésta de provincial y municipal—, cabría la posibilidad de que tanto la Comisión Sectorial de Consumo como la asociación de mayor implantación en el ámbito estatal representativa de las entidades locales designaran sendos vocales de un mismo ámbito (*v.gr.* autonómico), sin que ello suponga vulneración alguna de la norma.

Ahora bien, con independencia de ello, en la práctica, pudiera resultar enriquecedor e integrador del Sistema Arbitral de Consumo que los vocales designados procediesen de ámbitos territoriales distintos (*v.gr.* autonómico y local).

La duración del mandato de los vocales de la Comisión de las Juntas Arbitrales será de cuatro años[3]. No obstante, los vocales de la Comisión de Jun-

---

antigüedad toda vez la literalidad del precepto objeto de comentario —lo que haría inútil el criterio de suplencia—; y recuérdese que el artículo 7.1 del RD 231/2008 se refería al presidente de la Junta Arbitral de Consumo precisamente como «cargo». *Sic* Lara González, R., *«Comentario al artículo 6 del* RD *231/2008»*, en *Comentarios a las Normas de Protección de los Consumidores* (Dir. Cámara Lapuente, S.), Colex, Majadahonda-Madrid, 2011, p. 2060.

2 Asimismo, se ha producido con el Reglamento de 2024 una modificación trascedente en esta circunstancia, toda vez que, en el marco de la norma reglamentaria de 2008, tal designación se atribuía al Consejo General del Sistema Arbitral de Consumo, guardando plena coherencia con el artículo 15 g) del mismo cuerpo normativo, hoy derogado.

3 En la anterior norma reglamentaria la designación de vocal se realizaba «por un periodo de dos años» (art. 10.1).

tas Arbitrales podrán ser reelegidos[4] por un máximo de dos mandatos[5], procediéndose a la cobertura de las vacantes que se produzcan mediante nueva designación realizada en la misma forma que la inicial.

Los vocales cesan en el cargo por renuncia, incapacidad o finalización de su mandato, pero continuando, en este último caso, en funciones hasta tanto se proceda a la nueva designación. La finalización del referido mandato es, en mi opinión, el correspondiente al de su vocalía en el Consejo, no a su mandato al frente de una Junta Arbitral territorial. Por consiguiente, sería posible que un vocal hubiese dejado de ostentar la presidencia de una Junta Arbitral territorial y, sin embargo, permaneciese como miembro de la Comisión bien hasta la finalización de su mandato como tal bien por renuncia.

Además, en caso de vacante, ausencia o enfermedad de los vocales, la persona titular de la presidencia de la Comisión solicitará a los mismos órganos que designaron a los vocales titulares que procedan a la designación de sus sustitutos —que no suplentes—. En efecto, al igual que sucedía el Real Decreto 231/2008, en el marco del Reglamento de 2024 los miembros vocales de la Comisión de Juntas Arbitrales de Consumo no cuentan con suplentes, debiéndose estar a las normas correspondientes a la constitución del órgano, celebración de sesiones, deliberaciones y toma de acuerdos.

II. LA SECRETARÍA

La Comisión de las Juntas Arbitrales de Consumo, en cuanto órgano colegiado de naturaleza administrativa que es, debe tener una persona que ejerza funciones de secretaría y que, a tenor del artículo 16.1 de la Ley 40/2015, de 1 de octubre, de Régimen Jurídico del Sector Público, podría ser, en principio, «un miembro del propio órgano o una persona al servicio de la Administración Pública correspondiente».

De entre la citada opción, el Real Decreto 231/2008 se decantó por la segunda de las posibilidades reseñadas, y el Reglamento de 2024 transita por la misma senda. En efecto, la secretaría de la Comisión de las Juntas Arbitrales será desempeñada por la persona titular de la secretaría de la Junta Arbitral Nacional[6], que asistirá a las reuniones con voz, pero sin voto. Por consiguiente, nos encontramos ante la figura del secretario no miembro.

4 El término «reelección» manifiesta que el impedimento de los tres mandatos opera exclusivamente cuando los mismos hayan sido consecutivos.

5 En la anterior norma reglamentaria los vocales designados podían ser «reelegidos por un máximo de tres mandatos» (art. 10.3).

6 En el marco de la norma reglamentaria de 2008 se preveía que el secretario de la Comisión de las Juntas Arbitrales de Consumo (...) sería designado entre el personal del Instituto Nacional del Consumo.

En caso de vacante, ausencia o enfermedad de la persona que ostente la secretaría, se designará a su sustituta de la siguiente forma: será sustituida por su suplente o, en su defecto, se procederá a su designación entre personal al servicio de la Subdirección General de Regulación y Derechos de las Personas Consumidoras.

III. POSIBILIDAD DE SOLICITAR APOYO DE PERSONAS ACREDITADAS COMO ÁRBITROS

El nuevo Reglamento tampoco ha querido «dejar solos» a los miembros de la Comisión de Juntas Arbitrales de Consumo en el desempeño de sus funciones y, para ello, ha previsto la facultad[7] para que dicho órgano colegiado solicite, la asistencia y apoyo de personas acreditadas como árbitros en cualquier Junta Arbitral de Consumo, requiriendo a estas su designación, con carácter general para cualquier asunto o para algunos en concreto.

Por ello, resulta del todo razonable que el único requisito que se exige a esas personas acreditadas como árbitros sea que, a su vez, demuestren una amplia experiencia sobre la materia de que se trate; y es la propia Comisión quien las puede designar[8] en el momento en el que lo considere necesario.

La naturaleza de esa «asistencia y apoyo», en mi opinión, no significa que dichas personas acreditadas como árbitros deban «estar o hallarse presentes» en cuantas sesiones celebre la Comisión —de la que, por otra parte, no son miembros—, sino la de «prestar ayuda» a la presidencia y/o a los vocales del órgano en el desempeño de las funciones que el órgano tiene encomendadas. La forma en que se debe concretar la asistencia o el apoyo no es una cuestión que se encuentre regulada, de modo que será la Comisión la que establezca las reglas de dicha ayuda.

IV. ADOPCIÓN DE ACUERDOS

Los acuerdos de la Comisión de Juntas Arbitrales se adoptarán por mayoría, entendiéndose válidamente adoptados si en la votación concurren, al menos, dos de sus miembros, en cuyo caso la adopción del acuerdo requerirá unanimidad[9].

---

7 El artículo 10.2 del derogado RD 231/2008 preveía que la Comisión estaría asistida por dos árbitros, lo que no era una facultad sino un mandato en sí.

8 En el ámbito temporal en que rigió la norma de 2008, los árbitros «asistentes», al igual que sucedía para los vocales del órgano, debían ser designados por el Consejo General del Sistema Arbitral de Consumo y por un periodo de dos años, pudiendo ser reelegidos por un máximo de tres mandatos.

9 En sentido distinto, el artículo 10.5 RD 231/2008 disponía que «los acuerdos de la Comi-

sión de las Juntas Arbitrales de Consumo se adoptarán por mayoría de votos emitidos entendiéndose válidamente adoptados si en la votación concurren, al menos, una mayoría de sus miembros», debiendo tenerse presente que a quien presidía las sesiones le correspondía dirimir con su voto los empates.

Artículo 18. Funciones de la Comisión de Juntas Arbitrales de Consumo*

1. Corresponde a la Comisión de Juntas Arbitrales de Consumo:

a) La resolución de los recursos interpuestos contra las resoluciones de admisión o inadmisión de las solicitudes de arbitraje, que se fundamenten en la vulneración del artículo 2.

b) La emisión de informes técnicos, dictámenes o recomendaciones que sirvan de apoyo a los órganos arbitrales en el ejercicio de sus funciones, en particular en los supuestos de laudos que contengan pronunciamientos dispares ante hechos, fundamentos y pretensiones sustancialmente iguales.

2. Los informes, dictámenes o recomendaciones serán emitidos a solicitud de las personas titulares de las presidencias de las Juntas Arbitrales o de los órganos arbitrales en el plazo máximo de un mes, a contar desde el día siguiente a la recepción de la solicitud por la Secretaría de la Comisión de las Juntas Arbitrales, pudiendo requerir a los solicitantes cuanta documentación e información se considere oportuna.

3. Los informes, dictámenes o recomendaciones emitidos por la Comisión de Juntas Arbitrales no tendrán carácter vinculante, pudiendo los órganos arbitrales apartarse de su contenido de forma motivada.

4. Todos los informes, dictámenes o recomendaciones emitidos por la Comisión serán publicados en el Portal de Internet del Ministerio con competencias en materia de consumo.

SUMARIO: I. Órgano competente para resolver el «recurso de alzada impropio». II. Órgano «unificador de doctrina». 1. La constatada necesidad puntual de apoyo a los órganos arbitrales. 2. Legitimidad para solicitar el apoyo técnico. 3. Plazo de la Comisión para prestar el apoyo. 4. Publicidad de los informes, dictámenes o recomendaciones.

I. ÓRGANO COMPETENTE PARA RESOLVER EL «RECURSO DE ALZADA IMPROPIO»

El Real Decreto 231/2008, al amparo de lo preceptuado en el artículo 107.2 de la Ley 30/1992 —hoy también derogada—, configuró un recurso espe-

* Comentario realizado por **Rafael Lara González**.

cífico en vía interna —a modo de «recurso de alzada impropio» [art. 36, en relación con los arts. 9 y 11.1]— contra la resolución del presidente de Junta Arbitral de Consumo territorial en la que se decida acerca de la admisión o inadmisión de una solicitud de arbitraje. Precisamente dicha resolución, que como excepción a todas las demás emanadas del presidente de la Junta Arbitral no ponía fin a la vía administrativa (art. 7.2), podía ser recurrida ante la Comisión de las Juntas Arbitrales de Consumo.

Pues bien, el Reglamento de 2024 también contempla esta realidad, habida cuenta que atribuye a la Comisión de Juntas Arbitrales de Consumo la función de resolver los recursos interpuestos contra las resoluciones de admisión o inadmisión de las solicitudes de arbitraje, que se fundamenten en la vulneración del artículo 2[1], toda vez que, ahora tampoco, la resolución de admisión o inadmisión de la solicitud en los supuestos previstos en el artículo 2 pone fin a la vía administrativa, y podrá ser impugnada por cualquiera de las partes precisamente ante la Comisión de Juntas Arbitrales.

El «recurso de alzada impropio» se podrá interponer por cualquiera de las partes (consumidor/usuario o empresario/profesional) en el plazo de un mes desde su notificación, ante la Comisión de las Juntas Arbitrales de Consumo o ante el presidente de la Junta Arbitral territorial que dictó la resolución recurrida, en cuyo caso se dará traslado del recurso, con su informe y copia completa y ordenada del expediente, a la Comisión de las Juntas Arbitrales de Consumo en el plazo de quince días hábiles.

El plazo máximo para dictar y notificar la resolución del recurso será de tres meses desde que se interpuso. Transcurrido este plazo sin que recaiga resolución, se podrá entender desestimado el recurso. La resolución de este recurso pone fin a la vía administrativa (art. 35.4 del propio Reglamento).

II. ÓRGANO «UNIFICADOR DE DOCTRINA»

1. La constatada necesidad puntual de apoyo a los órganos arbitrales

No hay que desconocer la constante evolución de la realidad social, tecnológica y jurídica, evolución que se manifiesta también en los contratos concluidos en el marco de las relaciones de consumo (*v.gr.* facturación de empresas de suministros energéticos). Así, surgido el conflicto en dichas relaciones, los órganos arbitrales se enfrentan a su cometido resolutorio con las herramientas del propio ordenamiento jurídico (laudos en derecho) o con el criterio, siempre más vaporoso, de su buen saber y entender (laudos en equidad).

1 Téngase presente que *ex* artículo 35.2, además de por las causas previstas en el artículo 2 del Reglamento, la persona titular de la presidencia de la Junta Arbitral acordará la inadmisión de las solicitudes de arbitraje en otros muchos supuestos distintos de los del citado artículo 2.

Ello, provoca sin duda disparidad de análisis e interpretaciones de los diferentes órganos arbitrales y, en definitiva, diversos pronunciamientos no ya distintos, sino incluso radicalmente contradictorios, que no contribuyen precisamente a dar una mínima previsibilidad al sistema arbitral de consumo, máxime cuando el arbitraje de consumo necesita por esencia jurídica la confianza continua de los consumidores y usuarios y, sobre todo, de los empresarios o profesionales.

En esta misma línea argumentativa, es preciso recordar además que los laudos no cuentan con una «segunda instancia», de modo que sólo cabe interponer contra ellos la acción de anulación (art. 40 Ley 60/2003) no siendo sencillo, además, que la misma prospere habida cuenta los tasados motivos de impugnación (art. 41 Ley 60/2003).

El RD 231/2008 ya intentó, en la medida de lo posible, evitar o, por lo menos, mitigar la dispersión resolutoria de los conflictos que se conocen en el marco del sistema arbitral de consumo, otorgando para ello a la Comisión de las Juntas Arbitrales de Consumo la competencia de la «unificación de doctrina». Dicha competencia de la Comisión se sustanciaba en la emisión por ésta de «informes técnicos, dictámenes o recomendaciones que sirvan de apoyo a los árbitros en el ejercicio de sus funciones, en particular ante la existencia de laudos contradictorios que lleguen a pronunciamientos divergentes ante hechos, fundamentos y pretensiones sustancialmente iguales» (art. 11.2). Y también en esta línea transita el Reglamento del 2004 [art. 18.1 b].

Ahora bien, el valor de esos informes técnicos, dictámenes o recomendaciones exclusivamente se circunscribe a la orientación, apoyo o ayuda que la Comisión está llamada a prestar a los órganos arbitrales a la hora de que éstos den cumplida respuesta a las controversias que se les hayan planteado, presumiblemente en cuestiones que por su novedad o complejidad técnica o jurídica estén dando lugar a pronunciamientos divergentes.

En todo caso, los informes, dictámenes o recomendaciones «no tendrán carácter vinculante, pudiendo los órganos arbitrales apartarse de su contenido de forma motivada» [art. 18.3 Reglamento en relación con el artículo 17 Ley 60/2003], ya que la «unificación de doctrina» llevada a cabo por la Comisión de Juntas Arbitrales de Consumo tiene que ser limitada *per se* en la vía extrajudicial de resolución de conflictos, no pudiendo traspasar la muga de la orientación, la ayuda o el apoyo.

Por consiguiente, la previsibilidad del sistema arbitral de consumo, en cuanto ejemplo de seguridad jurídica, no compele por fuerza a los órganos arbitrales a adoptar como propios los parámetros resolutorios que la Comisión de las Juntas haya prefijado en sus informes, dictámenes o recomendaciones. De hecho, el artículo objeto de comentario prevé que motivadamente podrán los órganos arbitrales apartarse de su contenido. En mi opinión, la motivación que se exige al órgano arbitral no es una motivación *ad hoc* refutando el parecer de la Comisión, sino más bien nos encontramos ante la preceptiva obligación prevista en los artículos 37.4 de la Ley 60/2003 y 31.6 del Reglamento.

2. Legitimidad para solicitar el apoyo técnico

La emisión de informes, dictámenes o recomendaciones se encuentra diseñada en la norma reglamentaria como una actuación rogada, no pudiendo la Comisión *motu proprio* hacer uso de dicha competencia.

Así es, los «informes, dictámenes o recomendaciones serán emitidos a solicitud de las personas titulares de las presidencias de las Juntas Arbitrales o de los órganos arbitrales[2]» (art. 11.2 párrafo segundo). Entiendo que esta limitación no se revela coherente con la finalidad misma de la competencia que también el nuevo Reglamento ha querido otorgar a la Comisión de las Juntas Arbitrales de Consumo, pues ésta, por ejemplo, ante una inminente reforma legislativa pudiera avanzar criterios de interpretación de la misma que sirviesen de apoyo a los órganos arbitrales en el ejercicio de sus funciones.

En la práctica, sin embargo, esta limitación legitimadora no supondrá inconveniente alguno para que la Comisión pueda emitir casi a instancia propia los informes, dictámenes o recomendaciones que considere oportunos. Piénsese en el hecho de que los tres miembros de la Comisión son presidentes de Junta Arbitral, por lo que sería suficiente que uno de ellos tomase la iniciativa desde su condición de presidente de Junta Arbitral para que la Comisión emitiese el correspondiente informe, dictamen o recomendación.

En el supuesto de que la petición de emisión de informe, dictamen o recomendación se realizase por el órgano arbitral en el marco de un procedimiento arbitral de consumo, tal petición no provocaría automáticamente interrupción alguna del plazo para dictar laudo. Sin perjuicio de que dicha causa pudiera sustentar una prórroga del citado plazo por acuerdo del órgano arbitral (*ex* art. 45.2 Reglamento). Ahora bien, habida cuenta la naturaleza jurídica de los documentos que a efectos de «unificación de doctrina» emanan de la Comisión de las Juntas Arbitrales de Consumo, se pondrán a disposición de las partes tales documentos (*ex* art. 39.2 Reglamento).

La Comisión de las Juntas Arbitrales de Consumo con el fin de emitir los informes, dictámenes o recomendaciones «podrá requerir a los solicitantes cuanta documentación e información se considere oportuna» (art. 18.2 *in fine* Reglamento); lo cual, *sensu contrario,* obliga tanto a las Juntas Arbitrales como a los órganos arbitrales que hayan solicitado el apoyo de la Comisión a «colaborar» con esta en el cumplimiento de la competencia objeto de comentario.

2 La anterior norma reglamentaria también otorgaba facultad para solicitar esos informes, dictámenes o recomendaciones a las «partes en el procedimiento arbitral» (art. 11.2 RD 231/2008).

3. Plazo de la Comisión para prestar el apoyo

Solicitado a la Comisión que manifieste por escrito un informe, dictamen, o recomendación, el mencionado órgano emitirá el correspondiente documento en «el plazo máximo de un mes, a contar desde el día siguiente a la recepción de la solicitud por la Secretaría de la Comisión de las Juntas Arbitrales[3]».

Pese al carácter imperativo que la norma emplea para determinar el plazo de emisión del informe, dictamen o recomendación, el tiempo señalado no es cosa diversa de un desiderátum, cuyo incumplimiento no parece conllevar anudada consecuencia jurídica alguna con respecto a su validez y eficacia.

4. Publicidad de los informes, dictámenes o recomendaciones

Todos los informes, dictámenes o recomendaciones que la Comisión emita «serán publicados en el Portal de Internet del Ministerio con competencias en materia de consumo», *ex* art. 18.3 del Reglamento; si bien la nueva norma reglamentaria del 2024 no prevé expresamente la notificación a los órganos solicitantes[4].

3 En el marco del RD 231/2008 se preveía que fuera «en el plazo máximo de 30 días a contar desde el siguiente a la recepción de la solicitud por la Comisión» (art. 11.2 párrafo segundo).

4 La norma reglamentaria de 2008 disponía que esos documentos emitidos por la Comisión «serán públicos», concretando la misma que la publicidad de tales documentos se reflejará «en la página web del Instituto Nacional del Consumo» y, además, «deberán ser notificados por la secretaría de la Comisión a las Juntas Arbitrales de Consumo y a sus delegaciones» (art. 11.2 párrafos segundo y tercero).

Artículo 19. Naturaleza del Consejo del Sistema Arbitral de Consumo*

El Consejo del Sistema Arbitral de Consumo es el órgano colegiado de representación y participación en materia de arbitraje de consumo, adscrito funcionalmente a la Dirección General de Consumo.

SUMARIO: I. El Consejo del Sistema Arbitral de Consumo: órgano colegiado. II El Consejo: órgano administrativo adscrito funcionalmente a la Dirección General de Consumo. El Consejo: órgano de representación y participación.

I. EL CONSEJO DEL SISTEMA ARBITRAL DE CONSUMO: ÓRGANO COLEGIADO

Como se ha indicado *ut supra* al analizar el artículo 16 del Reglamento, el hoy derogado Real Decreto 231/2008, en orden a conseguir un funcionamiento integrado del Sistema Arbitral de Consumo y garantizar la seguridad jurídica de las partes, estableció *ex novo* mecanismos que tendiesen asimismo a favorecer la previsibilidad del sistema. Para ello, aquella norma reglamentaria creó dos instituciones que consideraba «fundamentales»: la ya examinada Comisión de Juntas Arbitrales de Consumo y el Consejo —entonces adjetivado «General[1]»— del Sistema Arbitral de Consumo.

El Consejo del Sistema Arbitral de Consumo es, al igual que la Comisión, un órgano colegiado en cuanto que se encuentra integrado por una pluralidad de personas cuyas distintas voluntades configuran entre ellas una diversa que es la voluntad de dicho órgano. En este sentido, el Consejo del Sistema Arbitral de Consumo fue creado por el RD 231/2008 ya como órgano colegiado y el Reglamento aprobado por el Real Decreto 713/2024 lo secunda igualmente con su previsión[2].

* Comentario realizado por **Rafael Lara González**

1 En el Reglamento de 2024 el Consejo ha perdido formalmente su «generalato».

2 Si bien, en estos momentos, de modo supletorio se debe tener presente la Ley 40/2015, de 1 de octubre, de Régimen Jurídico del Sector Público (arts. 15 y ss.).

II. EL CONSEJO: ÓRGANO ADMINISTRATIVO ADSCRITO FUNCIONALMENTE A LA DIRECCIÓN GENERAL DE CONSUMO

El artículo objeto de comentario adscribe ahora funcionalmente el Consejo del Sistema Arbitral de Consumo, en cuanto órgano administrativo que es, a la Dirección General de Consumo[3].

Dicha adscripción funcional es directa y conlleva la existencia de determinadas interrelaciones de la Dirección General de Consumo con el Consejo del Sistema Arbitral de Consumo. Así, cabría señalar que la presidencia del Consejo corresponde a la persona titular de la referida Dirección General (art. 20.2) y que la secretaría sea desempeñada por la persona titular de la Subdirección General de Regulación y Derechos de las Personas Consumidoras de la Dirección General de Consumo (art. 20.5).

III. EL CONSEJO: ÓRGANO DE REPRESENTACIÓN Y PARTICIPACIÓN

El artículo objeto de comentario, además de dar aviso de la naturaleza colegiada del Consejo, así como delimitar su adscripción funcional, anuncia la configuración teleológica que está llamado a desempeñar: «representación y participación en materia de arbitraje de consumo». Por consiguiente, en ningún caso el Consejo del Sistema Arbitral de Consumo es un órgano de gobierno.

Posteriormente, el Reglamento de 2024 concreta esa configuración en el artículo siguiente (20), donde a través de la composición del propio Consejo se percibe nítidamente la representación de aquellos sectores que intervienen en el arbitraje institucional que es el arbitraje de consumo, así como la participación de los mismos en el desarrollo del Sistema Arbitral.

3 La norma reglamentaria de 2008 lo adscribía al Instituto Nacional del Consumo.

Artículo 20. Composición del Consejo del Sistema Arbitral de Consumo*

1. El Consejo del Sistema Arbitral de Consumo está integrado por las personas titulares de su presidencia y vicepresidencia, así como por los consejeros.

2. La presidencia corresponde a la persona titular de la Dirección General de Consumo.

3. La vicepresidencia será desempeñada por la persona titular de la presidencia de la Sección de Arbitraje y Reclamaciones de la Comisión Sectorial de Consumo.

4. Son consejeros del Sistema Arbitral de Consumo:

a) La persona titular de la presidencia de la Junta Arbitral Nacional.

b) Cuatro personas titulares de las presidencias de Juntas Arbitrales territoriales, dos de ellas designadas por la Comisión Sectorial de Consumo y dos por la asociación de mayor implantación en el ámbito estatal representativa de las entidades locales.

c) Dos representantes de las autoridades de consumo de las comunidades autónomas y de las Ciudades de Ceuta y Melilla, designados por la Comisión Sectorial de Consumo.

d) Un representante de la asociación de entidades locales con mayor implantación en el ámbito estatal, designado por dicha asociación.

e) Un representante del Consejo de Consumidores y Usuarios, designado por este órgano.

f) Un representante de las organizaciones empresariales, designado por las organizaciones más representativas de ámbito estatal.

La duración del mandato de los consejeros será de cuatro años. Cesarán en el cargo por renuncia, incapacidad, o vencimiento del término de su mandato, permaneciendo en este caso en su cargo hasta tanto se proceda a las nuevas designaciones.

5. La secretaría del Consejo del Sistema Arbitral de Consumo, que tendrá voz, pero no voto, será desempeñada por la persona titular de la Subdirección General de Regulación y Derechos de las Personas Consumidoras de la Dirección General de Consumo.

SUMARIO: I. Los miembros del Consejo del Sistema Arbitral de Consumo. 1. Miembros natos. 2. Miembros designados. 2.1. Consejeros representantes de las Administraciones públicas autonómica y local. 2.2. Consejero representante

* Comentario realizado por **Rafael Lara González**.

del sector de consumidores y usuarios. 2.3. Consejero representante del sector empresarial. 2.4. Duración del mandato de los consejeros designados y causas de su cese. II. La secretaría del Consejo del Sistema Arbitral de Consumo.

I. LOS MIEMBROS DEL CONSEJO DEL SISTEMA ARBITRAL DE CONSUMO

El órgano colegiado «Consejo del Sistema Arbitral de Consumo», en cuanto órgano de representación y participación en materia de arbitraje de consumo, nació compuesto (2008) de un considerable número de miembros: el presidente, el vicepresidente y veinte consejeros. El Reglamento de 2024 reduce a la mitad —10— el número de consejeros, racionalizándose así la configuración operativa y funcional del Consejo, sin perder un ápice de su naturaleza representativa y participativa.

En el Consejo General se encuentran representados los tres sectores intervinientes en el sistema arbitral de consumo: el sector de la Administración pública —que sigue contando con el número más elevado de miembros (diez) y ostenta tanto la presidencia como la vicepresidencia del órgano—, el sector de los consumidores y usuarios —que cuenta ahora con un miembro— y el sector empresarial —de igual número de representantes que los consumidores y usuarios (uno)[1]—. De modo que el actual Consejo se halla configurado por doce miembros.

1. Miembros natos

El actual Consejo cuenta con tres miembros natos, es decir, aquellos que por su cargo llevan aparejada la pertenencia automática al órgano de representación y participación en materia de arbitraje de consumo.

El primero de los miembros natos es la persona titular de la Dirección General de Consumo, a quien, asimismo, corresponde la presidencia del Consejo. El segundo miembro nato es la persona titular de la presidencia de la Sección de Arbitraje y Reclamaciones de la Comisión Sectorial de Consumo, llamada a desempeñar la vicepresidencia del órgano colegiado. Y el

1 En la primera configuración del Consejo —entonces General— se encontraban igualmente representados los tres sectores intervinientes con la siguiente distribución: el sector de la Administración pública —que contaba con el número más elevado de miembros (quinCE) y ostentaba también tanto la presidencia como la vicepresidencia del órgano— el sector de los consumidores y usuarios —que contaba con tres miembros— y el sector empresarial —de igual número de representantes que los consumidores y usuarios (tres)—. A ellos, se añadía, sin encaje sectorial definido, el consejero-representante del Consejo General de la Abogacía, para configurar el número de veintidós miembros que compusieron el órgano previsto en el RD 231/2008. Con el Reglamento de 2024 ha salido de la configuración el consejero-representante del Consejo General de la Abogacía.

tercero de los miembros natos es la persona titular de la presidencia de la Junta Arbitral Nacional, miembro en este caso, que ostenta una de las diez consejerías.

Nótese que el Reglamento sigue otorgando la responsabilidad última del Consejo al ente de la Administración General del Estado que, en desarrollo del artículo 51 de la Constitución y del Texto Refundido de la Ley General para la Defensa de los Consumidores y Usuarios, ejerce las funciones de promoción y fomento de los derechos de los consumidores y usuarios.

En caso de vacante, ausencia, enfermedad u otra causa legal, la persona que ostenta la presidencia del Consejo del Sistema Arbitral de Consumo será sustituida por aquella que desempeñe la vicepresidencia de dicho órgano (*ex* art. 20.3 Reglamento en relación con el art. 13.2 Ley 40/2015).

2. Miembros designados

Como se ha reseñado en líneas precedentes, de los diez consejeros del órgano de representación y participación en materia de arbitraje de consumo, sólo uno de ellos es miembro nato, debiendo ser el resto de los consejeros «designados».

Dentro de la categoría de consejeros es donde se concreta precisamente la representación y la participación del sector de los consumidores y usuarios y del sector empresarial, amén de verse reflejado asimismo el subsector de la Administración Autonómica y la Administración Local.

2.1. Consejeros representantes de las Administraciones públicas autonómica y local

La planta arbitral se encuentra configurada por la Junta Arbitral Nacional y por las Juntas Arbitrales territoriales (art. 4), de ahí que en la composición del Consejo del Sistema Arbitral de Consumo se hallen representadas asimismo tanto la Administración autonómica como la local.

La Administración autonómica cuenta, seguro, con dos consejeros, representantes de las autoridades de consumo de las comunidades autónomas y de las ciudades de Ceuta y Melilla, designados por la Comisión Sectorial de Consumo; así como la Administración local, en todo caso, tiene presencia con un consejero, representante de la asociación de entidades locales con mayor implantación en el ámbito estatal, designado por dicha asociación.

Además, la norma reglamentaria de 2024, esta vez en la línea de su precedente de 2008, prevé que sean consejeros también cuatro personas titulares de las presidencias de Juntas Arbitrales territoriales, dos de ellas designadas por la Comisión Sectorial de Consumo y dos por la asociación de mayor implantación en el ámbito estatal representativa de las entidades locales.

Recuérdese que las Juntas Arbitrales de Consumo son los órganos administrativos de gestión del arbitraje institucional de consumo, y que carecen de personalidad jurídica distinta de la Administración pública a la que pertenecen. Por ello, la Administración autonómica y la local también se encuentran representadas de forma indirecta —a través de los presidentes de dichas Juntas Arbitrales— en el Consejo del Sistema Arbitral de Consumo.

2.2. Consejero representante del sector de consumidores y usuarios

El sector de los consumidores y usuarios estará representado y participará en el Consejo del Sistema Arbitral de Consumo en virtud de «un representante del Consejo de Consumidores y Usuarios, designado por este órgano».

Téngase en cuenta que el Consejo de Consumidores y Usuarios se configura como un órgano de representación y consulta a escala nacional a través de las organizaciones de consumidores más representativas para defender los intereses de los consumidores y usuarios e incidir en la toma de decisiones que se adopten por los poderes públicos en relación con la política de consumo.

2.3. Consejero representante del sector empresarial

Igual peso numérico que el sector de consumidores y usuarios tiene el sector empresarial en la composición del Consejo del Sistema Arbitral de Consumo; en este caso, un representante de las organizaciones empresariales, designado por las organizaciones más representativas de ámbito estatal.

2.4. Duración del mandato de los consejeros designados y causas de su cese

En cuanto consejeros no natos, también el nuevo Reglamento (art. 20.4 párrafo último) dispone que la duración de su mandato «será de cuatro años», previendo asimismo las causas de su cese. En este último aspecto, los consejeros designados cesarán en el cargo «por renuncia, incapacidad, o vencimiento del término de su mandato».

La causa de cese por finalización del mandato no es ya automática, habida cuenta que la propia norma prevé que, por esa causa, se permanezca en el órgano hasta tanto se proceda a las nuevas designaciones; debiéndose tener en cuenta, además, que no existe limitación alguna a la designación *sine die* por nuevos periodos de mandato[2].

---

2 Para apreciar en extenso las diferencias entre la actual configuración del Consejo y la inicialmente prevista en la norma reglamentaria del 2008, cfr., LARA GONZÁLEZ, R., *«Comentario al artículo 13 del* RD *231/2008»*, en *Comentarios a las Normas de Protección de los Consumidores* (Dir. Cámara Lapuente, S.), Colex, Majadahonda-Madrid, 2011, p. 2069 y ss.

II. LA SECRETARÍA DEL CONSEJO DEL SISTEMA ARBITRAL DE CONSUMO

El Consejo del Sistema Arbitral de Consumo, en cuanto órgano colegiado de naturaleza administrativa que es, debe tener una persona que lleve a cabo las funciones de secretaría y que podría ser, en principio, «un miembro del propio órgano o una persona al servicio de la Administración Pública correspondiente».

De entre la citada opción, el Real Decreto 231/2008 ya se decantó por la segunda de las posibilidades reseñadas, y también por esta senda discurre el Reglamento de 2024, por cuanto se dispone que la secretaría del Consejo del Sistema Arbitral de Consumo será desempeñada por la persona titular de la Subdirección General de Regulación y Derechos de las Personas Consumidoras de la Dirección General de Consumo

Por consiguiente, nos encontramos, al igual que ocurre en la Comisión de Juntas Arbitrales de Consumo, ante la figura del secretario no consejero, al cual le corresponde asistir a las reuniones con voz, pero sin voto (art. 20.5).

Artículo 21. Funcionamiento del Consejo del Sistema Arbitral de Consumo*

1. El Consejo del Sistema Arbitral de Consumo se reunirá al menos una vez al año, considerándose válidamente constituido cuando concurran el Presidente y Secretario o, en su caso, quienes les suplan y la mitad, al menos, de sus miembros.

2. Los acuerdos se adoptarán por mayoría de votos emitidos. En caso de empate, dirimirá el asunto quien presida.

3. El Consejo del Sistema Arbitral de Consumo podrá ser convocado en cualquier momento para tratar un asunto que se someta a su decisión, siempre que así lo solicite un tercio de sus miembros.

SUMARIO: I. Cadencia mínima de reunión y otras potenciales convocatorias. II. Cuórum de constitución y adopción de acuerdos.

I. CADENCIA MÍNIMA DE REUNIÓN Y OTRAS POTENCIALES CONVOCATORIAS

El Reglamento de 2024, al igual que hacía el Real Decreto 231/2008, con un criterio ciertamente de mínimos, obliga al Consejo del Sistema Arbitral de Consumo a reunirse, al menos, una vez al año[1].

Esta cadencia resulta, en principio, coherente, máxime cuando, además, no sólo, la persona titular de la Dirección General de Consumo, que ostenta la presidencia del órgano, puede convocarlo en cuanto lo considere necesario u oportuno, sino que también el propio precepto objeto de comentario prevé que el Consejo del Sistema Arbitral de Consumo pueda ser convocado en cualquier momento para tratar un asunto que se someta a su decisión, siempre que así lo solicite un tercio de sus miembros.

---

* Comentario realizado por **Rafael Lara González**

1 Resulta ser un dato digno de figurar en la historia de la organización del Sistema Arbitral de Consumo que el día 24 de febrero de 2009, fue la fecha en la que se constituyó el entonces Consejo General, celebrando su primera reunión.

II. CUÓRUM DE CONSTITUCIÓN Y ADOPCIÓN DE ACUERDOS

El Consejo se considerará «válidamente constituido cuando concurran el Presidente y Secretario o, en su caso, quienes les suplan y la mitad, al menos, de sus miembros». Habida cuenta que son doce los miembros del órgano, para la válida constitución del Consejo será necesaria la concurrencia mínima de seis de ellos, sin que se pueda incluir en dicho cómputo a la persona que ostente la presidencia en ese momento.

La disposición analizada establece asimismo que los acuerdos del Consejo se adoptan «por mayoría de votos emitidos». Esta dicción excluye, por ende, del cómputo las abstenciones, incluyendo los votos favorables, los votos en contra, los votos en blanco y los votos nulos.

Por otra parte, la norma reglamentaria no considera preceptivo el mantenimiento del cuórum de constitución a la hora de la toma de los acuerdos, siendo suficiente la existencia de una mayoría de votos favorables de aquellos miembros del Consejo que en ese momento de la votación se encontrasen presentes en la reunión.

Y, en caso de empate, dirimirá el asunto quien presida; es decir, no necesariamente la persona titular de la Dirección General de Consumo, sino quien en ese preciso instante de la votación se halle ostentando tal responsabilidad en el órgano colegiado de representación y participación en materia de arbitraje de consumo (*v.gr.* la persona titular de la presidencia de la Sección de Arbitraje y Reclamaciones de la Comisión Sectorial de Consumo)[2].

---

2 Véase, en el ámbito temporal de vigencia de la norma reglamentaria hoy derogada por el Real Decreto 713/20024, LARA GONZÁLEZ, R., *«Comentario al artículo 14 del* RD *231/2008»*, en *Comentarios a las Normas de Protección de los Consumidores* (Dir. Cámara Lapuente, S.), Colex, Majadahonda-Madrid, 2011, p. 2074 y ss.

Artículo 22. Funciones del Consejo del Sistema Arbitral de Consumo*

Son funciones del Consejo del Sistema Arbitral de Consumo:

a) El seguimiento, el apoyo y las propuestas de mejora del Sistema Arbitral de Consumo.

b) La elaboración de directrices generales sobre cualquier asunto de especial interés que afecte a los diversos agentes que intervienen en el Sistema Arbitral de Consumo y requiera una respuesta homogénea.

c) El establecimiento de criterios homogéneos sobre la formación de los órganos arbitrales.

d) El desarrollo de cualquier función prevista legal o reglamentariamente y, en su caso, cualquier otro asunto que le encomiende la Comisión Sectorial de Consumo.

SUMARIO: I. Una considerable poda. II. Funciones de seguimiento, apoyo y propuestas de mejora del sistema arbitral de consumo. III. Funciones de homogeneización. 1. Criterios para la formación de los órganos arbitrales. 2. Directrices sobre asuntos de especial interés. IV. Y una cláusula de cierre.

I. UNA CONSIDERABLE PODA

En el texto normativo que creó el entonces denominado Consejo General, le fueron encomendadas «las funciones relativas al establecimiento de criterios generales de funcionamiento del sistema» con la «doble finalidad de garantizar la transparencia en el funcionamiento del sistema y reforzar la seguridad jurídica de las partes (Exposición de Motivos RD 231/2008).

Al objeto de llevar a la práctica esta función de establecimiento de criterios generales del funcionamiento del sistema, el artículo 15 de aquella norma reglamentaria determinó una serie de competencias que, atendiendo a criterios propios de la materia, se pudieron agrupar en funciones de «análisis y prospectiva», «relacionadas con las Juntas Arbitrales y con los árbitros», «relacionadas con las ofertas públicas de adhesión», de «designación» y de «edición y divulgación[1]».

* Comentario realizado por **Rafael Lara González**

1 *Sic* LARA GONZÁLEZ, R., *«Comentario al artículo 15 del* RD *231/2008»*, en *Comentarios a las Normas de Protección de los Consumidores* (Dir. Cámara Lapuente, S.), Colex, Majadahonda-Madrid, 2011, p. 2076 y ss.

El Reglamento de 2024, por el contrario, lleva a cabo una considerable poda de las funciones inicialmente previstas, situándolas ahora en parámetros regulatorios mucho más razonables. Veamos.

II. FUNCIONES DE SEGUIMIENTO, APOYO Y PROPUESTAS DE MEJORA DEL SISTEMA ARBITRAL DE CONSUMO

El Consejo General del Sistema Arbitral de Consumo, en cuanto órgano de representación y participación en materia de arbitraje de consumo que es, está llamado a desempeñar tareas que se podrían denominar genéricamente «de análisis y prospectiva» de dicha vía extrajudicial de resolución de conflictos en materia de consumo.

Estas tareas, funciones o competencias se revelan, en mi opinión, cruciales dado que en gran medida el desarrollo, progreso y mejora del arbitraje de consumo puede depender de la perspectiva que de este arbitraje institucional tenga el propio Consejo. No cabe duda que a través del arbitraje de consumo se presta un servicio público tanto a los consumidores y usuarios como a los empresarios o profesionales, servicio que debe ir convergiendo paulatinamente hacia los parámetros, tan óptimos como manidos, de la eficacia y la eficiencia.

En este contexto, se mantienen las específicas funciones de «seguimiento, apoyo» y proposición «de mejora del sistema arbitral de consumo» [art. 22 a) Reglamento]. En definitiva, si se me sigue permitiendo usar el símil, el Consejo tiene encomendada la función de seguir pilotando la nave del arbitraje de consumo hacia el futuro.

III. FUNCIONES DE HOMOGENEIZACIÓN

1. Criterios para la formación de los órganos arbitrales

La organización administrativa de gestión del arbitraje institucional de consumo dispuesta a través de las Juntas Arbitrales, así como los colegios arbitrales competentes para decidir sobre la solución de los conflictos, han sido los instrumentos que desde el primigenio marco del Real Decreto 636/1993 han consolidado el sistema arbitral de consumo.

Por su parte, el Real Decreto 231/2008 apostó «decididamente por la capacitación de los árbitros» (Exposición de Motivos), capacitación corroborada *ab initio* a través de la correspondiente «acreditación» y actualizada por medio de la formación continua.

Como consecuencia de ello, el Consejo del Sistema Arbitral de Consumo cuenta ahora expresamente, con el Reglamento de 2024, entre sus funciones, con la relativa al «establecimiento de criterios homogéneos sobre la formación de los órganos arbitrales» [art. 22 c)].

2. Directrices sobre asuntos de especial interés

Es una evidencia que nos hallamos inmersos en un contexto evolutivo de la realidad social, tecnológica, económica y jurídica, evolución, incluso transformación, que se manifiesta igualmente en el marco de las relaciones de consumo. Ello puede dar lugar, sin duda, a una disparidad de análisis e interpretaciones de los diferentes actores y actrices que salen a escena en el arbitraje de consumo acerca de dicha realidad.

A fin de poder proporcionar a todas estas personas una mínima previsibilidad del sistema arbitral de consumo ante las potenciales circunstancias que vayan acaeciendo, se contempla en el Reglamento de 2024 la función del Consejo relativa a «la elaboración de directrices generales sobre cualquier asunto de especial interés que afecte a los diversos agentes que intervienen en el Sistema Arbitral de Consumo y requiera una respuesta homogénea» [art. 22 b)], máxime cuando el arbitraje de consumo necesita por esencia jurídica la confianza continua de los consumidores y usuarios y, sobre todo, de los empresarios o profesionales.

IV. Y UNA CLÁSULA DE CIERRE

La ahora parca y ajustada lista de funciones previstas en el artículo objeto de comentario no es tampoco una lista cerrada, máxime cuando el propio precepto contiene una letra d), a modo de cláusula residual o de cierre, en la que se prevé que también son funciones del Consejo del Sistema Arbitral de Consumo el desarrollo de cualquier otra «prevista legal o reglamentariamente y, en su caso, cualquier otro asunto que le encomiende la Comisión Sectorial de Consumo».

En todo caso, los «asuntos» que le puedan ser encomendados por la Comisión Sectorial de Consumo al Consejo deberán hallarse en el marco del establecimiento de criterios generales del funcionamiento del sistema arbitral de consumo.

CAPÍTULO III

CONVENIO ARBITRAL Y OFERTAS PÚBLICAS DE ADHESIÓN DE LOS EMPRESARIOS

Artículo 23. Formalización del convenio arbitral*

1. El convenio arbitral, que podrá adoptar la forma de cláusula incorporada a un contrato o de acuerdo independiente de las partes, deberá expresar la voluntad de las partes de resolver a través del arbitraje de consumo las controversias derivadas de una relación de consumo.

2. El convenio arbitral deberá constar por escrito, en un documento o documentos firmados por las partes, en formato electrónico cuando lo exija una norma. El convenio deberá ser accesible en todo momento para su posterior consulta y permitir su fiel reproducción durante el periodo de tiempo en que esté en vigor.

3. Cuando exista oferta pública de adhesión al Sistema Arbitral de Consumo, en el modo establecido por el artículo siguiente, el convenio arbitral se entenderá válidamente formalizado por la mera presentación de la solicitud de arbitraje, siempre que la pretensión esté incluida en el ámbito de la actividad de la empresa o establecimiento.

4. Se entenderá válidamente formalizado el convenio arbitral por la mera presentación de la solicitud de arbitraje si resulta acreditado que en ese momento el empresario utiliza o exhibe el distintivo público de adhesión al Sistema Arbitral de Consumo, sin existir oferta de adhesión previa o habiendo perdido esta sus efectos.

5. En caso de que no conste la existencia de convenio arbitral en cualquiera de las formas señaladas en los apartados precedentes, la Junta Arbitral competente, una vez admitida a trámite una solicitud de arbitraje, la trasladará al reclamado para su aceptación o rechazo, conforme a lo previsto en el artículo 36.2.

6. En el momento de la prestación del consentimiento por las partes para la resolución de su litigio mediante el arbitraje de consumo, deberán ser informadas, preferentemente en los formularios normalizados puestos a disposición por las

* Comentario realizado por **Jorge Tomillo Urbina**.

Juntas Arbitrales, de que la existencia de un convenio arbitral válido impide a los tribunales conocer de los litigios sometidos a arbitraje, siempre que la parte a quien interese lo invoque mediante declinatoria, así como de que la decisión que ponga fin al litigio tendrá carácter vinculante.

I. LA FUNCIÓN SISTÉMICA DEL CONVENIO ARBITRAL

1. Su contenido

El RSAC 2024 define con claridad el contenido del convenio arbitral de manera prudente, parapetándose tras la seguridad que proporciona la línea de vida del principio voluntarista (art. 1.3). El convenio arbitral, en efecto, *«deberá expresar la voluntad de las partes de resolver a través del arbitraje de consumo las controversias derivadas de una relación de consumo»* (art. 23.1).

Naturalmente, la consideración sistemática del Reglamento obliga a matizar que las partes tienen que ostentar, respectivamente, la condición de empresario y consumidor (B2C), y que las «controversias» o «litigios» deben ser planteados ante la Junta Arbitral únicamente (principio de unidireccionalidad) por los consumidores y usuarios (art. 31.1) que consideren «que existe una vulneración de sus derechos legal o contractualmente reconocidos» (art. 1.2 *in fine*) susceptible, además, de valoración económica [art. 35.2 *a)* RSAC] en un contexto de verticalidad.

En cualquier caso, debe tenerse presente que el artículo 2.I *a)* de la Ley 7/2017, de 2 de noviembre, por la que se incorpora al ordenamiento jurídico español la Directiva 2013/11/UE, del Parlamento Europeo y del Consejo, de 21 de mayo de 2013, relativa a la resolución alternativa de litigios en materia de consumo, define al «empresario» —con escasa fortuna— como toda persona física o jurídica, ya sea privada o pública, que actúe, por sí misma o a través de otra persona a su cargo o en su nombre, con fines relacionados con sus actividades comerciales o empresariales, su oficio o su profesión.

2. La perfección del convenio arbitral: consideración general

De manera coherente con el principio voluntarista y el planteamiento unidireccional, una vez presentada y admitida la solicitud de arbitraje, puede llegarse a la perfección del convenio arbitral a través de [i] una cláusula específica incorporada a un contrato, [ii] de un acuerdo independiente de las partes, [iii] de una oferta pública de adhesión empresarial, [iv] del uso indebido del distintivo público de adhesión y [v] por aceptación a posteriori del empresario reclamado. Estas vías pueden desarrollarse de la manera que sigue a continuación.

3. Su expresión formal: casuística y cautelas

En su condición de eje conceptual del Sistema Arbitral de Consumo, parece lógico que se exija algún tipo de expresión volitiva formal del convenio arbitral como tal, con firma de las partes, ya sea en documento convencional o en formato electrónico si así lo exigiere alguna norma jurídica (art. 23.2 *ab initio*). También es entendible que el formato elegido deba garantizar la accesibilidad en todo momento para su posterior consulta (arts. 23.2 *in fine* y 31.2), al tiempo que permita su fiel reproducción durante el período de tiempo que esté en vigor.

No obstante, cabe apreciar que estas cautelas son apropiadas para las opciones formales contempladas en el artículo 23.1 RSAC por influencia del artículo 9.1 de la Ley 60/2003, de Arbitraje: *a)* cláusula incorporada a un contrato, y *b)* acuerdo compromisorio de las partes con independencia de la celebración de contratos específicos entre ellas. Sin embargo, no encajan de igual manera con la práctica habitual de la presentación de la solicitud de arbitraje frente a un empresario que haya realizado Oferta Pública de Adhesión al Sistema Arbitral de Consumo (OPA).

II. LA PERFECCIÓN DEL CONVENIO ARBITRAL POR OPA DEL EMPRESARIO SEGUIDA DE SOLICITUD DE ARBITRAJE PRESENTADA POR EL CONSUMIDOR

1. El momento

Uno de los supuestos más frecuentes en la práctica es la presentación de la solicitud de arbitraje por parte del consumidor frente a un empresario que haya realizado previamente Oferta Pública de Adhesión al Sistema Arbitral de Consumo (OPA), en cuyo caso el convenio arbitral se entenderá válidamente «formalizado» *(sic.)* por la mera presentación de la solicitud de arbitraje, siempre que la pretensión esté incluida en el ámbito de la actividad de la empresa o establecimiento (art. 23.3), es decir, sin ninguna «formalización».

Presentada y admitida la OPA, la solicitud de arbitraje del consumidor perfecciona el convenio arbitral, aunque no se haya procedido a su publicación. La voluntad de adhesión del empresario debe extenderse a toda cuestión litigiosa que se pueda plantear desde el mismo instante de su admisión por la Junta Arbitral competente, aunque se trate de contratos celebrados con anterioridad a la fecha de aquélla[1].

La OPA presentada por el empresario y admitida por la Junta Arbitral no es una solicitud de arbitraje, ya que contravendría el principio de unidireccionalidad plasmado en el artículo 31.1 RSAC, ni perfecciona *per se* el convenio arbitral si no confluye con una solicitud de arbitraje presentada por el consumidor y admitida por la Junta Arbitral (art. 36.1).

La desaparición disruptiva de las OPAs limitadas (art. 24.3.I) obliga al legislador de 2024 a suprimir el requisito clásico de la coincidencia de la solicitud del consumidor con el ámbito de la oferta pública formalizada por el empresario (arts. 6.1 RD 636/1993 y 24.2 RD 231/2008) sustituyéndolo, lógicamente, por la coincidencia de la solicitud de arbitraje con el ámbito delimitado por todas las actividades que desarrolle el empresario bajo el mismo número de identificación fiscal, nombre comercial o marca (art. 24.3.I).

Es una decisión acertada desde su propia lógica normativa, porque el Proyecto de RD de 11 de abril de 2023 mantenía la literalidad de 2008 de manera incongruente con la nueva disciplina refractaria a las limitaciones en la adhesión. El texto proyectado, por cierto, era ajeno al formato y estructura de los reales decretos aprobatorios[2] por la que se optó finalmente en el RD 713/2024.

2. Problemas conceptuales básicos

El artículo 23 RALC 7/2017 utiliza impropiamente el concepto de «formalización» del convenio arbitral. Sin perjuicio de lo establecido en el artículo 15 LRALC, podríamos hablar de «formalización» cuando la prestación del consentimiento de las partes para la resolución de su litigio mediante el arbitraje de consumo se manifieste a través de alguno de los dos cauces formales establecidos en el artículo 23.1 RSAC[3]. Corrobora este razonamiento la literalidad

1 Álvarez Alarcón, A.: *El sistema español de arbitraje de consumo*, ed. Instituto Nacional del Consumo, Jerez de la Frontera, 1999, p. 184.

2 Ver la Resolución de 28 de julio de 2005, de la Subsecretaría de Presidencia, por la que se da publicidad al Acuerdo del Consejo de Ministros, de 22 de julio de 2005, por el que se aprueban las Directrices de técnica normativa [especialmente, directriz II *c)*].

3 Se trata de una posibilidad en principio bastante ajena a las reclamaciones de consumo que cuenta, sin embargo, con cierta presencia práctica en los contratos suscritos por

del artículo 23.2 RSAC. Pero no será posible hablar de «formalización» en los casos contemplados en el artículo 23.3, 4 y 5. Piénsese que, en caso de existir OPA previa del empresario, el convenio se perfeccionará «por la mera presentación de la solicitud de arbitraje, siempre que la pretensión esté incluida en el ámbito de la actividad de la empresa o establecimiento» (art. 23.3).

Llama la atención el desacierto conceptual que se proclama orgullosamente en la mismísima rúbrica del artículo 23 RSAC: «Formalización del convenio arbitral». Este error se prodiga con generosidad en el nuevo texto articulado (véanse los arts. 23.3, 23,4, 28.3, 36.2.I, 36.3 y 37.1). Desde la perspectiva de una depurada técnica jurídica, se puede formalizar [i] la solicitud de arbitraje, como prevé el artículo 32.2 hablando equivocadamente de «datos» que deben «incluirse» en la solicitud de arbitraje. Más correcta es la referencia a «requisitos mínimos» contenida en el artículo 34.1. Se puede formalizar también [ii] la OPA del «empresario» (art. 24.1, que habla impropiamente de «formular»). Se puede formalizar, en fin, [iii] la aceptación del arbitraje por parte del empresario en ausencia de OPA (arts. 23.5 y 36.3).

Pero si tomamos como punto de partida que el SAC está presidido por el principio de voluntariedad (art. 1.3 RSAC), el convenio arbitral no se formaliza, sino que se perfecciona (art. 1258 CC). Más correcta es la Exposición de Motivos cuando se refiere a la «existencia de convenio arbitral válido», siguiendo la estela del RD 231/2008 (arts. 37.3 y 39). Sin que ello suponga rehabilitar *in integrum* el texto precedente que ahora resulta derogado, ya que se hacía eco del mismo error conceptual en su artículo 24.2.

Puede que para los no juristas sea una matización meramente formal. No lo es: puede tener un importante alcance conceptual en la aplicación de la norma y, además, revela un manejo poco cuidadoso[4] de los rudimentos

---

las comunidades de propietarios de la Ley de Propiedad Horizontal para la ejecución de obras de mantenimiento y mejora del edificio. Esta opción está reservada al arbitraje de consumo y a los arbitrajes institucionales administrados, ya que el artículo 90.1 LGDCU 1/2007 dispone que son abusivas —y, por tanto, nulas de pleno derecho *ex* artículo 83.I— las cláusulas que establezcan la sumisión a arbitrajes distintos del arbitraje de consumo, salvo que se trate de órganos de arbitraje institucionales creados por normas legales para un sector o un supuesto específico. Como ejemplo, transcribo un supuesto real de cláusula de arbitraje incluida en un contrato negociado de ejecución de obra con suministro de materiales, firmado en 2022 por el presidente de una comunidad de propietarios con un contratista profesional: «14.ª *Sometimiento al sistema arbitral de consumo*. Comoquiera que la legislación vigente atribuye la condición jurídica de consumidoras a las Comunidades de Propietarios constituidas al amparo de la Ley de Propiedad Horizontal en la medida en que actúen en el tráfico dentro del ámbito de las funciones que legalmente les corresponden, para resolver cualquier controversia, conflicto o diferencia que pudiera surgir con motivo de la interpretación y aplicación de este contrato, *las partes se someten expresamente al arbitraje de equidad administrado por la Junta Arbitral de Consumo de la Comunidad Autónoma de Cantabria*».

4 Véase también Colmenero Guerra, J. A.: «Reflexiones sobre el nuevo Reglamento que regula el sistema arbitral de consumo (RD 713/2024, de 23 de julio)», en *Revista LA LEY*

básicos del Derecho privado común (civil) y especial (mercantil y de consumo). Se enciende una «luz roja» que advierte al jurista acerca de la necesidad de extremar su atención porque se puede estar adentrando en terreno pantanoso.

III. PERFECCIÓN DEL CONVENIO ARBITRAL POR SOLICITUD DE ARBITRAJE DEL CONSUMIDOR CON ACEPTACIÓN *A POSTERIORI* DEL EMPRESARIO

1. El momento

Si no llegara a perfeccionarse el convenio arbitral con arreglo a los mecanismos anteriormente expuestos, la Junta Arbitral que resulte competente «una vez admitida a trámite una solicitud de arbitraje, la trasladará al reclamado para su aceptación o rechazo» (art. 23.5). Dicho traslado se realizará «otorgándole un plazo de 10 días hábiles para la aceptación o rechazo de la solicitud, debiendo aportar, en caso de aceptación de dicha solicitud, la contestación a esta y adjuntar los documentos y propuesta de pruebas de que intente valerse en el procedimiento» (art. 36.2.I). Se trata de un supuesto bastante frecuente en la práctica cotidiana de la Juntas Arbitrales, y el número de aceptaciones de la solicitud para dirimir el conflicto a través del arbitraje de consumo es bastante significativo.

La aceptación *a posteriori* del empresario tampoco es una solicitud de arbitraje, pero sí que perfecciona el convenio arbitral, ya que confluye con una solicitud (unidireccional) de arbitraje presentada previamente por el consumidor y admitida por la Junta Arbitral competente.

Si el empresario no acepta la invitación para resolver el litigio en el plazo indicado a través del arbitraje de consumo, la persona titular de la presidencia de la Junta Arbitral procederá a dictar resolución de archivo de la solicitud, dejando expedita la vía judicial y comunicando esta circunstancia al solicitante. Si fuera el caso, se dará traslado al consumidor de cualquier propuesta del empresario para alcanzar una «solución consensuada» que resuelva de forma total o parcial el litigio (art. 36.4).

Mediación y Arbitraje, núm. 20 (2024), pp. 12-13. Con cita de Tomillo, J.: «Una aproximación al nuevo Reglamento del Sistema Arbitral de Consumo (RD 713/2024, de 23 de julio)», en *Noticias Jurídicas*, 8 de agosto de 2024 https://noticias.juridicas.com/conocimiento/articulos-doctrinales/19480-una-aproximacion-al-nuevo-reglamento-del-sistema-arbitral-de-consumo-rd-713-2024-de-23-de-julio/ el autor afirma, acertadamente, «es cierto, desde el plano técnico, el RSAC hace "aguas" por muchos sitios» (p. 13).

2. La versatilidad del plazo

El precepto tiene el acierto de acortar notablemente el plazo de 15 días que contemplaba el artículo 37.3 *b)* RD 231/2008, y se replica para el caso de que exista convenio arbitral perfeccionado y el presidente de la Junta Arbitral haya dictado resolución acordando el inicio del procedimiento arbitral (art. 37.1.I RSAC 2024) sin haber dado traslado de la solicitud de arbitraje al reclamado.

En tal caso, se otorgará al empresario un plazo de 10 días hábiles, pero no con la finalidad de aceptar o rechazar la solicitud presentada por el consumidor —ya se ha perfeccionado previamente el convenio por OPA—, sino para contestar a la solicitud de arbitraje, aportando los documentos y propuesta de pruebas de que intente valerse y formular, en su caso, reconvención a la pretensión (art. 37.4.I), pudiendo «invitarlo», además, a proponer una solución consensuada que ponga fin al litigio (art. 37.4.II).

IV. PERFECCIÓN EXCEPCIONAL DEL CONVENIO ARBITRAL EN CASO DE UTILIZACIÓN INDEBIDA DEL DISTINTIVO PÚBLICO DE ADHESIÓN

1. Fundamento de la excepción

También se perfeccionará el convenio arbitral por la presentación de la solicitud de arbitraje en caso de resultar acreditado «que en ese momento el empresario utiliza o exhibe el distintivo público de adhesión al Sistema Arbitral de Consumo, sin existir oferta de adhesión previa o habiendo perdido esta sus efectos» (art. 23.4). En este supuesto, inspirado con toda probabilidad en el principio de integración publicitaria del contrato (art. 61 LGDCU 1/2007) habría sido conveniente exigir además la concurrencia de intención de causar engaño o confusión para evitar conculcar el principio de voluntariedad.

El legislador de 2024 está pensando justamente en la concurrencia de engaño o confusión por parte del titular del establecimiento mercantil, en cuyo caso está más que justificado disponer que el contenido de la oferta, promoción o publicidad, las prestaciones propias de cada bien o servicio, las condiciones jurídicas o económicas y garantías ofrecidas serán exigibles por los consumidores y usuarios, aun cuando no figuren expresamente en el contrato celebrado o en el documento o comprobante recibido y deberán tenerse en cuenta en la determinación del principio de conformidad con el contrato.

En cuanto marca de calidad, su exhibición también podría considerarse como una práctica comercial desleal por engañosa conforme al artículo 21.2 de la Ley 3/1991, de 10 de enero, de Competencia Desleal, que califica como tal la exhibición de un sello de confianza o de calidad o de un distintivo equivalente sin haber obtenido la necesaria autorización, con el propósito de incrementar la reputación profesional de un operador económico en el mercado. Incluso cabría invocar la condición de práctica comercial desleal a través del artículo 21.1 *a)* LCD 3/1991, puesto que la doctrina ya atribuía tal naturaleza a la falsa referencia a la adhesión al sello de *«Confianza Online»* en una época en que implicaba no solo la adhesión a un código ético en materia publicitaria, sino también la adhesión al Sistema Arbitral de Consumo[5].

2. Consecuencias de su insuficiencia expresiva

Pero no acierta el Reglamento a la hora de plasmar esta circunstancia suficientemente, con lo que la cuestión se complica porque la casuística no se agota en el uso fraudulento del distintivo oficial sin haber formalizado OPA o habiendo caducado el período de adhesión (art. 24.4.l), lo que acarrearía su baja automática en las bases de datos de empresarios adheridos [art. 29.1 *b)* RSAC]. Pensemos, por ejemplo, en un pequeño comerciante emprendedor que, con gran sacrificio financiero, accede por traspaso (art. 32 de la Ley 29/1994, de 24 de noviembre, de Arrendamientos Urbanos) a la explotación de un establecimiento mercantil en cuyo escaparate figura de antemano el distintivo público de adhesión diseñado en el anexo al Reglamento.

Puede entenderse que quien utiliza el distintivo oficial conoce perfectamente su significado y alcance y es sabedor de que está manifestando públicamente su sometimiento expreso al arbitraje de consumo[6]. Pero también debe considerarse la posibilidad de que el nuevo titular desconozca, no solamente el alcance de la exhibición del distintivo, sino también la propia existencia del Sistema Arbitral de Consumo. Extraer de este hecho descontextualizado una manifestación volitiva de suficiente entidad como para producir *ope legis* la perfección del convenio arbitral, puede resultar despropor-

---

5 *Vid.*, por todos, Álvarez Rubio, J.: *La protección del consumidor en el Derecho de la competencia*, ed. Comares, Granada, 2017, pp. 63-65. Como consecuencia de la finalización del acuerdo marco suscrito con fecha 9 de marzo de 2004 con el extinto Instituto Nacional de Consumo -hoy Dirección General de Consumo—, y tras la entrada en vigor de la LRALC 7/2017, *Confianza Online* obtuvo la acreditación como entidad de resolución alternativa de litigios, siendo incluida en los listados oficiales de la Dirección General de Consumo y de la Comisión Europea. A raíz de esto se producen las modificaciones del Código de Conducta de 2018 y 2023, suprimiéndose la remisión de las reclamaciones en materia de comercio electrónico con consumidores al Sistema Arbitral de Consumo a consecuencia de la finalización de la mediación sin acuerdo entre las partes (Código de Conducta Confianza Online, versión de febrero de 2023, p. 4). En la actualidad, las entidades adheridas a este Código están igualmente adheridas a la *Asociación Confianza Online* y se someten a su sistema de resolución extrajudicial de controversias regulado en los artículos 10 y 11, así como en el Reglamento de Régimen Interior (art. 9).

6 Álvarez Alarcón, A.: *El sistema español* cit., p. 186.

cionado[7] si se asocia, sin más, a mantener en el escaparate «una pegatina» heredada cuyo contenido y significado se ignora realmente, sin concurrir mala fe ni intención de transmitir información falsa o de causar engaño.

No obstante, debe tenerse en cuenta que, en la práctica, no serán abundantes los supuestos de utilización del distintivo oficial sin intención de aprovechamiento fraudulento de la marca de calidad del Sistema Arbitral de Consumo dado que, normalmente, los empresarios que lo exhiben de manera indebida lo harán de forma engañosa con el propósito de obtener ventaja en el mercado de consumo, a sabiendas de cuál es el alcance legal del símbolo oficial y cuáles son las consecuencias de mostrarlo a la clientela, cuyo riesgo deben asumir. Pero no es prudente tomar como punto de partida la generalización de conductas fraudulentas entre los profesionales de la actividad económica.

V. DERECHO DE INFORMACIÓN SOBRE LAS CONSECUENCIAS DE LA PRESTACIÓN DEL CONSENTIMIENTO

1. Contenido y soporte

La Junta Arbitral está obligada a informar a las partes acerca de dos consecuencias básicas asociadas a la opción del Sistema Arbitral como técnica para la resolución de litigios de consumo: *a)* que la existencia de convenio arbitral válido impide a la jurisdicción judicial conocer de los litigios sometidos a arbitraje, y *b)* que la decisión que ponga fin al litigio tendrá carácter vinculante (art. 23.6).

Esta información debe ser ofrecida a los operadores prácticos en los formularios normalizados que las Juntas Arbitrales deben poner a su disposición. Debe entenderse que estos formularios no son un vehículo único y exclusivo de la información, sino solamente un formato «preferente». En los supuestos expresamente mencionados en el artículo 23.1 no estará presente formulario alguno, pero sí en los demás casos de perfección del convenio recogidos en el propio precepto.

De este modo, parece que la información exigida por el RSAC deberá constar tanto en el formulario que se entregue al consumidor reclamante para cumplimentar la solicitud de arbitraje, cuanto en el formulario que debe cumplimentar el empresario para presentar OPA, como en la resolución de admisión de la OPA y en el traslado de la solicitud de arbitraje al empresa-

7 Colmenero Guerra, J. A.: «Reflexiones sobre el nuevo Reglamento que regula el sistema arbitral de consumo (RD 713/2024, de 23 de julio)», en *Revista LA LEY Mediación y Arbitraje*, núm. 20 (2024), p. 13.

rio no adherido previamente para que manifieste en el plazo establecido su aceptación o rechazo del arbitraje de consumo.

Sin perjuicio de la utilización de cualquiera otra vía de comunicación que garantice el efectivo conocimiento de las partes con anterioridad a la prestación del consentimiento y, por supuesto, a la perfección del convenio arbitral. Téngase en cuenta que los formularios normalizados no excluyen otras opciones compatibles con la prestación de un consentimiento informado[8].

2. El tiempo

El momento en que la información debe ser trasladada a las partes es aquel en que se produzca la prestación sus respectivos consentimientos para la resolución del conflicto mediante el arbitraje de consumo. Al margen de los supuestos poco habituales contemplados en el artículo 23.1, dichos momentos no coincidirán en el tiempo con carácter general.

El tiempo de dar cumplimiento a la obligación de informar no es el de la perfección del convenio arbitral —relevante a los efectos del inicio del procedimiento arbitral *ex* artículo 37.1.I—, sino aquel en que se produce la manifestación de los respectivos consentimientos, lo que aconseja diferenciar con claridad los diversos supuestos.

Por un lado, en lo que se refiere al reclamante, el principio de unidireccionalidad implica que el consumidor manifiesta su voluntad en el momento en que presenta la solicitud de arbitraje y por el mero hecho de presentarla, lo que deberá llevar a cabo en el registro de la Junta Arbitral competente (art. 32.1) o en cualquiera de los lugares a que hace referencia el artículo 16.4 de la Ley 39/2015, de 1 de octubre, del Procedimiento Administrativo Común de las Administraciones Públicas.

Por otro lado, en lo que se refiere al empresario, si hubiere presentado OPA, el momento de su manifestación de voluntad será la fecha de la resolución de la persona que sea titular de la presidencia de la Junta Arbitral correspondiente al ámbito territorial en el que el empresario desarrolle principalmente su actividad admitiendo la oferta pública de adhesión unilateral (art. 25.1.I). Si el empresario no estuviera previamente adherido al Sistema Arbitral de Consumo, la información preceptiva *ex* artículo 23.6 se le comunicará, como queda dicho, en el trámite de traslado de la solicitud de arbitraje contemplado en el artículo 36.2.I.

8 El artículo 15.3 *in fine* LRALC 7/2017 insiste de manera reiterada en que «[e]sta garantía de consentimiento informado no será de aplicación al empresario cuando se encuentre obligado, por ley o por su adhesión previa, a participar en dicho procedimiento».

VI. EFICACIA DE LOS PACTOS PREVIOS ENTRE CONSUMIDOR Y EMPRESARIO DE SOMETIMIENTO A UN PROCEDIMIENTO CON RESULTADO VINCULANTE

1. El problema

El artículo 23.6 RSAC hace referencia, como es sabido, a la obligación de informar a las partes de que el sometimiento voluntario al arbitraje de consumo impide a los tribunales del orden jurisdiccional civil entrar a conocer los litigios correspondientes. El precepto introduce un inciso específico: *«siempre que la parte a quien interese lo invoque mediante declinatoria»*. El inciso está copiado literalmente del artículo 11.1 de la Ley 60/2003, de 23 de diciembre, de Arbitraje[9]. En la mención a este instituto procesal, que tiene como objetivo el planteamiento, a instancia de parte, de los defectos de jurisdicción y competencia, es interesante seguir el recorrido del artículo 63.1.I de la Ley 1/2000, de 7 de enero, de Enjuiciamiento Civil, tarea que el Reglamento evita abordar. Precepto, además, que debería ser suficiente para dar soporte a la instrumentación de la declinatoria, sin necesidad de referencia alguna en el RSAC.

En su texto original, el precepto establecía que: «[m]ediante la declinatoria, el demandado y los que puedan ser parte legítima en el juicio promovido podrán denunciar la falta de jurisdicción del tribunal ante el que se ha interpuesto la demanda, por corresponder el conocimiento de ésta a tribunales extranjeros, a órganos de otro orden jurisdiccional o a árbitros». A este enunciado, la disposición final 3.3 de la Ley 5/2012, de 6 de julio, de Mediación en asuntos civiles y mercantiles añade al final del párrafo[10] una mención a los «mediadores». La disposición final 3.2 hace lo propio en el artículo 39[11], que queda redactado de la siguiente manera: «[e]l demandado podrá denunciar mediante declinatoria la falta de competencia internacional o la falta de jurisdicción por pertenecer el asunto a otro orden jurisdiccional o por haberse sometido a arbitraje o mediación la controversia».

9 La doctrina procesalista interpreta el citado artículo 11.1 en el sentido de que, una vez perfeccionado el convenio arbitral, las partes están obligadas a cumplirlo, y ello impide el conocimiento por los tribunales de la controversia, siempre que la parte a quien interese lo invoque mediante declinatoria, que no impedirá la iniciación o prosecución de las actuaciones arbitrales. *Vid.*: Colmenero Guerra, J.A.: «Comentarios a la Ley de Enjuiciamiento Civil (arts. 61-67)», *InDret* 4 (2007), p. 10.

10 En realidad, el añadido había sido previamente introducido por la disposición final 2.3 del derogado Real Decreto-ley 5/2012, de 5 de marzo, de Mediación en asuntos civiles y mercantiles.

11 Referencia también añadida previamente por la disposición final 2.2 del derogado Real Decreto-ley 5/2012, de 5 de marzo, de Mediación en asuntos civiles y mercantiles.

Finalmente, la disposición final cuarta de la LRALC 7/2017, de 2 de noviembre, completa el texto del artículo 63.1.I con un nuevo y extraño añadido, al menos en apariencia: *«excepto en los supuestos en que exista un pacto previo entre un consumidor y un empresario de someterse a un procedimiento de resolución alternativa de litigios de consumo y el consumidor sea el demandante».*

2. La solución

Extrapolada del contexto, esta nueva redacción dada al artículo 63.1.I de la Ley de Enjuiciamiento Civil resulta bastante confusa, en parte por su desafortunada técnica jurídica. La perplejidad puede empezar a diluirse si se desecha una hipotética interdicción de la declinatoria sacrificando el convenio arbitral válidamente perfeccionado por alguna de las vías legalmente admitidas. Aunque sea compatible con esta lectura, parece que la intención del legislador no era priorizar la jurisdicción judicial sobre la jurisdicción extrajudicial, sino más bien proyectar en la legislación procesal civil la restricción de la eficacia de los pactos previos B2C entre consumidor y empresario en orden al sometimiento a un procedimiento con resultado vinculante[12] establecida en el artículo 15 de la LRALC 7/2017: *«No serán vinculantes para el consumidor los acuerdos suscritos antes del surgimiento de un litigio entre un consumidor y un empresario con objeto de someterse a un procedimiento con resultado vinculante».*

Desde esta perspectiva excluyente de los pactos previos como elemento integrante de la regla voluntarista, es lógico que se impida al empresario plantear declinatoria frente a una demanda judicial del consumidor reclamante con el propósito de reconducir la resolución del litigio, en perjuicio del consumidor, a un contexto descartado por el ordenamiento jurídico. Algún problema más puede plantear la otra cara de la moneda: que se impida al empresario plantear declinatoria frente a una solicitud de arbitraje presentada por un consumidor ante la Junta Arbitral competente, invocando la inexistencia de arbitraje de consumo obligatorio y la ausencia de OPA. Aquí ya no se requiere la precedencia del nacimiento del litigio respecto de la materialización del pacto, pero sí se exige (art. 15.2 *ab initio* LRALC 7/2017) que éste reúna las condiciones de validez establecidas por la normativa aplicable a dicho acuerdo, que serán, por razón de especialidad, las expresadas en el artículo 23. 1 y 2 RSAC.

Fuera de las citadas condiciones de validez, como ya se ha dicho, el pacto previo de sometimiento a arbitraje es preceptivo para el empresario cuando se encuentre obligado, por ley o por su adhesión previa (OPA), a participar en dicho procedimiento (art. 15.2 *in fine* LRALC 7/2017). Sin embargo, si se

---

12 Véase COLMENERO GUERRA, J.A.: «Reflexiones sobre el nuevo Reglamento que regula el Sistema Arbitral de Consumo» *cit.*, p. 13.

quiere que resulte obligatorio para el consumidor[13], es requisito imprescindible la existencia de un acuerdo posterior al surgimiento del litigio[14] (art. 15.3 LRALC 7/2017), además, naturalmente, del cumplimiento efectivo de la obligación de informar a cargo de la Junta Arbitral.

Le precariedad técnica del Reglamento de 2024 hace que estos pactos previos, aun encajando sin dificultad en el supuesto de hecho contemplado en el artículo 23.1 RSAC, no sean aptos para desempeñar papel alguno en el Sistema Arbitral de Consumo. Es incomprensible que el artículo 23.1 no haya exigido expresamente que los acuerdos de las partes en forma de pacto independiente o de cláusula incorporada a un contrato que se hayan perfeccionado con carácter previo a la solicitud de arbitraje, tengan que ser, además, ineludiblemente *posteriores al surgimiento del litigio* si se quiere que expresen válidamente la voluntad de las partes de resolver a través del arbitraje de consumo las controversias derivadas de una relación de consumo.

Centrada la cuestión de esta manera, asegurando la expresión de la voluntad del consumidor en un momento posterior al surgimiento del conflicto (y también la del empresario que no se encuentre obligado a participar en el procedimiento arbitral por ley o por adhesión previa), aunque sea previo a la presentación formal de la solicitud de arbitraje, cobra sentido la confusa[15] referencia a la declinatoria contenida en el artículo 23.6 RSAC.

---

13 *Cfr.*, en el mismo sentido, el artículo 57.4 LGDCU 7/2007, introducido por el apartado 9 del artículo único de la Ley 3/2014, de 27 de marzo, por la que se modifica el texto refundido de la Ley General para la Defensa de los Consumidores y Usuarios y otras leyes complementarias, aprobado por el Real Decreto Legislativo 1/2007, de 16 de noviembre: «*No serán vinculantes para los consumidores los convenios arbitrales suscritos con un empresario antes de surgir el conflicto*. La suscripción de dicho convenio, tendrá para el empresario la consideración de aceptación del arbitraje para la solución de las controversias derivadas de la relación jurídica a la que se refiera, siempre que el acuerdo de sometimiento reúna los requisitos exigidos por las normas aplicables».

14 En este sentido se pronuncia el Informe sobre el Proyecto de Real Decreto por el que se regula el Sistema Arbitral de Consumo, aprobado por el Pleno del Consejo General del Poder Judicial en su reunión del día 25 de enero de 2024. Véanse sus Consideraciones generales, IV.I.4 apartado 57: «El legislador pretende que el consumidor adopte su decisión con conocimiento de causa, es decir, una vez surgido el conflicto con el empresario o profesional». Quizá sea pertinente hacer notar que el Informe citado, curiosamente, omite sin explicación alguna toda referencia al Capítulo III del Proyecto de Real Decreto de 11 de abril de 2023 (arts. 23 a 30), que se corresponde *—mutatis mutandi—* con el vigente Capítulo III RSAC 2024 (también arts. 23 a 30). En sus consideraciones generales se desplaza *per saltum* de la Sección 4.ª del Capítulo II (arts. 19 a 22) hasta el Capítulo IV (arts. 31 a 45), sin solución de continuidad.

15 Confusión que no existía a la entrada el vigor de la Ley 60/2003, de donde se copia la referencia a la declinatoria en sus mismos términos. Pero que sí existe al tiempo de la entrada en vigor del RSAC 2024 como consecuencia de la reforma del artículo 63.1.I de la Ley de Enjuiciamiento Civil implementada por la disposición final cuarta de la LRALC 7/2017, cuya redacción anterior a dicha modificación tampoco suscitaba ningún problema de interpretación.

Artículo 24. Oferta pública de adhesión al Sistema Arbitral de Consumo*

1. Los empresarios podrán formular por escrito y a través de medios electrónicos oferta pública y unilateral de adhesión al Sistema Arbitral de Consumo.

2. En la oferta de adhesión deberá indicarse si se opta por que el arbitraje se decida en equidad, en derecho o indistintamente a elección del consumidor, así como el plazo de validez de la oferta. En el supuesto de no constar cualquiera de estos extremos, la oferta se entenderá realizada en equidad y por tiempo indefinido.

3. La oferta pública de adhesión será única, se entenderá realizada a todo el Sistema Arbitral de Consumo, sin limitaciones, y abarcará todas las actividades que desarrolle el empresario bajo el mismo número de identificación fiscal, nombre comercial o marca.

Los empresarios que tengan la condición de personas físicas y desarrollen actividades diferentes de venta o prestación de servicios en distintos establecimientos, o mediante venta a distancia por canales diferentes, deberán identificar claramente en la oferta de adhesión la actividad o actividades para las que efectúan la oferta.

4. A efectos de lo dispuesto en este capítulo, no se considerará que existe limitación de las ofertas públicas de adhesión al Sistema Arbitral de Consumo cuando la adhesión se realice por un período superior un año, o se efectúe a las Juntas Arbitrales correspondientes al territorio en el que el empresario desarrolle principalmente su actividad. Cualquier otra condición incluida en la oferta de adhesión será considerada como limitación.

A estos efectos, se entiende que el empresario desarrolla principalmente su actividad en un determinado territorio cuando dirija su oferta de bienes y servicios a los consumidores domiciliados en ese territorio, a través de establecimientos abiertos al público o mediante técnicas de comunicación a distancia.

5. La oferta pública de adhesión, así como su denuncia, habrá de efectuarse por el empresario o representante con poder suficiente para disponer.

* Comentario realizado por **Jorge Tomillo Urbina**.

ciplinas compatibles. 3.2. «Gobernanza» de las disciplinas compatibles. 4. La valoración inexacta de la garantía de homologación. 5. Una seria preocupación: la huida del Sistema Arbitral de Consumo como movimiento reactivo. 6. Contradicción en el tratamiento de la intertemporalidad. III. Una excepción a la regla: limitaciones por identificación de actividad. 1. Los presupuestos. 2. Las limitaciones exentas. 3. La eliminación de las garantías de homologación. IV. Una excepción a la excepción: las «limitaciones no limitativas». 1. Tipicidad especial. 2. El problema de la limitación temporal de la adhesión.

I. LOS ANTECEDENTES: LA OPA LIMITADA

Una de las características clásicas del Sistema Arbitral de Consumo histórico es la posibilidad reconocida al empresario de formalizar una OPA «a la carta», estableciendo detalladamente cuáles son las materias que somete a su resolución mediante arbitraje de consumo y cuáles no. El fundamento era puramente práctico: facilitar el incremento de adhesiones públicas previas y no singularizadas *a posteriori* con el propósito de mejorar el acceso global de los consumidores a la justicia.

Al tiempo de la redacción del RD 231/2008, considerando las carencias detectadas en la etapa anterior alumbrada por el RD 636/1993, se consideró, acertadamente, que la mejor técnica promocional sería consolidar la implantación del sistema en el ámbito del pequeño comercio, donde mejor había echado raíces, potenciando al mismo tiempo la participación de las grandes empresas, que hasta la fecha se habían mantenido al margen del arbitraje de consumo[1]. Era necesario encontrar una fórmula que, eliminando algunas disfunciones avivadas al calor de las vetustas OPS —repentizadas desde la atipicidad— permitiera cohonestar el acceso de los consumidores a la justicia con la seguridad en la gestión del *«legal risk»* que postulaban como incentivo los grandes distribuidores en masa. Esa solución no era otra que la admisión expresa y prudente de las OPAs limitadas, sustentadas en una regulación sólida y ponderada que fuera capaz de satisfacer de manera razonable todos los intereses en juego.

De esta manera se fue consiguiendo que, doblegando reticencias iniciales, muchas grandes empresas se incorporaran progresiva y trabajosamente al sistema, circunscrito en origen a pequeños comerciantes autónomos y algunas PYMEs (la denominada —no sin cierto aroma nostálgico— «época de las tintorerías»).

---

1 Ya en su día, con motivo de la entrada en vigor del ahora derogado RD 231/2008, de 15 de febrero, se alzaron voces muy autorizadas reclamando la integración de las grandes empresas en el Sistema Arbitral de Consumo. *Cfr.*: Bercovitz, A.: «La experiencia del arbitraje de consumo», en *El futuro de la protección jurídica de los consumidores* (J. Tomillo dir./ J. Álvarez Rubio coord.), ed. Thomson Civitas, Cizur Menor, 2008, pp. 379-388, especialmente p. 388, que no dudaba en incluir dentro de los «factores negativos» de la experiencia del arbitraje de consumo hasta la fecha «la falta de sometimiento a esa clase de arbitraje por las grandes empresas, puesto que ese arbitraje ha tenido éxito en relación con las PYMES».

1. El primer Reglamento (1993)

Esta línea tipológica se ha venido manteniendo desde el principio, estableciendo el artículo 6.2 *a)* RD 636/1993 la indicación del «ámbito de la oferta» como uno de los requisitos que debía contener la entonces denominada oferta pública de sometimiento (OPS) al Sistema Arbitral de Consumo para ser comunicada a la Junta Arbitral a través de la que el empresario se adhiere al sistema. Ámbito que, como se ha dicho, era determinante para la perfección del convenio arbitral si la solicitud del consumidor encajaba en él (art. 6.1).

Uno de los aspectos más criticados del RD 636/1993 era la admisión de limitaciones a las entonces denominadas ofertas públicas empresariales de sometimiento, sin ocuparse de garantizar a los consumidores la posibilidad de tener un conocimiento efectivo de esta circunstancia y del contenido de dichas limitaciones. El Reglamento, en efecto, además de no contener ninguna previsión al respecto, establecía en su Anexo un distintivo oficial único, cuya utilización se autorizaba «a quienes realicen ofertas públicas de sometimiento al sistema arbitral de consumo» (art. 7.1), sin ninguna distinción.

Esta unificación gráfica impedía distinguir a los empresarios que habían formalizado OPS plenas de aquellos que habían introducido limitaciones a sus ofertas públicas de sometimiento, con lo que tampoco se permitía a la clientela acceder con facilidad al conocimiento de la existencia y alcance de las limitaciones.

2. El segundo Reglamento (2008)

El artículo 26 RD 231/2008 continuaba con la idea de incentivar la adhesión al Sistema Arbitral de Consumo por parte de las grandes empresas de contratación masiva en el mercado de consumo a través de la técnica de la oferta pública de adhesión [ya no de «sometimiento»] limitada: *«[p]odrán admitirse ofertas públicas de adhesión limitada al Sistema Arbitral de Consumo, en particular, en sectores que presenten un importante número de consultas y reclamaciones o en los que no exista una suficiente implantación del sistema»*. Las limitaciones no eran libres, sino que requerían para su validez una sólida garantía de homologación: un previo informe preceptivo de la Comisión de las Juntas Arbitrales de Consumo (art. 11.3.I). El informe negativo a la admisión de la oferta pública de adhesión limitada era, además, vinculante para la Junta Arbitral de Consumo (art. 26 *in fine*).

Para emitir dicho informe, la Comisión debía tener en cuenta las directrices generales sobre los supuestos de admisión de las ofertas públicas de adhesión limitada elaboradas por el Consejo General del Sistema Arbitral de Consumo [art. 15 *d)*] y, en su caso, las razones alegadas por la Junta Arbitral competente para resolver (art. 11.3.II), que deberá comunicar a la Comisión la resolución que adopte (art. 27.3).

La garantía de *homologación* se complementaba —y reforzaba— con una garantía de *información* al consumidor acerca de las limitaciones introducidas por el empresario en la OPA, que se canalizaba por dos vías: [a] la utilización de un distintivo oficial específico de adhesión limitada al Sistema Arbitral de Consumo, que añadía al logotipo genérico un rectángulo vertical a su izquierda con el texto «oferta limitada» en mayúsculas (Anexo II), y [b] la obligación impuesta al adherente de garantizar que las comunicaciones comerciales en las que se utilice el distintivo oficial concedido pongan a disposición del consumidor el modo de acceder a la información sobre el alcance del ámbito de la oferta de adhesión realizada (art. 28.4).

Con el propósito de mejorar la calidad de la información, la presidencia de la Junta Arbitral competente (art. 27.1) estaba facultada, atendiendo al contenido de la limitación, para aceptar la OPA limitada, pero negando el derecho a utilizar el distintivo oficial (art. 28.2).

II. EL TERCER REGLAMENTO (2024) Y LA RUPTURA DEL SISTEMA CONSOLIDADO: LA OPA ÚNICA Y UNIVERSAL

Imprimiendo un cambio radical de perspectiva, el RSAC 2024 introduce como gran novedad[2] el principio de OPA única y universal en términos absolutos (art. 24.3.I): *«[l]a oferta pública de adhesión será única, se entenderá realizada a todo el Sistema Arbitral de Consumo, sin limitaciones, y abarcará todas las actividades que desarrolle el empresario bajo el mismo número de identificación fiscal, nombre comercial o marca»*[3]. La disrupción se completa con la supresión del artículo 28 RD 231/2008, intitulado «Oferta pública de adhesión limitada al Sistema Arbitral de Consumo». Como se apuntará más adelante, esta ruptura del sistema consolidado, insuficientemente explicada, puede acarrear consecuencias imprevisibles sobre la base de determinados riesgos que sí pueden apuntarse desde la práctica arbitral, aunque solo sea por aproximación.

---

2 Ver Tomillo, J.: «Una aproximación al nuevo Reglamento del Sistema Arbitral de Consumo (RD 713/2024, de 23 de julio)», en *Noticias Jurídicas*, 8 de agosto de 2024 https://noticias.juridicas.com/conocimiento/articulos-doctrinales/19480-una-aproximacion-al-nuevo-reglamento-del-sistema-arbitral-de-consumo-rd-713-2024-de-23-de-julio/, § II.1.

3 Con razón se ha escrito que esta es una de las modificaciones *«de más calado»* del nuevo RSAC. *Cfr.* Fernández Rozas, J.C.: https://fernandezrozas.com/2024/07/31/reglamento-que-regula-el-sistema-arbitral-de-consumo-23-julio-2024/ (consultado el 2 de agosto de 2024). Así se pronuncia igualmente la Exposición de Motivos del RD 713/2024, mencionando la *«desaparición* [...] *de la posibilidad de incluir limitaciones de cualquier tipo en las ofertas públicas de adhesión formuladas por los empresarios»* (apartado III).

1. Formalización y contenido

La oferta pública de adhesión, así como su denuncia, deberá efectuarse por el empresario o por un representante con poder suficiente para disponer (art. 24.5)[4]. Los efectos de la denuncia quedan diferidos hasta que haya transcurrido un mes desde la fecha de su comunicación a la Junta Arbitral, salvo que en la OPA —o en la propia denuncia— se establezca un plazo superior (art. 28.2). La denuncia será en todo caso irretroactiva: no afectará a los convenios arbitrales válidamente perfeccionados con anterioridad a la fecha en que la denuncia de la oferta de adhesión deba surtir efecto (art. 28.3).

En la OPA deberá hacerse constar «si se opta por que el arbitraje [a] se decida en equidad, [b] en derecho o [c] indistintamente a elección del consumidor, así como el plazo de validez de la oferta. En el supuesto de no constar cualquiera de estos extremos, la oferta se entenderá realizada en equidad y por tiempo indefinido» (art. 24.2). Ninguna de estas opciones concedidas al empresario adherente tiene la condición jurídica de limitación a la adhesión.

2. El semestre de adaptación a la nueva disciplina

Con independencia de su lamentable sintaxis, es muy importante a efectos prácticos la disposición transitoria única n.º 3: «Las ofertas limitadas de adhesión que se encuentren en vigor en la fecha de entrada en vigor *(sic.)* de esta norma deberán adecuarse a esta norma *(sic.)* en el plazo de seis meses desde el día siguiente a su entrada en vigor»[5].

Se trata de un término de esencial relevancia puesto que, transcurrido ese plazo habilitado para la adaptación, lo que ocurrirá el día 14 de febrero de 2025, se tendrán por no puestas —*velis nolis*— las limitaciones de la oferta de adhesión, salvo denuncia expresa de ésta por el empresario. Denuncia que, lamentablemente, parece la salida natural a una encrucijada cuyo origen no es fácilmente comprensible.

A partir del 13 de agosto de 2024, todo empresario que pretenda formalizar oferta pública de adhesión al Sistema Arbitral de Consumo deberá hacerlo sin limitaciones, lo que muy probablemente condicionará el desenvolvimiento de la lista de empresarios adheridos al margen de los pequeños comerciantes individuales y de las PYMES, en cuyo ámbito predominan las OPAs sin limitaciones.

4 El legislador sigue en este punto la recomendación contenida en el Dictamen del Consejo de Estado núm. 628/2024, de 30 de mayo, sobre el Proyecto de Real Decreto por el que se regula el Sistema Arbitral de Consumo, suprimiendo la desafortunada expresión de «representante legal» que contenía el artículo 23.5 del Proyecto de 11 de abril de 2023 para designar a un representante voluntario.

5 No puede negarse que el texto entrecomillado podría tener encaje en los diálogos guionizados con que nos deleita la película de los hermanos Marx «Una noche en la ópera» (1935).

3. El período de compatibilidad asociado a la fase de adecuación

El semestre de adecuación implica que el RSAC 2024 elimina las OPAs limitadas (art. 24.3.l), pero no anula ni invalida las previas a su entrada en vigor. Muy al contrario, les atribuye tipicidad legal mediante la técnica de hacer descansar su vida jurídica —como es lógico— en un apartado *ad hoc* de la disposición transitoria única del RD 713/2024: el n.º 3. Esto significa que el legislador ha querido establecer un período de tiempo —que podemos denominar «período de compatibilidad»— en el que la eliminación de las OPAs limitadas por la entrada en vigor del nuevo régimen es compatible con la subsistencia de las OPAs limitadas formalizadas con anterioridad y todavía vigentes a 13 de agosto de 2024.

3.1. Delimitación de las disciplinas compatibles

Se trata de un período de cohabitación entre dos disciplinas: [a] el nuevo régimen permanente (RSAC 2024) y [b] el régimen transitorio intertemporal (disposición transitoria única n.º 3 RD 713/2024). Este período de compatibilidad se inicia a las 00:00 horas del 13 de agosto de 2024 y concluye a las 00:00 horas del 14 de febrero de 2025 (la disposición transitoria única n.º 3 RD 713/2024 fija el *«dies a quo»* del semestre de adecuación en el día siguiente a su entrada en vigor). El 14 de febrero de 2025 se extingue ope legis el período de compatibilidad. Es decir, decae automáticamente el derecho transitorio en su condición de regla intertemporal porque ya no hay *«ínterin»*.

Consecuentemente, a partir de las 00:00 horas de ese mismo día 14 de febrero de 2025 se tendrán por no puestas todas las limitaciones asociadas a las OPAs que no hayan sido denunciadas. Las que hayan sido adaptadas ya están despojadas de limitaciones desde la fecha de la (improbable) adaptación por parte del empresario. El período semestral de compatibilidad puede, no obstante, resultar acortado por la sola voluntad del empresario que formalizó la OPA limitada mediante denuncia presentada ante la JAC competente firmada por él mismo o por representante con poder suficiente para disponer (art. 28.1). Probablemente ocurrirá con frecuencia.

Si el empresario denuncia la OPA limitada constante el período de compatibilidad, por ejemplo, el 30 de septiembre de 2024, se eliminan las limitaciones en ese mismo instante. Y también se eliminará la propia OPA, dañando el acceso de los consumidores a la justicia.

3.2. «Gobernanza» de las disciplinas compatibles

La denuncia empresarial formalizada constante el período de compatibilidad no se gobierna por el régimen permanente (art. 28.2 RSAC), sino por el régimen transitorio: surtirá efecto de manera inmediata, sin que sea de aplicación el plazo de un mes desde su comunicación a la Junta Arbitral. Una cosa es la denuncia «ordinaria» prevista en el RSAC y otra cosa muy diferente es la denuncia «intertemporal» prevista en la disposición transitoria única 3 *in fine* RD 713/2024.

Ha de rechazarse expresamente la posibilidad de que, aunque sea por apuramiento de los plazos de la denuncia ordinaria, el empresario adherente con limitaciones con anterioridad al 13 de agosto de 2024 pueda quedar vinculado *ope legis* por una OPA sin limitaciones —aunque sea unas pocas semanas— como consecuencia de la aplicación del «período de gracia» de un mes en un momento posterior a la conclusión del período de compatibilidad, que se producirá el 14 de febrero de 2025. Si no se presenta denuncia ni se adecúa la OPA limitada al nuevo régimen permanente, la OPA previa se gobierna igualmente por el derecho transitorio: será plenamente válida con sus limitaciones mientras no se extinga el período semestral de compatibilidad el 14 de febrero de 2025.

Consecuentemente, debemos entender que las solicitudes de arbitraje presentadas tras la entrada en vigor del RD 713/2024, de 23 de julio, frente a empresas adheridas con limitaciones al Sistema Arbitral de Consumo y que aún no hayan adaptado su Oferta Pública de Adhesión a la nueva normativa por no haber finalizado el plazo del que disponen para hacerlo, se tramitarán conforme al RSAC 2024 [régimen permanente], pero reconociendo plena validez a la OPA limitada previa en tanto no se extinga el período de compatibilidad asociado a la fase de adaptación [régimen transitorio], ya sea por conclusión o por denuncia[6].

4. La valoración inexacta de la garantía de homologación

La Exposición de Motivos del RD 713/2024 (apartado III) argumenta que la configuración jurídica de la OPA limitada era técnicamente «excepcional» en el RD 231/2008 (art. 26). No podemos compartir esta apreciación. El Reglamento ahora derogado únicamente trataba de establecer una garantía de homologación —ajena a cualquier principio de excepcionalidad— introduciendo la exigencia de informe preceptivo de la Comisión de las Juntas Arbitrales de Consumo, vinculante en caso de ser negativo.

Sin embargo, aun admitiendo la excepcionalidad técnica como mera hipótesis de trabajo, la realidad de las adhesiones limitadas no era hasta ahora, ni mucho menos, una excepción en la práctica cotidiana de los órganos arbi-

6 Véase en este sentido, como no podía ser de otra manera en términos generales, el Informe de la Comisión de las Juntas Arbitrales de Consumo de 28 de octubre de 2024 (expediente CJA 81/2024), emitido a petición de la Junta Arbitral de Consumo de Andalucía cursada con fecha 11 de septiembre de 2024.

trales. El Sistema Arbitral de Consumo lleva trabajando con ellas más de 30 años [art. 6.2 *a)* RD 636/1993] como supuesto de hecho cuantitativamente predominante y con muy estimables resultados desde la perspectiva del acceso a la justicia[7] de los consumidores que contratan en masa con las grandes corporaciones.

La admisión y regulación de OPAs limitadas ha permitido que las Juntas Arbitrales tuvieran la posibilidad de resolver muy razonablemente[8] una gran

---

7 *Contra*, Marcos Francisco, D.: «Nueva perspectiva del arbitraje de consumo a la luz del Real Decreto 231/2008, de 15 de febrero, regulador del Sistema Arbitral de Consumo», en *Revista General de Derecho Procesal*, 16 (2008), p. 11, considerando que «en la práctica, tales OPA limitadas han demostrado constituir [...], *actos fraudulentos* contrarios a la misma protección del consumidor al establecerse con *un número de limitaciones* (sea de tipo territorial, temporal u objetivo) *tan elevado que en la realidad pocas eran las pretensiones que podía ejercitar aquél frente al empresario adherido*». Sin embargo, es justamente la práctica arbitral de consumo —al menos la posterior a la implementación por el RD 231/2008 de las garantías de homologación (art. 26) y de información (art. 28.4)— la que me aleja de estas apreciaciones, que no puedo compartir. No deja de resultar curioso, además, que dicho reparo se remate argumentando que las OPAS limitadas son un «*acto contrario a los intereses del consumidor* que adquiere un producto o contrata un servicio pensando que podría acudir a la vía arbitral si tiene algún conflicto con el empresario y, llegado el momento de hacerlo, *ve frustradas sus expectativas al ver inadmitida su demanda por estar excluida de la OPA*». Sería interesante recabar el estado de ánimo del consumidor cuando compruebe que la desaparición de esas limitaciones, que permitían el acceso a la justicia la inmensa mayoría de las solicitudes presentadas, puede acarrear la completa desaparición de las propias OPAS y, con ello, el abandono del Sistema Arbitral de Consumo por parte de muchas grandes corporaciones de suministros masivos y, por vía refleja, la indefensión de sus clientes.

8 Pueden observarse, a título de ejemplo, las limitaciones introducidas en la OPA de MOVISTAR (https://ayudaleyprotecciondatos.es/2020/07/30/reclamaciones-movistar/#Limitaciones) donde el principal operador del sector excluye, principalmente, [a] las reclamaciones planteadas por personas jurídicas, [b] las reclamaciones planteadas por personas físicas no consumidoras (empresarios individuales o profesionales), [c] la ausencia de reclamación previa o el hecho de no haber dejado transcurrir 30 días desde la misma [incorporada ahora, curiosamente, al art. 35.2 *c)* RSAC 2024 como causa de inadmisión de las solicitudes de arbitraje], [d] las indemnizaciones por daños y perjuicios, en términos absolutos o con limitación de la cantidad máxima indemnizable, y [e] las facturas emitidas con más de 6 meses de antigüedad desde la fecha de solicitud de arbitraje (un año en casos de no facturación). Muy parecido es lo que ocurre en el sector de comunicaciones con la SOCIEDAD ESTATAL DE CORREOS Y TELÉGRAFOS, SA, RENFE-OPERADORA; en el sector de telecomunicaciones con TELEFÓNICA MÓVILES ESPAÑA, ORANGE, JAZZTEL, VODAFONE, YOIGO Y TELECABLE (R Cable y Telecable); en el sector energético con TOTAL ENERGIES/BASER, CIDE HCENERGÍA, SA, IBERDROLA GENERACIÓN, IBERDROLA COMERCIALIZACIÓN DE ÚLTIMO RECURSO, CHC COMERCIALIZADOR DE REFERENCIA, SLU, FACTOR ENERGÍA, SA, ENDESA/ENERGÍA XXI COMERCIALIZADORA DE REFERENCIA, EDP CLIENTES SAU, FRANCE TELECOM ESPAÑA, SA, AUDAX ENERGÍA, AHORRELUZ, ELEIA, REPSOL/REGSITI, NATURGY IBERIA, COMERCIALIZADORA REGULADA GAS & POWER, ADS ENERGY, NEXUS ENERGÍA, SA, INTEGRA ENERGIA, HOLALUZ, MASQLUZ 2020, SL y ALTERNA, sin ánimo exhaustivo. En la práctica del día a día, estas limitaciones no solamente resultan asumibles, sino que, además, están permitiendo resolver más del 90 % de las reclamaciones planteadas por su numerosa clientela, que ahora puede estar en riesgo de indefensión al ser empujada fuera del SAC.

cantidad de reclamaciones de consumo que, sin aquéllas, habrían recalado en el limbo de la indefensión, habida cuenta de la dificultad de encajar muchas de esas pretensiones en los cauces de la jurisdicción judicial ordinaria. Es decir, que ni las OPAs limitadas venían constituyendo una excepción en la praxis del Sistema Arbitral de Consumo, ni las limitaciones homologadas e informadas impedían el acceso de los consumidores a la justicia. Parece más bien que, en realidad, estaba ocurriendo lo contrario[9].

5. Una seria preocupación: la huida del Sistema Arbitral de Consumo como movimiento reactivo

Nunca he discutido la necesidad de arbitrar medidas para evitar las adhesiones «fraudulentas»[10] que a veces se formalizan por algunos empresarios con el único propósito de obtener unos puntos de ventaja en licitaciones públicas, sin albergar la más mínima intención —ni siquiera en apariencia— de participar responsablemente en el Sistema Arbitral de Consumo. Pero ello no es óbice para considerar muy preocupante[11] que la supresión de las limitaciones pueda desembocar en la producción seriada de denuncias significativas en sectores «sensibles» ahora desincentivados (eléctricas y energéticas, telefonía, correos y comunicaciones...) que acarreen como consecuencia un debilitamiento progresivo del Sistema Arbitral de Consumo[12].

---

9 En el año 2022, último sobre el que se han publicado datos oficiales, se presentaron ante el Sistema Arbitral de Consumo español un total de 59.487 reclamaciones, de las que 36.023 (un 60,56 %) corresponden a sectores de suministros masivos por grandes corporaciones con OPAs limitadas (energía + gas + agua + telecomunicaciones + servicios postales). De estas últimas, han sido aceptadas o trasladadas a la Junta Arbitral de Consumo competente un total de 24.628 (un 68,4 %), mientras que las rechazadas o archivadas (sin que conste la causa) han sido apenas 1607 (un 4,46 %). *Cfr. Estadísticas de la actividad de las Juntas Arbitrales de Consumo en 2022* (Ministerio de Consumo).

10 *Cfr.* Tomillo, J.: «Realidad y futuro del Sistema Arbitral de Consumo: una aproximación crítica desde la experiencia cántabra», en *Práctica Arbitral de Consumo*, (J. Tomillo dir.), ed. Thomson Civitas, Cizur Menor, 2007, pp. 29-67, especialmente pp. 60-61.

11 Como ya he tenido ocasión de exponer en Tomillo, J.: *loc. cit.*, § II.1.

12 Coincide en la apreciación del riesgo Martínez Espín, P.: «Análisis del Real Decreto 713/2024 sobre el Sistema Arbitral de Consumo», en *Revista Cesco de Derecho de consumo*, 51 (2024), pp. 57-88. Después de manifestar que «[A]l eliminar las limitaciones en las adhesiones empresariales y establecer un distintivo único y obligatorio, el nuevo decreto facilita la participación de las empresas en el sistema arbitral» (pp. 83 y 84), incluye la eliminación de las limitaciones como uno de los «aspectos negativos» del RSAC 2024, aunque poniendo el foco sobre una «resistencia al cambio» por parte de las empresas: «[A]lgunos empresarios podrían resistirse a la eliminación de las limitaciones en las ofertas públicas de adhesión. *Esto podría llevar a una menor participación voluntaria en el sistema arbitral, lo que podría contrarrestar los beneficios de una mayor universalidad en la adhesión*» (p. 85). Más recientemente, coincide también Carrasco Perera, A.: «Atentos a las adhesiones al Sistema Arbitral de Consumo que se hubieran formulado como "limita-

Como se ha escrito recientemente[13], de poco sirve que las distintas administraciones públicas con competencia en la materia hayan procedido a establecer y financiar Juntas Arbitrales de Consumo para que los consumidores y usuarios cuenten con un procedimiento específico donde puedan defender eficazmente sus derechos legalmente reconocidos, si el Sistema Arbitral de Consumo no cuenta con la confianza de los empresarios. Es verdad que la implantación y el establecimiento del Sistema Arbitral de Consumo tuvo como actores principales a la administración pública y a los consumidores y usuarios, pero no es menos cierto que el éxito del mismo no se consigue sin la confianza y la participación de los empresarios.

En la práctica cotidiana, todavía en pleno «período de compatibilidad», las grandes empresas que se han adherido al Sistema Arbitral de Consumo mediante OPA limitada continúan muy atentas y vigilantes ante cualquier resolución de inicio del procedimiento arbitral que no tenga en cuenta las limitaciones establecidas en la adhesión. Cosa distinta es la resolución de admisión a trámite de una solicitud de arbitraje, que puede ser previa a la comprobación de la existencia de convenio arbitral válido (art. 36.1 RSAC) y a la realización, en su caso, de las actuaciones tendentes a perfeccionarlo (art. 36.2 y 4).

Habrá que prestar atención a la repercusión práctica de esta modificación, esperando que su cuestionable sentido de la realidad[14] no precipite un retro-

---

das"», en *Boletín de novedades Cesco*, núm. 14/2024, de 18 de noviembre, en cuyo criterio «[l]a norma nueva se equivoca si estima que con el régimen reformado se vigorizará el SAC. Las ofertas "limitadas" habían servido para atraer a las grandes empresas sin asumir demasiados riesgos. Seguramente la mayoría salgan ahora del sistema, que tampoco contiene potentes incentivos de permanencia». Manifiestan igualmente preocupación Colmenero Guerra, J.A.: «Reflexiones sobre el nuevo Reglamento que regula el sistema arbitral de consumo (RD 713/2024, de 23 de julio)», en *Revista LA LEY Mediación y Arbitraje*, núm. 20 (2024), p. 14 y Marcos Francisco, D.: *El arbitraje de consumo en el nuevo reglamento: ¿adecuación y eficiencia?*, ed. Tirant lo Blanch, Valencia, 2025, p. 138.

13 Lara González, R.: «El arbitraje de consumo en su cuadragésimo aniversario», en *Revista LA LEY Mediación y Arbitraje*, núm. 20 (2024), p. 4.

14 *Contra,* Marín López, M.J.: «La nueva regulación del arbitraje de consumo: el Real Decreto 231/2008, de 15 de febrero», en *Diario La Ley* 6905 (2008), ref. D-82, p. 1720. Entiende que *«[u]na de las mayores debilidades del sistema arbitral de consumo diseñado en el* RD *636/1993 es la generalizada admisión de ofertas públicas de sometimiento a arbitraje limitadas»*, porque «no tiene sentido que en el mercado "operen" empresas que han realizado ofertas públicas de sometimiento con límites y sin límites, y que las dos utilicen el mismo distintivo oficial». Es cierto que el autor valora positivamente la reforma introducida en su día por el artículo 28 RD 231/2008 estableciendo dos modalidades de distintivos oficiales de empresas adheridas en función de que las ofertas públicas de sometimiento tengan o no limitaciones (Anexos I y II), pero insiste al mismo tiempo en la necesidad de «fomentar las ofertas públicas de sometimiento sin limitaciones, *llegando incluso a impedir las ofertas públicas limitadas,* o permitiéndolas solo en ciertos supuestos», argumentando que «esta situación puede provocar grandes desilusiones y desengaños en los consumidores».

ceso a etapas anteriores[16], cuando el Sistema Arbitral de Consumo limitaba su campo de operaciones a la actividad minorista propia de reducidos grupos de pequeños empresarios sectorialmente localizados y con escasa clientela, dejando fuera del sistema al enorme colectivo compuesto por aquellos consumidores que contratan masivamente con el irrenunciable universo de las grandes empresas, plagado de abusos y de un variado repertorio de incumplimientos legales y contractuales. Téngase en cuenta, además, que cualquier condición incluida en la oferta de adhesión será considerada como limitación (art. 24.4.I *in fine*).

Es un tema serio que quizá habría necesitado de una mayor reflexión. Cabe apreciar, no obstante, que el 14 de febrero de 2025 no proporcionará la foto fija de la previsible «huida» de las grandes empresas. Más allá de esa fecha, algunas empresas acomodadas a la inercia que no hayan hecho uso de la disposición transitoria única 3 *in fine* RD 713/2024 empezarán a recibir notificaciones de laudos sustentados en un convenio perfeccionado por la solicitud de arbitraje de un consumidor que formula una pretensión incluida dentro del ámbito de la actividad de un empresario que haya presentado en su día OPA limitada. A medida que dichas empresas vayan observando que, por disposición legal, su OPA limitada se ha transformado en OPA plena desapareciendo las limitaciones, y que el órgano arbitral se pronuncia, con respaldo legal, sobre cuestiones que los adherentes han querido excluir expresamente del arbitraje como condicionante de su participación en el sistema, no es descabellado pensar que la opción más previsible será la denuncia de la OPA *ex* artículo 28.1 RSAC en cualquier momento posterior al período de compatibilidad, al margen del derecho transitorio.

El goteo puede prolongarse en el tiempo, sin que se atisbe para contrarrestarlo la eficacia del juego de prestidigitación incluido por arrastre del artículo 18.1 *a)* y *e)* LRALC 7/2007, al incrustar entre las causas de inadmisión a trámite de una reclamación ante el Sistema Arbitral de Consumo tanto la ausencia de reclamación previa ante el empresario cuanto la limitación a un máximo de un año de la precedencia de la reclamación previa respecto de la interposición de la solicitud de arbitraje ante la Junta Arbitral [art. 35.2 *c)* y *d)* RSAC].

Es particularmente llamativo, además, el contrasentido que supone suprimir las limitaciones en las OPAs «para una mayor protección de los consumi-

15 *Cfr.*, implícitamente, LARA GONZÁLEZ, R.: «El arbitraje de consumo en su cuadragésimo aniversario», *cit.*, razonando la valoración general del RD 713/2024 en estos términos: «tras estos años de nacimiento, desarrollo y consolidación del arbitraje de consumo, y en el marco del cuadragésimo aniversario de la Ley General para la Defensa de los Consumidores y Usuarios, considero que se debiera dar un nuevo salto cualitativo que nos situase otra vez en la vanguardia normativa a nivel de Derecho comparado. No es cosa distinta que una directa interpelación para el progreso en el arbitraje de consumo» (p. 4).

dores»[16], al tiempo que se recogen en el nuevo artículo 35 RSAC dos de las más significativas limitaciones presentes en las adhesiones de las grandes empresas para convertirlas sin solución de continuidad —y sin pestañear— en condicionantes *sine qua non* para la mismísima admisión a trámite de las solicitudes de arbitraje interpuestas por los consumidores.

6. Contradicción en el tratamiento de la intertemporalidad

El nuevo RSAC 2024 no se ocupa de guardar congruencia a la hora de regular determinadas situaciones intertemporales, cuestión delicada donde las haya. Piénsese, por ejemplo, en aquellos empresarios que hubieren formulado solicitud de adhesión limitada al Sistema Arbitral de Consumo con anterioridad al 13 de agosto de 2024, fecha de su entrada en vigor. Lo lógico es que hubieran tomado su decisión de incorporarse al sistema al amparo del citado artículo 26 RD 231/2008, vigente a la sazón. Sin embargo, el precepto desaparece ahora con carácter sobrevenido sin que decaiga la solicitud presentada de cara a su hipotética reconsideración por el empresario ante la ruptura del modelo consolidado.

Efectivamente, el n.º 2 de la disposición transitoria única puede acarrear distorsiones fácticas, además de un serio problema técnico de retroactividad implícita: «Las ofertas de adhesión de los empresarios al Sistema Arbitral de Consumo que se encuentren en trámite, en la fecha de entrada en vigor de esta norma, se sustanciarán de acuerdo con lo establecido en el presente real decreto» [es decir, el propio y posterior RSAC aprobado por el RD 713/2024].

Esta técnica puede contravenir la prohibición establecida en el artículo 2.3 del Código civil: «Las leyes no tendrán efecto retroactivo, si no dispusieren [expresamente] lo contrario». Y, a mayor abundamiento, es contradictoria respecto de la técnica utilizada en el n.º 2 de la misma disposición transitoria única para el tratamiento de las solicitudes de arbitraje presentadas por los consumidores con anterioridad al 13 de agosto de 2024, que proseguirán su tramitación conforme a lo previsto en la normativa vigente en la fecha de presentación [es decir, el RD 231/2008].

III. UNA EXCEPCIÓN A LA REGLA: LIMITACIONES POR IDENTIFICACIÓN DE ACTIVIDAD

1. Los presupuestos

Este principio de OPA universal va acompañado de una excepción (art. 24.3.II): «Los empresarios [a] que tengan la condición de personas físicas y

16 Así lo justifica literalmente el apartado II de la Exposición de Motivos del RD 713/2024, diciendo que «se ha optado por esta opción» *(sic.)* y proclamando la «desaparición de las limitaciones».

[b] desarrollen actividades diferentes de venta o prestación de servicios en distintos establecimientos, o [c] mediante venta a distancia por canales diferentes, deberán identificar claramente en la oferta de adhesión la actividad o actividades para las que efectúan la oferta».

Dicho con otras palabras, el empresario persona física que comercialice productos o servicios a través de distintos establecimientos mercantiles (puntos de venta o tienda propia) o utilizando diferentes canales de venta a distancia, ya sea *off line* (v.gr. venta directa, telemarketing,) ya sea *on line* (v.gr: plataformas digitales de intermediación, comercio electrónico, sitios web, blogs o redes sociales) puede formalizar una OPA aunque no abarque todas las actividades que desarrolle en el mercado, como excepción a la regla general de universalidad introducida imperativamente por el artículo 24.3.I RSAC 2024.

2. Las limitaciones exentas

De la literalidad del precepto se desprende, por lo tanto, que el empresario persona física puede excluir del ámbito de la OPA —sin conculcar la interdicción de limitaciones— una o varias de las actividades de venta o prestación de servicios que desarrolla en el mercado *a)* en varios establecimientos mercantiles presencialmente o *b)* en diferentes canales de venta a distancia, sin más requisito que identificarlas con claridad. Sin embargo, la literalidad del precepto no autoriza a excluir *toda* la actividad profesional que se lleve a cabo en un concreto establecimiento mercantil o en un específico canal de venta a distancia.

La configuración de esta salvedad a la regla general puede ser estimable de cara a facilitar las adhesiones en el ámbito del pequeño comercio, pero adolece de una técnica jurídica bastante deficiente y puede plantear problemas por su derivación casuística, lo que va a hacer necesario definir una línea exegética para el artículo 24.4 RSAC. Téngase en cuenta que aquello que bajo el RD 231/2008 (art. 25.3.III) no era sino un matiz a la configuración de la OPA limitada, ahora se transforma —como se verá— en una auténtica excepción frente la regla general de la prohibición de las limitaciones.

3. La eliminación de las garantías de homologación

La imprevisión del legislador puede colocar en dificultades a los agentes económicos, a los consumidores y a los operadores de las entidades de gestión y administración del arbitraje. A mayor abundamiento, y por si lo anteriormente expuesto no resultara suficiente, esta admisión excepcional de las OPAs limitadas por identificación de actividad (que no necesariamente del establecimiento mercantil) se incorpora al RSAC 2024 sin el contrapeso de la desaparecida *doble garantía* de homologación por la Comisión de Juntas Arbitrales de Consumo y de información al consumidor que establecía acertadamente el derogado RD 231/2008, lo que incrementa las incertidumbres.

IV. UNA EXCEPCIÓN A LA EXCEPCIÓN: LAS «LIMITACIONES NO LIMITATIVAS»

1. Tipicidad especial

En algunos casos, a pesar de contener limitaciones fácticas, las OPAs empresariales no se considerarán limitadas. Es decir, que no solamente existen limitaciones exentas de la eliminación. Es que, además, existen limitaciones que no se consideran como limitaciones. Conservando la disciplina prevista en el derogado artículo 25.3.I RD 231/2008, esto ocurrirá «cuando la adhesión se realice [a] por un período superior un año, o [b] se efectúe a las Juntas Arbitrales correspondientes al territorio en el que el empresario desarrolle principalmente su actividad» (art. 24.4.I *ab initio*).

A estos efectos, completando la regulación establecida en el artículo 25.3.II RD 231/2008 en sintonía con el artículo 24.3.II RSAC, se entiende que el empresario oferente «desarrolla principalmente su actividad en un determinado territorio [a] cuando dirija su oferta de bienes y servicios a los consumidores domiciliados en ese territorio, [b] a través de establecimientos abiertos al público o [c] mediante técnicas de comunicación a distancia» (art. 24.4.II).

El texto mejora la redacción del anterior artículo 25.3.I *in fine* RD 231/2008 al concretar la limitación no limitativa a cualquier período de tiempo que sea superior a un año (que no meramente «no inferior»)[17], pero tiene el inconveniente de venir encajado en un precepto normativo que se inspira en un principio muy diferente, por lo que se suscitarán nuevos problemas de interpretación y, naturalmente, de aplicación normativa. Especialmente, vista la generalidad de las previsiones reglamentarias, en lo que se refiere a la determinación casuística de cuál es el territorio en el que un empresario desarrolla su actividad «de manera principal» mediante técnicas de comunicación a distancia, y cuáles son los otros territorios donde el empresario desarrolla una actividad profesional «de manera no principal» quedando, por consiguiente, excluidos del ámbito territorial de la OPA.

2. El problema de la limitación temporal de la adhesión

Es conveniente guardar especial cuidado en el tratamiento de las limitaciones temporales «no limitativas». Por efecto, seguramente, de la inercia del RD 231/2008, en algunas Juntas Arbitrales se están recibiendo OPAs en las que el empresario declara que su adhesión es «por un año». La imprecisión técnica del RSAC 2024[18] puede causar efectos no deseados en este ámbito.

---

17 A diferencia del Proyecto de RD de 11 de abril de 2023, en el que el proyectado artículo 24.4 mantenía la literalidad heredada del RD 231/2008.

18 El legislador de 2024 únicamente se ocupó de prestar atención a la fijación cierta de la fecha a partir de la cual debía surtir efectos la denuncia de la OPA (art. 28.2), olvidándose

En lo que se refiere al período de adhesión al Sistema Arbitral de Consumo cuando la OPA no se presenta por tiempo indefinido, es necesario tener en cuenta que el período mínimo de adhesión —para que no se considere limitación— ya no es «no inferior a un año» como decía el derogado artículo 25.3.I RD 231/2008.

Ahora tiene que ser «superior a un año» según el artículo 24.4.I RSAC 2024. Parece lo mismo, pero no es lo mismo. Mírese como se mire, «un año» no es un período de tiempo «superior a un año». Por lo tanto, nos encontraríamos con una limitación a la OPA no autorizada por el artículo 24.4.I RSAC. Si —por la razón que sea— se dicta resolución de admisión, la consecuencia inmediata será que la OPA podría entenderse nula o bien realizada sin limitaciones (art. 24.3.I RSAC), es decir, en equidad y por tiempo indefinido (art. 24.2 RSAC 2024).

No parece que eso concuerde con la voluntad del adherente que declara querer resolver sus litigios mediante arbitraje de consumo «por un año». Pero sería la consecuencia legalmente asociada a la resolución de admisión, pues el plazo de adhesión se ha fijado expresamente y no es «superior a un año». Y el empresario oferente desconocerá las consecuencias, con toda probabilidad. Desde esta perspectiva, es recomendable introducir en los formularios de adhesión alguna cautela que permita salvar el afloramiento de consecuencias no deseadas, como puede ser, a título de ejemplo, la adhesión por un año contado a partir del día siguiente a la fecha en que se firma (autógrafa o electrónicamente) la resolución de admisión de la OPA por la persona titular de la Junta Arbitral correspondiente.

El daño, teóricamente, no es «irreparable», porque la OPA puede ser denunciada en cualquier momento (art. 28.1 RSAC). Pero sí que puede existir un perjuicio «efectivo» resarcible, porque muy posiblemente el firmante, cuando se dé cuenta del desaguisado, ya haya quedado vinculado (art. 23.6 *in fine* RSAC) por uno o varios —o muchos— laudos en unas condiciones que él nunca quiso asumir y así lo manifestó.

---

de precisar el cómputo del tiempo respecto de la admisión de las OPAs, a pesar de llevar aparejado el riesgo de consecuencias graves derivadas de la sustitución de la regla «no inferior a un año» por el patrón «superior a un año» en el nuevo artículo 24.4.I RSAC.

Artículo 25. Competencia para resolver sobre las ofertas públicas de adhesión*

1. Será competente para resolver sobre la admisión o inadmisión de las ofertas públicas de adhesión al Sistema Arbitral de Consumo, la Junta Arbitral correspondiente al ámbito territorial en el que el empresario desarrolle principalmente su actividad.

Si en el ámbito territorial autonómico en el que el empresario desarrolla principalmente su actividad existieran varias Juntas Arbitrales, será competente para resolver sobre la oferta de adhesión la Junta Arbitral de superior ámbito territorial.

Si el empresario desarrolla su actividad principal en un ámbito territorial superior a una comunidad autónoma, será competente para resolver la oferta de adhesión la Junta Arbitral Nacional de Consumo.

2. Si, conforme a lo dispuesto en el apartado anterior, la Junta Arbitral ante la que se haya presentado la oferta pública de adhesión no resulta competente para su resolución, la trasladará en un plazo máximo de diez días hábiles a la Junta Arbitral competente para resolver, informando de ello al solicitante.

SUMARIO: I. La adhesión unilateral recepticia: Junta Arbitral competente. 1. El criterio territorial. 2. Concurrencia territorial de varias Juntas Arbitrales. II. La presentación de OPA ante Junta Arbitral incompetente: el traslado de oficio y el juicio de competencia.

I. LA ADHESIÓN UNILATERAL RECEPTICIA: JUNTA ARBITRAL COMPETENTE

En la línea del derogado artículo 27 RD 231/2008, aunque con mejor técnica jurídica, el nuevo Reglamento considera que la adhesión del empresario instrumentada mediante formalización de OPA tiene carácter unilateral (art. 24.1) y recepticio, es decir, que no opera automáticamente, sino que debe ser aceptada por el órgano de administración del arbitraje.

Por otra parte, conviene insistir en que la OPA presentada por el empresario y admitida por la Junta Arbitral no es una solicitud de arbitraje, ya que contravendría el principio de unidireccionalidad plasmado en el artículo 31.1 RSAC 2024. Tampoco perfecciona *per se* el convenio arbitral si no confluye con una

* Comentario realizado por **Jorge Tomillo Urbina**.

solicitud de arbitraje presentada por el consumidor y admitida por la Junta Arbitral (art. 36.1). Con este presupuesto, la perfección —que no la «formalización», obviamente— se producirá siempre que la pretensión del reclamante esté incluida en el ámbito de la actividad de la empresa o establecimiento que sean destinatarios de la reclamación (art. 23.3).

Estas circunstancias deberán ser comprobadas por la persona titular de la presidencia de la Junta Arbitral para dar paso a la fase de inicio del procedimiento arbitral (art. 37.1.I), procediendo entonces a la designación del órgano arbitral que conocerá del litigio (art. 37.2) e implementando las respectivas —y preceptivas— notificaciones a las partes (art. 37.3).

1. El criterio territorial

Siguiendo lo establecido en el derogado artículo 27.1 *ab initio* RD 231/2008, una vez sentado reglamentariamente que corresponde a las Juntas Arbitrales, en su condición de gestoras del arbitraje institucional de consumo, la función de conocer de las ofertas públicas de adhesión al Sistema Arbitral de Consumo sobre las que resulten competentes [art. 6 *b)* RSAC], el nuevo artículo 25.1 pasa a aclarar que «[s]erá competente para resolver sobre la admisión o inadmisión de las ofertas públicas de adhesión al Sistema Arbitral de Consumo la Junta Arbitral correspondiente al ámbito territorial en el que el empresario desarrolle principalmente su actividad».

Dicho con otras palabras, la voluntad unilateral del empresario de someterse al Sistema Arbitral de Consumo para resolver los litigios que puedan surgir con su clientela, no tendrá ningún efecto jurídico si la persona que ostenta la titularidad de la presidencia de la Junta Arbitral correspondiente al ámbito territorial en que el empresario desarrolle principalmente su actividad no dicta resolución de admisión formal de la OPA, que deberá ser notificada al solicitante.

Como se establece con carácter general, las notificaciones de los actos administrativos dictados por la Junta Arbitral de Consumo se realizarán conforme a lo dispuesto en los artículos 40 y siguientes de la Ley 39/2015, de 1 de octubre, del Procedimiento Administrativo Común de las Administraciones Públicas (art. 5.3 *ab initio* RSAC).

2. Concurrencia territorial de varias Juntas Arbitrales

Si en el ámbito territorial autonómico en el que el empresario desarrolla principalmente su actividad existieran varias Juntas Arbitrales, será competente para resolver sobre la oferta de adhesión la Junta Arbitral de superior ámbito territorial (art. 25.1.II). Como establecía el artículo 27.1 *in fine* RD 231/2008, se opta acertadamente por la regla inversa a la que rige en materia de competencia territorial para conocer de las solicitudes de arbitraje en caso de concurrencia de varias Juntas Arbitrales en un mismo territorio.

El fuero especial del consumidor[1] (art. 7.2 RSAC) no es el criterio más apropiado para resolver la cuestión de la Junta Arbitral competente para conocer de las OPAs. La lógica de la presentación de una solicitud de arbitraje por parte de un consumidor ante una Junta Arbitral nada tiene que ver con la lógica que inspira la formalización de una OPA por parte de un empresario. En este último caso, el acceso efectivo de los consumidores a la justicia reclama la actuación de la Junta Arbitral de superior ámbito territorial dentro del territorio en que el empresario desarrolle principalmente su actividad, como consecuencia del principio estructural de adhesión empresarial *a todo* el Sistema Arbitral de Consumo (art. 24.1.I).

Desde esta lógica normativa, y por las mismas razones, es perfectamente congruente disponer que, en caso de que el empresario desarrolle su actividad principal en un ámbito territorial superior a una comunidad autónoma, será competente para resolver la oferta de adhesión la Junta Arbitral Nacional de Consumo (art. 25.1.III)[2].

Eliminada la posibilidad general de presentar OPAs limitadas, se suprime el enunciado del artículo 27.3 RD 231/2008, que obligaba a las Juntas Arbitrales a notificar a la Comisión de juntas Arbitrales de Consumo las resoluciones que hubieran adoptado en las ofertas públicas de adhesión limitada al Sistema Arbitral de Consumo. Dicha notificación estaba ligada a la exigencia de informe preceptivo —y vinculante, si fuera negativo— de la Comisión de Juntas a los efectos de dictar resolución de admisión de OPAs limitadas por las Juntas Arbitrales territorialmente competentes, introducida en su momento por el artículo 26 RD 231/2008, también derogado.

II. LA PRESENTACIÓN DE OPA ANTE JUNTA ARBITRAL INCOMPETENTE: EL TRASLADO DE OFICIO Y EL JUICIO DE COMPETENCIA

Conforme a lo dispuesto en el artículo 25.2 RSAC, si la Junta Arbitral ante la que el empresario interesado haya presentado la OPA no resulta competente para su resolución conforme a lo dispuesto en el artículo 25.1, en un plazo máximo de 10 días hábiles se dará traslado de la misma a la Junta Arbitral competente para resolver a los efectos oportunos, informando de ello al solicitante.

---

1 Véase la Circular 2/2018, de 1 de junio, de la Fiscalía General del Estado, sobre nuevas directrices en materia de protección jurídica de los derechos de los consumidores y usuarios [Fis-C-2018-00002], pp. 1357 y ss.

2 Este concreto párrafo no figuraba en el artículo 25 del Proyecto de RD de 11 de abril de 2023.

El juicio de competencia debe ser realizado por la persona titular de la presidencia de la Junta Arbitral, que dictará resolución de inadmisión (arts. 25.1 y 26.1). Resuelta motivadamente la inadmisión por falta de competencia territorial, la administración de la Junta Arbitral dará traslado de la petición formulada por el empresario a la Junta Arbitral que resulte competente en los términos indicados.

Desde una perspectiva práctica, es conveniente evitar el encadenamiento de traslados sucesivos como consecuencia de la competencia o incompetencia sobrevenida de la Junta Arbitral ante la que se hubiera presentado la OPA, especialmente en aquellos casos en que en el ámbito territorial en que desarrolla principalmente su actividad el empresario oferente existieran varias Juntas Arbitrales concurrentes. De aquí que sea recomendable intentar la adopción de acuerdos[3] entre la Junta Arbitral autonómica y las eventuales Juntas Arbitrales de ámbito local implantadas en dicho territorio para tramitar ágil y ordenadamente las respectivas OPAs. De esta manera se anticiparía la llegada del momento en que la solicitud de arbitraje presentada por el consumidor es susceptible de perfeccionar válidamente el convenio arbitral (art. 23.3 RSAC).

En todo caso, la resolución desestimatoria pondrá fin a la vía administrativa, pudiendo interponerse frente a ella recurso potestativo de reposición (art. 5.2 RSAC) ante la persona titular de la presidencia de la Junta Arbitral de Consumo en el plazo de un mes desde su notificación, o bien ser impugnada directamente ante el orden jurisdiccional contencioso administrativo de conformidad con lo previsto en el artículo 123 de la Ley 39/2015, de 1 de octubre, del Procedimiento Administrativo Común de las Administraciones Públicas.

3 Aunque con referencia a las solicitudes de arbitraje y no a las presentaciones de OPAS, puede verse el Informe de la Comisión de Juntas Arbitrales de Consumo de 28 de octubre de 2024 (expediente CJA 81/2024), emitido a petición de la Junta Arbitral de Consumo de Andalucía cursada con fecha 11 de septiembre de 2024.

Artículo 26. Resolución sobre la oferta pública de adhesión y concesión del distintivo de adhesión al Sistema Arbitral de Consumo*

1. La persona titular de la presidencia de la Junta Arbitral que resulte competente para conocer de la oferta pública de adhesión, resolverá motivadamente sobre su aceptación o rechazo y, en caso de aceptarla, otorgará al empresario el distintivo oficial que figura en el anexo.

2. Los empresarios adheridos al Sistema Arbitral de Consumo están obligados a utilizar en el distintivo oficial anteriormente referido en su portal de internet, debiendo constar también en las condiciones generales de los contratos de compraventa o de prestación de servicios que el empresario ofrezca al consumidor.

Si el empresario no dispusiera de portal de internet o no existiera documentación relativa a las condiciones generales, el distintivo deberá ser exhibido en cualquier soporte que permita al consumidor su conocimiento, en particular a través de folletos informativos propios, carteles con la información en lugar accesible al consumidor o cualquier otra comunicación comercial.

3. La utilización de este distintivo oficial, por parte de los empresarios adheridos, deberá ajustarse a lo dispuesto en el anexo.

4. El distintivo de adhesión al Sistema Arbitral de Consumo podrá figurar en castellano o en las demás lenguas cooficiales del Estado en las respectivas comunidades autónomas donde se utilice.

I. LA EXIGENCIA DE RESOLUCIÓN MOTIVADA

Una vez que el artículo 25 RSAC identifica la Junta Arbitral competente para resolver sobre las OPAs, el artículo 26. 1 atribuye a la persona titular de la presidencia de dicha Junta Arbitral dos funciones básicas: *a)* resolver motivadamente sobre la aceptación o rechazo de la OPA presentada por el

* Comentario realizado por **Jorge Tomillo Urbina**.

empresario, y *b)* en caso de dictar resolución de admisión, otorgar al empresario el distintivo oficial que figura en el anexo al RSAC.

La exigencia de motivación no figuraba expresamente en el artículo 27 RD 231/2008, aunque sí se contemplaba la obligación de dar traslado de la OPA a la Junta Arbitral competente en un plazo de 10 días.

En toda resolución administrativa siempre es necesario determinar un fundamento jurídico-positivo para que sea posible su control efectivo acudiendo al sistema de recursos administrativos y judiciales (art. 35 LPAC 39/2015). Téngase en cuenta que las resoluciones dictadas por las personas titulares de la presidencia de las Juntas Arbitrales de Consumo ponen fin a la vía administrativa, pudiendo interponerse frente a ellas recurso potestativo de reposición (art. 5.2 RSAC). Se exceptúan las resoluciones de admisión o inadmisión de solicitudes de arbitraje que se fundamenten en la vulneración del artículo 2, que admiten recurso de alzada ante la Comisión de Juntas Arbitrales de Consumo [art. 18.1 *a)* RSAC].

La jurisprudencia establece con claridad que «[l]a motivación constituye un *requisito imprescindible* en todo acto administrativo en la medida en que supone la exteriorización de las razones que sirven de justificación o fundamento a la concreta solución jurídica adoptada por la Administración».

En cuanto al *contenido* de la motivación, también se pronuncia indubitadamente la jurisprudencia de la Sala tercera del Tribunal Supremo: para cumplir con la exigencia de motivación de los actos administrativos no es necesario examinar exhaustivamente todos los argumentos aducidos y todas las pruebas practicadas, sino que «basta con una justificación *razonable* y *suficiente* que contenga [i] los presupuestos de hecho y [ii] los fundamentos de Derecho que justifican la concreta solución adoptada»[1].

II. LA CONCESIÓN DEL DISTINTIVO OFICIAL DE ADHESIÓN AL SISTEMA ARBITRAL DE CONSUMO

1. Otorgamiento y publicidad

Al igual que hacía el derogado artículo 28.1 RD 231/2008, el artículo 26.1 RSAC 2024 establece que, en la resolución de admisión de la OPA, la persona titular de la presidencia de la Junta Arbitral territorialmente competente otorgará al empresario el distintivo oficial del Sistema Arbitral de Consumo. Es habitual que en la misma resolución se informe al empresario acerca de que el distintivo otorgado puede ser impreso por sus propios medios, respetando, naturalmente, su descripción, características y proporciones, o bien puede

1 *Cfr.*, para ambas citas entrecomilladas, la STS núm. 713/2020, de 9 de junio (recurso núm. 392/2018) FD 4.º.

ser recogido físicamente en formato adhesivo (la clásica «pegatina») en las dependencias de la Junta Arbitral otorgante. Dicha resolución también constituye un soporte apropiado para cumplir con la obligación de información contenida en el artículo 23.6 del nuevo Reglamento.

El artículo 28.4 RD 231/2008 establecía la obligación de publicar la concesión del distintivo público de adhesión en el diario oficial correspondiente al ámbito territorial de la Junta Arbitral competente para resolver. Desafortunadamente, el RSAC 2024 no contempla esta posibilidad, ni siquiera como opción voluntaria recomendada.

La publicación en el diario oficial correspondiente y la difusión del otorgamiento del distintivo son muy necesarias, incluso a través de mecanismos publicitarios, portales de transparencia, sitios *web* o redes sociales. Más allá de las bases de datos previstas en el artículo 27.1 y 2, manifiestamente insuficientes, es necesario «hacer real» la publicidad de la oferta efectuada por el empresario, que igualmente puede estar interesado en dicha publicidad como ventaja sobre sus competidores en el mercado[2]. Sin difusión suficiente, los consumidores no tendrán un conocimiento efectivo de las empresas que se encuentran adheridas al Sistema Arbitral de Consumo.

Lo mismo puede decirse de la imprescindible publicidad de la denuncia de la OPA por parte del empresario adherido (art. 28.1 RSAC). Muy especialmente porque, en este caso, la denuncia tiene que ser admitida por resolución de la persona titular de la presidencia de la Junta Arbitral competente, en cuya resolución deberá hacer constar expresamente «su fecha de efectos» (art. 2), lo que ocurrirá transcurrido un mes desde la fecha en que la denuncia se haya comunicado a la Junta Arbitral concedente, salvo que en la oferta pública de adhesión o en la denuncia se establezca un plazo superior (art. 28.3), sin que pueda afectar a los convenios arbitrales válidamente formalizados con anterioridad a la fecha en que la denuncia de la oferta de adhesión deba surtir efecto (art. 28.3).

Razonamiento que debe hacerse extensivo a la publicidad de las resoluciones presidenciales de retirada del distintivo oficial y, en su caso, de baja en las bases de datos citadas (art. 29.2). El conocimiento efectivo de esta información por parte de los consumidores es esencial, y el RSAC 2024, desafortunadamente, no se ocupa de garantizarlo en términos satisfactorios.

2. Su función como «marca de calidad»

El distintivo oficial desempeña la función de una «marca de calidad» que anuncia la voluntad del empresario de resolver los conflictos que puedan suscitarse con su clientela a través de un mecanismo extrajudicial con regu-

2 ÁLVAREZ ALARCÓN, A.: *El sistema español de arbitraje de consumo*, ed. Instituto Nacional del Consumo, Jerez de la Frontera, 1999, p. 133.

lación positiva y resultado vinculante. Esta proclamación de voluntad empresarial es indicativa de confianza en las actividades profesionales que realiza en el mercado, y puede actuar como técnica de fidelización de la clientela.

La opción del empresario por un sistema de resolución alternativa (ADR) de los conflictos de consumo garantiza el acceso de los consumidores a la justicia, por lo que normalmente será tomado en consideración para determinar preferencias y descartes a la hora de tomar sus decisiones de compra frente a los diversos minoristas que suministren productos o servicios en condiciones de mercado más o menos homogéneas.

Los consumidores valorarán la reputación[3] de un sistema de resolución de conflictos que, además de extrajudicial, es rápido, eficaz, especializado y gratuito, con la única excepción de los gastos ocasionados por la práctica de las pruebas, que serán satisfechos por la parte que las hubiera solicitado, o de forma igualitaria cuando hayan sido propuestas por ambas partes de común acuerdo (art. 42.3 RSAC).

En todo caso, y en relación con la excepción a la gratuidad, no debe olvidarse que los órganos arbitrales pueden proponer de oficio la práctica de las pruebas que considere necesarias, sumándose incluso a las proposiciones de las partes. En este supuesto, la Junta Arbitral competente para la designación del órgano arbitral (art. 37.2) asumirá los gastos ocasionados por la prueba «siempre que las disponibilidades presupuestarias lo permitan» (art. 42.4). El precepto deja sin responder qué ocurrirá en el caso de que tales disponibilidades presupuestarias no lo permitan, esto es, si la práctica de la prueba en estos casos no se llevará a efecto, o si serán las partes las obligadas a hacer frente a este gasto[4].

Sin perjuicio de la competencia atribuida reglamentariamente al órgano arbitral para establecer criterios alternativos de «distribución de gastos», que no son sino una auténtica condena en costas: «[e]n el supuesto de que el órgano arbitral aprecie mala fe o temeridad podrá distribuir los gastos ocasionados por la práctica de las pruebas en distinta forma a la prevista en los apartados anteriores, recogiéndose en el laudo que se dicte».

3. Su composición y diseño

En el Anexo único al RSAC se establecen con precisión tanto la denominación del distintivo como sus características y los criterios de construcción gráfica. Consta de cuatro elementos de texto e imagen que se insertan en un rectángulo vertical de 69 milímetros de ancho y 132 de alto, que mantiene su

3 Véanse las consideraciones realizadas al respecto en el comentario al artículo 23 § IV.

4 *Cfr.* el Informe sobre el Proyecto de Real Decreto por el que se regula el Sistema Arbitral de Consumo, aprobado por el Pleno del Consejo General del Poder Judicial en su reunión del día 25 de enero de 2024, Consideraciones particulares, apartado 144.

apariencia formal tradicional, dimensiones incluidas, al menos en términos generales. Para su uso en formato electrónico («en Internet» decía el Anexo I del RD 231/2008), se establece un tamaño mínimo en píxeles de 75 de ancho por 138 de alto. Si se opta por utilizar un tamaño superior deberán guardarse estas proporciones.

En el caso de que el distintivo se incorpore en documentos en soporte papel o electrónico en los que, por sus dimensiones o características, no pueda cumplirse lo estipulado en cuanto a su construcción gráfica para el tamaño o color del distintivo, dichos criterios podrán ser adaptados de manera flexible, aunque respetándose siempre el contenido y proporciones señalados para el distintivo oficial.

El primer elemento de texto se ubica en la parte superior de la figura en todo su ancho y con 28 milímetros de alto, debiendo incluir en letra mayúscula la Junta Arbitral a la que se realiza la adhesión o el ámbito territorial de la OPA, en letra mayúscula y centrado.

El segundo elemento es de solo texto, donde figura en dos líneas la expresión «empresario adherido». Habría sido más acertado mantener la leyenda de «establecimiento adherido» dispuesta en el Anexo I del RD 231/2008 a pesar del carácter integrador del concepto de empresario establecido en el artículo 2.I *b)* LRALC 7/2017, ya que reflejaría más fielmente la realidad sociológica del sistema. Además, debe tenerse en cuenta[5] que la improvisación y el alejamiento de algunos conceptos básicos del Derecho Mercantil puede llegar a constituir un serio problema para la actividad futura de las Juntas Arbitrales. La clásica dualidad terminológica —«empresarios y profesionales»— habría permitido situarse más en la línea de la LGDCU 1/2007 (art. 4) sin separarse por ello ni un milímetro de la Ley 7/2017 ni de la Directiva 2013/11/UE, de 21 de mayo, que contiene el mismo concepto extenso, aunque ahora bajo la denominación de «comerciante» [art. 4.1 *b)*].

En cuanto al tercer elemento, de imagen, es donde se incluye el logotipo clásico del arbitraje de consumo. Figura en formato bien visible (53,4 x 63,7 milímetros), inserto en un cuadrado de color naranja con 69 milímetros de lado.

El cuarto elemento consta del texto «arbitraje de consumo» en dos líneas, ocupando un espacio de 51,8 x 13 milímetros y va con una separación de 3 milímetros respecto del tercer elemento.

Naturalmente, suprimidas las OPAs limitadas desaparece también el Anexo II del RD 231/2008, que establecía un distintivo especial de adhesión limitada al Sistema Arbitral de Consumo. También se elimina el artículo 28.5 RD 231/2008, que obligaba a publicar tanto la concesión del distintivo oficial de adhesión como su retirada, en el diario oficial que corresponda al ámbito territorial de la Junta Arbitral competente para adoptar las respectivas resoluciones.

5 Tomillo, J.: *loc. cit.*, § II.2.

4. Su retirada (remisión)

El artículo 29.2 RSAC establece que la persona titular de la presidencia de la Junta Arbitral que hubiera concedido el distintivo oficial de empresario adherido, previa audiencia de este, será competente para dictar resolución motivada de retirada del distintivo y, en su caso, de su baja en las bases de datos correspondientes.

La resolución, que será notificada al interesado, debe fundamentarse y motivarse tomando como base alguna de las siete causas tasadas que se enumeran el al artículo 29.1, cuyo análisis se realiza en la sede sistemática correspondiente.

III. DEL DERECHO AL USO A LA OBLIGACIÓN DE USO

1. Un cambio de paradigma: la utilización obligatoria

Frente al otorgamiento del derecho a la utilización del distintivo oficial del SAC por la Junta Arbitral competente configurado en el artículo 28.4 RD 231/2008 («las empresas o profesionales adheridos al Sistema Arbitral de Consumo *podrán utilizar* en sus comunicaciones comerciales el distintivo oficial concedido»), el artículo 26.2.I RSAC 2024 introduce como novedad un riguroso sistema de utilización obligatoria, aplicable a partir del 13 de agosto de 2024: »Los empresarios adheridos al Sistema Arbitral de Consumo *están obligados a utilizar* en el *(sic.)* distintivo oficial anteriormente referido en su portal de internet, debiendo constar también en las condiciones generales de los contratos de compraventa o de prestación de servicios que el empresario ofrezca al consumidor». Esta obligación, por su naturaleza, conviene que sea puesta en conocimiento del empresario adherente en la misma resolución presidencial de admisión de la OPA.

La obligación se hace todavía más gravosa en aquellos supuestos en que el empresario adherido no dispusiera de portal de internet o de documentación relativa a las condiciones generales. En tal caso, el distintivo oficial «deberá ser exhibido en cualquier soporte que permita al consumidor su conocimiento, en particular a través de folletos informativos propios, carteles con la información en lugar accesible al consumidor o cualquier otra comunicación comercial» (art. 26.2.II).

El distintivo de adhesión al Sistema Arbitral de Consumo, que deberá ajustarse a lo dispuesto en el Anexo (art. 26.3) podrá figurar en castellano o en las demás lenguas cooficiales del Estado en las respectivas comunidades autónomas donde se utilice (art. 26.4 RSAC, siguiendo la línea trazada por el art. 28.3 RD 231/2008)[6].

---

6 Esta especificación, sin embargo, no estaba incluida en el Proyecto de RD de 11 de abril de 2023.

2. Algunas cuestiones prácticas

Resulta incuestionable la conveniencia de reforzar la comunicación pública de la adhesión al Sistema Arbitral de Consumo por parte de empresarios y profesionales para garantizar el acceso informado (art. 15.3 LRALC 7/2017) de los consumidores a la justicia a través de un procedimiento extrajudicial con resultado vinculante. Pero quizá la introducción de la nueva técnica de la obligatoriedad con constancia en múltiples soportes, unida a la supresión de las OPAs limitadas, sea menos inclusiva que excluyente de cara a nutrir el listado de operadores económicos adheridos que deben gestionar y actualizar las Juntas Arbitrales.

La inclusión del distintivo en todas las comunicaciones comerciales, la elaboración, impresión y difusión de folletos informativos propios y de cartelería, o su inserción en las condiciones generales de los contratos de compraventa o de prestación de servicios que el empresario adherido ofrezca al consumidor suponen un coste importante para los empresarios autónomos y las PYMEs, que posiblemente conducirá, en el mejor de los casos, a la inaplicación práctica del precepto en los términos en que está redactado.

El artículo 26 del Proyecto de RD de 11 de abril de 2023 era sustancialmente más breve que el definitivo artículo 26 RSAC. Es verdad que establecía el tránsito del derecho al uso a la obligación de uso del signo distintivo consagrando la regla de obligatoriedad, pero limitándose a disponer que «[l]as empresas adheridas al Sistema Arbitral de Consumo están obligadas a utilizar en sus comunicaciones comerciales o informativas el distintivo oficial anteriormente referido» (art. 26.2 PRD 2023), sin incurrir en la agobiante y costosa minuciosidad del vigente artículo 26 2 RSAC ni en el «castigo» que impone a los empresarios que no dispongan de portal de internet o en cuyo tráfico profesional no exista documentación relativa a las condiciones generales (art. 26.2.II RSAC).

El legislador sigue *«ad pedem litteram»* la recomendación contenida en el Dictamen del Consejo de Estado núm. 628/2024, de 30 de mayo, sobre el Proyecto de Real Decreto por el que se regula el Sistema Arbitral de Consumo, en orden a reproducir en el artículo 26.2 del RSAC 2024 el contenido del artículo 40.2.II LRALC 7/2017. Pero se enroca en el texto de dicho artículo olvidándose de indagar con precisión en el texto del Dictamen y desaprovecha una gran oportunidad —otra más— para racionalizar la obligación de información introduciendo los matices sugeridos por el alto órgano consultivo, salvando la insuficiencia de la LRALC y las contradicciones en que incurre el propio Consejo de Estado.

En efecto, éste «entiende en primer lugar que se debe hacer explícito lo evidente: la obligatoriedad del uso del distintivo "en sus comunicaciones comerciales o informativas" se refiere a las comunicaciones con los consumidores o usuarios, no a las de otro tipo. Es de notar que una importante actividad comercial e informativa de las empresas se dirige a otras empresas, a profesionales, e incluso a las Administraciones públicas. Conviene, pues, ceñir la obligación al ámbito propio de la protección de los consumidores y usuarios».

A mayor abundamiento, se añade «[e]n segundo lugar, y con el fin de que el Sistema Arbitral de Consumo no pierda atractivo entre los empresarios, el Consejo de Estado considera que la obligación de uso del distintivo oficial se ha de formular en los mismos términos en los que está prevista en la Ley 7/2017 [...]. Esta obligación es innegable y no puede ser desconocida. Pero ir más allá en la norma reglamentaria proyectada, aunque pueda tener amparo en el apartado 4 del artículo 40 de la ley, resulta innecesario y tiene el riesgo de hacer menos atractivo el Sistema Arbitral de Consumo para los empresarios».

Pero lo cierto es que la incorporación mecánica al RSAC del texto del artículo 40.2.II LRALC marca la entrada en un bucle improductivo («cualquier otra comunicación comercial»), puesto que la referencia continúa centrada, como reprocha acertada pero incongruentemente el Consejo de Estado, en la obligación de «incluir el distintivo "en sus comunicaciones comerciales o informativas". Al no resultar cualificada, la obligación se extiende en principio a todas ellas, en todos sus formatos. Y no es difícil listar ámbitos publicitarios, que en definitiva son comunicaciones comerciales, en los que el uso del distintivo oficial puede no ser apropiado o incluso posible».

Esta espiral contribuirá, probablemente, a desincentivar aún más la participación de las empresas en el Sistema Arbitral de Consumo.

Artículo 27. Base de datos de empresarios adheridos al Sistema Arbitral de Consumo*

1. El Ministerio con competencias en materia de consumo elaborará una base de datos electrónica de carácter público y de ámbito nacional en la que se incluyan la totalidad de ofertas de adhesión al Sistema Arbitral de Consumo, aceptadas por cualquier Junta Arbitral.

2. Cada Junta Arbitral dispondrá de una base de datos pública, en formato electrónico y permanentemente actualizada, en la que se incluirán los datos de las ofertas públicas de adhesión vigentes o denunciadas sobre las que exista resolución, debiendo ser incorporados o dados de baja en la base de datos nacional de empresarios adheridos.

3. Las Juntas Arbitrales deberán comunicar cualquier modificación que se produzca en su base de datos de empresarios adheridos, con el fin de ser incorporadas a la base de datos de carácter nacional elaborada por el Ministerio con competencias en materia de consumo.

4. Las bases de datos electrónicas a las que se refieren los apartados anteriores serán accesibles a través de los portales de internet de las administraciones públicas a las que estén adscritas las Juntas Arbitrales y del Ministerio con competencias en materia de consumo, debiendo estar disponibles, igualmente, en las sedes de las Juntas Arbitrales, en un formato que garantice la accesibilidad universal.

I. CONSIDERACIONES INICIALES: EL CONOCIMIENTO DE LA OPA POR LOS CONSUMIDORES

Cuando un empresario decide formular una oferta pública de adhesión (en adelante, OPA) al Sistema Arbitral de Consumo proyecta al mercado una imagen de mayor fiabilidad en tanto en cuanto pone de manifiesto su voluntad de canalizar la resolución de los posibles conflictos que surjan en relación con sus productos o servicios a través de un sistema particularmente atrac-

* Comentario realizado por **Eugenia Fernández Fernández**.

tivo para los consumidores por las características ya vistas a lo largo de esta obra. En esa medida y si el consumidor siguiera un patrón racional a la hora de formar su decisión de compra, la adhesión al sistema arbitral actuaría como una *marca de garantía* con capacidad para decantar esa decisión en favor del empresario que, por esa razón, incrementaría las contrataciones y, por ende, los ingresos derivados de su actividad[1].

Ahora bien, para que se produzca esa relación causa-efecto ha de cumplirse un presupuesto ineludible: los consumidores han de conocer con carácter previo la existencia de esa oferta pública de adhesión pues de otra forma ningún efecto promotor de ventas podría darse. Interesa en este punto conocer las vías a través de las cuales el consumidor podría tener acceso a esa información. Del análisis del RSAC se pone de manifiesto la existencia de dos vías superpuestas o concurrentes como son la exhibición del distintivo oficial y la existencia de una base de datos de empresarios adheridos al sistema.

El artículo 26.2 RSAC instaura para los empresarios adheridos al sistema arbitral de consumo mediante OPA la obligación de exhibir el distintivo oficial en su portal de internet, en sus condiciones contractuales generales o, si no se dispusiera de portal de internet o la contratación no se documenta (ej.: salas de cine), en cualquier soporte que permita al consumidor su conocimiento. Si, como decimos, la adhesión al sistema ejerce para el empresario un efecto tractor de ventas, será el propio empresario el mayor interesado en realizar dicha exhibición y beneficiarse de esos efectos favorables.

En esa medida puede resultar innecesario convertir en obligación lo que con el RD 231/2008 (art. 28.4) no era sino una mera posibilidad, la de mostrar el distintivo oficial de adhesión al sistema. La falta de cumplimiento de tal obligación constituiría una conducta autolesiva para el empresario que, *in malam partem*, decide no beneficiarse de los efectos positivos de su participación en el sistema. Probablemente por esa razón, por pensar que ya es suficientemente dura la pérdida de oportunidad, no se establece sanción alguna al incumplimiento de tan pintoresca obligación.

II. LAS BASES DE DATOS DE EMPRESARIOS ADHERIDOS AL SISTEMA ARBITRAL DE CONSUMO

La segunda vía a través de la que los consumidores podrían tener acceso a la información sobre los empresarios adheridos se regula en el artículo 27, objeto de este comentario.

---

1 En este sentido ÁLVAREZ ALARCÓN, A.: *El sistema español de arbitraje de consumo*, ed. Instituto Nacional de Consumo, Jerez de la Frontera, 1999, p. 49.

Se dispone que el Ministerio con competencias en materia de consumo (actualmente el Ministerio de Derechos sociales, consumo y agenda 2030), «*elaborará una base de datos electrónica, de carácter público y de ámbito nacional en la que se incluyan la totalidad de las ofertas públicas de adhesión al Sistema Arbitral de Consumo, aceptadas por cualquier Junta Arbitral*». El precepto, en línea con los artículos 31 del RD 231/2008 y 7 del RD 636/1993 que regularon la materia con anterioridad, articula el cauce a través del cual los consumidores pueden tener acceso a una información esencial para la defensa de sus derechos si bien procede a la necesaria actualización al entorno digitalizado del momento presente.

En este sentido, resulta curiosa la evolución experimentada en este concreto aspecto que va desde la referencia a un «*libro debidamente numerado*» del que cada junta arbitral debía disponer [arts. 4 *c)* y 7.2 RD 636/1993] hasta la alusión del texto actual a una base de datos electrónica (art. 27 RSAC aprobado por RD 713/2024) pasando por la creación de un registro público de empresas adheridas (art. 31 RD 231/2008).

Se apuesta por la articulación de un sistema a través del cual los consumidores puedan tener acceso a una información que les resulta determinante, no ya en el momento en el que el conflicto ha surgido y pretende solucionarse, sino también en el momento previo a la contratación si, como decimos, la decisión de compra se adopta tomando en consideración un factor como es la participación del empresario en el Sistema Arbitral de Consumo. Dada la potencialmente ingente cantidad de empresas que puedan estar adheridas al sistema y la variabilidad en sus condiciones de adhesión, resultaría imposible que un consumidor pueda tener conocimiento de tal información por sus propios medios. En tal sentido, el establecimiento de un mecanismo de registro constituye, en los más de los casos, la única vía para garantizar el conocimiento de ese tipo de informaciones.

La base de datos electrónica debe estar «*permanentemente actualizada*» con el propósito de que la información que contiene tenga plena correspondencia con una realidad esencialmente cambiante en tanto que conectada al ejercicio de una actividad empresarial.

1. El problema de la concurrencia de bases de datos

Se trataría, de cualquier forma, de una obligación piramidalmente estratificada desde el punto de vista funcional y territorial. El artículo 37.1 RSAC se refiere a una base de datos de ámbito nacional que deberá gestionar el Ministerio competente mientras que el artículo 37.2 atribuye a cada Junta Arbitral (sin especificación de su ámbito territorial) idéntica obligación de llevanza de su propia base de datos. La lógica del sistema pasa por entender que, en un país con un tejido empresarial nutrido fundamentalmente de PYMES y MICROPYMES, son las Juntas Arbitrales de menor ámbito las que constituyen por cercanía el referente relacional para los empresarios interesados en formular una adhesión que, por la propia dimensión de quien la formula, quedará circunscrita al entorno en el que el empresario desarrolla su actividad (art. 25.3 y 4 RSAC).

Existiendo esa *pluralidad* de bases de datos y partiendo de la consideración de que las destinatarias naturales de las ofertas públicas de adhesión y sus bajas serán las Juntas de inferior ámbito, serán éstas quienes deban comunicar al Ministerio competente las posibles modificaciones que se vayan produciendo de cara a que las mismas se incorporen a la base de datos nacional, que quedaría de esa forma «derivativa» debidamente actualizada.

Es probable que el sistema acabe «haciendo aguas» en este punto, puesto que se requeriría de un flujo de información entre administraciones que no siempre resulta fluido por razones de muy diversa índole. Es cierto que, por lo expuesto *supra* en relación a la mayor cercanía de las juntas de ámbito territorial más reducido, la interlocución más apropiada sea ésta, pero también es cierto que eso puede suponer cierta rémora a la actualización de la lista nacional si no existe esa colaboración interinstitucional.

2. La accesibilidad de las bases de datos

Establece el artículo 27 RSAC que las bases de datos «*serán accesibles a través de los portales de internet de las administraciones públicas a las que estén adscritas las Juntas Arbitrales y del Ministerio con competencias en materia de consumo debiendo estar disponibles, igualmente, en las sedes de las Juntas Arbitrales, en un formato que garantice la accesibilidad universal*».

Si el propósito que persigue la creación de esas bases de datos permanentemente actualizadas es el de facilitar a los consumidores el conocimiento sobre las empresas adheridas y sus condiciones de adhesión carecería de cualquier sentido que las bases no fueran de fácil consulta para quien estuviera interesado en acceder a la información que contienen. Por esa razón, se recoge el mandato de que las bases se encuentren accesibles a través de las páginas *web* de las respectivas instituciones de las que dependen, una vía que brinda un acceso fácil, rápido y sin coste para el consumidor.

Adicionalmente a ese acceso a través de las páginas *web* se establece la necesidad de que las Juntas Arbitrales puedan brindar acceso a los consumidores *en sus propias sedes* en un formato que garantice la accesibilidad universal. El precepto piensa en aquellos consumidores que, por sus circunstancias de edad, posición económica, formación, etc., puedan no tener acceso a una página *web*. Se trataría fundamentalmente de consumidores que ostenten la condición de *persona especialmente vulnerable* en atención a los factores ya mencionados (art. 3 LGDCU). Esa dificultad de acceso a los contenidos *web* tendría el perverso efecto de hacer más difícil a quienes se encuentran en las peores condiciones el acceso a un mecanismo de resolución de conflictos cuya característica definitoria es, precisamente, la facilidad o accesibilidad.

Por esa razón, se recoge la obligación de las Juntas de disponer de esa vía paralela de acceso que garantice una *accesibilidad universal*. Sí que es cierto que no se especifica el formato en el que las Juntas deben recoger la información sobre empresas adheridas, lo que no es necesariamente malo en tanto en cuanto no se cierra o restringe el mismo a ninguno en concreto. Parece razonable pensar que la forma escrita será en la mayoría de los casos la que mejor se adapte a esa exigencia de accesibilidad.

A modo de epílogo, cabe afirmar que el artículo 27 es un precepto de necesaria inclusión en la norma en tanto que referido a un aspecto esencial como es el acceso a la información sobre empresas adheridas si bien se trata un precepto con amplios márgenes de mejora en cuanto a concreción, pues adolece de importantes lagunas. Nada se dice de la información que debe recoger la base de datos, ni sobre los mecanismos de coordinación y comunicación entre las bases de datos de ámbito nacional y las territoriales, ni sobre la accesibilidad universal que se persigue[2].

2 Colmenero Guerra, J. A.: «Reflexiones sobre el nuevo Reglamento que regula el sistema arbitral de consumo (RD 713/2024, de 23 de julio)», en *Revista LA LEY Mediación y Arbitraje*, núm. 20 (2024), p. 15, hace referencia precisamente a estos aspectos cuya concreción resulta insuficiente, como decimos.

Artículo 28. Denuncia de la oferta pública de adhesión*

1. Las ofertas públicas de adhesión efectuadas por al Sistema Arbitral de Consumo podrán ser denunciadas ante la Junta Arbitral competente por el empresario o representante con poder suficiente para disponer, ya sea por escrito o por medios electrónicos.

2. La denuncia tendrá efectos transcurrido un mes desde la fecha de su comunicación a la Junta Arbitral, salvo que en la oferta pública de adhesión o en la denuncia se establezca un plazo superior. En la resolución de la presidencia de la Junta Arbitral que declare la admisión de la denuncia deberá constar su fecha de efectos, procediéndose por la Junta Arbitral a su baja en el listado de empresarios adheridos y dando traslado de la baja de la oferta a la base de datos de carácter nacional, gestionada por el Ministerio con competencias en materia de consumo.

3. La denuncia no afectará a los convenios arbitrales válidamente formalizados con anterioridad a la fecha en que la denuncia de la oferta de adhesión deba surtir efecto.

I. INTRODUCCIÓN

En un sistema asentado sobre la voluntariedad, la facultad de denuncia unilateral de la oferta pública de adhesión (OPA) resulta de ineludible referencia. A tal cometido se dedica el artículo 28 RSAC que dispone el régimen jurídico aplicable a esa opción de la que disponen los empresarios previamente adheridos al sistema mediante oferta pública.

Interesa conocer en este punto la forma y contenido, legitimación, plazo para formular la denuncia, el órgano competente para su recepción y tramitación y los efectos de la misma, aspectos todos ellos que resultan de fácil inferencia a la vista del régimen jurídico de la OPA ya analizado en esta obra.

---

* Comentario realizado por **Eugenia Fernández Fernández**.

II. FORMA Y CONTENIDO DE LA DENUNCIA

Desde el punto de vista formal no se exigen especiales requisitos y únicamente se contiene una referencia a que la denuncia puede hacerse por escrito o por medios electrónicos en línea con lo que dispone el artículo 24.1 RSAC en relación con la formulación de la oferta pública de la que trae causa la denuncia.

El empleo de los términos «*por escrito o por medios electrónicos*» no resulta el más pertinente desde el punto de vista técnico, en tanto que en ambos casos la escritura constituye el soporte para la declaración unilateral de denuncia. En su lugar, parece más adecuada la referencia, por lo demás muy habitual, a que la denuncia (y de forma previa la oferta pública de adhesión) deba canalizarse por cualquier medio admitido en derecho y que permita dejar constancia de su formulación.

Así como el artículo 6 *k)* del RSAC recoge entre las funciones de las Juntas Arbitrales la de poner a disposición de los empresarios formularios de ofertas públicas de adhesión, nada se dice, en cambio, en relación con la denuncia de estas OPA. De cualquier forma, no es un aspecto particularmente problemático pues la cumplimentación de un formulario no es sino una mera facilidad para dar cumplimiento a un trámite por lo demás fácilmente sustituible por una mera declaración de voluntad del empresario en la que quede reflejada de forma inequívoca, eso sí, su intención de denunciar la OPA con arreglo a las condiciones de tiempo que la norma le permite introducir (art. 28.2 RSAC).

Como cualquier declaración de voluntad, la denuncia de la OPA (y la propia OPA) deberá contener los datos identificativos completos del empresario (nombre o razón social, identificación fiscal, dirección postal, teléfono, e-mail y página *web*, etc.) así como, en su caso, la debida acreditación tanto de la identidad del declarante como del apoderamiento de quien actúe por su cuenta.

III. LEGITIMACIÓN PARA DENUNCIAR LA OPA

En cuanto a la legitimación para formalizar la denuncia a la OPA el artículo 28 se remite al empresario o representante con poder suficiente para disponer, en línea con lo dispuesto en el artículo 24.5 relativo a la presentación de la OPA. Será necesaria, por tanto, la acreditación del poder en el caso de que sea un representante quien realice el trámite en lugar del empresario si bien en ambos casos habrá de comprobarse la *identidad* de los comparecientes.

IV. PLAZO PARA LA DENUNCIA DE LA OPA

Nada se dispone en relación con el momento en que deba o pueda formularse la denuncia de la OPA de forma que debe entenderse que la misma puede materializarse en cualquier momento sin tener que observarse plazos de preaviso.

En el caso de que la OPA previa se hubiera planteado por tiempo determinado no será necesaria la denuncia en tanto que el cumplimiento del plazo señalado por sí mismo tiene efecto claudicante para la OPA. La denuncia únicamente ha de plantearse, pues, en los casos de OPA formulada por tiempo indefinido o de OPA formulada por tiempo determinado con previsión de prórroga tácita. La OPA con limitación temporal «no limitativa» (art. 24.4 RSAC) vincula al empresario por el íntegro período ofertado a los efectos de la perfección del convenio arbitral por solicitud de arbitraje del consumidor.

1. Regla especial para las OPAs formuladas con anterioridad a la entrada en vigor del RSAC

Estas consideraciones, válidas para las OPAs que se puedan formular desde la entrada en vigor del RSAC, encuentran una salvedad importante para aquellas OPA anteriores a dicha entrada en vigor. Según dispone la disposición transitoria única, punto tercero, del Real Decreto 713/2024, de 23 de julio, por el que se aprueba el Reglamento que regula el Sistema Arbitral de Consumo «*Las ofertas limitadas de adhesión que se encuentren en vigor en la fecha de entrada en vigor* (sic) *de esta norma deberán adecuarse a esta norma* (sic) *en el plazo de 6 meses desde el día siguiente a su entrada en vigor. Transcurrido ese plazo, se tendrán por no puestas las limitaciones de la oferta de adhesión, salvo denuncia expresa de esta por el empresario*».

El nuevo régimen supone un importante cambio de paradigma en lo referido a las ofertas públicas de adhesión al sistema en tanto que excluye, salvo para los empresarios persona física, la posibilidad de formular OPA de contenido limitado (a una rama de actividad, a una cuantía determinada, a un período de facturación determinado, etc.) reconocida en su día por el artículo 26 RD 231/2008, e instaura un nuevo modelo en el que la oferta no admite limitaciones (art. 24.3 RSAC).

La disposición transitoria referida permite a aquellos empresarios que hubieran formulado OPA limitada al amparo del RD 231/2008 enervar el efecto expansivo del artículo 24.3 denunciando la OPA con anterioridad al día 14 de febrero de 2025 (seis meses después de la entrada en vigor de la norma, que se produjo el día 14 de agosto de 2024 *ex* disposición final cuarta RD 713/2024). Si no se presentare denuncia de la OPA, las limitaciones que contenga se tendrán por no puestas y la OPA tendrá una validez «universal» tanto desde el punto de vista territorial como desde el punto de vista sustantivo.

2. Sus inciertas consecuencias

Como se ha tenido ocasión de analizar en esta misma obra, la OPA ilimitada que el legislador plantea con el propósito de «ensanchar» el ámbito de actuación del arbitraje de consumo e incrementar el nivel de protección del consumidor puede tener un efecto particularmente perverso. Y es que la posibilidad de introducir limitaciones se concibió en su momento como un recurso para estimular la adhesión de un mayor número de empresas que, al poder introducir ciertas modulaciones en el contenido de su oferta, no veían la participación en el Sistema Arbitral de Consumo como algo inconveniente para sus intereses (antes al contrario, se beneficiaban del buen crédito comercial que esa participación les generaba al tiempo que también disfrutaban de las ventajas del sistema en cuanto a rapidez, sencillez, economía, etc. en la resolución de los posibles litigios que pudieran surgir con sus clientes).

Es previsible que ante la supresión de las limitaciones de la OPA muchas empresas preferirán denunciar la misma y, por tanto, quedar al margen del Sistema Arbitral de Consumo de forma que el consumidor únicamente disponga de la vía judicial para la resolución de sus reclamaciones. Si el Sistema Arbitral de Consumo se concibe precisamente como una vía alternativa para evitar que los inconvenientes del recurso a juzgados y tribunales ordinarios (lentitud, complejidad, costes elevados, inaccesibilidad, etc.) obstaculicen el acceso a la justicia en caso de conflictos de consumo, la nueva regulación de las OPA puede suponer un indeseable retroceso en el ámbito de la protección legal de los derechos de los consumidores[1].

V. ÓRGANO COMPETENTE PARA LA RECEPCIÓN Y TRAMITACIÓN DE LA DENUNCIA

Dispone el artículo 28.1 RSAC que las OPAs podrán ser denunciadas ante la Junta Arbitral competente sin concretar cuál pueda ser dicha Junta. Remitiéndonos al artículo 24 RSAC, que regula la presentación de la OPA, nos encontramos con dos posibilidades.

1 Tomillo Urbina, J.: «(Des)protección y (des)empoderamiento del consumidor en el proyecto de reglamento general de suministro y contratación de energía eléctrica» en *Diario La Ley*, n.° 10564, sección tribuna, 10 de septiembre de 2024 expresa su preocupación por que «*la supresión de las limitaciones pueda desembocar en la producción seriada de denuncias significativas en sectores sensibles (eléctricas y energéticas, telefonía, correos y telecomunicaciones) que acareen como consecuencia un debilitamiento progresivo del* SAC» en favor, al menos en el sector eléctrico, de un «*simple mecanismo corporativo supervisado que ha demostrado desalentadora ineficacia en otros ámbitos de la actividad económica aun disponiendo en algún caso de una regulación sistemática* (en referencia fundamentalmente al sector bancario)».
En el mimo sentido Carrasco Perera, A.: «Atentos a las adhesiones al Sistema Arbitral de Consumo que se hubieran formulado como limitadas» en blog de Gómez Acebo. Entrada el 24 de septiembre de 2024, quien afirma que «las ofertas limitadas habían servido para atraer a las grandes empresas sin asumir demasiados riesgos. Seguramente la mayoría salgan ahora del sistema, que *tampoco contiene potentes incentivos de permanencia*».

1. Regla general «universal»

Por un lado, nos encontramos con una regla general en cuya virtud la OPA es única y se entiende referida a todo el Sistema Arbitral de Consumo (art. 24.3 RSAC). En este caso resultaría indiferente ante qué Junta se haya presentado la OPA pues la misma tendría una fuerza expansiva hacia todo el Sistema Arbitral (entendiendo que cuando se menciona que la OPA se entiende referida a todo el Sistema se quiere decir a todas las Juntas que integran el Sistema, sea cual sea su ámbito geográfico de competencia).

Si la OPA puede presentarse ante cualquier Junta, idéntica consideración ha de hacerse respecto a la denuncia de dicha OPA, que podrá presentarse ante cualquier Junta también, si bien lo más razonable parece que la denuncia se dirija a la Junta receptora de la OPA en su momento. En este punto debe recordarse la obligación que el artículo 27 RSAC atribuye a las Juntas de crear y mantener en permanente situación de actualización las bases de datos en las que se inscribe a los empresarios que formulan OPA, lo que aseguraría —en caso de presentación de una denuncia ante cualquier Junta— el correspondiente efecto global de la misma.

2. Regla especial de la «definición territorial»

Por otro lado, nos encontraríamos con una regla más específica dirigida a aquellos empresarios cuya actividad se desarrolla en un territorio definido (arts. 24.3 y 4 RSAC).

En tal caso sería razonable entender que la OPA y, en su caso, su denuncia debiera presentarse ante alguna de las Juntas incardinadas en el territorio de referencia por un mero criterio de proximidad.

Esta orientación quedaría refrendada por el artículo 25.1 RSAC que, cuando regula la competencia para resolver sobre las OPA, realiza una atribución en favor de la Junta que corresponda al ámbito territorial en que el empresario realiza su actividad principalmente y a la Junta de superior ámbito territorial si en el ámbito geográfico de desarrollo de la actividad existiera más de una Junta (en última instancia corresponde a la Junta Nacional la competencia para resolver sobre OPA referidas a actividades que se desarrollan en más de una Comunidad Autónoma).

VI. EFECTOS DE LA DENUNCIA DE LA OPA

1. Efecto primario

El primero y más evidente efecto que tiene la denuncia de una OPA (caso de ser admitida por la presidencia de la Junta Arbitral competente) es la salida del empresario denunciante del Sistema Arbitral de Consumo. Desde el momento en que la denuncia surta efecto, los consumidores que tuvieran algún tipo de conflicto con ese empresario tendrán como única vía para su resolución el recurso a la jurisdicción judicial ordinaria que, las más de las veces, resultará antieconómico para el consumidor por las razones ya vistas a lo largo de esta obra, quedando buena parte de dichos conflictos huérfanos de cualquier solución[2].

El artículo 28.3 explicita que la denuncia no afectará a los convenios arbitrales válidamente perfeccionados con anterioridad a la fecha en que la denuncia de la oferta de adhesión deba surtir efecto. En puridad, se trata de una previsión prescindible en tanto que referida a convenios que, una vez perfeccionados por el concurso de la OPA y la presentación de una solicitud de arbitraje que puede incardinarse en el ámbito de la misma, deben seguir la tramitación ordinaria correspondiente sin que la posterior denuncia de la OPA les afecte en modo alguno.

2. Efectos secundarios

2.1. Baja en las bases de datos

De forma accesoria a la baja en el Sistema se deberá producir la correspondiente *anotación negativa* en la base de datos de la Junta en la que estuviera inscrita la OPA (que puede ser la misma ante la que se formuló la oferta, pero también puede ser diferente) así como en la base de carácter nacional gestionada por el Ministerio con competencias en materia de consumo.

2.2. Uso del distintivo oficial

No se recoge de forma expresa como uno de los efectos propios de la denuncia de la OPA (como sí lo hacía el artículo 29.1 RD 231/2008 RSAC) pero, en tanto que acreditativo de la participación en el Sistema arbitral de consumo, la baja en el mismo supone que el empresario no puede continuar utilizando el distintivo oficial.

No se explicitan tampoco, como sí lo hacía la norma anterior en su artículo 29.1, las consecuencias de un uso indebido del distintivo una vez se ha producido la denuncia de la OPA y, por tanto, la salida del sistema. Con la anterior regulación se explicitaba que si el empresario continuaba en el uso del distintivo «*se entenderán válidamente formalizados* (sic.) *los convenios arbitrales en los que concurran las circunstancias previstas en el artículo 24.3*» que a su vez prevé que «*se entenderá válidamente formalizado* (sic.) *el*

2 LARA GONZÁLEZ, R.: «El arbitraje de consumo en su cuadragésimo aniversario», en *Revista LA LEY Mediación y Arbitraje*, núm. 20 (2024). Se refiere a los *costes de acceso* (no sólo económicos) a la justicia ordinaria que suponen un desincentivo para el consumidor que tendrá sensible impacto comercial en un menor nivel de ventas y un mayor nivel de desconfianza hacia el empresario.

convenio arbitral por la mera presentación de la solicitud si consta acreditado que ésta se formaliza durante el tiempo en el que la empresa o profesional utiliza el distintivo público de adhesión al Sistema Arbitral de Consumo, aún (sic.) *cuando carezca del derecho a tal uso conforme a lo previsto en esta norma»*

El silencio del artículo 28 RSAC en relación con las consecuencias derivadas de un uso indebido del distintivo debe interpretarse, partiendo de la consideración de que el legislador actúa de forma consciente y racional, como la voluntad de no imponer sanción a aquellos empresarios que hagan un uso indebido del distintivo lo cual no puede saludarse de forma precisamente positiva.

2.3. El «dies a quo»

El artículo 28.2 RSAC parece albergar un sistema en el que existe un plazo de aplicación *preferente*, que sería el indicado por el propio empresario en la denuncia o en la OPA, en su caso, y un plazo de aplicación *supletoria* para los supuestos en que el empresario no haga referencia temporal alguna. Esta estructura sería plenamente coherente con la naturaleza eminentemente contractual y voluntaria tanto de la formulación como de la denuncia de la OPA.

Resulta curioso, sin embargo, que el plazo fijado por el empresario sólo es de aplicación preferente cuando sea superior a un mes, constituyendo, por tanto, este período mínimo del mes una suerte de cláusula suelo para la denuncia de la OPA cuyos efectos en ningún caso se podrán producir con anterioridad a ese marco temporal. Puede tratarse de una medida que pretenda evitar bajas súbitas en el Sistema pero lo cierto es que resulta llamativo.

Dicho lo cual, el momento en que la denuncia surtirá los efectos que le son propios se fijaría, en principio, por el propio empresario denunciante. Si el empresario no establece ningún plazo o bien el que haya establecido sea inferior a un mes entraría en juego la aplicación del plazo supletorio que, como decimos, actúa como plazo mínimo para la efectividad de la denuncia.

Importa referirse al momento a partir del cual se computa ese plazo mínimo de un mes. El artículo 28.2 RSAC toma como referencia la fecha de comunicación de la denuncia a la Junta Arbitral.

En todo caso, en la resolución de la presidencia de la Junta que declare la admisión de la denuncia deberá constar la fecha a partir de la que esta surta los efectos que le son propios.

Artículo 29. Baja en las bases de datos de empresarios adheridos al Sistema Arbitral de Consumo*

1. Los empresarios adheridos al Sistema Arbitral de Consumo causarán baja en las bases de datos de empresarios adheridos y, en consecuencia, no podrán hacer uso del distintivo concedido a partir de la fecha de efectos de aquella, en los siguientes supuestos:

a) Denuncia por el empresario o extinción de la oferta por vencimiento del plazo de su vigencia.

b) Utilización fraudulenta o engañosa del distintivo de adhesión.

c) Incumplimiento reiterado de los laudos arbitrales dictados por los órganos arbitrales de consumo.

d) Comisión de reiteradas infracciones calificadas como graves o muy graves en materia de protección al consumidor, que hayan sido sancionadas, con carácter firme, por las administraciones públicas competentes.

e) Realización de prácticas, constatadas por las administraciones públicas competentes en materia de protección al consumidor, que lesionen gravemente los derechos e intereses legítimos de los consumidores, aunque no hayan sido sancionadas previamente.

f) Declaración de concurso de acreedores de la empresa.

g) Cese de la actividad del empresario, disolución o liquidación de la empresa y extinción de su personalidad.

2. La persona titular de la presidencia de la Junta Arbitral que hubiera concedido el distintivo oficial de empresario adherido, previa audiencia de este, dictará resolución motivada de retirada del distintivo y, en su caso, de su baja en las bases de datos correspondientes.

SUMARIO: I. Consideraciones iniciales. 1. Un problema de nomenclatura. 2. Un problema de sistemática. II. Los supuestos de hecho. 1. Denuncia de la oferta pública de adhesión. 2. Utilización fraudulenta o engañosa del distintivo de adhesión. 3. Incumplimiento reiterado de los laudos arbitrales dictados por los órganos arbitrales de consumo. 4. Comisión de reiteradas infracciones calificadas como graves o muy graves en materia de protección al consumidor que hayan sido sancionadas, con carácter firme, por las administraciones públicas competentes. 5. Realización de prácticas, constatadas por las administraciones públicas competentes en materia de protección al consumidor, que lesionen gravemente los derechos e intereses de legítimos de los consumidores, aun-

* Comentario realizado por **Eugenia Fernández Fernández**.

que no hayan sido sancionadas previamente. 6. Declaración de concurso de acreedores de la empresa. 6.1. ¿Qué debemos entender por «procedimiento arbitral» a los efectos del concurso?. 6.2. Procedimientos arbitrales posteriores a la declaración de concurso. 6.3. Procedimientos arbitrales iniciados con anterioridad a la declaración de concurso. 7. Cese de la actividad del empresario, disolución o liquidación de la empresa y extinción de su personalidad. 7.1. Consideración general de las situaciones extintivas. 7.2. Consideración especial: los procedimientos arbitrales ya en curso en el momento en que se produce la baja del empresario. III. Aspectos procedimentales. 1. Una atribución competencial obvia. 2. Un inciso incongruente.

I. CONSIDERACIONES INICIALES

Nos encontramos ante un precepto esencialmente idéntico al artículo 30 del RD 231/2008 que tiene por objeto definir aquellas situaciones en las que un empresario adherido al sistema va a, siguiendo la terminología de la propia norma, «*causar baja*» en las bases de datos.

1. Un problema de nomenclatura

El primero de los problemas que plantea el artículo 29 RSAC se refiere a su propia nomenclatura. El propósito del artículo, que trasluce claramente con la mera lectura del mismo, no es otro que regular aquellas situaciones de diversa índole en las que el empresario deja de estar adherido al Sistema Arbitral de Consumo y, por tanto, de poder utilizar ese canal para la resolución de los conflictos con sus clientes con el beneficio reputacional consiguiente. Sin embargo, la «baja» en la base de datos no es sino la consecuencia de un acto previo que es la materialización del supuesto de hecho que, en cada caso, conduce a que la participación en el sistema por parte del empresario finalice.

El orden lógico y cronológico de la secuencia comienza con la constatación de una determinada situación que da lugar a la «salida» del sistema y, con posterioridad, se produce la baja en las bases de datos, tanto de ámbito territorial como nacional, por aplicación de lo dispuesto en el artículo 27 RSAC, que obliga a las Juntas a mantener en permanente situación de actualización esos listados.

La nomenclatura del artículo 29 RSAC resulta inapropiada en tanto que se focaliza en un aspecto accesorio y subsiguiente, como es la baja en las bases de datos, y no en lo verdaderamente relevante que es la *apreciación de un determinado supuesto de hecho que da lugar a que el empresario salga del sistema*. La única explicación que parece plausible sería la de entender que el acto o situación que da lugar a la baja, en tanto que circunstancia propia del empresario, no puede ser conocida por los consumidores si no es por la vía de la publicidad que confiere la base de datos. Incluso asumiendo esta explicación, debe criticarse la impropia técnica jurídica empleada y reclamarse la utilización de una terminología técnicamente más correcta que hiciera referencia a la «expulsión» del sistema en línea con el derogado artículo 30 RD 231/2008.

2. Un problema de sistemática

Nos encontramos también con otro problema de sistemática. El precepto recoge y somete a idéntico tratamiento situaciones muy dispares que van desde la baja por decisión voluntaria del empresario hasta la baja motivada por una declaración de concurso de éste pasando por situaciones de comisión reiterada de infracciones en materia de protección del consumidor. Todas ellas conducen a una misma situación, que es la finalización de la adhesión al Sistema, pero, sin embargo, la etiología de cada situación es bien distinta como para merecer un tratamiento separado y autónomo aun cuando la consecuencia final pudiera ser idéntica.

Como vamos a ver, nos encontramos con causas que son de origen puramente *voluntario*, otras causas provistas de carácter *objetivo* y otros supuestos más, en fin, en los que predomina un componente *sancionador*.

II. LOS SUPUESTOS DE HECHO

1. Denuncia de la oferta pública de adhesión

Como se ha tenido ocasión de explicar en relación con el artículo 28 RSAC, la adhesión al Sistema Arbitral de Consumo constituye un acto de naturaleza inequívocamente voluntaria que puede ser denunciado por el empresario en cualquier momento sin más motivación que su propio interés y conveniencia. Cuando se produce la denuncia de la oferta pública de adhesión la consecuencia inmediata es que el empresario deja de participar en el sistema.

Las consecuencias subsiguientes o derivadas son *a)* la baja en las bases de datos de empresarios adheridos y *b)* la prohibición de continuar utilizando el distintivo oficial a partir del momento en que la denuncia se haga efectiva (recordemos que el empresario puede modular la dimensión temporal de la denuncia atribuyéndole efectos a partir del momento que le resulte más conveniente).

2. Utilización fraudulenta o engañosa del distintivo de adhesión

Nos encontramos ante un supuesto de hecho que, si bien también tiene en su origen un acto voluntariamente concebido por el empresario, reviste, sin embargo, cierto carácter sancionador.

Como hemos indicado en el párrafo anterior, una de las consecuencias más «visibles» asociadas al fin de la adhesión es la prohibición de seguir utilizando el distintivo oficial del Sistema Arbitral de Consumo. En tanto en cuanto la exhibición del distintivo tiene un claro efecto promocional que atrae a clientes confiados en que la resolución de sus conflictos va a resultar más sencilla, el uso del logo cuando el empresario ya no participa del sistema supone una vulneración de los principios más básicos como son la confianza y la seguridad del tráfico empresarial.

La «sanción» que el RSAC anuda al empleo indebido del distintivo es la baja en el sistema. Si tenemos en cuenta que en casi la totalidad de los casos la razón por la que resultaría improcedente el empleo del distintivo es la previa baja en el sistema, la sanción consistente precisamente en la baja del sistema resultaría inapropiada por redundante. Solamente se salvaría esta redundancia en los casos en los que, por ejemplo, la adhesión se encuentre limitada territorial o temporalmente y el distintivo se emplee más allá de tales limitaciones. En este supuesto sí tendría sentido castigar con la «expulsión» del sistema al empresario, pero se trataría de supuestos residuales a la vista del nuevo paradigma con que el RSAC concibe la adhesión al sistema.

En la línea del RD 231/2008 es necesario un tratamiento diferente de este tipo de situaciones. El artículo 29.1.II, que regulaba la denuncia de la oferta pública de adhesión, se encargaba de puntualizar, aunque fuera obvio, que la denuncia de la OPA suponía la pérdida del derecho a utilizar el distintivo, previsión que el actual artículo 28 RSAC no recoge. Pero más importante resultaba la previsión consecutiva en cuya virtud «*si incumpliendo lo previsto en el párrafo anterior, la empresa o profesional continuara utilizando el distintivo, se entenderán válidamente formalizados* (sic.) *los convenios arbitrales en los que concurran las circunstancias previstas en el artículo 24.3*» (art. 29.1.III RD 231/2008).

En el derogado régimen de 2008 se penalizaba el empleo indebido del distintivo una vez denunciada la OPA, asociando a su uso una consecuencia con verdadero potencial disuasorio como es la revitalización de la ya denunciada OPA que recuperaría la capacidad de generar nuevos convenios arbitrales (realidad que, entendemos, no interesa a un empresario que ya ha denunciado su OPA)[1]. Se trataba de una sanción efectiva contra aquellos

1 ÁLVAREZ ALARCÓN, A.: *El sistema español de arbitraje de consumo*, Instituto Nacional de Consumo, Jerez de la Frontera, 1999, p. 185 y ss. en referencia al RD 636/1993, de 3 de mayo por el que se regula el sistema arbitral de consumo justificaba este tratamiento por aplicación del por entonces vigente artículo 8 LGDCU que señalaba que las condiciones y garantías ofrecidas a los consumidores y usuarios serán exigibles por estos aun cuando no figuren expresamente en el contrato celebrado o en el comprobante recibido. El propio autor refiere las dudas que este argumento podría plantear en relación con el carácter voluntario de la adhesión, que requeriría una declaración expresa en tal sentido, así como la manifestación del compromiso de cumplir los laudos. De ser esta la interpretación que se adopte, la exhibición del distintivo sin que exista una OPA que lo respalde carecería de cualquier efecto de cara a la perfección del convenio. Sin embargo, el autor manifiesta que «*la regulación que se hace de la* OPS *transforma el distintivo en un anuncio expreso de la*

empresarios que pretenden seguir beneficiándose de los positivos efectos reputacionales que supone el uso del distintivo. Esta sanción absolutamente efectiva en términos de disuasión resultaría, sin embargo, contradictoria con la voluntariedad sobre la que se asienta la figura del convenio arbitral y de la propia participación en el sistema en la medida en que suponía un sometimiento impuesto al Sistema Arbitral de Consumo, incompatible con su propia naturaleza.

En cualquier caso, es la opción más eficaz para evitar el uso indebido y garantizar la protección de los derechos de los consumidores y usuarios que actúen guiados por la confianza legítima en la adhesión publicitada por el empresario. Por eso el nuevo Reglamento mantiene la perfección del convenio arbitral por exhibición indebida del distintivo oficial (art. 23.4 RSAC)[2] introducida por el ya citado artículo 29.1.III RD 231/2008.

El uso del distintivo oficial una vez expirada la OPA (bien por denuncia bien por finalización de su plazo de vigencia o incluso sin que esta haya existido nunca), también puede ser perseguido por la normativa general, ya que supone no solo una banalización del sistema arbitral sino también una situación de potencial peligrosidad para los consumidores. Una solución posible se encuentra recogida en la Ley 3/1991, de 10 de enero, de Competencia Desleal que en su artículo 21.2 establece que «*la exhibición de un sello de confianza o de calidad o de un distintivo equivalente sin haber obtenido la necesaria autorización, es igualmente, en todo caso, una práctica comercial desleal por engañosa*».

Se reputa engañosa a los efectos que nos interesan en este momento «*cualquier conducta que contenga información falsa o información que, aun siendo veraz, por su contenido o presentación induzca o pueda inducir a error a los destinatarios, siendo susceptibles de alterar su comportamiento* económico [...]» *ex* artículo 5.1. Efectivamente, la exhibición improcedente del distintivo induce a error al consumidor y puede alterar su comportamiento económico en favor de aquella opción comercial que se encuentra adherida al Sistema Arbitral de Consumo cuando realmente tal adhesión no existe.

Tratándose de prácticas desleales procederían las sanciones contempladas por la Ley en sus artículos 32 y siguientes: acción declarativa de deslealtad, acción de cesación o prohibición de su reiteración futura, acción de remoción de efectos, acción de rectificación, acción de resarcimiento de daños y perjuicios o acción de enriquecimiento injusto, según el caso.

---

voluntad del empresario de someterse al arbitraje de consumo. Quien ostenta tal distintivo sabe perfectamente el alcance del símbolo, de manera que esgrimir que en el mismo no se contiene expresamente la sumisión al arbitraje es un retórico argumento de exquisitez jurídica que sólo sirve para beneficiar al empresario desleal en perjuicio del consumidor, principalmente».

2 Véase el comentario al citado precepto en esta misma obra.

Importante resulta destacar que la legitimación activa para el ejercicio de estas acciones corresponde no solamente al perjudicado sino también a la Dirección General de Consumo del Gobierno de España y otros organismos de inferior ámbito territorial (la referencia al Instituto Nacional de Consumo debe entenderse realizada a la autoridad competente en la materia ya que el Instituto ya no existe como tal), las asociaciones de consumidores y usuarios así como a las entidades de otros estados miembros de la UE constituidas para la protección de los intereses colectivos y de los intereses difusos de los consumidores y usuarios (art. 33.3 LCD).

Otra posible vía a través de la que sancionar el uso indebido del distintivo oficial que resultaría respetuosa con el principio de voluntariedad sería la de considerarlo expresamente como una infracción en materia de consumo (lo que requeriría la modificación del artículo 47 Ley general para la defensa de los consumidores y usuarios por aplicación del principio de tipicidad).

3. Incumplimiento reiterado de los laudos arbitrales dictados por los órganos arbitrales de consumo

Este precepto sanciona con la baja en las bases de datos de empresarios adheridos al Sistema Arbitral de Consumo a aquellos empresarios que de forma reiterada incumplan los laudos arbitrales. En principio pudiera pensarse que si la adhesión al Sistema Arbitral de Consumo resulta voluntaria para el empresario no tendría sentido someterse al sistema para luego no ejecutar los laudos arbitrales que pudieran dictarse. Y probablemente este razonamiento sea aplicable a la gran mayoría de los empresarios que de buena fe se avienen a ofrecer a sus clientes una vía de resolución de conflictos que les resulta particularmente conveniente.

Pero no es menos cierto que existirán algunos otros empresarios que con la formulación de una OPA tienen por exclusivo propósito el de beneficiarse de las ventajas que la exhibición del distintivo les confiere en términos de atracción de clientes sin tener la más mínima intención de asumir un verdadero compromiso con el sistema. Para este segundo grupo de empresarios estaría pensada esta sanción que supondría la baja obligada del SAC. Y hasta cierto punto se trataría de una sanción lógica.

Sin embargo, si analizamos la consecuencia que tal expulsión del sistema tendría en los consumidores nos damos cuenta de que «por vía refleja»[3] se les priva del acceso a un sistema ágil, sencillo y económico como es el

3 Esta expresión utiliza Tomillo Urbina, J.: «Una aproximación al nuevo reglamento del Sistema Arbitral de Consumo (RD 713/2024, de 23 de julio)» en *Noticias jurídicas*, 8 de agosto de 2024. Ver enlace https://noticias.juridicas.com/conocimiento/articulos-doctrinales/19480-una-aproximacion-al-nuevo-reglamento-del-sistema-arbitral-de-consumo-rd-713-2024-de-23-de-julio/

Sistema Arbitral de Consumo, quedándoles como única alternativa en caso de conflicto el recurso a los juzgados y tribunales ordinarios. Esta situación supone para el empresario una minoración automática del número de reclamaciones recibidas en tanto que el recurso a la jurisdicción ordinaria resulta antieconómico en la gran mayoría de casos.

Vemos, pues, la paradójica situación que se produce cuando un empresario se adhiere al Sistema solamente para beneficiarse del rédito reputacional o de determinadas ventajas en la contratación pública o en el acceso a subvenciones promocionales. Por incumplir reiteradamente los laudos, circunstancia que desconocen sus potenciales clientes en el momento de la contratación, recibe el doble premio de incrementar sus ventas y reducir sus reclamaciones. La situación es kafkiana y, por tanto, requiere una actuación correctora que neutralice ese incentivo perverso.

Consideramos que la sanción no debiera ser la baja en las bases de datos sino otra de diferente naturaleza, como, por ejemplo, una sanción económica, que sí tendría el efecto disuasorio que se persigue.

4. Comisión de reiteradas infracciones calificadas como graves o muy graves en materia de protección al consumidor que hayan sido sancionadas, con carácter firme, por las Administraciones públicas competentes

En este caso nos encontramos con un supuesto similar al anterior aunque no idéntico en tanto que el supuesto de hecho que desencadena la común sanción de causar baja en las bases de datos de empresarios adheridos no es la el incumplimiento reiterado de los laudos sino la comisión de reiteradas infracciones graves o muy graves en materia de protección al consumidor. La «expulsión» del sistema arbitral de consumo que prevé el artículo 29 RSAC requeriría de varios presupuestos: *a)* la comisión reiterada de infracciones en materia de protección al consumidor, *b)* que tales infracciones sean graves o muy graves, *c)* que las mismas hayan sido objeto de un procedimiento sancionador instado por las administraciones públicas competentes y *d)* que tal procedimiento sancionador haya finalizado con la imposición de una sanción con carácter firme. Procede en este punto la remisión a los artículos 46 y siguientes de la LGDCU 1/2007, que regulan el régimen de infracciones y sanciones en materia de consumo

En esta tesitura, la baja en las bases de datos actuaría como una especie de sanción accesoria o complementaria a las que ya haya podido recibir el empresario por la comisión de las infracciones objeto de reproche.

Idénticas consideraciones a las realizadas en relación con el incumplimiento reiterado de los laudos podrían realizarse en esta ocasión. La consecuencia práctica y efectiva de la medida, que entendemos debiera ir encaminada a procurar un funcionamiento óptimo del sistema y, por ende, de la protección del consumidor, de nuevo resulta muy alejada de ese objetivo. Y es que aquellos empresarios que menos respetan los derechos de los consumidores reciben el «premio» de que la vía que éstos tienen precisamente para perseguir tales conductas de la forma más económica (no sólo en términos estrictamente monetarios sino también en cuanto a costes de transacción) se les cierra quedándoles como único recurso la vía judicial. Recordemos en este punto que el procedimiento administrativo sancionador únicamente tiene efectos de carácter sancionatorio, pero en ningún caso sirve para la reparación del posible daño causado al consumidor por la conducta objeto de sanción. Procedimiento administrativo sancionador y procedimiento arbitral son vías complementarias dirigidas a sancionar la conducta y reparar los daños, respectivamente.

Pues, como decimos, este precepto exonera al empresario de tener que hacer frente a la reparación del daño frente al consumidor a menos que este recurra a la jurisdicción ordinaria, cosa que ocurre de forma aislada por la existencia de costes de acceso que resultan antieconómicos en la mayoría de los casos. No se trata ni mucho menos de una medida inocua sino que tiene un evidente impacto económico positivo en las cuentas de los empresarios referidos. Probablemente no sea prudente realizar un análisis de la «trazabilidad» de las sanciones que haga perder la fe en el sistema a quienes aún somos entusiastas partidarios del mismo al revelar la nómina de empresarios beneficiarios de este particular premio.

5. Realización de prácticas, constatadas por las administraciones públicas competentes en materia de protección al consumidor, que lesionen gravemente los derechos e intereses de legítimos de los consumidores, aunque no hayan sido sancionadas previamente

Se trata de nuevo de un precepto con amplio margen de mejora tanto desde el punto de vista formal como material en tanto que resultaría fácilmente subsumible en el supuesto anterior con apenas unas ligeras modificaciones, lo que redundaría en una mejora sustancial del texto legal.

De cualquier forma, nos encontraríamos con un correlato del supuesto recogido en la letra *d)* en tanto que supone la realización de prácticas contrarias de forma grave a los derechos de los consumidores que, sin embargo, no exige la sanción firme previa. Asumiendo que el legislador actúa de forma racional cuando separa este precepto del anterior podría interpretarse que en esta ocasión el mandato se refiere a aquellos supuestos en los que el procedimiento sancionador no se ha instado siquiera o aquellos otros en los que no haya podido cristalizar en la imposición de una sanción por diversas causas (prescripción, falta de prueba, falta de legitimación activa, etc.).

Si tenemos en cuenta que el propio artículo requiere que las prácticas contrarias a los derechos de los consumidores han debido ser «*constatadas por las administraciones públicas competentes*» sería razonable pensar que esa constatación daría lugar al inicio de un procedimiento administrativo sancionador, supuesto que nos remitiría a la letra anterior. Resulta difícil pensar en un supuesto en el que las administraciones públicas constaten la existencia de ese tipo de prácticas y no incoen el procedimiento administrativo sancionador puesto que el catálogo de infracciones en materia de consumo es lo suficientemente amplio como para dar cabida al tipo de conductas que aparecen referidas en este artículo 29.1 *e)* RSAC.

6. Declaración de concurso de acreedores de la empresa

La única referencia al concurso de acreedores que contiene el nuevo Reglamento del SAC es que, como consecuencia de «la declaración de concurso de acreedores de la empresa» (*sic*. confundiendo la «empresa» con el «empresario»), los empresarios (ahora sí acierta) adheridos al SAC «causarán baja» en las bases de datos correspondientes [arts. 27 y 29.1 *f)* RSAC 2024] mediante resolución del presidente de la JAC, con trámite de audiencia previo (art. 29.2 RSAC 2024).

La resolución mediante arbitraje de una determinada controversia puede tener impacto en el desarrollo del concurso de acreedores en la medida en que puede alterar la composición de la masa activa o pasiva según los casos. El RD 231/2008 no contenía una referencia expresa como la del actual artículo 29.1 *f)* RSAC, si bien la cuestión es objeto de tratamiento en otras normas.

El artículo 58.2 LGDCU establece que «*Quedarán sin efecto los convenios arbitrales y las ofertas públicas de adhesión al arbitraje de consumo formalizados por quienes sean declarados en concurso de acreedores. A tal fin, el auto de declaración de concurso será notificado al órgano a través del cual se hubiere formalizado el convenio y a la Junta Arbitral Nacional, quedando desde ese momento el deudor concursado excluido a todos los efectos del Sistema Arbitral de Consumo*».

Por su parte, la Ley concursal establece en su artículo 140 lo siguiente:

> «1. La declaración de concurso, por sí sola, no afectará a la vigencia de los pactos de mediación ni a los convenios arbitrales suscritos por el deudor.
>
> 2. Los procedimientos de mediación y los procedimientos arbitrales en tramitación a la fecha de la declaración de concurso continuarán hasta la terminación de la mediación o hasta la firmeza del laudo arbitral. La representación y defensa del concursado en estos procedimientos se regirá por lo establecido para los juicios declarativos en el capítulo I de este título.
>
> 3. El juez del concurso, de oficio o a solicitud del concursado, en caso de intervención, o de la administración concursal, en caso de suspensión, podrá acordar, antes de que comience el procedimiento de mediación o de que se inicie el proce-

dimiento arbitral, la suspensión de los efectos de esos pactos o de esos convenios, si entendiera que pudieran suponer un perjuicio para la tramitación del concurso. Queda a salvo lo establecido en los tratados internacionales.

4. En caso de fraude, la administración concursal podrá impugnar ante el juez del concurso los pactos de mediación y los convenios y procedimientos arbitrales».

Se trata de dos disposiciones que aparentemente podrían resultar contradictorias pero que en absoluto lo son puesto que van referidas a momentos temporales diferentes.

6.1. ¿Qué debemos entender por «procedimiento arbitral» a los efectos del concurso?

La estrechez conceptual con que operan los redactores del RSAC 2024 nos obliga a hacer una importante precisión dogmática para no dejarnos enredar en sus propias carencias técnicas. Debe tenerse en cuenta que, a efectos del concurso de acreedores, el inicio del «procedimiento» se asocia a la solicitud de arbitraje (art. 32.1 RSAC). *El procedimiento arbitral es una categoría conceptual genérica que se desdobla en dos subtipos* claramente delimitados[4]: la fase administrativa y la fase jurisdiccional. O, si se prefiere, [i] el procedimiento [arbitral] administrativo (ante la JAC) y [ii] el procedimiento [arbitral] jurisdiccional (ante el órgano de arbitraje).

Como es lógico, ambos se ubican sistemáticamente en el Capítulo IV RSAC 2024, porque, conjuntamente, tienen la condición de «procedimiento arbitral». Esto es comúnmente aceptado por los especialistas y no tiene por qué acarrear ninguna dificultad. ¿Por qué es necesario ahora hacer esta precisión? Porque los redactores del RSAC 2024 no se atrevieron ni siquiera a mencionar la *jurisdiccionalidad* para identificar la segunda fase, pese a haber sido declarada expresamente por el Tribunal Constitucional ya antes del primer RSAC 1993 [véase, por todas, la STC núm. 43/1988, de 16 de marzo, que califica al arbitraje de «jurisdicción», habla de «juicio arbitral», de «jueces árbitros» y de «jurisdicción de equidad», al tiempo que subsume «la competencia concreta de los órganos extrajudiciales» dentro del concepto de «orden jurisdiccional establecido» (FJ 5)].

Bajo esta premisa, el nuevo RSAC, introduciendo gran confusión, no acierta al denominar la segunda fase «procedimiento arbitral», mezclando la parte con el todo. Ya en la propia rúbrica del Capítulo IV se refleja la precariedad conceptual del legislador al hablar de «Procedimiento arbitral y actua-

4 Seguimos en este punto a TOMILLO, J.: «Informe sobre los efectos del Auto núm. 550/2024, de 10 de septiembre, del Juzgado de lo Mercantil núm. 18 de Madrid de declaración del concurso voluntario de acreedores (concurso ordinario 436/2024) del GRUPO MOSEA INVESTMENTS, S.L. en los procedimientos arbitrales en tramitación a la fecha del Edicto de 13 de septiembre de 2024 (BOE de 20 de septiembre de 2024, suplemento J, pp. 1-2)», Santander, 15 de octubre de 2024 § II.

ciones administrativas previas», cuando —en buena técnica jurídica— debería haberse referido[5] [i] al procedimiento jurisdiccional extrajudicial (ante el órgano de arbitraje designado *ex* art. 37.2 RSAC) y [ii] a la tramitación administrativa previa o al procedimiento administrativo sustanciado ante la JAC (en el sentido del art. 5.1.I RSAC). Este último también es jurídicamente «procedimiento arbitral» (como lo prueba su inclusión sistemática en el Capítulo IV), pero en ningún caso tiene la condición de «procedimiento jurisdiccional extrajudicial».

Por si no fuera suficiente el despropósito, los redactores del RSAC proyectan sus errores de concepto sobre el artículo 37.1. Dicho con otras palabras, lo que verdaderamente acuerda el presidente de la Junta Arbitral de Consumo una vez que comprueba la concurrencia *in casu* de *a)* la perfección de convenio arbitral válido y *b)* la presentación de la documentación completa y necesaria para la tramitación del procedimiento, no es «el inicio del procedimiento arbitral» (art. 37.1.I RSAC), sino, con mucha más exactitud, *el inicio del procedimiento* [arbitral] *jurisdiccional extrajudicial*.

En este punto se inicia la segunda fase ante el órgano arbitral dirimente y concluye la primera fase puramente administrativa. Hemos de insistir cuantas veces sea preciso: ambas fases son, técnicamente, «procedimiento arbitral» como categoría genérica (ubicadas, por tanto, en el Capítulo IV). Pero el segundo subtipo es, además de una fase del procedimiento arbitral, la fase de «procedimiento jurisdiccional extrajudicial», regida por principios específicos[6].

Errores y carencias que también se proyectan en la disposición final segunda del RD 713/2024, de 23 de julio, al declarar la supletoriedad para «todas las actuaciones llevadas a cabo por los órganos arbitrales», no solo de la Ley 60/2003, de 13 de diciembre, de Arbitraje (técnica de fijación correcta), sino también de la LPAC 39/2015 y de la LRJSP 40/2015. Estas dos últimas tienen sentido como supletorias del RSAC 2024 en la primera fase de tramitación administrativa, pero proyectarlas indiscriminadamente sobre el procedimiento jurisdiccional es, a mi juicio, un grave error que acarreará múltiples problemas prácticos.

6.2. Procedimientos arbitrales posteriores a la declaración de concurso

La LGDCU no hace sino establecer los efectos —a futuro— que una declaración de concurso va a tener en el ámbito del Sistema Arbitral de Consumo. En este sentido, resulta explícita y categórica la afirmación de que la declaración de que los convenios arbitrales y las ofertas públicas de adhesión al arbitraje quedarán sin efecto como consecuencia de la declaración de concurso.

5 Tomillo, J.: «Informe sobre los efectos» *cit.* § II.

6 Tomillo, J.: «Informe sobre los efectos» *cit.* § II.

Sin embargo, nos encontramos con que la ineficacia alude indistintamente a los convenios arbitrales y a las ofertas públicas de adhesión cuando ambas no son en absoluto figuras parangonables.

El convenio arbitral es un acuerdo ya perfeccionado entre las partes en cuya virtud ambas se avienen a que la controversia se resuelva a través del Sistema Arbitral de Consumo mientras que la OPA no es sino una declaración de voluntad anticipada que realiza el empresario en favor de que los conflictos con sus clientes se sustancien a través del arbitraje de consumo que no cristalizará en un convenio *stricto sensu* hasta que se produzca la presentación de una solicitud de arbitraje coincidente en contenido con dicha OPA. En el primer caso ya hay un contrato entre las partes mientras que en el segundo ese contrato aún no se ha perfeccionado. El tratamiento jurídico al que someter ambas situaciones no puede ser idéntico. Por tanto, resulta más plausible la opción de entender que el artículo 58 LGDCU tendrá efecto únicamente a futuro y no sobre los convenios ya perfeccionados, que encuentran un tratamiento jurídico diferente en la Ley concursal.

Esa ineficacia a futuro de las OPAs formuladas por el empresario que posteriormente sea declarado en concurso se produce, no desde el momento de la declaración judicial de concurso, sino desde el momento en que el auto de declaración sea notificado «*al órgano a través del cual se hubiere formalizado el convenio*» (sic.) y a la Junta Arbitral Nacional. La previsión resulta excesiva y adolece de errores terminológicos severos en línea con lo expuesto *supra*.

El exceso se produce en un doble sentido. En primer lugar, porque se exige la notificación del auto de declaración de concurso, lo que implica que los órganos receptores del mismo van a conocer su contenido íntegro, algo innecesario a los efectos que se persiguen en este caso. En segundo lugar, porque esa notificación debe hacerse por partida doble tanto a la Junta Arbitral Nacional como al «órgano a través del cual se hubiere formalizado el convenio» (sic)[7]. Si, como prevé el artículo 27 RSAC, las Juntas de ámbito territorial tienen la obligación de mantener las bases de datos permanentemente actualizadas y de comunicar las altas y bajas a la Junta Nacional, no resulta justificada la exigencia de doble notificación que recoge el artículo 58.2 LGDCU, a menos que entendamos que la misma da por supuesto el incumplimiento de esas obligaciones de actualización y comunicación.

---

7 Lara González, R.: «Los efectos de la declaración de concurso de acreedores sobre el sistema y sobre el procedimiento arbitral de consumo» en *Anuario de Derecho Concursal*, 6 (2005), p. 265-267, critica por excesiva esta exigencia de notificación en lugar de comunicación y también la exigencia de doble notificación a la Junta territorial correspondiente además de a la Junta Arbitral Nacional. El autor se muestra crítico con la exigencia de notificación y se muestra partidario de que los efectos de ineficacia se produzcan, sin más, con la mera emisión del auto de declaración de concurso en línea con lo dispuesto de forma general, evitando así incurrir en trámites innecesarios en un proceso ya de por sí complejo como es el concurso.

Adicionalmente nos encontramos con un error terminológico de cierta envergadura en tanto que se refiere como destinatario de la notificación al «órgano a través del cual se hubiere formalizado el convenio». En primer lugar, porque si la ineficacia va referida tanto a los convenios ya formalizados como a las OPAs, la referencia al órgano destinatario de la notificación únicamente parece tener en mente el primer supuesto obviando el segundo (debe tenerse en cuenta que el órgano ante el que se formaliza la OPA y el órgano ante el que se perfecciona el convenio no necesariamente han de coincidir). En segundo lugar, porque la institución a que se refiere de forma inespecífica como «órgano» es necesariamente una Junta Arbitral de Consumo, de forma que ningún sentido tiene referirse a la misma sin utilizar su verdadera denominación.

En última instancia es necesario determinar el *dies a quo* para la producción de esa ineficacia a que alude el artículo 58.2 LGDCU. En este sentido parece claro que los efectos de la declaración de concurso se harían efectivos no desde que se dicta el auto sino desde el momento en que éste se notifica a las Juntas Arbitrales referidas *supra*. Al exigirse la notificación del auto de declaración de concurso se origina un *lapso* temporal (entre la declaración judicial de concurso y la notificación del mismo) en el que los efectos de la declaración de concurso aún no se producen y, por tanto, puede darse lugar a la perfección de nuevos convenios arbitrales cuyo tratamiento jurídico se aborda por la Ley Concursal. Adicionalmente cabría preguntarse si los efectos se computan únicamente desde que se hace efectiva la doble notificación a las Juntas o si bastaría con que se notificase a la Junta de ámbito territorial[8].

En cualquier caso, sí que la declaración judicial de concurso conocida por notificación o, incluso, por edicto publicado en el Boletín Oficial del Estado, es fundamento suficiente para inadmitir las solicitudes de arbitraje presentadas con posterioridad al conocimiento (*rectius*, publicidad; art. 35 LC 1/2020) de la declaración judicial de concurso[9]. Es la solución correcta en aplicación la regla 1.ª del artículo 52 LC 1/2020: «La jurisdicción del juez del concurso será exclusiva y excluyente en las siguientes materias: 1.ª Las acciones

---

8 Lara González, R.: *ob. cit.* p. 267, se muestra partidario de interpretar que los efectos se producen desde la notificación a la Junta de ámbito territorial, resultando indiferente cuándo se haya podido producir la notificación a la Junta Arbitral Nacional. El autor critica por reduccionista el precepto en tanto que no se refiere a otra vía, no infrecuente, a través de la cual se perfeccionan los convenios arbitrales, como es la inclusión de un pacto contractual en tal sentido. En ese caso sería de enorme dificultad determinar cuál debiera ser el órgano al que dirigir la notificación.

9 Ver Tomillo, J.: Informe sobre los efectos del Auto núm. 550/2024, de 10 de septiembre, del Juzgado de lo Mercantil núm. 18 de Madrid de declaración del concurso voluntario de acreedores (concurso ordinario 436/2024) del Grupo Mosea Investments, S.L. en los procedimientos arbitrales en tramitación a la fecha del Edicto de 13 de septiembre de 2024 (BOE de 20 de septiembre de 2024, suplemento J, pp. 1-2), § I.

civiles con trascendencia patrimonial que se dirijan contra el concursado». Sería aconsejable plasmar esta línea argumental en las resoluciones correspondientes de las Juntas Arbitrales de Consumo ante los supuestos nada infrecuentes de declaración del concurso de acreedores de empresarios con procedimientos arbitrales en curso.

6.3. Procedimientos arbitrales iniciados con anterioridad a la declaración de concurso

Sin embargo, nada tiene que ver la causación de baja en las bases de datos de empresarios adheridos al Sistema Arbitral de Consumo con otra cuestión completamente distinta como es el régimen jurídico de los procedimientos arbitrales iniciados con anterioridad a la declaración judicial de concurso de acreedores, cuya suerte viene establecida en sede concursal, concretamente en el artículo 140 del Real Decreto Legislativo 1/2020, de 5 de mayo, por el que se aprueba el texto refundido de la Ley Concursal. Bajo la rúbrica «Pactos de mediación, convenios y procedimientos arbitrales», el precepto opta por desplegar los efectos del concurso sobre el arbitraje en una *triple trayectoria*[10]:

a) *Subsistencia* de los convenios arbitrales perfeccionados (art. 140.1 LC 1/2020): «La declaración de concurso, por sí sola, *no afectará* a la vigencia de los pactos de mediación ni a los convenios arbitrales suscritos por el deudor».

b) *Continuación* de los procedimientos en tramitación (art. 140.2 LC 1/2020): «Los procedimientos de mediación y los procedimientos arbitrales en tramitación a la fecha de la declaración de concurso *continuarán* hasta la terminación de la mediación o hasta la firmeza del laudo arbitral».

c) *Vinculación* del juez del concurso o «preferencia de laudo» (art. 141 LC 1/2020): «Las sentencias y los laudos firmes dictados antes o después de la declaración de concurso *vinculan al juez* de este, el cual dará a las resoluciones pronunciadas el tratamiento concursal que corresponda».

Por lo tanto, hay razones fundadas para entender que la declaración judicial de concurso *no constituye* fundamento legal suficiente para dictar una resolución de archivo de las solicitudes de arbitraje presentadas con anterioridad[11]. Ni siquiera hay razones para declarar la mera suspensión de la tramitación, decisión que es competencia exclusiva del juez del concurso (art. 140.3 LC 1/2020). Piénsese que las formas de conclusión del procedimiento

10 Ver Tomillo, J.: *Op. últ. cit.* § I.

11 Tomillo, J.: *Op. últ. cit.* § I.

administrativo ante las Juntas Arbitrales de Consumo sin declaración de inicio del procedimiento jurisdiccional[12] (art. 32.1.I RSAC 2024) vienen *tasadas* en el nuevo régimen jurídico:

a) Inadmisión por alguna de las causas previstas en los artículos 2 y 35.2 RSAC.

b) Traslado a la JAC competente territorialmente en los 10 días hábiles siguientes a la fecha de presentación de la solicitud (art.33 RSAC).

c) Archivo por falta de aceptación del arbitraje o inexistencia de convenio arbitral (art. 36.4 RSAC).

El artículo 140 de la Ley Concursal, referido a los pactos de mediación, convenios y procedimientos arbitrales, es meridiano a la hora de determinar que la declaración de concurso *no afectará* a los pactos de mediación ni a los convenios arbitrales suscritos por el deudor. También deja claro que los procedimientos de mediación o de carácter arbitral que se encontraran en tramitación a la fecha de la declaración de concurso *no se verán alterados*, por lo que continuarán hasta su resolución definitiva, resultando vinculante para el juez del concurso el laudo arbitral que ponga fin a la controversia.

La única consecuencia «tangible» que podría tener la declaración de concurso en un procedimiento arbitral ya en curso es que, según los casos, el empresario reclamado (ahora concursado) podría tener restringidas sus facultades de disposición. Esto podría limitar o condicionar, siquiera desde el punto de vista meramente procesal, la posibilidad de llegar a un acuerdo conciliatorio que suponga alguna cesión por su parte.

Por lo demás, se prevé una sanción específica para el caso de fraude, que no es otra que la posibilidad de que la administración concursal impugne ante el juez los procedimientos arbitrales o de mediación buscando su anulación.

Resulta necesario, por último, hacer una referencia final a la previsión contenida en el artículo 140.3 LC, en cuya virtud el juez podrá acordar, antes de que comience el procedimiento de mediación o se inicie el procedimiento arbitral, la *suspensión* de los efectos de esos pactos o convenios si enten-

---

12 Como pone de manifiesto Tomillo *(op. cit.* § I*)*, no nos interesan ahora otras cuestiones de clausura anticipada con un mero «parecido» funcional. Dicho con otras palabras: [i] la terminación del procedimiento arbitral sin entrar en el fondo del asunto (art. 44.2 RSAC), [ii] la conclusión por laudo conciliatorio (art. 38 RSAC), [iii] la inadmisión de la reconvención del empresario (art. 40.2 RSAC), [iv] la inadmisión de la modificación sustancial de la pretensión inicial del consumidor (art. 40.3 RSAC), o [v] la modificación sustancial de la reconvención admitida (art. 40.5 RSAC) se sitúan extramuros del procedimiento administrativo del Sistema Arbitral de Consumo para residenciarse de pleno en el procedimiento arbitral de consumo (Capítulo IV RSAC), por lo que no deben ser resueltas por el presidente de la JAC sino por el órgano arbitral designado por éste una vez acordado el inicio del procedimiento (art 37.2 RSAC).

diera que pudieran suponer un perjuicio para la tramitación del concurso. Se trata, por tanto, de una *excepción* a la regla general establecida en el artículo 140.2, que opta por la continuación de los procedimientos ya iniciados. En cuanto tal excepción deberá aplicarse de forma restrictiva únicamente en los supuestos en los que el perjuicio derivado de la continuación de los procedimientos arbitrales o de mediación pudiera ser esencial para el desarrollo del concurso.

7. Cese de la actividad del empresario, disolución o liquidación de la empresa y extinción de su personalidad

7.1. Consideración general de las situaciones extintivas

La previsión que ahora se analiza resulta criticable por obvia en tanto en cuanto se refiere a supuestos de diverso origen que dan lugar a la extinción de la personalidad jurídica del empresario social o al cese de la actividad en el caso de empresario individual.

El cese de la actividad por parte del empresario individual puede traer causa bien de una decisión voluntaria, bien de su muerte o incapacitación o bien de un supuesto de inhabilitación o prohibición sobrevenidas. En el caso del empresario social la norma refiere a la disolución o liquidación de la empresa (*rectius*, sociedad) y la extinción de su personalidad como fases consecutivas conducentes a la completa finalización de la personalidad jurídica societaria.

En ambos casos parece claro que la baja en las bases de datos se produce cuando se materializa el supuesto de hecho referido y que, por tanto, la misma tendrá efectos plenos a partir de ese momento.

Es del todo lógica la previsión de que un empresario que *ya no existe* no puede entablar nuevas relaciones jurídicas que pudieran dar lugar a posibles conflictos necesitados de una vía de resolución.

También es lógico que si el empresario ya no existe no se pueda perfeccionar convenio arbitral alguno posterior al cese de la actividad (incluso cuando el conflicto se refiera a relaciones jurídicas anteriores a la baja del empresario en el sistema) puesto que la perfección del convenio requiere de la voluntad concurrente de empresario y consumidor manifestadas una a través de la OPA o, en su caso, de la aceptación expresa del arbitraje y la otra mediante la presentación de la solicitud unidireccional de arbitraje. En tanto en cuanto la solicitud de arbitraje se presenta cuando ya la OPA ha decaído porque el empresario ha causado baja en el sistema, la perfección del convenio arbitral resultaría imposible.

7.2. Consideración especial: los procedimientos arbitrales ya en curso en el momento en que se produce la baja del empresario

Hasta aquí llegaría la obviedad por la que criticábamos este precepto en párrafos anteriores. Existe, sin embargo, un supuesto de hecho que podría suscitar dudas. Sería el referido a los procedimientos arbitrales ya en curso en el momento en que se produce la baja del empresario. Si la emisión del laudo se produce con anterioridad a la liquidación de la empresa, no habría grandes problemas en que el crédito que pudiera derivarse del laudo se tuviera en cuenta en ese proceso liquidatorio. Salvo, naturalmente, que la liquidación traiga causa de un procedimiento concursal en el que, por definición, la empresa no cuenta con activo suficiente.

Sin embargo, si el laudo se dicta con posterioridad al cierre de la liquidación ningún efecto va a producir, por inejecutable, en el caso de los empresarios sociales, lo que dejaría el consumidor sin ninguna opción más allá de la pura —e insuficiente— «victoria moral». No ocurre lo mismo en el caso de los empresarios individuales que, al contar con un único patrimonio, no podrían enervar la posible ejecución del laudo alegando la finalización de su actividad.

III. ASPECTOS PROCEDIMENTALES

1. Una atribución competencial obvia

Finaliza el artículo 29 RSAC con una previsión de carácter procedimental referida a quién y cómo va a encargarse de hacer efectiva la baja en las bases de datos de empresarios adheridos al Sistema Arbitral de Consumo.

La atribución competencial se realiza en favor de la persona titular de la presidencia de la Junta Arbitral que hubiera concedido en su día el distintivo oficial de empresario adherido, esto es, la Junta Arbitral ante la que se formuló la oferta pública de adhesión. La presidencia de la Junta Arbitral correspondiente en cada caso dictará una resolución motivada en la que se recoja el doble mandato de *a)* retirar el distintivo (y prohibir su uso fraudulento) y *b)* la baja del empresario en las bases de datos.

2. Un inciso incongruente

Desconcierta que el legislador aluda a la baja en las bases de datos «en su caso». Si estamos ante un precepto específicamente orientado a regular los diferentes supuestos en que un empresario adherido al sistema va a salir del mismo y si, como vimos en relación con el artículo 27 RSAC, la «salida» del sistema ha de tener reflejo inmediato en las bases de datos de empresarios adheridos, no se concibe cómo esa baja puede darse «en su caso» si los presupuestos condicionantes se han materializado ya.

¿Acaso resultaría posible que haya empresarios en las situaciones contempladas en las letras *a)* a *g)* que pierdan por resolución motivada el derecho a utilizar el distintivo pero que, sin embargo, no causen baja en las bases de datos? Entendemos que en ninguna circunstancia debiera producirse esta situación. Por tanto, sería aconsejable la supresión de esa impropia coletilla de «en su caso» por entender que la baja en la base de datos previa materialización de los supuestos previstos en el artículo 29.1 RSAC se va a producir no únicamente «en su caso», sino *en todos los casos*.

Artículo 30. Fomento de adhesión al Sistema Arbitral de Consumo*

Las administraciones públicas podrán establecer, de forma coordinada, incentivos en el ámbito de sus competencias para que los empresarios realicen ofertas de adhesión al Sistema Arbitral de Consumo, facilitando así el acceso a la justicia de los consumidores a través de este mecanismo de resolución alternativa de litigios.

I. LA FILOSOFÍA DEL PRECEPTO: EL PROGRESIVO DECAIMIENTO DEL FOMENTO

1. El creciente desinterés del legislador en el fomento del Sistema Arbitral de Consumo

Una mera lectura del precepto que ahora es objeto de comentario denota el escaso interés del legislador por promocionar verdaderamente el sistema de resolución extrajudicial de conflictos que supone el sistema arbitral de consumo. Este deber de fomento se asume como un trámite formal obligado, sin que se atisbe voluntad real alguna de establecer medidas que, de forma efectiva, puedan suponer un impulso a la adhesión de los empresarios, piedra angular sobre la que debería de descansar el éxito del sistema[1].

---

* Comentario realizado por **Julio Álvarez Rubio**.

1 En efecto, por mucho que el sistema sea ágil y gratuito para los consumidores, amén de la presencia de otras ventajas menos evidentes, pero igualmente atractivas, como el antiformalismo, lo cierto es que si, como en la actualidad, apenas un 4 % del total de los empresarios que comercializan sus bienes y servicios en territorio nacional se encuentran adheridos al arbitraje de consumo, el eventual éxito del mecanismo se resiente en su mismo fundamento. Nótese la diferencia con otros sistemas alternativos de resolución de conflictos como, por ejemplo, el del Jurado de Autocontrol de la Asociación de Autorregulación de la Comunicación Comercial, que cuenta con la adhesión de más de un 70 %

La simple comparación entre el artículo 32 del derogado Real Decreto 231/2008, de 15 de febrero, por el que se regula el Sistema Arbitral de Consumo, y el vigente artículo 30 del recién aprobado Reglamento evidencia ya la renuncia del legislador a articular elenco de medidas alguna, siquiera de forma abstracta, que supongan un incremento real del número de empresarios adheridos. Así, la antigua norma señalaba, en su punto primero, que *«Las Administraciones públicas instarán a las empresas o entidades pertenecientes al sector público o a las concesionarias que comercialicen bienes o servicios destinados a consumidores o usuarios en régimen de derecho privado, a presentar oferta pública de adhesión al Sistema Arbitral de Consumo»*.

Pues bien, este párrafo desaparece en el nuevo precepto, renunciando la Administración, ya no a obligar a empresarios cuyos órganos de decisión se encuentran mayoritariamente bajo su control a adherirse al sistema, sino ni siquiera a «instarles» en tal sentido[2]. Probablemente la medida más directamente efectiva que se pudiera implementar, y que ha dado resultados muy positivos en alguna Comunidad Autónoma[3], desaparece de raíz en esta

---

de la inversión publicitaria existente en España. Resulta curioso, además, que entidades tradicionalmente renuentes a la adhesión al sistema arbitral de consumo, como son los bancos (también una de las más importantes empresas de distribución minorista, como es *El Corte Inglés*), hayan aceptado la adhesión a «Autocontrol» (si bien para actividades relacionadas con la contratación electrónica y en conflictos derivados de la infracción de un código ético específico) de la mano de la afiliación al sello de *«Confianza Online»*, sello creado por «Autocontrol» y «ADIGITAL» con la finalidad de fomentar la confianza de los consumidores en las nuevas tecnologías, que cuenta ya con más de 2000 empresas adheridas y goza de un indudable prestigio en el mundo del comercio electrónico. En ÁLVAREZ RUBIO, J.: «La superación de los mecanismos tradicionales de control de las comunicaciones comerciales: autorregulación y corregulación como modelos de éxito», en *Revista de Derecho de la Competencia y de la Distribución*, núm. 20, enero-junio 2017.

2 Resulta paradójica esta desaparición repentina, que contrasta con antiguas propuestas parlamentarias como la auspiciada por la proposición no de ley adoptada por el Pleno del Congreso de los Diputados, en su sesión de 15 de diciembre de 1997, que acordaba, de forma particularmente explícita en los que a nuestro objeto de estudio concierne, lo siguiente: «El Congreso de los Diputados insta al Gobierno a adoptar, en el plazo máximo de un año, cuantas medidas considere en aras de promover y conseguir la adhesión de las empresas públicas estatales, empresas en cuyo capital participe el Estado, o aquéllas de titularidad privada que hayan asumido por cualquier mecanismo la prestación de un servicio público al sistema de Arbitraje de Consumo, para conseguir un más eficaz nivel del sistema de protección de los consumidores. A tal efecto, dará instrucciones a los miembros representantes de la Administración del Estado en los Consejos de Administración de las empresas públicas estatales o con participación estatal para que aquéllos acuerden la adhesión. Además, se establecerá entre los criterios para la adjudicación de los contratos de gestión de servicios públicos la citada adhesión.».

3 Así, por ejemplo, la Sociedad Regional Cántabra de Promoción Turística, S.A. (conocida como CANTUR, S.A.), sociedad pública que gestiona recursos turísticos de la importancia del Parque de la Naturaleza de Cabárceno, la Estación de Esquí—Montaña de Alto Campoo o elementos singulares en entornos naturales como el Teleférico de Fuente Dé, lleva adherida desde 2006 al sistema arbitral de consumo, proporcionando un sistema alternativo de resolución de conflictos a sus más de 1 millón de usuarios anuales, lo que

norma, lo que, al margen de la desaparición de las adhesiones limitadas, ya tratadas en estos Comentarios[4], vuelve a asestar un duro golpe a las expectativas de crecimiento del arbitraje de consumo en nuestro país.

2. El desconcertante requisito de la «promoción coordinada»

De forma coherente con la desaparición explícita de esta efectiva acción de fomento, el nuevo precepto no sólo no altera el planteamiento dispositivo que el derogado artículo 32.2 establecía en relación con el posible otorgamiento de incentivos, utilizando el término «podrán», sino que lo agrava, al señalar que esos «posibles» incentivos, en su caso, habrán de establecerse de forma «coordinada» entre las administraciones públicas. Da la impresión de que el legislador, además de mostrarse renuente a plantear en términos obligatorios el establecimiento de acicates que pudieran impulsar las adhesiones, condiciona además la adopción de eventuales medidas en este sentido a que todas ellas se desarrollen de forma coordinada, sin que se alcance a entender tal exigencia, máxime en un escenario en que la «planta» de Juntas Arbitrales se extiende a lo largo y ancho del Estado con distintos ámbitos competenciales territoriales.

La implementación efectiva de tal condicionante implicaría un curioso «derecho de veto» por parte de aquellas administraciones que no se mostrasen favorables a tal actuación coordinada, evitando así, de forma paradójica, que el sistema arbitral alcanzase cotas de adhesión más elevadas en zonas geográficas concretas que sí resultasen favorables a tales medidas de fomento. El planteamiento es, en definitiva, desconcertante, y, desde el punto de vista jurídico, y dadas las competencias constitucionales que, en materia de consumo, tienen las Comunidades Autónomas, afortunadamente inaplicable.

da cuenta de la trascendencia de la adhesión reseñada y de las posibilidades que la utilización de este mecanismo ofrece a las diferentes administraciones que tengan participación mayoritaria en empresas públicas que oferten servicios a consumidores.
Ejemplo también de empresa pública adherida era la Sociedad Estatal Correos y Telégrafos, S.A. S.M.E, si bien, recientemente, ha causado baja en el sistema, probablemente a causa de la eliminación de las ofertas de adhesión limitadas que establece el nuevo Reglamento.
El artículo 101.2 del Anteproyecto de ley de protección de las personas consumidoras y usuarias de las Illes Balears llegaba a plantear, incluso, en términos imperativos, la adhesión de las empresas del sector público autonómico al arbitraje de consumo: «Las entidades o empresas que conforman el sector público de la Administración de la Comunidad Autónoma de las Illes Balears que realicen transacciones con las consumidores presentarán oferta pública de sumisión al sistema arbitral de consumo a través de la Junta Arbitral de Consumo de las Illes Balears, previo acuerdo del órgano competente de la entidad o la empresa». Esta iniciativa legislativa, no obstante, ha sido archivada.

4 Ver comentario de Tomillo Urbina, J. al artículo 24 en esta misma obra.

En cualquier caso, y atendiendo a lo expuesto, resulta claro que el legislador hace caso omiso del mandato del artículo 51 de la Constitución española, que le instaba a «garantizar la defensa de los consumidores y usuarios, protegiendo, mediante procedimientos eficaces, su seguridad, salud y sus legítimos intereses económicos», y ni siquiera en términos genéricos o abstractos es capaz de animar a las administraciones públicas a implementar medidas que, de forma efectiva, supongan una mejora en el índice de adhesión de los empresarios al sistema arbitral de consumo

II. UNA OPORTUNIDAD PERDIDA

1. El silencio del nuevo RSAC

La oportunidad pérdida para, por ejemplo, enumerar, de forma meramente ejemplificativa, una nómina de acciones de fomento que pudieran ser adoptadas en tal sentido, evitando, de esa manera, la inseguridad jurídica que, en algunas ocasiones, ha generado la puesta en marcha de medidas de esa naturaleza, resulta frustrante.

Así, el precepto podría haber aprovechado para referir experiencias positivas que, hasta la fecha, se han implementado en diferentes administraciones y que han redundado en el incremento, espontaneo o forzado, de adhesiones al sistema arbitral de consumo. La descripción, siquiera indiciaria, de tales prácticas podría haber propiciado el surgimiento de iniciativas en ámbitos que, hasta el momento, se hubieran mantenido al margen de su implementación.

2. Posibles acciones de fomento ausentes del RSAC

Entre las medidas apuntadas podrían diferenciarse, en primer término, aquellas que potencian, de forma indirecta, la adhesión de empresarios, al concienciar a estos de las bonanzas del sistema y de la repercusión positiva que la exhibición del sello va a generar entre su clientela, incrementando su facturación[5]. Por otra parte, estarían aquellas que, bien recompensan la adhesión en forma de valoración adicional de cara al acceso a determinadas convocatorias públicas de subvenciones o, incluso, en la licitación de contratos públicos, bien excluyen directamente a los empresarios que no asuman el compromiso arbitral[6], forzando por tanto a la adhesión so pena de exclusión del procedimiento.

5 Sobre el tema de la «rentabilidad» empresarial de la protección al consumidor, ver Díaz Díaz, B., «La protección del consumidor y creación de valor en la empresa», en Tomillo Urbina, J. L. (dir.), *La protección jurídica de los consumidores como motor de desarrollo económico: (actas del* II *Congreso Euroamericano de Protección Jurídica de los Consumidores*, Cizur Menor, 2011, pp. 65-92.

6 Ribón Seisdedos, E., «Instrumentos para impulsar la adhesión de los empresarios al Sis-

Si bien las primeras no suscitan duda alguna de legalidad, al constituir normalmente meras campañas de divulgación o concienciación, no sucede igual con las segundas, que, en ocasiones, generan reticencias por parte de la Administración ante la eventualidad de vulnerar normas como las que regulan, por ejemplo, la actividad concurrencial entre los empresarios.

3. Actividades de promoción directa: tipología y problemas planteados

3.1. Subvenciones

Entre las actuaciones que más comúnmente se implementan de cara al fomento directo de la adhesión se encuentran las condiciones que las normas reguladoras de subvenciones exigen al empresario para que éste resulte legitimado para optar a la ayuda convocada, las cuales incluyen expresamente la exigencia de encontrarse adherido al sistema arbitral de consumo. Esta demanda específica se viene produciendo tanto en relación con la convocatoria de ayudas generales al sector del comercio[7], como, asimismo, en ámbitos más sectoriales[8], sin que hasta la fecha se haya detectado problema de legalidad alguno en su planteamiento y ejecución.

La naturaleza de la subvención como técnica de fomento de determinados comportamientos considerados de interés general la hacen compatible con las medidas de promoción del sistema arbitral de consumo, resultando las exigencias derivadas de este último objetivo acordes con los principios de concurrencia, objetividad, igualdad y no discriminación que han de inspirar toda concesión de la disposición dineraria constitutiva de la subvención.

---

tema Arbitral de Consumo», en *Noticias Jurídicas*, *https://noticias.juridicas.com/conocimiento/articulos-doctrinales/4279-instrumentos-para-impulsar-la-adhesion-de-los-empresarios-al-sistema-arbitral-de-consumo-/* distingue, de forma expresiva, entre el arbitraje por empatía y el arbitraje por atrición.

7 Orden IND/38/2024, de 24 de julio, por la que se aprueba la convocatoria de subvenciones al sector de la distribución comercial minorista en Cantabria para el año 2024, letra «h»: «Para que la subvención pueda alcanzar el 45 % de los gastos subvencionables, la empresa solicitante deberá presentar documento de adhesión a la Junta Arbitral de Consumo (Anexo IV) para las entidades no inscritas y el certificado de pertenencia a la Asociación de Comerciantes inscrita en el Registro de Asociaciones de Comerciantes de la Comunidad Autónoma de Cantabria a la que pertenezca. De no aportarse ambos documentos, se aplicará el porcentaje del 35 % del resuelvo sexto.2 de la presente orden».

8 Así, recientemente, Decreto 88/2024, de 31 de octubre, por el que se regula la concesión directa de subvenciones del Plan RENOVE IV, para la renovación de la flota de vehículos en Cantabria, que, en su art. 6.3, establece «Los concesionarios deberán estar adheridos al Sistema Arbitral de Consumo o presentar oferta de adhesión ante la Junta Arbitral de Consumo de Cantabria, teniendo en cuenta que el plazo de validez de la oferta no podrá, en ningún caso, ser inferior al periodo de vigencia del presente Plan RENOVE IV».

3.2. Medidas de fomento en la contratación pública

Más controvertidas resultan aquellas medidas que intentan condicionar el acceso a licitaciones públicas exigiendo, o al menos valorando, la adhesión al sistema arbitral de consumo como elemento decisorio para participar o resultar adjudicatario del concurso.

La tipología de las modalidades planteadas, siquiera de forma tentativa, ha sido variada, como también resultan variadas las respuestas proporcionadas por los órganos consultivos en aquellos casos en que se ha solicitado su opinión[9].

Así, por ejemplo, se ha considerado que la adhesión al arbitraje de consumo no puede entenderse como requisito de solvencia técnica del eventual licitador ni como criterio de adjudicación de concursos en los contratos de gestión de servicios públicos, considerándose, asimismo, que no resulta procedente una modificación legislativa que incluyese tales posibilidades en la norma reguladora.

La única opción pasaría, según la Junta consultiva, por introducir un precepto en la Ley estableciendo la adhesión a sistemas de arbitraje, no como requisito de solvencia o criterio de adjudicación, sino como requisito que deben cumplir todas las empresas para acceder a un contrato de gestión de servicios públicos, aunque, en la adopción de tal solución, debieran ponderarse las circunstancias y repercusiones que aconsejasen o no tal medida[10].

Otras instancias se muestran favorables a permitir la exigencia de que los licitadores se encuentren adheridos a una Junta Arbitral de Consumo, si bien no como criterio de valoración sino como condición especial de ejecución[11].

---

9 También se pronunció en su momento, si bien sobre la posible consideración de criterios relativos a la protección del medio ambiente para determinar la oferta más ventajosa económicamente en la licitación de un contrato de transporte por entidad municipal, el TJUE, mostrándose en principio favorable, lo que pudiera ser extrapolado al ámbito del arbitraje al resultar, en definitiva, un criterio socioeconómico más. STJUE de 17 de septiembre de 2002 (Concordia Bus Finland Oy Ab, antes Stagecoach Finland Oy Ab contra Helsingin kaupunki y HKL-Bussiliikenne).

10 Informe 33/99, de 30 de junio de 1999, de la Junta Consultiva de Contratación Administrativa Estatal, sobre la «Posibilidad de incluir en los pliegos de cláusulas administrativas particulares para la adjudicación y ejecución de contratos de gestión de servicios públicos de cláusulas relativas a la adhesión del contratista a un sistema de arbitraje de consumo en sus relaciones con los usuarios».

11 «[...] No resulta conforme a la normativa comunitaria de contratación pública y al derecho español de contratos la posibilidad de introducir con carácter general y de forma obligatoria en los pliegos de cláusulas administrativas de los contratos administrativos de la Administración de la Generalidad de Cataluña una cláusula de preferencia como criterio adicional de adjudicación a aquellas empresas adheridas a una junta arbitral de consumo. (...) En cambio, es posible, de acuerdo con la normativa comunitaria de contratación pública y con el derecho español de contratos fijar, como condición de ejecución contractual, el sometimiento a un sistema arbitral de consumo con los límites y las condiciones recogi-

Sin embargo, y a pesar de las reticencias legales evidenciadas[12], alguna Comunidad Autónoma, como la de Andalucía, optó por incluir en sus pliegos las condiciones referidas, sin que hasta el momento se tenga noticia de resolución desfavorable alguna.

3.3. Beneficios fiscales

Otra de las medidas de fomento que eventualmente podrían ser utilizadas y que, hasta el momento, no consta se hayan implementado, son las referidas a beneficios fiscales. Así, resultan muy habituales las deducciones fiscales usadas a modo de incentivo para estimular acciones que tengan que ver con la protección del medioambiente[13], la reducción del desempleo[14],

---

dos en la consideración jurídica IV del presente informe.» Informe 4/2006, de 18 de mayo, de la Comisión Permanente de la Junta Consultiva de Contratación Administrativa de la Generalitat de Catalunya.

12 A pesar de que las resoluciones comentadas son anteriores a la vigente Ley 9/2017, de 8 de noviembre, de Contratos del Sector Público, las mismas siguen entendiéndose como aplicables. De hecho, el vigente art. 202 de la norma, que se refiere a las condiciones especiales de ejecución del contrato de carácter social, ético, medioambiental o de otro orden no sólo incluye aquellas condiciones de carácter social, entre las que bien pudieran encontrarse las relacionadas con la adhesión al sistema arbitral de consumo, sino que, de forma expresa, refiere la naturaleza de *numerus clausus* de las circunstancias enumeradas, como se evidencia de la culminación de la relación con la expresión «o de otro orden».

Asimismo, el artículo 202.1 señala que «Los órganos de contratación podrán establecer condiciones especiales en relación con la ejecución del contrato, siempre que estén vinculadas al objeto del contrato, en el sentido del artículo 145, no sean directa o indirectamente discriminatorias, sean compatibles con el Derecho de la Unión Europea y se indiquen en el anuncio de licitación y en los pliegos»; pues bien, la referencia a la vinculación al objeto del contrato resulta meridianamente clara en el caso de la adhesión al arbitraje de consumo pues, el artículo 145.6 de la misma norma, establece que «se considerará que un criterio de adjudicación está vinculado al objeto del contrato cuando se refiera o integre las prestaciones que deban realizarse en virtud de dicho contrato, en cualquiera de sus aspectos y en cualquier etapa de su ciclo de vida, incluidos los factores que intervienen en los siguientes procesos: a) en el proceso específico de producción, prestación o comercialización de, en su caso, las obras, los suministros o los servicios, con especial referencia a formas de producción, prestación o comercialización medioambiental y socialmente sostenibles y justas». Resulta evidente, por tanto, que una condición que imponga la adhesión al arbitraje de consumo en la licitación de un contrato que tenga por objeto el suministro de bienes o la prestación de servicios a consumidores o usuarios se encuentra íntimamente relacionada con el objeto de dicho contrato en su fase de comercialización.

13 Obsérvese que las deducciones medioambientales, amparadas en última instancia por el artículo 45 de la CE desaparecen de la Ley del Impuesto de sociedades en la última reforma, si bien no porque desaparezca la justificación material de las mismas sino porque su planteamiento en términos de incentivo resulta absurdo dado que las demandas en este sentido se tornan en obligatorias cada vez en más ocasiones.

14 Artículo 40.1 CE en relación con el artículo 37 de la Ley 27/2014, de 27 de noviembre, del Impuesto sobre Sociedades.

la promoción de la investigación científica y técnica[15], la conservación del patrimonio histórico, cultural o artístico[16], entre otras.

Todas estas acciones se encuentran justificadas por el deber de ordenación pública de la actividad económica que atañe al Estado[17], que ha de estar inspirado por los principios rectores de la política social y económica, entre los cuales se hallan todos los anteriormente referidos, pudiendo incluirse, asimismo, el explicitado en el artículo 51.1 de ese mismo título de la Constitución, que no es otro que el que señala que «Los poderes públicos garantizarán la defensa de los consumidores y usuarios, protegiendo, mediante procedimientos eficaces, la seguridad, la salud y los legítimos intereses económicos de los mismos». Parece obvio, por tanto, que el mandato recién reproducido legitimaría asimismo a la Administración para implementar medidas fiscales que pudieran beneficiar, en su caso, a aquellos empresarios que se adhirieran al sistema arbitral de consumo, pues esta actuación, redunda, sin ninguna duda, en una mejora de la protección de los intereses económicos de consumidores y usuarios a través de «procedimientos eficaces», como reza la dicción literal del precepto.

4. El olvido de la concienciación y el convencimiento del empresario

Obviamente, las medidas analizadas, si bien resultan de eficacia indubitada, cuentan con el hándicap de su vigencia limitada al espacio temporal que demande la norma que requiera la adhesión, pues, si el empresario no comparte las bondades del sistema, se apresurará a denunciar el convenio una vez cumplida la finalidad inicialmente perseguida. Esta circunstancia, y el propio hecho de que la voluntariedad subyacente al arbitraje debiera, por la propia naturaleza del sistema, de hacer que la adhesión fuese espontánea y no inducida, hace que las medidas realmente efectivas a largo plazo sean las que descansan en la concienciación y el convencimiento, habiendo de basarse éstas, más que en la posibilidad de trasladar al consumidor, a través de comunicaciones comerciales, el carácter de *good corporate citizen* del empresario que decide adherirse, en la oportunidad de aprovechar sinergias como la posibilidad de reconvenir en caso de conflictos enquistados y de

---

15 Artículo 44.2 CE en relación con el artículo 35.1 de la Ley 27/2014, de 27 de noviembre, del Impuesto sobre Sociedades.

16 Valga, como ejemplo, al artículo 68.5 de la Ley 35/2006, de 28 de noviembre, del Impuesto sobre la Renta de las Personas Físicas y de modificación parcial de las leyes de los Impuestos sobre Sociedades, sobre la Renta de no Residentes y sobre el Patrimonio.

17 Sobre el tema, ver Rojo, A., «Actividad económica pública y actividad económica privada en la constitución», en *Revista de Derecho Mercantil*, 1983, p. 317, quien afirma que, de acuerdo al sistema económico constitucionalizado, «el poder político no sólo tiene la *facultad* de modificar o transformar el modelo económico; tiene el *deber* de hacerlo».

escasa cuantía, cuya judicialización no resulta viable, o, incluso, de utilizar la exhibición del sello como estrategia de fidelización de la clientela en un entorno comercial cada vez más inseguro[18]. En definitiva, medidas más tangibles y con retorno económico directo que convenzan al empresario de la conveniencia operativa de la adhesión.

En cualquier caso, y para concluir, la redacción del artículo que ahora se comenta no sólo obvia la enumeración de posibles actuaciones de fomento del sistema, de uno y otro tipo, sino que, como ya se ha comentado al inicio, elimina la principal medida que sí se explicitaba en la norma derogada, como era la posibilidad, siquiera, de «instar» la adhesión de las empresas pertenecientes al sector público[19]. Partiendo de esta muy significativa renuncia cualquier comentario ulterior relativo a una eventual pérdida de oportunidad resulta vano.

18 Véase, en este sentido, el éxito del sello de *«Confianza online»* en el ámbito del comercio electrónico.

19 La ausencia de visión estratégica de la Administración en este asunto es particularmente lamentable, pues el impulso de esta medida no sólo supondría un beneficio para los consumidores y usuarios sino, asimismo, y de forma indirecta, para los propios Tribunales de Justicia, que verían como asuntos, normalmente de escasa cuantía y complejidad, dejan de atorar un sistema ya de por sí colapsado para resolverse a través del sistema arbitral.

CAPÍTULO IV

PROCEDIMIENTO ARBITRAL Y ACTUACIONES ADMINISTRATIVAS PREVIAS

Artículo 31. Principios generales del procedimiento*

1. El procedimiento arbitral de consumo tiene carácter unidireccional, en el sentido de que únicamente los consumidores y usuarios podrán presentar solicitudes de arbitraje con el fin de que sus litigios de consumo sean resueltos mediante este procedimiento.

2. El procedimiento arbitral de consumo se ajustará a los principios de audiencia, contradicción, igualdad entre las partes y gratuidad, garantizándose a los consumidores un acceso sencillo, por medios electrónicos o no, y con independencia del lugar en que se encuentren. Asimismo, se deberá garantizar la accesibilidad universal a sus procedimientos, trámites y oficinas y servicios de información y atención, utilizando medios y soportes que sigan los principios del diseño universal o, en su caso, implementando medios alternativos de adecuación efectiva para el acceso a ellos por parte de personas con discapacidad.

3. Los órganos arbitrales, las partes en litigio y quienes de cualquier manera intervengan en los procedimientos están obligados a guardar confidencialidad sobre la información que conozcan como consecuencia de su intervención.

4. El arbitraje de consumo se decidirá en equidad salvo que las partes, de común acuerdo, opten expresamente por la decisión en derecho. Si el empresario en su oferta de adhesión hubiera optado por que el litigio sea resuelto exclusivamente en derecho y el consumidor hubiera optado en su solicitud de forma expresa por que el litigio sea resuelto en equidad, se comunicará este hecho y se solicitará al reclamante su aceptación de la decisión en derecho, tratándose la solicitud como si no existiera adhesión previa en caso de falta de acuerdo.

5. Los órganos arbitrales colegiales adoptarán cualquier decisión o laudo por mayoría simple de miembros. En caso de empate en la adopción del acuerdo, deci-

* Comentario realizado por **Carlos Cuervo Fernández**.

dirá la persona titular de la presidencia. No obstante, si el acuerdo tuviera puntos en los que sí existiera mayoría, se detallará en el propio acuerdo.

Los árbitros que se aparten de la decisión adoptada en un laudo podrán hacer constar su voto particular en el propio laudo.

6. Las normas jurídicas aplicables y las estipulaciones del contrato servirán de apoyo a la decisión en equidad que, en todo caso, deberá ser motivada.

7. La notificación de las actuaciones arbitrales, incluido el laudo, se realizará conforme a la práctica adoptada por la Junta Arbitral o, en su defecto, según lo previsto en la Ley 39/2015, de 1 de octubre.

I. ANTECEDENTES NORMATIVOS

La creación de un sistema arbitral de resolución de controversias en materia de consumo fue consecuencia del mandato contenido en el artículo 31 de la Ley General para la Defensa de los Consumidores y Usuarios de 1984, conforme al cual el Gobierno debía crear un «sistema arbitral que, sin formalidades especiales atienda y resuelva con carácter vinculante y ejecutivo para ambas partes las quejas o reclamaciones de los consumidores o usuarios». Como consecuencia de esta interpelación al Ejecutivo, se dispuso la aprobación del RD 636/1993, de 3 de mayo, por el que se regula el sistema arbitral de consumo. Fue una norma breve que, sin embargo, ya contenía los principios fundamentales que debían ordenar el procedimiento arbitral y que, en lo sustancial, se han mantenido invariados en las normas que posteriormente han reglamentado esta materia. Fue en su artículo 10.1 donde se establecieron los principios que debían inspirar el procedimiento arbitral, siendo estos los de audiencia, contradicción, igualdad entre las partes y gratuidad.

Ya vigente la LGDCU del año 2007, y ante la necesidad de actualizar la regulación jurídica del sistema arbitral de consumo, el Gobierno aprobó el Real Decreto 231/2008, de 15 de febrero, por el que se regula el Sistema Arbitral de Consumo (RDSAC 2008). En su artículo 41 se residenciaron los principios del procedimiento, sin más novedades que la de establecer la obligatoriedad de guardar confidencialidad respecto de la información que se conozca como consecuencia de la participación en el procedimiento.

Concluye este breve repaso histórico con la aprobación del vigente Real Decreto 713/2024, de 23 de julio, por el que se aprueba el Reglamento que regula el Sistema Arbitral de Consumo. De ahora en adelante, siempre que citemos el Reglamento aprobado en virtud del Real Decreto 713/2024, de 23 de julio, nos referiremos al mismo como «RSAC 2024», excepción hecha de alguna referencia a la Disposición Final 2.ª, que sí forma parte del Real Decreto 713/2024, de 23 de julio.

De acuerdo con su Preámbulo, son principios del procedimiento arbitral de consumo el carácter unidireccional, la audiencia, la contradicción, la igualdad de las partes, la gratuidad, la confidencialidad y la accesibilidad universal. Sin embargo, el artículo 31, bajo el ladillo «Principios generales del procedimiento», contiene hasta siete apartados donde, además de recoger este conjunto de rasgos informadores, disciplina otra serie de aspectos que más bien podrían calificarse como normas generales reguladoras del desarrollo del procedimiento que como principios inspiradores de éste.

II. EL CONTENIDO DEL ARTÍCULO 31. EXCESOS Y AUSENCIAS

Como primer aspecto positivo en este artículo 31 del RSAC 2024 hay que destacar su nueva ubicación dentro del Capítulo rubricado «Procedimiento arbitral y actuaciones administrativas previas». El citado precepto pasa a situarse en el pórtico del Capítulo, decisión acertada ya que parece razonable que el lector de la norma conozca los principios que van a informar un procedimiento antes de entrar al detalle de su desarrollo[1].

1. Comentario a la sistemática del artículo 31 RSAC 2024

Dicho lo anterior, el artículo 31 se divide en siete apartados. En los tres primeros se establecen los principios de unidireccionalidad, audiencia, contradicción, igualdad entre las partes, gratuidad, accesibilidad universal y confidencialidad, todos los cuales pueden considerarse verdaderos principios generales del procedimiento[2]. Aparecen, a renglón seguido, una serie

---

1 El anterior Capítulo IV del RD 231/2008, intitulado «Procedimiento arbitral», contenía los artículos 33 a 50. Los principios del procedimiento se regulaban en su artículo 41, lo cual era sorprendente porque podía dar a entender que los actos regulados en los artículos precedentes no estaban sujetos a estos principios, estableciendo una suerte de división artificial entre una primera parte del procedimiento arbitral, que comprendía la presentación de solicitudes, la posible inadmisión del arbitraje y los recursos contra tal decisión, la iniciación del procedimiento y la posibilidad de mediación; y todo el resto de actuaciones arbitrales.

2 Por principios generales del procedimiento entendemos «el conjunto de rasgos básicos que determinar el «modo de ser» de una determinada Ley de Procedimiento». LÓPEZ

de disposiciones, de contenido parcialmente heterogéneo, que han venido a aglutinar diversos artículos del derogado RDSAC 2003 y que difícilmente pueden ser calificadas como principios generales del procedimiento.

Se trata de los apartados cuarto a séptimo, en los cuales se regulan aspectos diversos, tales como *el criterio en atención al cual se resolverá el arbitraje —equidad o derecho—* (cfr. art. 31.4, antiguo art. 33.1 RDSAC 2008); *las mayorías necesarias para adoptar el laudo* (cfr. art. 31.5, inciso 1.º, antiguo art. 47 RDSAC 2008); *la posibilidad de emitir un voto particular por cualquiera de los árbitros* (cfr. art. 31.5, inciso 2.º, antiguo art. 47 RDSAC 2008); *la exigencia de motivación del laudo* (cfr. art. 31.6, antiguo art. 33.2 RDSAC 2008); y *el régimen jurídico aplicable a las notificaciones de las actuaciones arbitrales* (cfr. art. 31.7, antiguo art. 50 RDSAC 2008).

La elección de las materias incluidas en estos apartados es desconcertante ya que, como ha señalado recientemente Tomillo Urbina[3], los principios básicos que rigen el sistema arbitral de consumo son los de audiencia, contradicción, igualdad, gratuidad y acceso sencillo y universal, pudiendo tal vez incluir el de confidencialidad. También el Consejo General del Poder Judicial, en su Informe al Anteproyecto del RDSAC 2024, dejó entrever esta crítica, calificando como principios generales únicamente los que acabamos de mencionar[4]. En cualquier caso, y dada su ubicación en este artículo 31, los estudiaremos brevemente.

1.1. El arbitraje en equidad. Unas breves consideraciones

Los artículos 31.4 y 31.6 (*resolución en equidad o derecho y exigencia de motivación*) del vigente RSAC 2024 se corresponden con los derogados artículos 33.1 y 33.2. Dicho artículo 33 del RDSAC 2008 aparecía intitulado como «Normas aplicables a la solución del litigio» lo que, efectivamente,

---

Menudo, F.: «Los principios generales del procedimiento administrativo» en *Revista de Administración Pública* núm. 129, 1992, p. 22.

Es decir, se trata aquellas características que impregnan e informan la regulación del procedimiento, dotándolo de un color particular y que, en caso de desaparecer, o bien el procedimiento quedaría desdibujado, o bien dejaría de ser útil para el cumplimiento de los fines en atención a los cuales fue creado.

También ha detectado esta falta de coherencia en el precepto Colmenero Guerra, J.A.: en «Reflexiones sobre el nuevo Reglamento que regula el sistema arbitral de consumo (RD 713/2024, de 23 de julio)» en *La Ley. Mediación y arbitraje,* núm. 20, 2024, p. 17. En opinión del autor, únicamente los dos primeros apartados del artículo 31 contemplan principios del sistema arbitral de consumo.

3 Tomillo Urbina, J.: «Una aproximación al nuevo reglamento del sistema arbitral de consumo (RD 713/2024, de 23 de julio)», en *Noticias jurídicas,* agosto de 2024.

4 Consejo General del Poder Judicial. Secretaría General, *Informe sobre el Proyecto de Real Decreto por el que se regula el Sistema Arbitral de Consumo*, Acuerdo de 25 de enero de 2024, apartado Iv, considerandos 117 a 121.

daba mejor cuenta del contenido de la norma. La resolución del arbitraje, salvo pacto en contrario, en equidad, y la necesidad de motivar el laudo, no son propiamente principios generales del procedimiento, sino simplemente instrucciones que la norma da al órgano arbitral relativas a la forma en la que debe formarse criterio y resolver.

La posibilidad de resolver el arbitraje en equidad merece algún comentario. La doctrina mayoritaria ha entendido que la resolución en equidad es preferible en los sistemas de resolución alternativa de conflictos y, muy especialmente, en los dirigidos a resolver conflicto de consumo, debido a la mayor protección que son capaces de otorgar al consumidor dado que «el arbitraje de derecho es una forma de cerrar el paso al procedimiento eficaz. Lógicamente limita la propia defensa, exige más información al consumidor sobre el tema objeto de la controversia y necesita, normalmente, la asistencia de letrado, lo que desvirtúa la gratuidad y sencillez del procedimiento»[5].

A diferencia del arbitraje en derecho, en cuyo caso el órgano arbitral se debe limitar a resolver la controversia aplicando las normas jurídicas que resulten pertinentes, en el arbitraje en equidad los árbitros emitirán juicio según su leal saber y entender. Aunque el laudo no deba estar, en consecuencia, motivado conforme a criterios jurídicos, nada impide que, si el árbitro conoce el Derecho, emita su decisión buscando amparo en las disposiciones normativas dictadas al efecto. El TSJ de Castilla la Mancha, en su Sentencia 2/2022, de 31 de marzo, FJ 2.°, declaró que resolver en equidad

> «no excluye necesariamente la posibilidad de que los árbitros refuercen «su saber y entender» con conocimientos jurídicos, pueden prescindir de las normas jurídicas y recurrir a un razonamiento diferente al que se desprende de su aplicación, porque lo que se resuelve ex aequo et bono debe ser decidido por consideraciones relativas a lo justo o equitativo. Y aquí también debe quedar meridianamente claro que es el tribunal arbitral el único legitimado para optar por la solución que considere más justa y equitativa».

Tradicionalmente, doctrina y jurisprudencia habían entendido que la resolución en equidad enfrenta un límite infranqueable: la obligación de observar las normas imperativas que resultaren aplicables a la relación controvertida[6]. *Sensu contrario*, las normas dispositivas pueden ser eludidas en el juicio arbitral de equidad[7].

Sin embargo, no existía disposición legal alguna que recogiera este criterio de creación doctrinal y jurisprudencial, situación que cambió con la

---

5 Maluquer De Motes Bernet, C.J.: «Oferta pública de sometimiento al sistema arbitral», en *Estudios sobre Consumo*, núm. 59, 2001, pp. 117-126.

6 Marcos Francisco, D.: «La equidad y la necesaria motivación del laudo en el arbitraje de consumo» en *Revista de la Corte Española de Arbitraje*, 2008, pp. 134-135.

7 Tomillo Urbina, J.: *ob. cit.,* 2024.

aprobación de la Ley 7/2017 de 2 de noviembre, por la que se incorpora al ordenamiento jurídico español la Directiva 2013/11/UE, del Parlamento Europeo y del Consejo, de 21 de mayo de 2013, relativa a la resolución alternativa de litigios en materia de consumo, cuyo artículo 16.1.a) dispone que, en los procedimientos con resultado vinculante para el consumidor:

> «Si el litigio tuviera carácter nacional, la solución impuesta por la entidad de resolución alternativa no podrá privar al consumidor de la protección que le proporcionen aquellas normas imperativas o que no puedan excluirse mediante acuerdo en virtud de la legislación española»

No obstante, el objeto de esta Ley no es regular el sistema arbitral de consumo, sino determinar los requisitos que deben reunir las entidades de resolución alternativa de litigios para que, en el marco de aplicación de la Ley, puedan ser incluidas en el listado de entidades acreditadas por cada autoridad competente, por lo que sus disposiciones, y en concreto la del artículo 16, no son vinculantes para los órganos arbitrales de consumo sujetos al RSAC 2024. Por ello, hubiera sido conveniente establecer la sujeción del órgano arbitral que resuelve en equidad a las normas imperativas aplicables al caso en el RSAC 2024.

1.2. La notificación de las actuaciones arbitrales. Régimen jurídico

Por lo que respecta al artículo 31.5, regula las *mayorías necesarias para que los órganos arbitrales colegiados adopten decisiones*, incluido el laudo, así como la facultad de los árbitros de emitir votos particulares. Para terminar, el artículo 31.7 dispone que la *notificación* de las actuaciones arbitrales se realizará de conformidad con la práctica adoptada por la Junta Arbitral y, en su defecto, con sujeción a lo establecido por la Ley 39/2015, de 1 de octubre, reguladora del Procedimiento Administrativo Común. En este punto merece la pena detenerse un momento ya que aparecen diversas disposiciones en el articulado del Decreto que parecen regular las notificaciones, por lo que alguna aclaración es pertinente.

La Disposición Final 2.ª del RDSAC 2024 establece el derecho que habrá de regir supletoriamente sobre las actuaciones arbitrales, así como sobre la actividad de las Juntas Arbitrales, declarando aplicables de forma prioritaria las disposiciones del propio RSAC 2024. Dado que, tanto para las Juntas Arbitrales como para los órganos arbitrales, el RSAC 2024 contiene disposiciones específicas al respecto, a ellas deberemos estar.

En cuanto a las Juntas Arbitrales, ninguno de los actos que dictan en el desarrollo del procedimiento arbitral tienen carácter de acto administrativo, por lo que resulta de aplicación el artículo 5.3, *in fine*, del RSAC 2024, según el cual «En el supuesto de que el acto que deba ser notificado no tenga carácter administrativo, la notificación se llevará a cabo conforme a la práctica de cada Junta Arbitral». Redacción que debe completarse con el propio artículo 31.7 del RSAC 2024, que declara derecho supletorio en materia de notificaciones en el procedimiento arbitral la Ley 39/2015, de 1 de octubre.

En lo tocante a las notificaciones de los actos emitidos órgano arbitral, los artículos 8 a 15 del RSAC 2024 guardan silencio, por lo que resulta simplemente de aplicación el artículo 31.7 del Decreto.

1.3. Valoración crítica

Par acabar ya con una valoración de conjunto de los artículos 31.4 a 31.7 del RSAC 2024, se trata de disposiciones normativas directamente aplicables cuya vulneración puede ser alegada por quien pretenda la anulación del laudo arbitral. A diferencia de lo que ocurre con los principios generales, no necesitan un desarrollo normativo ulterior: el mandato de notificar las actuaciones arbitrales, el de motivar el laudo o el de resolver el litigio bajo determinados criterios se agota en sí mismo. La distinción, como veremos en un momento, respecto a los genuinos principios generales es ostensible ya que, respecto a estos, una vez declarados, es la propia norma la que, al ir entretejiendo el procedimiento, los dota de contenido.

Por ello, entendemos que los apartados cuartos a séptimo de este artículo 31 han recogido normas generales de actuación que despliegan sus mandatos sobre diversos actos arbitrales, pero no principios generales del procedimiento arbitral de consumo. En consecuencia, y dada su transversalidad, están acertadamente ubicadas al comienzo del Capítulo que regula el procedimiento, pero hubiera sido más conveniente situarlas en un artículo separado del dedicado a los principios generales.

2. Principios del procedimiento arbitral ausentes en el artículo 31 del RSAC 2024

Por otro lado, el RSAC 2024 ha renunciado a positivizar aspectos que sí son principios generales del procedimiento arbitral de consumo, tales como la voluntariedad, la independencia e imparcialidad de los árbitros y, muy especialmente, ya que aquí reside el éxito del sistema, la celeridad[8] y simplicidad que caracteriza a estos medios alternativos de resolución de disputas, con especial referencia al antiformalismo que inspira su regulación[9]. Esta celeri-

8 Dice con razón FERNÁNDEZ FERNÁNDEZ, M.E. que «constituye una verdad comúnmente asumida que si alguna ventaja representa el recurso al arbitraje de consumo frente a los juzgados y tribunales ordinarios, es, precisamente, el ahorro de tiempo», en «Recentísimas novedades en materia de arbitraje de consumo tras la Ley 7/2017, de 2 de diciembre, sobre resolución alternativa de conflictos de consumo», en *Arbitraje*, vol. XI, n.º 2, 2018, p. 496.

9 BUSTO LAGO, J.M.: *Reclamaciones de consumo. Derecho de Consumo desde la Perspectiva del Consumidor, 3.ª Ed.,* Thomson Reuters, Cizur Menor, 2010, pp. 393-396. Como señala el

dad deriva del perentorio plazo del que dispone el órgano arbitral para dictar el laudo, fijado en 90 días naturales a contar desde la resolución por la que se inicia el procedimiento (cfr. art. 45 RSAC 2024). Pero, y esto es importante, no se trata de una mera previsión normativa huérfana de cualquier parecido con la realidad, como tantas veces ocurre con los plazos procesales. Ya en el año 2004, el tiempo medio de resolución de los procedimientos arbitrales era inferior a 4 meses en el 98,22 % de los casos[10]. Para el año 2007, un 96,99 % de los laudos se dictaban en un plazo inferior a 3 meses[11].

No hemos sido capaces de encontrar datos medios actualizados del conjunto del territorio nacional, aunque algunas Juntas autonómicas si publican estadísticas en las que se da cuenta de determinados plazos. Por poner algún ejemplo, para el año 2022, 331 de los 676 laudos dictados en el ámbito territorial de la Junta Arbitral de Aragón se dictaron en menos de 1 mes desde la designación del órgano arbitral, sin que los restantes llegaran a sobrepasar en ningún caso los 2 meses desde tal designación[12]. En la Junta Arbitral provincial de Sevilla, 45 de los 51 laudos dictados en el primer semestre del año 2024 se dictaron en menos de 1 mes[13].

Por lo demás, las propias juntas arbitrales son conscientes de que gran parte del éxito del sistema se residencia en la celeridad que acompaña a la resolución de los procedimientos arbitrales, lo que ha llevado a algunas juntas a aprobar directrices tendentes a fijar plazos máximos para dictar el laudo desde el momento en que se celebra de la audiencia. A título de ejemplo cabe citar la Resolución 1/2024, del Presidente de la Junta Arbitral de

autor, no obstante, la invocación de este principio, nos encontramos ante un procedimiento vinculante para las partes que finaliza con un pronunciamiento que tendrá efectos de cosa juzgada. Por ello, la celeridad y el antiformalismo no pueden exacerbarse hasta el punto de jibarizar los principios de igualdad, audiencia y contradicción, dejándolos inoperantes. También atribuyen el éxito del sistema a la falta de formalismo ÁLVAREZ RUBIO, J., FERNÁNDEZ FERNÁNDEZ, E., GOZALO LÓPEZ, V., TOMILLO URBINA, J., *Práctica arbitral de consumo. Selección de laudos comentados de la Junta Arbitral de Consumo de Cantabria (Dir.* TOMILLO URBINA*)*, Thomson-Civitas, Cizur Menor, 2007, p. 32.

10 *Ministerio de Sanidad Y Consumo. Instituto Nacional del Consumo.* Sistema arbitral de consumo. Consultado el 26 de noviembre de 2024 en https://www.dsca.gob.es/sites/default/files/1993sistemaArbitralConsumo.pdf

11 *Ministerio de Sanidad Y Consumo. Instituto Nacional del Consumo.* Memoria del Sistema arbitral de consumo para el año 2007. Consultado el 26 de noviembre de 2024 en https://www.sanidad.gob.es/gabinetePrensa/notaPrensa/pdf/nota01092008Memoria.pdf

12 *Dirección General de Protección de Consumidores y Usuarios. Junta Arbitral de Consumo de Aragón.* Memoria del año 2022. Consultado el 26 de noviembre de 2024 en https://www.aragon.es/documents/20127/4736524/memoria+JAC+_2022.pdf/a50f8348-98e5-1bdb-5257-a0638aadaeec?t=1695640332828

13 *Junta Provincial Arbitral de Consumo de Sevilla.* Estadísticas del Servicio Arbitral de Consumo del primer semestre del año 2024. Consultado el 26 de noviembre de 2024 en https://juntaarbitral.dipusevilla.es/export/sites/juntaarbitral/.galleries/documentos-estadisticas/2024_semestre1.pdf

Consumo de Cantabria en relación con la forma y plazos establecidos para la emisión de los laudos que pongan fin al procedimiento arbitral, así como a las consecuencias asociadas a los supuestos de demora e incumplimiento[14], cuyo apartado cuarto dispone que el órgano arbitral deberá dictar el laudo en el plazo máximo de 20 días naturales desde la celebración de la audiencia.

La jurisdiccionalidad merece una atención especial, por lo que nos referiremos específicamente a ella al final de este comentario.

III. LOS PRINCIPIOS DEL PROCEDIMIENTO ARBITRAL DE CONSUMO EN EL REGLAMENTO QUE REGULA EL SISTEMA ARBITRAL DE CONSUMO

1. El principio de audiencia, contradicción e igualdad

El apartado segundo del artículo 31 del RSAC 2024 se limita a afirmar que «el procedimiento arbitral de consumo se ajustará a los principios de audiencia, contradicción, igualdad entre las partes (...)». Una primera referencia normativa a la que podemos acudir para identificar el contenido de este principio es a la ya citada Ley 7/2017, de 2 de noviembre, por la que se incorpora al ordenamiento jurídico español la Directiva 2013/11/UE, del Parlamento Europeo y del Consejo, de 21 de mayo de 2013, relativa a la resolución alternativa de litigios en materia de consumo. Su artículo 19 regula la «igualdad y contradicción entre las partes en el procedimiento», disponiendo que:

> «1. En el procedimiento se debe garantizar el principio de igualdad entre las partes, manteniendo el respeto hacia sus manifestaciones y el equilibrio de sus posiciones.
>
> 2. Se debe garantizar a las partes un plazo razonable para formular sus alegaciones. Todas las alegaciones formuladas se tienen que poner a disposición de la otra parte junto con las pruebas o documentos que hubieran sido aportados.
>
> 3. Se debe garantizar a las partes el suministro e intercambio de información y documentación relativa a su reclamación, ya sea por vía electrónica o por cualquier otro medio, posibilitando en todo momento el acceso al estado de su tramitación.»

La doctrina ya había identificado en estas manifestaciones —notificación a las partes de cualquier actuación, derecho a intervenir y a ser escuchado en audiencia al menos por una oportunidad, derecho a recibir copias de las actuaciones de la parte adversa y acceso a cualquier elemento de prueba en manos del tribunal— el núcleo fundamental de los principios de audiencia y contradicción[15].

14 Publicada en el «Boletín Oficial de Cantabria» del día 25 de noviembre de 2024.

15 Delgado De Molina Hernández, L.: «El procedimiento arbitral: principios, desarrollo y modos de terminación», en *Práctica de tribunales. Revista de Derecho procesal civil y mercantil*, núm. 14 (2005), p. 35.

El procedimiento deberá, en consecuencia, regularse de tal manera que en su desarrollo se dé cumplimiento a estos mandatos. Así lo ha hecho el RSAC 2024: exigencia de notificar al reclamante la posibilidad de subsanar la solicitud (cfr. art. 34.2); necesidad de notificar a todas las partes la resolución admitiendo o inadmitiendo el arbitraje (cfr. art. 35.1); obligación de notificar a las partes de la resolución de admisión (cfr. art. 36.1); obligación de notificar a las partes el inicio del procedimiento arbitral y la designación de órgano arbitral (cfr. art. 37.3); traslado a todas las partes de las alegaciones, documentos y pruebas aportadas (cfr. art. 39.2); traslado al reclamante y plazo para contestar la reconvención del reclamado, en su caso (cfr. art. 40.1); traslado al empresario y plazo para responder a la ampliación o modificación de las pretensiones del reclamante, en su caso (cfr. art. 40.4); y, finalmente, audiencia a las partes (cfr. art. 41). El artículo 42 permite, a reclamante y reclamado, aportar pruebas junto a la solicitud de arbitraje o la contestación y, además, proponer pruebas que serán practicadas en el momento de la audiencia. La norma no dice nada acerca del acuerdo del órgano arbitral en el que se decida la admisión o inadmisión de la práctica de las pruebas propuestas en la audiencia. No obstante, en aplicación de los principios de audiencia y contradicción, es necesario que dicha decisión sea notificada a las partes.

El incumplimiento de cualquiera de estas obligaciones por parte de la Junta Arbitral o del órgano arbitral, así como la realización de cualquier otra actuación arbitral que vulnere los principios de audiencia, contradicción e igualdad, verdaderos elementos estructurales del arbitraje, dejará expedita la vía para solicitar la nulidad del laudo en los términos previstos en los artículos 40 a 43 de la Ley 60/2003, de 23 de diciembre, de Arbitraje[16].

En cuanto al principio de igualdad, se encuentra indudablemente conectado con los de audiencia y contradicción, en el sentido de exigir que cada parte procesal goce de las mismas posibilidades de intervención, participación y defensa en el procedimiento. Así lo ha entendido también la Ley de Arbitraje, cuyo artículo 24, rotulado «Principios de igualdad, audiencia y contradicción», se limita a afirmar en su apartado primero que «deberá tratarse a las partes con igualdad y darse a cada una de ellas suficiente oportunidad de hacer valer sus derechos», de donde se concluye que la Ley conceptúa a los principios de audiencia y contradicción como manifestaciones del de igualdad[17].

---

16 El Tribunal Constitucional ha entendido que estos principios, y por lo tanto el derecho de las partes a que sean respetados, no derivan de la Constitución, sino que simplemente cuentan con un reconocimiento legal en la Ley de Arbitraje —y, en este caso, en el RDSAC 2024—. En consecuencia, la tutela frente a su vulneración queda arrinconada en la jurisdicción ordinaria.

17 Vélez Toro, A.J.: «El procedimiento arbitral y su relación con el proceso civil en España» en *Revista de cultura de paz*, Vol. 7, 2023, pp. 165-166.

2. El principio de gratuidad

El RSAC 2024 se refiere a la gratuidad del procedimiento arbitral de consumo únicamente en el Preámbulo de la norma y, posteriormente, en el artículo 31.2. La gratuidad es una característica esencial de este sistema de resolución alternativa de controversias. Como dijimos al tratar la unidireccionalidad, el arbitraje de consumo se conceptúa como una herramienta más de las que dispone el legislador para otorgar una protección efectiva al consumidor. Desde esta perspectiva, disponer la gratuidad del procedimiento se vuelve una condición irrenunciable ya que, en los conflictos de consumo, las cuantías reclamadas suelen ser relativamente bajas[18], por lo que, si el consumidor tuviera que hacer frente a determinados costes, no ya solo derivados de la propia prestación del servicio de arbitraje, sino de la contratación de defensa letrada o unas eventuales costas, no habría incentivos para impetrar la tutela arbitral en buena parte de los conflictos.

En consecuencia, apegado al antiformalismo que caracteriza a este procedimiento, el consumidor puede comparecer por sí mismo, sin necesidad de asistencia letrada (cfr. art. 32 RSAC 2024) y, a diferencia de lo establecido en la Ley de Arbitraje, el RSAC 2024 no obliga al pago de honorarios, aranceles o cualquier otro tipo de cuantía que deba satisfacerse por el uso del servicio, que será en todo caso cubierto con cargo a los presupuestos de la administración de la cual depende la Junta Arbitral. Tampoco se devengarán costas o exigencia de pago en relación con los gastos derivados de notificaciones, comunicaciones ni tampoco por aquellos gastos derivados de la práctica de pruebas acordadas de oficio (cfr. art. 42.4 RSAC 2024). No obstante, los gastos ocasionados por la práctica de las pruebas propuestas por alguna de las partes serán satisfechos por dicha parte y los derivados de las propuestas por ambas partes, por mitad (cfr. art. 42.3 RSAC 2024). Como excepción a esta regla se contempla la posibilidad de que, apreciada mala fe o temeridad, el órgano arbitral acuerde una distribución de los gastos ocasionados distinta a la legalmente prevista, lo que siempre deberá hacerse en el laudo y de forma motivada (cfr. art. 42.5 RSAC 2024).

La gratuidad se extiende al procedimiento arbitral, pero no más allá. En consecuencia, la ejecución forzosa del laudo y su revisión jurisdiccional estarán sujetos a los costes habituales asociados a los procedimientos judiciales.

3. El principio de accesibilidad universal

El principio de accesibilidad universal se contempla en el artículo 31.2 del RSAC 2024. Previamente, el Real Decreto 193/2023, de 21 de marzo, por el que se regulan las condiciones básicas de accesibilidad y no discriminación

18 Orozco Pérez, G., Pérez-Serrabona González, J.L.: «Estudio crítico y propuestas de reforma del Arbitraje de Consumo» en *Revista Doctrinal Aranzadi Civil-Mercantil* núm. 5 (2007).

de las personas con discapacidad para el acceso y utilización de los bienes y servicios a disposición del público, había establecido en su artículo 16.3 que «Las entidades de resolución alternativa de litigios en materia de consumo acreditadas de acuerdo con la Ley 7/2017, de 2 de noviembre, por la que se incorpora al ordenamiento jurídico español la Directiva 2013/11/UE del Parlamento Europeo y del Consejo, de 21 de mayo de 2013, relativa a la resolución alternativa de litigios en materia de consumo, deberán garantizar la accesibilidad universal de sus procedimientos, trámites, oficinas y servicios de información y atención utilizando medios y soportes que sigan los principios del diseño universal o, en su caso, implementando medios alternativos de adecuación efectiva para el acceso a ellos por parte de personas con discapacidad».

Por lo tanto, este principio, que no encuentra disposiciones de desarrollo en el articulado del RSAC 2024, debe ser integrado atendiendo al RD 193/2023, al que nos remitimos.

4. El principio de confidencialidad

La confidencialidad de los arbitrajes es una de las características que ha acompañado tradicionalmente a este sistema alternativo de resolución de disputas, debido fundamentalmente a que en estos procedimientos pueden discutirse cuestiones en las que estén involucrados aspectos de la vida patrimonial de personas físicas o jurídicas que se desea mantener ocultas a terceros, entre las que cabe citar la defensa de la propiedad industrial, el *know how*, materias financieras o contables, entre otras. Como es sabido, el artículo 120 de la Constitución española garantiza la publicidad de las actuaciones judiciales y de las sentencias, lo que dificulta enormemente, sino imposibilita, preservar el secreto deseado.

Es cierto que, normalmente, en las materias que serán objeto de conocimiento por los órganos arbitrales de consumo no concurrirán estas circunstancias, por lo que la necesidad de confidencialidad admite cierta relativización, hasta el punto de que el artículo 6.j) del RSAC 2024, como ya hiciera el artículo 6.l) del derogado RDSAC 2008 otorga a las juntas arbitrales la facultad de publicar los laudos emitidos, respetando la privacidad de las partes[19]. Además, siendo cierto que el arbitraje de consumo tiene naturaleza contractual, no lo es menos que se trata de un arbitraje institucional y administrado, razones todas ellas que permiten cuestionar la confidencialidad como principio informador. Asimismo, la confidencialidad se verá igualmente perturbada

19 No han faltado quienes han visto en la confidencialidad un incentivo para que los empresarios se adhieran al sistema, contribuyendo así a su éxito. Nos referimos a Lara González, R., «La importancia de la participación de los empresarios y sus entidades representativas en el Sistema Arbitral de Consumo» en *Revista Doctrinal Aranzadi Civil-Mercantil*, núm. 3, Sección doctrina, p.4.

desde el momento en que cualquiera de las partes necesite ejecutar forzosamente el laudo o cuestionar su validez ante la jurisdicción civil, debiendo entonces acudir a procedimientos sujetos al régimen de publicidad general de las actuaciones judiciales.

En cualquier caso, el principio de confidencialidad persiste en el artículo 31.3 del RSAC 2024 con una redacción prácticamente idéntica a la del artículo 24.2 de la Ley 60/2003, de 23 de diciembre, de Arbitraje[20]. Esta disposición, enunciada como principio general, se convierte en una verdadera norma imperativa, cuyo ámbito de aplicación subjetivo alcanza a cualquier persona que intervenga en el procedimiento arbitral en cualquiera de sus fases[21] y cuyo ámbito objetivo se extiende a la totalidad de la información a la que se tenga acceso por razón de la participación en el mismo.

El RSAC 2024 no establece, empero, sanción alguna en caso de transgresión, aspecto criticado por el Consejo General del Poder Judicial en su informe al Anteproyecto del RDSAC 2024[22]. Sin embargo, siguiendo a MERINO MERCHÁN, si es posible pensar en determinadas consecuencias jurídico-sancionadoras derivadas de la transgresión del deber de confidencialidad[23]. No vamos a extendernos con detalle en estas consecuencias infractoras porque exceden de lo pretendido en un comentario como este. Nos limitamos a señalar que el autor plantea cuatro posibilidades: exigencia de responsabilidad administrativa derivada de la LOPD; exigencia de responsabilidad civil, contractual y extracontractual; posibilidad de persecución penal por alguno de los delitos comprendidos en el Título X del Código y; la responsabilidad disciplinaria y corporativa.

Respecto a esta responsabilidad disciplinaria, entendemos que es necesaria la tipificación expresa de la infracción consistente en quebrantar el deber de confidencialidad, así como la consecuencia jurídica derivada de tal contravención, que podría consistir en la expulsión de la Junta Arbitral. Además, debe existir un procedimiento sancionador que permita a la Junta Arbitral imponer la sanción con respeto a los principios que regulan la potestad sancionadora. No debe perderse de vista que las Juntas Arbitrales, de conformi-

---

20 «2. Los árbitros, las partes y las instituciones arbitrales, en su caso, están obligadas a guardar la confidencialidad de las informaciones que conozcan a través de las actuaciones arbitrales».

21 La amplitud con la que se ha redactado el artículo 31.3 del RDSAC 2024 exige incluir entre las personas sujetas a esta obligación de confidencialidad no solo a los miembros de la Junta Arbitral que tengan conocimiento del asunto, a los árbitros y a las partes, sino también a cualquier tercero que intervenga en el procedimiento, tales como testigos o peritos.

22 Consejo General del Poder Judicial. Secretaría General, *Informe sobre el Proyecto de Real Decreto por el que se regula el Sistema Arbitral de Consumo*, Acuerdo de 25 de enero de 2024, apartado Iv, considerando 119.

23 MERINO MERCHÁN, J.F., «Confidencialidad y arbitraje» en *Revista del Club Español del Arbitraje,* núm. 2, 2008, pp. 84 a 95.

dad con lo previsto en el art. 4 del RSAC 2024, son órganos administrativos, sujetos, como dispone la Disposición Final 2.ª del RDSAC 2024, a las Leyes 39/2015 y 40/2015.

Creemos que no existe en la Ley de Arbitraje ni en el propio decreto disposición normativa que permita a las Juntas Arbitrales expulsar a un árbitro por incumplir este deber de confidencialidad. A este respecto, únicamente el artículo 11 del RSAC 2024 contempla la posibilidad de retirar la condición de árbitro, disponiendo el apartado 1.c) que podrá hacerse cuando el árbitro haya incurrido en incumplimiento o dejación de sus funciones. Sin embargo, el apartado segundo dispone que en ningún caso este procedimiento tendrá carácter sancionador o disciplinario.

Por lo demás, nos parece igualmente posible que cualquiera de las partes esté sujeta a la exigencia de responsabilidad prevista en la Ley Orgánica 1/1982, de 5 de mayo, de protección civil del derecho al honor, a la intimidad personal y familiar y a la propia imagen cuando, como consecuencia de la revelación de los datos conocidos en el marco del procedimiento arbitral, se produzca una intromisión ilegítima en alguno de los derechos protegidos por la citada Ley Orgánica.

5. El principio de jurisdiccionalidad y la unilateralidad del arbitraje de consumo

Habiendo sido invitado a participar en esta obra por el Profesor Tomillo Urbina, una breve referencia al principio de jurisdiccionalidad es irrenunciable, ya que viene defendiendo la necesidad de positivizarlo y potenciarlo desde hace al menos 20 años[24]; postura que ha mantenido en un reciente artículo publicado con ocasión de la aprobación del nuevo RDSAC 2024[25]. Afirma el Profesor que «el artículo 8 RSAC desaprovecha incomprensiblemente una magnífica oportunidad de incorporar «negro sobre blanco» la importantísima y consolidada doctrina del Tribunal Constitucional sobre la equivalencia jurisdiccional o jurisdiccionalidad extrajudicial como criterio de tipicidad propio de las resoluciones dictadas por los órganos arbitrales».

Sobre la doctrina constitucional a la que acabamos de referirnos es posible encontrar multitud de sentencias. El tribunal ha hablado de «jueces árbitros» (STC 43/1988), afirmando que no se trata de simples ciudadanos particulares, ya que «el árbitro que zanja una controversia mediante un laudo de Derecho actúa como en el ejercicio de una potestad de *iuris dictio*» (ATC 326/1993, de

24 TOMILLO URBINA, J., «El futuro del arbitraje de consumo a partir del Real Decreto 231/2008, de 15 de febrero» en *El futuro de la protección jurídica de los consumidores. Actas del I Congreso Euroamericano de Protección Jurídica de los Consumidores*, Thomson-Civitas, Cizur Menor, 2008, p. 397.

25 TOMILLO URBINA, J. *ob. cit.,* 2024.

28 de octubre). Por citar una de las más antiguas, la STC 62/1991, de 22 de marzo, contenía la siguiente declaración en su FJ 5.°

«Sin embargo, no cabe duda que el establecimiento de un sistema de arbitraje, como dijimos en la STC 15/1989, FJ 9 b, es materia atribuida a la competencia del Estado por los títulos competenciales del artículo 149.1, 5 y 6, pues, siendo el arbitraje un «equivalente jurisdiccional», (...) las partes pueden obtener los mismos objetivos que con la jurisdicción civil (esto es, la obtención de una decisión que ponga fin al conflicto con todos los efectos de la cosa juzgada)».

En relación con la jurisdiccionalidad, y dada la pronta publicación por el Profesor TOMILLO de un trabajo en el que tratará este tema, dejamos apuntadas únicamente dos ideas. En primer lugar, afirmar normativamente la jurisdiccionalidad del arbitraje de consumo cumpliría con una de las funciones propias del Derecho, la simbólica, al reconocer en su naturaleza un sistema de resolución de controversias equiparable a la tradicional tutela judicial, reforzando con ello la confianza de los consumidores y usuarios en que el sistema arbitral de consumo ofrecerá soluciones satisfactorias a sus demandas. Por otro lado, en una óptica más concreta, parte de la doctrina viene reclamando desde hace tiempo el establecimiento de la bidireccionalidad en el arbitraje de consumo, a semejanza de lo que ocurre en otras jurisdicciones.

La unidireccionalidad, contemplada en el artículo 31.1 del RSAC 2024, es un principio clásico del arbitraje de consumo, consecuencia de su conceptualización como una herramienta al servicio de la protección del consumidor. La principal manifestación de este principio reside en que únicamente el consumidor podrá iniciar el procedimiento, sin perjuicio de la posibilidad otorgada al empresario de reconvenir, lo que ya supone una cierta matización del principio, aunque ciertamente tenue, ya que la reconvención deberá guardar relación con la pretensión del consumidor[26].

Esta es la solución tradicional en la que se ha mantenido el nuevo reglamento, que TOMILLO URBINA califica de «poco arriesgada, aunque manifiestamente mejorable y escasamente innovadora[27]». Ciertamente, no parece que otorgar al empresario la posibilidad de presentar una solicitud de arbitraje, siempre y cuando se mantenga la nota de voluntariedad en sede de consumidor, perturbe de alguna manera ese carácter tuitivo que preside y caracteriza al arbitraje de consumo. Nos limitamos a dejar anotada esta posibilidad.

26 En términos más rotundos se ha pronunciado COLMENERO GUERRA, J.A., en «Reflexiones sobre el nuevo Reglamento que regula el sistema arbitral de consumo (RD 713/2024, de 23 de julio)» en *La Ley. Mediación y arbitraje,* núm. 20, 2024, pp. 15-16, para quien, siendo cierto que la unidireccionalidad significa que únicamente los consumidores pueden poner en marcha el arbitraje de consumo, no es cierto, como dice el Reglamento, que esto ocurra así en el sistema español, ya que admitir la reconvención no es otra cosa que permitir al empresario presentar una solicitud de arbitraje.

27 TOMILLO URBINA, J. *ob. cit.,* 2024.

Artículo 32. Presentación de solicitudes de arbitraje*

1. El consumidor o usuario que considere que un empresario ha vulnerado sus derechos, reconocidos legal o contractualmente, podrá presentar solicitud de arbitraje en el registro de la Junta Arbitral competente, si existiera, o en cualquiera de los lugares a que se refiere el artículo 16.4 de la Ley 39/2015, de 1 de octubre.

2. En la solicitud de arbitraje deberán incluirse los siguientes datos:

a) Nombre, apellidos, domicilio y nacionalidad del consumidor, así como dirección de correo electrónico, en caso de disponer de ella.

En caso de que la solicitud sea formulada mediante representante, se identificará al mismo, aportando documento acreditativo de dicha representación.

b) Número de Documento Nacional de Identidad, número de pasaporte o Número de Identidad de Extranjero. En caso de formular la solicitud mediante representante, se indicarán el documento o número de identidad de ambos.

c) En el caso de que la Junta Arbitral notifique las actuaciones arbitrales de conformidad con lo establecido en la Ley 39/2015, de 1 de octubre, el consumidor podrá elegir que la práctica de la notificación se realice por medios electrónicos o en lugar físico.

d) Nombre, apellidos o razón social, NIF y domicilio del empresario reclamado, así como, si fuera conocida, su dirección a efectos de notificaciones. En caso de que el consumidor no disponga de alguno de estos datos, aportará cualquier otro dato que pueda resultar de interés para la completa identificación y localización del empresario reclamado.

e) Descripción de los hechos que motivan la controversia, exposición clara y concreta de las pretensiones, determinando su cuantía, si tuviera carácter económico y, en su caso, los fundamentos en que basa la pretensión. Se aportará, asimismo, cuanta documentación o pruebas sean necesarias para el conocimiento y solución del litigio.

f) La respuesta del empresario a la reclamación interpuesta ante el mismo o, en caso de no haber sido atendida transcurrido un mes desde su presentación, se aportará acreditación de haber intentado la comunicación con aquel.

g) En su caso, copia del convenio arbitral.

h) Firma del solicitante, o de la persona que actúa en su representación, y lugar y fecha de aquella.

3. Las Juntas Arbitrales facilitarán a las partes modelos normalizados de, al menos, la solicitud de arbitraje y de su aceptación en caso de no existencia de convenio arbitral, de la contestación a la solicitud por el empresario y de cuantos documentos se considere que puedan facilitar los trámites del procedimiento arbitral.

---

* Comentario realizado por **Joaquín Cayón de las Cuevas**.

SUMARIO: I. Medios de presentación de la solicitud de arbitraje. 1. Planteamiento. 2. Antecedentes. 3. La nueva configuración de la presentación de la solicitud de arbitraje. 3.1. Consideración general. 3.2. Presentación en el registro de la Junta Arbitral competente. 3.3. Presentación en cualquiera de los lugares a que se refiere la legislación de procedimiento administrativo. II. Requisitos de la solicitud de arbitraje: excesos y omisiones. 1. Requisitos relativos a los sujetos. 2. Requisitos relativos al objeto. 3. Requisitos relativos al procedimiento. III. Modelos normalizados de solicitud de arbitraje.

I. MEDIOS DE PRESENTACIÓN DE LA SOLICITUD DE ARBITRAJE

1. Planteamiento

Resulta obvio indicar que la solicitud de arbitraje constituye uno de los actos estelares del procedimiento arbitral de consumo, dado que se trata, por definición, de un procedimiento a instancia de parte que se inicia por el consumidor o usuario. Es este el sujeto activamente legitimado, sin que resulte posible que la solicitud de arbitraje sea formulada por el empresario, como consecuencia del pretendido principio de unidireccionalidad que gobierna el Sistema Arbitral de Consumo[1]. No obstante, desde la admisibilidad de la reconvención en el RSAC de 2008[2], cabría más bien hablar una *bidireccionalidad imperfecta,* en la medida en que el procedimiento puede resultar sobrevenidamente bidireccional en el caso de que el empresario ejercite una acción reconvencional[3]. Sin perjuicio de lo anterior, es al consumidor a

---

1 Principio solemnemente proclamado en el artículo 31.1 RCAS de 2024: «El procedimiento arbitral de consumo tiene carácter unidireccional, en el sentido de que únicamente los consumidores y usuarios podrán presentar solicitudes de arbitraje con el fin de que sus litigios de consumo sean resueltos mediante este procedimiento». No obstante, la mal llamada unidireccionalidad también está presente en el artículo 1.2 («Mediante el arbitraje de consumo los órganos arbitrales resuelven (...) los litigios, nacionales o transfronterizos, dirigidos a empresarios y *que son sometidos a su decisión por consumidores o usuarios* residentes en la Unión Europea al considerar que existe una vulneración de sus derechos legal o contractualmente reconocidos»).

2 Artículo 43 RSAC de 2008. Actualmente, la reconvención se recoge en los artículos 37.4 y 40 RSAC de 2024. Tempranamente, la doctrina más autorizada, encabezada por Tomillo Urbina, puso encima del tapete de discusión una propuesta sobre la cuestión, que fue parcialmente recogida en el RSAC de 2008 (*Vid.* Tomillo Urbina, J: «Realidad y futuro del Sistema Arbitral de Consumo: una aproximación crítica desde la experiencia cántabra», en J. Tomillo Urbina (dir.) *Práctica Arbitral de Consumo*, Ed. Thomson-Civitas, Cizur Menor, 2007, pp. 58-67).

3 No es este el lugar para plantear a fondo el debate «unidireccionalidad» *versus* «bidireccionalidad». No obstante, si realmente el Sistema Arbitral de Consumo se concibe como mecanismo de acceso a la justicia al servicio del correcto funcionamiento del mercado (y no sólo de uno de sus operadores), debiera resultar posible la formulación de solicitudes arbitrales del empresario frente al consumidor, quien siempre tendría la opción de recha-

quien se le reconoce legitimación activa para presentar la solicitud de arbitraje, lo que plantea la cuestión de los medios de presentación de la misma.

La respuesta a dicha cuestión ha caminado paralela a la evolución de la denominada Administración electrónica. En otras palabras, la implantación progresiva de los medios digitales ha afectado, como no puede ser de otra manera, a la forma de presentación de las solicitudes de arbitraje, que, como hemos subrayado, constituyen actos de iniciación del procedimiento administrativo previo al procedimiento arbitral propiamente dicho[4] y que, por ello, se rigen en este punto por la legislación reguladora del procedimiento administrativo[5]. Dicho marco se completa con las previsiones de la Ley 7/2017, de 2 de noviembre, por la que se incorpora al ordenamiento jurídico español la Directiva 2013/11/UE, del Parlamento Europeo y del Consejo, de 21 de mayo de 2013, relativa a la resolución alternativa de litigios en materia de consumo.

---

zar el arbitraje propuesto. El sistema actual provoca que un consumidor desavisado pueda encontrarse con la paradójica sorpresa de que la presentación de su solicitud agrave su situación inicial, si el órgano arbitral decide estimar la eventual reconvención del empresario. Creemos por ello más honesto y transparente apostar por un principio de «*bidireccionalidad perfecta*», es decir, tanto *ab initio* como *ad finem*. Contrario también a la calificación de unidireccional, pero con matices diferenciados, se pronuncia COLMENERO GUERRA, J. A.: «Reflexiones sobre el nuevo Reglamento que regula el sistema arbitral de consumo (RD 713/2024, de 23 de julio), *La Ley, Mediación y Arbitraje,* 6905, 2024, § V.1, que subraya la paradoja de que, al poder contravenir el empresario, se estaría incumpliendo la Directiva 2013/11/UE de resolución alternativa de litigios en materia de consumo y la Ley 7/2017, de 2 de noviembre, que la incorpora, dado que una Entidad acreditada, que debe cumplir dicha Directiva, no puede resolver «*los procedimientos iniciados por un comerciante contra un consumidor*» [art. 2.g) de la Directiva]. Por ello, para el autor, «el procedimiento previsto en el RSAC se puede aplicar a conflictos nacionales, bajo el formato nacional, sin la cualificación de Entidad acreditada, pues una Entidad acreditada, que debe cumplir la Directiva». No creemos, sin embargo, que las Juntas Arbitrales puedan intervenir al margen de la Directiva 2013/11/UE y de la Ley 7/2017, toda vez que el artículo 1.2 RSAC se refiere tanto a litigios nacionales como transfronterizos.

4 A nuestro juicio, dentro del procedimiento arbitral de consumo *lato sensu* o en sentido amplio, cabe diferenciar un procedimiento administrativo previo y un procedimiento arbitral *stricto sensu*. El primero —que comienza con la solicitud de arbitraje y llega hasta la admisión (o inadmisión) a trámite de la misma— es competencia de un órgano administrativo (la Junta Arbitral), razón por la que se aplica al mismo la legislación de procedimiento administrativo. El segundo comienza, una vez perfeccionado el convenio arbitral, con el mal llamado «acuerdo de inicio» y culmina con el laudo. En este caso, la competencia se residencia en el órgano arbitral, aplicándose al mismo la legislación en materia de arbitraje.

5 Apartado 2 de la Disposición final segunda del RD 713/2024, de 23 de julio, por el que se aprueba el RSAC, al que luego nos referiremos de forma más detallada.

2. Antecedentes

Así las cosas, el parco Reglamento de 1993, si bien carecía de una regulación integral del procedimiento administrativo, contenía una escueta referencia en su artículo 5, al permitir que los consumidores y usuarios presentaran las solicitudes de arbitraje, ante la Junta Arbitral de Consumo que corresponda, «*por escrito o por medios electrónicos, informáticos o telemáticos, siempre que se garantice su autenticidad*». Curiosamente, se indicaba que lo podían hacer «*personalmente o a través de asociaciones de consumidores y usuarios*», sin que se alcanzara a precisar si esta última opción era un supuesto de representación o, incluso, de acción colectiva.

Más allá de la incorrección técnica de la redacción (se presenta además una falsa disyuntiva entre forma escrita y medios electrónicos[6]), podemos comprobar que ya en 1993 se hacía una tímida apuesta por la digitalización de la presentación de las solicitudes de arbitraje. No obstante, dicha apuesta carecía de normativa administrativa de soporte dado que la entonces vigente Ley 30/1992, de 26 de noviembre, de Régimen Jurídico de las Administraciones Públicas y del Procedimiento Administrativo Común, no contemplaba en su redacción originaria la existencia de registros electrónicos (artículo 38.4). A lo máximo que se llegaba era a establecer con carácter programático que las Administraciones Públicas impulsarían el empleo y aplicación de las técnicas y medios electrónicos, informáticos y telemáticos, para el desarrollo de su actividad y el ejercicio de sus competencias, con las limitaciones que a la utilización de estos medios establecen la Constitución y las Leyes (artículo 45.1). Del mismo modo, se contemplaba que «cuando sea compatible con los medios técnicos de que dispongan las Administraciones Públicas», los ciudadanos podrían relacionarse con ellas para ejercer sus derechos a través de técnicas y medios electrónicos, informáticos o telemáticos con respeto de las garantías y requisitos previstos en cada procedimiento (artículo 45.2). En este sentido, se condicionaba la presentación electrónica a la regulación singular de los requisitos de autenticidad en cada procedimiento específico, disciplina absolutamente huérfana en el RSAC de 1993. Es por ello que la previsión del Reglamento de 1993 no dejaba de ser una inocente y enternecedora previsión que, en realidad, no daba cobertura a determinadas prácticas (incorrectas) que algunas Juntas Arbitrales aceptaron durante un tiempo como la presentación de solicitudes por correo electrónico.

La situación cambiará drásticamente con la aprobación de la Ley 11/2007, de 22 de junio, de acceso electrónico de los ciudadanos a los Servicios Públicos[7], cuyo artículo 6.1 reconocerá a los ciudadanos el derecho a relacionarse con las Administraciones Públicas utilizando medios electrónicos para

---

6 Todas las solicitudes se presentaban por escrito. Debe entenderse que la norma se refería a la presentación de manera presencial.

7 Deroga el artículo 45.2 de la Ley 30/1992.

el ejercicio de los derechos previstos en el artículo 35 de la Ley 30/1992, «así como para (...) *formular solicitudes»*[8].

En todo caso, continuó vigente el artículo 38.4 de la hoy derogada Ley 30/1992, con arreglo al cual las solicitudes que los ciudadanos dirigieran a los órganos de las Administraciones Públicas podían presentarse: a) En los registros de los órganos administrativos a que se dirijan (en nuestro caso la Junta Arbitral de Consumo); b) En los registros de cualquier órgano administrativo, que pertenezca a la Administración General del Estado, a la de cualquier Administración de las Comunidades Autónomas, o a la de alguna de las Entidades que integran la Administración Local si, en este último caso, se hubiese suscrito el oportuno Convenio; c) En las oficinas de Correos, en la forma que reglamentariamente se establezca; d) En las representaciones diplomáticas u oficinas consulares de España en el extranjero; y e) En cualquier otro que establezcan las disposiciones vigentes.

En este contexto el RSAC de 2008, dedicaba un precepto a la presentación de solicitudes de arbitraje, del que trae causa el vigente artículo 32. En efecto, el artículo 34.1 RSAC de 2008 indicaba que los consumidores y usuarios podían presentar la solicitud de arbitraje *«por escrito, por vía electrónica a través del procedimiento previsto en el capítulo V, sección 1.ª, o por cualquier otro medio que permita tener constancia de la solicitud y de su autenticidad,».* En consecuencia, la norma admitía tres vías: a) por escrito (sic); b) por vía electrónica; o c) por cualquier otro medio que permita tener constancia de la solicitud y de su autenticidad. Particularmente merece atención la presentación electrónica, que se remite, al capítulo V, sección 1 del propio RSAC de 2008, es decir, a sus artículos 51 y 52 que regulaban el denominado *«arbitraje de consumo electrónico»*. Dicho arbitraje se definía como «aquel que se sustancia íntegramente, desde la solicitud de arbitraje hasta la terminación del procedimiento, incluidas las notificaciones, por medios electrónicos, *sin perjuicio de que alguna actuación arbitral deba practicarse por medios tradicionales*», (artículo 51.1). Tal definición, y en particular la apelación final a los medios «tradicionales» no dejaba de ser una verdadera *contraditio in terminis,* que *de facto* vaciaba de contenido la definición.

Por lo demás, se preveía la posibilidad de que las Juntas Arbitrales de Consumo se adscribiesen voluntariamente a la administración del arbitraje electrónico que se sustanciaría a través de los sistemas electrónicos y aplicaciones tecnológicas que las mismas habilitasen en el ejercicio de sus competencias. Estos sistemas electrónicos y aplicaciones tecnológicas deberían garantizar la compatibilidad y el intercambio de información en el seno del Sistema Arbitral de Consumo. Sin perjuicio de lo anterior, el entonces Minis-

8 Actualmente, el artículo 14.1 de la Ley 39/2015 establece que «las personas físicas podrán elegir en todo momento si se comunican con las Administraciones Públicas para el ejercicio de sus derechos y obligaciones a través de medios electrónicos o no, salvo que estén obligadas a relacionarse a través de medios electrónicos con las Administraciones Públicas. El medio elegido por la persona para comunicarse con las Administraciones Públicas podrá ser modificado por aquella en cualquier momento».

terio de Sanidad y Política Social pondría a disposición de las Juntas Arbitrales de Consumo una aplicación electrónica para la gestión del arbitraje electrónico para su adscripción voluntaria a la misma (artículo 57.2).

En definitiva, se instauraba una suerte de procedimiento electrónico *ad hoc* para el arbitraje de consumo, dotado de cierta autonomía de funcionamiento respecto al régimen general de presentación electrónica de solicitudes. Sin embargo, no puede afirmarse que esta configuración haya proporcionado provechosos resultados prácticos, probablemente como consecuencia de un planteamiento jurídico erróneo, entre otros motivos.

3. La nueva configuración de la presentación de la solicitud de arbitraje

3.1. Consideración general

El RSAC de 2024 regula la presentación de solicitudes de una manera aparentemente análoga a la del RSAC de 2008, pero con un planteamiento diferente y, a nuestro juicio, más acertado[9]. En efecto, se prescinde del extraño pegote que suponía la autónoma y separada regulación del mal denominado «arbitraje electrónico» que figuraba en el Reglamento de 2008. En realidad, el mal llamado «arbitraje electrónico» era una tramitación electrónica del procedimiento arbitral, por lo que carecía de sentido su regulación como arbitraje especial.

Por el contrario, la digitalización del procedimiento exige su remisión a las reglas generales del procedimiento administrativo, razón por la cual el vigente artículo 32 permite presentar la solicitud de arbitraje: a) en el registro de la Junta Arbitral competente, si existiera; b) en cualquiera de los lugares a que se refiere el artículo 16.4 de la Ley 39/2015, de 1 de octubre, de Procedimiento Administrativo Común.

Este sistema permite entender cumplido el requisito establecido por el Derecho comunitario para las entidades de resolución alternativa y traspuesto al ordenamiento jurídico español por la Ley 7/2017, cuyo artículo 17.1 exige que las partes puedan presentar o no en línea sus reclamaciones, así como cuanta documentación sea necesaria. En caso de que no fuese posible la utilización por las partes de medios electrónicos, la entidad de resolución alternativa debe posibilitar su presentación por cualquier otro medio que permita la identificación del reclamante.

---

9 Para Martínez Espín, P.: «Análisis del Real Decreto 713/2024 sobre el Sistema Arbitral de Consumo», *Revista Cesco de Derecho de consumo*, n.º 51, 2024, «el nuevo decreto incorpora de manera más explícita el uso de medios electrónicos en la gestión de los procedimientos arbitrales» (p. 78). Indica también que «aunque este avance es positivo, cabe señalar que la normativa podría haber proporcionado más detalles sobre la implementación práctica de esta digitalización» (p. 79).

3.2. Presentación en el registro de la Junta Arbitral competente

En relación con esta primera posibilidad, debe significarse que se configura carácter condicionado, pues el regulador añade el inciso final «*si existiera*». Partiendo de la premisa de que la Junta Arbitral es, por definición, un órgano administrativo[10] que se encuentra adscrito a una administración pública, necesariamente tendrá que tener asignado un registro en el que recibir solicitudes. Cuestión diferente será que ese registro sea propio y exclusivo de la Junta Arbitral, o bien que su perímetro resulte más amplio, abarcando otros órganos administrativos (*v.gr.,* de la totalidad de los órganos de una dirección general o consejería en la que se integre una Junta). Por ello, la cabal interpretación de este inciso exige entender que el precepto se está refiriendo al registro propio y exclusivo de la Junta destinataria de la solicitud, circunstancia que permitiría dar sentido a la expresión «*si existiese*».

Una segunda cuestión es la relativa la expresión «*Junta Arbitral competente»*. Dicha referencia en ningún caso debe interpretarse como una obligación del consumidor de identificar correctamente la competencia de la Junta Arbitral. De hecho, si se presentase la solicitud en una Junta incompetente para conocer del asunto, ésta debiera redirigir la misma a la que se entienda competente para ello[11]. No obstante, el precepto confunde competencia de la Junta y registro de la Junta destinataria de la solicitud. Sería perfectamente posible que un consumidor presentase una solicitud dirigida a una Junta arbitral competente en el registro de una Junta Arbitral incompetente, en aplicación del principio de administración única al que precisamente se refiere el artículo 16.4 de la Ley 39/2015. Es por ello que esta primera posibilidad de presentación «*en el registro de la Junta Arbitral competente, si existiese»*, resulta en realidad ociosa, dado que la segunda opción que ahora analizaremos es en realidad omnicomprensiva de todas posibilidades.

3.3. Presentación en cualquiera de los lugares a que se refiere la legislación de procedimiento administrativo

El artículo 32.1 RSAC de 2024 permite la presentación en cualquiera de los lugares a que se refiere el artículo 16.4 de la Ley 39/2015. Importa subrayar que la Disposición final segunda (apartado 2) del RD 713/2024, de 23 de julio, por el que se aprueba el RSAC, dispone que «*la actividad de las Juntas Arbitrales se rige, en lo no previsto expresamente en esta norma, por lo dispuesto en la Ley 39/2015, de 1 de octubre, del Procedimiento Administrativo Común de las Administraciones Públicas, en la Ley 40/2015, de 1 de octubre, de Régimen Jurídico del Sector Público, y en el resto de normas de Derecho*

10 Artículo 4.1 RSAC de 2024.

11 Artículo 33 RSAC de 2024.

administrativo». Dicha apelación a la supletoriedad de las leyes administrativa es, sin embargo, incorrecta, dado que, tanto la Ley 39/2015 como la Ley 40/2015, son normas básicas de aplicación directa y no a título supletorio, que no excepcionan de su perímetro regulador el procedimiento administrativo de arbitraje de consumo[12]. En este sentido, resulta obvio que una norma reglamentaria como el RSAC no puede orillar la aplicación directa de una norma con rango de ley[13].

Más allá de esta cuestión técnica, el reenvío que se hace al artículo 16.4 de la Ley 39/2015 supone que la solicitud de arbitraje se podrá presentar en: a) en el registro electrónico de la Administración u organismo al que se dirijan, así como en los restantes registros electrónicos de cualquiera de los sujetos del sector público[14]; b) en las oficinas de Correos, en la forma que reglamentariamente se establezca; c) en las representaciones diplomáticas u oficinas consulares de España en el extranjero; d) en las oficinas de asistencia en materia de registros; e) en cualquier otro que establezcan las disposiciones vigentes.

Por otra parte, debe tenerse en cuenta que los documentos presentados de manera presencial ante las Administraciones Públicas deben ser digitalizados por la oficina de asistencia en materia de registros en la que hayan sido presentados para su incorporación al expediente administrativo electrónico, devolviéndose los originales al interesado, sin perjuicio de aquellos supuestos en que la norma determine la custodia por la Administración de los documentos presentados o resulte obligatoria la presentación de objetos o de documentos en un soporte específico no susceptibles de digitalización (artículo 16.5 de la Ley 39/2015).

---

12 La Disposición adicional primera de la Ley 39/2015 solo permite su aplicación supletoria para las siguientes actuaciones y procedimientos: a) Las actuaciones y procedimientos de aplicación de los tributos en materia tributaria y aduanera, así como su revisión en vía administrativa; b) Las actuaciones y procedimientos de gestión, inspección, liquidación, recaudación, impugnación y revisión en materia de Seguridad Social y Desempleo; c) Las actuaciones y procedimientos sancionadores en materia tributaria y aduanera, en el orden social, en materia de tráfico y seguridad vial y en materia de extranjería; d) Las actuaciones y procedimientos en materia de extranjería y asilo. No aparece el procedimiento arbitral de consumo.

13 Mayor aberración si cabe es declarar las leyes administrativas (Ley 39/2015 y Ley 40/2015) como *supletorias* «del procedimiento arbitral de consumo y todas las actuaciones llevadas a cabo por los órganos arbitrales»

14 Se trata de los sujetos previstos en el artículo 2.1 de la Ley 39/2015: Administración General del Estado, Administraciones de las Comunidades Autónomas, Entidades que integran la Administración Local y entidades del sector público institucional.

II. REQUISITOS DE LA SOLICITUD DE ARBITRAJE: EXCESOS Y OMISIONES

1. Requisitos relativos a los sujetos

El artículo 32.2, apartado a), del nuevo RSAC exige, en primer término, la identificación del consumidor (nombre, apellidos, domicilio y nacionalidad del consumidor, así como dirección de correo electrónico, en caso de disponer de ella). Adicionalmente, el apartado b) del precepto, exige también indicación del número de Documento Nacional de Identidad (DNI), número de pasaporte o Número de Identidad de Extranjero (NIE).

En caso de formular la solicitud mediante representante, cabe entender que su identificación debe abarcar los mismos extremos que los exigidos para el consumidor, incluyendo también DNI, número de pasaporte. Asimismo, deberá aportarse documento acreditativo de la representación. Finalmente, se exige la firma del solicitante, o de la persona que actúa en su representación, y lugar y fecha de aquella (apartado h del artículo 32.2).

La posibilidad de presentación de la solicitud mediante representante deriva, por otra parte, del artículo 5.1 de la Ley 39/2015, que permite a los interesados con capacidad de obrar actuar por medio de representante. La consecuencia inmediata del empleo de tal posibilidad es que se entenderán con el representante las actuaciones administrativas, salvo manifestación expresa en contra del interesado.

En cuanto a la acreditación de la representación, su exigencia también aparece prevista en la Ley 39/2015 (artículo 5.3). En este sentido, debemos también remitirnos a dicha norma en relación con los medios de representación. En general la Ley 39/2015 se muestra flexible estableciendo que la representación pueda acreditarse mediante cualquier medio válido en Derecho que deje constancia fidedigna de su existencia. A estos efectos, se entiende acreditada la representación realizada mediante apoderamiento *apud acta* efectuado por comparecencia personal o comparecencia electrónica en la correspondiente sede electrónica, o a través de la acreditación de su inscripción en el registro electrónico de apoderamientos de la Administración Pública competente[15] (artículo 5.4). Por último, el órgano competente

15 El artículo 6.1 de la Ley 39/2015 prevé que la Administración General del Estado, las Comunidades Autónomas y las Entidades Locales dispongan de un registro electrónico general de apoderamientos, en el que deberán inscribirse, al menos, los de carácter general otorgados *apud acta*, presencial o electrónicamente, por quien ostente la condición de interesado en un procedimiento administrativo a favor de representante, para actuar en su nombre ante las Administraciones Públicas. También deberá constar el bastanteo realizado del poder. Los registros generales de apoderamientos no impiden la existencia de registros particulares en cada Organismo donde se inscriban los poderes otorgados para la realización de trámites específicos en el mismo.

para la tramitación del procedimiento (en nuestro caso la Junta Arbitral de Consumo) debe incorporar al expediente administrativo acreditación de la condición de representante y de los poderes que tiene reconocidos en dicho momento. El documento electrónico que acredite el resultado de la consulta al registro electrónico de apoderamientos correspondiente tendrá la condición de acreditación a estos efectos (artículo 5.5).

Nada se dice nada en relación a la asistencia de abogado o asesor jurídico —figura diferente del representante y que puede asumir o no la representación del solicitante—, pero debe tenerse en cuenta que el artículo 10.1 de la Ley 7/2017 prevé que, si el consumidor pretendiera valerse de tal figura, deberá comunicarlo a la entidad de resolución alternativa dentro de los tres días siguientes a la fecha de presentación de la reclamación. Por economía procesal, hubiera sido razonable hacer una referencia a la posibilidad de hacerlo en la propia solicitud de arbitraje con carácter potestativo[16].

En cuanto a los datos del empresario reclamado, el apartado d) del artículo 32.2 exige su nombre, apellidos o razón social, NIF y domicilio, así como, si fuera conocida, su dirección a efectos de notificaciones. En caso de que el consumidor no disponga de alguno de estos datos, aportará cualquier otro dato que pueda resultar de interés para la completa identificación y localización del empresario reclamado.

Por último, debe tenerse en cuenta que el RSAC no se regula los supuestos de pluralidad de interesados. En este sentido, el artículo 66.2 de la Ley 39/2015 permite que, cuando las pretensiones correspondientes a una pluralidad de personas tengan un contenido y fundamento idéntico o sustancialmente similar, puedan ser formuladas en una única solicitud, salvo que las normas reguladoras de los procedimientos específicos dispongan otra cosa. Nada dice al respecto el RSAC, por lo que no encontramos motivo para rechazar esta posibilidad. En tal caso, las actuaciones a que den lugar se efectuarán con el representante o el interesado que expresamente hayan señalado, y, en su defecto, con el que figure en primer término (artículo 7 de la Ley 39/2015).

2. Requisitos relativos al objeto

El artículo 32.2.e) exige también que se consigne en la solicitud «la descripción de los hechos que motivan la controversia, exposición clara y concreta de las pretensiones, determinando su cuantía, si tuviera carácter económico y, en su caso, los fundamentos en que basa la pretensión[17]». Pese a

16 Así lo sugiere COLMENERO GUERRA, J. A., ob. cit. § V.2.

17 Como indica gráficamente TOMILLO URBINA, J., «Una aproximación al nuevo Reglamento del Sistema Arbitral de Consumo (RD 713/2024, de 23 de julio)», *Noticias Jurídicas*, 8 de agosto de 2024, § II.7.2, «el nuevo artículo 32.2 e) RSAC 2024 exige que el reclamante

que ya figuraban en el RSAC de 2008[18], se debe ser sumamente cuidadoso con la interpretación de los requisitos de la determinación de la cuantía económica[19] y de los fundamentos de la pretensión[20], que debe efectuarse bajo el prisma del principio *pro actione*.

Como novedad frente a la regulación anterior, el artículo 32.2, apartado e), también se exige la aportación de cuanta documentación o pruebas sean necesarias para el conocimiento y solución del litigio, frente al carácter potestativo de tal aportación en el reglamento anterior («Junto a la solicitud *podrán* aportarse o proponer las pruebas de que el reclamado intente valerse», señalaba el artículo 34.3 RSAC de 2008).

En todo caso, debe tenerse en cuenta que cabe la aportación de material probatorio con posterioridad al momento de presentación de la solicitud, por lo que su falta de presentación en el momento inicial no debiera constituir necesariamente causa de inadmisión. En este sentido, si bien el artículo 42.1 RSAC de 2024 dispone que «las partes *deberán* aportar, junto con la solicitud de arbitraje o la contestación a esta, las pruebas de las que dispongan con relación al litigio», también establece que pueden, en su caso, proponer otras que serán practicadas, si fuera posible, en el acto de celebración de audiencia. No se entiende por ello el nuevo carácter preceptivo que el RSAC otorga a la aportación de material probatorio en la solicitud de arbitraje, naturaleza que queda descafeinada con la lógica posibilidad de presentación en fase de prueba. Cuestión diferente es la necesidad de aportar la acreditación indiciaria de la existencia de una relación jurídica de consumo entre consumidor reclamante y empresario reclamado a los efectos de poder admitir a trámite la solicitud por concurrencia del requisito de legitimación activa y pasiva, respectivamente.

---

incluya la «descripción [ya no «breve»] de los hechos que motivan la controversia, exposición clara y concreta [ya no «sucinta»] de las pretensiones, determinando su cuantía [ya no «en su caso»], si tuviera carácter económico y, en su caso [ahora sí], los fundamentos en que basa la pretensión». Según Colmenero Guerra, J.A., ob. cit. § V.2, cuando el precepto «habla de «descripción de los hechos», se refiere a los hechos que identifican o delimitan la pretensión, y no tanto a los hechos constitutivos de la pretensión. Los primeros son aquellos que permiten distinguir a una pretensión de otra. Los segundos son aquellos que permiten estimar la pretensión, y pensamos que no son obligatorios en la solicitud, pudiendo alegarse posteriormente. Además, la pretensión tiene una «petición», y dicho contenido no aparece expresamente en el art. 32.1.e) RSAC. Por ello, pensamos, y creemos que es lo correcto, que cuando solicita la «exposición clara y concreta de las pretensiones, determinado su cuantía, si tuviera carácter económico», en realidad la palabra «pretensión» equivale a «petición»».

18 Artículo 34.1.c) RSAC 2008.

19 Como destaca Tomillo Urbina, J., ob. cit. § II.7.3, «puede ser inalcanzable para un consumidor medio, incapaz de entender, por ejemplo, muchos de los conceptos incluidos en una tarificación de telefonía o de consumo energético».

20 Coincidimos con Colmenero Guerra, J.A., ob. cit. § V.2, en que la mención a los «fundamentos» no se refiere a la fundamentación jurídica, máxime cuando es posible que la controversia se dirima en equidad.

3. Requisitos relativos al procedimiento

Más trascendente resulta aún nueva obligación contenida en el apartado f) del artículo 32.2 que exige al solicitante aportar «*la respuesta del empresario a la reclamación interpuesta ante el mismo o, en caso de no haber sido atendida transcurrido un mes desde su presentación, se aportará acreditación de haber intentado la comunicación con aquel*». De esta forma indirecta, el regulador inaugura un nuevo requisito de procedibilidad de la solicitud de arbitraje, que, cuanto menos, resulta discutible respecto a su carácter obligatorio. Bien es cierto que dicha obligatoriedad se conecta con las nuevas causas de inadmisión a trámite consistentes en la falta de contacto previo con el empresario para tratar de resolver el asunto [artículo 35.2.c)] o el transcurso del plazo de un año desde la interposición de la reclamación ante el empresario reclamado [artículo 35.2.d)]. No obstante, nos remitimos a la crítica que efectuamos a tales motivos de inadmisión en el comentario al artículo 35 de esta obra.

La desequilibrada condición procesal del reclamante llega al punto de que se mantiene del reglamento anterior el requisito de aportar, «*en su caso, copia del convenio arbitral*» (apartado f del artículo 32.2). Parece que el sintagma «en su caso» viene referido a la propia existencia del convenio, de modo que dicho requisito no resultaría preceptivo (obviamente) de no existir convenio. Si existiera convenio arbitral (ya sea como consecuencia de un contrato *ad hoc,* de una cláusula compromisoria, de las condiciones generales de la contratación efectuada o de una oferta pública de adhesión) exigir al consumidor su aportación junto con la solicitud resulta realmente desproporcionado. En muchos casos, el consumidor desconocerá la circunstancia de la adhesión de la empresa o no alcanzará a detectar la existencia de una cláusula contractual de sometimiento arbitral. Pero incluso aunque contase con tal conocimiento, cómo saber si existe convergencia entre su solicitud y la oferta pública de adhesión, requisito exigible para que exista convenio. Por ello, aplicando el principio *pro actione*, parece razonable interpretar que la expresión «en su caso» permite considerar la aportación del convenio arbitral como contenido potestativo.

A diferencia del RSAC de 2008, no se exige que, en el caso de que existiera oferta pública de adhesión al arbitraje en derecho, el reclamante indique si presta su conformidad a que se resuelva de esta forma[21]. No obstante, la conformidad del consumidor al arbitraje de derecho es preceptiva (artículo 31.4 RSAC de 2024), por lo que deberá pronunciarse sobre tal posibilidad en un trámite posterior. A efectos de evitar la dilación innecesaria del procedimiento administrativo, podría haberse incluido esta indicación con carácter potestativo.

21 Artículo 34.1.f) RSAC de 2008.

Finalmente, se establece como contenido de la solicitud de arbitraje la elección del consumidor respecto a la notificación, pudiendo optar entre su práctica por medios electrónicos o en lugar físico, «*en el caso de que la Junta Arbitral notifique las actuaciones arbitrales de conformidad con lo establecido en la Ley 39/2015, de 1 de octubre*» [apartado c) del artículo 32.2]. Nos encontramos nuevamente ante una redacción sorprendente. En efecto, el artículo 5.3 RSAC de 2024 dispone que las notificaciones de los actos administrativos dictados por la Junta Arbitral de Consumo se realizarán, conforme a lo dispuesto en los artículos 40 y siguientes de la Ley 39/2015. Pudiera creerse que el redactor está pensando en el inciso final de dicho artículo 5.3 cuando determina que «en el supuesto de que el acto que deba ser notificado *no tenga carácter administrativo,* la notificación se llevará a cabo conforme a *la práctica de cada Junta Arbitral*». Sin embargo, no se acierta a vislumbrar qué actos de un órgano administrativo (la Junta Arbitral lo es) no tienen carácter administrativo. Podría entenderse que se trate de actos no sujetos al Derecho administrativo, pero recordemos que la Administración, a diferencia de los particulares, está sujeta al principio de vinculación positiva, esto es, solo puede llevar a cabo aquellos actos para los que el Derecho (administrativo) expresamente le faculta. Más allá de su escaso recorrido, se trata de una norma en blanco que habilitaría cualquier tipo de notificación, lo que la hace incompatible con el régimen garantista de un Estado de Derecho[22].

III. MODELOS NORMALIZADOS DE SOLICITUD DE ARBITRAJE

De forma loable, el artículo 32.3 RSAC de 2024 consagra el deber de las Juntas Arbitrales de facilitar a las partes modelos normalizados. Como mínimo («*al menos*»), deberán ponerse a disposición modelos de: a) solicitud de arbitraje; b) aceptación en caso de no existencia de convenio arbitral; y c) contestación a la solicitud por el empresario. Como novedad frente a la regulación anterior[23], y de forma un tanto contradictoria con esta vocación de mínimos, el precepto acaba extendiendo de manera casi universal la obligación de proporcionar modelos normalizados «*de cuantos documentos se*

22 La referencia a la práctica de cada Junta Arbitral fue también criticada en el informe del Consejo General del Poder Judicial al Anteproyecto, que sugirió «la conveniencia de precisar con más claridad cuál es el elenco de medios de notificación al que se puede acceder y dentro de los que puede decidir el consumidor y usuario al inicio del procedimiento». Más rotundo se muestra, COLMENERO GUERRA, J. A. ob. cit. § V.4., quien califica la mención como «idea carente de garantías y no ajustada a la Ley». Coincidimos con el autor. En nuestra opinión, esta referencia a la «práctica de cada Junta Arbitral» —que ampararía tantas prácticas notificadoras como Juntas Arbitrales existan—, amén de consagrar (*contra legem*) una suerte de Derecho consuetudinario, parece evocar los tiempos de ciertas Juntas Arbitrales «artesanales» de los primeros años noventa en los que, casi todo, valía.

23 Artículo 34.4 RSAC de 2008.

considere que puedan facilitar los trámites del procedimiento arbitral». Bienvenida sea en este caso la imprecisión del regulador, si bien debemos observar la falta de concordancia exacta con el artículo 6.k) RSAC que menciona como función de las Juntas la de poner a disposición de los consumidores y empresarios tan solo formularios de solicitud de arbitraje, de contestación y de aceptación de esta, añadiendo, además, una mención expresa a los formularios de ofertas públicas de adhesión.

En todo caso, el precepto reglamentario es coherente con la previsión del artículo 66.4 de la Ley 39/2015, que positiviza el deber de las Administraciones Públicas de establecer modelos y sistemas de presentación masiva que permitan a los interesados presentar simultáneamente varias solicitudes. Estos modelos, de uso voluntario, deben estar a disposición de los interesados en las correspondientes sedes electrónicas y en las oficinas de asistencia en materia de registros de las Administraciones Públicas. Los solicitantes pueden acompañar los elementos que estimen convenientes para precisar o completar los datos del modelo, los cuales deberán ser admitidos y tenidos en cuenta por el órgano al que se dirijan.

Además, los sistemas normalizados de solicitud pueden incluir comprobaciones automáticas de la información aportada respecto de datos almacenados en sistemas propios o pertenecientes a otras Administraciones u ofrecer el formulario cumplimentado, en todo o en parte, con objeto de que el interesado verifique la información y, en su caso, la modifique y complete (artículo 66.5 de la Ley 39/2015).

Más interesante resulta la previsión legal del artículo 66.6, conforme a la cual cuando la Administración en un procedimiento concreto establezca expresamente modelos específicos de presentación de solicitudes, éstos serán de uso obligatorio por los interesados. Es por ello que, a pesar de que la utilización del modelo normalizado no se contemple expresamente en el artículo 32.2 RSAC, la Junta Arbitral deberá rechazar aquellas solicitudes de arbitraje que no se ajusten al modelo normalizado establecido, requiriendo al solicitante su subsanación conforme al artículo 34.2 RSAC.

Artículo 33. Determinación de la competencia territorial de la Junta Arbitral de Consumo*

La persona titular de la presidencia de la Junta Arbitral ante la que se haya presentado la solicitud de arbitraje conocerá sobre la competencia territorial de la Junta, trasladándola, en otro caso, a la Junta Arbitral de Consumo competente en el plazo de diez días hábiles desde la fecha de la presentación de la solicitud.

I. ANTECEDENTES

1. La cuestión del Reglamento de 1993

El nuevo RSAC de 2024 dedica un precepto específico a la determinación de la competencia territorial de la Junta Arbitral de Consumo encargada de conocer de la controversia. Se trata de una cuestión sumamente relevante dado el modelo descentralizado del sistema arbitral de consumo en el que conviven Juntas de muy diferente ámbito territorial: nacional, autonómico y local —en su doble dimensión provincial y municipal[1]—.

---

* Comentario realizado por **Joaquín Cayón de las Cuevas**.

1 No es este el lugar adecuado para profundizar en la materia, pero, una vez consolidado el sistema arbitral de consumo tras haber cumplido más de cuarenta años de existencia, parece necesaria una cierta racionalización del número de Juntas, evitando así solapamientos innecesarios y optimizando recursos financieros, materiales y personales. Puede tener sentido la existencia de Juntas municipales en ciudades de gran población, pero resulta más dudosa en aquéllas de población exigua. En este sentido, alguno o varios de los criterios del artículo 121.1 de la Ley 7/1985, de 2 de abril, Reguladora de las Bases del Régimen Local, podría constituir una base para la discusión. También podría pensarse en integrar ciertas Juntas locales como Colegios Arbitrales estables dentro de las Juntas autonómicas. Se trata de medidas posiblemente controvertidas, pero que persiguen una mayor coordinación institucional y que pueden llevarse a cabo sin necesidad de desmantelar ninguna estructura previa. En relación con la planta judicial, en esta misma dirección parece apuntar la reciente Ley Orgánica 1/2025, de 2 de enero, de medidas en materia de

Esta cuestión no contaba con un trámite específico en el RSAC de 1993 que se limitaba, sin más, a regular la competencia territorial en su artículo 3.3 con los tres criterios clásicos de preferencia, que operaban en cadena y de forma subsidiaria: 1.º) sumisión expresa de las partes (Junta elegida por las partes); 2.º) a falta de acuerdo, criterio del domicilio del consumidor (Junta correspondiente al domicilio del consumidor); 3.º) en caso de varias Juntas competentes con arreglo al criterio anterior, preferencia de la Junta de inferior ámbito territorial (lo que suponía el siguiente orden de prelación: (a) Juntas municipales; (b) Juntas provinciales; (c) Juntas autonómicas; y (d) Junta nacional.

2. La cuestión en el Reglamento de 2008

Este mismo esquema es el que lucía en el artículo 8 RSAC de 2008, si bien introdujo un importante matiz: cuando existiese una limitación territorial en la oferta pública de adhesión al Sistema Arbitral de Consumo, sería competente la Junta Arbitral a la que se haya adherido la empresa o profesional, y si éstas fueran varias, aquélla por la que hubiera optado el consumidor.

En todo caso, el RSAC de 2008 sí configuraba en su artículo 37.1 un trámite de examen de la competencia territorial, atribuyéndolo al presidente de la Junta, quien podría declarar la competencia de la propia Junta o, en caso de considerarse incompetente, trasladar la solicitud a la Junta competente en el plazo de quince días desde la presentación de la solicitud. Una vez efectuado dicho examen competencial, se procedía con el trámite de admisión [«Determinada la competencia territorial de la Junta Arbitral de Consumo, el presidente conocerá sobre la admisión a trámite de la solicitud de arbitraje (...)»]

II. EL EXAMEN DE LA COMPETENCIA TERRITORIAL COMO TRÁMITE *AD HOC*

1. Planteamiento

El vigente RSAC de 2024 incorpora el trámite de la determinación (preferimos el término «examen») de la competencia territorial en un precepto específico y separado (artículo 33), con mayor acierto técnico que en la norma de 2008, donde la regulación del examen competencial aparecía en el artículo 37.1, después, por tanto, de la disciplina de la admisión a trámite (artículos 34 a 36).

eficiencia del Servicio Público de Justicia, que integra los juzgados unipersonales como secciones de los nuevos tribunales de instancia. No decimos que ésta haya de ser la solución, pero sí reivindicamos la necesidad de un debate profundo y sereno sobre la planta arbitral vigente.

Más allá una correcta ubicación sistemática, la principal novedad del nuevo precepto radica en la reducción del plazo con el que cuenta el presidente para dar traslado de la solicitud a la Junta competente, que pasa de quince días (ante la ausencia de mención a su carácter se entiende que hábiles[2]) a diez días hábiles[3].

En todo caso, no debe confundirse la competencia territorial para conocer de una solicitud de arbitraje con la *competencia territorial para resolver sobre las ofertas públicas de adhesión*. En esta última, los criterios generales son justamente inversos: conoce la Junta Arbitral correspondiente al ámbito territorial en el que el empresario desarrolle principalmente su actividad. Si en el ámbito territorial autonómico en el que el empresario desarrolla principalmente su actividad existieran varias Juntas Arbitrales, será competente para resolver sobre la oferta de adhesión la Junta Arbitral de superior ámbito territorial (artículo 25 RSAC, que establece también otras reglas especiales).

Tampoco debe confundirse con la *competencia orgánica*. Dado el carácter multidisciplinar del Derecho de consumo, el sistema arbitral de consumo no es el único mecanismo extrajudicial competente para resolver reclamaciones de consumidores frente a empresarios. En efecto, existen órganos extrajudiciales en ámbitos como el transporte terrestre o el turismo ante los cuales podría haberse interpuesto previamente la oportuna reclamación. El RSAC —siguiendo el artículo 18.1.d) de la Ley 7/2017, de 2 de noviembre, por la que se incorpora al ordenamiento jurídico español la Directiva 2013/11/UE, del Parlamento Europeo y del Consejo, de 21 de mayo de 2013, relativa a la resolución alternativa de litigios en materia de consumo— aborda esta problemática, no como cuestión previa, sino en sede de admisión a trámite. Por ello, constituye causa de inadmisión que el litigio hubiera sido planteado ante otra entidad acreditada y notificada a la Comisión Europea de conformidad con lo previsto en la Ley 7/2017, salvo que, en este último caso, se acredite el desistimiento del primer procedimiento [artículo 35.2.b)]. Restaría resolver qué ocurre si la controversia se planteó previamente ante una entidad no acreditada, si bien este caso, cabría entender *sensu contrario* que no existiría motivo de inadmisión.

---

2 De acuerdo con el artículo 30.2 de la Ley 39/2015, de 1 de octubre, del Procedimiento Administrativo Común de las Administraciones Públicas, «siempre que por Ley o en el Derecho de la Unión Europea no se exprese otro cómputo, cuando los plazos se señalen por días, se entiende que éstos son hábiles, excluyéndose del cómputo los sábados, los domingos y los declarados festivos». Dicha norma se declara aplicable supletoriamente al arbitraje de consumo por el apartado 2 de la Disposición final segunda del RD 713/2024, de 23 de julio, por el que se aprueba el RSAC. No obstante, entendemos que aplicación es directa y no supletoria en los términos que explicamos en el comentario al artículo 32 de esta obra, al que nos remitimos.

3 Esta misma reducción de plazo se observa en el trámite de subsanación que también pasa de pasa de quince días (artículo 34.2 RSAC de 2008) a diez días hábiles (artículo 34.2 RSAC de 2024).

2. Criterios de aplicación

Desde la perspectiva del fondo del asunto, el examen de la competencia territorial nos remite al artículo 7 RSAC, que incorpora importantes novedades respecto a sus predecesores como consecuencia de su adaptación al régimen jurídico de la Ley 7/2017. En este sentido, el precepto declara competente para conocer de las solicitudes de arbitraje a la Junta Arbitral en cuyo ámbito territorial tenga su domicilio el consumidor que presenta la solicitud de arbitraje, si bien introduce un segundo fuero aplicable a litigios transfronterizos[4], atribuyendo la competencia a la Junta en cuyo ámbito territorial tenga su domicilio el empresario en caso de que el consumidor resida en otro Estado Miembro de la Unión Europea.

Un segundo criterio subsidiario apuesta por la tradicional preferencia de la Junta de ámbito territorial inferior: si, conforme al criterio anterior, existieran varias Juntas Arbitrales territoriales competentes en razón del ámbito territorial en que el empresario desempeñe su actividad, conocerá el asunto la Junta de inferior ámbito territorial (artículo 7.2). A pesar de que el precepto se refiere al vago y erróneo concepto de «desempeño de actividad empresarial» y ante la defectuosa redacción, una posible interpretación sería entender que el precepto se refiere al domicilio del consumidor (en caso de residir en España) o al domicilio del empresario (en caso de residir el consumidor fuera de España).

La gran novedad en esta materia se produce cuando se indica en el artículo 7.3 que una Junta Arbitral de Consumo distinta de la que resulte competente según los criterios anteriores resolverá el litigio cuando el consumidor haya manifestado en el convenio arbitral o manifieste en cualquier otro momento su voluntad de someter la decisión de la controversia a la Junta Arbitral de ámbito autonómico o local a la que se encuentre adherido el empresario. Esta elección solo será eficaz si la sede de la Junta Arbitral se encuentra en la misma comunidad autónoma en la que el consumidor tiene su domicilio en el momento de presentar su solicitud[5].

---

4 El artículo 2.g) de la Ley 7/2017 define «litigio transfronterizo de consumo» como «litigio de naturaleza contractual derivado de un contrato de compraventa o de prestación de servicios en el que el consumidor, en el momento de realizar la orden de pedido, tenga su residencia en un Estado miembro de la Unión Europea diferente a aquel en que el empresario esté establecido».

5 El precepto también presenta dudas prácticas en su aplicación, por lo que nos remitimos al correspondiente comentario del artículo 7 en esta obra.

3. Problemática de la inhibición y de la declinatoria de competencia

3.1. Inhibición de competencia

Con arreglo a los criterios del artículo 7 RSAC, el presidente de la Junta receptora de la solicitud de arbitraje deberá examinar la competencia territorial. En caso de declarase incompetente, la regulación del RSAC es ciertamente frugal, por lo que debemos acudir a las normas sobre competencia administrativa que figuran en la Ley 40/2015, de 1 de octubre, de Régimen Jurídico del Sector Público[6]. A estos efectos, su artículo 14.1 establece que «el órgano administrativo (la Junta Arbitral lo es *ex* artículo 4.1 RSAC) que se estime incompetente para la resolución de un asunto remitirá directamente las actuaciones al órgano que considere competente, debiendo notificar esta circunstancia a los interesados». En consecuencia, la notificación de la inhibición tanto a consumidor reclamante como a empresario reclamado constituye una garantía exigible como consecuencia de la aplicabilidad de la Ley 40/2015.

3.2. Declinatoria de competencia

También cabe el escenario inverso: que habiendo asumido una Junta Arbitral su competencia, el empresario reclamado entienda que es incompetente. Aunque no aparece recogida en el RSAC —que sólo se refiere a la declinatoria de jurisdicción en su artículo 23.6— entendemos posible la acción declinatoria de la competencia. Esta opción tiene su amparo en el artículo 14.2 de la Ley 40/2015 que permite a los interesados que sean parte en el procedimiento dirigirse al órgano que se encuentre conociendo de un asunto para que decline su competencia y remita las actuaciones al órgano competente. El problema radica en que, mientras en el procedimiento administrativo común el examen de la competencia es una cuestión previa, en el procedimiento arbitral de consumo el empresario sólo aparece en escena cuando se le notifica la resolución de admisión a trámite (artículo 36.1)[7]. En este sentido, podría formular la declinatoria en el trámite de contestación (artículos 36.2 y 37.4).

En todo caso, echamos de menos el establecimiento de un momento preclusivo para cuestionar la competencia territorial, dado que, ante la ausencia de tal previsión, podría interpretarse que el empresario puede hacerlo en cualquier momento, incluso en el trámite de audiencia (artículo 41). No hace falta

---

6 Aplicable también al arbitraje de consumo de acuerdo con el apartado 2 de la Disposición final segunda del RD 713/2024, de 23 de julio, por el que se aprueba el RSAC.

7 El RSAC es sumamente oscuro sobre el momento de notificar la resolución de admisión a trámite. Del tenor del artículo 36.1 parece que se notifica tanto a consumidor como a empresario una vez dictada. Sin embargo, el artículo 37.3.a) parece también permitir un momento posterior al prever que sea notificada a las partes, de forma individual o conjunta, la admisión a trámite de la solicitud «si no hubiera sido notificada con anterioridad».

imaginar la frustración del consumidor reclamante que vea cómo al final del procedimiento puede prosperar tal posibilidad. ¿Sería anulable un laudo dictado por un órgano arbitral designado por una Junta incompetente?

Entendemos que el motivo de anulación consistiría en una vulneración del procedimiento arbitral al haber sido dictado el laudo por un órgano arbitral designado por un presidente incompetente (en la doble acepción del término) y, por tanto, sin ajustarse a la Ley de Arbitraje [artículo 41.1.c) *in fine* de la Ley 60/2003, de 23 de diciembre de Arbitraje]. Podría argüirse que la incompetencia territorial de la Junta Arbitral de Consumo constituye una infracción del RSAC y no de la Ley de Arbitraje, si bien apostamos por la anulabilidad del laudo, toda vez que no debería permanecer en la vida jurídica una resolución que, produciendo efectos de cosa juzgada, haya sido dictada por un órgano incompetente para ello. Quizá por ello, si entendemos la competencia como vicio de orden público, la anulación podría residenciarse en el artículo 41.1.f) de la Ley de Arbitraje.

3.3. Requerimiento de inhibición

La aplicación de la Ley 40/2015 permite traer a colación una tercera figura: el requerimiento de inhibición, no a la Junta considerada incompetente, sino a la Junta que se estime competente. En este sentido, el artículo 14.2 *in fine* de la Ley 40/2015 permite que los interesados puedan dirigirse al órgano que estimen competente para que requiera de inhibición al que esté conociendo del asunto.

3.4. Ausencia de mecanismos de resolución de discrepancias

Pudiera ocurrir que la Junta destinataria discrepe de la decisión de la Junta originariamente receptora de la solicitud de arbitraje. ¿Debe asumir la Junta de destino el criterio de la Junta de origen que se inhibe en su favor? La Ley 40/2015 no nos sirve para resolver esta cuestión pues el artículo 14.3 determina que los conflictos de atribuciones sólo pueden suscitarse entre órganos de una misma Administración no relacionados jerárquicamente, y respecto a asuntos sobre los que no haya finalizado el procedimiento administrativo. En nuestro caso, la Junta que se inhibe y la Junta que recibe la solicitud, por definición, no pertenecen a la misma Administración, por lo que sería deseable el establecimiento de una regla para dirimir tales discrepancias.

Así las cosas, *de lege ferenda* una eventual reforma del RSAC podría atribuir tal competencia dirimente a la Comisión de Juntas Arbitrales de Consumo. Entretanto, parecería recomendable elevar el asunto al Consejo General del Sistema Arbitral de Consumo a los efectos de que elaborase unas directrices generales sobre esta materia, en el ejercicio de la función prevista en el artículo 22.b) RSAC.

Artículo 34. Verificación del contenido de la solicitud de arbitraje*

1. La Junta Arbitral competente en virtud del artículo anterior comprobará si la solicitud de arbitraje reúne los requisitos mínimos exigidos en el artículo 32.2.

2. En caso de que la solicitud de arbitraje no reuniese los requisitos indicados en el apartado anterior se requerirá a la parte reclamante su subsanación en un plazo que no podrá exceder de diez días hábiles, con la advertencia de que, si no aportara la documentación requerida en el plazo concedido, se le tendrá por desistido de su solicitud, procediéndose al archivo de las actuaciones.

I. LA COMPROBACIÓN DE REQUISITOS

El nuevo RSAC contempla un nuevo trámite que denomina «verificación». En este sentido, de acuerdo con el artículo 34.1, la Junta Arbitral competente desde el punto de vista territorial debe comprobar si la solicitud de arbitraje reúne los requisitos mínimos exigidos en el artículo 32.2 (no «datos» como incorrectamente se consigna en dicho precepto[1]).

La primera idea que procede poner de manifiesto es que esta verificación o comprobación constituye un acto de instrucción del procedimiento administrativo, razón por la cual el RSAC no la atribuye al presidente de la Junta, a quien sí competen actos administrativos cualificados como la determinación de la competencia territorial (artículo 33), la admisión o inadmisión a trámite (artículo 35.1), el acuerdo de inicio del procedimiento arbitral (artículo 37.1) o la designación del órgano arbitral (artículo 37.2 en relación con el artículo 14.1). El artículo 34 se refiere genéricamente a la Junta Arbitral sin concretar el cargo competente, razón por la cual, teniendo en cuenta dicha naturaleza instructora, entendemos que esta tarea corresponde al secretario de la Junta[2].

---

* Comentario realizado por **Joaquín Cayón de las Cuevas**.

1 En el mismo sentido, Tomillo Urbina, J., «Una aproximación al nuevo Reglamento del Sistema Arbitral de Consumo (RD 713/2024, de 23 de julio)», *Noticias Jurídicas*, 8 de agosto de 2024. § II.7.1.

2 En contra, Colmenero Guerra, J. A.: «Reflexiones sobre el nuevo Reglamento que regula el sistema arbitral de consumo (RD 713/2024, de 23 de julio), *La Ley, Mediación y Arbitraje,*

En segundo término, cabe indicar que el trámite de verificación es previo al trámite de admisión. De ahí que consideremos adecuada su ubicación sistemática. De hecho, el siguiente precepto (artículo 35) comienza en su apartado 1 del siguiente modo: «*una vez examinada la solicitud de arbitraje y la documentación aportada*, la persona titular de la presidencia de la Junta Arbitral competente resolverá sobre la admisión o inadmisión de la solicitud de arbitraje (...)».

El trámite de verificación es, sin embargo, posterior al de determinación de la competencia territorial de la Junta Arbitral de Consumo y no sólo porque su posición en el articulado de la norma, sino porque el artículo 34 atribuye la verificación a la Junta Arbitral competente.

II. LA SUBSANACIÓN DE DEFECTOS

1. Precedentes

El RSAC de 1993 carecía de referencia alguna a la posible subsanación de solicitud de arbitraje, a diferencia del Reglamento de 2008, que sí contemplaba dicho trámite en su artículo 34.2. A estos efectos, se preveía que si la solicitud no reuniera los requisitos mínimos, el secretario de la Junta Arbitral de Consumo requeriría al reclamante su subsanación en un plazo que no podía exceder de 15 días, con la advertencia de que de no subsanarse en el plazo concedido se le tendría por desistido de la solicitud, procediéndose al archivo de las actuaciones.

No obstante, se establecía una regla especial para el caso de que, existiendo una oferta pública de adhesión al arbitraje en derecho, el reclamante no hubiera indicado si presta su conformidad a que se resuelva de esta forma. En tal supuesto, se comunicaría al reclamante la existencia de una adhesión limitada al arbitraje de derecho para que manifestase su conformidad. En

6905, 2024, § V.4., quien rechaza que sea el secretario de la Junta arbitral sobre la base de que el artículo 8.4 RSAC no incluye dichas funciones. Por ello, concluye que, dado que el presidente de la JAC va a realizar el resto de trámites previstos para esta fase, le corresponde la subsanación de defectos de la reclamación de arbitraje. El argumento de dicho autor, sin embargo, no resulta convincente por varios motivos: 1.º) La ausencia de atribución reglamentaria de dicha función al secretario se contrapesa con la circunstancia de que tampoco se atribuye al presidente (a diferencia de otros trámites que sí cuentan con una mención expresa); 2.º) El artículo 8.4 RSAC no se refiere a las funciones del secretario de la Junta Arbitral, sino del *secretario del órgano arbitral*, cuando aquí nos encontramos dentro del procedimiento administrativo previo (aún no hay designación del órgano arbitral); y 3.º) La verificación y, en su caso, el ulterior requerimiento de subsanación son actos de instrucción, previos al acto de admisión o inadmisión o al acto de archivo por desistimiento en caso de no subsanación, que son actos cualificados —y, por tanto, recurribles— que sí corresponden al presidente. No procede, en definitiva, atribuir instrucción y resolución al mismo órgano.

caso de no estar de acuerdo, se trataría la solicitud como si fuera dirigida a una empresa no adherida (artículo 33.1, párrafo segundo).

2. Alcance de la regulación vigente

Debemos partir de la premisa de que el otorgamiento de la posibilidad de subsanar los defectos apreciados en la solicitud de arbitraje deriva de la preceptiva aplicación de dos normas. De una parte, dicho trámite se encuentra expresamente previsto en la Ley 39/2015, de 1 de octubre, de Procedimiento Administrativo Común[3], en los términos que luego veremos. De otra parte, la Ley 7/2017, de 2 de noviembre, por la que se incorpora al ordenamiento jurídico español la Directiva 2013/11/UE, del Parlamento Europeo y del Consejo, de 21 de mayo de 2013, contempla la subsanación como trámite preceptivo en su artículo 17.2 cuando se refiere a la *«previa subsanación en su caso»*.

Así las cosas, el artículo 34.2 RSAC regula la subsanación de manera análoga a la del reglamento antecesor con alguna diferencia.

En primer lugar, como los requisitos exigidos de las solicitudes de arbitraje del artículo 32.2 son mayores, el perímetro de casos de subsanación se amplía.

En segundo termino, el trámite de requerimiento de subsanación ya no se atribuye al secretario de la Junta como expresamente se hacía en el RSAC de 2008, sino que se emplea una oración impersonal *«se requerirá a la parte reclamante»*. No creo, sin embargo, que el cambio sintáctico obedezca a la intención de desapoderar al secretario en este punto, por lo que debemos entender, siguiendo la línea interpretativa antes apuntada, que es a éste y no al presidente a quien incube tal requerimiento.

En tercer lugar, se cambia el plazo máximo para subsanar que pasa de quince días[4] a diez días hábiles[5].

---

3 Norma aplicable supletoriamente al arbitraje de consumo de acuerdo con el apartado 2 de la Disposición final segunda del RD 713/2024, de 23 de julio, por el que se aprueba el RSAC. No obstante, entendemos que su aplicación es directa y no supletoria en los términos que explicamos en el comentario al artículo 32 de esta obra, al que nos remitimos.

4 De acuerdo con el artículo 30.2 de la Ley 39/2015, de 1 de octubre, del Procedimiento Administrativo Común de las Administraciones Públicas «siempre que por Ley o en el Derecho de la Unión Europea no se exprese otro cómputo, cuando los plazos se señalen por días, se entiende que éstos son hábiles, excluyéndose del cómputo los sábados, los domingos y los declarados festivos».

5 Esta misma reducción de plazo se observa en el trámite de determinación de la competencia territorial que también pasa de quince días (artículo 37.1 RSAC de 2008) a diez días hábiles (artículo 33 RSAC de 2024).

Por último, no se contempla la regla especial ante aludida en relación con la aceptación por el consumidor de un eventual arbitraje de derecho, ya que, con acierto técnico, dicha mención ya no se incluye dentro del contenido de la solicitud de arbitraje. Ahora pasa a ser un trámite independiente contemplado en el artículo 31.4 en el que se indica que «si el empresario en su oferta de adhesión hubiera optado por que el litigio sea resuelto exclusivamente en derecho y el consumidor hubiera optado en su solicitud de forma expresa por que el litigio sea resuelto en equidad, se comunicará este hecho y se solicitará al reclamante su aceptación de la decisión en derecho, tratándose la solicitud como si no existiera adhesión previa en caso de falta de acuerdo».

Resulta importante subrayar que la consecuencia de no atender el requerimiento en plazo es tener por desistido al reclamante, procediéndose al archivo de las actuaciones. En el mismo sentido se pronuncia el artículo 68 de la Ley 39/2015, con arreglo al cual cabe efectuar las siguientes precisiones:

a) Si el requerimiento no contiene la advertencia del concreto perjuicio para el consumidor reclamante (archivo de la solicitud), no resultará aplicable tal consecuencia.

b) Si el consumidor reclamante no subsana en plazo, deberá dictarse una resolución expresa de archivo por parte del presidente de la Junta Arbitral, al ser en este caso un acto cualificado. De lo contrario, aun cuando hubiera expirado el plazo de diez días hábiles para subsanar, continuara abierto en tanto no se dicte la resolución de archivo. En otras palabras, cabe la cumplimentación extemporánea del trámite de subsanación en tanto el órgano administrativo (la Junta) no cumpla su deber de dictar resolución expresa conforme al artículo 21 de la Ley 39/2015. Esta resolución que deberá ser dictada en los términos previstos en dicho precepto legal.

c) Cabe ampliación del plazo de diez hábiles para subsanar dado que el artículo 68.2 de la Ley 39/2015 permite tal posibilidad, siempre que no se trate de procedimientos selectivos o de concurrencia competitiva. En tal caso, el plazo podrá ser ampliado prudencialmente, hasta cinco días (hábiles), a petición del interesado o a iniciativa del órgano, cuando la aportación de los documentos requeridos presente dificultades especiales.

d) También cabe que el órgano competente pueda recabar del solicitante la modificación o mejora voluntarias de los términos de aquélla. De ello se levantará acta sucinta, que se incorporará al procedimiento. Se trata de un trámite diferente de la subsanación permitido por el artículo 68.3 de la Ley 39/2015.

e) Si la solicitud de arbitraje la presentase un consumidor-persona jurídica de manera presencial, en la medida en que se trata de una entidad obligada a relacionarse electrónicamente con la Administración [artículo 14.2.a) de la Ley 39/2015], se le debe requerir para que la subsane a través de su presentación electrónica. A estos efectos, se considerará como fecha de presentación de la solicitud aquella en la que haya sido realizada la subsanación (artículo 68.4 de la Ley 39/2015).

Resta señalar que la Ley 39/2015 contiene una regla especial cuando el defecto consiste en la falta de acreditación de la representación del consumidor solicitante. En este caso, el artículo 5.6 determina que la falta o insuficiente acreditación de la representación no impide que se tenga por realizado el acto de que se trate (en nuestro caso tener por presentada la solicitud de arbitraje), siempre que se aporte aquélla o se subsane el defecto dentro del plazo de diez días que deberá conceder al efecto el órgano administrativo, o de un plazo superior cuando las circunstancias del caso así lo requieran. Nótese que la regulación es análoga a la del artículo 68, si bien no se hace referencia a la necesidad de advertencia previa ni al deber de dictar resolución teniendo por desistido al reclamante. No obstante, una interpretación sistemática nos permite afirmar que tales requisitos son también exigibles cuando la subsanación afecte a la falta o defecto de representación. La única diferencia descansa en que en el régimen general de subsanación el plazo de diez días hábiles es ampliable a tan solo cinco días adicionales, lo que no se aplica en este caso ya que el precepto es más generoso al no poner límites a la ampliación.

Por último, debe hacerse notar que la jurisprudencia viene considerando que, al amparo del principio *pro actione*, la Administración no puede negar en una fase posterior del procedimiento la representación que hasta entonces tenía reconocida[6].

6 Sentencia de la Sala de lo Contencioso-Administrativo del Tribunal Supremo de 12 de diciembre de 2011.

Artículo 35. Admisión e inadmisión de las solicitudes de arbitraje*

1. Una vez examinada la solicitud de arbitraje y la documentación aportada, la persona titular de la presidencia de la Junta Arbitral competente resolverá sobre la admisión o inadmisión de la solicitud de arbitraje, notificando dicha resolución al consumidor reclamante y al empresario reclamado en caso de que ya le hubiera sido trasladada a este la solicitud.

2. Además de por las causas previstas en el artículo 2, la persona titular de la presidencia de la Junta Arbitral acordará la inadmisión de las solicitudes de arbitraje en los siguientes supuestos:

a) Cuando se trate de reclamaciones infundadas o no se aprecie en ellas afectación de los derechos y legítimos intereses económicos de los consumidores y usuarios.

b) Si el litigio hubiera sido resuelto o planteado ante un órgano jurisdiccional u otra entidad acreditada y notificada a la Comisión Europea de conformidad con lo previsto en la Ley 7/2017, de 2 de noviembre, salvo que, en este último caso, se acredite el desistimiento del primer procedimiento.

En ningún caso se admitirá a trámite una solicitud de arbitraje previamente inadmitida por cualquier Junta Arbitral o sobre la que un órgano arbitral hubiera dado por terminadas sus actuaciones por cualquiera de las circunstancias previstas en el artículo 44, dejando expedita la vía judicial.

c) Si el consumidor no se hubiera puesto previamente en contacto con el empresario para tratar de resolver el asunto o no acredite haber intentado la comunicación con este. En todo caso, la reclamación habrá de ser admitida si hubiera transcurrido más de un mes desde que el consumidor presentó la reclamación al empresario y este no hubiera comunicado su resolución.

d) Si el consumidor presenta la solicitud de arbitraje transcurrido más de un año desde la interposición de la reclamación al efecto ante el empresario reclamado.

e) Si el contenido de la reclamación fuera vejatorio.

3. El plazo máximo para notificar la inadmisión de la solicitud de arbitraje será de veintiún días naturales a contar desde el día siguiente a la recepción en la Junta Arbitral competente de la solicitud completa.

4. La resolución de admisión o inadmisión de la solicitud en los supuestos previstos en el artículo 2 no pondrá fin a la vía administrativa y podrá ser impugnada por cualquiera de las partes ante la Comisión de Juntas Arbitrales.

El recurso se podrá interponer en el plazo de un mes desde su notificación ante la Comisión de las Juntas Arbitrales de Consumo o ante el presidente de la Junta Arbitral territorial que dictó la resolución recurrida, en cuyo caso se dará traslado del recurso, con su informe y copia completa y ordenada del expediente, a la Comisión de las Juntas Arbitrales de Consumo en el plazo de quince días hábiles.

---

* Comentario realizado por **Joaquín Cayón de las Cuevas**.

El plazo máximo para dictar y notificar la resolución del recurso será de tres meses desde que se interpuso. Transcurrido este plazo sin que recaiga resolución, se podrá entender desestimado el recurso. La resolución de este recurso pone fin a la vía administrativa.

5. En los demás supuestos la resolución sobre la admisión o inadmisión de la solicitud pondrá fin a la vía administrativa.

6. En el supuesto que se trate de impugnar la resolución de admisión de la solicitud por cualquier causa, habiendo sido notificada a las partes la designación del órgano arbitral, será este quien decida acerca de su propia competencia, incluida la oposición a la admisión de la solicitud de arbitraje.

I. CAUSAS DE INADMISIÓN

1. La inadecuada adaptación reglamentaria de la Ley habilitante

Nos atrevemos a calificar el artículo 35 RSAC de 2024 como una de las piezas basilares del sistema. En efecto, la admisión a trámite constituye una suerte de Rubicón a superar para poder dar comienzo el procedimiento arbitral propiamente dicho. Una aplicación rigurosa de las causas de inadmisión permite que los asuntos lleguen más depurados a los órganos arbitrales, pero al mismo tiempo plantea el riesgo de sustraerles el conocimiento de determinadas materias reservadas a los mismos.

A diferencia tanto del RSAC de 1993 —que solo consignaba como causas de inadmisión las materias no arbitrables— como del RSAC de 2008 —que añade dos más[1]—, una de las más importantes novedades del RSAC de 2024

1 El artículo 35.1 RSAC de 2008 establecía que «además de por las causas previstas en el artículo 2, el presidente de la Junta Arbitral podrá acordar la inadmisión de las solicitudes de arbitraje que resulten infundadas y aquéllas en las que no se aprecie afectación de los derechos y legítimos intereses económicos de los consumidores o usuarios».

es la incorporación de una amplia tipificación de las causas de inadmisión a trámite de la solicitud de arbitraje. Ello en principio parece plausible, porque en realidad existían *de facto* en el arbitraje de consumo más causas de inadmisión que las que expresamente se reconocían en los reglamentos previos.

Así las cosas, con la finalidad de permitir que las Juntas Arbitrales tengan la consideración de entidades de resolución conflictos acreditadas, el artículo 35.2 RSAC debía acomodarse al artículo 18.1 de la Ley 7/2017, de 2 de noviembre, por la que se incorpora al ordenamiento jurídico español la Directiva 2013/11/UE, del Parlamento Europeo y del Consejo, de 21 de mayo de 2013, relativa a la resolución alternativa de litigios en materia de consumo. Sin embargo, la operación del regulador reglamentario español ha consistido básicamente en reproducir el precepto legal, cuando en ningún caso éste impone la asunción nacional de las causas de inadmisión que regula. Dice algo completamente diferente:

> «Las entidades (léase las Juntas) deberán establecer en su estatuto o reglamento (léase el RSAC) las causas por las que se puede inadmitir a trámite una reclamación, *no siendo posible la inadmisión por un motivo distinto a los que se señalan a continuación (...)*».

Se trata pues de una mera habilitación limitativa, que puede utilizarse o no. Lo que el precepto exige es que si se regulan causas de inadmisión no sean diferentes de las previstas en la propia Ley 7/2017. Por ello, hubiera sido perfectamente compatible con el Derecho comunitario traspuesto por la Ley 7/2017 que el RSAC no hubiera recogido todas las causas de inadmisión allí citadas. En efecto, el artículo 18.1 de la Ley 7/2017 es una norma de máximos, no de mínimos, cuestión que parece no haber sido entendida por el regulador español. O quizá sí, y haya preferido limitar deliberadamente las posibilidades de acceso a la justicia del consumidor español. Ambas alternativas parecen inquietantes, sin descartar la existencia de una tercera opción consistente en la concurrencia combinada de las dos anteriores, es decir, un sumatorio de ignorancia e indolencia. De hecho, el regulador parece despreciar y/o desconocer el restrictivo criterio proporcionado por la propia Ley 7/2017 que indica que el establecimiento de las causas de inadmisión a trámite de una reclamación por las entidades de resolución alternativa debe efectuarse teniendo en cuenta las características de las reclamaciones y la tipología de contratos de las empresas reclamadas, sin que «*en ningún caso*» se pueda «*menoscabar el acceso de los consumidores al procedimiento de resolución alternativa de litigios en materia de consumo*» (artículo 18.2). Sin embargo, por la causa que fuere y sin explicación alguna, el RSAC recoge todas y cada una de las posibles causas de inadmisión del catálogo de máximos que ofrecía la Ley 7/2017.

2. Examen de las causas de inadmisión

A efectos de su estudio, sistematizaremos las causas de inadmisión en sietes grandes epígrafes.

2.1. Reclamaciones que versen sobre materias no arbitrables

En este caso nos encontramos con una causa clásica de inadmisión prevista en el inciso inicial del artículo 35.2 RSAC («Además de por las causas previstas en el artículo 2»). En este sentido, tanto la Ley 7/2017 como el RSAC excluyen las materias no arbitrables, que son las previstas en el artículo 2 de la norma reglamentaria. Se trataría de aquellas reclamaciones que versen sobre intoxicación, lesión, muerte o aquellos en que existan indicios racionales de delito, incluida la responsabilidad por daños y perjuicios directamente derivada de ellos, conforme a lo previsto en el artículo 57.1 del texto refundido de la Ley General para la Defensa de los Consumidores y Usuarios y otras leyes complementarias, aprobado por Real Decreto Legislativo 1/2007, de 16 de noviembre[2].

No obstante, al remitirse el artículo 35.2 RSAC al artículo 2 en su conjunto se ha venido a colar de rondón una causa de inadmisión que en realidad no figura en el listado de máximos de la Ley 7/2017: que trate de controversias «que se refieran a servicios públicos de interés general, no económicos o prestacionales, facilitados por las administraciones públicas». En este sentido, cabe entender que el regulador nacional incluyó esta mención en el artículo 2 dado que la Ley 7/2017 las excluye de su ámbito de aplicación (artículo 3.2.g). Sin embargo, una cosa es que se trate de una materia excluida y otra diferente es que no resulte arbitrable. Por ello, nuevamente la técnica seguida deja mucho que desear, planteando, por otra parte, una eventual ilegalidad *ultra vires* del RSAC en ese punto.

Como veremos más adelante, el RSAC considera este grupo de causas de inadmisión como cualificadas a efectos de recursos, toda vez que, cuando la decisión del presidente de la Junta Arbitral descanse en las mismas, se

---

2 Hemos defendido en otro momento un criterio hermenéutico que aboga por entender «lesión» en términos exclusivamente médicos, como concepto diferenciado de daño, de modo que quedaran abiertas las puertas del arbitraje de consumo a las controversias en las que se exija responsabilidad por los daños morales derivados de la asistencia sanitaria. También sosteníamos que tanto el TRLGDCU como el anterior RSAC de 2008 parecían invocar determinadas causas generadoras de daños, pero no los daños por sí mismos considerados. Incluso, atendiendo a una interpretación histórica, sosteníamos que «cabría considerar que el inciso final del artículo 2.2 sólo estuviera pensado para la responsabilidad civil derivada del delito, por lo que cabría el arbitraje en caso de lesiones no delictivas» —Cayón De Las Cuevas, J.: «Resolución extrajudicial de conflictos sanitarios: manifestaciones jurídico-positivas y posibilidades de futuro», en *Mediación, arbitraje y resolución extrajudicial de conflictos en el siglo* XXI (dir. L. García Villaluenga, J. Tomillo Urbina y E. Vázquez de Castro), Editorial Reus, 2010, p. 310—. Dicha posibilidad interpretativa, sin embargo, ha quedado descartada desde el momento en que el artículo 3.2.g) de la Ley 7/2017 —recogiendo la previsión del artículo 2.2.h) de la Directiva 2013/11/UE, del Parlamento Europeo y del Consejo, de 21 de mayo de 2013, relativa a la resolución alternativa de litigios en materia de consumo— excluye «las reclamaciones referidas a servicios relacionados con la salud, prestados por un profesional sanitario con el fin de evaluar, mantener o restablecer el estado de salud de los pacientes, así como la extensión de recetas, dispensación y provisión de medicamentos y productos sanitarios».

somete a una segunda instancia revisora en vía administrativa[3], circunstancia que no ocurre en el caso de las demás.

2.2. Reclamaciones infundadas

Nos encontramos aquí ante un concepto jurídico indeterminado (el carácter «infundado» de la reclamación) que encierra un grave peligro que no es otro que invocar dicha causa de inadmisión para resolver sobre el fondo del asunto.

Por otra parte, la redacción reglamentaria del artículo 35.2.a), al igual que sucedía con sucedía en el anterior reglamento[4] no coincide con el texto legal [artículo 18.1.b) de la Ley 7/2017], omitiendo que debe tratarse de reclamaciones «*manifiestamente*» infundadas. El adverbio importa, de modo que una recta interpretación de esta causa de inadmisión exige que el carácter infundado de la reclamación sea extremo. No bastaría para inadmitir la solicitud de arbitraje que está contuviera una reclamación carente de fundamento —eso le corresponde decirlo al órgano arbitral en el laudo—, sino que es preciso que esta carencia sea manifiesta, palmaria, grosera[5].

Esta carencia manifiesta de fundamento es la que también emplea, con buen criterio, la Ley 39/2015, de 1 de octubre, el Procedimiento Administrativo Común de las Administraciones Públicas[6], cuando permite que se acuerde «la inadmisión de las solicitudes de reconocimiento de derechos no previstos en el ordenamiento jurídico o *manifiestamente* carentes de fundamento» (artículo 88.5). En todo caso, no deja de resultar curioso que un reglamento como el RSAC, que según su exposición de motivos se dicta para adecuarlo a la Ley 39/2015 y a la Ley 7/2017 (nueve y siete años más tarde, dicho sea de paso), se aparte de dichas normas con tan sutil preterición[7].

---

3 Recurso ante la Comisión de Juntas Arbitrales (artículo 35.4 RSAC).

4 Artículo 35.1 RSAC de 2008.

5 Preferimos estos términos a la noción de reclamación de arbitraje «frívola», que maneja Colmenero Guerra, J. A.: «Reflexiones sobre el nuevo Reglamento que regula el sistema arbitral de consumo (RD 713/2024, de 23 de julio), *La Ley, Mediación y Arbitraje,* 6905, 2024, § V.4, sobre la base de su mención en el artículo 5.4.b) de la Directiva 2013/11/UE. Sin embargo, «frívolo», referido a las cosas, significa según el Diccionario «ligero y de poca sustancia», que no exactamente lo mismo.

6 Norma aplicable supletoriamente al arbitraje de consumo de acuerdo con el apartado 2 de la Disposición final segunda del RD 713/2024, de 23 de julio, por el que se aprueba el RSAC. No obstante, entendemos que su aplicación es directa y no supletoria en los términos que explicamos en el comentario al artículo 32 de esta obra, al que nos remitimos.

7 Frente a la optimista opinión de Martínez Espín, P.: «Análisis del Real Decreto 713/2024 sobre el Sistema Arbitral de Consumo», *Revista Cesco de Derecho de consumo*, 51, 2024, p. 84, que califica como aspecto positivo del RSAC el hecho de que supone «una mejora significativa al alinearse con la normativa europea, como la Directiva 2013/11/UE, y con la legislación nacional reciente», coincidimos con Tomillo Urbina, J.: «Una aproximación

2.3. Reclamaciones sin afectación de los derechos y legítimos intereses económicos de los consumidores y usuarios

Esta causa de inadmisión, prevista en el artículo 35.2.a) *in fine*, no es novedosa y tiene plena lógica, pero también debe ser objeto de interpretación restrictiva. En efecto, el artículo 1.2 RSAC configura el arbitraje de consumo como un sistema extrajudicial de resolución de litigios dirigidos a empresarios y que son sometidos a su decisión por consumidores o usuarios residentes en la Unión Europea al considerar que existe una vulneración «*de sus derechos legal o contractualmente reconocidos*[8]».

Ahora bien, para poder ser apreciada como causa de inadmisión la afectación de los derechos de los consumidores —tanto legales como contractuales—, debe entenderse como relativa a la condición misma de consumidor. En otras palabras, esta causa habilitaría al presidente de la Junta Arbitral para inadmitir una solicitud de arbitraje interpuesta por un sujeto que careciera de la condición de consumidor (falta de legitimación activa) o se dirigiera frente a quien no tiene condición de empresario (falta de legitimación pasiva), pero no para decidir sobre el fondo del asunto. Insistimos en que no se puede caer en la tentación de inadmitir para evitar la resolución de la controversia mediante laudo. Por este mismo motivo, incluso cuando se trate de la legitimación de las partes, solo sería posible inadmitir por falta de legitimación *ad procesum*, pero no *ad causam*, es decir, cuando para considerar legitimadas a las partes sea preciso examinar el fondo de la relación jurídica, tarea que corresponde al órgano arbitral.

2.4. Reclamaciones ya resueltas (cosa juzgada) o planteadas (litispendencia) ante un órgano jurisdiccional u otra entidad de resolución alternativa acreditada

La cosa juzgada (reclamaciones ya resueltas) y la litispendencia (reclamaciones ya planteadas) son causas lógicas de inadmisión que figuran en el artículo 35.2.b) y que traen causa de la Ley 7/2017 [artículo 18.1.d)]. Por ello, se contemplan la resolución previa y la litispendencia indicando que, procederá la inadmisión si el litigio hubiera sido resuelto o planteado ante un órgano jurisdiccional u otra entidad acreditada y notificada a la Comisión

al nuevo Reglamento del Sistema Arbitral de Consumo (RD 713/2024, de 23 de julio)», *Noticias Jurídicas*, 8 de agosto de 2024, § I.2, que echa en falta «una labor de adaptación concienzuda y precisa de las previsiones que esta ley formula con carácter general para todos los ADRS a la tipicidad especialísima del arbitraje administrado de consumo de naturaleza institucional».

8 En el mismo sentido, el artículo 32.1 RSAC.

Europea de conformidad con lo previsto en la Ley 7/2017, salvo que, en este último caso, se acredite el desistimiento del primer procedimiento[9].

Por otra parte, se prohíbe admitir a trámite una solicitud de arbitraje previamente inadmitida por cualquier Junta Arbitral o sobre la que un órgano arbitral hubiera dado por terminadas sus actuaciones por cualquiera de las circunstancias previstas en el artículo 44 RSAC, dejando expedita la vía judicial. Esta segunda mención parece *ultra vires* del artículo 18.1.d) de la Ley 7/2017 y podría entenderse contraria al artículo 18.2 de la propia Ley, que, como hemos apuntado, exige que el establecimiento de las causas de inadmisión a trámite de una reclamación por las entidades de resolución alternativa no menoscabe en ningún caso el acceso de los consumidores al procedimiento de resolución alternativa de litigios en materia de consumo[10].

2.5. Falta de contacto previo con el empresario reclamado

Las demás causas de inadmisión recogidas en el RSAC son igualmente criticables a nuestro juicio. Así, el artículo 35.2.c) RSAC establece un nuevo requisito o condición de procedibilidad de la solicitud consistente en la obligación de contactar previamente con el empresario reclamado[11]. Por ello, si el consu-

9 Colmenero Guerra, J. A., ob. cit. § V.4, plantea con acierto las siguientes hipótesis, que generan dudas en relación con el precepto: «Si el proceso ya hubiera terminado, resolviendo el fondo del asunto, produce cosa juzgada, con lo cual es cierto que abrir un arbitraje sobre lo ya resuelto infringiría dicha cuestión, de ahí que se prevea dicha inadmisión. El precepto, además, excluye el arbitraje de consumo si se ha abierto o resuelto el litigio en otra entidad acreditada y notificada a la UE, salvo que se acredite el desistimiento del primer procedimiento. Este segundo supuesto es más problemático, y suscita dudas, respecto del primero. Aquí se acepta abrir un arbitraje de consumo, si en la Resolución Alternativa del Litigio, iniciada con anterioridad, se hubiera desistido el consumidor. En caso contrario, se le aplican las reglas ya vista para el proceso jurisdiccional. Sin embargo, en el caso del proceso, la regulación no admite que se desista del procedimiento (que no supone renuncia a su tutela judicial efectiva si el asunto no ha prescrito), y debiera aplicarse la misma regla anterior, es decir, permitir el arbitraje de consumo. No obstante, en el caso de la Entidad acreditada y notificada, no se entiende, muy bien, la exclusión del arbitraje en todo caso, puesto que, por ejemplo, una mediación y un arbitraje no se excluyen, de ahí que genere dudas».

10 Colmenero Guerra, J. A, ob. cit. § V.4, propone siguiente ejemplo: «el consumidor presenta reclamación ante el empresario por un tema de consumo. Pero confunde las fechas y presenta la reclamación de arbitraje de consumo antes de haber transcurrido un mes desde la presentación de la reclamación ante el empresario. Conforme al art. 35.2.°.c) RSAC corresponde inadmisión al solicitar el arbitraje antes de tiempo. Vuelve a presentar el arbitraje después de transcurrido el mes, y la nueva respuesta de la JAC es que en ningún caso se admite una reclamación de consumo habiéndose inadmitido una anterior igual. En mi opinión la mención del legislador es "desproporcionada" y claramente vulneradora de su derecho fundamental de acceso a la justicia».

11 En el RSAC de 2008 (artículo 25.3, tercer párrafo) la previa presentación de la reclamación ante los mecanismos de solución de conflictos habilitados por la empresa o profesional era simplemente una posibilidad a incluir en la oferta pública de adhesión, sin que por ello tuviera carácter de limitada.

midor no se hubiera puesto previamente en contacto con el empresario para tratar de resolver el asunto o no acredite haber intentado la comunicación con este, su solicitud sería inadmitida. En todo caso, se establece una suerte de silencio positivo dado que la reclamación sería admitida si hubiera transcurrido más de un mes desde que el consumidor presentó la reclamación al empresario y este no hubiera comunicado su resolución. La previsión trae causa del artículo 18.1.a) de Ley 7/2017 y, precisamente por ello, el artículo 32.2.f) RSAC establece como contenido preceptivo de la solicitud de arbitraje la respuesta del empresario a la reclamación interpuesta ante el mismo o, en caso de no haber sido atendida transcurrido un mes desde su presentación, se aportará acreditación de haber intentado la comunicación con aquel.

Esta nueva configuración preceptiva de la reclamación ante el empresario supone incorporar una carga procesal adicional al reclamante que ve de esta manera dificultado su acceso a la justicia arbitral. Pero más allá de limitación de derechos que encierran las nuevas exigencias, se plantea, además, el problema de determinar el medio a través del cual el consumidor puede acreditar que ha notificado la controversia al empresario afectado.

No obstante, las recientes reformas legales parecen tributarias del contacto previo con el empresario reclamado como requisito de procedibilidad no solo de procedimientos arbitrales, sino también de los judiciales. En este sentido, la Disposición adicional séptima de la Ley Orgánica 1/2025, de 2 de enero, de medidas en materia de eficiencia del Servicio Público de Justicia establece que «en los litigios en que se ejerciten acciones individuales promovidas por consumidores o usuarios, se entenderá cumplido el requisito de procedibilidad por la reclamación extrajudicial previa a la empresa o profesional con el que hubieran contratado, sin haber obtenido una respuesta en el plazo establecido por la legislación especial aplicable, o cuando la misma no sea satisfactoria, y sin perjuicio de que puedan acudir a cualquiera de los medios adecuados de solución de controversias, tanto los previstos en legislación especial en materia de consumo, como los generales previstos en la presente ley».

2.6. Presentación extemporánea de la solicitud de arbitraje

El artículo 35.2.d) RSAC contempla como causa de inadmisión la presentación de la solicitud de arbitraje por el consumidor «transcurrido más de un año desde la interposición de la reclamación al efecto ante el empresario reclamado». Ello tendría como fundamento que la Ley 7/2017 admite tal posibilidad [artículo 18.1.e)]. No obstante, nos encontramos ante un precepto de dudosa legalidad en la medida que establece *de facto* un plazo de prescripción que debiera reservarse a una norma con rango de ley. Y ello porque viene a solaparse con el plazo de prescripción de las obligaciones contractuales de cinco años, previsto en el artículo 1.964.II del Código Civil. A estos efectos este efecto de desplazamiento normativo del Código civil en sede jurisdiccional extrajudicial estaría sometido al principio de reserva de ley, sin que, a estos efectos, la Ley 7/2017 constituya cobertura suficiente dado que se limita a ofrecer una mera habilitación al *legislador* nacional.

De otra parte, carece de todo sentido que el consumidor pueda accionar en vía judicial sin más limitación temporal que la derivada de la prescripción de su acción (cinco años) y, paradójicamente en sede arbitral y por vía reglamentaria, se le expulse del sistema por el transcurso de un año desde la interposición de la reclamación al efecto ante el empresario reclamado.

2.7. Reclamaciones de carácter vejatorio

Se trata de la causa de inadmisión recogida en artículo 35.2.e) RSAC y habilitada por el artículo 18.1.c) de la Ley 7/2017. Nos encontramos nuevamente aquí ante un concepto jurídico indeterminado («vejatorio»), que con arreglo al Diccionario de la Real Academia Española cabe entender como sinónimo de «ofensivo, humillante, insultante, ultrajante, hiriente, vejador, escarnecedor, denigrante, agraviante, degradante, afrentoso». Todo ello plantea infinidad de interrogantes. «Vejatorio» con relación a quién: ¿Al empresario reclamado? ¿A los funcionarios de la Junta Arbitral? ¿Quizá, en particular, a su presidente? Por otro lado, sin sobrepasar el límite penal del delito de injurias, podría suceder que una solicitud de arbitraje pudiera contener una pretensión civil perfectamente admisible. ¿Puede el tono del escrito permitir, sin más, que el presidente de la Junta inadmita la solicitud[12]? Dado que algún alcance debe darse a la expresión, creemos que ésta podría ser equivalente a mala fe procesal o abuso de derecho, concepto también sumamente resbaladizo[13]. En todo caso, nos mostramos sumamente escépticos al respecto, por lo que huelga señalar que esta causa, de nuevo, debe ser objeto de interpretación restrictiva.

12 En línea análoga, Tomillo Urbina, J., ob. cit. § II.9.1., extiende el catálogo de interrogantes, poniendo particular acento en la falta de reciprocidad respecto del empresario: «¿ocurrirá lo mismo si la 'vejación' aparece en la contestación del empresario?; ¿deberá el órgano arbitral, en justa reciprocidad, poner fin al procedimiento en tal caso 'sin entrar en el fondo del asunto' ex artículo 44.2 RSAC 2024? De ser así, sorprendente vía de escape estaríamos regalando a un hipotético empresario que, además de grosero con su clientela, fuera también irrespetuoso con los derechos de los consumidores».

13 El artículo 11.1 de la Ley Orgánica 6/1985, de 1 de julio, del Poder Judicial, establece que «en todo tipo de procedimiento se respetarán las reglas de la buena fe». Más concretamente, el artículo 247 de la Ley 1/2000, de 7 de enero, de Enjuiciamiento Civil, establece que «los intervinientes en todo tipo de procesos deberán ajustarse en sus actuaciones a las reglas de la buena fe», añadiendo a continuación que «los tribunales rechazarán fundadamente las peticiones e incidentes que se formulen con manifiesto abuso de derecho o entrañen fraude de ley o procesal». Nos convence más esta remisión a conceptos del ordenamiento jurídico nacional que la que propone Colmenero Guerra, J. A., ob. cit. § V.4, quien interpreta la expresión como una suerte de acoso irrespetuoso con arreglo al concepto de «litigante vejatorio» de la sección 391(b) del Código de Procedimiento Civil de Estados Unidos.

II. ASPECTOS PROCEDIMENTALES

1. Competencia

La competencia para admitir o inadmitir a trámite la solicitud de arbitraje ha descansado históricamente en el presidente de la Junta Arbitral. Así lo preveía el RSAC de 1993, cuyo artículo 8, hablaba impropiamente de una «no aceptación de las solicitudes de arbitraje», procediendo a su archivo por el presidente, cuando se tratase de las cuestiones tradicionalmente no arbitrables. De una forma más refinada, el RSAC de 2008 ya hablaba de admisión o inadmisión a trámite (artículo 35), atribuyendo igualmente su competencia al presidente. El nuevo RSAC de 2024 mantiene esta competencia en el artículo 35.1, concretando así la genérica función prevista en el artículo 6.g), referida a la Junta Arbitral en general.

2. Trámites previos

Debe indicarse que la admisión o inadmisión tiene lugar una vez examinada la solicitud de arbitraje y la documentación aportada. Es decir, se deben haber cumplido los trámites del artículo 33 (determinación de la competencia territorial de la Junta Arbitral de Consumo) y 34 (verificación del contenido de la solicitud de arbitraje y, en su caso, subsanación de los defectos advertidos en la solicitud).

3. Plazo máximo para notificar

El plazo máximo para notificar la inadmisión de la solicitud de arbitraje será de veintiún días naturales a contar desde el día siguiente a la recepción en la Junta Arbitral competente de la solicitud completa (artículo 31.3). Con ello el regulador ha querido cumplir con la previsión contenida en el artículo 18.3 de la Ley 7/2017 para las entidades de resolución alternativa. De hecho, la propia Ley en su Disposición final sexta modificó el artículo 37.4 del anterior Reglamento para acomodarla a la misma, si bien forma que el *dies a quo* se computaba desde la recepción en la Junta competente de la solicitud o su subsanación, expresión por tanto análoga a la de solicitud completa.

No obstante, la previsión legal ofrece varias dudas. En primer lugar, no se indica cuál es el plazo para notificar la resolución de admisión a trámite pues solo se habla de la inadmisión. Bajo mi punto de vista, la única forma de resolver tales lagunas es entender que el plazo de veintiún días en realidad se establece para notificar la resolución, ya sea de admisión o de inadmisión. Lo contrario llevaría al absurdo de entender que el plazo máximo es distinto según cuál sea el sentido estimatorio (admitir) o desestimatorio (inadmitir) de la resolución. En efecto, los plazos máximos para notificar se predican del procedimiento con independencia de su resultado.

Sentado lo anterior, cabría preguntarse por la consecuencia de la superación de dicho plazo legal. Ante el silencio legal y reglamentario, resultaría de aplicación la regla general del silencio positivo de la Ley 39/2015, por lo que la solicitud del consumidor debiera entenderse admitida a trámite. En este sentido, el artículo 24.1 de la Ley 39/2015 determina que en los procedimientos iniciados a solicitud del interesado (en nuestro caso, el consumidor), sin perjuicio de la resolución que la Administración debe dictar, el vencimiento del plazo máximo sin haberse notificado resolución expresa, legitima al interesado o interesados para entenderla estimada por silencio administrativo. Solo se exceptúan: a) los supuestos en los que una norma con rango de ley o una norma de Derecho de la Unión Europea o de Derecho internacional aplicable en España establezcan lo contrario; b) los procedimientos relativos al ejercicio del derecho de petición, a que se refiere el artículo 29 de la Constitución; c) aquellos cuya estimación tuviera como consecuencia que se transfirieran al solicitante o a terceros facultades relativas al dominio público o al servicio público, impliquen el ejercicio de actividades que puedan dañar el medio ambiente y en los procedimientos de responsabilidad patrimonial de las Administraciones Públicas; y d) los procedimientos de impugnación de actos y disposiciones y en los de revisión de oficio iniciados a solicitud de los interesados. La admisión a trámite de la solicitud de arbitraje no se encuentra entre dichas excepciones, por lo que debe entenderse admitida a trámite la solicitud en caso de vencimiento del plazo de veintiún días, aunque la misma carezca de los requisitos exigidos para ello. Ante esa tesitura solo cabría su declaración de nulidad mediante el procedimiento de revisión de oficio (artículos 106 y siguientes de la Ley 39/2015), o de una manera mucho más sencilla mediante el dictado de un laudo formal —sin entrar en el fondo del asunto— de terminación excepcional de actuaciones por imposibilidad jurídica [artículo 44.2.c) RSAC].

Es probable que el legislador español debió haber efectuado un ejercicio de cautela en el momento de aprobación de la Ley 7/2017, estableciendo por ley el silencio negativo para estos supuestos. En todo caso, es importante retener que incluso, de no haber mediado desidia y haberse efectuado la operación, la misma hubiera encontrado sujeta a ciertos requisitos. En este sentido, el artículo 24.1 de la Ley 39/2015 determina que cuando el procedimiento tenga por objeto el acceso a actividades o su ejercicio, la ley que disponga el carácter desestimatorio del silencio deberá fundarse en la concurrencia de razones imperiosas de interés general.

4. Forma de la notificación

La resolución de admisión o inadmisión se notificará al consumidor reclamante y al empresario reclamado en caso de que ya le hubiera sido trasladada a este la solicitud (artículo 35.1 RSAC). Como ya hemos indicado en el comentario al artículo 32 en esta obra, el artículo 5.3 RSAC de 2024 dispone que las notificaciones de los actos administrativos dictados por la Junta Arbitral de Consumo se realizarán, conforme a lo dispuesto en los artículos 40 y siguientes de la Ley 39/2015. En este sentido, reiteramos que la resolución de admisión o inadmisión a trámite tiene el carácter de acto administrativo[14].

De particular interés es la previsión del artículo 40.4 de la Ley 39/205, conforme a la cual, a los solos efectos de entender cumplida la obligación de notificar dentro del plazo máximo de duración de los procedimientos, será suficiente la notificación que contenga, cuando menos, el texto íntegro de la resolución, así como el intento de notificación debidamente acreditado. En este sentido, para tener por respetado el plazo de veintiún días, sería suficiente que la notificación se hubiese intentado, aunque haya sido infructuosa.

III. RECURSOS CONTRA LA ADMISIÓN O INADMISIÓN A TRÁMITE

1. Recurso de alzada impropia frente a la admisión o inadmisión por causas cualificadas

Debe tenerse en cuenta que la admisión podría ser recurrida por el empresario recurrido y la inadmisión por el consumidor reclamante en tanto que actos administrativos. A este respecto, el RSAC de 2024, al igual que su predecesor[15], diferencia dos regímenes diferentes en función de la causa de inadmisión apreciada. Si se trata de una inadmisión que descanse en las causas cualificadas del artículo 2 RSAC, la resolución no pone fin a la vía administrativa, lo que implica que cabe un recurso administrativo, cuya resolución el RSAC residencia en la Comisión de Juntas Arbitrales [artículos 18.1.a) y 35.4].

---

14 Discrepamos de Colmenero Guerra, J. A., ob. cit. § V.4, que considera que las resoluciones de admisión o inadmisión en ningún caso son actos administrativos, sino arbitrales. Para ello, argumenta que el art. 35.2.b) RSAC «habla de inadmisión 'dejando expedita la vía judicial', que es lo correcto, y no de poner fin a la vía administrativa». Añade que «las resoluciones que se dicten, desde la interposición de la solicitud/demanda de arbitraje, tienen naturaleza arbitral (judicial o jurisdiccional diríamos en los tribunales), y por tanto no son actos administrativos, puesto que se someten al derecho privado. Entre otras razones, que parece que no se han tenido en cuenta, porque el presidente de la JAC no actúa como órgano administrativo, sino como órgano arbitral, sometido a las reglas del arbitraje». Sin embargo, la configuración histórica de las Juntas Arbitrales de Consumo como órganos administrativos, la directa aplicabilidad de la Ley 39/2015 o la existencia de recursos administrativos contradicen *de lege lata* tal interpretación. Por otra parte, dejar expedita la vía judicial viene referido lógicamente a la vía judicial civil que es donde se puede dirimir el fondo de la controversia. También se ampara el autor en la falta de atribución de la materia a los órganos jurisdiccionales contencioso-administrativos en la Ley Orgánica del Poder Judicial y en la Ley de la Jurisdicción Contencioso-Administrativa, omitiendo la existencia de cláusulas residuales en esta última.

15 Artículo 36 RSAC de 2008.

A pesar de que dicho recurso no recibe calificación expresa en el RSAC, no puede ser otra diferente que la de recurso de alzada, por ser éste el que cabe frente a los actos que no ponen fin a la vía administrativa (artículo 121.1 de la Ley 39/2015). El problema radica en que, como su propio nombre sugiere, la alzada se resuelve por el órgano superior jerárquico del que dictó el acto impugnado. No parece que la Comisión de Juntas Arbitrales realmente ostente tal jerarquía, por lo que creemos que el recurso del artículo 35.4 es una suerte de «*alzada impropia*» dirimida por un órgano que no se inserta en la estructura jerárquica de la Junta Arbitral afectada.

El plazo para interponer el recurso de alzada impropia es de un mes desde la notificación de la admisión o inadmisión. En este punto, el RSAC establece lógicamente el mismo plazo que el previsto en la Ley 39/2015 (artículo 122.1.I). Sin embargo, no aborda una posible situación: el recurso de alzada frente a un acto presunto, esto es, una solicitud de arbitraje sobre la que transcurre el plazo máximo para admitir o inadmitir a trámite, al que antes nos hemos referido. En este sentido, conviene recordar que si el acto es presunto el plazo para interponer recurso de alzada frente al mismo se encuentra permanentemente abierto (artículo 122.1.II)[16].

El recurso de alzada puede interponerse bien ante el órgano competente para resolver (la Comisión de las Juntas Arbitrales de Consumo) o bien ante el órgano autor del acto (el presidente de la Junta Arbitral territorial que dictó la resolución recurrida). En este sentido el artículo 35.4 RSAC es deudor de la doble posibilidad que brinda el artículo 121.2 de la Ley 39/2015. Sin embargo, se separa de ésta última norma en el caso de que la interposición se hiciera ante el presidente autor del acto, dado en ese caso se dará traslado del recurso, con su informe y copia completa y ordenada del expediente, a la Comisión de las Juntas Arbitrales de Consumo en el plazo de quince días hábiles, frente al plazo de 10 días hábiles que se consigna en la Ley 39/2015.

El plazo máximo para dictar y notificar la resolución del recurso de alzada impropio es de tres meses desde que se interpuso. Transcurrido este plazo sin que recaiga resolución, se podrá entender desestimado el recurso. La resolución de este recurso pone fin a la vía administrativa. En este punto el artículo 35.4 RSAC sigue el plazo previsto en el artículo 122.2 de la Ley 39/2015, pero omite dos situaciones que le son de plena aplicación.

En primer lugar, en el caso de que el recurso de alzada se interponga frente a un acto presunto (no se ha llegado a acordar la admisión) y se resuelva más allá del plazo de tres meses, resultará de aplicación la regla de la conversión en positivo del doble silencio negativo (artículos 122.2 y 24.1 *in fine* de la Ley

16 Tal y como señala el precepto, si el acto no fuera expreso, el solicitante y otros posibles interesados podrán interponer recurso de alzada en cualquier momento a partir del día siguiente a aquel en que, de acuerdo con su normativa específica, se produzcan los efectos del silencio administrativo.

39/2015). En otras palabras, en tal supuesto la resolución del recurso deberá ser necesariamente estimatoria.

En según lugar, procede dejar constancia de que contra la resolución de un recurso de alzada no cabe ningún otro recurso administrativo, salvo el recurso extraordinario de revisión, en los casos establecidos en el artículo 125.1 de la Ley 39/2015, tal y como aclara el artículo 122.3 de la propia norma.

Finalmente, tanto para la alzada impropia como para la reposición que ahora estudiaremos, debe tenerse en cuenta la regla especial del artículo 35.6 RSAC, que supone una alteración de la competencia resolutoria. En el supuesto de que se trate de impugnar la resolución de admisión de la solicitud por cualquier causa, habiendo sido notificada a las partes la designación del órgano arbitral, será este quien decida acerca de su propia competencia, incluida la oposición a la admisión de la solicitud de arbitraje.

2. Recurso de reposición frente a la admisión o inadmisión por causas no cualificadas

Si la resolución no descansa en una causa cualificada, pondrá fin a la vía administrativa, según aclara el artículo 35.5 RDSCAC, tal y como ya se infería de forma indirecta en el Reglamento de 2008. El RSAC también se refiere a ello cuando en su artículo 5.2 establece que «*las resoluciones dictadas por las personas titulares de la presidencia de las Juntas Arbitrales, a excepción de las previstas en el artículo 18.1.a), ponen fin a la vía administrativa* [es decir las resoluciones de admisión o inadmisión de las solicitudes de arbitraje, que se fundamenten en la vulneración del artículo 2, que acabamos de examinar], *pudiendo interponerse frente a ellas recurso potestativo de reposición*».

Al poner fin a la vía administrativa, como consecuencia de la aplicabilidad del régimen de recursos de la Ley 39/2015, será posible la interposición de un recurso potestativo de reposición ante el mismo órgano que hubiera dictado el acto impugnado (es decir, el presidente de la Junta Arbitral) o la impugnación directa ante el orden jurisdiccional contencioso-administrativo. En caso de que se haya optado por interponer recurso potestativo de reposición, no se podrá interponer recurso contencioso-administrativo hasta que aquél sea resuelto expresamente o se haya producido su desestimación presunta (artículo 123 de la Ley 39/2015).

En cuanto al plazo para la interposición del recurso de reposición será de un mes, si el acto fuera expreso. Transcurrido dicho plazo, únicamente podrá interponerse recurso contencioso-administrativo, sin perjuicio, en su caso, de la procedencia del recurso extraordinario de revisión. Si el acto no fuera expreso, podrá interponerse recurso de reposición en cualquier momento a partir del día siguiente a aquel en que, de acuerdo con su normativa específica, se produzca el acto presunto. El plazo máximo para dictar y notificar la resolución del recurso será de un mes. Finalmente debe tenerse en cuenta que, para evitar una rueda interminable, contra la resolución de un recurso de reposición no podrá interponerse de nuevo dicho recurso (artículo 124 de la Ley 39/2015).

3. Recursos judiciales

Frente a la resolución del recurso de alzada impropia por parte de la Comisión de Juntas Arbitrales, el RSAC guarda silencio, si bien entendemos que, al tratarse de órgano colegiado de naturaleza administrativa, adscrito funcionalmente al Ministerio con competencias en materia de consumo (artículo 16 RSAC), la competencia para conocer de un eventual recurso contencioso-administrativo correspondería a los Juzgados Centrales de lo Contencioso-administrativo, de conformidad con lo previsto en el artículo 9.b) de la Ley 29/1998, de 13 de julio, reguladora de la Jurisdicción Contencioso-administrativa.

En el caso de la resolución de un recurso potestativo de reposición, al ser resuelto por el presidente de la Junta Arbitral territorial, esto es, por una figura que no se integra en la estructura de la Administración a la que la Junta Arbitral se encuentra adscrita, operaría la cláusula residual del artículo 10.1.n) de la Ley 29/1998, de 13 de julio, reguladora de la Jurisdicción Contencioso-administrativa. En consecuencia, sería competente la Sala de lo Contencioso-Administrativo del Tribunal Superior de Justicia de la Comunidad Autónoma a la que pertenezca la Junta Arbitral afectada.

En todo caso, piénsese que se trata de supuestos de laboratorio. No tendría sentido que un consumidor recurriera judicialmente una inadmisión a trámite porque lo único que conseguiría, en el mejor de los escenarios, es la anulación de tal decisión y la apertura del procedimiento arbitral. Por ello, en caso de inadmisión tendría más lógica plantear el conflicto directamente ante la jurisdicción civil, pero no ante la contencioso-administrativa, ya que a través de ésta no podría obtener una solución definitiva al mismo. En el caso de un empresario no adherido tampoco tendría sentido recurrir judicialmente (ni siquiera en vía administrativa) una admisión a trámite, dado que le bastaría con no aceptar el arbitraje para enervar el procedimiento. Por ello, el único caso en el que podría llegar a tener sentido un recurso administrativo o judicial frente a una admisión es el interpuesto por un empresario adherido —con oferta pública de adhesión convergente con la solicitud y, por ello, sin escapatoria del arbitraje— que no vea con optimismo la suerte que pueda correr en sede arbitral.

Artículo 36. Comprobación de existencia de convenio arbitral, traslado de la solicitud de arbitraje y contestación*

1. Admitida la solicitud de arbitraje, la Junta Arbitral procederá a notificar la resolución a las partes y comprobará la existencia de convenio arbitral válido.

2. En el supuesto de que no exista convenio arbitral válidamente formalizado, se dará traslado de la solicitud de arbitraje al empresario reclamado, otorgándole un plazo de diez días hábiles para la aceptación o rechazo de la solicitud, debiendo aportar, en caso de aceptación de dicha solicitud, la contestación a esta y adjuntar los documentos y propuesta de pruebas de que intente valerse en el procedimiento. En el mismo acto en que se pide la aceptación, se podrá invitar al empresario reclamado a proponer una solución que ponga fin al litigio.

3. Si el empresario acepta el arbitraje propuesto, se entenderá formalizado el convenio arbitral. En el caso de que el empresario proponga una solución consensuada y esta sea aceptada por el consumidor, se procederá a elevar aquella a laudo conciliatorio, a no ser que exista constancia de que el acuerdo ya hubiera sido cumplido por las partes o estas, de común acuerdo, renuncien a dicha posibilidad.

4. Si el empresario, en el plazo otorgado no acepta la invitación para resolver el litigio, se procederá a dictar resolución de archivo de la solicitud, dejando expedita la vía judicial, dándose traslado al consumidor de cualquier propuesta del empresario para alcanzar una solución consensuada que resuelva de forma total o parcial el litigio.

SUMARIO: I. Carácter voluntario del arbitraje y alternativa a la falta de convenio arbitral. 1. La voluntariedad como principio del arbitraje de consumo. 2. La posibilidad de mitigar la voluntariedad del sistema arbitral de consumo: la previsión de un arbitraje obligatorio. 2.1. La suficiencia de la acción de anulación como mecanismo de revisión judicial. 2.2. La justificación del arbitraje de consumo obligatorio: garantías y unidireccionalidad. 2.3. Arbitraje de consumo obligatorio y tutela judicial efectiva. 3. Arbitraje de consumo sin un convenio arbitral previo. 4. La necesidad de establecer la obligatoriedad del arbitraje de consumo en sectores con circunstancias especiales. 4.1. El sector aéreo. 4.2. El sector financiero. II. Convenio arbitral formalizado por propuesta de arbitraje del consumidor y la posterior aceptación del empresario. 1. Plazo. 2. Insuficiencia de la obligación de respuesta. 3. Invitación a propuesta de solución consensuada por parte del empresario: analogías y diferencias con figuras afines. III. Eficacia de la solución consensuada propuesta por el empresario. 1. Falta de previsión expresa de la mediación: una pérdida de oportunidad. 2. El des-

* Comentario realizado por **Eduardo Vázquez de Castro**.

I. CARÁCTER VOLUNTARIO DEL ARBITRAJE Y ALTERNATIVA A LA FALTA DE CONVENIO ARBITRAL

1. La voluntariedad como principio del arbitraje de consumo

En España el arbitraje de consumo tiene un carácter voluntario, tal y como marca el artículo 58.1 del TRLGDCU «La sumisión de las partes al Sistema Arbitral del Consumo será voluntaria y deberá constar expresamente, por escrito...». Además, el artículo 57. 4 establece, para proteger al consumidor o usuario, que si se ha suscrito un convenio arbitral antes de producirse el conflicto no vinculará al consumidor y, sin embargo, dicha suscripción supondrá la consideración de aceptación del arbitraje para el empresario.

En este sentido se observa que este artículo 36 del Reglamento que regula el Sistema Arbitral de Consumo, aprobado por Real Decreto 713/2024, de 23 de julio, se limita a actualizar y detallar aspectos procedimentales y organizativos del sistema, pero no entra a establecer condiciones especiales para promover el arbitraje. No hubiese tenido mayores dificultades técnicas este Reglamento para introducir elementos de obligatoriedad en aquellos sectores en los que se observa una mayor dificultad de los consumidores o usuarios para obtener una respuesta adecuada a sus legítimas pretensiones de restablecimiento de derechos irrenunciables.

Hay que ser conscientes de que, desde los más altos fundamentos, el artículo 51 de la Constitución Española encomienda a los poderes públicos garantizar la defensa de los consumidores, protegiendo sus intereses económicos y estableciendo procedimientos eficaces. Este nuevo Reglamento se debiera alinear con este mandato constitucional procurando la eficacia del procedimiento arbitral de consumo y observando que hay sectores regulados en los que las empresas no sólo no suscriben acuerdos arbitrales, sino que no acuden al arbitraje por sistema. En este sentido, el articulado del Reglamento aprobado por el Real Decreto 713/2024 resulta decepcionante, aunque asegura pretender modernizar el Sistema Arbitral de Consumo en España, «adaptándolo a las exigencias normativas actuales y a las nuevas realidades del mercado, con el objetivo de fortalecer la protección de los consumidores y mejorar la resolución de conflictos en el ámbito del consumo».

Esta pretendida modernización del sistema arbitral, viene motivada por la Directiva 2013/11/UE del Parlamento Europeo y del Consejo, que establece la necesidad de que los Estados miembros ofrezcan procedimientos de resolución alternativa de litigios que sean independientes, imparciales, transparentes, efectivos, rápidos y justos. No cabe duda de que este objetivo está conseguido. Sin embargo, la Directiva 2013/11/UE sobre resolución alternativa de litigios en materia de consumo y la ley de trasposición en el ordenamiento jurídico español (Ley 7/2017, que incorpora la Directiva 2013/11/UE sobre resolución alternativa de litigios en materia de consumo), permitían ir mucho más allá. En la Exposición de Motivos de esta Ley se establece «En sectores donde exista un alto nivel de conflictividad y una adhesión limitada a entidades de resolución de conflictos, se articularán todas las medidas administrativas y normativas necesarias para corregir esta situación, incluidas las sancionadoras. Para ello anualmente se evaluarán los sectores más problemáticos y las cuestiones más reclamadas en orden a introducir las modificaciones normativas o las políticas que alienten la inclusión de estos sectores de actividad en los sistemas de resolución de conflictos que cumplan con los principios y garantías que recoge esta ley. Sin perjuicio de que tales mecanismos privados internos de reclamación se regulen conforme a los criterios y exigencias que recoge esta ley de conformidad a la Directiva 2013/11/UE».

En este sentido, expresado en el preámbulo de esta ley, es importante destacar que, aunque la adhesión al Sistema Arbitral de Consumo es generalmente voluntaria, ciertas normativas sectoriales o autonómicas pueden imponer la obligatoriedad en sectores específicos. Por ello, sería recomendable revisar anualmente la normativa específica de cada sector y comunidad autónoma, los niveles de conflictividad y el grado de adhesión al sistema arbitral de consumo, para determinar la obligatoriedad del arbitraje de consumo en cada caso particular. Debe matizarse que la obligatoriedad queda referida únicamente a la parte empresarial, al ser quienes presentan las reticencias a la hora de someterse al sistema arbitral de consumo. En este sentido, el sistema suele denominarse de obligatoriedad unidireccional.

2. La posibilidad de mitigar la voluntariedad del sistema arbitral de consumo: la previsión de un arbitraje obligatorio

El arbitraje, tal como lo regula la Ley 60/2003 de Arbitraje, se fundamenta en el principio de voluntariedad, es decir, que las partes deben consentir libremente someter su conflicto a un árbitro, renunciando al acceso inicial a la jurisdicción ordinaria. No puede resultar de otro modo, puesto que la base sobre la que se construye el sistema arbitral es la libertad contractual y el principio de autonomía de la voluntad. El arbitraje es un contrato típico y de los que goza de mayor tradición. Desde el Derecho Romano, en el que se utilizaba la fórmula de la «*legis actio per iudicis arbitrive postulationem*», para flexibilizar el rígido proceso jurisdiccional en el momento de hacer valer una *stipulatio* o una *actio comuni dividundo*.

Ante la previsión de un arbitraje obligatorio, podría plantearse su compatibilidad con el derecho a la tutela judicial efectiva. Ante esta posible colisión con un derecho fundamental, encontramos pronunciamientos de la jurisprudencia del TC en los que se ha admitido la posibilidad de un arbitraje obligatorio en circunstancias específicas, sin vulnerar el derecho a la tutela judicial efectiva, siempre que:

La obligatoriedad esté justificada por una norma legal.

El procedimiento arbitral garantice las condiciones esenciales del debido proceso, como el derecho a la defensa, la igualdad, la contradicción y el control judicial limitado del laudo arbitral.

Exista la posibilidad de revisión judicial en casos de nulidad del laudo o vulneración de derechos fundamentales.

En este sentido, la STC 43/1988 aclara que: «[e]l sometimiento a arbitraje no elimina el derecho de acceso a la justicia, sino que constituye una vía alternativa, cuya eficacia y legitimidad derivan de su regulación legal y de las garantías procesales que ofrece». Por tanto, la obligatoriedad del arbitraje no anula el derecho a la tutela judicial efectiva si el sistema respeta las garantías constitucionales y permite acudir a los tribunales en circunstancias excepcionales (nulidad del laudo, violación de derechos…)[1].

2.1. La suficiencia de la acción de anulación como mecanismo de revisión judicial

El laudo arbitral, como acto jurídico, está sujeto a impugnación mediante la acción de anulación, regulada en el artículo 41 de la Ley de Arbitraje. Aunque esta acción garantiza un control judicial sobre el procedimiento arbitral, se ha debatido si cumple plenamente con el derecho de acceso a la justicia reconocido en el artículo 47 de la Carta de los Derechos Fundamentales de la UE (CDFUE).

1 La posibilidad de acudir a los tribunales, a través de la impugnación del laudo por causa de nulidad viene recogido en el artículo 41.1 LA:»1. El laudo sólo podrá ser anulado cuando la parte que solicita la anulación alegue y pruebe:

a) Que el convenio arbitral no existe o no es válido.

b) Que no ha sido debidamente notificada de la designación de un árbitro o de las actuaciones arbitrales o no ha podido, por cualquier otra razón, hacer valer sus derechos.

c) Que los árbitros han resuelto sobre cuestiones no sometidas a su decisión.

d) Que la designación de los árbitros o el procedimiento arbitral no se han ajustado al acuerdo entre las partes, salvo que dicho acuerdo fuera contrario a una norma imperativa de esta Ley, o, a falta de dicho acuerdo, que no se han ajustado a esta ley.

e) Que los árbitros han resuelto sobre cuestiones no susceptibles de arbitraje.

f) Que el laudo es contrario al orden público».

La Directiva 2013/11/UE insiste en que los sistemas de resolución alternativa no deben privar a las partes de su derecho a recurrir a los tribunales, lo que plantea interrogantes sobre la suficiencia de la acción de nulidad como mecanismo de revisión judicial. Según el artículo 41.1 de la LA, el laudo solo puede ser anulado si se prueban irregularidades graves, como la inexistencia del convenio arbitral, violaciones del derecho de defensa, o contrariedad al orden público.

Este enfoque restrictivo podría interpretarse como una limitación del acceso judicial, especialmente en conflictos entre consumidores y empresarios, donde las reglas tradicionales podrían no satisfacer las exigencias de tutela judicial efectiva requeridas por el artículo 24 CE y el artículo 47 de la Carta de Derechos Fundamentales de la Unión Europea (CDFUE). A pesar de ello, no se han introducido modificaciones legislativas para abordar esta cuestión.

Algún autor, manifiesta sus dudas sobre el hecho de que esta impugnación tan restrictiva del laudo por motivo de nulidad pueda cumplir con los requisitos mínimos exigibles. De esta manera, se ha cuestionado que no deba revisarse esta cuestión. En estos términos se expresa COLMENERO GUERRA: *«los procedimientos de resolución alternativa [todos] no deben concebirse como sustitutivos de los procedimientos judiciales y no deben privar a consumidores o comerciantes de su derecho a recurso ante los órganos jurisdiccionales. La presente Directiva no debe impedir a las partes ejercer su derecho de acceso al sistema judicial». Si no pueden ser privados de su derecho de acceso al sistema judicial, en los términos del art. 47 de la Carta de Derechos Fundamentales de la Unión Europea (CDFUE), ¿la acción de nulidad cumple con dicho requisito?, posiblemente no lo cumple, la Directiva no quiere acceso restringido a la jurisdicción, cuando previamente se ha ejercitado un ADR, con lo que, respecto de los conflictos entre consumidores y empresarios, las reglas de juego han variado, y no pueden aplicarse los criterios hasta ahora utilizados. Sin embargo, sobre dicha cuestión, nada se ha abordado, y hubiera sido necesario*[2].

2.2. La justificación del arbitraje de consumo obligatorio: garantías y unidireccionalidad

En todo caso, parece evidente que esta obligatoriedad, en su caso, debiera estar justificada y sería únicamente admisible en supuestos excepcionales. En este sentido, el arbitraje obligatorio puede justificarse en determinados sectores o contextos donde prima un interés público superior. La imposición legal del arbitraje tiene por finalidad agilizar la resolución de conflictos, especialmente en sectores de consumo o en disputas de escasa cuantía, donde el proceso judicial podría resultar desproporcionado. En el ámbito del con-

2 COLMENERO GUERRA, J.A., «Reflexiones sobre el nuevo Reglamento que regula el sistema arbitral de consumo (RD 713/2024, de 23 de julio)» en *La Ley. Mediación y arbitraje.* núm. 20 (2024).

sumo, este interés público justifica imponer el arbitraje a las empresas como obligación derivada de su posición dominante y relación asimétrica de poder, especialmente en sectores críticos como servicios esenciales o actividades económicas masivas (telecomunicaciones, sector financiero, viajes, suministro energético, etc.).

Además, la justificación vendría motivada por la ausencia de interés o conciencia por parte de las empresas de un determinado sector de la necesidad de adherirse a un sistema arbitral de consumo. Es decir, en aquellos sectores donde se demuestra que no ha funcionado convenientemente el mecanismo de promoción de la responsabilidad social empresarial, incentivando a las empresas a actuar de forma transparente y eficiente. En estos casos, el arbitraje de consumo impuesto equilibra la relación entre consumidores y empresas al proporcionar un sistema de resolución de conflictos que facilita el acceso a la justicia para consumidores con menos recursos económicos, evita que los conflictos de baja cuantía (típicos en el consumo) se conviertan en barreras económicas para el consumidor, desincentivando la reclamación de sus derechos y refuerza la confianza en el mercado, promoviendo una protección efectiva de los derechos de los consumidores.

Podría criticarse este planteamiento, si se considera que marca el sesgo de crear un doble acceso a la justicia en la que habrá más alternativas u opciones para quien tenga más medios y, en cambio, quienes tengan menor capacidad económica debe resignarse a utilizar la vía más económica. En este sentido, podría considerarse el arbitraje de consumo como la justicia para pobres que no pueden permitirse litigar. Desde luego, esta perspectiva pierde sentido desde el momento en el que existe la posibilidad de acogerse a los servicios de asistencia jurídica gratuita[3]. De hecho, al ser el arbitraje de consumo un procedimiento de acceso gratuito para el consumidor, no se plantearía el problema que cuestiona si la tutela judicial efectiva es posible en la vía arbitral cuando no se extiende a esta vía la posibilidad de asistencia jurídica gratuita[4]. Además, deben disiparse los recelos ante el arbitraje puesto que se ofrecen exactamente las mismas garantías para el justiciable con independencia de que elija una u otra vía e, incluso, más allá de la ventaja económica, el arbitraje cuenta con la ventaja de ahorro de tiempo[5].

---

3 El artículo 119 de la Constitución Española establece que la justicia será gratuita, cuando así lo disponga la ley y, en todo caso, respecto de quienes acrediten insuficiencia de recursos para litigar. Este precepto constitucional se ha desarrollado en la Ley Ley 1/1996, de 10 de enero, de asistencia jurídica gratuita y el Real Decreto 141/2021, de 9 de marzo, por el que se aprueba el Reglamento de asistencia jurídica gratuita.

4 Vieira Jiménez-Ontiveros, E.: «La eficacia horizontal de los derechos fundamentales: arbitraje y derecho a la tutela judicial efectiva», en *Anuario de Derecho Civil*, tomo LXXII, fasc. II, (2019), pp. 434-446.

5 Recordemos que el artículo 45.1 del presente Reglamento del sistema arbitral de consumo marca que el laudo será dictado y notificado a las partes en un plazo de noventa días naturales contados desde que se acuerde el inicio del procedimiento.

En este sentido, la obligatoriedad justificada sería la unidireccional, al ser las empresas las que deben ofrecer a sus clientes estas fórmulas de solución arbitral ante las posibles controversias que se deriven de su relación contractual y serán los consumidores o usuarios lo que puedan elegir acudir a la vía arbitral o jurisdiccional, en su caso.

Hay que ser conscientes que el arbitraje es una de las fórmulas o medios adecuados de solución de controversias que se contemplan como otra vía complementaria de acceso a la justicia. De esta manera, la Administración de Justicia moderna no sólo debe concebirse como aquella que ofrece los servicios relativos a la vía jurisdiccional, sino la que trata de ofrecer al justiciable la vía más adecuada que, en algunos casos, puede ser la vía extrajudicial. En este sentido, el arbitraje como solución extrajudicial de carácter heterónomo es uno de los modelos paradigmáticos. En este sentido, la propia Ley de Enjuiciamiento Civil (artículo 19) ha previsto que, incluso una vez iniciado el proceso judicial, éste pueda suspenderse o desistir del pleito para acudir a esta vía extrajudicial y se menciona expresamente al arbitraje[6].

El TC ha sostenido que «el establecimiento del arbitraje como vía obligatoria no priva a las partes del derecho a obtener una resolución justa, siempre que el procedimiento arbitral garantice las exigencias constitucionales del debido proceso» (STC 43/1988). En este sentido, confirma que el principio de voluntariedad es esencial en el arbitraje, pero que *la obligatoriedad, cuando está debidamente regulada por ley y se respetan las garantías procesales, no vulnera el derecho a la tutela judicial efectiva* del artículo 24 CE. La autonomía de la voluntad puede ser limitada en aras del interés general, siempre que el sistema garantice el control judicial del laudo y el derecho a la defensa de las partes.

2.3. Arbitraje de consumo obligatorio y tutela judicial efectiva

De otro lado, la cuestión sobre si el arbitraje obligatorio vulnera el derecho a la tutela judicial efectiva recogido en el artículo 24 de la Constitución

6 El artículo 19 de la Ley de Enjuiciamiento Civil establece: «Derecho de disposición de los litigantes. Transacción y suspensión.

1. Los litigantes están facultados para disponer del objeto del juicio y podrán renunciar, desistir del juicio, allanarse, someterse a mediación o a arbitraje y transigir sobre lo que sea objeto del mismo, excepto cuando la ley lo prohíba o establezca limitaciones por razones de interés general o en beneficio de tercero.

2. Si las partes pretendieran una transacción judicial y el acuerdo o convenio que alcanzaren fuere conforme a lo previsto en el apartado anterior, será homologado por el tribunal que esté conociendo del litigio al que se pretenda poner fin.

3. Los actos a que se refieren los apartados anteriores podrán realizarse, según su naturaleza, en cualquier momento de la primera instancia o de los recursos o de la ejecución de sentencia.

4. Asimismo, las partes podrán solicitar la suspensión del proceso, que será acordada por el Letrado de la Administración de Justicia mediante decreto siempre que no perjudique al interés general o a tercero y que el plazo de la suspensión no supere los sesenta días».

Española ha sido ampliamente debatida en la doctrina y la jurisprudencia. No obstante, la posición mayoritaria y consolidada establece que no se vulnera este derecho siempre que se cumplan los requisitos y garantías ya expuestos en la jurisprudencia de nuestro TC[7]. Ciertamente, aunque nadie niega que el artículo 24 CE reconoce el derecho fundamental de todas las personas a acceder a los tribunales para la defensa de sus derechos e intereses legítimos y obtener una resolución motivada en derecho por parte de un órgano judicial.

Tampoco debe ignorarse que el propio Tribunal Constitucional, en sentencias como la ya citada STC 43/1988, ha declarado que el arbitraje no vulnera la tutela judicial efectiva porque «el arbitraje no supone una renuncia al derecho fundamental, sino un mecanismo alternativo reconocido por la ley para la resolución de conflictos, con garantías de control judicial limitado».

Como se tendrá ocasión de comprobar, la regulación del procedimiento arbitral de consumo garantiza los principios de igualdad de las partes, contradicción (derecho a ser oído y aportar pruebas), imparcialidad del árbitro, motivación de la decisión final y derecho a la revisión judicial limitada en casos de nulidad del laudo arbitral (artículos 41 y 43 de la Ley 60/2003 de Arbitraje que resulta aplicable supletoriamente conforme a lo establecido en el propio artículo 1.3).

3. Arbitraje de consumo sin un convenio arbitral previo

Puede afirmarse que la posibilidad de procedencia del arbitraje de consumo sin un convenio arbitral previo es una regla especial respecto a la regulación general del arbitraje. Hay que ser conscientes de que, fuera del ámbito del consumo, uno de los motivos más recurrentes para la anulación de laudos es la inexistencia o invalidez del convenio arbitral (artículo 41.1.a) de la Ley 60/2003, de 23 de diciembre, de Arbitraje.

Queda claro en el artículo que estamos comentando, en su apartado 3.º, que no se requerirá convenio arbitral previo para el caso del arbitraje de consumo. Basta con una mera aceptación del arbitraje propuesto por parte del empresario. De hecho, se expresa de manera clara este inciso del apartado 3.º del artículo 36 del Reglamento al indicar: «3. *Si el empresario acepta el*

---

7 *Vid.*, entre otros, Barona Vilar, S., «Tutela efectiva procesal no judicial: el arbitraje», en *Introducción al Derecho procesal: Derecho procesal I* , (coord. J. L. Gómez Colomer y S. Barona Vilar), 4.ª ed, Valencia, 2024 pp. 365-384; González García, J.M., «Arbitraje obligatorio y tutela judicial efectiva: el arbitraje no es un negocio jurídico unilateral», en *Derecho y proceso: Liber Amicorum del profesor Francisco Ramos Méndez* (dir. M. J. Cachón Cadenas y J. Franco Arias), vol. 2, Barcelona, 2018, pp. 1112-1136; Vieira Jiménez-Ontiveros, E.: «La eficacia horizontal de los derechos fundamentales: arbitraje y derecho a la tutela judicial efectiva», en *Anuario de Derecho Civil*, tomo LXXII, fasc. II, (2019), pp. 434-446.

arbitraje propuesto, se entenderá formalizado el convenio arbitral.» En sentido estricto, como indica el profesor Tomillo, *si tomamos como punto de partida que el SAC está presidido por el principio de voluntariedad, el convenio arbitral no se formaliza, sino que se perfecciona*[8].

Incluso, se podría considerar que, en muchos casos, por ser supuestos de muy baja cuantía o de bagatela, debería ser política de las empresas o compañías someterse a estos sistemas como un complemento a su política de atención a la clientela[9]. En este sentido existían varias propuestas de mitigar la voluntariedad, para presumir en asuntos de escasa cuantía que las empresas consentían el arbitraje siempre que no manifestasen su oposición de manera expresa, otorgando un plazo.

Este tipo de consentimiento tácito, sería un paso intermedio entre la voluntariedad en sentido pleno y la obligatoriedad unidireccional. Concretamente existía una propuesta de modificación legislativa en la que se incluya la presunción de convenio arbitral de consumo siempre que la cuantía de la controversia no exceda de 2.000 euros y ninguna de las partes intervinientes en el contrato hubiera manifestado su posición en contra antes de la perfección del contrato[10].

Precisamente, la Ley 7/2017, de 2 de noviembre, que incorpora la Directiva 2013/11/UE, establece los supuestos en los que es posible el arbitraje de consumo sin un convenio arbitral previo por el carácter tuitivo de los principios generales que rigen la legislación en materia de consumo a favor del consumidor. En efecto, como se ha expuesto en términos generales, el arbitraje de consumo se rige por el principio de voluntariedad, lo cual significa que ninguna parte está obligada a someterse a un procedimiento de resolución alternativa salvo disposición legal expresa (artículo 9).

No obstante, se establecen excepciones en las que el arbitraje puede ser obligatorio por ley o por adhesión previa del empresario a un sistema arbitral. El artículo 15.2 permite someter a un empresario a un procedimiento arbitral, aunque no exista un convenio arbitral previo en los siguientes casos: *a)* cuando existe una norma especial que obligue al empresario a participar, *b)* cuando el empresario se haya adherido previamente de forma voluntaria a un sistema arbitral de consumo. *«Este acuerdo no será necesario cuando el empresario se encuentre obligado, por ley o por su adhesión previa, a participar en dicho procedimiento».*

8 Tomillo, J.: «Una aproximación al nuevo Reglamento del Sistema Arbitral de Consumo (RD 713/2024, de 23 de julio)», en *Noticias Jurídicas*, 8 de agosto de 2024.

9 Recientemente, se ha tramitado un Proyecto de Ley por la que se regulan los servicios de atención a la clientela.

10 Lara González, R.: «El arbitraje de consumo en su cuadragésimo aniversario» en *La Ley. Mediación y Arbitraje.* núm. 20 (2024).

Efectivamente, la carencia de un convenio puede obviarse cuando una empresa ha manifestado su voluntad de someterse a un sistema arbitral a través de dos vías diferentes: *a)* su adhesión previa a una entidad acreditada de resolución alternativa, *b)* la aceptación de un código de conducta que incorpore la obligatoriedad de participar en procedimientos arbitrales. Muchos certificados de calidad y, especialmente, los de comercio electrónico como *Confianza online*, incluyen la adhesión a un sistema de arbitraje que suele desarrollarse por medios electrónicos[11]. En estos casos, no es necesario un convenio arbitral específico previo al surgimiento del litigio, ya que la adhesión constituye un compromiso vinculante para el empresario. Existen mecanismos indirectos que impulsan la adhesión de las empresas al arbitraje de consumo, tales como los Códigos de buenas prácticas, generalizados con los sistemas de cumplimiento normativo[12] y convenios sectoriales, la proliferación de «Sellos de calidad» o distintivos oficiales, que requieren la adhesión al sistema arbitral de consumo para ser obtenidos y que cuentan con gran predicamento en el comercio electrónico y, por último, en las condiciones establecidas en pliegos de contratación pública, donde se favorece a empresas adheridas a mecanismos de resolución alternativa de conflictos.

En el caso del arbitraje del consumo, se presume que los consumidores o usuarios siempre van a ser libres para acudir indistintamente a la vía de arbitraje de consumo o a la vía jurisdiccional judicial. El arbitraje sin convenio arbitral o incluso obligatorio se considera unidireccional. El arbitraje unidireccional es una modalidad donde solo una de las partes, generalmente la empresa, está obligada a someterse al arbitraje, mientras que el consumidor mantiene la libertad de elección para acudir a la vía arbitral o judicial. La justificación del carácter unidireccional de esta obligación se encuentra en el propósito de equilibrar la relación entre las partes. De esta manera, el carácter unidireccional corrige la asimetría existente entre consumidores y grandes entidades financieras, garantizando que el consumidor no quede forzado a renunciar a la vía judicial.

Así, el consumidor obtiene un mecanismo accesible, rápido y gratuito como el arbitraje de consumo, sin que ello implique limitar su derecho constitucional a la tutela judicial efectiva. La obligación para las empresas de someterse al arbitraje incentiva la adopción de prácticas más transparentes y justas, al saber que los conflictos pueden resolverse con mayor facilidad, no se desincentiva la reclamación y esta posibilidad siempre juega en favor de los consumidores.

Además, el carácter unidireccional protege especialmente a los consumidores más vulnerables, que a menudo no cuentan con recursos para afron-

11 https://www.confianzaonline.es/doc/Arbitraje_ConfianzaOnline.pdf

12 Vázquez De Castro, E.: *Compliance y contrato de seguro privado*, Aranzadi, Cizur Menor, 2020, pp. 125-127.

tar procesos judiciales complejos contra grandes entidades financieras. De hecho, existen buenos ejemplos de sistemas de arbitraje de consumo obligatorio en nuestro entorno más cercano. En ordenamientos como el portugués, se ha adoptado el arbitraje obligatorio en sectores clave (telecomunicaciones, electricidad y agua) con carácter unidireccional, permitiendo al consumidor optar por la vía que considere más adecuada. En la regulación portuguesa se insiste en que la obligatoriedad debe estar regulada legalmente y justificada por razones de interés público.

De otro lado, también está prevista la posibilidad de imponer una obligación legal en Sectores Específicos, aunque aún no haya sido desarrollada o explorada esta vía. El artículo 9 menciona la posibilidad de que una norma especial establezca la obligatoriedad del arbitraje en determinados sectores. En efecto, reiteramos que, aunque la regla general es la voluntariedad, sectores como el financiero (D.A. 1.ª) o el de protección de los usuarios del transporte aéreo (D.A. 2.ª) o aquellos de servicios esenciales pueden tener disposiciones normativas que obliguen a las empresas a participar en procedimientos arbitrales. Estos supuestos merecen una atención especial.

4. La necesidad de establecer la obligatoriedad del arbitraje de consumo en sectores con circunstancias especiales

4.1. El sector aéreo

La posibilidad de establecer la obligatoriedad del arbitraje en determinados sectores está contemplada en el marco del artículo 9 de la Ley 7/2017, de 2 de noviembre. Es decir, será cuestión de política legislativa o de desarrollo legislativo imponer este sistema extrajudicial de solución de controversias en determinados sectores y circunstancias. Precisamente, ésta es una opción que ha adoptado el gobierno en el desarrollo de esta ley para el ámbito del transporte aéreo. El arbitraje en materia de transporte aéreo tiene carácter obligatorio y vinculante para las compañías aéreas conforme a lo dispuesto en la Ley 7/2017 y la Orden TMA/201/2022. Su fundamento principal es garantizar la efectiva protección de los derechos de los pasajeros reconocidos por la normativa de la Unión Europea. La AESA, como entidad acreditada, es la encargada de resolver estos conflictos mediante un procedimiento ágil, gratuito y justo, ofreciendo un mecanismo eficaz de tutela para los usuarios del transporte aéreo.

El carácter obligatorio y vinculante del arbitraje en materia de transporte aéreo se ha establecido virtud de la Disposición Adicional Segunda de la Ley 7/2017, de 2 de noviembre. Esta disposición establece que, en los litigios derivados de la aplicación de los Reglamentos de la Unión Europea sobre derechos de los pasajeros del transporte aéreo, las compañías aéreas estarán obligadas a someterse a la resolución alternativa de litigios (RAL).

El procedimiento debe ser gestionado por una única entidad acreditada, que en España es la Agencia Estatal de Seguridad Aérea (AESA). Se ha articulado esta posibilidad y el procedimiento oportuno a través de la Orden TMA/201/2022, de 14 de marzo. En este instrumento normativo de rango ínfimo se regula el procedimiento de resolución alternativa de litigios (RAL) en el transporte aéreo, siendo obligatorio para las compañías aéreas y de carácter vinculante para ellas, según el artículo 7.2.c: «Para las compañías aéreas, [el procedimiento es] de aceptación obligatoria y resultado vinculante, sin perjuicio de su derecho a impugnar la decisión ante el juzgado competente».

En general, se puede afirmar que el carácter obligatorio de este arbitraje para las compañías se ve complementado por el propio reglamento de funcionamiento interno de la AESA que tipifica los supuestos en los que se aplica el arbitraje obligatorio. Al observar los supuestos en los que se contempla el arbitraje obligatorio se comprueba que están relacionados con los derechos de los pasajeros reconocidos por los Reglamentos de la Unión Europea. Principalmente, se refiere a casos de denegación de embarque, cancelación o gran retraso de vuelos que se encuentran regulados en en el Reglamento (CE) 261/2004, que establece los derechos a compensación, asistencia e información en estos casos. También se contemplan casos en los que deben hacerse valer los derechos de las personas con discapacidad o movilidad reducida regulados en el Reglamento (CE) 1107/2006, que obliga a las compañías aéreas y gestores aeroportuarios a garantizar la asistencia y no discriminación de estos pasajeros. El ámbito de aplicación geográfico se refiere tanto a vuelos que parten de aeropuertos españoles, como a los que llegan a aeropuertos españoles desde países no pertenecientes a la Unión Europea, cuando la compañía aérea es comunitaria.

En todo caso, se requiere, al igual que en otros sectores en los que se pretende acudir a los sistemas RAL, que antes de recurrir al procedimiento arbitral los pasajeros presenten una reclamación previa ante la compañía aérea o el gestor aeroportuario responsable del incumplimiento (artículo 6 de la Orden TMA/201/2022). El laudo adoptado por la Agencia Estatal de Seguridad Aérea (AESA) tiene efectos vinculantes para las compañías aéreas. Según el artículo 18.1 de la Orden TMA/201/2022, las compañías aéreas deben cumplir la decisión en un plazo de un mes desde su notificación. Si no lo hacen, el pasajero puede solicitar su ejecución forzosa ante el juzgado competente, utilizando la decisión como título ejecutivo extrajudicial, conforme al artículo 550 de la Ley de Enjuiciamiento Civil.

En cambio, se destaca el carácter voluntario para los pasajeros, puesto que los pasajeros no están obligados a aceptar la resolución de AESA y conservan su derecho a recurrir a la vía judicial ordinaria para proteger sus derechos (artículo 18.2). La Agencia Estatal de Seguridad Aérea (AESA), está acreditada como entidad de resolución alternativa de litigios en virtud de la Orden TMA/469/2023, de 17 de abril, es el organismo encargado de gestionar este procedimiento. El reglamento interno de este organismo define dentro de sus principales funciones el tramitar las reclamaciones presentadas por los pasajeros relacionadas con los Reglamentos europeos mencionados. También contempla resolver las disputas mediante un procedimiento que garantice los principios de independencia, imparcialidad, transparencia, eficacia y equidad.

4.2. El sector financiero

De otro lado, en contraposición, al caso del transporte aéreo, no ha corrido la misma suerte el caso del sector financiero. La Disposición Adicional Primera de la Ley 7/2017, de 2 de noviembre, menciona el sector financiero y su regulación específica. De momento, las Juntas Arbitrales de Consumo pueden intervenir en conflictos del sector financiero siempre que ambas partes lo acepten voluntariamente, aunque no se excluye la posibilidad de una futura regulación que imponga la participación a las entidades de crédito. El escaso éxito del sistema voluntario de adhesión al sistema arbitral de consumo por parte de las entidades de crédito, motiva que el legislador ya tenga previsto incorporar alternativas.

Autoridades como el Banco de España o la CNMV pueden establecer mecanismos alternativos obligatorios de resolución de conflictos. En todo caso, ya existen mecanismos extrajudiciales no obligatorios, ni vinculantes, en los que se pueden plantear reclamaciones y estos organismos emiten resoluciones técnicas con su opinión no vinculante. Evidentemente, contar con una resolución favorable de estos organismos por parte de un usuario de servicios financieros, si no es asumida espontáneamente, ofrece garantías de éxito por vía judicial, ya que podrá utilizarse esta resolución como opinión técnica cualificada, a modo de informe pericial.

Uno de los mecanismos que mejor muestra la potencialidad de estas fórmulas de opinión legal no vinculante es el que se ofrece a través de la Red para la resolución de litigios financieros (FINNET). Este sistema de resolución de disputas *online* en el sector financiero es promovido por la Unión Europea y está a disposición de cualquier persona de ciudadanía europea que tenga un problema o disputa con una entidad de crédito también europea, pero de un país diferente al de la residencia del usuario con el que ha surgido el problema[13].

---

13 https://finance.ec.europa.eu/consumer-finance-and-payments/retail-financial-services/financial-dispute-resolution-network-fin-net_es

Dando un paso más, la creación de un sistema obligatorio de resolución extrajudicial de conflictos en sectores como el financiero encuentra fundamento en la necesidad de garantizar la protección del cliente frente a entidades que ostentan una posición de poder y recursos superior. Actualmente, el Proyecto de Ley por la que se crea la Autoridad Administrativa Independiente de Defensa del Cliente Financiero proporciona bases jurídicas específicas que justifican esta obligatoriedad y su carácter unidireccional. El artículo 5 de este Proyecto de Ley establece que el sistema de resolución extrajudicial tiene como finalidad la sencillez, agilidad y gratuidad para los clientes financieros. Esta disposición busca equilibrar el acceso a la justicia de un cliente consumidor que generalmente se encuentra en una posición más débil —incluso podría encontrarse en situación de vulnerabilidad— frente a una entidad financiera con recursos suficientes para litigar en procesos más costosos.

El carácter vinculante de las resoluciones de la Autoridad, prevista en ese texto legal en tramitación, para las entidades financieras (artículo 33) refuerza la necesidad de someter a estas entidades a un procedimiento obligatorio. De hecho, el artículo 5.2 menciona que, una vez que el cliente plantea una reclamación ante la Autoridad, es obligatorio para la entidad financiera someterse al procedimiento. En este sentido, debe notarse la necesidad de carácter unidireccional. El carácter unidireccional se justifica en virtud de los principios de protección del consumidor y equilibrio de poderes. La posición dominante de las entidades financieras frente al consumidor obliga a establecer procedimientos en los que la obligación de someterse a la resolución alternativa recaiga únicamente sobre las entidades, permitiendo al consumidor optar por la vía judicial si lo estima conveniente. Este modelo también protege al consumidor vulnerable al evitar que la entidad eluda procedimientos más rápidos y gratuitos.

La exposición de motivos del Proyecto de Ley subraya que esta obligatoriedad busca reforzar la confianza en el sistema financiero, especialmente ante conflictos de menor cuantía que desincentivan a los consumidores a recurrir a procedimientos judiciales más largos y costosos. El Proyecto de Ley garantiza un procedimiento imparcial, gratuito y eficaz (artículo 5.1) y, al tiempo, mantiene la posibilidad de recurso judicial frente a las resoluciones vinculantes de la Autoridad. En definitiva, la obligatoriedad del arbitraje en sectores como el financiero queda justificada en la necesidad de proteger al consumidor vulnerable, en la mayor celeridad, eficacia y gratuidad del procedimiento frente a la vía judicial. De otro lado, queda siempre abierta la posibilidad de preservar la facultad de acudir a los tribunales a plantear la reclamación correspondiente en forma de demanda judicial, dado que el consumidor conserva intacta esta facultad de elección para formular sus pretensiones. En todo caso, el artículo 5, en relación con el artículo 33 del texto propuesto, proporciona una base legal sólida para establecer esta obligatoriedad, asegurando al mismo tiempo los principios de equidad y protección de los consumidores.

La imposición del arbitraje obligatorio en el sector financiero se justifica plenamente por razones de protección del consumidor, interés público y eficiencia procesal. La configuración de un sistema de obligatoriedad unidireccional, donde solo las entidades financieras estén obligadas a aceptar el arbitraje, equilibra la relación entre las partes sin vulnerar el derecho constitucional a la tutela judicial efectiva. Este modelo garantiza que los consumidores puedan acceder a un mecanismo ágil, gratuito y eficaz, sin renunciar a su derecho a acudir a la vía judicial.

II. CONVENIO ARBITRAL FORMALIZADO POR PROPUESTA DE ARBITRAJE DEL CONSUMIDOR Y LA POSTERIOR ACEPTACIÓN DEL EMPRESARIO

Al regular el artículo 36 del Reglamento del Sistema Arbitral de Consumo (aprobado por Real Decreto 713/2024) las actuaciones en casos donde no existe un convenio arbitral previo, permitiendo que este pueda formalizarse mediante la propuesta de arbitraje presentada por el consumidor y la aceptación posterior del empresario se abre camino a agilizar la perfección del convenio arbitral, que puede ser inmediato. Esta regulación garantiza que el procedimiento pueda iniciarse respetando el principio de voluntariedad, aunque con un plazo y obligaciones específicas para el empresario reclamado.

1. Plazo

El artículo 36.2 RSAC establece que cuando no exista constancia de un convenio arbitral previo, la Junta Arbitral debe trasladar la solicitud de arbitraje presentada por el consumidor al empresario reclamado. Una vez recibida la solicitud, el empresario dispone de un plazo de 10 días hábiles para aceptar o rechazar el sometimiento al arbitraje.

Este plazo es perentorio y tiene como objetivos, de un lado, garantizar la agilidad del procedimiento y, de otro lado, evitar dilaciones injustificadas que puedan perjudicar al consumidor.

La falta de respuesta dentro del plazo previsto supone un rechazo tácito del arbitraje, lo que lleva al archivo de la solicitud, tal como recoge el apartado 4 del mismo artículo. En este sentido, las propuestas encaminadas a interpretar el silencio como aceptación tácita, aunque fuese sólo para las cuestiones de escasa cuantía, hubiesen supuesto un mayor avance.

2. Insuficiencia de la obligación de respuesta

En todo caso, parecería razonable que se impusiese una obligación de respuesta clara. La normativa obliga al empresario a emitir una respuesta expresa dentro del plazo de 10 días hábiles. El incumplimiento de esta obligación tiene consecuencias jurídicas claras, pero no redundan en perjuicio del incumplidor porque se presume su negativa (art. 36.4).

En todo caso, si el empresario rechaza el arbitraje de manera expresa o tácita, la solicitud queda archivada y el consumidor podrá optar por la vía judicial ordinaria. Si el empresario acepta, el convenio arbitral queda perfeccionado, y el procedimiento arbitral se inicia.

Debe insistirse en que esta obligación de respuesta es esencial para garantizar que el procedimiento arbitral sea previsible y transparente para las partes. Además, la obligación de respuesta implica contar con un proceso respetuoso con los derechos del consumidor, al no dejar en incertidumbre la viabilidad del arbitraje. Una presunción de aceptación tácita ante el silencio hubiese supuesto una política legislativa más acorde con el carácter tuitivo de este sector normativo de protección a consumidores y usuarios.

3. Invitación a propuesta de solución consensuada por parte del empresario: analogías y diferencias con figuras afines

Una vez el empresario acepta someterse al arbitraje, el artículo 36.3 introduce la posibilidad de que el empresario formule una «*propuesta de solución*» para intentar alcanzar un acuerdo conciliatorio previo al desarrollo del procedimiento arbitral. Lo cierto es que este sistema viene a trasmutar el esquema procesal heterónomo que guarda el arbitraje.

El arbitraje es un sistema adversarial en el que cada una de las partes debiera exponer sus pretensiones y el árbitro o el colegio arbitral deben emitir una resolución, en forma de laudo, que dirima la controversia. En el laudo, en consecuencia, el árbitro, como tercero, decide el sentido de la solución estimando las pretensiones de una parte y desestimando las de otra o estimando parcialmente pretensiones de ambas. Sin embargo, la dinámica que se expone en este artículo viene a romper este esquema al introducir el factor de la propuesta de solución consensuada por parte de la empresa.

Las características de la propuesta no vienen muy detalladas. En cualquier caso, parece que la propuesta debe ser comunicada al consumidor en un plazo breve. Evidentemente, el consumidor tiene derecho a aceptar o rechazar la propuesta sin renunciar a sus derechos. En caso de aceptación, es evidente que se está ante un acuerdo y, en principio, los acuerdos permitirían considerar solventada la controversia. Se podría considerar que estamos ante una negociación, iniciada en el transcurso del proceso arbitral, que logra esta solución consensuada que implicaría analógicamente una transacción[14].

---

14 El artículo 1809 del Código Civil define la transacción como «un contrato por el cual las

Evidentemente, como no se está ante un pleito, puesto que se ha elegido la vía del arbitraje, no se renuncia a litigar como consecuencia de este acuerdo. Al entender que se ha perfeccionado el convenio arbitral debe entenderse que están obligados a finalizar el proceso arbitral. La fórmula para respetar la voluntad de las partes en esa solución consensuada y, al tiempo, cumplir con la obligación de finalizar el arbitraje es convertir el acuerdo entre las partes en laudo, a modo de homologación. En definitiva, se podrá dictar un laudo conciliatorio que tendrá carácter vinculante y ejecutivo, conforme a las reglas del sistema arbitral.

La fórmula que mejor podría ajustarse, para comprender su verdadera naturaleza, a una propuesta como la que se recoge en este precepto podría ser la de la oferta confidencial vinculante mencionada en el artículo 5.1 del Proyecto de Ley de Medidas de eficiencia procesal[15]. Esta fórmula es una de las que se definen como medios adecuados de solución de controversias, entre los que no se ha recogido expresamente al arbitraje. La propuesta de solución consensuada prevista en el artículo 36.3 del Reglamento del Sistema Arbitral de Consumo y la oferta confidencial vinculante recogida en el artículo 5.1 del Proyecto de Ley de Medidas de Eficiencia Procesal son herramientas diseñadas para facilitar la resolución rápida y amistosa de conflictos, pero operan en contextos y con características específicas que las distinguen.

Ambas figuras tienen como objetivo principal evitar el desarrollo completo de un procedimiento (arbitral o judicial) al promover acuerdos eficaces y vinculantes para las partes. En ambas, si la propuesta es aceptada, el acuerdo resultante adquiere un carácter vinculante. En el caso de la propuesta del empresario en el arbitraje de consumo, el acuerdo se formaliza como un laudo conciliatorio con fuerza ejecutiva, mientras que la oferta vinculante en el ámbito judicial tiene efectos de cosa juzgada y también es ejecutiva. Además, ambas herramientas persiguen fomentar la conciliación entre las partes, con beneficios como la reducción de tiempos y costos procesales.

Sin embargo, presentan diferencias importantes. La propuesta de solución consensuada del empresario se limita al ámbito del Sistema Arbitral de Consumo y depende exclusivamente de la iniciativa del empresario para su

---

partes, dando, prometiendo o reteniendo cada una alguna cosa, evitan la provocación de un pleito oponen término al que había comenzado».

15 La figura de la oferta vinculante confidencial que introduce este Proyecto de Ley como una nueva fórmula de medios adecuados de solución de controversias (MASC) está ampliamente desarrollada en los países del *Common Law*. *Vid.* por todos: Vázquez De Castro, E. y Estancona Pérez, A.A.: «La oferta vinculante confidencial», *en Medios adecuados de solución de controversias: eficiencia procesal de las personas físicas y jurídicas*, (dir. S. Calaza López y V. López Yagües e I. Ordeñana Gezuraga), ed. La Ley, Madrid, 2023, pp. 897-934.

formulación, sin establecerse un marco de confidencialidad expreso en el reglamento. Por el contrario, la oferta confidencial vinculante, que se aplica en procesos judiciales en general, puede ser presentada por cualquiera de las partes y se caracteriza por su estricta confidencialidad protegida legalmente, lo que impide que su contenido sea utilizado en el proceso judicial en caso de no ser aceptada. Además, mientras la propuesta del empresario se eleva a laudo conciliatorio, la oferta vinculante tiene efectos directos de cosa juzgada, consolidando el acuerdo alcanzado como definitivo en el ámbito judicial.

Por último, también puede encontrarse alguna similitud entre este procedimiento y el sistema de oferta motivada de indemnización en el ámbito del seguro (artículo 7 del Real Decreto Legislativo 8/2004), ya que comparten la finalidad de promover la resolución extrajudicial de conflictos. El sistema de oferta motivada de indemnización, regulado en el artículo 7 del Real Decreto Legislativo 8/2004, se aplica a los conflictos en materia de seguro de responsabilidad civil por accidentes de tráfico. Este sistema obliga a las aseguradoras a emitir una oferta motivada al perjudicado antes de que este pueda iniciar una reclamación judicial. A diferencia de las otras figuras, la aceptación de esta oferta no implica la renuncia automática a reclamar una indemnización mayor, lo que permite al perjudicado acudir a la vía judicial si considera insuficiente la cantidad ofrecida.

En resumen, estas figuras comparten la intención de incentivar acuerdos extrajudiciales, pero se diferencian en su marco normativo, en el alcance de sus efectos legales (confidencialidad, cosa juzgada, laudo conciliatorio), y en su enfoque, ya sea procesal, arbitral o contractual. Todas contribuyen a la eficiencia en la resolución de conflictos, ajustándose a las necesidades específicas de sus respectivos contextos legales. Estas diferencias reflejan la adaptación de todas estas figuras, derivadas de la negociación como método extrajudicial y autocompositivo de solución de controversias, a sus respectivos ámbitos de aplicación, buscando soluciones efectivas en procedimientos administrativos (en caso de acudirse a la reclamación ante la Dirección General de Seguros y Fondos de Pensiones), arbitrales y judiciales.

III. EFICACIA DE LA SOLUCIÓN CONSENSUADA PROPUESTA POR EL EMPRESARIO

1. Falta de previsión expresa de la mediación: una pérdida de oportunidad

En el Real Decreto 713/2024, de 23 de julio, por el que se aprueba el Reglamento que regula el Sistema Arbitral de Consumo, no existe una mención expresa a la mediación previa, como sí existía en el Real Decreto 231/2008, de 15 de febrero, por el que se regula el Sistema Arbitral de Consumo.

La metamorfosis de la mediación sustituida por una novedosa «solución consensuada» parece que obvia la labor mediadora realizada en las Juntas Arbitrales para primar la actividad negociadora de las partes, en particular, de las empresas. Esta carencia de previsión de la posible función mediadora realizada en las Juntas Arbitrales de Consumo podría repercutir negativamente en el resultado de la pretendida actividad negocial y obtención de soluciones consensuadas. Como indica TOMILLO: «Los problemas ocasionados por la insuficiencia de la disciplina de la mediación en el arbitraje de consumo contenida en el RD 231/2008, probablemente se incrementarán en adelante como consecuencia del mantenimiento de aquella insuficiencia en concurso con la propia desaparición del concepto y el escaso perfil jurídico de la solución consensuada y de su acuerdo por las partes «instadas»»[16].

Lo ideal hubiese sido que el nuevo Reglamento de 2024 hubiese previsto la mediación para situarla de manera escalonada como una fase previa a la del procedimiento arbitral o, al menos, mencionarla como posibilidad como en el Reglamento anterior de 2008. De esta manera, se amplían las herramientas en manos de las Juntas Arbitrales de Consumo para lograr la solución de las controversias que se les presentan. En este sentido, merece especial consideración la opinión de los propios árbitros que ponen en valor su eficaz función mediadora: «*El arbitraje (o el correspondiente procedimiento judicial) en materia de consumo tiene que ser consecuencia del infructuoso resultado de la actividad de mediación. En suma, desde las Juntas Arbitrales no sólo debemos realizar la labor de mediación con la misma diligencia que desarrollamos la función arbitral, sino que debemos saber transmitir especialmente a los empresarios la importancia que la mediación tiene para la gestión de las reclamaciones que ellos tengan con ocasión de las relaciones de consumo, ya que ello contribuirá al desarrollo y al éxito del sistema arbitral de consumo*»[17].

Llama la atención que el artículo 36 del Reglamento del Sistema Arbitral de Consumo establezca un procedimiento flexible para resolver controversias cuando no existe un convenio arbitral previo y, sin embargo, omita cualquier referencia al modelo de solución extrajudicial más flexible.

El nuevo artículo 36 no menciona de forma explícita la mediación como un paso previo o alternativo dentro del procedimiento arbitral, lo cual resulta relevante considerando que otros instrumentos normativos sí incluyen la mediación como una vía complementaria. Llama aún más poderosamente la aten-

16 TOMILLO, J.: «Una aproximación al nuevo Reglamento del Sistema Arbitral de Consumo (RD 713/2024, de 23 de julio)», en *Noticias Jurídicas*, 8 de agosto de 2024.

17 LARA GONZÁLEZ, R., «La importancia de la participación de los empresarios y de sus entidades representativas en el sistema arbitral de consumo» en *Revista Doctrinal Aranzadi Civil-Mercantil*, núm. 3 (2005).

ción que se haga alusión a la propuesta de solución de la empresa como un intento negociador porque, precisamente, la Ley 7/2017, excluye de las controversias del ámbito de aplicación de los RAL «la negociación entre consumidor y empresario». Sin embargo, tiene cabida dentro de estas fórmulas de RAL en materia de consumo la mediación, como procedimiento estructurado.

La mediación, al ser un proceso más informal y menos adversarial, podría servir como un mecanismo para alcanzar soluciones consensuadas antes de recurrir al arbitraje. Sin embargo, en este Reglamento, aunque no se aluda expresamente a la mediación, la posibilidad de que el empresario proponga una solución consensuada puede interpretarse como una forma implícita de negociación supervisada o «mediación informal» a cargo de la propia Junta Arbitral de Consumo.

En este sentido, el Real Decreto Legislativo 1/2007, en su artículo 57.2, permite el desarrollo de procedimientos de resolución de conflictos en el ámbito del consumo. No obstante, al no existir una previsión clara de mediación dentro del artículo 36, podría generarse un vacío normativo que limite las posibilidades de alcanzar soluciones consensuadas antes de formalizar un convenio arbitral. La *pérdida de oportunidad* vendrá determinada por la limitación de las funciones de quienes intervienen en la Junta Arbitral de Consumo, al no encontrar acomodo formal en el Reglamento.

En cualquier caso, al amparo de lo previsto en la Ley 7/2017 de resolución alternativa de litigios en materia de consumo, también podría encontrarse un marco legal flexible que permitiría incorporar la mediación como fase previa o complementaria al procedimiento arbitral, fortaleciendo así la eficacia y agilidad del sistema y alineándolo con las directrices europeas en materia de resolución alternativa de conflictos. Hay que ser conscientes de que en esta Ley se ha previsto en su artículo 14 la posibilidad de que exista una propuesta de solución no vinculante. Además, el artículo 18 de esta misma ley permitiría utilizar la mediación como filtro previo a la admisión de reclamaciones.

Estos preceptos proporcionan un marco legal flexible que permitiría incorporar la mediación como fase previa o complementaria al procedimiento arbitral, fortaleciendo así la eficacia y agilidad del sistema y alineándolo con las directrices europeas en materia de resolución alternativa de conflictos. De esta manera, podría cubrirse la importante carencia que presenta el artículo 36 al no prever expresamente la figura de la mediación como paso previo o complementario al arbitraje.

2. El desconocimiento de la importancia de la mediación en los procedimientos de consumo: algunas propuestas de mejora

Hay que ser conscientes de la importancia de la mediación en los procedimientos de consumo. La Ley 5/2012, de mediación en asuntos civiles y mercantiles, define la mediación como un proceso voluntario en el que un tercero *neutral* facilita la comunicación entre las partes para alcanzar un acuerdo (artículo 1). Esta figura presenta claras ventajas en el ámbito de consumo. También hay que tener presente que la Ley 5/2012 no excluye de forma expresa su aplicación al ámbito del consumo[18], pero en la práctica su aplicación es residual debido a la existencia de la Ley 7/2017, que regula de forma específica la resolución alternativa de litigios en materia de consumo. En caso de vacío normativo o acuerdo expreso entre las partes, la Ley 5/2012 podría aplicarse de forma subsidiaria, siempre respetando los principios de protección al consumidor.

No puede pasarse por alto que el artículo 36 del Reglamento presupone una colaboración entre empresa y consumidor para lograr negociar una solución consensuada. En consecuencia, más allá de admitir una propuesta de solución por parte de la empresa, resultará más eficaz establecer un proceso estructurado de naturaleza colaborativa donde canalizar las propuestas. En este sentido, la mediación permite a las partes construir una solución consensuada de manera dialogada, fomentando un ambiente menos adversarial. Además, la flexibilidad de la mediación es una ventaja, frente a la formalidad del arbitraje.

Otro de los factores importantes del éxito de la mediación como método de solución extrajudicial de conflictos son las habilidades y procedimientos utilizados por quienes ejercen las funciones de mediación de manera *profesional*. La supervisión profesional del proceso de negociación, de manera proactiva, implica una mayor eficacia y satisfacción de los intereses y necesidades de las partes en conflicto[19]. Hay que ser conscientes de que la mediación es un proceso informal y adaptable a las necesidades de las partes y en su propia definición puede observarse que tienen cabida muy diversas fórmulas. En todo caso, también hay que valorar la complementariedad que puede suponer la mediación respecto al arbitraje. La mediación no excluye el arbitraje, sino que puede integrarse como fase previa para facilitar acuerdos amistosos que luego se transformen en laudos conciliatorios.

Cuando el artículo 36 únicamente menciona la posibilidad de una solución consensuada propuesta unilateralmente por el empresario, pero no prevé de qué manera canalizar esa propuesta, pierde una valiosa oportunidad de lograr el objetivo del consenso. Por supuesto, debiera haberse previsto la intervención de un *tercero imparcial*, como exige la mediación dentro de un procedimiento estructurado de diálogo entre las partes, conforme a los principios recogidos en la Ley 5/2012 (artículos 6 a 9 sobre voluntariedad, imparcialidad y confidencialidad).

18 En su redacción original, quedaba excluido del ámbito de aplicación de la ley 5/2012, de 6 de julio la mediación en materia de consumo (artículo 2.2 d). Sin embargo, se suprime esta exclusión por la disposición final 7 de la Ley 7/2017, de 2 de noviembre.

19 VÁZQUEZ DE CASTRO, E.: «Contexto sobre la situación de los MASC y la mediación», en *Habilidades y procedimientos en la mediación: de la teoría a la práctica de los* MASC, (dir. E. Vázquez de Castro y L. García Villaluenga, coord. A. A. Estancona Pérez, ed. Aranzadi, 2.ª ed., Cizur Menor, 2024, pp. 17-40.

Desde luego, podría haberse matizado el principio de neutralidad sobre la base de que el mediador en materia de consumo debe *involucrarse* en el respeto de los derechos irrenunciables de los consumidores y usuarios. En una relación asimétrica en la que existe una normativa imperativa de carácter tuitivo, no procede aplicar el principio de neutralidad. En cambio, sería posible aplicar a esta mediación el resto de los principios que se encuentran recogidos en la Ley 7/2017.

En definitiva, si se introduce la mediación en materia de consumo existe la necesidad de tener presente la desigualdad entre las partes. Se tratará, entonces, de equilibrar la fuerza del consumidor y empresario teniendo siempre presente los derechos irrenunciables de los consumidores. La Ley 7/2017 establece principios como la voluntariedad, imparcialidad, transparencia, eficacia y equidad para garantizar la protección del consumidor en los procedimientos RAL. La neutralidad no aparece expresamente recogida, pero su función queda cubierta en gran medida por el principio de imparcialidad, que asegura la independencia y justicia del proceso. Esta omisión responde a la naturaleza específica de los procedimientos RAL, donde la función decisoria prevalece sobre el papel facilitador propio de otros sistemas como la mediación en el ámbito familiar o de naturaleza civil. Por este motivo, han de respetarse también los principios rectores que se proclaman en esta ley: independencia, imparcialidad, transparencia, eficacia y equidad.

Además, en los procedimientos RAL también se regulan dos aspectos que pueden parecer contrapuestos: la *confidencialidad* y la *publicidad* de los procedimientos de resolución alternativa de litigios (RAL). Ambos principios cumplen funciones diferentes y se aplican en fases y contextos distintos del sistema RAL, permitiendo garantizar tanto la protección de los derechos de las partes como la transparencia y accesibilidad del sistema. De esta manera, se equilibran los principios de confidencialidad y publicidad en los sistemas RAL. Mientras la confidencialidad garantiza el secreto profesional de quien actúa profesionalmente como mediador y el compromiso de las partes de no revelar información del proceso, asegurando el carácter reservado del procedimiento, la publicidad asegura la transparencia del sistema, permitiendo a los consumidores acceder a él con conocimiento y confianza. Estos principios, lejos de ser incompatibles, son complementarios y contribuyen a un sistema eficiente, justo y accesible para los consumidores.

Esta falta de previsión supone un déficit normativo, ya que limita las herramientas disponibles para alcanzar acuerdos en beneficio del consumidor. En consecuencia, debemos propugnar una propuesta de mejora normativa proponiendo incorporar expresamente la mediación dentro del procedimiento regulado en el artículo 36. Podría incluirse un apartado específico que regule la posibilidad de derivar las controversias a mediación previa antes de formalizar el procedimiento arbitral y contemplar expresamente la posibilidad de elevar el acuerdo alcanzado en mediación a laudo conciliatorio, asegurando así su carácter vinculante y ejecutivo.

Mientras tanto, debe concluirse que el artículo 36 del Reglamento del Sistema Arbitral de Consumo que pretende ofrecer una solución eficaz y flexible, queda muy insuficiente. Se aprecia esta pretensión de flexibilidad al prever que la propuesta consensuada del empresario pueda convertirse en un laudo conciliatorio con plena fuerza ejecutiva. No obstante, *la falta de una previsión expresa de la mediación representa una oportunidad desaprovechada para fomentar acuerdos más dialogados y colaborativos*.

Incorporar la mediación como fase previa al arbitraje reforzaría la eficacia del sistema y alinearía el Reglamento con los principios de la Ley 5/2012 y la Directiva 2013/11/UE, que promueven la mediación como un instrumento fundamental para la resolución de conflictos en materia de consumo.

3. Eficacia jurídica del laudo conciliatorio

El laudo conciliatorio, que surge como resultado de la aceptación por parte del consumidor de la solución consensuada propuesta por el empresario, constituye una *herramienta clave* dentro del Sistema Arbitral de Consumo. Este mecanismo se encuentra regulado en el artículo 36.3 del Reglamento del Sistema Arbitral de Consumo y en el artículo 37, que establece los efectos de los laudos arbitrales. Su eficacia jurídica se manifiesta cuando la solución propuesta por el empresario es aceptada por el consumidor: el acuerdo se formaliza como un laudo conciliatorio, que adquiere la misma fuerza vinculante y ejecutiva que una resolución judicial. Esto implica que ambas partes están legalmente obligadas a cumplir con los términos establecidos en el acuerdo, y en caso de incumplimiento, la parte afectada puede solicitar la *ejecución forzosa* del laudo conforme a lo dispuesto en el artículo 37 del Reglamento. Este carácter ejecutivo refuerza la protección del consumidor y garantiza la efectividad del procedimiento arbitral.

3.1. Seguridad jurídica

El reconocimiento del acuerdo como laudo conciliatorio proporciona seguridad jurídica a las partes implicadas. Para el consumidor, representa una garantía de que el acuerdo alcanzado será cumplido sin necesidad de recurrir a procedimientos adicionales. Asimismo, el empresario obtiene la certeza de que la solución consensuada queda respaldada por un título legal, evitando futuros litigios sobre el mismo conflicto. Este marco normativo asegura que las controversias queden definitivamente resueltas, brindando estabilidad a las relaciones comerciales.

3.2. Ahorro de recursos y tiempo

El laudo conciliatorio fomenta la *eficiencia procesal* al permitir la resolución de conflictos de manera rápida y económica. Este mecanismo evita que las partes deban someterse a un procedimiento arbitral completo, que podría implicar mayores costes y tiempos prolongados. El beneficio es especialmente significativo en conflictos de baja cuantía, donde recurrir a la vía judicial sería desproporcionado en términos de costes y esfuerzo. Al facilitar una solución temprana, el sistema contribuye a descongestionar los tribunales y optimizar los recursos disponibles.

4. El laudo conciliatorio como resultado del acuerdo y sus excepciones

El laudo conciliatorio se emite como resultado del acuerdo entre las partes cuando el consumidor acepta la propuesta de solución presentada por el empresario en el marco del arbitraje de consumo. Este laudo formaliza el acuerdo y lo convierte en un documento con carácter ejecutivo, poniendo fin al procedimiento. Sin embargo, el artículo 36.3 del Reglamento del Sistema Arbitral de Consumo contempla algunas *excepciones* que limitan la emisión del laudo:

Cumplimiento previo del acuerdo: si las partes ya han cumplido de manera efectiva con los términos del acuerdo consensuado antes de que se formalice como laudo, no es necesario emitir este título. En este caso, el procedimiento puede considerarse concluido sin más trámites, evitando duplicidades.

Renuncia conjunta de las partes al laudo: cuando ambas partes, de común acuerdo, deciden renunciar a la formalización del laudo conciliatorio, el procedimiento también se da por finalizado. Esta renuncia puede obedecer a razones prácticas o a la satisfacción mutua con el cumplimiento voluntario del acuerdo.

Estas excepciones demuestran la flexibilidad del sistema arbitral, que prioriza la resolución efectiva del conflicto sobre la rigidez de los procedimientos. Al mismo tiempo, garantizan que el laudo conciliatorio solo se emita cuando resulte necesario para respaldar legalmente el acuerdo alcanzado.

En definitiva, el laudo conciliatorio no solo fortalece la protección jurídica de las partes, sino que también contribuye a la rapidez y eficacia del Sistema Arbitral de Consumo, permitiendo resolver conflictos de forma satisfactoria y con la mínima intervención procesal posible. Las excepciones previstas aseguran que este instrumento se utilice de manera eficiente y adaptada a las necesidades concretas del caso.

IV. ARCHIVO DE LA SOLICITUD DE ARBITRAJE POR FALTA DE ACEPTACIÓN

El artículo 36 del Reglamento del Sistema Arbitral de Consumo regula el procedimiento en los casos en que no existe constancia de un convenio arbitral previo entre las partes. Cuando el empresario reclamado no acepta someterse al arbitraje dentro del plazo establecido, el reglamento prevé el archivo de la solicitud de arbitraje, cerrando así el procedimiento en esta instancia. Este archivo tiene consecuencias directas para las partes, ya que obliga al consumidor a recurrir a otras vías para defender sus derechos, garantizando al mismo tiempo el respeto al principio de voluntariedad que rige el sistema arbitral.

1. Obligación de traslado de la propuesta de solución

El reglamento establece la obligación de trasladar la solicitud de arbitraje al empresario reclamado, incluyendo, en su caso, la propuesta de solución consensuada planteada por el consumidor. Esta etapa es esencial, ya que permite al empresario evaluar si acepta someterse al arbitraje y/o responder con una propuesta alternativa que pueda resolver el conflicto antes de que el procedimiento avance o derive finalmente en un proceso judicial.

La normativa confiere al empresario un plazo de 10 días hábiles para aceptar o rechazar el arbitraje. Si no responde dentro de este periodo, se entiende que el arbitraje queda rechazado tácitamente, lo que conduce al archivo de la solicitud. Este proceso asegura la transparencia y ofrece al consumidor la oportunidad de explorar una posible resolución temprana, aunque no se logre materializar el arbitraje.

2. Inicio de la vía judicial

Cuando el arbitraje no se formaliza debido a la falta de aceptación del empresario, el consumidor conserva plenamente su derecho a recurrir a la vía judicial ordinaria. Esta garantía está en línea con el artículo 24 de la Constitución Española, que protege el derecho a la tutela judicial efectiva.

El archivo de la solicitud de arbitraje no constituye un obstáculo para el acceso a los tribunales, sino que deja expedita esta vía como alternativa. En este contexto, el consumidor puede optar por presentar su reclamación ante los órganos judiciales competentes, asegurándose de que sus derechos sean examinados y resueltos conforme a las garantías procesales.

El paso a la vía judicial puede implicar mayores costos y tiempos, pero también permite al consumidor buscar una solución definitiva en casos donde el arbitraje no resulta viable debido a la negativa del empresario. Esta dualidad de vías —arbitral y judicial— refuerza la protección de los derechos del consumidor, ofreciendo un sistema que combina flexibilidad y acceso efectivo a la justicia.

En conclusión, el archivo de la solicitud de arbitraje por falta de aceptación del empresario no solo respeta el principio de voluntariedad del sistema arbitral, sino que también asegura que el consumidor no quede en una posición de indefensión, al permitirle recurrir a la vía judicial ordinaria. Este equilibrio entre ambas instancias garantiza un marco legal justo y accesible para la resolución de conflictos.

Artículo 37. Inicio del procedimiento arbitral*

1. Formalizado convenio arbitral válido y constando la documentación completa y necesaria para la tramitación del procedimiento, la persona titular de la presidencia de la Junta Arbitral acordará el inicio del procedimiento arbitral.

El presidente de la Junta Arbitral de Consumo podrá acordar la acumulación de dos o más solicitudes de arbitraje en un mismo procedimiento, siempre que se trate del mismo empresario reclamado e idéntica pretensión, dando traslado a las partes de su decisión.

2. Acordado el inicio del procedimiento arbitral, se procederá a la designación del órgano arbitral que conocerá del litigio.

3. Serán notificadas a las partes, de forma individual o conjunta, la resolución o resoluciones en las que se acuerden las siguientes actuaciones:

a) La admisión a trámite de la solicitud si no hubiera sido notificada con anterioridad.

b) El inicio del procedimiento arbitral.

c) La designación del órgano arbitral.

4. Igualmente, y en caso de no haberse hecho con anterioridad, en la misma notificación anterior, o en otra diferente, se procederá a dar traslado de la solicitud de arbitraje al empresario reclamado, acompañándose del resto de la documentación aportada junto con la solicitud. En este acto, se otorgará al empresario un plazo de diez días hábiles para contestar a la solicitud de arbitraje, aportando los documentos y propuesta de pruebas de que intente valerse y formular, en su caso, reconvención a la pretensión.

En el mismo acto se podrá invitar al empresario a proponer una solución consensuada que ponga fin al litigio.

SUMARIO: I. Cuestiones preliminares. II. Aspectos formales. 1. Sucesión de notificaciones e inicio del procedimiento. 2. La posibilidad del acuerdo consensuado en el procedimiento arbitral. III. La perfección del convenio arbitral. 1. El convenio arbitral como contrato. 2. Forma del convenio. IV. El problema del plazo. 1. Falta de certidumbre del inicio del procedimiento. 2. Fijación del «*dies a quo*».

I. CUESTIONES PRELIMINARES

El artículo 37 del Reglamento que regula el Sistema Arbitral de Consumo aprobado por Real Decreto 713/2014, de 23 de junio (en adelante, el Reglamento), se encuadra dentro del Capítulo IV, que comprende lo relativo al

* Comentario realizado por **Nicolás Bárcena Suárez**.

procedimiento arbitral (artículos 31 a 45) y las actuaciones administrativas previas a la emisión y notificación del laudo arbitral (artículo 45 del Reglamento) que ponga fin al arbitraje.

La exposición de motivos destaca los principios generales que serán de aplicación a los procedimientos (carácter unidireccional, audiencia, contradicción, igualdad de las partes, gratuidad, confidencialidad y accesibilidad universal) recogidos expresamente en el artículo 31 del texto, sin detenerse en consideración alguna acerca de pretéritas legislaciones o los cambios operados con motivo de la novedosa regulación.

En este sentido, el RSAC 2024 únicamente se encarga de reseñar los hitos particulares por los que discurrirá el «*iter*» administrativo que divide en cuatro apartados: inicio, traslado de la documentación, audiencia y pruebas. Por tanto, nos encontramos en el corazón del funcionamiento específico de las Juntas Arbitrales de Consumo y las reglas de juego que determinarán el devenir del arbitraje.

II. ASPECTOS FORMALES

La novedosa regulación —en cuanto al inicio del procedimiento— guarda cierta similitud y algunas novedades con la precedente de 2008. De esta manera, el peso de la intervención recae sobre el presidente de la Junta Arbitral que es la figura llamada a acordar el inicio del proceso junto con una pluralidad de resoluciones que se desprenden del texto de una manera algo caótica.

A pesar de contar con una redacción bastante confusa, el artículo detalla una relación de acciones (acuerdos y notificaciones) expuestos de forma deslavazada. De esta manera, para que se acuerde el inicio del procedimiento únicamente se necesita un convenio arbitral válido y la documentación completa y necesaria. Este acuerdo inicial podrá ir acompañado de varias resoluciones que, según el caso, podemos ordenar de la siguiente manera:

a) Admisión a trámite de la solicitud

b) Inicio del procedimiento

c) Acumulación de dos o más solicitudes en un mismo procedimiento

d) Designación del órgano arbitral

e) Traslado de la solicitud al empresario reclamado otorgando plazo para contestar y reconvenir si fuese el caso

f) Invitación al empresario para proponer una solución de consenso

De algunos de estos acuerdos y resoluciones se indica expresamente que será el presidente de la Junta Arbitral el encargado de dictarlos (como es el supuesto del inicio del procedimiento y de la acumulación de acciones), sin embargo, la norma no resulta clara a la hora de determinar quién será el autor de las posteriores actuaciones. Genéricamente se emplean los formulismos de «se procederá» o «serán notificadas a las partes» pero sin especificar quién ha de realizar dichas acciones.

En una labor interpretativa del precepto podemos colegir que debe ser el mismo presidente quien sea el encargado ya que el propio artículo detalla que algunas de estas actuaciones podrán ser notificadas en la misma resolución, por tanto, no cabe pensar que emanen de órganos diferentes.

1. Sucesión de notificaciones e inicio del procedimiento

Al no establecerse un orden concreto de la sucesión de actos a notificar, el artículo comentado se ve forzado a aclarar cuestiones como las que describe el apartado 3.*a)* o el cuarto del precepto ¿Cómo podrían sino notificarse acciones tales como el inicio del procedimiento arbitral sin haberse admitido previamente la solicitud? O, en el mismo sentido ¿Sería posible notificar al empresario reclamado el inicio de un procedimiento frente a él sin darle traslado de la solicitud de arbitraje y de los hechos y pruebas en que se funde? En mi opinión, la redacción podría haberse simplificado y, con ello, haber reducido la complejidad del procedimiento.

Algunas de las novedades más relevantes son el acortamiento de los plazos para contestar a la solicitud de arbitraje que se reducen de 15 días a 10 días hábiles en el nuevo Reglamento. Otras cuestiones tratadas en el inicio del procedimiento del texto normativo de 2008 se encuentran diseminadas por el articulado del nuevo Reglamento como las atinentes a la competencia territorial, comprobación de la existencia de un convenio arbitral válido o la referencia a los plazos acerca de la inadmisión de la solicitud.

Sin embargo, a pesar de la denominación del propio artículo 37 como «inicio del procedimiento arbitral» cabe entender que el inicio se corresponde con la solicitud[1], lo que resulta más respetuoso con la Directiva 2013/11/UE del parlamento Europeo y del Consejo, de 21 de mayo de 2013, relativa a la resolución alternativa de litigios en materia de consumo y por la que se modifica el Reglamento (CE) n.º 2006/2004 y la Directiva 2009/22/CE y otorga mayor sentido a la sucesión de actuaciones que comprende el Reglamento en su Capítulo IV que comienza en el artículo 31.

2. La posibilidad del acuerdo consensuado en el procedimiento arbitral

El legislador establece varios momentos a lo largo del texto legislativo en los que las partes pueden llegar a un acuerdo consensuado con el que poner

1 Coincido, por tanto, con COLMENERO GUERRA, J.A.: «Reflexiones sobre el nuevo Reglamento que regula el sistema arbitral de consumo (RD 713/2024, de 23 de julio)», *La Ley. Mediación y arbitraje*, n.º 20, 2024, pp. 7 y, posteriormente, 19.

fin a la disputa[2]. En el artículo 37 se establece una invitación expresa al empresario para que haga una propuesta encaminada a una solución acordada, misma invitación que se encuentra en el artículo 36 y en el artículo 38 como «elevación a laudo conciliatorio del acuerdo alcanzado entre las partes». Si bien, en el artículo 36 se brinda la posibilidad ya que se indica que «se podrá invitar al empresario reclamado a proponer una solución que ponga fin al litigio».

A su vez, en el artículo 37 se entiende que es el propio presidente de la Junta Arbitral quien puede hacer esa propuesta, en el artículo 36 no queda del todo claro. Lo mismo sucede con el artículo 39.4 que, una vez más, insiste en «instar a las partes a alcanzar un acuerdo consensuado» pero sin indicar quien ha de hacer ofrecimiento o comunicación de ese recordatorio[3].

Por todo ello, parece prudente considerar beneficioso con el fin que pretende la norma aquí comentada que el legislador hubiese hecho una llamada[4] a la aplicación supletoria de la Ley 5/2012, de 6 de julio, de mediación en asuntos civiles y mercantiles que pudiese articular de mejor manera las constantes llamadas para terminar la disputa sin pasar por el procedimiento arbitral.

II. LA PERFECCIÓN DEL CONVENIO ARBITRAL

Cabe continuar este comentario con una precisión terminológica que no debería resultar extraña al legislador cuando se trata de redactar una norma que —de manera redundante— va a tener un contenido jurídico tan relevante. Como advertía el Prof. TOMILLO URBINA[5] el texto del Reglamento emplea

---

2 Cuestión que destacaba al analizar el Proyecto de Real Decreto por el que se regula el sistema arbitral de consumo el Consejo General del Poder Judicial (CGPJ) a la página 30, párr. 134 que puede consultarse en el siguiente enlace: https://www.poderjudicial.es/cgpj/es/Poder-Judicial/Consejo-General-del-Poder-Judicial/Actividad-del-CGPJ/Informes/Informe-sobre-el-proyecto-de-Real-Decreto-por-el-que-se-regula-el-Sistema-Arbitral-de-Consumo (última consulta 3 de diciembre de 2024).

3 Como destaca COLMENERO GUERRA, J.A.: «Reflexiones sobre el nuevo Reglamento que regula el sistema arbitral de consumo (RD 713/2024, de 23 de julio)», *La Ley. Mediación y arbitraje*, ob. cit, p. 8, al indicar que: «Es obvio que las «actividades conciliatorias», las realiza la JAC o el órgano arbitral. No hay regulación legal de dicha «conciliación», y desde luego no es actividad arbitral, y, dada la parquedad de la regulación, pensamos que más que una conciliación se trata de una mediación, y sobre ella si existe regulación legal, aplicable a los asuntos de consumo, pero no hay declaración de supletoriedad».

4 COLMENERO GUERRA, J.A.: «Reflexiones sobre el nuevo Reglamento que regula el sistema arbitral de consumo (RD 713/2024, de 23 de julio)», *La Ley. Mediación y arbitraje*, ob. cit, p. 8.

5 *Vid.* «Una aproximación al nuevo Reglamento del Sistema Arbitral de Consumo (RD 713/2024, de 23 de julio)», en *Noticias Jurídicas*, 8 de agosto de 2024, que puede consultarse aquí: https://noticias.juridicas.com/conocimiento/articulos-doctrinales/19480-una-aproximacion-al-nuevo-reglamento-del-sistema-arbitral-de-consumo-rd-713-2024-

con pertinaz insistencia la expresión de «formalización del convenio arbitral» para referirse a otro concepto jurídico como es el de perfeccionamiento del convenio. Esta distinción dista de ser un mero debate nominal ya que en el mundo del Derecho y, con mayor motivo, en la redacción de un texto legislativo, se ha de emplear un lenguaje técnico en el que los conceptos alcanzan un contenido singular debido al empleo de un lenguaje formal en el que las palabras describen precisas instituciones jurídicas que, a su vez, representan consecuencias diferentes dependiendo del *nomen iuris* que se emplee por el legislador.

Esta cuestión se arrastra desde el Real Decreto 636/1993, de 3 de mayo por el que se regula el sistema arbitral de consumo. En su Capítulo III ya desplegaba el articulado que trata acerca de la «formalización del convenio arbitral» en sus artículos 5 a 9 en la cual detallaba que el convenio arbitral quedaría formalizado con la presentación de la solicitud de arbitraje por el reclamante siempre y cuando dicha solicitud sea coincidente con el ámbito de la oferta pública de sometimiento al sistema arbitral de consumo.

Posteriormente, en el Real Decreto 231/2008, de 15 de febrero, por el que se regula el Sistema Arbitral de Consumo, cuando trata la cuestión del Convenio Arbitral (Artículo 24), también emplea la misma expresión coincidente con el Real Decreto de 1993 acerca de la formalización del convenio, aunque de manera menos insistente, pero de igual forma y sentido.

No es posible olvidar que el arbitraje de consumo forma parte de un régimen especial de arbitraje que es propio del Derecho mercantil[6]. Conviene, por tanto, detenerse en este apartado para hacer referencia a la naturaleza jurídica de los convenios, así como de los efectos que de ellos se despliegan y la conveniencia de emplear el perfeccionamiento como la manera jurídicamente correcta que debe emplearse para referirse a lo que el legislador denomina como la «formalización del convenio».

1. El convenio arbitral como contrato

En primer lugar, el convenio arbitral resulta ser un acuerdo de voluntades[7] del que son predicables los elementos esenciales del contrato (*ex* artí-

de-23-de-julio/, perfección que observa también Carrasco Perera, Á, en https://ga-p.com/publicaciones/atentos-a-las-adhesiones-al-sistema-arbitral-de-consumo-que-se-hubieran-formulado-como-limitadas/ (Consultados ambos enlaces el 15 de diciembre de 2024), también, acerca de la cuestión del perfeccionamiento del convenio escribe Colmenero Guerra, J.A.: «Reflexiones sobre el nuevo Reglamento que regula el sistema arbitral de consumo (RD 713/2024, de 23 de julio)», *La Ley. Mediación y arbitraje*, n.º20, 2024, p. 13.

6 García-Pita y Lastres, J.L.: *Derecho Mercantil de Obligaciones. Parte General*, ed. Marcial Pons, 2003, p. 612.

7 Virgós, M.: «El convenio arbitral en el arbitraje internacional», *Actualidad jurídica Uría Menéndez*, n.º14, 2006, p. 14.

culo 1261 del Código Civil), por tanto, su naturaleza jurídica es la de un contrato[8]. Esta distinción no resulta un mero capricho, sino que la propia Ley 60/2003, de 23 de diciembre, de Arbitraje (de aplicación supletoria al Reglamento en virtud de la disposición final segunda del Real Decreto 713/2024 que lo aprueba) en el apartado tercero de su Exposición de Motivos, indica: «*El título II regula los requisitos y efectos del convenio arbitral, sin perjuicio de la aplicación de las normas generales sobre los contratos en todo lo no específicamente previsto en esta ley*». No es esta la única llamada de la norma de arbitraje en que se haga referencia a la naturaleza contractual del convenio. Así, se desprende con claridad del articulado atinente al convenio arbitral y sus efectos (artículo 9 y siguientes), *pacta sunt servanda,* al artículo 11.1: «*El convenio arbitral obliga a las partes a cumplir lo estipulado (…)*», entre otros preceptos que perfilan esa esencia contractual del convenio arbitral.

En segundo lugar, la condición de consumidores y empresarios como los firmantes del convenio arbitral nos lleva forzosamente a las orillas del Derecho Privado y, con base en lo anteriormente explicado, nos encontramos con la concepción del contrato como una forma de convención o convenio[9] que plasmaba el artículo 973 del Proyecto de Código Civil de 1851 de la siguiente manera: «*El contrato es un convenio por el cual una o varias personas se obligan, respecto de otra o más, a dar alguna cosa o prestar algún servicio.*»

Pudiera pensarse que, debido a la naturaleza administrativa de las Juntas Arbitrales que se predica del artículo 4.1 del Reglamento, fuesen de aplicación normas de carácter jurídico-público tales como la Ley de Contratos del Sector Público, que en su artículo 36.1 indica que: «*Los contratos que celebren los poderes adjudicadores (...), se perfeccionan con su formalización*». Sin embargo, no nos encontramos ante materias susceptibles de aplicación de dicha Ley de Contratos del Sector Público ni ante poderes adjudicadores.

Por otro lado, es cierto que son de aplicación —junto con la Ley de Arbitraje— la Ley 39/2015, de 1 de octubre, del Procedimiento Administrativo Común de las Administraciones Públicas, y en la Ley 40/2015, de 1 de octubre, de Régimen Jurídico del sector Público, por mandato de la —ya citada— disposición final segunda del Real Decreto 713/2024.

La regulación de los convenios se encuentra en el Capítulo VI, artículos 47 y siguientes de la Ley 40/2015, que en su artículo 48.8 declara: «Los convenios se perfeccionan por la prestación del consentimiento de las partes», en línea con el artículo 1258 del Código Civil para los contratos. Por todo ello, la

8 Como indica GARCÍA-PITA Y LASTRES, J.L.: *Derecho Mercantil de Obligaciones. Parte General*, ob. cit, p. 585 y continúa exponiendo en la p. 586: «El Convenio arbitral constituye la *fuente* del arbitraje, es un verdadero negocio jurídico contractual, un «contrato» (el «contrato de arbitraje») y, en consecuencia, ha de reunir todos los requisitos de validez de todo contrato (…)».

9 *Vid.* GUTIÉRREZ FERNÁNDEZ, B.: *Estudios fundamentales sobre el Derecho Civil Español, Tratado de las Obligaciones*, primera edición, tomo cuarto, Madrid, 1869, pp. 14 y ss.

expresión de la coincidente voluntad de las partes nos lleva a su perfección obligando desde ese momento al cumplimiento de lo acordado.

2. Forma del convenio

El artículo 23 del Reglamento detalla el procedimiento acerca de la formalización del contrato y añade que dicho convenio «deberá constar por escrito», lo que indica que esta forma no resulta necesaria para su existencia, sino que es una manera[10] de realizar el pacto y acreditar, *ad probationem,* el contenido de este. A su vez, también cabe la posibilidad que adopte la forma de cláusula que se incorpora a un contrato. El propio Reglamento describe que dicho convenio arbitral «deberá expresar la voluntad de las partes». Dicha expresión de la voluntad coincidente en obligarse resulta de la definición misma de un contrato (*ex* artículo 1254 del Código Civil).

La forma del convenio goza de cierta flexibilidad siempre y cuando conste por escrito, ya que lo realmente importante es la constancia del acuerdo. Ejemplo de ello es la perfección que se alcanza por la mera solicitud que describe el artículo 23.4: «Se entenderá válidamente formalizado el convenio arbitral por la mera presentación de la solicitud de arbitraje si resulta acreditado que en ese momento el empresario utiliza o exhibe el distintivo público de adhesión al Sistema Arbitral de Consumo, sin existir oferta de adhesión previa o habiendo perdido esta sus efectos».

En este sentido, la redacción del Reglamento recuerda algunos apartados de la Ley de Arbitraje (artículo 9) que manifiesta la forma y contenido del convenio arbitral en la que la voluntad de las partes puede venir recogida en un único documento, varios o a través de una cláusula incorporada dentro de otro contrato[11].

3. La acumulación de dos o más solicitudes de arbitraje en un mismo y único procedimiento

La tramitación administrativa separada coronada por la acumulación jurisdiccional en aquellos casos en que hubiera una pluralidad de empresarios reclamados frente a un único consumidor reclamante, es una posibilidad excluida en el artículo 37.1.II RSAC. Se trata de una práctica desaconsejable[12]

10 En este sentido, ALBALADEJO, M.: *Derecho Civil II. Derecho de Obligaciones*, Duodécima Edición, Edisofer, Madrid, 2003, pp. 404 y ss.

11 ÁLVAREZ ALARCÓN, A.: *El Sistema Español de Arbitraje de Consumo*, ED. Ministerio de Sanidad y Consumo. Instituto Nacional de Consumo, 1999, p. 200.

12 Cfr., extensamente sobre el tema, TOMILLO, J.: «El problema de las solicitudes de arbitraje con varios empresarios reclamados», informe interno emitido por la Junta Arbitral de Consumo de Cantabria con fecha 11 de octubre de 2024.

que no era infrecuente en la actividad de algunas Juntas Arbitrales, en el entendimiento de que las plataformas de gestión interna permiten localizar las reclamaciones separadas para su posterior acumulación jurisdiccional, evitando así el desánimo que produce en el consumidor la variabilidad resolutoria, es decir, soslayando la posibilidad de emitir laudos que establezcan soluciones distintas para supuestos de hecho idénticos.

La idea puede ser interesante, al menos en apariencia. Piénsese, por ejemplo, en una solicitud de arbitraje interpuesta frente a tres reclamados (A, B y C) en la que:

a) el reclamado A está adherido al SAC por OPA, perfeccionándose el convenio con la mera solicitud del reclamante (art. 36.1 RSAC 2024)

b) el reclamado B no está adherido, pero sí acepta la solicitud de resolver el litigio a través del SAC en los 10 días hábiles de que dispone (art. 36.3 RSAC 2024)

c) el reclamado C no está adherido y se niega terminantemente a aceptar el arbitraje para resolver el litigio, en cuyo caso deberá dictarse resolución de archivo de la solicitud (art. 36.4 RSAC 2024)

Sin embargo, analizado el tema con mayor profundidad, puede verse cómo esta solución está llamada a colisionar frontalmente con el citado artículo 37.1.II RSAC 2024, a cuyo tenor: «El presidente de la Junta Arbitral de Consumo podrá acordar la acumulación de dos o más solicitudes de arbitraje en un mismo procedimiento, siempre que se trate del mismo empresario reclamado e idéntica pretensión, dando traslado a las partes de su decisión».

En los casos que ahora nos ocupan, puede que las pretensiones de la reclamación plural sean idénticas o puede que no. Pero nunca serán idénticos, por definición, los empresarios reclamados. El camino a explorar, por lo tanto, es el más ortodoxo procesalmente de la tramitación litisconsorcial. Será preciso tramitar un solo expediente comprobando respecto de cuál o cuáles de los varios reclamados existe convenio arbitral válido (art. 36.1) y respecto de cuál o cuáles de los varios reclamados resulta procedente dictar, en su caso, resolución de archivo (art. 36.4).

IV. EL PROBLEMA DEL PLAZO

1. Falta de certidumbre del inicio del procedimiento

La duración del procedimiento viene fijada en el artículo 45.1 del Reglamento: «El laudo será dictado y notificado a las partes en un plazo de noventa días naturales contados desde que se acuerde el inicio del procedimiento.» Esos 90 días señalados comienzan a contarse desde el inicio del procedimiento de acuerdo con el primer punto del artículo 37: «*Formalizado convenio arbitral válido y constando la documentación completa y necesaria para la tramitación del procedimiento, la persona titular de la presidencia de la Junta Arbitral acordará el inicio del procedimiento arbitral.»*.

Pues bien, dicho inicio del procedimiento queda pendiente de un trámite que puede dilatar el comienzo del procedimiento arbitral como relata el propio artículo al establecer: «*(...) y constando la documentación completa y necesaria para la tramitación del procedimiento*». La acreditación de la constancia e integridad de la documentación es un momento para el cual no existe previsión normativa, por tanto, la consecuencia habitual es la imposibilidad de fijar con certeza dicho momento inicial.

Esta falta de concreción viene avalada, a su vez, por el artículo 20.1 del texto de la Ley 7/2017, de 2 de noviembre, por la que se incorpora al ordenamiento jurídico español la Directiva 2013/11/UE, del Parlamento Europeo y del Consejo, de 21 de mayo de 2013, relativa a la resolución alternativa de litigios en materia de consumo, que establece la duración de los procedimientos de la siguiente manera: «El resultado del procedimiento se debe dar a conocer a las partes en un plazo máximo de noventa días naturales contados desde la fecha de la presentación de la reclamación o, en su caso, desde la fecha en que conste en soporte duradero que se ha recibido la documentación completa y necesaria para tramitar el procedimiento.» Por ello, una vez más, el legislador español —de manera exorbitante— incorpora una previsión de difícil control que resta certidumbre a la hora de establecer plazos concretos dentro del procedimiento de arbitraje.

2. Fijación del «dies a quo»

A su vez, ante la previsión normativa específica, no resulta de aplicación el artículo 27 de la ley de Arbitraje que establece el inicio de éste en la fecha en que el demandado haya recibido el requerimiento de someter la controversia a arbitraje. Así, la fijación del «*dies a quo*» llegará con el acuerdo adoptado por el presidente de la Junta Arbitral de Consumo, anudado o no al resto de decisiones en cascada que relata el artículo aquí comentado, pero podrá retener dicho acuerdo hasta la posesión efectiva de la documentación necesaria que no es posible fijar en este momento.

Alguna propuesta[13] que me permito dibujar para gozar de mayores garantías a la hora de controlar plazos —y la seguridad jurídica que dimana de ello— bien puede deducirse de simples disposiciones de uso habitual. En primer lugar, la documentación a aportar por los solicitantes del arbitraje ya viene descrita en el artículo 32.2.*e)* del Reglamento: «*Se aportará, asimismo,*

13 Resultan muy interesantes las reflexiones acerca del comienzo del procedimiento por parte de Colmenero Guerra, J.A.: «Reflexiones sobre el nuevo Reglamento que regula el sistema arbitral de consumo (RD 713/2024, de 23 de julio)», en *La Ley. Mediación y arbitraje*, ob. cit, p. 20.

cuanta documentación o pruebas sean necesarias para el conocimiento y solución del litigio». A su vez, existe un procedimiento específico de verificación del contenido de la solicitud de arbitraje que no excederá de los 10 días hábiles para una posible subsanación. A la vista de que exista dicha subsanación o no, se entiende que la documentación consta como completa y, por tanto, no existen obstáculos para determinar una fecha con detalle.

Una vez acordado el inicio comienza a contar el plazo para dictar el laudo, que, de acuerdo con el artículo 45.1 del Reglamento será de 90 días, con dos excepciones que refleja el artículo 45.2 y 3 (la especial complejidad y el laudo conciliatorio). Por todo ello, el inicio es un momento determinante sobre el cual las partes pueden tener alguna certeza acerca del tiempo que puede transcurrir.

Artículo 38. Elevación a laudo conciliatorio del acuerdo alcanzado entre las partes*

Alcanzado un acuerdo entre las partes, existiendo convenio arbitral válido, el órgano arbitral designado procederá sin más trámite, salvo que considere indispensable la práctica de alguna actuación, a dictar el laudo conciliatorio, siempre que no se dé alguna de las circunstancias previstas en el artículo 36.3.

SUMARIO: I. Consideraciones preliminares. II. Conciliación y mediación en el Sistema Arbitral de Consumo. 1. Acuerdos «*ex ante*» y «*ex post*» en el procedimiento arbitral. 2. La solución consensuada como «*tertium genus*». 2.1. Las dificultades. 2.2. Algunas soluciones. III. Plazo para dictar el laudo conciliatorio

I. CONSIDERACIONES PRELIMINARES

Las sucesivas llamadas a lo largo del texto del Reglamento para lograr una solución consensuada a la controversia surgida entre las partes encuentran su colofón en el artículo 38 con la elevación a laudo conciliatorio del acuerdo alcanzado. La figura del laudo conciliatorio es una denominación que surge en el ámbito del arbitraje de consumo[1] y es en el Reglamento actual donde se le dota de un artículo con contenido específico.

Para lograr la elevación a laudo el artículo 38 únicamente exige que las partes hayan alcanzado un acuerdo que manifieste su voluntad acerca de la solución alcanzada. A su vez, debe constar la existencia de un convenio arbitral válido y, finalmente, que no exista constancia de que el acuerdo ya hubiera sido cumplido por las partes o que estas hayan renunciado expresamente y de común acuerdo a esa posibilidad, tal y como describe el artículo 36.3 del Reglamento.

El laudo conciliatorio produce los efectos de cosa juzgada (*ex* artículo 43 de la ley de Arbitraje) frente al que solo cabe ejercitar la acción anulatoria, de ahí la importancia que destaca en varias ocasiones el Reglamento comentado acerca de la validez del convenio, puesto que un convenio no válido podrá ser motivo de impugnación. A su vez, podrá instarse la ejecución forzosa del laudo

* Comentario realizado por **Nicolás Bárcena Suárez**.

1 *Vid.* Álvarez Alarcón, A.: *El sistema Español de Arbitraje de Consumo*, Instituto Nacional de Consumo, 1999, p. 235.

conciliatorio de acuerdo con el artículo 44 de la Ley de Arbitraje, que encuentra su cauce procesal conforme dispone la Ley de Enjuiciamiento Civil.

II. CONCILIACIÓN Y MEDIACIÓN EN EL SISTEMA ARBITRAL DE CONSUMO

1. Acuerdos «ex ante» y «ex post» en el procedimiento arbitral

El crecimiento de los últimos años de la implementación de los sistemas de *Alternative Dispute Resolution* (ADR) ha propiciado una mayor flexibilidad a la hora de la solución de las disputas que pueden existir entre consumidores y empresarios. A su vez, el laudo conciliatorio se incorpora como otra propuesta menos formalista, más ágil y adaptada a la evitación del conflicto en cualquier momento del procedimiento.

En el artículo 12.4 del Real Decreto 363/1993 ya venía recogida la posibilidad de lograr un acuerdo en el trámite de audiencia que, posteriormente, sería contemplado en el laudo que se dictase. En este supuesto, era el propio colegio arbitral el que tenía una función potestativa de intentar la conciliación entre las partes. A su vez, este intento conciliador se producía *ex ante* del procedimiento arbitral propiamente dicho[2] y no durante todo el «*iter*» procedimental, como se desprende con claridad de varios preceptos del Reglamento vigente en la actualidad.

A pesar de lo dicho, entre las funciones de la propia Junta Arbitral [artículo 6 *f)*] se encuentra la posibilidad de «f) facilitar una solución consensuada entre el consumidor o usuario que presenta una solicitud de arbitraje y el empresario reclamado siempre que se considere objetivamente posible, con el fin de evitar el inicio del procedimiento arbitral». Por tanto, nos encontramos con una «función mediadora» de la Junta que ya venía recogida en el anterior Reglamento de 2008[3] y, en mi opinión, de una manera más sencilla y adecuada al poner de manifiesto la función mediadora alternativa al arbitraje que ejerce la Junta. Función, por otro lado, que simplemente se dibuja, pero no se detalla.

---

2 Tomillo Urbina, J.: «Realidad y futuro del sistema arbitral de consumo: Una aproximación crítica desde la experiencia cántabra», *Práctica Arbitral de Consumo. Selección de laudos comentados de la Junta Arbitral de Consumo de Cantabria*, Editorial Aranzadi, 2007, p. 50. También en la página 59 abogaba el Prof. Tomillo la posibilidad acerca de ampliar la posibilidad de mediación: «En este contexto, la mediación adquiriría una nueva dimensión e incrementaría sustancialmente su capacidad operativa. Podría rebasar el reducido campo actual delimitado por el laudo conciliatorio en la fase posterior a la designación del Colegio arbitral por el presidente de la Junta Arbitral, para extenderse a lo largo de toda la fase previa».

3 Artículo 6.f) del Reglamento de 2008: f) Asegurar el recurso a la mediación previa al conocimiento del conflicto por los órganos arbitrales, salvo que no proceda conforme a lo previsto en el artículo 38.

2. La solución consensuada como «tertium genus»

El rechazo del Reglamento respecto de los términos «conciliación» y «mediación» lleva al legislador a la creación de otro concepto, distinto y diferente a los anteriores, que talmente parece que le da pereza configurar. Por tanto, resulta indefinido y abierto dentro de los límites del Sistema Arbitral de Consumo.

2.1. Las dificultades

Las dificultades vienen de la modificación introducida en la Ley 5/2012, de 6 de julio, de mediación en asuntos civiles y mercantiles por la disposición final séptima de la Ley 7/2017, de 2 de noviembre, por la que se incorpora al ordenamiento jurídico español la Directiva 2013/11/UE, del Parlamento Europeo y del Consejo, de 21 de mayo de 2013, relativa a la resolución alternativa de litigios en materia de consumo. La supresión del párrafo *d)* del apartado 2 del artículo 2 incluye en el ámbito de aplicación de la Ley 5/2012 la mediación en asuntos de consumo, expresamente excluida en su texto original. Esto significa que la mediación en el arbitraje de consumo ya no figura entre las materias excluidas del ámbito de aplicación de la norma general.

Así las cosas, el hipotético procedimiento de mediación tendría que administrarse por un mediador con formación específica (art. 11 de la Ley 5/2012, de mediación en asuntos civiles y mercantiles[4]), condición que no se exige a los árbitros de consumo, cuyos requisitos de capacitación[5] son diferentes (art. 10 RSAC). Vigente el RSAC 2024, los órganos arbitrales únicamente pueden promover un acuerdo entre las partes («solución consensuada») que se recogerá mediante laudo conciliatorio, pero no se trata de una mediación en sentido técnico-jurídico.

2.2. Algunas soluciones

Es posible establecer dos momentos diferentes en los cuales poner fin a la controversia de manera consensuada. En un primer momento nos encontramos con esa actividad que intentará facilitar una solución antes de que se

---

4 Los números 2 y 3 del precepto establecen: «2. El mediador deberá estar en posesión de título oficial universitario o de formación profesional superior y contar con *formación específica para ejercer la mediación*, que se adquirirá mediante la realización de uno o varios cursos específicos impartidos por instituciones debidamente acreditadas, que tendrán validez para el ejercicio de la actividad mediadora en cualquier parte del territorio nacional. 3. El mediador deberá suscribir *un seguro o garantía equivalente que cubra la responsabilidad civil* derivada de su actuación en los conflictos en que intervenga».

5 Véase, para su desarrollo, la Resolución 2/2024, de 12 de noviembre, del Presidente de la Junta Arbitral de Consumo de Cantabria, por la que se establecen criterios en materia de acreditación, llamamiento, designación, abstención, recusación y retirada de la acreditación de los árbitros de consumo (Boletín Oficial de Cantabria núm. 228, de 25 de noviembre).

inicie el procedimiento arbitral y, posteriormente, el acuerdo alcanzado una vez sustanciado el procedimiento que podrá ser elevado a laudo conciliatorio. Del segundo momento —el acuerdo alcanzado dentro del procedimiento— tenemos cumplida información que detalla cómo se lleva a cabo, los hitos temporales y su eficacia. Sin embargo, de la función de alcanzar un consenso *ex ante* no tenemos más información en el Reglamento.

Sabemos que es una de las funciones de la Junta Arbitral, pero no existe mayor explicación acerca de la forma en que debe producirse[6]. En todo caso, no parece encontrarse dificultad para que las partes acudan a un mediador ajeno al Sistema Arbitral de Consumo, con lo cual hemos de considerar que se aplicará la Ley 5/2012, de 6 de julio, de mediación en asuntos civiles y mercantiles.

La figura del laudo conciliatorio venía recogida en su artículo 48.2 del Real Decreto 231/2008 de la siguiente manera: «[s]i durante las actuaciones arbitrales las partes llegan a un acuerdo que ponga fin, total o parcialmente, al conflicto, el órgano arbitral dará por terminadas las actuaciones con respecto a los puntos acordados, incorporando el acuerdo adoptado al laudo, salvo que aprecie motivos para oponerse». La norma de 2008 establecía también la posibilidad de mediación en el artículo 38 dentro del propio procedimiento arbitral. A su vez, el apartado segundo del mismo artículo establecía con claridad que la mediación se llevaría a cabo por la legislación que resulte de aplicación quedando registro de la intervención por el secretario de la Junta Arbitral.

De las diferentes regulaciones que han acompañado históricamente al sistema arbitral de consumo se desprende que la función conciliadora es una función que se reserva a los órganos arbitrales, distinta y diferente de la función mediadora atribuida a las Juntas[7]. La configuración que articula el nuevo Reglamento evita hablar de mediación[8] y emplea el término «solu-

---

6 *Vid.* COLMENERO GUERRA, J.A.: «Reflexiones sobre el nuevo Reglamento que regula el sistema arbitral de consumo (RD 713/2024, de 23 de julio)», *La Ley. Mediación y arbitraje*, n.º20, 2024, p. 29. También el informe del Consejo General del Poder Judicial al Proyecto de Real Decreto por el que se regula el sistema arbitral de consumo, p.18, § 84, advertía de esta circunstancia, preguntándose si «resultaría conveniente que la norma proyectada incorporara alguna previsión relativa a la forma de vehiculizar la intervención activa de la Junta tendente a la consecución del objetivo de la facilitación de una solución consensuada». Puede consultarse el mencionado informe en el siguiente enlace que se acompaña: https://www.poderjudicial.es/portal/site/cgpj/menuitem.65d2c4456b6ddb628e635fc1dc432ea0/?vgnextoid=1828adb3c345d810VgnVCM1000004648ac0aRCRD&vgnextchannel=3548f0433c33b510VgnVCM1000006f48ac0aRCRD&vgnextfmt=default&vgnextlocale=es_Es (última consulta 15 de diciembre de 2024).

7 MARCOS FRANCISCO, D.: «El arbitraje de consumo como medio extrajudicial de resolución de conflictos en la normativa española», *Revista de Derecho, Universidad Católica del Norte*, año: 18, núm. 1 (2011), p. 263.

8 *Vid.* TOMILLO URBINA, J.: «Una aproximación al nuevo reglamento del sistema arbitral de consumo (RD 713/2024, de 23 de julio)», en *Noticias Jurídicas*, 8 de agosto de 2024, que

ción consensuada» que puede referirse a cualquier sistema ADR, aunque, como hemos visto, si esa solución consensuada se alcanza una vez iniciado el procedimiento se le dará forma de laudo conciliatorio.

III. PLAZO PARA DICTAR EL LAUDO CONCILIATORIO

Para la elevación del acuerdo a laudo conciliatorio se necesita una validación previa del órgano arbitral, que deberá comprobar que dicho acuerdo es homologable con la legislación al efecto (especialmente cuestiones de orden público) y que conste adecuadamente la voluntad de las partes.

Resulta destacable que algunos preceptos de las normas precedentes resulten más claros y comprensibles en su redacción que en la norma actual, es por ello que, a pesar de la considerable reducción del articulado en el nuevo Reglamento, ello no significa una simplificación del procedimiento o, al menos, de su comprensión[9].

La redacción del presente artículo invita a pensar que, ante la presencia de un acuerdo entre las partes, el órgano arbitral «procederá sin más trámite» a dictar el laudo pretendido. El *«dictum»* del precepto parece anunciar la notificación del laudo de manera inmediata. Sin embargo, esa inmediatez del texto ha de interpretarse de acuerdo con el contenido del artículo 45.3 del Reglamento, donde se indica: «3. Si las partes logran una solución consensuada sobre todos los aspectos del litigio, el plazo para dictar el laudo conciliatorio será de un mes a contar desde el día siguiente a la notificación del inicio del procedimiento, siempre que en dicho momento el acuerdo hubiera sido conocido por el órgano arbitral o, en su defecto, desde la fecha en que este lo hubiera conocido».

La redacción de este apartado establece el plazo de un mes para dictar laudo conciliatorio y describe, de manera absolutamente innecesaria a mi forma de ver, dos momentos en los cuales establecer el cómputo de dicho plazo. Por un lado, se dispone de un mes desde el inicio del procedimiento arbitral siempre y cuando el acuerdo fuese conocido por el órgano decisorio. Por otro lado, se establece que si fuese en otro momento distinto del procedimiento se estará a la fecha en la que el —más que mencionado— órgano lo hubiera conocido.

---

puede consultarse en el siguiente enlace que se adjunta: https://noticias.juridicas.com/conocimiento/articulos-doctrinales/19480-una-aproximacion-al-nuevo-reglamento-del-sistema-arbitral-de-consumo-rd-713-2024-de-23-de-julio/ (Última consulta 15 de diciembre de 2024).

9 En este sentido, Martínez Espín, P.: «Análisis del Real Decreto 713/2024 sobre el sistema arbitral de consumo», *Revista Cesco de Derecho de Consumo*, n.º 51, 2024, p. 80, entiende que la regulación de 2024 contiene un enfoque más detallado del proceso, pero manifiesta que puede complicar la comprensión general para usuarios no especializados.

Todo ello nos lleva a pensar si no hubiera sido más sencillo establecer un apartado en el que se configurase el plazo de un mes desde el conocimiento del órgano arbitral de dicho acuerdo, o bien desde la adopción del acuerdo como *«dies a quo»* que contemplaba el Real Decreto 231/2008 para dictar el laudo conciliatorio[10].

Nada dice el RSAC 2024 acerca de si el órgano arbitral tendrá conocimiento del acuerdo por su mera intervención en el procedimiento y actuará de oficio, o si por el contrario será informado por las partes de dicha circunstancia para proceder a dictar el laudo conciliatorio. En cualquier caso, una vez sea conocida la existencia se procederá por el órgano arbitral en los términos indicados por el precepto.

Por tanto, en la legislación actual se hace un llamamiento constante a los diversos intentos de conciliar las posiciones enfrentadas que cristaliza en el laudo conciliatorio que se ofrece como una solución rápida, gratuita y eficaz. Así, se refuerza de esta manera la autonomía de la voluntad de las partes que es ejercitable, prácticamente, en cualquier momento del procedimiento arbitral.

10 En una redacción más sencilla y comprensible, el texto de 2008 se refería al cómputo de plazo en estos términos en el artículo 49.2: «Si las partes lograran un acuerdo conciliatorio sobre todos los aspectos del conflicto una vez iniciadas las actuaciones arbitrales, el plazo para dictar el laudo conciliatorio será de 15 días desde la adopción del acuerdo».

Artículo 39. Traslado de la documentación a las partes*

1. Las alegaciones contenidas en la contestación a la solicitud de arbitraje por el empresario reclamado, conforme a lo previsto en el artículo 36.2, párrafo primero y en el artículo 37.4 se integrarán, junto con la solicitud y la documentación aportada por las partes, en el procedimiento arbitral.

2. De todas las alegaciones, documentos y pruebas aportados al expediente por cada una de las partes en litigio, se dará traslado a la otra. Asimismo, se pondrán a su disposición cuantos dictámenes periciales o pruebas practicadas sirvan de fundamento en el laudo arbitral que ponga fin al procedimiento.

3. En cualquier momento del procedimiento, antes de que el órgano arbitral haya dictado el laudo según lo establecido en el artículo 44, se podrá instar a las partes a alcanzar un acuerdo consensuado.

I. INTRODUCCIÓN

Este artículo, de novedosa incorporación, destila un aroma procesal que consagra la legítima pretensión del conocimiento por las partes de cuantos documentos obren en las actuaciones, tanto de los contendientes, como de las actuaciones del órgano arbitral.

Como destaca el texto, ya existe un previo mandato en la norma para trasladar al reclamante la documentación de la que el reclamado intente valerse en caso de inexistencia de convenio: «(...) se dará traslado de la solicitud de arbitraje al empresario reclamado, otorgándole un plazo de 10 días hábiles para la aceptación o rechazo de la solicitud, debiendo aportar, en caso de aceptación de dicha solicitud, la contestación a ésta y adjuntar los documentos y propuesta de pruebas de que intente valerse en el procedimiento» (artículo 36.2 RSAC). También en el artículo 37.4 RSAC, que reitera este traslado de documentación al inicio del procedimiento: «se procederá a dar traslado de la solicitud de arbitraje al empresario reclamado, acompañándose del resto de la documentación aportada junto con la solicitud. En este acto, se otorgará al empresario un plazo de 10 días hábiles para contestar a la solicitud de arbitraje, aportando los documentos y propuesta de pruebas de que intente valerse y formular, en su caso, reconvención a la pretensión».

---

* Comentario realizado por **Nicolás Bárcena Suárez**.

Además, la aplicación supletoria de las leyes de procedimiento administrativo hace que se incorporen derechos previstos en su articulado para los interesados, tal como se desprende el artículo 53.1.*a)* de la Ley 39/2015, que establece: «Asimismo, también tendrán derecho a acceder y a obtener copia de los documentos contenidos en los citados procedimientos».

De este modo, aunque las previsiones que aquí se relatan sean comunes a los procedimientos en nuestro ordenamiento, su importancia es tal que pueden provocar el decaimiento del laudo que posteriormente se dicte y lograr su anulación[1]. Así las cosas, el texto del artículo deja patente la existencia de los principios de audiencia, contradicción e igualdad en el procedimiento arbitral de consumo.

II. DOCUMENTACIÓN QUE HA DE APORTARSE

Son, básicamente, dos tipos de documentación la que comprende el artículo 39. Por un lado, la solicitud de arbitraje, que se describe de manera generalista en el artículo 32.2 *e)* advirtiendo lo que sigue: «(...) Se aportará, asimismo, cuanta documentación o pruebas sean necesarias para el conocimiento y solución del litigio.» A su vez, en justa correspondencia con lo aportado por el solicitante del arbitraje, el empresario reclamado —si no existe convenio y acepta la solicitud— tendrá igualdad de armas al establecer el artículo 36.2.I *in fine* RSAC que, en caso de aceptación de dicha solicitud, deberá aportar la contestación a esta y adjuntar los documentos y propuesta de pruebas de que intente valerse en el procedimiento». Finalmente, el artículo 37.4 *in fine* RSAC añade a la posibilidad de formular reconvención si fuese el caso.

La relación de documentación que debe aportarse comprende escritos, pruebas y alegaciones de las partes, así como las diferentes resoluciones del órgano arbitral que constituyan decisiones o actos con relevancia para éstas. A su vez, no se especifican los medios a través de los cuales se va a formalizar el traspaso de documentación ni tampoco los plazos para su realización. De acuerdo con la Ley 39/2015, se estará a los artículos 41 y siguientes de dicha norma.

El propio artículo 8 *d)* de la Directiva de 2013 relativa a la resolución alternativa de litigios en materia de consumo expresa que, recibida una reclamación, se ha de notificar de inmediato a las partes «la recepción de todos los documentos con la información pertinente en relación con la reclamación». Por tanto, no solo es la expresión de un principio de transparencia básico, sino que va ligado a una necesidad de eficacia fundamental que el propio artículo refleja en su enunciado.

1 Álvarez Alarcón, A.: *El Sistema Español de Arbitraje,* Ministerio de Sanidad y Consumo, Instituto Nacional de Consumo, 1999, p. 92.

III. INFRACCIÓN Y CONSECUENCIAS

1. Comportamiento de las partes en el procedimiento

Es la propia Junta Arbitral, a través de sus árbitros, quien ha de velar por el cumplimiento de los principios consagrados en la norma. A su vez, también nos podemos encontrar con la falta de respuesta o, en definitiva, la «rebeldía procesal» de alguna de las partes que consten debidamente emplazadas y notificadas. Esta situación no supone vulneración alguna de los principios expresados, sino que es una manifestación de la voluntad y libertad de las partes a la hora de enfrentar el procedimiento arbitral.

Si, estando constituida formalmente la relación procedimental, alguna de las partes se abstiene conscientemente de aportar documentos, formular alegaciones o, incluso, decide no comparecer a la audiencia, se estará a lo que dispone el artículo 43.1 del Reglamento: «1. La no contestación, inactividad o incomparecencia injustificada de las partes en cualquier momento del procedimiento arbitral, incluida la audiencia, no impedirá que se dicte el laudo, ni privará de eficacia a este, siempre que el órgano arbitral pueda decidir el litigio con los hechos y documentos que consten en la solicitud de arbitraje y su contestación».

Además, como ya ha sido advertido[2] por el Prof. TOMILLO URBINA, esa actitud «rebelde» frente al procedimiento arbitral no constituye un allanamiento a las pretensiones de la otra parte, tal y como describe el artículo 43.2 RSAC: «2. El silencio, la falta de actividad o la incomparecencia de las partes no se considerará como allanamiento o admisión de la pretensión o de los hechos alegados por la otra parte».

2. Prevención de la indefensión

La presentación de las alegaciones por las partes supone la manifestación de algunos de los principios que inspiran el procedimiento ante la Junta Arbitral de Consumo, en concreto los principios de contradicción, audiencia e igualdad entre las partes. La privación al reclamante o reclamado de poder aportar los documentos en los que funde sus pretensiones, así como las alegaciones pertinentes para argumentar o defenderse, coloca a dicha parte en una situación de indefensión que repugna al ordenamiento jurídico. Al tratarse de una cuestión de orden público[3] sería susceptible de aplicación la acción anulatoria del laudo basada en el artículo 41.1 *f)* de la Ley de Arbitraje.

---

2 *Vid*, TOMILLO URBINA, J.: «Una aproximación al nuevo reglamento del sistema arbitral de consumo (RD 713/2024, de 23 de julio)», en *Noticias Jurídicas*, 8 de agosto de 2024, que puede consultarse en el siguiente enlace que se adjunta: https://noticias.juridicas.com/conocimiento/articulos-doctrinales/19480-una-aproximacion-al-nuevo-reglamento-del-sistema-arbitral-de-consumo-rd-713-2024-de-23-de-julio/ (última consulta 15 de diciembre de 2024).

3 STC núm. 46/2020, de 15 de junio, FJ 4.º: «Es jurisprudencia reiterada de este Tribunal la de que, por orden público material se entiende el conjunto de principios jurídicos, priva-

Estos principios relatados encuentran su fundamento en el extenso «paraguas» que comprende el artículo 24 de la Constitución. Así, la tutela judicial efectiva se engloba a través de un proceso con todas las garantías en el cual se permita la intervención en el procedimiento, la realización de alegaciones para contradecir las realizadas por la otra parte y, finalmente, que las partes implicadas tengan las mismas armas para defender sus posturas[4].

Se entiende que esta obligación de hacer efectivos los principios que inspiran el Sistema Arbitral de Consumo corresponde a los órganos arbitrales que, a su vez, deberán ser los garantes de que se produzca el efectivo traslado de documentaciones mediante el sistema de notificaciones que se contempla en la normativa administrativa de la Ley 39/2015.

Cabe preguntarse acerca de si la prevalencia en nuestro ordenamiento de los principios aquí relatados no hubiese sido suficiente a la hora de plantearse la necesidad de redacción del precepto. Dicho con otras palabras, la configuración del sistema arbitral bajo las premisas del arbitraje y las normas administrativas establecen con largueza la protección de los principios inspiradores. Por lo tanto, podría haberse simplificado la redacción del citado artículo limitándose a contemplar el derecho al traslado de documentación, la contradicción y la igualdad de armas.

En este sentido, la Ley de Arbitraje establece en su artículo 24 los principios de igualdad, audiencia y contradicción de la siguiente manera: «Deberá tratarse a las partes con igualdad y darse a cada una de ellas suficiente oportunidad de hacer valer sus derechos». Así, de una manera más clara y sencilla podemos decir que se otorga la misma protección a ambas partes.

Finalmente, el tercer apartado del artículo 39 es una cláusula recurrente a lo largo del texto del Reglamento que podría estar en cualquiera de los artículos de la norma. El acuerdo que se sustancie durante el procedimiento deberá ser puesto en conocimiento del órgano arbitral que, en el plazo de un mes, podrá elevar a laudo conciliatorio. Me remito al comentario del artículo 38 para mayor conocimiento de esta figura y sus consecuencias.

---

dos, políticos, morales y económicos que son absolutamente obligatorios para la conservación de la sociedad en un pueblo y en una época determinada (SSTC 15/87, 116/88 y 54/89) y, desde un punto de vista procesal, el orden público se configura como el conjunto de formalidades y principios necesarios de nuestro ordenamiento jurídico procesal y solo el arbitraje que contradiga alguno o algunos de tales principios podrá ser tachado de nulo por vulneración del orden público. Puede decirse que el orden público comprende los derechos fundamentales y las libertades garantizados por la Constitución, así como otros principios esenciales indisponibles para el legislador por exigencia constitucional o de la aplicación de principios admitidos internacionalmente».

4 *Vid.* Álvarez Alarcón, A.: *El Sistema Español de Arbitraje*, Ministerio de Sanidad y Consumo, Instituto Nacional de Consumo, 1999, pp. 93 y ss.

Artículo 40. Reconvención del empresario y modificación de la pretensión por el consumidor o usuario*

1. El empresario reclamado podrá proponer reconvención a la solicitud de arbitraje en el momento de contestación a esta.

2. La reconvención solo podrá ser admitida por el órgano arbitral si existe conexión con la pretensión del consumidor. Admitida la reconvención, se otorgará a la persona reclamante un plazo de siete días hábiles a contar desde el día siguiente a su notificación para presentar alegaciones.

3. En cualquier momento, en el curso de las actuaciones arbitrales, el consumidor podrá modificar o ampliar la pretensión recogida en la solicitud, a menos que el órgano arbitral lo considere improcedente por razón de la demora con que se hubiere efectuado.

4. El empresario dispondrá de un plazo de siete días hábiles a partir del día siguiente a la notificación de la modificación o ampliación de la pretensión para dar contestación o, en su caso, proponer reconvención sobre la pretensión que haya sido modificada o ampliada, garantizándose, en todo caso, el principio de audiencia y contradicción de las partes, fijándose si fuera necesario una nueva fecha para la celebración de la audiencia, o una nueva audiencia en caso de que ya se hubiera celebrado con anterioridad.

5. La inadmisión de la modificación sustancial de la pretensión inicial o de la reconvención se recogerá en el laudo que ponga fin al procedimiento, debiendo ser fundamentada.

---

* Comentario realizado por **Julio Álvarez Rubio**.

I. PRINCIPALES NOVEDADES

1. Restricción subjetiva de la legitimación modificadora de la pretensión

Una de las novedades más reseñables introducidas por la norma es la que se deduce del propio título del precepto, que, de manera sutil pero muy procedente, restringe, como no podía ser de otra forma, la posibilidad de modificar la pretensión al consumidor, a diferencia de que lo hacía el ya derogado artículo 43 RD 231/2008, que señalaba, tanto en su título, como, de forma expresa, en su número primero, que «las partes podrán modificar o ampliar la solicitud y la contestación». Desde el punto de vista de la técnica jurídica esta modificación supone, sin duda, un avance de cara a clarificar la natural unidireccionalidad del procedimiento[1]. Cierto es que el número 4 del artículo permite al empresario, como no podía ser de otra manera, disponer de un plazo de 7 días hábiles a partir del día siguiente a la notificación de la modificación o ampliación de la pretensión para dar contestación o, en su caso, proponer reconvención sobre la pretensión que haya sido modificada o ampliada, si bien esta facultad habrá de verse limitada, como se va a comentar en las siguientes líneas, por la necesaria conexión con la pretensión del consumidor, la cual, ya anticipamos, debería de ser interpretada restrictivamente.

---

1 En relación sobre la ruptura del principio procesal de dualidad de posiciones o sobre la excepción a la prohibición de la *mutatio libelli* que comporta la norma analizada, valga, por todos, el párrafo que, al efecto, publica CORDÓN: «Nuestros tribunales habían obviado con frecuencia la norma de la Ley de Arbitraje, aplicando al procedimiento arbitral general la doctrina sobre la prohibición de la *mutatio libelli* vigente en el proceso civil (por ejemplo, STSJ Islas Canarias (Las Palmas) de 9 de julio de 2012 (AC 2012/1387). Sin embargo, tal postura, claramente *contra legem*, desconoce que la conveniencia de estructurar el procedimiento arbitral sobre la base de la dualidad de posiciones (demandante y demandada) propia del proceso civil, a que se refiere la Exposición de Motivos de la Ley de Arbitraje, no significa que sean aplicables a esta institución los principios que rigen en aquél en la fase de alegaciones; por el contrario, siguiendo el criterio de la Ley Modelo (cfr. su art. 23), los mismos resultan sustancialmente modificados; en especial, «la función de la demanda y de la contestación a que se refiere el artículo 29 no es sino la de ilustrar a los árbitros sobre el objeto de la controversia, sin perjuicio de alegaciones ulteriores», porque en el arbitraje el objeto de aquélla (de la controversia) puede delimitarse progresivamente. En consecuencia, no entran aquí en juego las reglas propias de los procesos judiciales y, en lo que ahora interesa, los escritos de alegaciones no delimitan el objeto de la controversia de forma que ésta no pueda modificarse con posterioridad (prohibición de la *mutatio libelli*, prevista para el proceso civil en el art. 412 LEC)». CORDÓN, F.: «Dos cuestiones sobre el nuevo procedimiento arbitral previsto en el Reglamento que regula el Sistema Arbitral de Consumo, aprobado por Real Decreto 713/2024, de 23 de julio», en https://ga-p.com/publicaciones/dos-cuestiones-sobre-el-nuevo-procedimiento-arbitral-previsto-en-el-reglamento-que-regula-el-sistema-arbitral-de-consumo-aprobado-por-real-decreto-713-2024-de-23-de-julio/ (*web* consultada el 30 de diciembre de 2024).

2. Restricción temporal de la presentación de la reconvención

Nótese, además, que la regulación derogada, al plantear la reconvención dentro de esa general posibilidad de modificar o ampliar la solicitud y la «contestación», permitía que la reconvención se presentase «en cualquier momento antes de la finalización del trámite de audiencia», lo que, obviamente, resultaba letal para la seguridad jurídica que se espera de un procedimiento como el ahora analizado, que habiendo de ofrecer especiales garantías a la parte más débil, que no es otra que el consumidor o usuario que acude al arbitraje en la esperanza de una solución rápida y gratuita a su conflicto, permite que aquél se encuentre con una reconvención que, además de inesperada, puede resultar claramente extemporánea.

La nueva norma, por el contrario, y asumiendo el principio general consagrado en el artículo 406.1 de la LEC, precisa que el empresario sólo puede plantear reconvención en el momento de contestar a la solicitud de arbitraje, distinguiendo de nuevo entre esta singular acción de respuesta y la opción que el consumidor tiene de modificar su pretensión, la cual, como ya se ha señalado, sí puede darse en cualquier momento del procedimiento, «a menos que el órgano arbitral lo considere improcedente por razón de la demora con que se hubiere efectuado», prevención que resulta lógica a efectos de evitar actuaciones claramente extemporáneas.

3. Supresión de algunas referencias generales

Desaparece, por obvia, la referencia a materias no susceptibles de arbitraje como causa de inadmisión de la reconvención. La aplicación de la norma general es evidente, por lo que su reiteración respecto de este particular supuesto resulta absurda. No obstante, y por el mismo motivo, tampoco parece adecuado referir la vigencia de los principios de audiencia y contradicción ya consagrados en el artículo 31.2 RSAC, cosa que sí hace el precepto, lo que evidencia cierta incongruencia respecto de la filosofía que debiera de imbuir la reforma.

4. Reestructuración de plazos y exigencia de motivación de las inadmisiones

Otra de las novedades es el establecimiento del plazo de 7 días hábiles en favor del empresario, bien para contestar a la modificación o ampliación de la pretensión, bien para reconvenir, plazo que no se explicitaba en la norma derogada y que, por tanto, resulta positivo para clarificar el procedimiento.

Lo que no resulta tan positivo es la reducción que se produce en relación con el plazo de que disponía el consumidor para contestar a la reconvención, pasando éste de 15 a 7 días hábiles. Si bien pudiera defenderse en pro de una mayor rapidez en el procedimiento e, incluso, de una equiparación con el plazo concedido al empresario, lo cierto es que, en un contexto en el que el consumidor no se encuentra normalmente asistido de letrado, una reducción de esta índole puede perjudicar seriamente las expectativas del consumidor medio, que ha responder, de forma inesperada y en un plazo muy breve, a un requerimiento formulado, en la mayoría de los casos, por un profesional jurídico y que puede multiplicar la cuantía o incrementar la complejidad del asunto de forma muy severa[2]. No hay que olvidar, y mucho más en este singular sistema de resolución alternativa de conflictos, que sí algo caracteriza a la relación entre consumidor y empresario es la asimetría, por lo que reducir este plazo sobre la base de una eventual igualdad resulta carente de sentido y, lo que es peor, desvirtúa la naturaleza tuitiva del sistema.

Pero, además, la «coartada» de la igualdad ni siquiera se sostiene cuando se observa que el artículo 36.2 de la nueva norma concede al empresario un plazo de 10 días hábiles para la aceptación o rechazo de la solicitud de arbitraje, en el supuesto de que no existiese convenio arbitral válidamente perfeccionado. Es este y no otro el plazo que hubiera de haberse manejado a efectos de calibrar una eventual igualdad entre las partes, pues para el consumidor, como para el empresario en esta situación, la pretensión planteada por el empresario en la reconvención es la primera noticia que él tiene de una posible acción en su contra y no una mera modificación o ampliación, frente a la que el reclamado puede reaccionar con mucha más facilidad que el consumidor, en todo caso.

Así, la reducción del plazo no sólo no equipara los tiempos de respuesta de empresario y consumidor, sino que consagra una desigualdad especialmente sangrante en el seno de un procedimiento que hubiera debido de atender, prioritariamente, a la salvaguarda de los derechos del reclamante[3].

Por último, el número 5 del nuevo precepto exige que tanto la inadmisión de la reconvención como de la modificación sustancial de la pretensión inicial se recojan en el laudo, demandando, en ambos casos, una motivación expresa de la decisión adoptada, fundamentación que no se requería en la norma derogada.

---

2 No es de extrañar que el consumidor, al observar la gravedad de la reconvención, tenga que acudir, de forma sobrevenida, a un profesional jurídico que habrá de presupuestarle sus servicios a la luz de los hechos, lo que supone, sin duda, una dilación a costa del tiempo de respuesta disponible.

3 Cordón, F.: «Dos cuestiones sobre el nuevo procedimiento arbitral... (*web* consultada el 30 de diciembre de 2024) afirma, al hilo de esta cuestión, que este diferente término temporal modifica el principio de igualdad de plazo previsto con carácter general en el proceso civil (art. 407.2 Lec).

II. LA RECONVENCIÓN COMO INSTITUCIÓN «SINGULAR» EN EL SENO DEL PROCEDIMIENTO

1. La unidireccionalidad como principio y la posibilidad de renuncia del consumidor al procedimiento que él mismo inició

Conviene recordar que la nueva norma reitera, entre los principios generales del arbitraje de consumo, aquel que señala que «el procedimiento arbitral de consumo tiene carácter unidireccional, en el sentido de que únicamente los consumidores y usuarios podrán presentar solicitudes de arbitraje con el fin de que sus litigios de consumo sean resueltos mediante este procedimiento» (art. 31.1 RSAC). Y, si bien la reconvención no supone, desde el punto de vista formal, una ruptura del principio referido, lo cierto es que, materialmente, puede suponer, para el consumidor que accede al arbitraje, una *alteración extraordinaria y sobrevenida del escenario*, que pudiera colocarle en una situación de singular desprotección, similar, de hecho, a la que pudiera darse ante el planteamiento de un *petitum* nuevo e inesperado[4].

Y a pesar de que la doctrina defiende la presencia de la institución en el procedimiento, sobre la base de principios como la economía procesal o el no fraccionamiento de la controversia[5], lo cierto es que la especial natura-

---

4 Algunos autores entienden incluso, en posturas más que defendibles, que la reconvención sí altera la naturaleza unidireccional del sistema: «Si se tiene en cuenta que la reconvención no es un medio de defensa, sino que supone el ejercicio de una pretensión nueva del empresario frente al consumidor, de la que se debe dar traslado a este para que se defienda, puede sostenerse que su admisibilidad constituye una excepción al carácter unidireccional («únicamente los consumidores y usuarios podrán presentar solicitudes de arbitraje») del procedimiento arbitral de consumo (art. 31.1 del Reglamento y antes, art. 3.2, b) de la Ley 7/2017, de 2 de noviembre, por la que se incorpora al ordenamiento jurídico español la Directiva 2013/11/UE, del Parlamento Europeo y del Consejo, de 21 de mayo de 2013, relativa a la resolución alternativa de litigios en materia de consumo, que excluye de su ámbito de aplicación «los procedimientos de resolución alternativa de litigios iniciados por los empresarios contra los consumidores»)». CORDÓN, F.: «Dos cuestiones sobre el nuevo procedimiento arbitral... (*web* consultada el 30 de diciembre de 2024). Asimismo, El CGPJ, en su *Informe sobre el proyecto de Real Decreto por el que se regula el Sistema Arbitral de Consumo*, de 25 de enero de 2024, p. 32, entiende la reconvención como una clara excepción: «Esta naturaleza unidireccional, que es plasmada como un principio general del procedimiento, parece quedar excepcionada con la regulación de la reconvención, en tanto la decisión de que un concreto conflicto sea resuelto por el sistema de arbitraje de consumo, no tiene su origen, en el caso de la reconvención, en una decisión del consumidor o usuario, sino contrariamente en una decisión del empresario».

5 No nos parece acertado, por el contrario, defender la reconvención sobre la base del fomento de la adhesión (así MARÍN LÓPEZ, M. J. «La reconvención en arbitraje de consumo, y la posibilidad del consumidor reconvenido de desistir del procedimiento», en *Revista Cesco de Derecho de consumo*, 28 de noviembre de 2014, https://www.centrodeestudiosdeconsumo.com/images/ARBITRAJE/47al.pdf (*web* consultada el 27 de diciembre

leza del sistema requiere una muy cuidadosa gestión de esta posibilidad, a fin de evitar injusticias materiales que pudieran lastrar de forma sensible la filosofía que subyace en este muy singular ADR.

La cuestión ha de centrarse en si, una vez formulada la reconvención, el consumidor puede o no retirar libremente su pretensión inicial y, de esa forma, liberarse del arbitraje al que, no hay que olvidarlo, voluntariamente se sometió. Esta y no otra es la clave del comentario que se va a realizar, pues sólo de esta forma el consumidor podría resultar indemne ante la formulación de reconvenciones imprevistas y, en ocasiones, ciertamente desproporcionadas.

Y no resulta fácil dar respuesta a esta compleja cuestión. Así, durante la vigencia del viejo RD 636/1993, se admitía la reconvención a pesar de no encontrarse ésta expresamente prevista en la norma, resultando, por aplicación analógica del antiguo artículo 9.1, que, si ésta se producía, el consumidor podía «aceptarla o rechazarla», suponiendo esta segunda posibilidad el fin del procedimiento, incluyéndose naturalmente la frustración de su reclamación inicial[6].

De manera más clara se pronunciaba el Borrador de Regulación de la Mediación y el Arbitraje de Consumo presentado por el Grupo de Trabajo del antiguo Instituto Nacional del Consumo en junio de 2006, previo al Real Decreto recién derogado, el cual, tras admitir expresamente la posibilidad de reconvención y la existencia de un plazo en favor del consumidor para presentar alegaciones, establecía, en su artículo. 27.III, que «durante este plazo el reclamante podrá desistir de su solicitud de arbitraje y acudir a los tribunales ordinarios»[7].

Sin embargo, la redacción definitiva del Real Decreto 231/2008, de 15 de febrero, por el que se regula el Sistema Arbitral de Consumo, nada dice en relación con la posibilidad de rechazar la reconvención, poniendo así fin al procedimiento. Este silencio le sirve a parte de la doctrina para rechazar esta posibilidad. Sin embargo, el no pronunciamiento de la norma no debería de bastar para excluir esta hipótesis, de la misma forma que tampoco sirvió la ausencia de referencia expresa en la norma del 93, ya no para aceptar, por vía analógica, la posibilidad de rechazo de la reconvención, sino para admitir esta misma institución, de la que nada se decía en el Real Decreto. La propia esencia del sistema, la situación de natural vulnerabilidad del consumidor o la aplicación transversal del principio *pro consumatore* deberían de servir, aún al margen de referencia explícita alguna, para defender esta opción.

---

de 2024), p. 1. Los riesgos que esta institución plantea no compensan, en absoluto, un eventual incremento de los empresarios adheridos.

6 Marín López, M. J.: «La reconvención en arbitraje...», p. 2.

7 Marín López, M. J.: «La reconvención en arbitraje...», p. 2.

No obstante, y si bien la nueva norma no contempla expresamente que el consumidor pueda renunciar al procedimiento a la vista de la reconvención formulada, una adecuada interpretación del artículo 44.2 *d)* RSAC, sí avalaría, en nuestra opinión, tal posibilidad. Así, este precepto contempla, como uno de los supuestos de terminación de actuaciones y emisión del laudo arbitral, aquel en que la persona reclamante desista de su solicitud, a menos que el reclamado se oponga a ello y el órgano arbitral le reconozca un interés legítimo en obtener una solución definitiva del litigio. Este supuesto no se contemplaba en el RD de 2008, cuyo artículo 48.3 *b)* exigía el acuerdo de ambas partes para dar por terminadas las actuaciones.

Por lo tanto, la nueva norma, debidamente interpretada, y a la luz de los principios antes aludidos, sí debería de permitir al consumidor reconvenido liberarse del procedimiento que voluntariamente inició, sin mayor dificultad, pues el interés legítimo en obtener una solución definitiva del litigio que se requiere al reclamado para fundamentar su oposición a tal hecho no debiera de servir, en ningún caso, para forzar a la parte en situación de natural subordinación a mantenerse en un procedimiento esencialmente voluntario y unidireccional, más aún cuando al reclamado le quedará siempre expedita la vía judicial, por lo que sus intereses no se verán perjudicados[8].

2. La voluntariedad del arbitraje y el consentimiento del consumidor

Abundando en las consideraciones realizadas anteriormente, resulta oportuno evidenciar cómo la negativa a aceptar la posibilidad del consumidor de desistir del procedimiento, una vez conocida la reconvención, supondría no sólo la desnaturalización de un procedimiento basado en la unidireccionalidad, sino, de forma muy señalada, el enervamiento del *principio de voluntariedad* que caracteriza al sistema[9], propiciando, además, una paradójica desigualdad en relación con la posición del empresario en determinados supuestos que ahora van a ser objeto de comentario.

En efecto, en la Exposición de motivos del nuevo Reglamento de 2024, de forma expresa, se alude, como no podía ser de otra manera, a la voluntariedad del arbitraje de consumo, la cual ha de garantizarse mediante la sumisión libre de las partes al sistema, a través de la perfección del correspondiente

8 En este mismo sentido se manifiesta el *Informe sobre el proyecto de Real Decreto por el que se regula el Sistema Arbitral de Consumo*, del CGPJ, ya citado, en sus pp. 31, 32 y 40. En contra, sin embargo, MARTÍN FRANCISCO, D.: *El arbitraje de consumo en el nuevo reglamento: ¿Adecuación y eficiencia?*, Valencia, 2025, p. 98, quien considera, sin matices, que, cuando la empresa desea continuar el procedimiento, siempre se ha de apreciar el interés legítimo que demanda la norma.

9 Sobre la voluntariedad, ver MARCOS FRANCISCO, D., *El arbitraje de consumo y sus nuevos retos*, Valencia, 2010, pp. 152 y ss.

convenio. Pues bien, al margen de aquellos casos en los que el empresario suscribe una oferta pública de adhesión, éste va a disponer de un plazo de 10 días hábiles para decidir, una vez conocida la reclamación del consumidor, de forma libre e informada, si presta o no su consentimiento para formalizar el oportuno convenio. Es decir, el empresario, la parte naturalmente fuerte de la relación, conocerá, salvo aquellas modificaciones sobrevenidas que, por lo general, no suelen resultar relevantes, el objeto concreto de la *litis* antes de decidir si acepta o no el arbitraje, pudiendo, como es obvio, rechazar el mismo incluso mediante su silencio. Por el contrario, el consumidor, tras presentar su reclamación, puede encontrarse con una reconvención desproporcionada, tanto desde el punto de vista cuantitativo como material, que *alterará radicalmente el objeto de la controversia*, manteniéndole atado a un procedimiento que inició voluntariamente sobre la base de un consentimiento que, muy probablemente, de haberse conocido la reconvención, no se hubiera prestado en ningún caso. He aquí la paradoja: en estas circunstancias, sin duda, el empresario presta su consentimiento con mayores garantías que el consumidor, con mayor certeza y conocimiento de los posibles riesgos a los que se enfrenta, resultando que, en muchos casos, el reclamante ni siquiera es consciente de la posibilidad de respuesta del empresario en forma de *petitum*.

Esta cuestión tendría fácil arreglo si, como defendemos, al consumidor se le permitiese desistir del procedimiento sacrificando su propia pretensión, pero, si esto no fuese así, se podría predicar que la continuación del consumidor en el procedimiento dista mucho de ser voluntaria, por mucho que, de inicio, su consentimiento así lo indicase. Podría asimilarse este supuesto a un cambio en las condiciones del contrato inicialmente suscrito entre las partes, lo que requeriría un nuevo consentimiento por parte del consumidor, sin el cual, el convenio original dejaría de ser válido y permitiría al reclamante liberarse de sus obligaciones iniciales. Esta invocación a la teoría general del contrato, si bien puede parecer forzada, resulta, en nuestra opinión, muy procedente en un escenario en el cual existe una natural desigualdad de posiciones que se vería ciertamente agravada si al consumidor no se le permitiera la liberación referida.

De hecho, la desigualdad a que se alude, resultaba aun más patente con la vigencia de las ofertas de adhesión limitadas, ahora ya erradicadas, pues, de nuevo paradójicamente, al empresario sí se le permitía, de forma anticipada, minimizar riesgos de la mano de tales instrumentos, excluyendo conceptos litigiosos o topando eventuales indemnizaciones, cosa que al consumidor ni siquiera se le ofrecía, y que le hubiera permitido, al menos, evitar reconvenciones exorbitantes.

En definitiva, se insiste en la necesidad de garantizar el desistimiento sobrevenido del consumidor para evitar injusticias materiales que, en un procedimiento diseñado para incrementar la confianza de éste y la facilitación de la tramitación de sus reclamaciones, y que se decide en equidad en múltiples ocasiones, pudieran lastrar de forma irreparable el sistema, propiciando, además, prácticas potencialmente fraudulentas[10].

3. La interpretación restrictiva de la existencia de reconvención como mecanismo de salvaguarda

En todo caso, y si finalmente se opta por no permitir al reclamante el desistimiento una vez conozca la reconvención formulada, entendemos que el órgano arbitral debería de optar por ser restrictivo a la hora de apreciar, tanto la existencia de la reconvención en sí misma considerada, como la conexión entre ésta y la pretensión del consumidor, condición indispensable para que aquella fuese finalmente aceptada.

Así, si en la *praxis* resulta habitual, probablemente como consecuencia del carácter antiformalista del procedimiento, deducir la reconvención de una respuesta del empresario de la que se evidencie, siquiera de forma implícita[11], una discrepancia que pueda concretarse en un *petitum* de réplica, lo cierto es que este uso sitúa al consumidor, si cabe, en una situación de mayor vulnerabilidad, que difícilmente puede ser asumida pacíficamente en un procedimiento que, por su filosofía, debiera de caracterizarse por su naturaleza tuitiva en relación con los intereses del reclamante.

El «antiformalismo» del sistema no puede jugar en contra de los derechos del consumidor, el cual, no olvidemos, accede al arbitraje, en muchas ocasiones, sin consejo profesional alguno y con el riesgo de toparse, de forma subrepticia, con reconvenciones desproporcionadas que, sin ni siquiera revestir forma explícita, comprometen seriamente sus expectativas. Al empresa-

10 Obsérvese, en este sentido, la muy acertada reflexión de Tomillo, quien señala, en relación con la regulación de la reconvención en la reforma, que «habría sido recomendable introducir alguna cautela para salvaguardar la vulnerabilidad de los consumidores, teniendo en cuenta que, mientras que el empresario conoce la reclamación presentada por el consumidor desde el primer momento, éste no conocerá el contenido reconvencional más que cuando se le da traslado de la contestación, ya sin poder volverse atrás. En ocasiones algunos consumidores pueden verse sorprendidos por una pretensión desproporcionada en relación con lo pedido en la solicitud de arbitraje, solicitud que puede haber sido inducida por el propio reclamado». Tomillo Urbina, J., «Una aproximación al nuevo reglamento del sistema arbitral de consumo (RD 713/2024, de 23 de julio)», en *Noticias Jurídicas*, https://noticias.juridicas.com/conocimiento/articulos-doctrinales/19480-una-aproximacion-al-nuevo-reglamento-del-sistema-arbitral-de-consumo-rd-713-2024-de-23-de-julio/ (*web* consultada el 29 de diciembre de 2024). Sin duda, el profesor Tomillo, notable conocedor de la *praxis* arbitral, se refiere a aquellos casos en que avispados empresarios parecen atraer a los consumidores al arbitraje de consumo con errores *groseros* en la facturación de sus servicios para, una vez perfeccionado el convenio, reclamarles conceptos controvertidos y cuantiosos de forma rápida y gratuita, una vez que el reclamante ya no puede huir del sistema.

11 Así lo refiere, fruto de su dilatada experiencia práctica, Tomillo Urbina, J., «Una aproximación al nuevo reglamento...», (*web* consultada el 2 de enero de 2025).

rio, en definitiva, normalmente asesorado y con un nivel de diligencia naturalmente agravado, hay que demandarle que la eventual reconvención se materialice de forma clara y expresa, evitando que la asimetría posicional existente se agrave como consecuencia de esta singular práctica.

En este sentido, la propia LEC, en su artículo 405.3, se muestra clara al respecto: «[...] La reconvención habrá de expresar con claridad la concreta tutela judicial que se pretende obtener respecto del actor y, en su caso, de otros sujetos. En ningún caso se considerará formulada reconvención en el escrito del demandado que finalice solicitando su absolución respecto de la pretensión o pretensiones de la demanda principal». Así, un escrito de contestación a la reclamación del consumidor que se limite a pedir la desestimación y del cual pudieran inferirse peticiones de contrario, por concretas que éstas fueran, no puede considerarse, formalmente, una reconvención[12].

La norma procesal general está clara y enervar la misma de la mano de un antiformalismo pensado para facilitar el acceso al sistema del consumidor no asesorado no puede servir para *atrapar* a éste en una trampa de consecuencias insospechadas. Si la reconvención se plantea, que cumpla con las exigencias formales y que el reclamante, al menos, tenga conciencia de ello y pueda defenderse adecuadamente, aún con el recorte temporal ya comentado, lo cual hace aún más necesario demandar la claridad en la formulación del contra *petitum.*

Sin ánimo de profundizar en cuestiones procesales que ahora no vienen al caso, en la peor de las hipótesis, la contestación del reclamado en los términos referidos pudiera tratarse como una excepción por compensación de créditos del artículo 408.1 de la LEC si de dieran las circunstancias precisas, pero nunca como una reconvención *stricto sensu*, con las diferencias obvias que para el consumidor tendría esta distinción en forma de eventual perjuicio[13].

---

12 Así se manifestaba ya la jurisprudencia clásica, que señala que sólo se puede hablar de reconvención «cuando en contraposición a las peticiones de la súplica de la demanda se oponga no la mera aspiración del demandado de ser absuelto de la misma ni la declaración contradictoria del mismo derecho que aquélla invoca y por cuyo reconocimiento propende, sino una cuestión nueva derivada de un derecho privativo susceptible de ser reconocido con independencia del originario del litigo y con fuerza bastante para influir en él anulando o modificando los efectos posibles de la acción ejercitada» (STS de 2 de julio de 1946).

13 CIALT: «La distinción procesal entre la reconvención del artículo 406 de la Ley de Enjuiciamiento Civil y la alegación de crédito compensable del artículo 408 de dicha ley», en https://www.cialt.com/blog/actualidad-juridica/la-distincion-procesal-entre-la-reconvencion-del-articulo-406-de-la-ley-de-enjuiciamiento-civil-y-la-alegacion-de-credito-compensable-del-articulo-408-de-dicha-ley/ (*web* consultada el 2 de enero de 2025). En similar sentido, y ya en relación a la vigente LEC, Sentencia de la Audiencia Provincial de Tarragona, Sección 1.ª, Sentencia 123/2005 de 28 de febrero de 2005.

4. La interpretación restrictiva de la conexión entre la reconvención planteada y la pretensión del consumidor

De igual forma, entendemos que la necesaria conexión entre la reconvención planteada y la pretensión del consumidor ha de ser interpretada restrictivamente, evitando que cuestiones tangencialmente relacionadas con el *petitum* original se conviertan en demandas reconvencionales de forma inesperada. La conexión ha de ser entendida de forma directa y principal, sin que controversias derivadas de la misma relación contractual, pero de diferente naturaleza sustancial, puedan, por la mera relación negocial existente, tramitarse como reconvención.

Esta cautela resulta esencial a fin de garantizar la debida protección de los intereses del consumidor: aprovechar la existencia de un problema puntual en la prestación de un servicio para reclamar, de contrario, cantidades supuestamente no abonadas por otro distinto, aún dentro de la misma reclamación contractual, no debieran de considerarse pretensiones conectadas, rechazando, así, la posible reconvención. Admitir este tipo de prácticas generaría importantes riesgos para los reclamantes, en un procedimiento, además, en el que ha de jugar el principio *pro consumatore.*

Para terminar, es cierto que estas líneas interpretativas que se proponen, a fin de minimizar los efectos que la aplicación excesivamente laxa de una institución como la reconvención en un procedimiento basado en la unidireccionalidad puede generar a los consumidores, habrían de ser adoptadas por cada órgano arbitral, que es el órgano encargado de admitir o no esta singular acción de respuesta. Esta circunstancia complica la necesaria homogeneidad que sería deseable en las decisiones de los órganos arbitrales. Sin embargo, este riesgo podría reducirse sensiblemente si la Presidencia de cada Junta Arbitral emitiese instrucciones a modo de criterios orientadores, al estilo de lo que ya está sucediendo, en ámbitos específicos, en alguna de las Juntas más avanzadas desde el punto de vista técnico[14].

---

14 Así, por ejemplo, Resolución 2/2024, del Presidente de la Junta Arbitral de Consumo de Cantabria, por la que se establecen criterios en materia de acreditación, llamamiento, designación, abstención, recusación y retirada de la acreditación de los árbitros de consumo.

Artículo 41. Audiencia*

1. El órgano arbitral dará audiencia a las partes, en la forma que el mismo determine, de forma escrita u oral, en modo presencial, a través de videoconferencias o utilizando otros medios técnicos que permitan la identificación y comunicación con las partes.

2. Las partes serán citadas a la audiencia con suficiente antelación y con la advertencia expresa de que en ella podrán efectuar las alegaciones y proponer las pruebas que consideren necesarias para hacer valer sus derechos y no hubieran sido propuestas con anterioridad.

3. La citación a la audiencia podrá efectuarse conjuntamente con las notificaciones de los actos previstos el artículo 37, apartados 3 y 4.

4. De la audiencia se levantará acta que será firmada por la persona que haya sido designada para desempeñar la secretaría del órgano arbitral y deberá recoger fecha y lugar en el que se realiza, identificación de los asistentes, pretensión y, en su caso, reconvención y hechos o circunstancias constatados durante su celebración, así como acuerdos adoptados. En el supuesto de que exista una grabación de la audiencia, se acompañará al acta de la audiencia, sin necesidad de hacer constar en ella los hechos y circunstancias que permitan ser reproducidos.

I. EL DERECHO A LA AUDIENCIA COMO MANIFESTACIÓN DEL DERECHO DE DEFENSA

1. Principio de contradicción y tutela «arbitral» efectiva: «audiatur et altera pars»

El órgano arbitral habrá de garantizar que las partes puedan manifestar su posición y aportar las pruebas que consideren necesarias, siempre que

---

* Comentario realizado por **Araya Alicia Estancona Pérez**.

hubieran sido presentadas con anterioridad. Ello representa la manifestación del principio de contradicción, aplicable en todo procedimiento judicial, arbitral o administrativo, en los que existen una dualidad de posiciones y haciendo que toda parte del proceso pueda aportar las pruebas necesarias y ser oído para hacer efectiva la defensa de sus intereses.

En este sentido, la Sentencia del Tribunal General de la UE (Sala de Casación), de 16 de octubre de 2014 (Asunto T-26/14 P Peter Schönberger contra Tribunal de Cuentas de la Unión Europea) aclara que, aplicado al ámbito jurisdiccional, «*el cumplimiento del principio de contradicción implica el derecho de las partes procesales a que se les ofrezca la oportunidad de pronunciarse sobre los hechos y documentos en que se basará la resolución judicial y de discutir las pruebas y las observaciones presentadas ante el juez y los motivos de Derecho examinados de oficio por el juez en los que éste pretenda basar su decisión. Para cumplir los requisitos derivados del derecho a un proceso justo, es preciso que las partes puedan debatir de forma contradictoria tanto los elementos de hecho como de Derecho decisivos para la resolución del procedimiento*».

Por lo que respecta a los procedimientos arbitrales, en aplicación de la antigua Ley de Arbitrajes de Derecho Privado de 22 de diciembre de 1953, el Tribunal Supremo, en su sentencia de 2 de febrero de 1990 [RJ\1990\653], destacaba la necesidad de salvaguardar el principio de contradicción ya que, aunque el procedimiento arbitral se caracteriza por su libertad y flexibilidad, los árbitros deben respetar el principio de contradicción dando audiencia adecuada a las partes, para que éstas formulen las alegaciones que estimen oportunas y necesarias para su defensa y propusieran las pruebas que les interesaren. De este modo, los tribunales han tenido la oportunidad de perfilar el alcance y contenido del principio de contradicción y audiencia de las partes en los procedimientos arbitrales a través de la estimación de las demandas de anulación de laudos arbitrales presentadas. A modo ejemplificativo, podemos señalar las siguientes:

SSAP de Barcelona (Sección 14.ª), de 23 de abril de 2004, [Rec. 569/2003] [JUR\2004\151015] y de 9 de febrero de 2004, [Rec. 406/2003] [AC\2004\841], el tribunal estima la vulneración del principio de contradicción y defensa por condenar a la entidad (Caja Madrid) en el laudo arbitral sin que ésta hubiese aceptado el sometimiento de la controversia a arbitraje ni haya sido oída en el procedimiento.

STSJ del País Vasco, núm. 2/2017, 18 de abril de 2017, [Rec. 14/2016] [RJ\2017\1892], el tribunal anula el laudo arbitral reconociendo que no pueden descartar la posible vulneración de principio de contradicción e igualdad de las partes por la preterición del tercer árbitro que fue precisamente designado por la parte demandante en la decisión alcanzada en el laudo dictado.

SAP de Guadalajara, núm. 80/2007, de 16 de abril de 2007, [Rec. 340/2006] [JUR\2007\297113], el tribunal estima la nulidad parcial del laudo por vulneración del principio de contradicción al haberse constatado *la falta de notificación a las partes del informe pericial practicado a instancia del Colegio.* Para el órgano jurisdiccional, este hecho *no permitió que las mismas pudieran efectuar alegaciones sobre su contenido o solicitar la ratificación del perito a fin de interesar las aclaraciones que considerasen necesarias (aunque reducidas al objeto de la pericia establecido por los árbitros).* En definitiva, concluye que «*la emisión del laudo sin previo traslado a las partes del dictamen y sin conferir a estas un plazo para que pudieran efectuar alegaciones o interesar la comparecencia del perito supuso una vulneración efectiva del principio de contradicción*».

2. Alegaciones y pruebas aportadas conjuntamente a la citación

El precepto comentado permite, en su apartado segundo, realizar alegaciones y aportación de pruebas hasta el mismo momento en el que sea convocada su audiencia. Lo verdaderamente llamativo de esta previsión es que otorga la posibilidad de proponer pruebas que *no hubieran sido propuestas con anterioridad.* Así, el precepto parece referirse exclusivamente a las pruebas ya que alude a la proposición (*que no hubieran sido propuestas)*, sin entrar en las alegaciones (que no son propuestas, sino *efectuadas).*

Al margen de este «lapsus» en la redacción del precepto, lo cierto es que, probablemente en la práctica y en aplicación de esta previsión legal, nuevas alegaciones y nuevas pruebas deberán ser admitidas en el momento en que se celebre la audiencia de las partes.

En todo caso, el órgano arbitral tendrá la obligación de garantizar que el uso de esta posibilidad por alguna de las partes, no implique colocar a la otra en una situación de indefensión. Además, esta práctica debería ser algo excepcional en el procedimiento arbitral, debiéndose evitar que haya un *modus operandi* habitual por algún profesional que lo utilice en su propio beneficio[1]. La realización de esta conducta puede suponer una manera de dilatar el procedimiento ya que, ante la aparición de nuevas pruebas, la contraparte habrá de tener un tiempo para su valoración y realizar nuevas alegaciones, en su caso.

---

1 De este modo, se destaca que «*la presentación de alegaciones y proposición de pruebas con carácter inmediato a la audiencia (apuramiento del plazo) no está excluida en el artículo 42.1.I. Pero la realización de esta conducta de manera deliberada y reiterada, puede ser constitutiva de una práctica desleal en el procedimiento arbitral. No es descartable —y el órgano arbitral deberá valorarlo— que quien así actúe pudiera llegar a incurrir en la falta del deber general de actuación de buena fe* [debiendo] *el profesional de tratar al consumidor de manera leal y equitativa*». Tomillo, J.: «Una aproximación al nuevo Reglamento del Sistema Arbitral de Consumo (RD 713/2024, de 23 de julio)», en *Noticias Jurídicas*, 8 de agosto de 2024.

Todo ello, además, puede resultar más complejo en cumplimiento de lo previsto en el artículo 19.3 de la LRALC 7/2017, en el que se impone al órgano encargado del procedimiento el deber de garantizar a las partes *el suministro e intercambio de información y documentación relativa a su reclamación, ya sea por vía electrónica o por cualquier otro medio, posibilitando en todo momento el acceso al estado de su tramitación*. Es decir, las Juntas Arbitrales de Consumo asumen la obligación de permitir el acceso a la información actualizada del estado en el que se encuentra la tramitación del procedimiento en el que deberían constar, además, las alegaciones efectuadas y las pruebas aportadas por las partes.

II. INCLUSIÓN EXPLÍCITA DE MEDIOS TELEMÁTICOS

1. Su previsión en la Ley 7/2017, de 2 de noviembre, relativa a la resolución alternativa de litigios en materia de consumo

La audiencia a través de videoconferencia u otros medios técnicos se encontraba prevista en el Real Decreto 231/2008, de 15 de febrero, por el que se regula el Sistema Arbitral de Consumo (art. 44.1) Es más, el RD de 2008, preveía el arbitraje electrónico como una posible forma de realización de los procedimientos. No obstante, el arbitraje electrónico representaba una forma de realización del arbitraje, no siendo un derecho exigible por ninguna de las partes[2], máxime si la Junta Arbitral de Consumo competente no disponía de los medios adecuados para que el procedimiento pudiera seguir su desarrollo exclusivamente por medios telemáticos.

El reciente RSAC de 2024, no contiene una reglamentación específica sobre el desarrollo del arbitraje electrónico en Sistema Arbitral de Consumo español. La inclusión de los medios telemáticos —videoconferencia u otros medios técnicos que no exijan la presencialidad de las partes— se limita a ofrecer formas para facilitar las comunicaciones o para realizar actuaciones concretas, pero ello no debe estimarse como una reglamentación del arbitraje electrónico que se caracteriza porque todas las actuaciones (salvo las que, excepcionalmente, requieran de la presencialidad) sean llevadas a cabo por medios electrónicos[3].

---

2 Marcos Francisco, D.: *«El arbitraje del consumo online en el* RD *231/2008 de 15 de febrero, regulador del sistema arbitral de consumo»* en Rce, núm. 96 (2008), pp. 51-52.

3 Busto Lago, J.M., Álvarez Lata, N. y Peña López, F.: «Sección 5.ª. Formas de resolución de los conflictos de consumo (procedimientos judiciales, arbitraje y mediación)» en *Reclamaciones de Consumo. Derecho de Consumo desde la perspectiva del Consumidor.* Aranzadi, Cizur Menor, 2010, p. 409.

En definitiva, el órgano arbitral, por imperativo del artículo 17.1 LRALC 7/2017, debe garantizar que el acceso al procedimiento arbitral y la presentación de toda la documentación necesaria pueda ser realizada de manera telemática. Se trata de un derecho para las partes el poder hacerlo por medios electrónicos o a través de cualquier otra vía que permita su identificación. Sin embargo, la entidad de resolución de conflictos debe tener a disposición ambas opciones, lo que puede resultar especialmente complejo en aquellas Juntas Arbitrales de Consumo con menos recursos[4].

2. Sistemas para garantizar la accesibilidad universal y agilizar el procedimiento

En coherencia con la necesidad de prestar una especial atención a los colectivos más vulnerables, el artículo 31.2 RSAC garantiza el cumplimiento del principio de accesibilidad universal *utilizando medios y soportes que sigan los principios del diseño universal o, en su caso, implementando medios alternativos de adecuación efectiva para el acceso a ellos* para las personas con discapacidad.

Nuevamente, el precepto se queda corto en la implementación de medios de acceso universal o, más bien, *procedimientos simplificados*, para otros colectivos que requieren una especial atención como personas mayores, con discapacidad física, psíquica o sensorial, personas desplazadas, parados de larga duración, minorías étnicas o inmigrantes, etc. Una de las formas de dotar de una mayor agilidad al procedimiento puede ser la implementación de la *audiencia escrita* en este tipo de procedimientos en los que el desplazamiento físico pueda resultar especialmente complejo para las partes o, como indica Tomillo Urbina, en aquellos casos de escasa cuantía[5].

3. Propuesta: plataforma digital íntegra del sistema

Parte de la doctrina aboga por la posibilidad de desarrollar una plataforma digital íntegra que permita el desarrollo completo del procedimiento arbitral

4 En este sentido, se advierte que «*la centralización y digitalización de la información y la eliminación de restricciones en las adhesiones pueden generar una sobrecarga en las Juntas Arbitrales de Consumo, especialmente en aquellas con menos recursos. La obligación de mantener bases de datos electrónicas actualizadas y de gestionar un mayor número de solicitudes podría aumentar la carga de trabajo sin una compensación adecuada en términos de recursos humanos y tecnológicos*». Martínez Espín, P., «Análisis del Real Decreto 713/2024, sobre el sistema arbitral de consumo» en *Revista Cesco,* núm. 51 (2024), p. 84.

5 «*El éxito de este empeño serviría de remate a la simplificación y recorte temporal del procedimiento, mantendría escrupulosamente intactas las garantías constitucionales y permitiría reducir costes públicos de tramitación*». Tomillo Urbina, J.: «El futuro del arbitraje de consumo a partir del RD 231/2008, de 15 de febrero» en *El futuro de la protección jurídica de los consumidores* (dir. Jorge Tomillo Urbina), Thomson Civitas, Cizur Menor, 2008, p. 396.

en línea o de manera telemática[6]. Ello supondría la materialización real del arbitraje electrónico ya contenido, como indicábamos, en el RD de 2008. Sin embargo, no debe perderse de vista que una de las virtudes de los órganos de resolución de conflictos alternativos a la vía judicial es la aportación de una relativa «humanización» de procedimiento. Si bien en los procesos de mediación esta afirmación ha sido puesta de manifiesto de manera indiscutible[7], quizá sea una premisa matizable en el arbitraje.

No cabe duda de que, si consideramos que una de las cuestiones particulares y vistas de manera ventajosa para el arbitraje es la interacción cercana del árbitro con las partes, la tecnología podría suponer la pérdida de la esencia y vertiente emocional y persuasiva de la labor del árbitro[8]. Sin embargo, la cuestión clave radica en determinar si el papel del árbitro en los procedimientos arbitrales en materia de consumo sirve de apoyo a las partes en la búsqueda de un acercamiento de posiciones y mejora de las relaciones personales apoyándose en la presencialidad del procedimiento.

Lo cierto es que no creemos que haya una única respuesta válida para todos los conflictos que deben ser resueltos por el órgano arbitral y que, como en tantas otras cuestiones, dependerá del caso objeto de valoración. No creemos que ese factor emocional que el árbitro o tribunal arbitral deba conocer o gestionar sea el mismo en un conflicto surgido entre un consumidor y una pequeña empresa local con la que lleva décadas contando para la prestación de determinados servicios domésticos, que el conflicto surgido entre un consumidor y la operadora de telefonía con la que ha contratado la instalación del servicio de internet hace escasos meses.

En todo caso, para todos los casos que puedan ser objeto de sometimiento a arbitraje, el desarrollo de una aplicación o plataforma digital podría ser interesante a los efectos de informar al consumidor sobre cuál es el órgano

---

6 «*A largo plazo, se podría considerar el desarrollo de una plataforma digital integral que facilite todos los aspectos del procedimiento arbitral, desde la presentación de solicitudes hasta la emisión de laudos. Esto no solo mejoraría la eficiencia, sino que también podría aumentar la accesibilidad y transparencia del sistema*». Martínez Espín, P.: «Análisis del Real Decreto 713/2024, sobre el sistema arbitral de consumo» en *Revista Cesco,* núm. 51 (2024), p. 85.

7 La atención a la gestión de las emociones por parte del mediador juega un papel fundamental en los procedimientos. Tratándose de procedimientos en línea, esa labor se torna más compleja. Las interacciones que no se realizan cara a cara pueden provocar una escala del conflicto que no es deseable para la buena marcha del proceso. Por otra parte, la falta de comunicación derivada del lenguaje corporal de las partes, hace que todas las emociones deban ser expresadas verbalmente. Las experiencias con las mediaciones en línea parecen mostrar que el índice de abandono voluntario del proceso sea superior. Alzate Sáez De Heredia, R. y Vázquez De Castro, E.: *Resolución de disputas en línea (RDL): las claves de la mediación en línea,* ed. Reus, Madrid, 2013, pp. 59-63

8 Martín Diz, F.: «Inteligencia artificial y ADR: evolución en el arbitraje y la mediación», *La Ley. Mediación y arbitraje*, núm. 2 (2020), p. 28.

arbitral idóneo-o, más bien, competente— para conocer de su controversia, así como para determinar la admisión en el procedimiento[9].

En la actualidad, el arbitraje electrónico en el sistema arbitral español es una realidad representada por los siguientes organismos que, a modo ejemplificativo, realizan procedimientos arbitrales de manera íntegramente telemática: Corte española de arbitraje - Cámara de Comercio de España[10], Asociación española de Arbitraje Tecnológico (ARBITEC)[11], Comisión Nacional de los Mercados y la Competencia (CNMC)[12].

III. FORMALIDADES A CUMPLIR EN EL ACTA DE LA AUDIENCIA

Una manifestación más del principio de transparencia que se articula como piedra angular en el procedimiento arbitral, es la necesidad de levantar acta del acto de audiencia de las partes. Este cometido es asignado a quien desempeñe la labor de secretaría en el órgano arbitral que deberá firmar el documento debiendo incluir fecha y lugar de celebración, identificación de los asistentes, exposición de las pretensiones y, en su caso, la reconvención y cuantos hechos o circunstancias que hayan sido constatados en el acto. Si los hubiere, además, el acta habrá de contener los acuerdos a los que hayan llegado las partes.

El contenido del acta se verá reducido en aquellos casos en los que el acto de audiencia sea grabado, con consentimiento de las partes, ya que los hechos y circunstancias que se reproduzcan en la grabación no tendrán que ser transcritos en el acta. En caso de encontrarnos ante un procedimiento arbitral realizado íntegramente de forma electrónica, la conservación de grabación de la audiencia junto al acta servirá para cumplir con la transparencia exigible al procedimiento. Del mismo modo, no parece que exista inconveniente en que el acta recoja expresamente que, la audiencia y, en su caso, el procedimiento, han sido llevados a cabo de manera telemática, sin necesidad de que figure un lugar concreto de celebración.

En definitiva, en caso de que los acuerdos alcanzados en la audiencia de las partes y recogidos en el acta se refieran a la totalidad de las pretensiones objeto de conflicto, el acta recogerá el contenido del laudo conciliatorio que habrá de dictar el órgano arbitral[13].

---

9 Marcos Francisco, D., «Sistema arbitral de consumo: algunas propuestas «inteligentes» de *lege ferenda*» en *Indret*, núm. 1 (2024), pp. 120-121.

10 *Vid.* https://www.camara.es/arbitraje-y-mediacion/corte-espanola-de-arbitraje (Consultado en fecha 10-12-2024)

11 *Vid.* http://www.arbitec.org/ (Consultado en fecha 10-12-2024)

12 *Vid.* https://sede.cnmc.gob.es/tramites/solicitud-arbitraje (consultado en fecha 10-12-2024)

13 *Vid. infra*. Comentario artículo 44.

Artículo 42. Prueba*

1. Las partes deberán aportar, junto con la solicitud de arbitraje o la contestación a esta, las pruebas de las que dispongan con relación al litigio, pudiendo, en su caso, proponer otras que serán practicadas, si fuera posible, en el acto de celebración de audiencia. El órgano arbitral resolverá sobre la admisión o rechazo de la práctica de dichas pruebas, pudiendo determinar de oficio otras pruebas complementarias cuando se considere necesario para la solución del litigio.

En el supuesto de imposibilidad de la práctica de las pruebas en el acto de audiencia, se adoptarán las medidas necesarias para garantizar los principios de igualdad y contradicción entre las partes en el momento que las pruebas se lleven a cabo.

2. El acuerdo del órgano arbitral sobre la práctica de la prueba en momento diferente del acto de audiencia será notificado a las partes con expresión de la fecha, hora y lugar de celebración, convocándolas a la práctica de aquellas pruebas en las que sea posible su presencia.

3. Los gastos ocasionados por la práctica de las pruebas serán satisfechos por la parte que la hubiera solicitado, o de forma igualitaria cuando hayan sido propuestas por ambas partes de común acuerdo.

4. El órgano arbitral podrá proponer de oficio la práctica de pruebas si lo considera necesario, siempre que las disponibilidades presupuestarias lo permitan, asumiendo en ese caso los gastos ocasionados la Junta Arbitral.

5. En el supuesto de que el órgano arbitral aprecie mala fe o temeridad podrá distribuir los gastos ocasionados por la práctica de las pruebas en distinta forma a la prevista en los apartados anteriores, recogiéndose en el laudo que se dicte.

* Comentario realizado por **Vicente Gozalo López**.

I. CONSIDERACIÓN GENERAL SOBRE LA PRUEBA

1. Regulación fragmentaria

Una de las principales dificultades que presenta el Arbitraje de Consumo para la resolución de la controversia planteada es la referente a la proposición y práctica de la prueba. A regular estos efectos se dedica el artículo que ahora se comenta, si bien lo primero que ha de indicarse, a la luz de su literalidad, es que nos encontramos ante una regulación incompleta, en la medida en que únicamente se contempla el momento procesal en el que debe de proponerse y practicarse la prueba, la distribución de los gastos derivados de su práctica y la distribución de su carga, dejando sin determinar aspectos tan relevantes de la misma como son los hechos sobre los debe de recaer, o la determinación de los medios de prueba admitidos, ni el orden en el que deben de practicarse, ni tampoco las reglas que deben de regir su valoración.

Esta fragmentaria regulación obliga a que el órgano arbitral tenga que acudir para el ejercicio de su función decisoria a las normas generales que dispone nuestro ordenamiento jurídico sobre la prueba en el ámbito civil. Es cierto que no cabe duda alguna acerca del carácter supletorio de la Ley de Arbitraje y de las normas que sobre la prueba contienen las normas civiles en general y la Ley de Enjuiciamiento Civil en particular, pero ello no colma la necesidad de contar con unas reglas sobre la prueba más concretas en este ámbito, dada la naturaleza del sistema arbitral de consumo y de los principios tuitivos sobre los que se asienta.

2. Preterición reglamentaria de las especialidades

Este silencio del legislador obliga a configurar las especialidades de la prueba sobre los principios generales de nuestro derecho en la materia, completando en la medida de lo posible las lagunas que presenta el nuevo Reglamento. Así, parece razonable entender que el objeto de la prueba está determinado por los hechos que guarden relación con la pretensión deducida en el expediente, quedando al margen de la misma todos aquellos hechos sobre los que exista plena conformidad de las partes, salvo en los casos en que la materia objeto del proceso esté fuera del poder de disposición de los litigantes. De esta manera, parece que el órgano arbitral debería rechazar todas aquellas pruebas propuestas que hagan referencia a hechos sobre los que se ha alcanzado un acuerdo, acordándose por el contrario la práctica de aquellas otras que traten sobre aquellos en los que existiera desacuerdo.

II. LA PROPOSICIÓN DE LA PRUEBA

1. El principio de justicia rogada

En cuanto a la proposición de la prueba, la norma parte en su regulación del principio de justicia rogada; o lo que es lo mismo, las pruebas se practicarán a instancia de parte; con la excepción establecida en su propio párrafo cuarto, aplicable en aquellos supuestos en los que el órgano arbitral considere necesaria la práctica de una determinada prueba para el esclarecimiento del hecho controvertido; es algo similar a lo que en la antigua Ley de Enjuiciamiento Civil de 1881 se denominaba «diligencia para mejor proveer», y que en la regulación arbitral se subordina no sólo a la necesidad de su práctica a juicio del órgano arbitral, sino también, de forma vergonzante a nuestro entender, a las propias disponibilidades presupuestarias de la Junta Arbitral en cuyo marco se venga conociendo del asunto. Y es la que la resolución de un arbitraje de consumo, por su propia naturaleza y las condiciones de asimetría de las partes que intervienen, no debería de encontrarse nunca condicionada a la disponibilidad presupuestaria de una administración pública.

2. El momento

La norma, en principio, fija el momento de la proposición de prueba al tiempo de la presentación de la solicitud de arbitraje o, en su caso, de la contestación a ésta, pudiendo, en su caso, proponer otras que serán practicadas, si fuera posible, en el acto de celebración de audiencia. La disposición regula lo que podríamos llamar el momento «más oportuno» para la proposición y la práctica de la prueba, pero nada impide que la proposición de la prueba se produzca en un momento diferente, al menos cuando la misma se acompañe a una modificación o ampliación de la pretensión recogida en la solicitud de arbitraje o de las alegaciones realizadas en la reconvención.

Si el sistema permite que el consumidor pueda modificar en el curso de las actuaciones arbitrales la pretensión recogida en la solicitud (artículo 40.3 RSAC), a menos que el órgano arbitral lo considere improcedente por razón de la demora con que se hubiere efectuado, debe admitirse necesariamente que también se podrá proponer nueva prueba con posterioridad a la presentación de la solicitud de arbitraje y hasta su terminación, a menos que el órgano arbitral lo considere improcedente por razón de su demora, lo que a la luz del texto legal deberá de ser fundamentado por el órgano arbitral.

3. La forma

No se regula, por el contrario, la forma en la que se debe de proponer la prueba. A lo sumo la norma dedica una somera referencia al regular la presentación de la solicitud de arbitraje, determinando que con la solicitud se aportará cuanta documentación o pruebas sean necesarias para el conocimiento y solución del litigio. Este silencio, no obstante, no empece al hecho de que la prueba, como es práctica habitual en los procedimientos civiles, debe de ser propuesta de forma separada y con clara indicación de las personas que pudieran estar implicadas en los hechos a probar.

4. Los medios de prueba

No se determinan tampoco los medios de prueba que son susceptibles de ser propuestos, lo que obliga de nuevo a acudir al a normativa general supletoria a efectos de su determinación. Así, en este punto, entendemos que el sistema arbitral de consumo no presenta especialidades relevantes, pudiendo ser propuestos y practicados la totalidad de los medios de prueba admitidos en derecho: interrogatorio de las partes, documentos privados y públicos, dictámenes periciales, interrogatorio de testigos o, incluso, el reconocimiento del Colegio arbitral.

Nada obsta tampoco a la posibilidad de admitir como prueba también los medios de reproducción audiovisual susceptibles de reproducir palabras, imágenes, datos y cualquier otro tipo de operación matemática o contable siempre que fuera relevante para la conformar el criterio decisorio del órgano arbitral.

5. El orden de práctica

Tampoco se concreta en la norma el orden en el que deben practicarse los medios de prueba, quedando habilitado el órgano arbitral para practicarlos en el orden que estime pertinente. Lo normal es que se practique primero el interrogatorio de las partes, seguida de la prueba testifical, de la pericial, del reconocimiento del órgano arbitral y, por último, de la reproducción ante el órgano arbitral de palabras, imágenes y sonidos captados mediante instrumentos de filmación, grabación y otros semejantes. Ahora bien, nada impide, como hemos señalado, que el orden seguido sea diferente, lo que se determinará por el órgano arbitral al momento de la práctica, bien de oficio, bien a instancia de parte.

III. LA PRÁCTICA DE LA PRUEBA

1. El momento

La norma determina, en principio, que la prueba debe de practicarse en el acto de celebración de la audiencia. Igualmente determina que el órgano arbitral resolverá sobre la admisión o rechazo de la práctica de dichas pruebas, pudiendo determinar de oficio otras pruebas complementarias cuando se considere necesario para la solución del litigio.

De igual modo, se contempla expresamente para el supuesto de que su práctica sea imposible en el acto de audiencia, que el órgano arbitral pueda disponer que la práctica de la misma tenga lugar en un momento diferente, adoptando las medidas necesarias para garantizar los principios de igualdad y contradicción entre las partes en el momento que la referida práctica pueda llevarse a cabo.

A estos efectos, la norma dispone que el acuerdo del órgano arbitral sobre la práctica de la prueba en un momento diferente al del acto de audiencia sea notificado a las partes con expresión de la fecha, hora y lugar de celebración, convocándolas a la práctica de aquellas pruebas en las que sea posible su presencia.

La norma no determina el plazo en el que deberán de practicarse aquellas pruebas que no puedan ser practicadas en el acto de la audiencia, pero la propia celeridad del sistema arbitral aconseja a que el plazo para la práctica sea los más breve posible, pudiendo acordarse y comunicarse a las partes en el propio acto de la audiencia.

Se trata, en todo caso, de una solución que no será la habitual, puesto que, en principio, todas las pruebas serán practicadas en el propio acto de la audiencia, salvo, probablemente alguna prueba documental o algún informe pericial o aquéllas que hubieran sido acordadas de oficio por el propio órgano arbitral.

2. Incomparecencia o inactividad de las partes

A los efectos de la práctica de la prueba, debe tenerse en cuenta además que el sistema arbitral de consumo permite la continuación del procedimiento en los casos de incomparecencia e inactividad de las partes, por lo que la misma no impedirá tampoco la práctica de la prueba, que podrá practicarse a todos sus efectos sin la presencia de una o de las dos partes. Lo que exige el RSAC es que las partes hayan sido debidamente convocadas al acto de la práctica de la prueba, debiendo de asumir todos los efectos que puedan desplegarse de las mismas que vengan vinculados a su ausencia en la práctica. De hecho, el propio artículo 42 dispone la obligación de que las partes sean debidamente convocadas para la práctica de la prueba, pero no condiciona la práctica a su presencia.

3. La práctica anticipada

La norma no contempla la posibilidad de practicar prueba anticipada con carácter previo a la celebración de la audiencia, cuyo fundamento se encuentra en el hecho de que por circunstancias relativas a la persona o a los hechos la prueba no puede ser practicada en el acto de la audiencia. Dado que el Reglamento no lo impide, a nuestro entender debe ser admitida siempre que el órgano arbitral, a petición de parte, la entienda pertinente.

Solicitada la práctica anticipada de la prueba, el principio de contradicción que rige en el procedimiento arbitral requiere que puedan participar en su práctica todas las partes, en la medida en que se trata de una actuación que, obviamente, puede perjudicarles en sus pretensiones.

IV. LOS GASTOS DERIVADOS DE LA PRÁCTICA DE LA PRUEBA

1. La regla general del reparto de gastos

La norma sigue en este punto las reglas generales en materia de reparto de los gastos derivados de la práctica de la prueba, disponiendo que cada parte pagará aquellos cuya práctica hubiera solicitado y de forma igualitaria cuando las pruebas hubieran sido propuestas por ambas partes de común acuerdo. De igual modo, cuando la prueba hubiera sido propuesta de oficio por el órgano arbitral, su coste será asumido por la propia Junta Arbitral en función de sus disponibilidades presupuestarias.

2. La modificación de la regla general por el órgano arbitral: límites

Es una regla general que, en todo caso, puede ser modificada por el órgano arbitral cuando entienda que una de las partes ha actuado con mala fe o temeridad, pudiendo imponer todos los gastos anteriores a una de las partes en función de su actuación temeraria.

No se contempla en la norma y, por lo tanto, no se permite que el órgano arbitral pueda imputar a las partes, aun cuando hubieran actuado de forma temeraria, otros gastos o costas en que hubieran podido incurrir diferentes a los soportados para la práctica de la prueba (v.gr. gastos de abogados). A nuestro entender, se trata de una omisión que puede generar graves perjuicios para los reclamantes, por cuanto que vienen siempre obligados a asumir su coste, sin que puedan ser trasladados a la parte vencida en el laudo en ningún caso (ni tan siquiera cuando la mala fe fuera evidente), lo que, obviamente, puede llegar a desvirtuar la propia naturaleza y principios del sistema arbitral.

Artículo 43. Falta de comparecencia e inactividad de las partes*

1. La no contestación, inactividad o incomparecencia injustificada de las partes en cualquier momento del procedimiento arbitral, incluida la audiencia, no impedirá que se dicte el laudo, ni privará de eficacia a este, siempre que el órgano arbitral pueda decidir el litigio con los hechos y documentos que consten en la solicitud de arbitraje y su contestación.

2. El silencio, la falta de actividad o la incomparecencia de las partes no se considerará como allanamiento o admisión de la pretensión o de los hechos alegados por la otra parte.

I. LA FALTA DE COMPARECENCIA E INACTIVIDAD DE LAS PARTES

1. La especialidad del procedimiento arbitral: fundamento

La no contestación, inactividad o incomparecencia injustificada de las partes en cualquier momento del procedimiento arbitral no impide el desarrollo del proceso arbitral hasta la emisión del laudo, ni tampoco privará de eficacia a éste; siempre que el órgano arbitral pueda decidir el litigio con los hechos y documentos que consten en la solicitud de arbitraje y su contestación.

Frente a las reglas propias de los procedimientos civiles, la falta de actividad o de comparecencia no justificada del consumidor o, en su caso del empresario para el caso de reconvención, no determina el desistimiento en la pretensión formulada, sino que la misma continuará hasta la emisión

* Comentario realizado por **Vicente Gozalo López**.

del laudo. La razón de está disposición entendemos que se encuentra en el carácter tuitivo del procedimiento arbitral y en la constatación práctica de que en numerosas ocasiones el consumidor no tiene la suficiente formación, capacidad económica y disponibilidad del tiempo precisado para seguir impulsando y participando en la tramitación del procedimiento.

2. Las partes

Por esta razón, y dado el carácter tuitivo del sistema, el legislador ha optado por esta solución: permitir la continuación del procedimiento una vez que el mismo se ha iniciado, con independencia la actividad litigiosa de las partes y, sobre todo, con independencia de las actuaciones que pudiera realizar el consumidor una vez formalizada la solicitud de arbitraje, sin que su pasividad conlleve el desistimiento de su pretensión.

En cuanto a la parte reclamada, de igual modo a como ocurre en los procedimientos civiles, su inactividad tampoco paraliza la tramitación del procedimiento arbitral, pudiendo dictarse laudo que resuelva la controversia con todos sus efectos jurídicos sobre la parte inactiva o ausente.

II. LA JUSTIFICACIÓN DE LA AUSENCIA O DE LA INACTIVIDAD

La disposición analizada exige para el despliegue de sus efectos jurídicos que la ausencia o inactividad de las partes no se encuentre debidamente justificada. La norma refleja de esta manera la doctrina común en el orden de los procedimientos civiles, en los que para que proceda la suspensión de un acto procesal es necesaria la alegación de un motivo que justifique ante el órgano arbitral la suspensión del acto que estuviera programado.

1. Causas justificativas de la ausencia

Así, en principio, son causas justificativas de la ausencia, que determinarán el aplazamiento o la suspensión del proceso arbitral, el fallecimiento de una de las partes, la enfermedad o incapacidad de las partes, el cuidado de familiares, desastres naturales, dificultades económicas, existencia de decisiones judiciales previas (v. gr. una orden de alejamiento), conflictos de fecha o citación para otro procedimiento judicial, amenazas, dificultades logísticas y, en general, cualquier situación que a juicio del órgano arbitral aconseje suspender o aplazar la tramitación del proceso arbitral.

Es cierto que tanto la doctrina y los tribunales vienen admitiendo un amplio elenco de hechos como justificativos de la suspensión del acto por ausencia de las partes, cuya virtualidad en el caso concreto precisa de su acreditación ante el órgano arbitral con carácter previo al acto cuya suspensión se pretenda. Por el contrario, parece que sólo sería admisible una justificación a posteriori ante circunstancias sobrevenidas o que hicieran imposible su acreditación en el momento del señalamiento, dado que revelaría un comportamiento no diligente de la parte interesada en su alegación, vulnerador del derecho a la tutela judicial efectiva de la parte contraria.

2. La alegación extemporánea de la causa de justificación

En realidad, admitir la alegación extemporánea de una causa o motivo justificado podría suponer amparar actitudes carentes de la diligencia debida por parte del interesado, lesivas del derecho a la tutela judicial efectiva de la contraparte, de la garantía a un proceso sin dilaciones indebidas o a la regularidad y buen funcionamiento del proceso arbitral. En este sentido, ha de recordarse que la doctrina constitucional sobre la materia en los procesos civiles determina claramente que la mera alegación de una causa o motivo justificado no provoca automáticamente a la suspensión del juicio.

Al contrario, la realidad de lo expresado ha de ser necesariamente adverada, con eficacia probatoria y fuerza de convicción suficiente para llevar al ánimo del juzgador la veracidad de la circunstancia impeditiva de la asistencia y es, en todo caso, al órgano arbitral a quien corresponde apreciar la concurrencia de las circunstancias imposibilitantes de la comparecencia para acordar la suspensión o el aplazamiento. Es una decisión que no admite discrecionalidad, pues se ha de adoptar en función de circunstancias concretas, probadas e idóneas para justificar la suspensión o aplazamiento.

3. La incomparecencia sin aviso previo

En conclusión, parece que, salvo excepciones, la causa de la incomparecencia debe ser puesta en conocimiento del órgano arbitral con carácter previo al acto cuya práctica ha sido señalada. De la incomparecencia sin aviso previo se deduce en principio una clara voluntad de abandono de la pretensión, convirtiéndose el aviso previo en una exigencia, cuyo cumplimiento, salvo excepciones, deviene ineludible, sin que pueda dejarse su cumplimiento al arbitrio de las partes, dado que nos encontramos en presencia de un requisito de orden público que escapa al poder de decisión de las partes.

La consecuencia que se anuda a la incomparecencia sin aviso previo es una sanción proporcionada a la garantía de obtener un proceso sin dilaciones indebidas, y al derecho a la tutela judicial de la contraparte, sin que pueda subsanarse un vicio de esta naturaleza porque se sacrificaría la regularidad y el buen funcionamiento del proceso arbitral. En cambio, sólo con carácter excepcional puede admitirse la justificación a posteriori de la causa de inasistencia concurrida cuando la misma constituya un acontecimiento imprevisible, que además a tenor de las circunstancias concurrentes tenga una capacidad obstativa o paralizante de la actividad normal del sujeto (g. gr. un desastre natural, una enfermedad sobrevenida, etc).

4. Una situación de hecho «sui generis»

La ausencia o inactividad se conforma así como una situación legítima y lícita de quien debidamente citado opta por no comparecer o intervenir en el proceso. Frente a lo previsto para los procedimientos civiles, el nuevo Reglamento configura la ausencia o inactividad como una situación material, que no precisa de una declaración formal de rebeldía por parte del órgano arbitral, que va a tener siempre carácter provisional, por cuanto que puede ser revertida en cualquier momento por el interesado en cualquier momento.

Es, en consecuencia, una facultad de las partes en el proceso arbitral que no las priva de ejercer su derecho de defensa, en cuanto que no genera las consecuencias de desistimiento o de allanamiento que se hubieran podido justificar para el caso de haberse configurado como una infracción legal. La ausencia no paraliza el procedimiento, aunque sea imputable a la parte reclamante, dado que no se entiende como un desistimiento, pero tampoco puede considerarse como un allanamiento ni como admisión de los hechos de la reclamación, ni tampoco como una suerte de confesión, para el supuesto de que sea predicable de la parte reclamada.

Con su redacción, el Reglamento, igual que hace también la norma procesal civil, no configura la ausencia como una situación peyorativa, en la medida en se contempla como la renuncia al ejercicio de un derecho (derecho a defenderse) de la que no pueden derivarse consecuencias perjudiciales. En realidad, y como se viene sosteniendo, se estima cumplido el principio de contradicción al dar la posibilidad al reclamado para defenderse mediante la notificación realizada en forma. El ausente es parte del proceso arbitral, y sobre el recaerán los posibles perjuicios de su inactividad, sin que el proceso arbitral resulte alterado por dicha circunstancia.

La ausencia o la inactividad no justificadas son, simple y llanamente, situaciones de hecho con relevancia jurídica *sui generis*, que se genera de modo imperativo una vez que se ha perfeccionado el convenio arbitral y el reclamado ha sido debidamente emplazado al proceso, y que habilitan para continuar el trámite en ausencia. Y es que el emplazamiento de las partes en forma debida garantiza la salvaguarda de su derecho a la tutela jurisdiccional.

III. EFECTOS DERIVADOS DE LA AUSENCIA O INACTIVIDAD NO JUSTIFICADA

1. La continuación del procedimiento «en ausencia»: el principio de congruencia

A la luz del precepto analizado queda claro que la no contestación, inactividad o incomparecencia injustificada de las partes en cualquier momento del procedimiento arbitral, incluida la audiencia, no impedirá que se dicte el laudo, ni privará de eficacia a éste, siempre que el órgano arbitral pueda decidir el litigio con los hechos y documentos que consten en la solicitud de arbitraje y su contestación. Y, además, que el silencio, la falta de actividad o la incomparecencia de las partes tampoco puede considerarse como allanamiento o admisión de la pretensión o de los hechos alegados por la otra parte.

Como ya se ha indicado, la ausencia o inactividad no supone que el proceso se siga con una sola parte, sino con ambas, en la medida en que la relación jurídica procesal se configura por suerte del funcionamiento de la perfección del convenio arbitral debidamente notificado a las partes. El proceso se sigue con ambas partes, si bien es cierto que la ausencia de una de ellas dificultará sus pretensiones, por cuanto que no participará en la actividad probatoria; pero no las impedirá, por cuanto que no basta por sí sola para entender probada la pretensión del consumidor o, en caso de reconvención, del empresario. Esto es, la ausencia o inactividad no determinan per se el vencimiento automático de una de las partes.

A este principio responde la literalidad del precepto, que condiciona la emisión del laudo al hecho de que el órgano arbitral pueda decidir el litigio con los hechos y documentos que consten en la solicitud de arbitraje y su contestación. Ello exige que tanto el consumidor como, en su caso, el profesional reclamado, deban proponer prueba y practicarla y utilizar los trámites de alegaciones de igual modo a como lo haría si la parte reclamada hubiera negado y rebatido todos los hechos alegados por el consumidor: la ausencia o inactividad no exoneran al consumidor reclamante o, en su caso, al empresario reclamado, de la carga de probar los hechos en los que fundamenta su pretensión.

Aunque el proceso arbitral se siga en ausencia o con la inactividad de una de las partes, el órgano arbitral debe resolver lo que crea más justo según el resultado de las pruebas practicadas, ateniéndose no obstante al principio de congruencia, pues éste constituye una de las más importantes manifestaciones del derecho a la tutela judicial efectiva, conforme al cual no es posible resolver sobre hechos o pretensiones no alegadas; es decir, la ausencia o inactividad no permite en ningún caso modificar o excederse del contenido del convenio arbitral.

2. El problema del «interrogatorio» del ausente

Una cuestión importante en este punto, igual que ocurre en el proceso civil, es el valor que ha de darse al eventual interrogatorio del ausente; la llamada *ficta confessio*, en relación con la cual resulta necesario que el órgano arbitral pondere si hay otras pruebas adecuadas para acreditar los hechos relevantes del litigio arbitral que son objeto de controversia, en la medida en que el órgano arbitral viene obligado a ponderar en su decisión todos los elementos de la prueba aportada al proceso, en una valoración conjunta de la misma realizada según las reglas de la sana crítica.

No se trata de sancionar al ausente, sino más bien de buscar un correctivo a posibles conductas obstruccionistas, a través de las cuales se impediría a quien propone una prueba (por ejemplo, el interrogatorio de la contraparte) cubrir las exigencias probatorias del artículo 217 de la Ley de Enjuiciamiento Civil, en relación con la obligación de colaboración de las partes en cuyo poder se encuentran las fuentes de la prueba. Así, pese a la incomparecencia del reclamado, o del propio reclamante, el órgano arbitral viene obligado a valorar la totalidad de la prueba que conste en el procedimiento, no siendo posible derivar una estimación automática de la pretensión por tener confesa a una de las partes.

3. Inalterabilidad de las reglas de la carga de la prueba

En conclusión, a la luz del tenor literal del texto del nuevo Reglamento, resulta posible afirmar que la ausencia o inactividad de las partes no altera las reglas de la carga de la prueba de los hechos constitutivos de sus pretensiones, conservando el órgano arbitral plenas facultades en cuanto a su valoración, por lo que el laudo que pueda estimar las pretensiones del reclamante ausente o que pueda estimar la oposición del reclamado ausente por falta de prueba de los hechos constitutivos del proceso arbitral será totalmente congruente.

La ausencia o inactividad, como dice en reiterada jurisprudencia el Tribunal Supremo para el orden civil, no altera las reglas de la carga de la prueba que corresponde a las partes, pero sí permite flexibilizar el referido principio general mediante la aplicación de los principios de normalidad, de flexibilidad en su interpretación y de facilidad probatoria (de cada una de las partes); lo que permite afirmar que, en estos supuestos, el órgano arbitral no puede ser excesivamente riguroso en la valoración de las pruebas aportadas por el ausente, pues lo contrario supondría convertir la ausencia no ya en una cómoda defensa, sino también en una situación de privilegio para el mismo, al quedar la eficacia de la prueba por la posición que el mismo asume en el procedimiento en sus manos.

Ello se traduciría inexorablemente en una grave situación de indefensión de la parte presente en el procedimiento. Sobre todo, en aquellos supuestos en los que la falta de los habituales medios probatorios se deba a la inactividad del ausente (v. gr. una reclamación de telefonía en ausencia de la compañía de telefonía reclamada que no aporta las pruebas solicitadas sobre facturación o las grabaciones efectuadas, o incluso la simple falta de reconocimiento de un documento privado derivada de la ausencia del reclamado). Exigir lo contrario supondría tanto como convertir la ausencia en una situación de privilegio para el ausente, con una grave infracción del principio de igualdad que debe presidir la relación entre las partes.

IV. LA REVERSIÓN DE LA AUSENCIA O INACTIVIDAD

Como se ha afirmado, la ausencia o inactividad injustificada de las partes en el proceso arbitral no tiene en principio consecuencias negativas en cuanto al fondo del asunto: no produce ni desistimiento, ni tampoco allanamiento, ni tácita admisión de hechos indicados por la otra parte. Además, el proceso arbitral seguirá su tramitación normal.

Ahora bien, dado que la ausencia o la inactividad de las partes se configura como una situación reversible, nada impide que la parte ausente pueda incorporarse en cualquier estado del proceso, si bien con aplicación de los siguientes criterios.

En primer lugar, habrán precluido para ella todos los actos que se hubieran realizado hasta la fecha de su concurrencia. Si cada acto dentro del proceso arbitral debe de realizarse en el momento predeterminado por la ley, de forma que las actuaciones vayan sucediéndose ordenadamente, se impide que la parte ausente pueda realizar alegaciones o proponer otras concretas actuaciones en el proceso, ya que ello vulneraría el principio de igualdad entre las partes, privilegiando al ausente en un mal entendido derecho a la tutela judicial efectiva.

No obstante, también debe de tenerse en cuenta que nos encontramos ante un proceso antiformalista, en el que se permite expresamente la realización de alegaciones y la aportación de nuevas pruebas incluso con posterioridad a la celebración del acto de la audiencia, pero ello siempre con respeto a aquellas pruebas que hubieran sido practicadas en ausencia de la parte que revierte su situación de ausencia o inactividad.

Artículo 44. Terminación de actuaciones y emisión del laudo arbitral*

1. La forma y el contenido del laudo que, en todo caso, será motivado, se regirá por lo dispuesto en la Ley 60/2003, de 23 de diciembre.

2. El órgano arbitral designado dará por terminadas sus actuaciones y dictará laudo poniendo fin al procedimiento arbitral, sin entrar en el fondo del asunto, quedando expedita la vía judicial, en los siguientes supuestos:

a) Cuando no disponga de los elementos indispensables para la solución del litigio.

b) Cuando las partes acuerden dar por terminadas las actuaciones.

c) Cuando compruebe que la prosecución de las actuaciones resulta imposible o innecesaria.

d) Cuando la persona reclamante desista de su solicitud, a menos que el reclamado se oponga a ello y el órgano arbitral le reconozca un interés legítimo en obtener una solución definitiva del litigio.

I. REGLA GENERAL: FINALIZACIÓN DEL PROCEDIMIENTO MEDIANTE LAUDO DIRIMENTE

1. Motivación del laudo dirimente como presupuesto esencial

La cuestión relativa a la necesaria motivación del laudo arbitral queda reconocida en el artículo 37.4 LA 60/2003. A pesar que estemos tratando, generalmente, de arbitrajes en equidad los que se dilucidan en materia de consumo, no excluye que el órgano arbitral haya de dictar una resolución arbitral motivada. Sin embargo, esta afirmación no aclara qué ha de entenderse por un laudo arbitral motivado, cuestión que ha llevado al Tribunal Constitucional a tener que pronunciarse en varias ocasiones en los últimos años.

Para poder determinar el cumplimiento de este requisito de motivación de los laudos arbitrales, resulta interesante analizar en qué casos se ha pre-

* Comentario realizado por **Araya Alicia Estancona Pérez**.

tendido la impugnación de laudo debido a su vulneración. La jurisprudencia muestra que la vía utilizada por las partes para solicitar la anulación del laudo arbitral por falta de motivación ha sido a través de su consideración como cuestión de orden público, haciendo que los órganos judiciales hayan tenido que pronunciarse sobre su apreciación.

En este sentido, uno de los problemas que ha planteado la aplicación de la vulneración del orden público como causa de anulación de los laudos arbitrales es su análisis desde un prisma de *«equivalencia jurisdiccional»*[1]. Como el propio Tribunal Constitucional reconoce, la utilización en sus sentencias de esta terminología es posible que sea la causante de la confusión que se ha plasmado a lo largo de estos últimos años en la jurisprudencia menor[2]. En definitiva, el análisis de la motivación de los laudos arbitrales debe partir de las siguientes cuestiones clave:

en primer lugar, el TC aclara que los órganos jurisdiccionales deben respetar la mínima intervención en las decisiones adoptadas por los órganos arbitrales, como modo de respetar la libre voluntad de las partes que han decidido someter su controversia a arbitraje (SSTC (Sala Primera), núm. 46/2020, de 15 de junio [Rec. 3130/2017] [RTC\2020\46] y núm. 79/2022, de 27 de junio [Rec. 2915/2020] [RTC\2022\79]).

en segundo lugar, debe aclararse que la anulación del laudo tiene un contenido muy limitado y no permite entrar al fondo del asunto[3]. Tampoco es una segunda instancia, ni se puede recurrir a la vulneración del orden público como vía por la que incumplir con esta limitación. Es decir, el control de vulneración del orden público debe ser interpretado de manera restrictiva y ceñirse a supuestos de legalidad del convenio arbitral, arbitrariedad y regularidad procedimental del desarrollo del arbitraje[4].

---

1 En relación a las primeras sentencias del Tribunal Constitucional que abordan la cuestión (SSTC núm. 15/1989, de 26 de enero y núm. 62/1991, de 22 de marzo), debe aclararse que este llamado «equivalente jurisdiccional» es entendido por el TC como la circunstancia de que las partes obtienen, por medio de los laudos arbitrales, los mismos objetivos que obtendrían por la jurisdicción ordinaria a través de un laudo arbitral que pone fin al procedimiento con efectos de cosa juzgada. Maluquer De Motes Bernet, C.: «El arbitraje de consumo como instrumento de calidad al servicio del consumidor y del empresario» en *El arbitraje de consumo,* Carles E. Florensa i Tomás (editor), Tirant lo Blanch, Valencia, 2004, pp. 34-39.

2 *Vid.* FJ Octavo, en la STC (Sala Primera), núm. 17/2021, de 15 de febrero [Rec. 3956/2018] [RTC\2021\17].

3 De este modo, «*el control que pueden desplegar los jueces y tribunales que conocen de una pretensión anulatoria del laudo es muy limitado, y no están legitimados para entrar en la cuestión de fondo ni para valorar la prueba practicada, los razonamientos jurídicos y las conclusiones alcanzadas por el árbitro*». STC (Sala Primera), núm. 65/2021, de 15 de marzo [Rec. 976/2020] [RTC\2021\65]

4 Es decir, «*la acción de anulación, por consiguiente, sólo puede tener como objeto el análisis de los posibles errores procesales en que haya podido incurrir el proceso arbitral, referidos al cumplimiento de las garantías fundamentales, como lo son, por ejemplo, el derecho de*

en último término y respecto a la motivación, debe aclararse que *la resolución ha de contener los elementos y razones de juicio que permitan conocer cuáles han sido los criterios jurídicos o de equidad que fundamentan la decisión, que no deben resultar arbitrarios*. Ello deriva de la previsión del artículo 37.4 LA, sin que su vulneración pueda estimarse contraria al derecho fundamental de tutela judicial efectiva (art. 24 CE), que es únicamente aplicable a los procedimientos judiciales. En los arbitrajes en equidad (mayoritarios en consumo), el canon de la motivación presenta mayores dificultades de delimitación y requerirá que sean expuestos *«los fundamentos —no necesariamente jurídicos— que permitan conocer cuáles son las razones, incluso sucintamente expuestas, por las que el árbitro se ha inclinado por una de las posiciones opuestas de los litigantes»*[5].

En definitiva, del análisis abordado por el TC en relación a la función de los tribunales en cuanto a la valoración de la motivación de los laudos arbitrales en la última década, puede concluirse que «el posible control judicial del laudo y su conformidad con el orden público no puede traer como consecuencia que el órgano judicial supla al tribunal arbitral en su función de aplicación del derecho [debiendo controlar únicamente] *que se han cumplido las garantías del procedimiento arbitral y el respeto a los derechos y principios de defensa, igualdad, bilateralidad, contradicción y prueba*» (FJ Tercero) STC (Sala Primera), núm. 50/2022, de 4 de abril [Rec. 4731/2020] [RTC\2022\50].

En cuanto a la motivación, no se precisa que el órgano arbitral deba profundizar en el análisis de todas y cada de una de las pruebas que le han llevado a adoptar la decisión final, bastando con que consten expresamente *las razones* que le han llevado a tomar esa decisión, aunque éstas no sean las correctas según el criterio del órgano jurisdiccional que ha debido valorar su posible nulidad.

2. Forma

En virtud de lo dispuesto en el artículo 37.3 LA 60/2003, «*todo laudo deberá constar por escrito y ser firmado por los árbitros, quienes podrán dejar constancia de su voto a favor o en contra*». Para aquellos supuestos en los que

defensa, igualdad, bilateralidad, contradicción y prueba, o cuando el laudo carezca de motivación, sea incongruente, infrinja normas legales imperativas o vulnere la intangibilidad de una resolución firme anterior» (FJ Segundo), *vid.* STC (Sala Primera), núm. 17/2021, de 15 de febrero [Rec. 3956/2018] [RTC\2021\17].

5 «[...] *de la regulación legal tan sólo se sigue que el laudo ha de contener la exposición de los fundamentos que sustentan la decisión, pero no que la motivación deba ser convincente o suficiente, o que deba extenderse necesariamente a determinados extremos. No cabe deducir de la previsión legal la necesidad de que el árbitro analice en el laudo todas las pruebas y argumentos de las partes, sino tan solo que consten las razones de la decisión, sin que tampoco se obligue a que tales razones deban ser correctas, según el criterio del juez que deba resolver su impugnación»* (FJ Tercero), STC (Sala Primera), núm. 17/2021, de 15 de febrero [Rec. 3956/2018] [RTC\2021\17].

exista más de un árbitro, «*bastarán las firmas de la mayoría de los miembros del colegio arbitral o sólo la de su presidente, siempre que se manifiesten las razones de la falta de una o más firmas*». El precepto, además, añade una presunción de la existencia por escrito del laudo, si *de su contenido y firmas quede constancia y sean accesibles para su ulterior consulta en soporte electrónico, óptico o de otro tipo.*

En relación a la forma que debe adoptar el laudo y cumpliendo con lo previsto legalmente, se deja un amplio margen a las Juntas Arbitrales de Consumo para que, a través de sus propias normas de funcionamiento, determinen de manera más detallada los aspectos fundamentales que han de contener los laudos dictados en su órgano. De este modo, las instrucciones o protocolos de las Juntas Arbitrales de Consumo pueden determinar que la redacción de los laudos sea realizada en un lenguaje accesible para las partes, entre otros extremos[6].

En todo caso, lo verdaderamente importante respecto a la forma de los laudos es la determinación de su cumplimiento ya que, de lo contrario, sería causa de su impugnación y anulación ante los tribunales, como se verá en el comentario del artículo 45 de esta misma obra[7].

3. Contenido

Respecto al contenido del laudo, poco indica el artículo 37 LA. Al margen de la constancia de la fecha en la que ha sido dictado el laudo y el lugar de celebración del arbitraje (apartado 5) así como la necesidad de que el laudo contenga un pronunciamiento sobre costas del procedimiento arbitral (apartado 6)[8], el precepto no entra a valorar ninguna otra cuestión en relación al contenido del laudo, más allá de su necesidad de su motivación, como veíamos en líneas precedentes.

Lo cierto es que se antoja difícil y ciertamente irrelevante procurar buscar una reglamentación general acerca del contenido de un laudo arbitral. Ello

6 A modo de ejemplo, el autor identifica aspectos fundamentales contenidos en las normas de funcionamiento de la Junta Arbitral de Consumo de Cantabria en las que se detalla que la redacción del laudo debe contener: *a) la descripción detallada de la forma de terminación del procedimiento; b) la expresión ordenada, sistemática, indubitada y clara de la motivación que conduce a la decisión adoptada; c) la expresión indubitada y clara de la decisión dirimente que se adopta; d) la conducta que impone a las partes el juicio dirimente realizado, y e) el plazo de cumplimiento de la resolución*. Tomillo, J.: «Una aproximación al nuevo Reglamento del Sistema Arbitral de Consumo (RD 713/2024, de 23 de julio)», en *Noticias Jurídicas*, 8 de agosto de 2024.

7 *Vid. infra*. Artículo 45. «3. Impugnación del laudo».

8 Como costas del procedimiento, el precepto incluye: *a)* honorarios y gastos de los árbitros y, en su caso, los honorarios y gastos de los defensores o representantes de las partes, *b)* el coste del servicio prestado por la institución administradora del arbitraje y, *c)* los demás gastos originados en el procedimiento arbitral.

no implica que no sea importante que su contenido o, más bien, la relación de hechos y circunstancias constatadas, así como el alcance de los acuerdos obtenidos o la decisión arbitral, no deban ser expresados de la manera más clara y precisa posible. Es decir, el contenido del laudo arbitral, más allá de formalismos procedimentales, despliega toda su relevancia con su cumplimiento o ejecución (ya sea voluntaria o forzosa).

Para poder cumplir con los acuerdos alcanzados o con la decisión arbitral dictada, las partes deben conocer sus extremos y entender su vinculatoriedad. Para ello, las partes recibirán un ejemplar firmado del laudo en el plazo que hayan acordado o, en su defecto, en el plazo de 6 meses desde la fecha de la presentación de la contestación (apartado 7) y, en su caso, podrán protocolizar el laudo ante notario (apartado 8).

Con objeto de facilitar a las partes la comprensión del alcance del laudo arbitral dictado, máxime tratándose de un laudo conciliatorio, hubiera sido deseable una mínima indicación a los órganos arbitrales en la que se les requiriera que el laudo fuera dictado en un lenguaje sencillo y comprensible para un «consumidor medio». Incluso, en previsión de que el consumidor pueda requerir de unas necesidades específicas, que el contenido de ese laudo puede ajustarse a ellas si se tratare de consumidores especialmente vulnerables.

II. EXCEPCIONES: FINALIZACIÓN DE ACTUACIÓN SIN ENTRAR EN EL FONDO DE ASUNTO

1. Consideraciones generales

El precepto analizado tiene por objeto principal determinar cuáles son las causas por las que podría ponerse fin al procedimiento arbitral a través de un laudo que no entrara al fondo del asunto presentado en desarrollo, teóricamente, del artículo 38 LA. Sin embargo, este cometido lo realiza parcialmente, no articulando de manera ordena un elenco claro de causas que motivarían la finalización del procedimiento arbitral.

Como explica COLMENERO GUERRA, el precepto adolece de dos deficiencias importantes. En primer lugar, omite que, antes de acudir a la vía judicial, el consumidor o empresario tiene a su disposición las vías reconocidas en el artículo 39 LA de solicitud al órgano arbitral. En segundo lugar, parece no tener en cuenta el largo elenco de supuestos en los que, bien sea a través de laudo final o parcial, el órgano arbitral puede finalizar anticipadamente el procedimiento sin entrar al fondo del asunto[9].

9 A modo de ejemplo, se relacionan los siguientes supuestos que, sin entrar al fondo del asunto, pueden dar por finalizado el procedimiento de arbitraje: requerimiento de subsanación (art. 34. 2.º), decisión de inadmisión de la solicitud de arbitraje, la decisión de inadmisión del recurso o el acuerdo de inadmisión de la reconvención. COLMENERO GUERRA,

Por otra parte, el precepto no incluye —y sería interesante que lo hiciera— la necesidad de que el laudo recoja expresamente que la vía judicial queda expedita[10]. Es decir, el laudo dictado sin entrar al fondo del asunto debería aclarar que no produce el efecto de *cosa juzgada* y, por lo tanto, las partes podrán acudir al órgano jurisdiccional competente para dirimir la controversia presentada. En su caso, además, siempre cabe la posibilidad de hacer uso de la previsión del artículo 39 LA ante el propio órgano arbitral, cuestión a la que tampoco alude el precepto, que destaca por la utilización de fórmulas jurídicamente poco acertadas[11].

A pesar de las imprecisiones expuestas, señalaremos brevemente cuáles son las causas reconocidas en el precepto.

2. Causas

2.1. Falta de elementos indispensables para la solución de la controversia

La ausencia de elementos indispensables que permitan al órgano arbitral la resolución de la controversia es vista con recelo por parte de la doctrina en atención a que esa causa puede sentar la base sobre la que justificar el simple hecho de que el órgano arbitral no tenga interés en resolver el asunto[12]. La motivación del laudo en el que se reconozca que no se entra al fondo del asunto debido a la falta de elementos indispensables a disposición

J.A., «Reflexiones sobre el nuevo Reglamento que regula el sistema arbitral de consumo (RD 713/2024, de 23 de julio)» en La Ley. *Mediación y arbitraje.* núm. 20 (2024).

10 Busto Lago, J.M., Álvarez Lata, N. y Peña López, F., «Sección 5.ª. Formas de resolución de los conflictos de consumo (procedimientos judiciales, arbitraje y mediación)» en *Reclamaciones de Consumo. Derecho de Consumo desde la perspectiva del Consumidor*, ed. Aranzadi, Cizur Menor, 2010, p. 401.

11 Como ejemplos de las imprecisiones técnicas que contiene el precepto, Tomillo Urbina destaca las siguientes: *a)* debería aclararse que la inadmisión de la solicitud de arbitraje compete exclusivamente al presidente de la Junta Arbitral de Consumo y no «al órgano arbitral» en su conjunto; *b)* en caso de que el laudo dictado sin entrar al fondo del asunto deriva de una abstención del órgano arbitral, debe aclararse que ésta solo puede deberse a las causas reglamentariamente establecidas; *c)* en caso de que se pretenda finalizar por inhibición del órgano arbitral, también debe aclararse que no procede tal inhibición en cualquier caso y que la obligación el órgano es dirigir y finalizar el procedimiento arbitral. Aboga el autor por el uso de otras fórmulas como: *«el órgano arbitral da por terminadas las actuaciones por imposibilidad material o legal», según proceda, justificando las razones y su subsunción en las causas de tipicidad establecidas en el precepto*. Tomillo, J.: «Una aproximación al nuevo Reglamento del Sistema Arbitral de Consumo (RD 713/2024, de 23 de julio)», en *Noticias Jurídicas*, 8 de agosto de 2024.

12 Colmenero Guerra, J.A.: «Reflexiones sobre el nuevo Reglamento que regula el sistema arbitral de consumo (RD 713/2024, de 23 de julio)» en LA LEY. *Mediación y arbitraje.* Núm. 20/2024.

del órgano arbitral debe precisar con claridad y explícitamente cuáles serían los hechos, datos o documentos que se consideran «indispensables» para la resolución del caso.

Nuevamente, la motivación del laudo adquiere su relevancia máxima al objeto de constatar que no se ha alcanzado una decisión arbitraria y no justificada con causas constatables por parte del órgano.

2.2. Acuerdo «inter partes»

Una manifestación más del principio de voluntariedad que rige el procedimiento arbitral se refleja en la posibilidad que tienen las partes de paralizar toda actuación del órgano arbitral en cualquier momento previo al pronunciamiento de la decisión del órgano arbitral. Es decir, las partes pueden acordar dar por terminado el procedimiento solicitando al órgano arbitral la paralización del mismo y éste dicte un laudo final en el que no entrará a resolver el objeto de la controversia presentado. No se trata, en este caso, de la finalización del procedimiento arbitral a través de laudo conciliatorio (art. 38 RAC), ya que el laudo no contendrá la asistencia de acuerdos a las que las partes hubieran podido llegar. A los efectos de esta forma de finalización del procedimiento arbitral, lo importante será determinar que las partes han manifestado su voluntad de finalizar con el procedimiento de manera totalmente libre y deliberada, conociendo el alcance de su manifestación.

2.3. Imposibilidad o falta de necesidad de continuar

En paralelo a la causa vista en el apartado 2.2.1, el órgano arbitral tiene reservada la posibilidad de determinar que la continuación con las actuaciones resulta imposible o innecesaria. De hecho, esta división que realiza el precepto entre aquellos casos en los faltan elementos indispensables para la solución del litigio y la imposibilidad o innecesariedad de proseguir con las actuaciones parece ciertamente reiterativa. La falta de elementos indispensables para adoptar una solución hará imposible o innecesaria la prosecución de las actuaciones.

Es cierto que podemos encontrar otros supuestos en los que se antoje innecesaria la prosecución de las actuaciones por causas sobrevenidas o, en su caso, por imposibilidad física o jurídica. En sentido, por ejemplo, la satisfacción extraprocesal del conflicto planteado o la desaparición sobrevenida del objeto de la controversia, pueden hacer innecesaria la continuación del procedimiento (art. 22 LECivil).

2.4. Desistimiento unilateral y causas que lo excepcionan

El desistimiento del actor o reclamante en el procedimiento arbitral permite al órgano arbitral dictar laudo de finalización del procedimiento sin entrar en el fondo del asunto, a excepción de que el reclamado desee continuar con ello y el órgano arbitral reconozca su derecho a obtener un laudo dirimente.

El desistimiento debe ser interpretado como una declaración de voluntad por la que el reclamante no desea continuar con el procedimiento, impidiendo que se dicte un laudo que entre a conocer de la controversia inicialmente expuesta. El precepto debe estar refiriéndose al desistimiento total de la causa por la que se inició el procedimiento arbitral. De lo contrario, el desistimiento parcial impediría al órgano arbitral entrar a valorar alguna de las pretensiones, y dictaría laudo dirimente respecto del resto.

La cuestión se centra en determinar cuál es el momento procesal en el cual ese desistimiento tiene eficacia jurídica. En virtud del artículo 20 LECivil, el desistimiento del demandante desplegará sus efectos siempre que se emita *«antes de que el demandado sea emplazado para contestar a la demanda o citado a juicio. También podrá desistir unilateralmente, en cualquier momento, cuando el demandado se encontrare en rebeldía»*.

Como reconoce el precepto, podemos encontrar supuestos en los que el reclamado tenga interés en continuar con el procedimiento y, efectivamente, el órgano arbitral considere legítima y justificada su pretensión, impidiendo que el desistimiento del reclamante tenga efecto alguno. De este modo, el reclamado puede tener interés en obtener un laudo dirimente a su favor para preservar la imagen de la empresa, para disuadir a otros consumidores de presentar reclamaciones inoportunas o que carezcan de fundamento, entre otras razones que se nos puedan ocurrir.

Artículo 45. Plazo para la emisión y notificación del laudo arbitral*

1. El laudo será dictado y notificado a las partes en un plazo de noventa días naturales contados desde que se acuerde el inicio del procedimiento.

2. En casos de especial complejidad, el órgano arbitral podrá acordar, de forma motivada, una prórroga de hasta noventa días naturales adicionales al plazo previsto en el apartado anterior, debiendo ser comunicada dicha ampliación a las partes.

3. Si las partes logran una solución consensuada sobre todos los aspectos del litigio, el plazo para dictar el laudo conciliatorio será de un mes a contar desde el día siguiente a la notificación del inicio del procedimiento, siempre que en dicho momento el acuerdo hubiera sido conocido por el órgano arbitral o, en su defecto, desde la fecha en que este lo hubiera conocido.

I. PLAZOS «PRECLUSIVOS» PARA FINALIZAR EL PROCEDIMIENTO ARBITRAL

En este precepto se regulan los plazos para la emisión y notificación del laudo arbitral, estableciendo disposiciones claras sobre los tiempos, posibles prórrogas y la gestión de soluciones consensuadas. Este artículo es *clave* para garantizar la celeridad y eficacia del procedimiento arbitral, en consonancia con los principios que rigen los sistemas de resolución alternativa de litigios (RAL) en materia de consumo.

El artículo 45 del nuevo Reglamento del Sistema Arbitral de Consumo se preocupa de regular de manera exhaustiva los plazos y procedimientos para la emisión y notificación del laudo arbitral, destacando la importancia de la celeridad, la motivación en las ampliaciones de plazo y la formalización rápida de acuerdos consensuados. Aunque el sistema ofrece garantías procesales y flexibilidad, su eficacia depende de una correcta aplicación de los

---

* Comentario realizado por **Eduardo Vázquez de Castro**.

plazos y del respeto al derecho de las partes a acceder a la justicia en caso de impugnación del laudo. La coordinación con la normativa de arbitraje y las directrices europeas es crucial para garantizar un equilibrio entre eficiencia y tutela efectiva.

En efecto, el artículo 45 fija un plazo preclusivo de 90 días naturales para dictar y notificar el laudo arbitral desde que se acuerda el inicio del procedimiento, salvo en casos de especial complejidad donde se permite una prórroga motivada de otros 90 días. Estos plazos aseguran la previsibilidad del procedimiento y la protección de los derechos de las partes.

Resulta interesante destacar que no se ha previsto la suspensión o interrupción de plazos en el procedimiento arbitral del Sistema Arbitral de Consumo, sino una posible ampliación de plazos. Ciertamente, cabe indicar que, aunque la suspensión no esté regulada explícitamente, de forma general, en el Reglamento del Sistema Arbitral de Consumo, está prevista de manera específica en algunas leyes que le dan cobertura:

En este sentido resulta necesario aludir a los siguientes preceptos:

- Artículo 15.7 de la Ley 60/2003, de Arbitraje (recusación de árbitros)
- Artículo 17 de la Ley 5/2012 (suspensión por mediación previa)
- Artículo 20 de la Ley 7/2017 (regulación general de plazos en procedimientos RAL).

En consecuencia, se deduce que ciertos eventos pueden conllevar dicha suspensión, tales como los intentos de mediación previa al arbitraje (artículo 17 LM). Aunque no esté explícito en el Reglamento, estos intentos podrían justificar una interrupción *temporal* del plazo de resolución. En este mismo sentido el artículo 15.7 LA establece que el procedimiento arbitral queda suspendido si una de las partes plantea un incidente de recusación de árbitros. La suspensión se mantiene hasta que el incidente se resuelva, interrumpiendo temporalmente los plazos para la tramitación y resolución del arbitraje.

Cuestión diferente es la interrupción o suspensión de los plazos de prescripción o caducidad en el ejercicio de los derechos o acciones procesales. El artículo 17 de la Ley 5/2012 prevé que, si las partes acuerdan someterse a mediación, los plazos procesales y de prescripción quedan suspendidos desde la fecha en que se formaliza el acuerdo para iniciar la mediación hasta que esta finalice o sea abandonada. Aunque esta disposición es más aplicable en procedimientos judiciales, podría extrapolarse al arbitraje cuando exista un intento de mediación previo al inicio o durante el desarrollo del procedimiento arbitral.

Respecto al arbitraje, lo cierto es que no se hace una mención expresa a la interrupción o suspensión de los plazos. Desde luego, parecería derivarse esta suspensión o interrupción de la interpretación de que el propio sometimiento al procedimiento arbitral implica una reclamación o ejercicio de derechos. No tendría sentido, que se produjera una interrupción o suspensión de plazos con la *mediación* y, sin embargo, el *arbitraje* resulte indiferente a estos efectos.

El argumento cuenta con toda la lógica jurídica que implica el paralelismo del proceso arbitral con el judicial. Cuando las partes de un conflicto deciden resolverlo mediante arbitraje, el laudo arbitral adquiere la misma fuerza jurídica que una sentencia con efecto de cosa juzgada. Esto significa que el arbitraje adquiere y asume características propias de un procedimiento judicial civil en curso. En este contexto, es evidente que la solicitud de arbitraje, que normalmente incluye una descripción de los hechos, la naturaleza del conflicto y las pretensiones de las partes, genera el mismo efecto interruptivo de la prescripción que una demanda presentada ante un tribunal ordinario.

No obstante, a diferencia de la jurisdicción judicial ordinaria, donde el procedimiento se inicia formalmente con la demanda, en el arbitraje es necesario un paso previo: la presentación de una solicitud o requerimiento dirigido a la corte arbitral en los arbitrajes administrados, o directamente al árbitro o a las partes demandadas en los arbitrajes *ad hoc*.

La solicitud de arbitraje, por lo general, contiene una descripción detallada del conflicto y una anticipación de las pretensiones de las partes. Estos elementos son esenciales para constituir el procedimiento arbitral, y la presentación de dicha solicitud se considera una manifestación concreta de la intención de preservar el derecho que se desea hacer valer. Este criterio es coherente con la doctrina jurisprudencial del Tribunal Supremo, que ha señalado en múltiples decisiones que la solicitud de arbitraje interrumpe la prescripción de las acciones comprendidas en ella.

Asimismo, la Ley de Arbitraje establece que, salvo pacto en contrario, el procedimiento arbitral se considera iniciado en la fecha en que el demandado recibe el requerimiento para someter la controversia a arbitraje. Por tanto, es razonable interpretar que la interrupción de la prescripción se produce en ese momento, a menos que las partes hayan acordado otra cosa respecto al inicio del procedimiento arbitral, ya sea de manera explícita o mediante el Reglamento de procedimiento aplicable. De hecho, la mayoría de los reglamentos arbitrales contemplan que el procedimiento comienza formalmente con la presentación de la solicitud de arbitraje, reflejando así la voluntad de las partes.

De otro lado, se produce la paradoja de que la Ley 7/2017, que incorpora la Directiva 2013/11/UE, establece en su artículo 20 que los procedimientos RAL no interrumpen los plazos de prescripción o caducidad en los términos previstos en la legislación sectorial. No obstante, si el procedimiento arbitral en consumo implica acuerdos complementarios como mediaciones previas, estos podrían suspender o prorrogar los plazos según lo previsto en la normativa arbitral general o sectorial.

En todo caso, la discusión parece estéril en el caso del arbitraje, puesto que, en caso de someterse al mismo, siempre recaerá un laudo y, a consecuencia del mismo, se abre un nuevo plazo de impugnación. De esta manera, tiene sentido que el Reglamento sólo se preocupe de establecer el plazo del procedimiento arbitral para poner un término preclusivo al mismo, desde el comienzo del procedimiento hasta la resolución del laudo. Además, el artículo 45.2 del Reglamento permite interpretar que, en casos de especial complejidad o incidentes procesales, puede haber prórrogas o interrupciones justificadas del plazo, siempre que sean comunicadas y motivadas por el órgano arbitral. Esto asegura un equilibrio entre la celeridad del proceso y la garantía de los derechos de las partes.

Ya se ha abordado en el comentario al artículo 36 del Reglamento cómo se consideran cumplidas las garantías de los derechos de las partes en este proceso arbitral, principalmente los derechos irrenunciables de los consumidores. Debe recordarse que el artículo 45 debe interpretarse en el marco de la Directiva 2013/11/UE, que regula los procedimientos RAL en materia de consumo (artículo 8.1). La Directiva exige que estos procedimientos sean rápidos y los plazos establecidos en el Reglamento cumplen con este requisito. Además, se exige que el proceso sea transparente y la ampliación de plazos debe estar debidamente motivada y comunicada. De este modo se garantiza el derecho de las partes a acceder a la vía judicial en caso de insatisfacción con el arbitraje, pudiendo establecerse su compatibilidad con el artículo 47 de la Carta de los Derechos Fundamentales de la UE, que asegura el acceso a un tribunal independiente.

1. *Dies a quo* (inicio de cómputo)

El plazo de 90 días naturales comienza a contar desde el momento en que el órgano arbitral acuerda el inicio del procedimiento, conforme al artículo 20 de la Ley 7/2017. Este plazo garantiza la celeridad procesal, elemento esencial en la resolución de conflictos de consumo, donde el tiempo es un factor crítico para proteger los intereses de los consumidores.

En el caso de acuerdos consensuados, el plazo puede ajustarse, tal como se detalla en el apartado 3 del artículo 45 RSAC, reflejando la flexibilidad del sistema para adaptarse a las necesidades específicas del litigio.

2. Causa debidamente motivada para su ampliación

El artículo 45.2 permite una prórroga de 90 días adicionales cuando el caso presenta *especial complejidad*, pero requiere que el órgano arbitral lo motive de forma adecuada y lo comunique a las partes. Este requisito evita que la ampliación se utilice de forma arbitraria o como excusa para dilatar el procedimiento.

Aunque la normativa no define de manera exhaustiva qué constituye un caso de «especial complejidad», algunos supuestos típicos pueden justificar la ampliación del plazo. Determinados casos requieren un análisis más profundo debido a la dificultad jurídica o complejidad de las cuestiones planteadas. Algunos ejemplos de estos casos difíciles incluyen: conflictos con múltiples normas aplicables, como normativa de consumo, contractual y sectorial, necesidad de interpretación de cláusulas contractuales ambiguas o que puedan ser consideradas abusivas, cuestiones transfronterizas, donde el conflicto implique aplicar normas de diferentes jurisdicciones o tratados internacionales.

En otros casos podrá justificarse la concurrencia de «especial complejidad» por el volumen de documentación y pruebas o por la propia naturaleza de estas últimas. Esto incluye la necesidad de recabar informes periciales técnicos que deban ser revisados o contrastados. En estos casos se presentan situaciones en las que se requiera recabar pruebas adicionales o realizar diligencias complementarias.

También parece justificada la necesidad de prórroga del procedimiento, cuando la participación de múltiples partes (por ejemplo, consumidores afectados por un mismo empresario) pueden dificultar la gestión del procedimiento debido a la diversidad de intereses en juego o la necesidad de coordinar las intervenciones de todas las partes y sus representantes. También habría posibilidad de solicitar el tiempo adicional cuando se presentan cuestiones técnicas o sectoriales específicas que puedan requerir un análisis técnico especializado. Por ejemplo, en el ámbito financiero, cuando la controversia implique analizar productos complejos novedosos o sobre los que no existe criterio uniforme. Por otra parte, podría surgir especial complicación en los casos donde se detecten conflictos tecnológicos, como problemas con plataformas digitales, software o productos con alta sofisticación técnica.

Por supuesto, hay que contemplar como motivo de ampliación del plazo la concurrencia de incidentes procesales dentro del arbitraje. Ciertas incidencias procesales pueden retrasar el desarrollo del procedimiento y justificar una prórroga del plazo, tales como recusación de árbitros, regulada en el artículo 15.7 de la Ley de Arbitraje (LA), el planteamiento de cuestiones preliminares, como excepciones de competencia del órgano arbitral o la solicitud de aclaraciones o precisiones sobre las pruebas presentadas por las partes.

Cabe tener en cuenta, aunque ya no esté prevista expresamente en la normativa esta posibilidad, que los casos con tentativa de mediación previa también implican una ralentización del proceso de arbitraje, hasta que no finalice la mediación. Si las partes han intentado una mediación previa dentro del procedimiento arbitral, el plazo de 90 días puede ampliarse hasta un mes adicional, tal como permite el artículo 45 del Reglamento. Esta mediación, aunque voluntaria, puede consumir tiempo necesario para alcanzar acuerdos parciales o definir los puntos de controversia.

Por último, debe considerarse oportuna la ampliación del plazo en aquellos supuestos en los que haya sido necesario consultar o involucrar a terceros que se han demorado en sus informes. Los casos en los que el procedimiento exija consultar a terceros, como expertos independientes, organismos regulatorios o testigos especializados, también pueden justificar la prórroga. Esto es común en conflictos que requieren la intervención de un organismo público o, aun siendo facultativa su intervención, el consumidor o usuario ha querido recabar esta opinión cualificada (por ejemplo, Agencia Estatal de Seguridad Aérea en conflictos de transporte aéreo, la Dirección General de Seguros y Fondos de Pensiones en conflictos con pólizas de seguros, etc.). Es decir, en los casos en los que se solicite un dictamen técnico independiente, podrá considerarse motivo de prórroga la demora en la elaboración de dicho informe.

En definitiva, la especial complejidad se configura en función de las características concretas del caso y debe ser motivada de manera adecuada por el órgano arbitral. Ejemplos típicos incluyen conflictos jurídicamente sofisticados, pruebas voluminosas, múltiples partes implicadas, sectores técnicos especializados, o incidencias procesales. La prórroga, limitada a un máximo de 90 días adicionales, busca equilibrar la necesidad de resolver el conflicto de manera adecuada sin dilatar injustificadamente el procedimiento arbitral.

No obstante, en alguno de los casos expuestos, no sólo podría justificarse una prórroga en el plazo, sino que ha de entenderse que el plazo deja de correr o se suspende. Desde esta perspectiva, el plazo puede suspenderse en los siguientes casos:

a) *Intento previo de mediación*: En procedimientos donde se intenta una mediación previa, el plazo puede ampliarse hasta un máximo de un mes, conforme a lo dispuesto en el Reglamento.

b) *Recusación de árbitros*: Si se plantea un incidente de recusación, el plazo queda suspendido hasta la resolución de la cuestión, como indica el artículo 15.7 de la Ley de Arbitraje (LA).

Estas disposiciones aseguran que el procedimiento se mantenga ágil, respetando las garantías procesales.

3. Consecuencias del incumplimiento del plazo

El artículo 37.2 de la Ley 60/2003, de Arbitraje (LA) regula expresamente las consecuencias del incumplimiento del plazo para dictar el laudo arbitral[1]. Según esta disposición, el vencimiento del plazo:

a) No afecta a la validez del convenio arbitral ni al laudo emitido posteriormente, salvo que las partes acuerden lo contrario.

b) No extingue el procedimiento arbitral, permitiendo que los árbitros continúen con su función, aunque con posibles repercusiones jurídicas y procesales.

Este marco garantiza la estabilidad del procedimiento arbitral y evita que un retraso en la emisión del laudo prive a las partes de los derechos deriva-

1 La Ley 60/2003, de 23 de diciembre, de Arbitraje en su artículo 37.2 establece: «Salvo acuerdo en contrario de las partes, la expiración del plazo para dictar el laudo no afectará a la eficacia del convenio arbitral ni a la validez del laudo que se dicte posteriormente, sin perjuicio de la responsabilidad en que hayan podido incurrir los árbitros.»

dos del convenio arbitral. Sin embargo, el incumplimiento *injustificado* del plazo puede generar:

a) *Responsabilidad del órgano arbitral*, especialmente si la demora afecta negativamente a los derechos de las partes. Esta responsabilidad puede ser exigida a través de la correspondiente reclamación por daños y perjuicios.

b) *Impacto en la confianza de las partes en el sistema arbitral*, comprometiendo el principio de celeridad, que es especialmente relevante en materia de consumo[2].

II. LA SOLUCIÓN CONSENSUADA Y SU REPERCUSIÓN EN EL PROCEDIMIENTO

El artículo 45.3 del Reglamento del Sistema Arbitral de Consumo permite que, en caso de acuerdo consensuado entre las partes, el órgano arbitral emita un laudo conciliatorio en un plazo reducido. Este mecanismo refuerza la eficacia y flexibilidad del sistema arbitral, promoviendo la resolución temprana de conflictos. No se entra en detalle a analizar las características de este tipo de laudo, puesto que se ha desarrollado esta cuestión en los comentarios al artículo 38 de este Reglamento.

1. Reducción del plazo para dictar el laudo conciliatorio

Cuando las partes logran un acuerdo sobre todos los aspectos del litigio, el plazo para dictar el laudo conciliatorio se reduce a un mes. La simplificación del procedimiento, en este caso en el que se transforma el procedimiento adversarial del arbitraje en un procedimiento consensuado, exista o no una mediación que lo logre, también repercute en el plazo. Se presume que el plazo debe ser menor al resultar muy sencilla la labor del árbitro o colegio arbitral. Únicamente tendrá que elevarse a laudo conciliatorio el acuerdo alcanzado por las partes. Sin embargo, el cómputo del plazo no se ha reflejado de una manera demasiado clara. Tal y como se contiene en este artículo 43.3 del Reglamento, este plazo comienza a contarse de dos maneras diferentes en función de si el órgano arbitral conoce o no la existencia del acuerdo o su contenido. De esta manera, el inicio del cómputo se establece que debe considerarse desde:

a) La *notificación* del inicio del procedimiento, si el acuerdo ya es conocido.

b) El momento en que el órgano arbitral tiene *conocimiento* del acuerdo.

---

2 Martínez Espín, P.: «La Ley de Arbitraje introduce una regla de flexibilidad en el cumplimiento de plazos, pero esta no debe interpretarse como una justificación para retrasos arbitrarios. Los árbitros tienen un deber de diligencia en la gestión de los plazos procesales.», en *Revista Cesco de Derecho de Consumo*, núm. 51 (2024).

Ciertamente, esta reducción es coherente con el principio de celeridad que rige los procedimientos arbitrales y permite que los acuerdos alcanzados se formalicen de manera rápida, asegurando su eficacia jurídica sin necesidad de agotar el plazo general de 90 días. Sin embargo, la redacción actual del artículo 45.3 del Reglamento puede generar ambigüedades y controversias sobre el inicio del cómputo del plazo reducido para dictar el laudo conciliatorio. Deberían establecerse criterios claros para la notificación del acuerdo y el inicio del plazo, contribuye a fortalecer la seguridad jurídica, la transparencia y la eficacia del procedimiento arbitral en el ámbito del consumo.

Con la redacción de este doble cómputo del plazo reducido pueden identificarse varios problemas. De un lado, se provoca una cierta ambigüedad sobre el momento exacto en que se considera «conocido» el acuerdo por el órgano arbitral. El texto no especifica de manera precisa qué actos o comunicaciones hacen efectivo el conocimiento del acuerdo por parte del órgano arbitral.

De esta manera, puede generar incertidumbre respecto al inicio del cómputo del plazo en situaciones donde no haya una notificación formal y explícita. Esta situación plantea la necesidad de haber establecido requisitos claros sobre la notificación del acuerdo. No se define qué debe incluir dicha notificación (por ejemplo, si basta con una comunicación informal o si es necesaria una presentación formal de documentos que respalden el acuerdo). Esta falta de precisión puede dar lugar a controversias procesales. Por supuesto, los reglamentos de funcionamiento interno de las Juntas arbitrales podrán cubrir estas carencias.

De otro lado, la falta de previsión sobre los efectos de retrasos o fallos en la notificación también generan cierta incertidumbre. El Reglamento no aborda qué sucede si las partes notifican el acuerdo fuera de los plazos razonables o si la notificación se realiza de forma incompleta. Por este motivo, sería conveniente una redacción alternativa (*de lege ferenda*), para garantizar mayor claridad y seguridad jurídica. En este punto, se propone una redacción alternativa para el artículo 45.3, que especifique con detalle los elementos necesarios para iniciar el cómputo del plazo reducido:

«Cuando las partes logren una solución consensuada sobre todos o alguno de los aspectos del litigio, el órgano arbitral deberá ser notificado, formalmente y de manera inmediata, del acuerdo por cualquiera de las partes o por ambas de manera conjunta. Si la solución consensuada se hubiese alcanzado con una mediación, será el mediador el obligado a realizar la notificación al órgano arbitral. El plazo para dictar y notificar el laudo conciliatorio, por parte del órgano arbitral, será de un mes, que comenzará a contar desde:

a) La fecha en que el órgano arbitral reciba la notificación formal del acuerdo, acompañada de la documentación que lo acredite, o

b) La fecha de inicio del procedimiento arbitral, si en ese momento ya constara formalmente el acuerdo entre las partes.

En caso de que la notificación sea incompleta, el órgano arbitral podrá requerir a las partes que subsanen las deficiencias dentro de un plazo de cinco días hábiles, quedando suspendido el cómputo del plazo reducido hasta que se reciba la documentación completa».

Exigir que el acuerdo se comunique de manera formal y con respaldo documental asegura que el órgano arbitral tenga conocimiento claro y verificable del acuerdo, reduciendo el margen de interpretaciones subjetivas. La propuesta elimina la incertidumbre sobre el inicio del cómputo al vincularlo a actos verificables, como la recepción formal de la notificación por el órgano arbitral. Introducir un mecanismo para subsanar notificaciones incompletas evita que las partes pierdan derechos o que el procedimiento se paralice por errores formales, garantizando la eficiencia del arbitraje.

La redacción propuesta refuerza los principios fundamentales del Sistema Arbitral de Consumo al proporcionar reglas claras, objetivas y adaptadas a las necesidades de las partes. Resulta especialmente relevante reforzar la seguridad en los plazos para obtener un laudo conciliatorio, habida cuenta de que el laudo conciliatorio, al igual que el laudo arbitral tradicional, tiene carácter vinculante y ejecutivo, lo que otorga seguridad jurídica a las partes. Este mecanismo puede incentivar a las partes a buscar soluciones amistosas desde el inicio del procedimiento, reduciendo costos y tiempos. El laudo conciliatorio no solo refuerza la agilidad del arbitraje, sino que también destaca el valor de los acuerdos consensuados como fórmula eficiente para resolver disputas de consumo.

2. Deberes de notificación al órgano arbitral

En definitiva, la eficacia del laudo conciliatorio depende de que las partes notifiquen al órgano arbitral de forma inmediata la existencia del acuerdo. Este deber de notificación permite al órgano arbitral, de un lado, emitir el laudo dentro del plazo reducido y, de otro lado, formaliza el acuerdo como un título con fuerza ejecutiva, garantizando su cumplimiento.

El artículo 45.3 enfatiza que la notificación del acuerdo es un requisito esencial para que el órgano arbitral pueda actuar en tiempo y forma. La ausencia de comunicación o retrasos por las partes pueden generar confusiones o incumplimientos de plazos. En este sentido, como se ha indicado, debiera haberse desarrollado mejor este deber de las partes.

Es esencial que las partes comuniquen el acuerdo al órgano arbitral tan pronto como este se produzca. Esta notificación permite al órgano emitir el laudo conciliatorio dentro del plazo establecido, garantizando su carácter vinculante y ejecutivo. Este mecanismo asegura que los acuerdos consensuados se formalicen de manera adecuada y con plena eficacia jurídica.

ANEXO

DISTINTIVO DE ADHESIÓN AL SISTEMA ARBITRAL DE CONSUMO

1. Denominación: Distintivo de adhesión al Sistema Arbitral de Consumo.

2. Construcción gráfica:

Con carácter general, consistirá en una figura vertical constituida por cuatro elementos de texto e imagen. Las medidas exteriores del conjunto son 69 mm de ancho por 132 mm de alto. El primer elemento, arriba, consta de un rectángulo de 69 mm de ancho por 28 mm de alto. En línea negra de 0,5 mm. En su interior debe figurar la Junta Arbitral o el ámbito territorial de la oferta en letra mayúscula y centrado. Tipo de letra: helvética. Tamaño: 21,42. Escala horizontal: 100. Espaciado: 0. Interlineado: sólido. Estilo: negrita.

Debajo, el segundo elemento, solo texto, figura EMPRESARIO ADHERIDO en dos líneas. Tipo de letra: helvética. Escala horizontal: 100. Tamaño: 21,66. Espaciado: 0. Interlineado: sólido. Estilo: normal. La altura total de las dos líneas de texto es de 13 mm situadas a 3 mm del borde inferior del primer elemento y a 3 mm del tercero, debajo.

El tercer elemento consta de un recuadro de 69 x 69 mm, en color naranja, magenta 47 % y amarillo 100 %. En su interior figura el logotipo de Arbitraje, centrado y calado en blanco. Las medidas del logotipo son 53,4 x 63,7 mm.

El elemento inferior consta del texto ARBITRAJE DE CONSUMO, en dos líneas, la superior ARBITRAJE y la inferior DE CONSUMO, centrado, ocupando un espacio de 51,8 x 13 mm. Tipo de letra: helvética. Tamaño: 21,42. Escala horizontal: 100. Espaciado: 0. Interlineado: sólido. Estilo: negrita. Separado del tercer elemento por un espacio de 3 mm.

3. Para su uso en formato electrónico se establece un tamaño mínimo en píxeles de 75 de ancho por 138 de alto, debiendo guardar las proporciones en tamaños superiores.

4. En el caso de que el distintivo se incorpore en documentos en soporte papel o electrónico, en los que por sus dimensiones o características no puedan cumplirse lo estipulado en los apartados 2 o 3 para el tamaño o color del distintivo, podrán ser adaptados respetándose el contenido y proporciones señalados para el distintivo oficial.

BIBLIOGRAFÍA

Abellán Tolosa, L., «El Sistema Arbitral de Consumo», en *Derecho privado de consumo* (M.ª J. Reyes dir.), ed. Tirant lo Blanch, Valencia, 2005.

Albaladejo, M., *Derecho Civil II. Derecho de Obligaciones*, duodécima Edición, Edisofer, Madrid, 2003.

Álvarez Alarcón, A., *El sistema español de arbitraje de consumo*, ed. Instituto Nacional del Consumo, Jerez de la Frontera, 1999.

Álvarez Rubio, J., *La protección del consumidor en el Derecho de la competencia*, ed. Comares, Granada, 2017.

— «La superación de los mecanismos tradicionales de control de las comunicaciones comerciales: autorregulación y corregulación como modelos de éxito», en *Revista de Derecho de la Competencia y de la Distribución*, núm. 20, enero-junio 2017.

Alzate Sáez De Heredia, R. y **Vázquez De Castro, E.**, *Resolución de disputas en línea (RDL): las claves de la mediación en línea,* ed. Reus, Madrid, 2013.

Arroyo Martínez, I., «Recensión al libro de J. Tomillo «Práctica arbitral de consumo», Madrid, Ed. Thomson-Civitas, 2007, 969 páginas», en *Arbitraje. Revista de arbitraje comercial y de inversiones*, núm. 1, vol. II (2009), pp. 311-314.

Badenas Carpio, J.M., *El sistema arbitral de reclamaciones de consumo*, ed. Conselleria de Sanitat i Consum, Valencia, 1993.

Barona Vilar, S., «Tutela efectiva procesal no judicial: el arbitraje», en *Introducción al Derecho procesal: Derecho procesal I*, (coord. J. L. Gómez Colomer y S. Barona Vilar), 4.ª ed., Valencia, 2024.

Bercovitz, A., «La experiencia del arbitraje de consumo», en *El futuro de la protección jurídica de los consumidores* (J. Tomillo dir./ J. Álvarez Rubio coord.), ed. Thomson Civitas, Cizur Menor, 2008.

Busto Lago, J.M., *Reclamaciones de consumo. Derecho de Consumo desde la perspectiva del consumidor*, 3.ª Ed., editorial Thomson Reuters, Cizur Menor, 2010.

Busto Lago, J.M., Álvarez Lata, N. y **Peña López, F.,** «Sección 5.ª. Formas de resolución de los conflictos de consumo (procedimientos judiciales, arbitraje y mediación)» en *Reclamaciones de Consumo. Derecho de Consumo desde la perspectiva del Consumidor,* ed. Aranzadi, Cizur Menor, 2010.

Cámara Lapuente, S., *Comentarios a las Normas de Protección de los Consumidores*, Colex, Madrid, 2011.

Cañizares Laso, A. y **Zumaquero Gil, L.,** *Comentarios al texto refundido de la Ley de Consumidores y Usuarios*, Tomo I, Tirant lo Blanch, Valencia, 2022.

Carrasco Perera, A., «Atentos a las adhesiones al Sistema Arbitral de Consumo que se hubieran formulado como «limitadas»», en *Boletín de novedades* **Cesco**, núm. 14/2024, de 18 de noviembre.

Cayón De Las Cuevas, J., «Resolución extrajudicial de conflictos sanitarios: manifestaciones jurídico-positivas y posibilidades de futuro», en *Mediación, arbitraje y resolución extrajudicial de conflictos en el siglo XXI* (dir. L. García Villaluenga, J. Tomillo Urbina y E. Vázquez de Castro), Editorial Reus (2010), pp. 293-330.

Cialt, «La distinción procesal entre la reconvención del artículo 406 de la Ley de Enjuiciamiento Civil y la alegación de crédito compensable del artículo 408 de dicha ley», en https://www.cialt.com/blog/actualidad-juridica/la-distincion-procesal-entre-la-reconvencion-del-articulo-406-de-la-ley-de-enjuiciamiento-civil-y-la-alegacion-de-credito-compensable-del-articulo-408-de-dicha-ley/

Colmenero Guerra, J.A., «Reflexiones sobre el nuevo Reglamento que regula el sistema arbitral de consumo (RD 713/2024, de 23 de julio)», en *Revista La Ley Mediación y Arbitraje*, núm. 20 (2024).

— «Comentarios a la Ley de Enjuiciamiento Civil (arts. 61-67)», en *InDret,* núm. 4 (2007).

Cordón, F., «Dos cuestiones sobre el nuevo procedimiento arbitral previsto en el Reglamento que regula el Sistema Arbitral de Consumo, aprobado por Real Decreto 713/2024, de 23 de julio», en https://ga-p.com/publicaciones/dos-cuestiones-sobre-el-nuevo-procedimiento-arbitral-previsto-en-el-reglamento-que-regula-el-sistema-arbitral-de-consumo-aprobado-por-real-decreto-713-2024-de-23-de-julio/

Cubillo López, I. J., «El procedimiento para la tutela arbitral de los consumidores», en **Cubillo López, I. J.** (Coordinador), *Cuestiones actuales sobre la protección de los consumidores: tutela penal, civil y arbitral*, Civitas Thomson Reuters, Cizur Menor, 2010, pp. 275-349.

De Martín Muñoz, A. y **Hierro Anibarro, S.**, *Comentario a la Ley de Arbitraje*, Marcial Pons, Madrid, 2006.

Del Saz Domínguez, L., «El nuevo arbitraje de consumo. El límite de la cuantía para los árbitros únicos», https://www.centrodeestudiosdeconsumo.com/images/El_limite_de_la_cuantia_para_los_arbitros_unicos.pdf

Delgado De Molina Hernández, L., «El procedimiento arbitral: principios, desarrollo y modos de terminación», en *Práctica de tribunales. Revista de Derecho procesal civil y mercantil*, núm. 14 (2005).

Díaz Alabart, S., «El arbitraje de consumo (RD 636/1993, de 3 de mayo)», en *Estudios sobre el Derecho de consumo*, Iberdrola, Bilbao, pp. 170-223.

Fernández Fernández, M.E., «Recentísimas novedades en materia de arbitraje de consumo tras la Ley 7/2017, de 2 de diciembre, sobre resolución alternativa de conflictos de consumo», en *Arbitraje. Revista de arbitraje comercial y de inversiones,* vol. Xi, núm. 2 (2018), pp. 483-497.

Florensa I Tomàs, C.E. (Director), *El arbitraje de consumo*, Tirant lo Blanch, Valencia, 2004.

García-Pita Y **Lastres, J.L.**, *Derecho Mercantil de Obligaciones. Parte General*, ed. Marcial Pons, 2003.

Gómez Jene, M., *Arbitraje Comercial Internacional*, 2.ª ed., Civitas, Cizur Menor-Navarra, 2023.

González García, J.M., «Arbitraje obligatorio y tutela judicial efectiva: el arbitraje no es un negocio jurídico unilateral», en *Derecho y proceso: Liber Amicorum del profesor Francisco Ramos Méndez* (dir. M. J. Cachón Cadenas y **J.** Franco Arias), vol. 2, Barcelona, 2018, pp. 1112-1136.

Gutiérrez Fernández, B., *Estudios fundamentales sobre el Derecho Civil Español, Tratado de las Obligaciones*, primera edición, tomo cuarto, Madrid, 1869.

Lara González, R., «Los efectos de la declaración de concurso de acreedores sobre el Sistema y sobre el procedimiento arbitral de consumo», en *Anuario de Derecho Concursal*, núm. 6 (2005), pp. 249-274.

— «La importancia de la participación de los empresarios y de sus entidades representativas en el sistema arbitral de consumo» en *Revista Doctrinal Aranzadi Civil-Mercantil,* núm. 3 (2005).

— *Procedimientos eficaces y protección de intereses económicos. Reconocimiento e interpelación para el progreso en el arbitraje de consumo*, Aranzadi, Las Rozas, 2024.

— «El arbitraje de consumo en su cuadragésimo aniversario», en *Revista LA LEY Mediación y Arbitraje*, núm. 20 (2024).

Lara González, R.; **Pérez Moriones, A.** (Coordinación), *Tratando de Derecho del Consumo*, Aranzadi, Las Rozas-Madrid, 2025.

Lorca Navarrete, A. M.ª, *La nueva regulación del arbitraje de consumo. Real Decreto 231/2008, de 15 de febrero, por el que se regula el Sistema Arbitral de Consumo*, Instituto Vasco de Derecho Procesal, San Sebastián, 2008.

López Menudo, F., «Los principios generales del procedimiento administrativo» en *Revista de Administración Pública*, núm. 129 (1992).

Maluquer De Motes Bernet, C. J., «Oferta pública de sometimiento al sistema arbitral»» en *Estudios sobre Consumo*, núm. 59 (2001), pp. 117-126.

— «El arbitraje de consumo como instrumento de calidad al servicio del consumidor y del empresario» en *El arbitraje de consumo,* Carles E. Florensa i Tomás (editor), ed. Tirant lo Blanch, Valencia, 2004.

— «Cuestiones flexibles en materia de Arbitraje de Consumo», en García Villaluenga, L., Tomillo Urbina, J. y Vázquez De Castro, E. (Codirectores) y Fernández Canales, C. (Coordinadora), *Mediación, arbitraje y resolución extrajudicial de conflictos en el siglo XXI*, Editorial Reus, Madrid, 2010, pp. 49-58.

Marcos Francisco, D., «Nueva perspectiva del arbitraje de consumo a la luz del Real Decreto 231/2008, de 15 de febrero, regulador del Sistema Arbitral de Consumo», en *Revista General de Derecho Procesal*, núm. 16 (2008).

— «El arbitraje del consumo *online* en el RD 231/2008 de 15 de febrero, regulador del sistema arbitral de consumo», en *RCE,* núm. 96 (2008).

— «La equidad y la necesaria motivación del laudo en el arbitraje de consumo», en *Revista de la Corte Española de Arbitraje*, 2008.

— *El arbitraje de consumo y sus nuevos retos*, Valencia, 2010.

— «Sistema arbitral de consumo: algunas propuestas «inteligentes» de *lege ferenda*», en *Indret,* núm. 1 (2024).

— *El arbitraje de consumo en el nuevo reglamento: ¿adecuación y eficiencia?*, ed. Tirant lo Blanch, Valencia, 2024.

Marín Lopez, M.J., «Presente y futuro del arbitraje de consumo: 43 cuestiones controvertidas» en *Revista de Derecho privado*, núm. 90, 9-10 (2006), pp. 3-76.

— «La nueva regulación del arbitraje de consumo: el Real Decreto 231/2008, de 15 de febrero», en *Diario LA LEY*, núm. 6905 (2008), ref. D-82.

— «La reconvención en arbitraje de consumo, y la posibilidad del consumidor reconvenido de desistir del procedimiento», en *Revista CESCO de Derecho de consumo*, 28 de noviembre de 2014.

Martín Diz, F., «Inteligencia artificial y ADR: evolución en el arbitraje y la mediación», **La Ley**. *Mediación y arbitraje*, núm. 2 (2020),

Martínez Espín, P., «La Ley de Arbitraje introduce una regla de flexibilidad en el cumplimiento de plazos, pero esta no debe interpretarse como una justificación para retrasos arbitrarios. Los árbitros tienen un deber de diligencia en la gestión de los plazos procesales.», en *Revista Cesco de Derecho de Consumo*, núm. 51 (2024).

— «Análisis del Real Decreto 713/2024 sobre el Sistema Arbitral de Consumo», en *Revista CESCO de Derecho de consumo*, núm. 51 (2024).

Matheus López, C.A., *La independencia e imparcialidad del árbitro*, Instituto Vasco de Derecho Procesal, San Sebastián, 2009.

Merino Merchán, J.F., «Confidencialidad y arbitraje» en *Revista del Club Español del Arbitraje*, núm. 2 (2008).

Orozco Pérez G. y **Pérez-Serrabona González, J. L.**, «Estudio crítico y propuestas de reforma del Arbitraje de Consumo» en *Revista Doctrinal Aranzadi Civil-Mercantil,* núm. 5 (2007).

Palao Moreno, G., «La nueva Ley de arbitraje española y el arbitraje de consumo», *Europa e diritto privato*, n.º 4, 2024, pp. 1173-1206.

Quintana Carlo, I. y **Bonet Navarro, A.** (Directores), *El Sistema Arbitral de Consumo. Comentarios al Real Decreto 636/1993 de 3 de mayo*, Aranzadi, Elcano, 1997.

Riaño Brun, I., «Reflexiones en torno a la acción de anulación del laudo arbitral y los motivos que la justifican», en Pérez Moriones, A., Riaño Brun, I. y Mestrot, M. (coordinadores), *El arbitraje: una nueva perspectiva desde el Derecho español y el Derecho francés*, La Ley, Madrid, 2013, pp. 227 y ss.

Ribón Seisdedos, E., «Instrumentos para impulsar la adhesión de los empresarios al Sistema Arbitral de Consumo», en *Noticias Jurídicas*, *https://noticias.juridicas.com/conocimiento/articulos-doctrinales/4279-instrumentos-para-impulsar-la-adhesion-de-los-empresarios-al-sistema-arbitral-de-consumo-/*

Rojo, A., «Actividad económica pública y actividad económica privada en la constitución», en *Revista de Derecho Mercantil*, 1983.

Ruiz Jiménez, J. A., *Análisis crítico del sistema nacional español de arbitraje de consumo*, Instituto Vasco de Derecho Procesal, San Sebastián, 2007.

Tomillo, J., «Realidad y futuro del Sistema Arbitral de Consumo: una aproximación crítica desde la experiencia cántabra», en *Práctica Arbitral de Consumo*, (J. Tomillo dir.), ed. Thomson Civitas, Cizur Menor, 2007, pp. 29-67.

— «El futuro del arbitraje de consumo a partir del real Decreto 231/2008, de 13 de febrero», en *El futuro de la protección jurídica de los consumidores* ((J. Tomillo dir./ J. Álvarez Rubio coord.), ed. Thomson Civitas, Cizur Menor, 2008, pp. 389-405.

— «El arbitraje de consumo en España: un recorrido histórico», en *Mediación, arbitraje y resolución extrajudicial de conflictos en el siglo XXI* (dirs. L. García Villaluenga/ J. Tomillo Urbina/ E. Vázquez de Castro), tomo II, editorial Reus, Madrid, 2010, pp. 81-115.

— «Vicisitudes y carencias del arbitraje de consumo», en: *Soluciones alternativas a los conflictos de consumo*, Editorial Comares, Granada, 2016, pp. 61 a 93.

— «Una aproximación al nuevo Reglamento del Sistema Arbitral de Consumo (RD 713/2024, de 23 de julio)», en *Noticias Jurídicas*, 8 de agosto de 2024.

— «(Des)protección y (des)empoderamiento del consumidor en el Proyecto de Reglamento General de suministro y contratación de energía eléctrica», en *Diario LA LEY*, núm. 10564 de 10 de septiembre de 2024.

— «El problema de las solicitudes de arbitraje con varios empresarios reclamados», informe interno emitido para la Junta Arbitral de Consumo de Cantabria con fecha 11 de octubre de 2024.

— «Informe sobre los efectos del Auto núm. 550/2024, de 10 de septiembre, del Juzgado de lo Mercantil núm. 18 de Madrid de declaración del concurso voluntario de acreedores (concurso ordinario 436/2024) del GRUPO MOSEA INVESTMENTS, S.L. en los procedimientos arbitrales en tramitación a la fecha del Edicto de 13 de septiembre de 2024 (*BOE* de 20 de septiembre de 2024, suplemento J, pp. 1-2)», Santander, 15 de octubre de 2024.

— «El consumidor en su prevalencia», en *Estudios jurídicos en homenaje al Profesor Ángel Rojo*, (coords. Mª.J. Castellano/ A.B. Campuzano), tomo I, Editorial Civitas Aranzadi, Las Rozas (Madrid), 2024, pp. 381-422.

Tomillo, J. y Gozalo, V., «Aportaciones al Libro Verde sobre la revisión del acervo comunitario en materia de consumo», en *Estudios de Derecho español y europeo* (coord. Arranz de Andrés, C. y Serna Vallejo, M), Editorial PUbliCan-Ediciones de la Universidad de Cantabria, Santander, 2009, pp. 975-1001.

Vázquez De Castro, E., *Compliance y contrato de seguro privado*, ed. Aranzadi, Cizur Menor, 2020.

— «Contexto sobre la situación de los MASC y la mediación», en *Habilidades y procedimientos en la mediación: de la teoría a la práctica de los MASC*, (dir. E. Vázquez de Castro y L. García Villaluenga, coord. A. A. Estancona Pérez, ed. Aranzadi, 2.ª ed., Cizur Menor, 2024, pp. 17-40.

Vázquez De Castro, E. y **Estancona Pérez, A.A.**, «La oferta vinculante confidencial», *en Medios adecuados de solución de controversias: eficiencia procesal de las personas físicas y jurídica*s, (dir. S. Calaza López y V. López Yagües e I. Ordeñana Gezuraga), ed. La Ley, Madrid, 2023, pp. 897-934.

Vélez Toro, A.J., «El procedimiento arbitral y su relación con el proceso civil en España» en *Revista de cultura de paz*, vol. 7 (2023).

Vieira Jiménez-Ontiveros, E., «La eficacia horizontal de los derechos fundamentales: arbitraje y derecho a la tutela judicial efectiva», en *Anuario de Derecho Civil*, tomo LXXII, fasc. II, (2019), pp. 434-446.

Virgós, M., «El convenio arbitral en el arbitraje internacional», en *Actualidad jurídica Uría Menéndez*, núm. 14, (2006).

Made in the USA
Monee, IL
05 November 2026

67806920R10256